2019

溧阳年鉴

LIYANG ALMANAC

溧阳年鉴编纂委员会 编

方志出版社
Publishing House of Local Records

图书在版编目（CIP）数据

溧阳年鉴. 2019 / 溧阳年鉴编纂委员会编. --
北京：方志出版社，2019.8
ISBN 978-7-5144-3816-1

Ⅰ. ①溧… Ⅱ. ①溧… Ⅲ. ①溧阳-2019-年鉴
Ⅳ. ①Z525.33

中国版本图书馆CIP数据核字（2019）第199689号

溧阳年鉴（2019）

编　　者： 溧阳年鉴编纂委员会
责任编辑： 刘　珊

出 版 者： 方志出版社
地址　北京市朝阳区潘家园东里9号（国家方志馆4层）
邮编　100021
网址　http://www.fzph.org
发　　行： 方志出版社图书经销中心
电话（010）67110500
经　　销： 各地新华书店
印　　刷： 溧阳市金宇包装印刷有限公司

开　　本： 889×1194　　1/16
印　　张： 27
字　　数： 775千字
版　　次： 2019年8月第1版　　2019年8月第1次印刷
印　　数： 0001～3000册

ISBN　978-7-5144-3816-1　　**定价：** 210.00元

《溧阳年鉴》编纂委员会

名誉主任　蒋　锋
主　　任　徐华勤
副 主 任　邵钦华　张爱文　陆慧琦
委　　员　周文光　史　萍　马立峰　杨国平　周志清　潘益明　沈黎敏
　　　　　葛军伟　杨文艳　甘正富　赵　明　钱　栋　蔡红兵　唐洪祥
　　　　　高伟新　陆卫林　赵　波　谢菊芬　陈建伟　朱红新　陈志豪
　　　　　丁　红　蒋留新

溧阳市地方志办公室

主　　任　甘正富
副 主 任　孙渊灿

《溧阳年鉴》编辑部

主　　编　甘正富
副 主 编　孙渊灿
执行主编　莫　俊
编　　辑　甘正富　孙渊灿　刘国力　殷国富　董文博　莫　俊　袁　杰
　　　　　陈　莉　尹少鹏　虞燕娟　宋林珍
编　　务　汤俊琦　潘　达　徐文喆　史俊英　胡颢允　陈　君　张雅玲
特约摄影　查文君　史茵杰　余　琛　刘红良　徐志平
专版设计　宋林珍　张雅玲
英文翻译　莫　俊

地区生产总值（亿元）

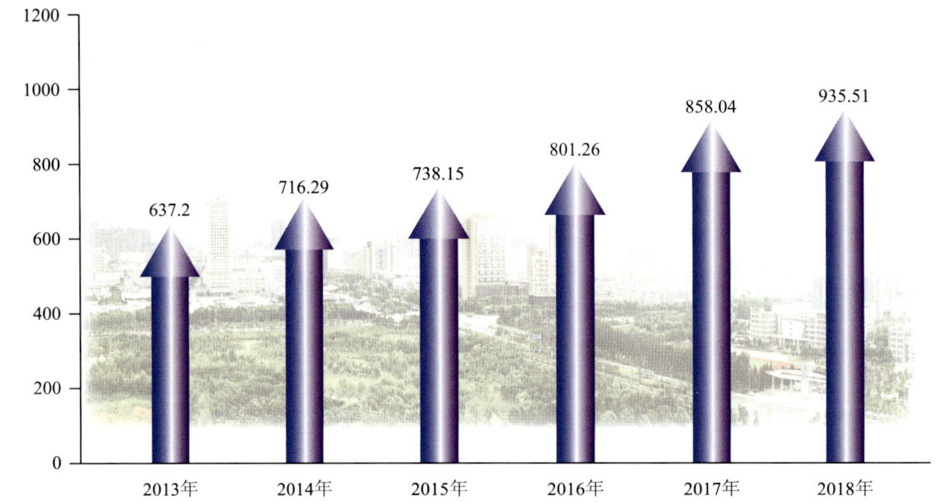

人均地区生产总值（元）

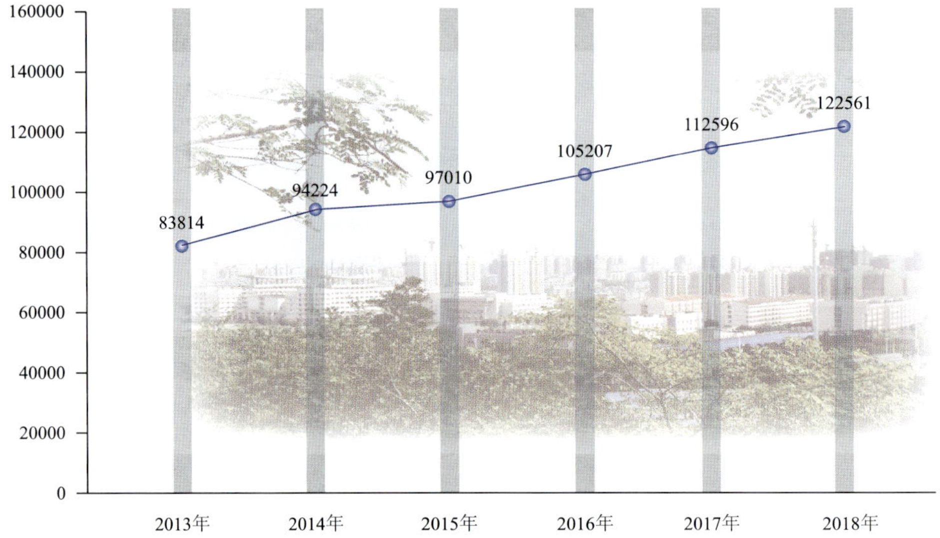

公共财政预算收入（亿元）

三次产业构成（%）

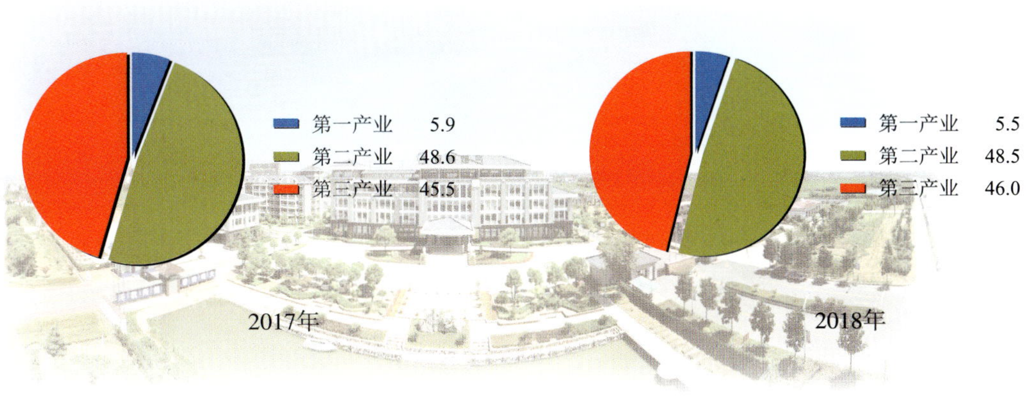

农林牧渔业总产值（亿元）

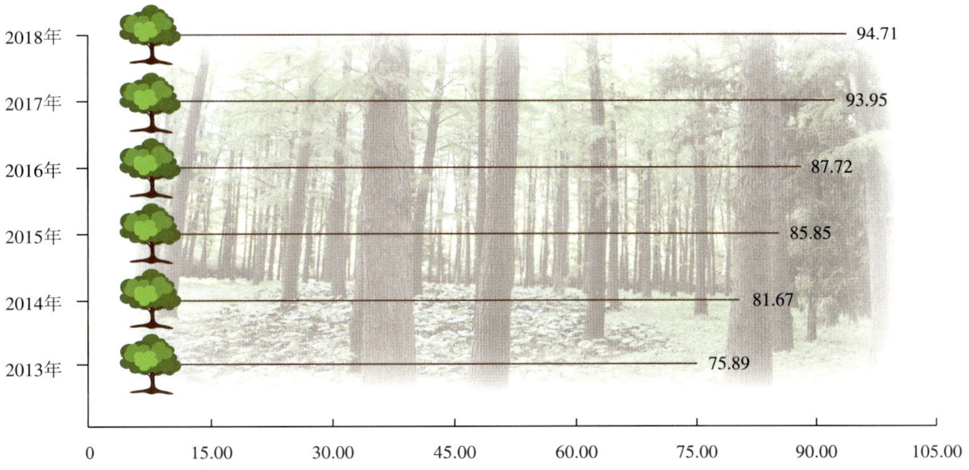

粮食总产量（万吨）

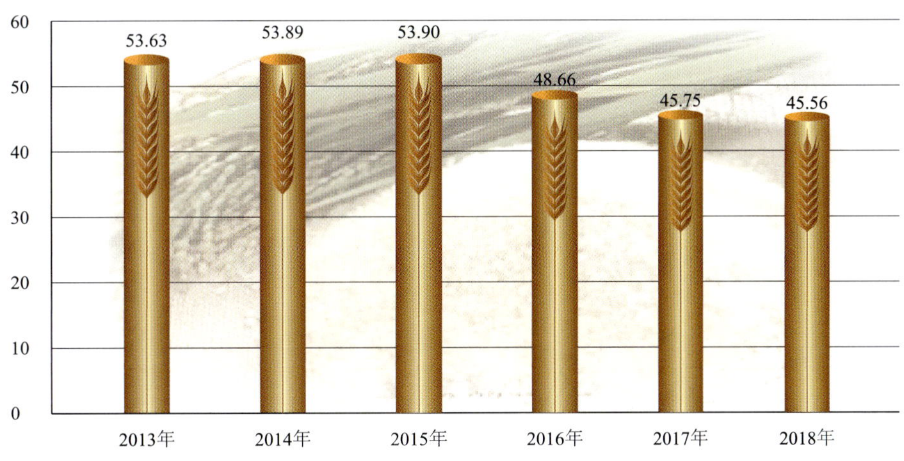

茶叶总产量（吨）

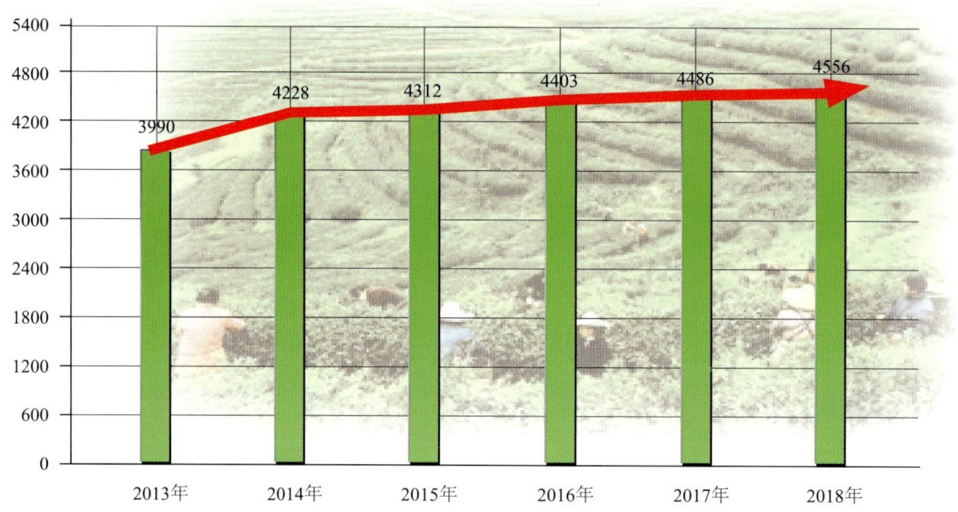

工业总产值（亿元）

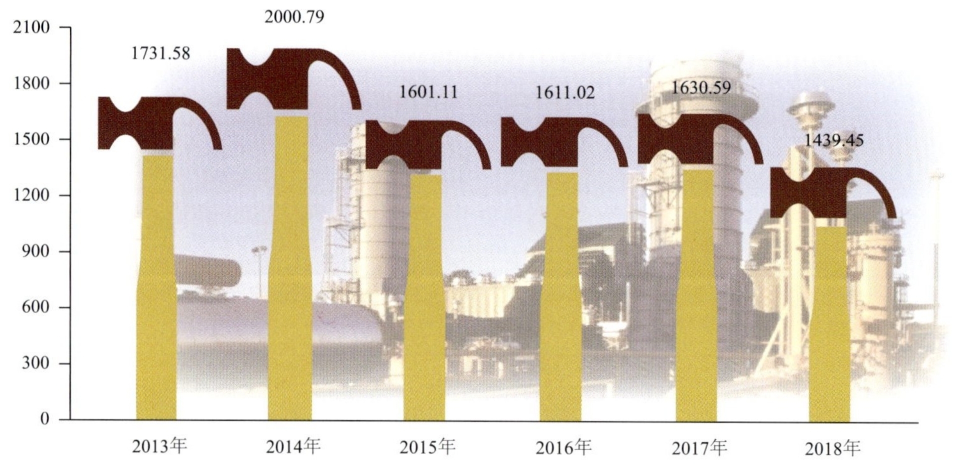

工业利税总额（亿元）

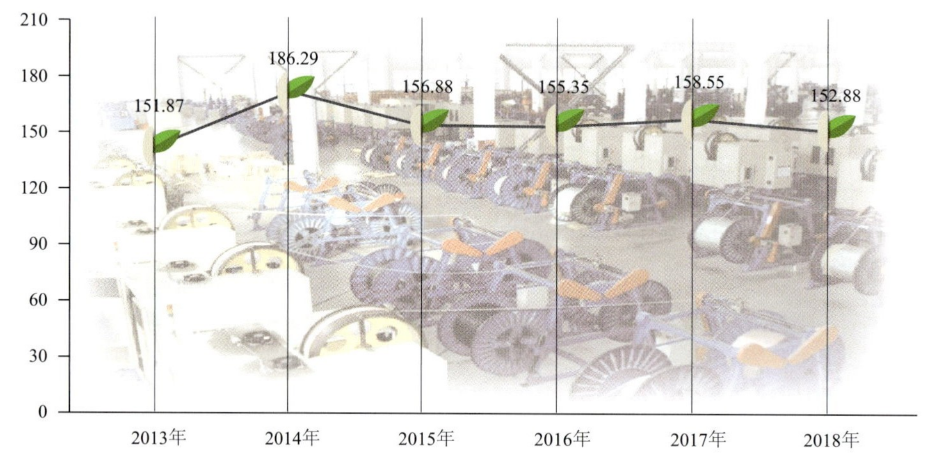

经济社会发展主要数据

出口总额（万美元）

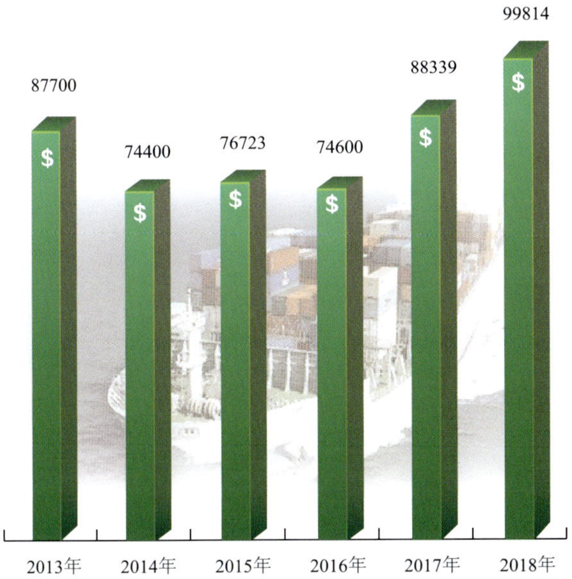

社会消费品零售总额（亿元）

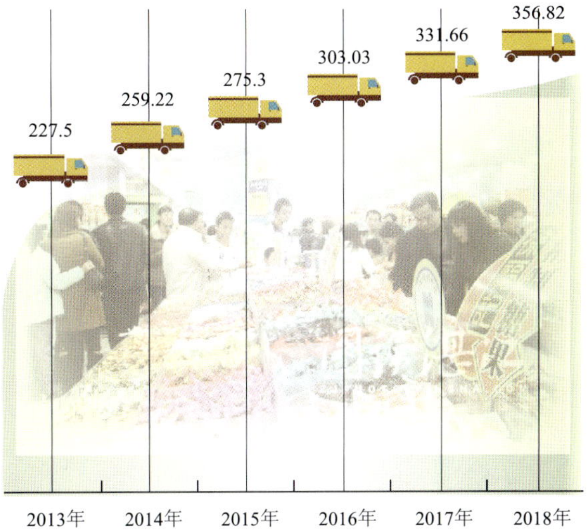

城镇居民人均可支配收入（元）

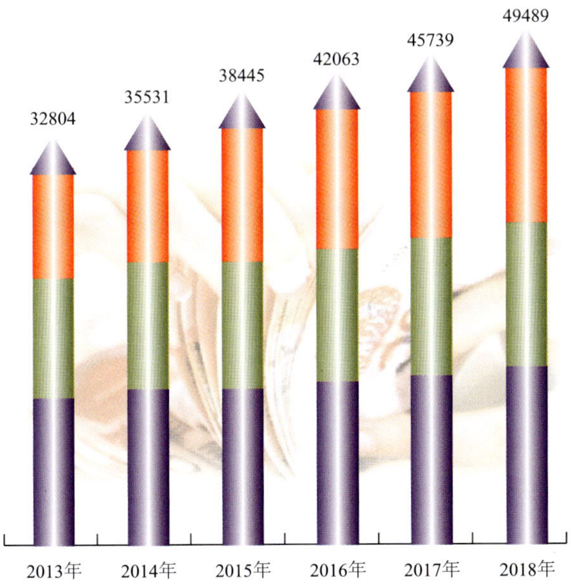

农民人均可支配收入（元）

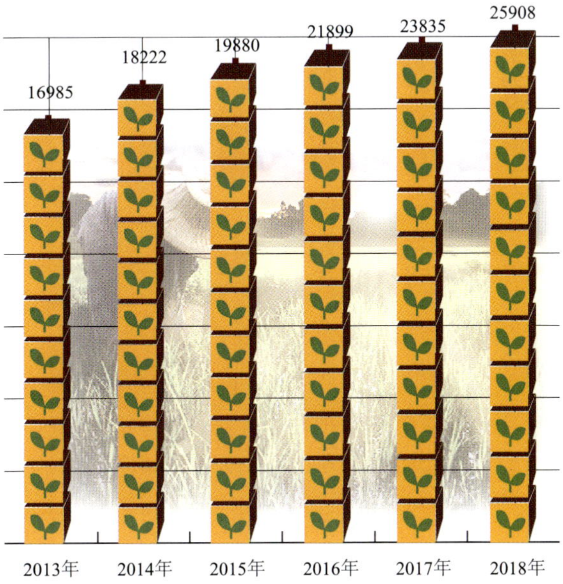

全国文明城市——溧阳市

2018 年 4 月 11 日，省委书记娄勤俭（左一）到溧阳调研社会经济发展情况

2018 年 1 月 5 日，科华控股（603161）股份有限公司在上海证券交易所上市

2018 年 4 月 9 日，总投资 10 亿元的江苏联赢激光有限公司激光焊接设备项目在江苏中关村科技产业园开工

2018 年 4 月 9 日，南京航空航天大学天目湖校区奠基

2018 年 4 月 10 日，2018 中国 · 溧阳茶叶节暨天目湖旅游节在燕湖公园开幕

2018 年 5 月，市人大常委会领导视察江苏溧阳抽水蓄能电站建设情况

2018 年 5 月 14 日，市政协领导考察全市生态环境保护工作

2018 年 5 月 25 日，溧阳无人机产业园银鹰航空在交通部直属机构海事演习试飞成功

2018 年 6 月 9 日，江苏溧阳长荡湖国家湿地公园（试点）等九个区域被划入国家级生态保护红线。图为长荡湖湿地公园一角

2018 年 7 月 5～6 日，中国戏剧家协会副主席、著名黄梅戏表演艺术家韩再芬（前排中）到溧阳演出经典名剧《徽州女人》《女驸马》

2018 年 8 月 10 日，“一带一路”沿线国家湿地及候鸟保护与管理研修班成员参访天目湖国家湿地公园

2018 年 8 月 27 日，常州市市长丁纯（前排左二）到溧阳调研美丽乡村建设工作

2018 年 9 月 20 日，上汽大通房车科技有限公司房车全域旅游启动暨房车生活家（溧阳）服务体验中心揭牌

2018 年 10 月 10 ～ 14 日，第十一届全国舞龙舞狮锦标赛在溧阳市曹山旅游度假区举行

2018 年 10 月 18 日，正昌集团举行 100 周年盛典活动

2018 年 10 月 22 日，常州市委书记汪泉（前排中）督查溧阳市重点项目推进情况

2018 年 10 月 25 日，中国科学院物理研究所长三角研究中心在江苏中关村科技产业园揭牌

2018 年 10 月 31 日，全国休闲农业和乡村旅游大会在溧阳召开

2018 年 11 月 3 日，溧阳市新时代文明实践中心成立

2018 年 11 月 7 日，常州市委常委、宣传部部长陈涛（前排中）一行到溧阳调研宣传思想工作推进情况

2018 年 11 月 9 日，溧阳市党政代表团赴广德郎溪共商区域合作大计

2018 年 11 月 20 日，中国光大控股有限公司、光大银行常州支行、溧阳市人民政府在香港远东金融中心举行战略合作协议签约仪式

2018 年 11 月 27 日，溧阳市与德国法德尔集团举行项目合作签约仪式

2018 年 12 月 3 日，宁德时代锂离子电池长三角基地新增 40GWH 产能项目签约仪式在江苏中关村举行

2018 年 12 月 21 日，南京都市圈党政领导联席会议在宁召开，溧阳市委书记蒋锋（左二）、市长徐华勤（左一）作为特邀嘉宾参加会议

天目湖国家湿地公园一角

推进天目湖水源地保护

严格落实《常州市天目湖保护条例》，深入实施《天目湖水源地保护实施方案（2017～2019）》，大力推进农业面源污染控减、上游来水净化、生活污水整治、生态修复和科学管理保障五大工程，新增退耕还林2000亩以上，土地流转或收购临湖面茶园、林地3000亩以上，生态清淤1.8平方千米以上，新增湿地面积4500亩以上，通过天目湖国家湿地公园验收。

推进农村生活污水治理

开展农村生活污水治理，2018年完成706个自然村农村生活污水治理。

城乡困难群众医疗保障提标

推进城乡困难群众医疗保障提标

给予最低生活保障家庭成员、特困供养人员、具有溧阳市户籍的临时救助对象中的大重病患者、享受民政部门定期定量生活补助费的20世纪60年代精减退职职工、重点优抚对象、享受政府基本生活保障的孤儿六类重点医疗救助对象及符合条件的建档立卡低收入农户参加城乡居民基本医疗保险个人缴费部分全额资助，确保应保尽保。

提高住院待遇水平。参加城乡居民合作医疗保险的城乡困难群众在市内定点医疗机构的住院医疗费用结算不设起付线；在溧阳市一级定点医疗机构住院医疗费用报销比例由原85%提高至90%。

提高大病保险待遇水平。对参加城乡居民合作医疗保险的困难群众大病保险不设起付线，分段支付比例为：17000元以内，补偿50%；超过17000元至5万元之间，补偿60%；超过5万元至10万元之间，补偿70%；超过10万元，补偿80%，不设封顶线。

结合实际，扩大城乡居民医保药品目录范围。

省优质医疗资源向溧阳输出力度加大

提升办医水平

深化“院府合作”，加大江苏省人民医院和江苏省中医院优质医疗资源向溧阳输出力度。

省人民医院溧阳分院全年引进常驻专家12人，

引进不定期坐诊、讲学、带教专家 100 人次以上。

省中医院溧阳分院全年引进常驻专家 10 人，引进不定期坐诊、讲学、带教专家 20 人以上，引进特色制剂 40 ～ 50 种，启动医务人员赴省中医院轮训计划。

推动省人民医院和省中医院专家向乡镇卫生院延伸服务，全年组织下乡专家 50 人次以上。

研究启动江苏省中医院溧阳分院新院建设。

溧阳一号公路神女湖驿站

提升溧阳 1 号公路内涵

对已建成的 300 多千米溧阳 1 号公路沿线绿化和村庄环境开展整治提升；新建驿站 3 个、茶舍 3 个，加强观景平台、标识系统等配套设施建设。新建旅游公路 100 千米。依托旅游公路带动作用，推动沿线民宿、农家乐等规范发展。

提升城区停车功能

城区所有具备条件的行政事业单位停车场错时共享开放停车；新增城区路内停车泊位 200 个。

新建一批立体停车场或小型公共停车场，增加泊位 200 个；在城东、城西各新建 1 个大型汽车停车场。

开发并启动智能停车管理系统，提升停车周转和管理水平。

垂直循环类机械式停车设备在溧阳启用

推进南京航空航天大学天目湖校区建设

启动南京航空航天大学天目湖校区一期建设，建筑面积约 20 万平方米。

正在建设中的南航天目湖校区

提升住宅小区物业管理水平

制定出台《溧阳市物业管理若干规定》《溧阳市物业服务企业诚信档案实施细则》《溧阳市物业管理纠纷人民调解机制实施意见》，完善住宅小区物业管理体制机制，组织落实各项具体规定。

推进综合管理进社区，强化住宅小区违章建设管理，严格控制新增违章建筑。

苏华建设集团有限公司

Suhua Construction Group Co.,Ltd.

市长徐华勤到公司调研

董事长宋小华参加国家科学技术奖励大会

苏之有初心 华美立建设

苏华大厦

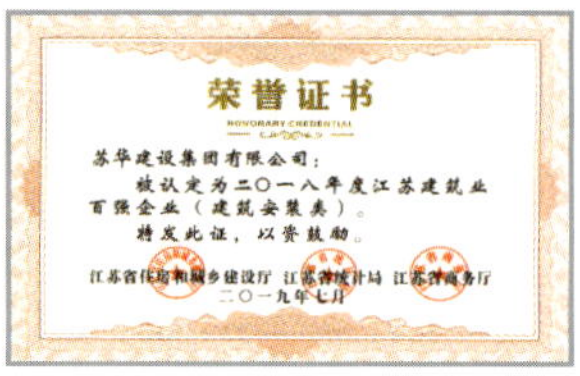

苏华建设集团有限公司成立于 1976 年，是中国建筑业成长性百强企业、全国优秀施工企业、全国安装行业先进企业、全国重合同守信用企业、全国用户满意安装企业。

目前，公司注册资本 3.28 亿元，总资产超 10 亿元，2018 年公司完成施工产值 103 亿元，上缴税费 5.3 亿元，其中溧阳本地 2.76 亿元。

苏华建设集团作为拥有多个壹级资质的综合性施工企业，能够以 EPC 总承包的方式承建各种发电项目以及冶金、石油、化工领域的设备成套和房屋建筑、市政公

吉林省委书记巴音朝鲁（中）视察苏华吉林大丝束碳纤维工地

河北省副省长张古江（前排右二）调研苏华衡水发电项目

用工程项目。同时还拥有锅炉安装改造一级许可证、起重机械安装维修改造、压力管道安装等许可证和电力设施承装（修、试）资格以及焊工培训中心和职业技术学校，具有独立的对外承包工程经营权。

公司自成立以来，在北京、上海、天津、贵州等 20 多省、市设有分公司，施工业务遍布全国各地。随着一带一路，苏华集团还成功进入印尼、马来西亚、越南、缅甸、阿根廷、斯里兰卡、巴西等海外建筑市场，并具备丰富的涉外工程承包经验和完善的保障体系。

公司多次获得“中国建设工程鲁班奖”“国家优质工程奖”“中国安装之星”“全国化学工业优质奖”。公司自行开发多项国家级、省级工法，多项技术被中国施工企业管理协会和中国安装协会评为科技进步和科技成果奖，多项应用技术取得国家发明专利。连续多年被评为“科技创新先进企业”，“苏华商标”获评中国驰名商标。

神华宁煤煤制烯烃超限设备安装工程（中国安装之星）

河南心连心化肥公司原料结构调整项目（国优奖）

MDGH22000T 门式起重机安装工程
（中施企协科技创新成果一等奖）

溧阳市光华高级中学新校区项目

江苏天目建设集团有限公司

Jiangsu Tianmu Construction Group Co.,Ltd.

党委书记、董事长　周天喜

企业精神：努力争先　务实奉献
踏实能干　创新超越

发展方针：审时度势　把握机遇
稳中求进　持续发展

企业使命：缔造价值　成就辉煌

江苏天目建设集团有限公司创建于1958年，1995年10月组建省级集团公司，2002年由全民企业改制为民营企业，注册资本3亿元人民币，总资产达17亿元人民币，公司拥有8个子公司，施工区域辐射全国各省、直辖市及海外，现具有建筑工程施工总承包特级资质，建筑行业甲级工程设计资质，机电工程、市政公用工程施工总承包一级资质，钢结构、地基基础、建筑机电安装、消防等专业承包一级资质，冶金、电力、石油化工、建筑装修装饰、电子与智能化工程等二级资质，锅炉安装Ⅰ级、起重安装A级、电梯安装A级及压力管道安装等特种资质，并具备独立的对外承包工程资格。2018年，公司完成国内外施工产值101.36亿元，公司又获得国家级优质工程4项、省级优质工程2项、省级建筑施工标准化星级工地1项。

公司管理成效突出，专业管理和综合管理都具较高水平。已通过ISO9001质量体系、OHSAS18001职业健康安全体系及ISO14001环境管理体系认证，多年来，先后荣获“全国安装行业先进企业”“全国优秀施工企业”“全国用户满意安装企业”“全

乌兹别克斯坦阿汉加兰（6200TPD）熟料水泥生产线项目

浙江石油化工有限公司4000万吨年炼化一体化项目2台丙烯精馏塔吊装工程

郑州市奥林匹克体育中心项目钢结构安装工程

建筑工程施工总承包特级资质

南京航空航天大学溧阳天目湖校区项目

国重合同守信用企业”“中国建筑业成长性200强企业”“全国建筑业AAA级信用企业”“江苏省建筑业最佳企业”“江苏省建筑业百强企业”“江苏省建筑业竞争力百强企业”“江苏省知名建设承包商”“常州市五一劳动奖状”等荣誉称号。

企业始终坚持以“忠于职守，无私奉献，勇于开拓，争创一流”的企业精神，以“稳中求进、持续发展”的经营宗旨，上下齐动、左联右合、内炼外拓、不断进取，先后承接了一大批远近闻名的高、大、新、特工程。近年来，公司获得了国家级优质工程数十项、省市级优质工程及省市级文明标化工程数百项，取得了较好的经济效益和社会效益。同时，公司努力拓展海外工程市场，并积极参与国家“一带一路”项目建设，先后参与了印尼、委内瑞拉、马来西亚、越南、柬埔寨、土耳其、沙特、巴基斯坦、乌兹别克斯坦等国家和地区的工程项目建设，并得到了当地政府和工程建设有关单位的一致好评。

展望未来，公司将一如既往地恪守企业宗旨，诚信拓业，务实奉献，不断提升管理水平，增强发展动力，进一步推动企业实现稳步持续高质量发展，从而为溧阳经济建设再作新的贡献。

打造时代精品　铸造百年基业

溧阳市人民医院新院机电安装总承包工程
（国家优质工程奖）

南京生态科技岛展示中心工程
（国家优质工程奖）

江阴城区热网整合（东南线）工程二标段项目
（中国安装工程优质奖“中国安装之星”）

连续两届荣获“中国质量奖提名奖”

2018 年 11 月初，备受瞩目的第三届中国质量奖颁奖大会在北京隆重召开，江苏上上电缆集团凭借独创的以“四个人人”为核心的全员绩效体验模式脱颖而出，荣膺第三届“中国质量奖提名奖”，这也是上上电缆连续两届获此殊荣。

中国质量奖是中国质量领域的最高荣誉，每两年评选一次，旨在表彰国内质量领先、技术创新、品牌优秀、效益突出的组织和对促进质量发展作出突出贡献的个人。

中国质量奖提名奖

证　书

为表彰第三届中国质量奖获奖者，特颁发此证书。

获奖内容：以“四个人人”为核心的全员绩效体验管理模式

获 奖 者：江苏上上电缆集团有限公司

证书号：2018-ZGZLJ-03-T-Z28

丁山华获评全国“诚信之星”

2018 年 12 月 1 日，由中宣部、国家发改委联合主办“诚信之星”发布会在央视 CCTV2 财经频道正式播出。会上隆重发布了 9 个诚信个人和 1 个诚信企业。江苏上上电缆集团董事长丁山华 30 余年深耕电缆、诚信经营，“不得一时之利、不徇一己之私，守护契约精神、成就良心企业”，被授予全国“诚信之星”光荣称号。在此次发布 10 个“诚信之星”中，丁山华是江苏省唯一获评代表。

荣誉证书

丁山华同志：

被评为“诚信之星”，特发此证予以表彰。

龙海建设集团有限公司

龙海集团 Longhai Construction Group Co.,Ltd.

党委书记、董事长 张龙海

龙海大厦

建筑工程施工总承包特级资质

龙海建设集团有限公司是一家“以信息化为基础、科研为支撑，集施工、设计多项资质于一身”的区域性龙头建筑企业。公司注册资本金30200万元，公司具有建筑工程施工总承包特级资质、工程设计建筑行业甲级资质、市政公用工程施工总承包壹级资质、机电工程施工总承包壹级资质；同时还具有建筑机电安装工程、钢结构工程、建筑装修装饰、地基基础工程等专业承包壹级资质；电子与智能化工程、消防设施、石油化工工程、锅炉、压力管道、压力容器、电梯安装等施工资质。还具有商务部授予的对外工程承包签约权及省级技术中心。

集团下辖9家控股子公司，核心企业龙海建设集团有限公司拥有41家分公司，企业年产值超百亿元。是常州地区首家获得总承包特级资质的企业，实现了常州地区零的突破。公司现有注册建筑师、注册结构师、注册建造师等注册人员300余人。公司致力于质量、环境和职业健康安全管理，取得了GB/T19001-2016质量管理体系、GB/T24001-2016环境管理体系、GB/T28001-2011职业健康安全管理体系的认证。多次获得“中国建筑业百强企业”“全国优秀施工企业”“中国工程建设诚信典型企业”“江苏省建筑业百强企业”“江苏省建筑业综合实力50强企业（第22位）”“江苏省建筑业优秀企业”“江苏省质量管理优秀企业”“全省住房城乡建设系统先进集体”“国家级重合同守信用企业”“AAA级资信企业”等荣誉称号。

近年来，企业围绕“科技兴企”和“管理竞争”的发展战略，分别与重庆大学、东南大学、南京工业大学等单位联合研发了多项绿色、环保、节能建筑专利产品。目前公司共拥有21项省级工法、19项专利（发明专利5项、实用新型专利14项）。公司采用信息化管理，提高管理水平，降低管理成本，加强管理效率。

公司国内市场遍布全国，国际市场分布在澳大利亚、

市委书记蒋锋为公司颁发特级企业奖牌

市长徐华勤为公司颁发特别贡献奖奖牌

朝鲜、印尼、卢旺达等国家。先后承建了南京上坊北侧地块经济适用房项目、上海某部队中心大楼、天津市公安北辰分局应急指挥中心、常州科教城创研港 1# 5# 楼、重庆第三军医大学第一附属医院科教楼、无锡太湖锦绣园、溧阳文化艺术中心、洛阳科技城创智广场、无锡芦村污水处理厂、北京新机场停车楼及综合服务楼制冷站制冷系统工程、上海世博会日本馆、上海大型客机二期总装厂房工程为代表的众多工程。一大批工程获得“鲁班奖”“市政金杯奖”及“白玉兰杯”“扬子杯”“金奖海河杯”“中州杯”“钢结构金钢奖”和“军队一等奖”等省市优质工程荣誉。

公司将继续以优质高效、良好服务为企业宗旨，以最优的产品和最佳的服务奉献社会。坚持科技建造、人文建造、绿色建造，向着大而强、强而优、优而精的目标迈进！

上海世博会日本馆项目

无锡市芦村污水处理工程项目
（全国市政金杯示范工程）

北京新机场停车楼及综合服务楼制冷站制冷系统工程和飞行区场道工程项目

江苏溧阳建设集团有限公司

Jiangsu Liyang Construction Group Co., Ltd.

董事长 吕永武

江苏溧阳建设集团有限公司在改革开放的春风里应运而生，几十年来，公司大胆改革，勇于创新，市场竞争力和社会知名度不断提升，形成了总承包、专业承包门类齐全、优势突出的结构体系，年施工总产值逾 60 亿元。近年来，在激烈的市场竞争中，“溧建铁军”异军突起，一跃成为中国建筑市场的知名企业。

目前，公司具有建筑工程施工总承包壹级、市政公用工程施工总承包壹级、钢结构工程专业承包壹级、建筑机电安装工程专业承包壹级、地基基础工程专业承包壹级、建筑装修装饰工程专业承包壹级、机电工程施工总承包贰级、消防设施工程专业承包贰级、施工劳务不分等级等资质，还获得了压力管道和起重机械等特种设备安装改造维修许可，并顺利通过了质量体系、职业健康安全管理和环境管理体系认证。公司注册资本 30100 万元，净资产逾亿元，下属 7 个子公司，员工近 13000 人，其中各类技经人员 300 余人，各类工程机械设备 1500 多台（套）。

近年来，公司凭借雄厚的技术实力和丰富的施工经验，在众多重大项目建设中屡建功勋，其中集团公司新建办公大楼项目、溧阳市燕山中学新建校区及常州市新桥高级中学建设项目均荣获江苏省优质工程奖“扬子杯”。经过数十年朝乾夕惕、筚路蓝缕，公司先后荣获省市级优

公司办公大楼

筑百年精品 创千秋基业

南钢集团封闭式钢结构堆场项目（跨度110.70米）

天津安悦东道项目

泗县彩虹大桥项目（长217米，宽60米）

质工程60余项、省市级文明工地80余项，省市级工法6项、省市级QC成果奖12项、省市级新技术应用示范工程2项，省市级建筑业绿色施工示范工程5项。公司还编写了国家工程建设标准1项，江苏省工程建设标准1项，申请国家级发明专利和实用新型专利共20余项，连年荣获全国“重合同守信用”企业，国家级“企业信用等级AAA”企业，银行“资信等级AAA”企业，中国工程建设诚信典型企业，中国工程建设安全质量标准化先进单位，中国建筑业成长性200强企业，江苏省“工程总承包试点企业”、江苏省建筑业企业安全生产先进单位，江苏省建筑业最具成长性百强企业，常州市创建平安先进单位，常州市“明星企业”，常州市建筑业优秀企业，溧阳市建筑业“五强企业”　“十佳企业”等荣誉。

公司将继续秉承“诚信为本、品质致胜、用户至上”的经营理念，诚信拓业，规范运作，健康经营，不断提升管理和服务水平，营造良好企业文化，做强做大“溧阳建设”品牌。公司愿与社会各界新老朋友真诚相携，共赢美好未来！

光大环保（苏州）污水处理、渗滤液处理项目

宜兴阳光100建设项目

启东恒大海上威尼斯水城项目

溧阳市燕山中学新建校区项目

上海漕河泾科技绿洲南桥园区一期项目

重庆瑞鼎嘉城项目

江苏瑞峰建设集团有限公司

Jiangsu Ruifeng Construction Group Co.,Ltd.

董事长 缪文峰

天津中医药大学第一附属医院项目（国家金质奖）

江苏瑞峰建设集团有限公司始创于1994年5月，公司原名为溧阳市欣盛建筑安装工程总承包有限公司，2009年3月更名为江苏瑞峰建设集团有限公司。

公司以房屋建筑工程施工总承包壹级为主项资质，以机电设备安装专业承包壹级、地基与基础工程专业承包壹级、钢结构专业承包贰级、市政公用工程施工总承包贰级、建筑装修装饰工程专业承包贰级、环保工程专业承保叁级、施工劳务不分等级为增项资质以及压力管道安装等的综合性施工企业。

公司下辖北京、上海、天津、昆山、苏州、无锡、常州、镇江、南京、青岛、邯郸等分公司，现有各类技经人员386人，其中高级职称15人，中级职称168人；各类建造师114人，其中一级建造师28人、二级建造师76人。企业注册资金3亿元，现有各类机械设备1030台（套），年施工能力在50亿元以上。

2003年1月，公司由原市属全民企业改制为有限公司后，充分发挥企业的信誉优势、技术优势、人才优势、资金优势和新体制、新机制优势，内强素质，外树形象，积极开拓业务，不断强化管理，先后通过了ISO9001质量管理体系认证、ISO14001环境管理体系认证和GB/T28001职业健康安全管理体系认证。进一步规范了企业内部的管理程序，为企业的顺利发展奠定了基础。

近年来，公司顺时应势，抢抓发展机遇，朝着做大做强的目标，积极、稳妥地拓展市场。2016年公司施工的锦江大厦获江苏省住房和城乡

南京扬子油品升级改造项目

无锡中南家园项目

溧阳尚景园项目（省标化工地）

泰州黄桥佳源中心广场项目

常州梧桐苑北侧地块项目（省标化工地）

建设厅建筑施工标准化文明示范工地；2017 年公司施工的原木材公司地块开发项目获江苏省住房和城乡建设厅建筑施工标化三星级工地；2015 年公司参建的天津中医药大学第一附属医院迁址新建工程－门急诊住院综合楼获天津市建设行业“金奖海河杯”、2017 年获中国施工企业管理协会“国家优质工程奖”；2018 年常州梧桐苑地块项目获省标化工地 。

近年来，公司研发的《钢管剩磁的消磁施工工法》《多排多向旋喷搅拌加劲（扩头）组合支护桩施工工法》《注芯配筋复合保温剪力墙砌体施工工法》《框剪结构高层建筑应用多向多重折叠爆破成套技术进行限位坍塌拆除的施工工法》《燃气管道的氮气置换施工工法》等八项技术被审定为省级工法。公司研发出《一种避免大体积混凝土裂缝形成的浇筑方法》发明专利和《一种附着式整体脚手架的安全控制系统》《一种悬挑式双排脚手架》《一种塔式起重机用安全装置》三项实用新型专利。

公司连续多年安全生产无事故。公司连年被江苏省工商行政管理局评为“重合同守信用”企业，江苏省建行“AAA”级企业信用等级以及溧阳市建安系统“十佳企业”“五强企业”。

公司将坚持“诚信守法、质量第一；优化环境、预防污染；以人为本、安全生产；持续改进，追求卓越”的方针，努力为国内外建设单位提供更好更满意的服务。

瑞峰建设集团开发的溧阳锦江大厦（省标化工地）

FIVE-STAR CONSERUCTION GROUP
五星建设

江苏五星建设集团有限公司

- ★ 全国优秀施工企业
- ★ 全国重合同守信用企业
- ★ 中华人民共和国对外承包工程资格
- ★ “AAA”级信用企业
- ★ 江苏省建筑业优秀企业
- ★ 江苏省建筑业竞争力百强企业
- ★ 江苏省安全生产先进企业
- ★ 溧阳市建筑业五强企业

董事长 张云奎

江苏五星建设集团有限公司创建于 1964 年，经过 50 多年的发展和壮大，取得了房屋建筑工程施工总承包壹级资质、市政公用工程施工总承包贰级资质，以及建筑装修装饰、钢结构、机电设备安装、消防设施、特种结构（补强）、防腐保温专业承包贰级资质，城市及道路照明、地基基础工程专业承包叁级资质和房地产开发资质等，并取得了中华人民共和国对外承包工程资格。公司先后通过了 ISO9001：2008 质量体系认证，GB/T 28001-2011 健康安全体系认证，GB/T24001-2004 环保体系认证，连续多年被授予“全国重合同守信用企业”“AAA”级信用企业、“银行信得过”企业等荣誉称号。

公司注册资本 2.01 亿元，资产总额达 19 亿元，固定资产 6.5 亿元。公司现有技经人员 416 名，其

公司投资建设的泰越大厦

无锡市江溪睦邻中心建筑工程项目

上海英业达大楼工程项目

中高、中级技术人员 120 多名，一、二级注册建造师 150 多名。公司在沪宁一线及天津、广州、成都等地设立了 12 个分公司，并组建了江苏凯浪置业有限公司、劳务公司、五星钢结构、德航投资公司、仁浩资产公司、李家园大酒店等 6 家子公司。

多年来，公司全体员工发扬“诚信敬业，团结拼搏，勇于开拓，务实进取”的企业精神，坚持走质量—科技—效益型发展之路，建立了具有自身特色的质量保障和管理体系。在工程质量、安全生产和文明施工等方面硕果累累。近年来，公司先后荣获江苏省优质工程“扬子杯”奖 2 项、江苏省文明工地 21 项，全国绿色施工示范工程 1 项，地市级优质工程及文明工地奖 43 项等其他奖项。2018 年，公司施工的溧阳市人民医院新院工程被评为“国家优质工程奖”、江苏省优质工程“扬子杯”奖等，无锡市 XDG-2011-25 号地块办公、商业项目无锡恒生科技园一期二标段施工总承包工程、淮安市中南世纪城三期 61-63# 楼、67-69# 楼、（4 组团）人防地下车库工程（含桩基工程）、XDG（NC）-2014-2 号地块研发楼项目施工总承包工程，申特花园安置地块拆迁安置房二标段、南京空港 NO.2015G47 地块房地产开发项目 27#、28# 荣获 2017 年度江苏省建筑施工标准化星级工地等。公司多次被评为全国优秀施工企业，江苏省、常州市建筑业优秀企业，江苏省建筑业竞争力百强企业，江苏省、常州市安全生产先进企业，溧阳市建筑业五强企业，溧阳市建筑业五星企业，溧阳市建筑业十佳企业等荣誉称号。

无锡市国家智能交通综合测试基地项目

溧阳通用机场项目

溧阳市人民医院新院项目

无锡市 XDG-2015-10 号地块建设项目

苏浙皖边界市场

Suzhewan bianjie shichang

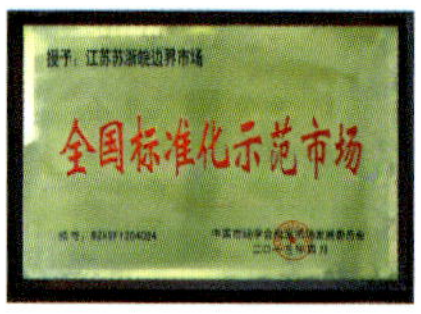

董事长 费爱平

苏浙皖边界市场是苏浙皖三省交界地区最大的综合性市场，成立于2001年，占地面积480亩，总建筑面积28万平方米，由江苏苏浙皖边界市场发展有限公司建设运营。一期市场为农副产品交易区，主要经营品种有蔬菜、水果、水产、茶叶、粮油、竹木等；二、三期市场为建材交易及仓储物流区，经营品种有陶瓷卫浴、五金水暖、油漆涂料、木材夹板、花岗岩等；景丽家居城主营软体、实木、板式、欧式、美式中高档家具；精品建材城主营中高档建材及各类实景体验馆。

2018年，苏浙皖边界市场紧紧围绕“凝聚精气神，建设新溧阳”总体要求，聚焦“四大经济”工作主题，解放思想，凝心聚力，不断创新，开拓进取，2018年市场总成交额达112亿元，上缴各项税费2000余万元。市场经营户突破1800余户，从业人员超1.6万人，相关源头产业及配套服务用工达5.5万余人。经营范围辐射全国10多个省市。

公司已经通过ISO9001服务质量体系认证，连续被上级评为“全国标准化市场”“中国品牌市场”“农业部定点市场”“江苏省文明诚信市场”“常州市流动人口管理示范市场”“常州市平安市场”等荣誉称号。

全国标准化示范市场

一站采购，尽在苏浙皖边界市场，

放心、信赖，值得选择！

·蔬菜·水果·水产·茶叶·粮油·竹木·陶瓷卫浴·五金水暖·油漆涂料·木材夹板·

·软体、实木、板式、欧式、美式中高档家具·家居实景体验馆·仓储物流·花岗岩·

◎◎苏浙皖边界市场占地面积 480 亩

◎◎总建筑面积 28 万平方米

◎◎市场共有经营户 1800 余户

◎◎从业人员超 1.6 万人

◎◎连续多年市场总成交额超百亿元

溧阳市常协电梯工程有限公司
Liyang City Chang Xie Elevator Engineering Co.,Ltd.

董事长 张国华

溧阳市常协电梯工程有限公司创立于1979年，四十年来一直以较高的年均增长速度持续稳定发展。

公司注册资本为1000万人民币，长期拥有国家A级电梯安装维修资质，下设有28个销售安装分公司，在北京、天津、南京、上海、苏州、合肥、阜阳、杭州、宁波、广州、佛山、南宁、无锡、江阴、常州、海口、三亚、西安、兰州、西宁、银川等地设有办事机构。公司现有长期合同工1500多人，其中工程技术和经济管理人员有150人。公司电梯年销售量近800台安装数量达7000多台，维修保养数量达3000多台。公司主要代理销售安装迅达、奥的斯机电、通力、康力、蒂森、怡达等电梯。

溧阳常协自股份合作制创立以来，坚持“科学管理、追求完美、用户至尊、持续发展”的经营方针，积极参加国内市场的竞争，以精湛的安装技艺、完善的管理体系，精良的检测设备，赢得了广大客户的信赖。近年销售安装的样板工程有北京大兴国际机场、北京新世界中心、广州保利国际、广州地铁三号线、南京苏宁总部基地、南京地铁、南京禄口机场、南宁华润万象城、青岛银座中心、徐州苏宁广场、成都东航基地、宜家家居、济青高铁线、宁波香格里拉大酒店、西安中铁中心、宁夏亘元万豪大厦等。

与此同时，在管理上加快与国际化接轨，获得了质量、职业健康安全和环境管理体系的多重认证证书，并逐渐形成其独特的企业文化内涵。新世纪、新常协，将本着诚信、智慧、创新、共赢的经营理念，坚持“速度领先、规模取胜”的发展战略努力进行技术创新、市场创新和管理创新，进一步深化改革、增强竞争力、提高安全质量和服务管理，为发展中国的电梯安装维修服务事业作出更大贡献。

北京大兴国际机场项目 共安装108台电梯

西安绿地中心
迅达 7050 电梯 16 台

镇江苏宁广场
迅达 7000 电梯 34 台

三亚凤凰岛养生度假公寓中心
西奥 E411 电梯 20 台

湖州喜来登大酒店
迅达 7000 电梯 8 台

南京禄口机场
蒂森扶梯 / 人行道 84 台

兰州西站
迅达 9300 电梯 51 台

发展战略：坚持速度领先 · 坚持规模取胜

经营理念：诚信 · 和谐 · 智慧 · 创新 · 共赢

经营方针：科学管理

追求完美

用户至尊

持续发展

北京地铁九、十六号线
迅达 9300 扶梯 113 台

常州地铁 1 号线
迅达 9700 扶梯 140 台

无锡苏宁广场
迅达 7000 电梯 35 台

宁波香格里拉大酒店
迅达 7000 电梯 12 台

徐州苏宁广场
迅达 7000 电梯 21 台

济南汉峪金谷
迅达 7050 电梯 4 台

济青高铁
迅达 9300 扶梯 115 台

上海北外滩茂悦酒店
迅达 7000 电梯 9 台

广东罗浮宫家具博览中心
迅达 7000 电梯 20 台

青岛深蓝中心
通力 PT18/40-19 电梯 11 台

宁波国际航运服务中心
迅达 7070 电梯 18 台

宁夏亘元国际大厦
迅达 7050 电梯 19 台

新疆中天广场
迅达 7000 电梯 20 台

溧阳市天目湖酒文化博物馆

Liyangshi tianmuhu jiuwenhua bowuguan

斯里兰卡驻华大使团参访酒博馆，共同品鉴贵州茅台

馆长陶洪昌回赠德国参访团 1998 年茅台珍藏版礼盒

“以茶为媒 以酒结缘”酒博馆喜迎中外嘉宾

德国富尔达大区友城团到访酒博馆与陶洪昌馆长互赠礼品

溧阳市天目湖酒文化博物馆是一家致力于名酒收藏、酒文化研究和传播的非国有博物馆，开馆三周年以来，在馆长陶洪昌的带领和酒界同仁的支持下，受到社会的极大关注，累计接待中外游客和社会各界人士达 20 多万人次。

目前，酒文化博物馆是中国博物馆协会团体会员、江苏省民办博物馆协会副会长单位、常州市科普教育基地、中国社会组织评估 3A 等级。

为更好地弘扬和传承中国酒文化，酒博馆先后举办了 5·18 世界博物馆日——走进正昌集团、参观常州雅集园内各博物馆等一系列活动。酒博馆携手南京宝缘斋博物馆在玄武湖白苑举行了“醉美樱花”收藏精品特别展；在溧阳茶叶节暨天目湖旅游节期间，酒博馆迎来了斯里兰卡驻华大使团、美国哥伦比亚市友城团、乌克兰驻沪总领事团、德国富尔达大区友城团；开

“醉美樱花”精品展开幕式

馆长陶洪昌为嘉宾介绍藏品

展了“让世界爱上茅台，让茅台走向世界”的茅台酒文化主题活动，邀请各国友人前来参观品鉴；为纪念中国共产党建党98周年，在馆长陶洪昌的带领下，酒博馆馆员、志愿者前往北京进行“不忘初心，牢记使命”的主题教育活动。

三年来，溧阳市天目湖酒文化博物馆在江苏省文物局、溧阳市文广体局等相关部门的关心指导下，在社会各界的支持下，酒博馆充分发挥了博物馆职能作用，取得了可喜的成绩。

今后，酒博馆将继续砥砺奋进，不忘初心，为促进博物馆事业发展，发挥博物馆功能，满足公民精神文化需求积极探索；继续秉承“弘扬传统文化、普及酒类知识、广交天下朋友、精神物质双赢”的宗旨，为进一步传承和弘扬中国酒文化而努力奋斗。

地址：江苏省溧阳市西大街38号

电话：0519-87282516　87207902

中酒协领导到酒博馆调研（左起：周新虎、陶洪昌、宋书玉、陈国锁、毛健）

省酒协收藏委员会会长、馆长陶洪昌在省酒协收藏委员会第一届二次会议上作工作报告

陕西省白河县工商联莅临酒博馆参观考察（左起：白河县副县长朱志军、溧阳市政协副主席蔡金龙、白河县工商联主席张莹、酒博馆馆长陶洪昌）

庆“七一”北京红色之旅

参观学习雅集园内各博物馆

江蘇省溧陽中學

“不忘初心、牢记使命”同行筑梦主题党日活动

98 届校友捐建“春晖亭”揭牌

辉煌岁月 盛世名校

江苏省溧阳中学创建于 1946 年，1963 年被列为江苏省 18 所示范中学之一，1980 年被确定为江苏省首批重点中学，2000 年被命名为“国家级示范性普通高中”， 2003 年晋升为江苏省最高星级——四星级高中。

学校现有 59 个班级，2900 名学生，教职工 337 人，其中专任教师本科学历 100%，研究生学历 81 人；具有高级职称教师 132 人，具有中级职称教师 142 人。学校现有江苏省特级教师 2 名，常州市特级教师后备人才 4 名，常州市学科带头人、骨干教师、溧阳市学科带头人、骨干教师等四类优秀教师 210 名，省、市、县各级各类优秀教师占专任教师总数的 67.7%，科研成果颇丰。

省溧中岁月辉煌、人杰地灵，哺育了无数享誉中外的高素质、高品位人才。他们中有世界知名科学家，尤以两院院士引人注目；他们中有各行业的领军人物，在政界、教育界、金融界、

“天目建设教育基金”捐赠签约仪式

“金峰教育基金”捐赠签约仪式

文化界、体艺界等各有建树，可谓桃李相映，果香满天。

现今的省溧中正值盛世，名校魅力四射，业绩光彩夺目。一流的办学条件，一流的教师队伍，一流的管理水平为溧阳人民提供了一流的教育。高考本科上线率、本一占有比例、清华北大一流名校占有数等高考重要指标在省内外同类学校中名列前茅，多次摘取了常州市文、理科状元。

学校把学生的健康成长与未来发展放在高于一切的位置，在校训“求真”的训育下，形成了“远大理想与现实表现统一、人文素养与科学素养俱佳、创新精神与实践能力兼备、身心健全与自强不息共存”的育人特色。省溧中人在“自强不息”的学校精神鼓舞下，瞄准更高远的发展目标，为把学校建设成为具有国际视野、富有文化内涵及鲜明办学特色的高质量、高品位普通高中而努力奋斗。

海军大连舰艇学院与省溧中优质生源基地共建仪式

“构建生态课堂，培育核心素养”大型对外公开教研活动

Liyang High School Jiangsu Province

2018年常州市理科状元李利峰

举办美食节，丰富学生业余生活。

元旦文艺汇演暨校本课程展演活动

溧阳市光华高级中学是1939年8月在陈毅、粟裕等老一辈无产阶级革命家的亲切关怀支持下创建的。她具有光荣的革命历史和优良传统。在八十年的办学历程中，光华中学六迁其址、十易校名。1984年由时任全国人大副委员长叶飞题写校名。1993年6月，被溧阳市人民政府确定为市重点中学。1999年4月创建成江苏省重点高中。2003年学校转为省三星级高中。2005年10月年实现初中高中分设办学，高中定名为溧阳市光华高级中学。2008年评为江苏省四星级高中。

学校现有高中39个班，在校学生1850余人，教职工300余人。学校占地面积120余亩，建筑面积81163平方米，环境优美，设施先进，集智能化、生态化、现代化为一体，是青少年求学成才的佳境。

学校拥有一支师德修养好教科研能力强的师资队伍。在专任教师299人中，具有中高级职称243人，研究生学历或硕士学位46人。其中省特级教师1人，全国优秀教师1人，常州市“831工程”培养对象5人，溧阳市拔尖人才2名，江苏省乡村骨干教师培育站1个，溧阳市名师工作室领衔人3人。常州市、溧阳市级“四类”优秀教师人数达96人。

学校秉承“诚毅”校训，坚持“人人是才”的办学理念，形成了优良的校风、教风和学风，铸就了“爱国荣校、艰苦奋斗、团结实干、开拓创新”的光华精神，积淀了深厚的文化底蕴。学校坚持以德育为龙头、教学为中心，以提高教师专业素质为根本，遵循教育规律，规范办学行为，取得丰硕教育教学成果。学校高考本科入围率每年大幅度提升，稳居常州市重点高中前列。同时，学校着力办好体育传统项目学校，不断发展体艺特色，使之成为学校对外展示办学思想的重要窗口。学校先后荣获“全国中学实践活动合格单位”“全国体育传统项目先进集体”“江苏省德育工作先进学校”等20余项省级以上荣誉称号。

“不忘初心、牢记使命”主题教育动员大会

中山大学中文系教授、光华83届校友彭玉平回母校作专题讲座

中科院研究院、82届校友潘春洪作专题讲座

国家科技进步一等奖获得者、99届校友姜巍作专题讲座

“开学第一
校园” 主

市委书记蒋锋视察学校工作

陈毅元帅女儿丛军女士和副市长陆慧琦共同为陈毅元帅雕像揭幕

教育局局长唐洪祥、光华校友彭玉平教授为光华校史馆揭牌

隆重举行“谈智隽奖学金”第二十五次颁奖典礼

校　　训：诚毅

办学理念：人人是才

八十年来，光华人勠力同心，矢志不渝，以饱满的红色情怀、一流的办学业绩书写着光华灿烂的历史。八十弦歌不息，学子云涌，英才辈出。在他们中间，有革命英烈、政界名人、商界巨子、学界鸿儒、体坛健将，更有许许多多遍布各行各业的社会主义事业建设人才。中科院院士、北大生命科学院教授翟中和，国务院学部委员、原西安交大校长史维祥，美国国际济丰股份有限公司董事长谈智隽，原安徽农大校长沈和湘，原中日友好医院院长强瑞春等，就是他们中的优秀代表。

“征程万里风正劲，重任千钧再奋蹄。”光华人永远牢记自身承载的历史使命，步履果敢而豪迈。我们将进一步传承红色基因，弘扬“诚毅”精神，凝练“不忘初心、感恩敬畏、积极阳光、包容向善、守纪能苦、勇于超越”的学校价值观，坚持“一体两翼”（以红色文化为主体，以体艺发展为两翼）的办学方向，努力把光华中学办成“现代化、高质量、有特色”的让人民满意的高品质学校。

主义进

终身正教授、美国普渡大学西北分校电子和计算机系教务主任谈理者作专题讲座

美国筑梦游学活动

台湾三民高中学生参访交流

80 年印记 -- 参观光华校史馆

《溧阳年鉴》（2019）审稿单位

（按篇目先后为序）

市委办
市人大办
市政府办
市政协办
市人武部
市委组织部
市委宣传部
市委统战部
市委政法委
市纪委监委办
市委党史工委
市志办
市统计局
市气象局
市文明办
市委巡察工作办公室
市委农工办
市编办
市台办
市委党校
市级机关工委
市委老干部局
市保密局
市信访局
市档案局
市政府法制办
市政务服务管理办公室
市外事办
市政府侨办
民盟溧阳市基层委员会
民建溧阳市支部委员会
市工商联
市总工会
团市委
市红十字会
市妇联
市科协
市侨联
市文联
市民防局
市公安局
市检察院
市法院
市司法局
市商务局
海关溧阳办事处
江苏中关村科技产业园管委会
溧阳经济开发区管委会
市旅游局
天目湖旅游度假区管委会
天目湖镇政府
曹山旅游度假区管委会
市规划局
市国土局
市住建委
市房屋征收与补偿办公室
市供电公司
常州市住房公积金管理中心溧阳分中心
市城管局
燕山新区管委会
常州市溧阳生态环境局
市农林农村局
市水利局
市工信局
市建工局
市交通运输局
市邮政局
中国电信溧阳分公司
中国移动溧阳分公司
中国联通溧阳分公司
市粮食局
市烟草局
市盐务局
市供销总社
市财政局
市税务局
市审计局
人行溧阳市支行
工行溧阳支行
农行溧阳市支行
中行溧阳支行
建行溧阳支行
农发行溧阳市支行
江南银行溧阳市支行
邮政储蓄银行溧阳市支行
溧阳浦发村镇银行
平安银行溧阳支行
人保财险溧阳支公司
中国人寿溧阳支公司
人寿财险溧阳支公司
太保财险溧阳支公司
太保寿险溧阳中心支公司
东海证券溧阳营业部
南京证券溧阳营业部
市发改委
市市场监督管理局
市安监局
市人社局
市科技局
市地震局
市教育局
市文广体局
溧阳广播电视台
市卫计局
市民政局
市老龄办
市残联
市民宗局
市关工委
溧城镇政府
埭头镇政府
上黄镇政府
戴埠镇政府
别桥镇政府
竹箦镇政府
上兴镇政府
南渡镇政府
社渚镇政府
昆仑街道办事处

编辑说明

一、《溧阳年鉴》是由中共溧阳市委、溧阳市人民政府主办，《溧阳年鉴》编纂委员会组织实施，中共溧阳市委宣传部、溧阳市地方志办公室共同承办的综合性资料工具书，于2005年创刊，国内外公开发行。

二、《溧阳年鉴（2019）》以马克思列宁主义、毛泽东思想、邓小平理论、“三个代表”重要思想、科学发展观、习近平新时代中国特色社会主义思想为指导，坚持辩证唯物主义和历史唯物主义的立场、观点和方法，旨在全面反映溧阳市基本自然状况和政治、经济、文化等社会各方面基本面貌，系统汇集溧阳市在“保持定力聚合力，接续奋斗再攻坚，向着宁杭生态经济带最美副中心城市奋力迈进”进程中所取得的巨大成就，为各级领导决策和管理、社会各界人士及中外投资者认识溧阳提供客观、翔实的最新信息资料。

三、《溧阳年鉴（2019）》设特载、专记、溧阳概况、大事记、中共溧阳市委员会、溧阳市人民代表大会、溧阳市人民政府、政协溧阳市委员会、中共溧阳市纪律检查委员会（监察委员会）、民主党派·工商联·群众团体、军事·法治、城乡建设、资源环境管理、开放开发、区域发展和合作、农业、工业、建筑业、商贸流通、旅游、邮政通信、金融业、经济管理、科学技术、教育、文化·新闻、体育、卫生与健康、社会生活、镇（区）·街道、人物·先进集体31个类目，全书77.5万字。

四、《溧阳年鉴（2019）》记载的地域范围以现行溧阳市行政区划为界，凡在溧阳市境内的各镇（区）、场圃、机关、团体、企事业单位等，不论其归属，均在记述范围之内；记载时间为2018年度，部分条目适当向前追述，特载、先进个人、先进集体收录至2019年4月。

五、《溧阳年鉴（2019）》采用分类编辑的方法编辑，主体内容分为类目、分目、条目3个层次，以条目为记载实体。对条目间的交叉重复现象，一般分清主次和区别视角加以记述。为方便读者查阅，《溧阳年鉴》设有目录、索引等检索系统。

六、《溧阳年鉴（2019）》全书彩色印刷，图文并茂。制作系列公益专版，充分展示溧阳率先发展、科学发展、和谐发展的新成就；选择在全市及市以上有影响、成绩突出的党政群机关、企事业单位刊登宣传专版，扩大宣传效应；收录随文图片近千幅，增强可读性与信息量。

七、《溧阳年鉴（2019）》的“人物·先进集体”类目包括新任市领导、新闻人物、逝世人物、先进个人、先进集体等分目。其中“新任市领导”收录2018年5月至2019年4月新任的中共溧阳市委书记、副书记、常委，市人大常委会主任、副主任，市政府市长、副市长，市政协主席、副主席；“新闻人物”收录2018年1月至2019年4月受到省部级表彰的溧阳市先进人物；“逝世人物”收录2018年度逝世的溧阳籍知名人士和在溧阳离、退休且在溧阳担任过副市（县）职以上职务的干部。

八、《溧阳年鉴（2019）》采用的稿件均由各镇（区）和有关部门提供，并经单位领导审核。文中所列数据，由于统计口径不同而存差异，请读者在引用时加以注意。

溧阳市部分机构全称、简称对照表

简　称	全　称
市委	中国共产党溧阳市委员会
市人大（常委会）	溧阳市人民代表大会（常务委员会）
市政府	溧阳市人民政府
市政协	中国人民政治协商会议江苏省溧阳市委员会
市纪委	中国共产党溧阳市纪律检查委员会
市监委	溧阳市监察委员会
市人武部	中国人民解放军江苏省溧阳市人民武装部
市法院	溧阳市人民法院
市检察院	溧阳市人民检察院
市委办	中国共产党溧阳市委员会办公室
市人大办	溧阳市人民代表大会常务委员会办公室
市政府办	溧阳市人民政府办公室
市政协办	中国人民政治协商会议江苏省溧阳市委员会办公室
市委组织部	中国共产党溧阳市委员会组织部
市委宣传部	中国共产党溧阳市委员会宣传部
市委统战部	中国共产党溧阳市委员会统一战线工作部
市委政法委	中国共产党溧阳市委员会政法委员会
市委农工办	中国共产党溧阳市委员会农村工作办公室
市委研究室	中国共产党溧阳市委员会研究室
市委深改办	中国共产党溧阳市委员会全面深化改革领导小组办公室
市委党建办	中国共产党溧阳市委员会党的建设工作领导小组办公室
市委巡察办	中国共产党溧阳市委员会巡察工作办公室
市级机关工委	中共溧阳市委市级机关工作委员会
市直属机关党委	中国共产党溧阳市直属机关委员会
市委老干部局	中国共产党溧阳市委员会老干部局
市台办	中国共产党溧阳市委员会台湾工作办公室 溧阳市人民政府台湾事务办公室
市委党校	中国共产党溧阳市委员会党校
市委党史工委	中共溧阳市委党史工作委员会
市委机要局	中共溧阳市委机要局
市委外宣办	中共溧阳市委对外宣传办公室
市保密局	溧阳市国家保密工作局
市文明委（办）	溧阳市精神文明建设指导委员会（办公室）
市编委（办）	溧阳市机构编制委员会（办公室）
市综治委（办）	溧阳市社会治安综合治理委员会（办公室）
市法治办	溧阳市依法治市领导小组办公室
市外办	溧阳市外事办公室
市接待办	溧阳市接待办公室
市政府研究室	溧阳市人民政府研究室
市政府新闻办	溧阳市人民政府新闻办公室
市政府金融办	溧阳市人民政府金融工作办公室
市政府应急办	溧阳市人民政府应急管理办公室
市民宗局	溧阳市民族宗教事务局
市志办	溧阳市地方志办公室
市发改委	溧阳市发展和改革委员会
市工信局	溧阳市工业和信息化局
市文广体局	溧阳市文化广电体育局
市人社局	溧阳市人力资源和社会保障局
市科技局	溧阳市科学技术局
市老龄委（办）	溧阳市老龄工作委员会（办公室）
市住建委	溧阳市住房和城乡建设委员会
市建工局	溧阳市建筑工程管理局
市农机局	溧阳市农业机械管理局
市爱卫会（办）	溧阳市爱国卫生运动委员会（办公室）
市卫计局	溧阳市卫生和计划生育局
市安监局	溧阳市安全生产监督管理局
市城管局	溧阳市城市管理（行政执法）局
市园林局	溧阳市园林绿化管理局
市侨办	溧阳市人民政府侨务办公室
市政府法制办	溧阳市人民政府法制办公室
市供销总社	溧阳市供销合作总社
团市委	中国共产主义青年团溧阳市委员会
市青联	溧阳市青年联合会
市妇联	溧阳市妇女联合会
市科协	溧阳市科学技术协会
市文联	溧阳市文学艺术界联合会
市侨联	溧阳市归侨侨眷联合会
市工商联	溧阳市工商业联合会
市残联	溧阳市残疾人联合会
民盟溧阳总支	中国民主同盟江苏省常州市委溧阳总支部
民建溧阳市支部	中国民主建国会溧阳市支部
市老促会	溧阳市老区开发促进会
市关工委	溧阳市关心下一代工作委员会
市税务局	国家税务总局溧阳市税务局
市国土局	溧阳市国土资源局
市烟草局（烟草营销部）	江苏省溧阳市烟草专卖局（江苏省烟草公司常州市公司溧阳营销部）
中国电信溧阳分公司	中国电信股份有限公司溧阳分公司
中国移动溧阳分公司	中国移动通信集团江苏有限公司溧阳分公司
中国联通溧阳分公司	中国联合网络通信有限公司溧阳市分公司
市盐务局（盐业分公司）	溧阳市盐务管理局（江苏省苏南盐业有限公司溧阳分公司）
两劳检察院	常州市天目湖地区人民检察院
中华曙猿管理处	江苏溧阳中华曙猿遗迹保护区管理处
海关溧阳办事处	常州海关驻溧阳办事处
人行溧阳市支行	中国人民银行溧阳市支行
工行溧阳支行	中国工商银行股份有限公司溧阳支行
农行溧阳市支行	中国农业银行股份有限公司溧阳市支行
中行溧阳支行	中国银行股份有限公司溧阳支行
建行溧阳支行	中国建设银行股份有限公司溧阳支行
农发行溧阳市支行	中国农业发展银行溧阳市支行
江南银行溧阳市支行	江苏江南农村商业银行股份有限公司溧阳市支行
邮政银行溧阳市支行	中国邮政储蓄银行溧阳市支行
溧阳浦发村镇银行	溧阳浦发村镇银行股份有限公司
人保财险溧阳支公司	中国人民财产保险股份有限公司溧阳支公司
中国人寿溧阳支公司	中国人寿保险股份有限公司溧阳支公司
人寿财险溧阳支公司	中国人寿财产保险股份有限公司溧阳支公司
太保财险溧阳支公司	中国太平洋财产保险股份有限公司溧阳支公司
太保寿险溧阳中心支公司	中国太平洋人寿保险股份有限公司溧阳中心支公司
东海证券溧阳营业部	东海证券有限责任公司溧阳南大街证券营业部
南京证券溧阳营业部	南京证券股份有限公司溧阳罗湾路营业部
溧阳经济开发区	江苏省溧阳经济开发区
水西纪念馆	新四军江南指挥部纪念馆
市疾控中心	溧阳市疾病预防控制中心
市妇保院	溧阳市妇幼保健院
省溧中	江苏省溧阳中学
市职教中心	江苏省溧阳市职业教育中心
市城管大队	溧阳市城市管理行政执法大队
市环卫处	溧阳市环境卫生管理处
市航管处	溧阳市航道管理处
市运管处	溧阳市运输管理处

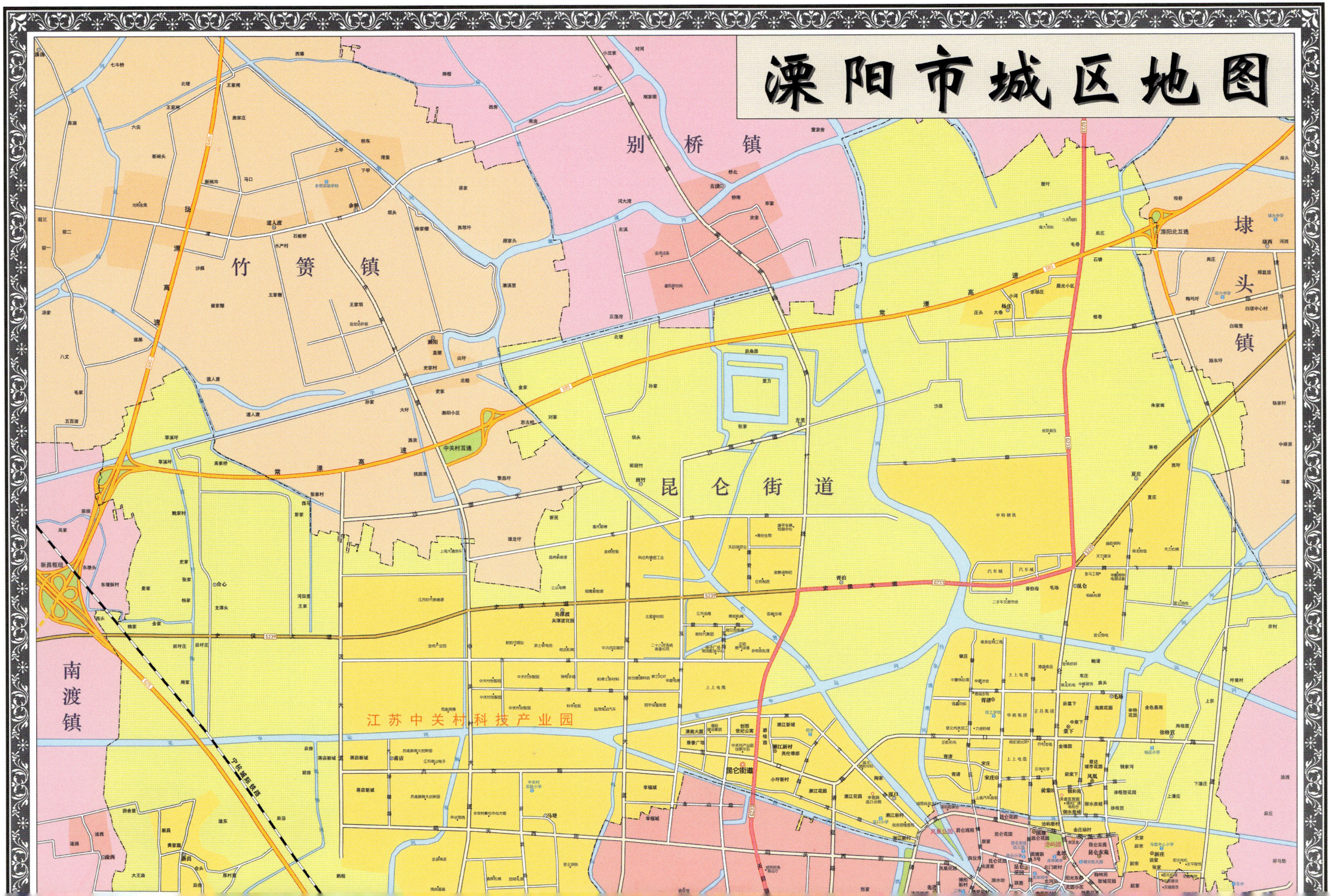

溧阳市城区地图
别桥镇
埭头镇
竹箦镇
昆仑街道
南渡镇
江苏中关村科技产业园
中关村互通
溧阳北互通
宁杭城际铁路

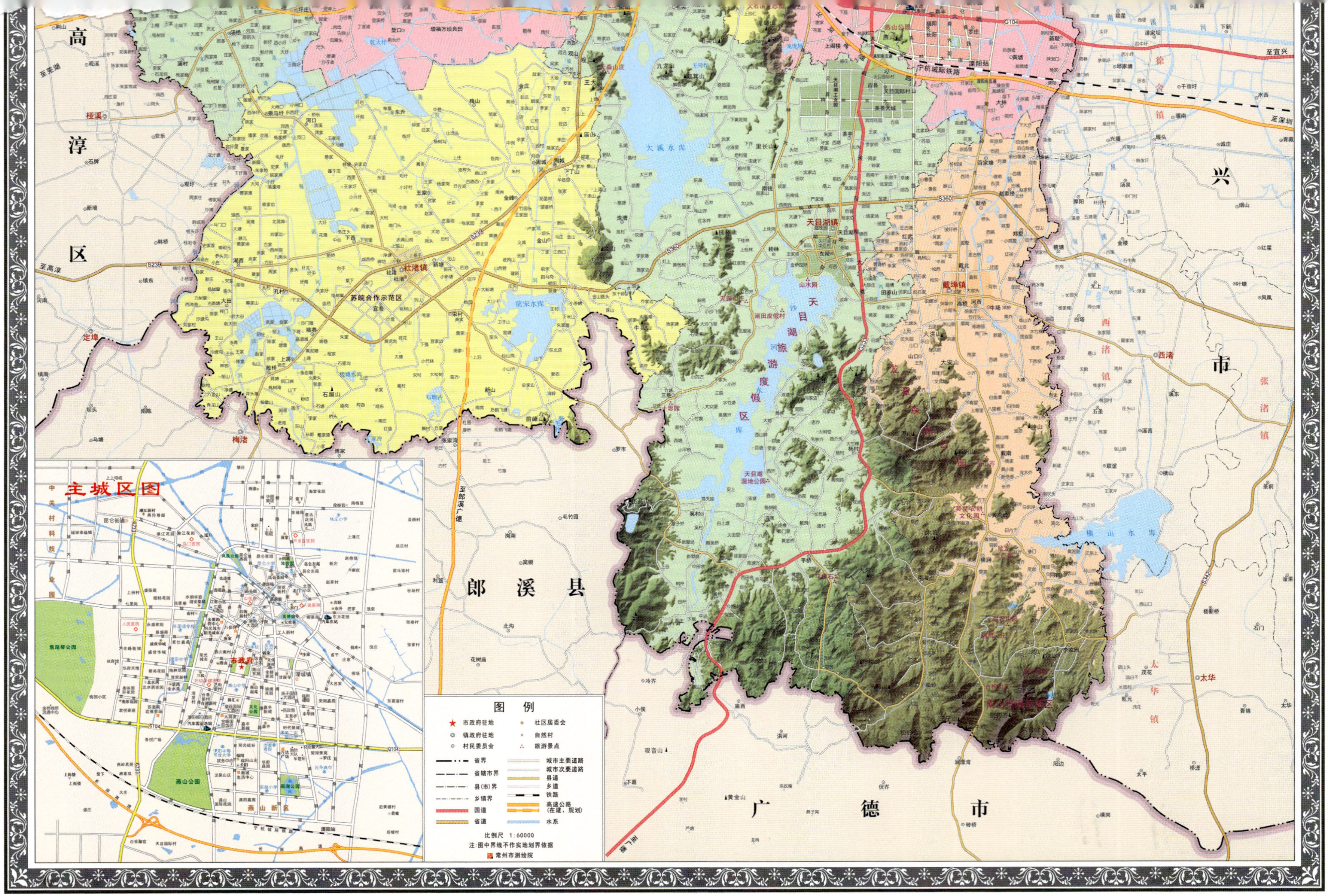

审图号:苏D(2018)03号

溧阳市行政区划图

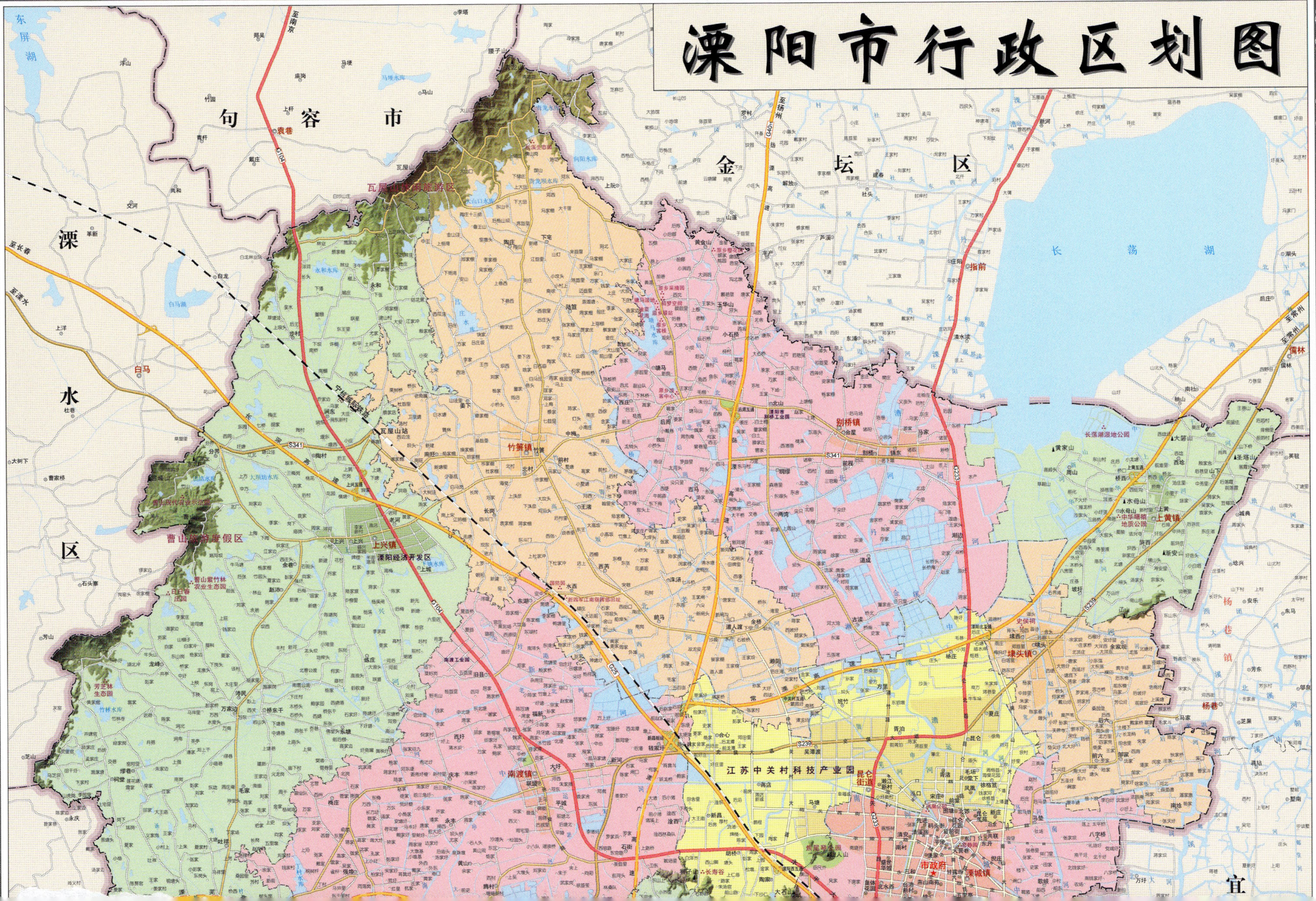

句 容 市
金 坛 区
溧 水 区
宜
长 荡 湖
东屏湖
竹箦镇
别桥镇
上黄镇
上兴镇
南渡镇
埭头镇
溧城镇
昆仑街道
市政府
江苏中关村科技产业园
溧阳经济开发区
曹山旅游度假区
瓦屋山旅游度假区
长荡湖湿地公园
中华曙猿地质公园
曹山紫竹林农业生态园
芳芝林生态园
宁杭城际铁路
指前
社头
白马
袁巷

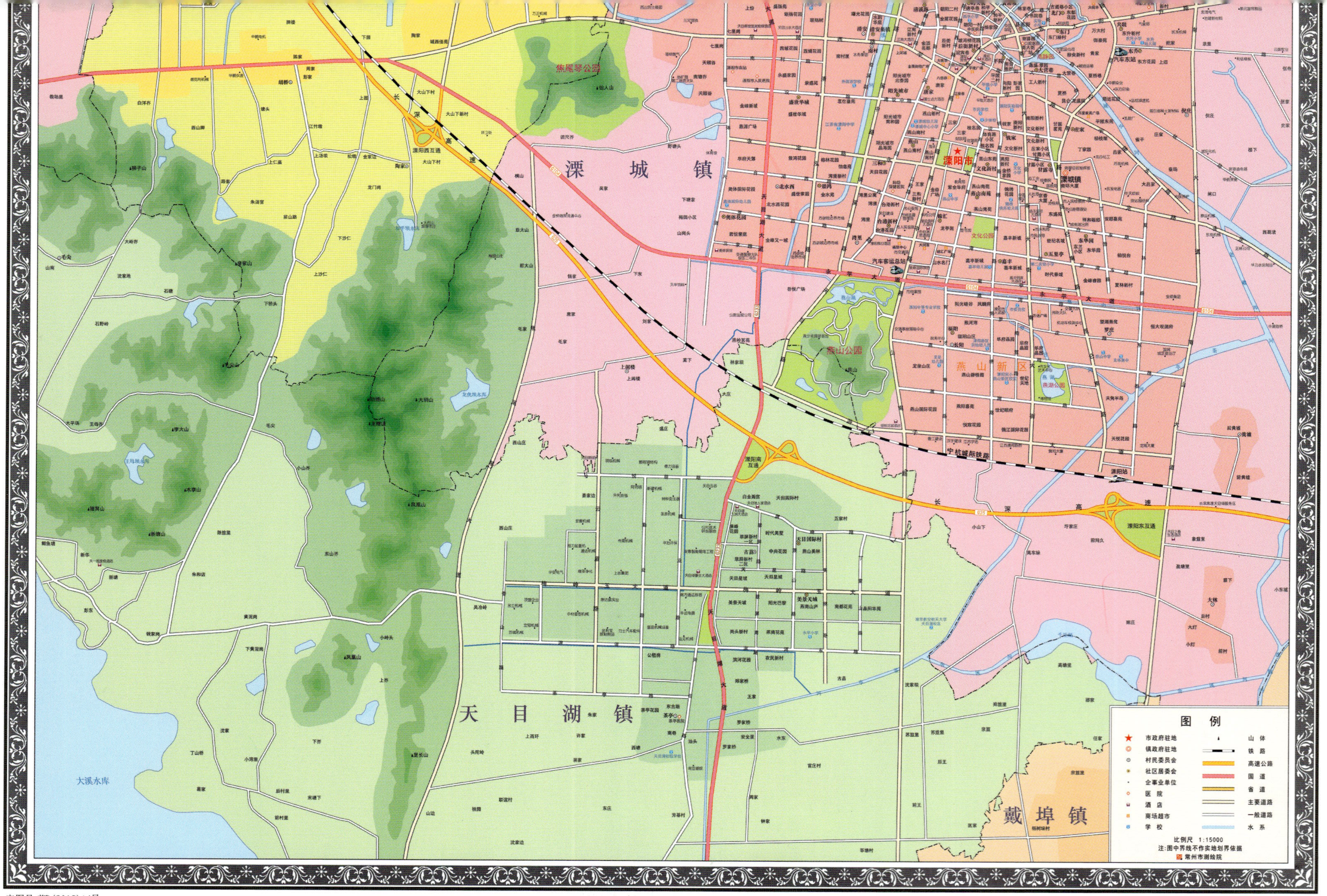

审图号:苏D(2018)04号

目　　录

特　　载

专　　记

溧 阳 概 况

大　事　记

中共溧阳市委员会

溧阳市人民代表大会

溧阳市人民政府

政协溧阳市委员会

中共溧阳市纪律检查委员会
溧阳市监察委员会

民主党派・工商联・群众团体

军 事・法 治

城乡建设

资源环境管理

开 放 开 发

区域发展和合作

农　业

工　业

建　筑　业

商贸流通

旅 游

邮 政 · 通 信

金 融 业

经 济 管 理

科 学 技 术

教　　育

文 化 · 新 闻

体　育

卫生与健康

社 会 生 活

镇（区）·街道

人物·先进集体

附　　录

索 引

宣 传 专 版

Main Contents

Special Record

Special Articles

A Survey of Liyang

A Chronicle of Major Events

Liyang City Committee of the Communist Party of China

Liyang City People’s Congress

Liyang City People’s Government

Li yang City Committee of the Chinese People's Political Consultative Conference

Li yang City Commission for Discipline Inspection of the Communist Party of China Li yang City Supervisory Commission

Democratic Parties 、Association of Industry and Commerce 、Community Groups

Armed Forces、 Rule by Law

City and Country Construction

Resource and Environment Management

Opening and Development

Regional Development and Cooperation

Agriculture

Industry

Building Industry

Commerce and Trade Circulation

Tourism

Post • Communication

Banking Industry

Economic Management

Science Technology

Education

Culture and News

Sports

Hygiene and Health

Social Life

Town (district) • Street

Figures•Advanced Collectivity

Appendix

Index

保持定力聚合力 接续奋斗再攻坚
向着宁杭生态经济带最美副中心城市奋力迈进

——在市委十二届七次全会上的讲话

中共溧阳市委书记 蒋 锋

（2018 年 12 月 30 日）

同志们：

这次全会的主要任务是，深入学习贯彻习近平新时代中国特色社会主义思想和党的十九大精神，全面贯彻落实省委十三届五次、常州市委十二届七次全会决策部署，回顾总结今年工作，研究部署明年任务，动员全市各级党组织和广大党员干部，认清形势、解放思想，坚定信心、乘势而上，奋力推动宁杭生态经济带最美副中心城市建设不断取得过硬成果。

下面，我代表市委常委会，向全会报告工作。

一、在奋进中迎来转折，高质量发展迈入加速通道

今年以来，市委在省委和常州市委坚强领导下，紧紧围绕“凝聚精气神，建设新溧阳”总要求，聚焦“重大项目推进年”和“全域旅游推进年”工作主题，以接轨南京为战略支点，在复杂环境中积极应对、求实奋进，实现了迈向高质量发展的关键转折。

一是经济发展量质并举。全年预计实现地区生产总值926.7亿元，完成公共财政预算收入66.3亿元，均增长8%，税占比保持在85%以上。规上工业总产值、规上工业增加值、固定资产投资等主要经济指标始终保持两位数增长，“四大经济”占比进一步提升至49%。质量明显提升，工业税收增长30%，规上工业企业亩均产值、税收分别增长15%和30%，单位工业增加值综合能耗下降11.5%，应税销售税负率位居常州第一，全年纳税超亿元企业达12家。上上集团荣膺“中国工业大奖”。特色产业再上台阶，建安业产值、税收均实现近20%的增长，苏华集团、天目集团全年纳税均超2亿元。

二是“两大推进”有力有效。保持重大项目强劲攻坚态势，百亿项目三年耕耘三年收获，总投资120亿元的时代新能源三期项目成功签约。全年共引进亿元以上项目60个，其中超百亿元1个，50亿元2个，10亿元15个。上汽时代、北星新材料、璞泰来等一批动力电池产业链项目相继投产，千亿级动力电池产业呼之欲出。全域旅游架构全面形成，天目湖龙头效应更加彰显，综合考评蝉联全省第一，曹山创成省级旅游度假区和省级现代农业示范区。“1号公路”串珠成链，有力拓展了全域旅游新空间，溧阳茶舍、休闲驿站、房车营地等新业态不断涌现，南山竹海风情小镇、涵田国际康养中心等重点项目加快推进。加快农旅融合发展，塘马村、杨家村等5个省级特色田园乡村建设扎实推进，“五朵金花”初露美丽容颜。全市乡村旅游接待量、营业性收入分别增长18.8%和32.4%，实现了人气、财气“双丰收”。

三是创新动能加速积蓄。全市高新技术产业产值增长33.5%，中科院物理所长三角研究中心挂牌运行。江苏中关村创成省级高新区，创新驱动发展能力位居全省同类开发区第二，向着国家级高新区迈出了坚实步伐。总规模20亿元的光大控股新兴产业政府引导基金正式成立。深入实施“天目湖英才榜”行动计划，成功举办首届“溧阳籍院士专家回乡行”活动，引进高层次人才220余名。

南京航空航天大学天目湖校区　（融溧阳　供稿）

改革活力持续激发，苏皖合作示范区发展规划获国家发改委批复。全市“不见面审批”率达到95%，85%的行政服务事项实现网上办理。投融资改革全面深化，成立三大市级平台公司并实行实体化运行，国有资产管理得到新加强。

四是城乡环境更加靓丽。坚持“生态为本”不动摇，高标准推进“263”专项行动，严格落实中央、省环保督察问题整改，彻底治理“散乱污”企业，化工企业整治任务超额完成，安全生产环境持续稳定向好。总投资30亿元的区域治污一体化工程扎实推进，潘家坝等现代化考核断面水质稳步提升，农村生活污水治理工程一期管网全面建成。天目湖国家湿地公园通过国考验收，7个市级“生态绿城”项目建设圆满完工，我市获评国家生态文明建设示范市。坚持以文明城市建设为统揽，扎实推进城市精致建设和精细管理，溧宁高速、溧高高速、宁杭高速曹山互通等交通枢纽加快建设，341、360省道溧阳段竣工通车。全面打响小区物业管理等“三大战役”，强化小作坊等重点领域“三项治理”，城市更加整洁，文明蔚然成风，老百姓生活更加舒适便捷。

五是民生幸福持续升温。坚持以人民为中心的发展思想，创新“票决制”选定民生实事并扎实推进，城乡人均可支配收入增幅位居常州市第一。扎实推进精准扶贫，积极落实“造血”项目，开发公益性岗位，推进土地整理做好“土地文章”，全年新增耕地2.5万余亩，带动45个行政村年均增加经营性收入18万元。公共服务更加优质均衡，“两馆一中心”全面建成开放，南航天目湖校区一期主体封顶。光华高中、燕山中学新校区顺利竣工，新办上兴高中。全市优质教育学校覆盖率超95%，“一本”达线率超省平均34.1个百分点。“府院合作”更加紧密，省人民医院、省中医院溧阳分院同质化、一体化管理水平不断提升。精准实施如意小食堂、文化小礼堂、“心愿树”爱心工作站等“微民生”工程，努力为群众幸福“+1°”。我市城市公益慈善指数跻身全国县级市十强。深入推进网格化社会治理，扎实开展扫黑除恶专项斗争，省级双拥模范城创建实现“七连冠”，“平安溧阳”“法治溧阳”建设水平稳居全省前列。

六是管党治党全面从严。强化政治引领，以习近平新时代中国特色社会主义思想为指导，传播新思想、弘扬正能量，我市入选全国新时代文明实践中心建设试点。深入开展“解放思想大讨论”活动，创新设立“山两边”论坛，常态化举办书记（局长）工作讲坛，全面对标找差，全力争创一流，党员干部眼界思路、工作方法得到明显提升。全面落实“两个责任”，认真抓好省委、常州市委巡视巡察反馈问题整改，积极开展我市3轮政治巡察，市监委挂牌成立。用足用好“三项机制”，严格执行监督执纪“四种形态”，在全市推动形成凝心聚力、干事创业的良好氛围。始终坚持党的集中统一领导，支持市人大围绕中心、服务大局，支持市政协团结各方、建言献策，推动统战、群团、意识形态、党管武装等工作得到新加强。

纵观全年工作，变化的是数字，反映的是质量，提升的是信心，标志着全市经济发展在转折之年迈入了高质量发展的加速通道。回顾近年来走过的艰辛历程，我们之所以能攻坚克难、迎来转折，得益于我们始终坚持目标同向，凝聚起了干事创业的精气神。这几年，面对错综复杂的局面和经济下行的压力，市委牢牢把握“凝聚精气神，建设新溧阳”总要求，以团结凝聚合力、以实干担起责任，不畏风险、不惧挑战，以鲜明导向引导广大党员干部风雨同舟、和衷共济，汇聚起了砥砺前行、干事创业的强大合力。得益于我们始终坚持突出重点，抓住了牵引高质量发展的牛鼻子。坚持立足实际，顺时应势提出了建设宁杭生态经济带最美副中心城市的目标愿景，科学设定发展指标、路径和方法，坚持“项目为王、生态为本”不动摇，紧扣市十二次党代会提出的“三大工程”，谋大局、抓大事，以关键领域的关键突破，带动经济社会发展进入了上升期。得益于我们始终坚持步履坚定，保持了务实进取的好作风。坚信梦在前方、路在脚下，不好高骛远、不妄自菲薄，紧扣目标定位、工作主题，一年一场战役，一步一个脚印，积小胜为大胜，最终取得了如今可喜的变化和成绩。这既是全市上下不懈奋斗的结果，也与社会各界的鼎力支持密不可分。在此我代表市委，对大家的辛勤付出表示衷心的感谢！

成绩固然可喜，但问题不容忽视。对照高质量发展要求，我们在项目支撑转型上还不够有力，在发展“四大经济”特别是健康、智慧经济等方面还没有取得大的突破；生态环境“欠账”仍然较多，彻底根治一些环境顽疾还有许多硬仗要打；文明创建成果亟待巩固提升，优质公共服务供给与群众对美好生活的期盼相比还有不少差距；少数党员干部“小富即安”的倾向有所抬头，一些领导干部盲目乐观的情绪也有所滋长，干部队伍的作风和能力建设仍有待进一步提升。这些问题都需要引起我们高度重视，在新的一年中采取措施切实加以解决。

二、在攻坚中展现担当，新一年务必实现更大作为

2019年是新中国成立70周年，是决胜全面建成小康社会第一个百年奋斗目标的关键之年，也是全面落实市第

十二次党代会部署，统筹推进“三大工程”，高质量建设宁杭生态经济带最美副中心城市的重要之年。明年工作的指导思想是：坚持以习近平新时代中国特色社会主义思想为指导，全面贯彻党的十九大和十九届二中、三中全会精神，深入贯彻省委和常州市委决策部署，坚持稳中求进工作总基调，按照“凝聚精气神，建设新溧阳”总要求，以深度接轨南京为着力点，紧扣“重大项目攻坚年”和“全域环境攻坚年”工作主题，全面推进“三大工程”，持续发力“四大经济”，不断深化全面从严治党，在高质量建设宁杭生态经济带最美副中心城市上迈出坚实步伐，以优异成绩庆祝中华人民共和国成立70周年。

明年工作的主要目标是：地区生产总值增长8%；规模以上工业总产值增长15%；公共财政预算收入增长10%；全社会固定资产投资增长10%；城乡居民收入增长与经济增长保持同步；单位GDP能耗和主要污染物排放总量削减完成上级下达任务。

目标就是导向，提升重在担当。常州市委、市政府立足明年工作的新形势新要求，提出了以“重大项目攻坚年”为主题，种好幸福树、建好明星城的目标愿景。全市各级各部门要深入贯彻落实常州市委决策部署，清醒认识到攻坚不可能一蹴而就，而是一个长期艰苦的过程，需要我们持之以恒保持激情攻坚势头，紧扣重大项目、全域环境这两个事关溧阳长远和根本的关键领域，持续用力、久久为功，努力在攻坚中提升，在提升中拓展，进一步巩固成果、扩大战果，努力在常州工业明星城市建设中作出更大贡献，在旅游明星城市建设中争当排头兵，在管理明星城市建设中打造更多样板。关键要把握好以下基调：一要保持定力、精耕细作。当前，一些长期积累的深层次矛盾与外部形势复杂变化叠加、长短问题交织与内外因素共同作用、常规性挑战与偶然性挑战并存，宏观经济环境错综复杂。与此同时，溧阳发展总体还处于爬坡过坎的关键时期，面临的困难和矛盾仍然较多。越是复杂多变，越是负重前行，越需要我们始终保持清醒、力戒浮躁，保持定力、稳中求进，坚定不移朝着宁杭生态经济带最美副中心城市目标愿景，稳扎稳打、精益求精，低调务实不张扬，一以贯之抓落实，一着不让把我们自己的事办好。二要乘势而上、加快发展。经历了激情奋斗的“两大攻坚”“两大推进”，我们在“三大工程”建设上取得了一系列关键突破，逐步形成了以深度接轨南京为重点的开放发展之势，以动力电池为代表的产业突破之势，以及以全域旅游提升为亮点的生态红利加速释放之势，广大党员干部的精气神也得到有力提振，全市上下呈现出人心思进的良好态势。气可鼓而不可泄。我们要立足已经形成的基础和优势，不故步自封，不盲目冒进，坚决克服“小富即安”思想，趁热打铁、乘势而上，努力把溧阳发展的更好、更加稳健。三要提质增效、增创优势。质量和效益是高质量发展的核心要求，我们要进一步解放思想，咬定质效优先这个标杆不放松，引导全市各级各部门牢固树立节约集约、提质增效的思想，努力以更少的资源产生更大的收益，以更优的措施增创更多的优势。提质增效的关键在于各级党员干部的能力水平。我们要继续坚持以“全面对标找差、全力争创一流”活动为抓手，持续办好书记（局长）工作讲坛，引导党员干部更加注重集成超越，善于在纷繁复杂的局面中谋在实处、抓住重点，善于在攻坚克难中创新思维、突破难点，善于在常规工作中把握规律、打造亮点，全面学习借鉴、提升聚优，集众家之长、集众人之智、集众创之力，在全省乃至全国创造更多经验、样本和品牌。具体而言，要重点抓好以下三方面工作：

（一）坚持把重大项目建设作为牵引动能升级的核心工程

高举“项目为王”大旗不动摇，聚焦产业升级目标，进一步集中资源、集成政策、集聚力量，提升项目建设的质量和效益，以重大项目的持续突破，不断提升产业的竞争力和支撑力。

一要以项目引领打造产业支柱。就县域而言，一个龙头项目往往就能集聚一批企业，形成一个支柱产业。通过这几年坚持不懈努力，我市动力电池产业建设不断深化，效益逐步显现，开始进入“收获期”。新的一年中，我们要紧盯时代新能源三期、璞泰来二期等40个产业链重大项目，全面落实个性化优质服务和定制化资源要素保障，确保项目顺利达产，产能如期释放。要立足高端，有针对性地推进动力电池产业进一步强链延链补链，推动千亿级产业加速形成。同时，要坚持放长眼光、系统谋划，瞄准新兴产业和领域，深化产业政策研究，强化招商引资工作，积极抢占未来产业发展制高点。各镇区主要领导要切实扛起主体责任，始终把主要精力放在项目建设上，确保明年至少引进4个超50亿元或5亿美元项目，15个超10亿元或1亿美元项目，力争在百亿项目上实现再突破。

二要以龙头带动做强载体支点。核心园区是项目建设的主阵地，也是经济发展的主战场。江苏中关村要始终瞄准进军国家级目标，围绕增强创新能力这一核心，进一步排细排实时间表，优化细化路线图，在项目招引上做表率、挑大梁，确保早日创成国家级高新区。要以开放的思维、全球的视野，在招商、投融资和行政审批等方面大胆探索、先行先试，加快集聚创新人才，吸纳高端要素，打造富有活力的创新高地。要按照产城融合方向，抓住一批重大项目相继竣工投产、人气加速集聚的有利时机，高点谋划科技新城建设，补齐发展短板，真正成为长三角地区知名的产城融合示范区。经开区要发挥接轨南京“第一站”功能，围绕溧阳西部建设主阵地的要求，持续拓展空间，提升发展能级，依托园区景区，实实在在招引一批先进制造、高端康养项目，体现经开区应有的地位和作用。苏皖合作示范区社渚先导区要抢抓国家发改委批复的有利契机，坚持科学谋划，加强与安徽广德、郎溪等地的沟通协作，进一步形成工作合力，打造新的增长极。各单位、各部门在谋划工作时要把支持园区建设放在重要位置，主动谋划、主动对接，尽心尽力提供服务和保障，为园区营造更好的发展环境。

三要以全面突破形成全域支撑。项目只有在全产业、全方位上取得突破，才能更好地支撑全市高质量发展。我们要在紧抓先进制造业项目的基础上，积极谋求高端休闲、新型健康、现代智慧等经济的更大突破。明年要重点围绕高端休闲经济发展，高点定位、注重实效，按照“做一个成一个”的要求，全面深化与有实力、有情怀的企业集团合作，以天目湖、曹山为核心，以“1号公路”为纽带，科学布局和实施一批旅游业重大项目，建设和完善一批溧阳茶舍、休闲驿站、房车营地，在进一步强壮筋骨、提升内涵的同时，提升人气、留住消费、带来财气，实现生态保护与旅游开发的同步提升。健康经济当前正处于发展“风口”。我们要深入研究、系统谋划，依托良好的生态资源，不断拓展与省人民医院、省中医院、南京中医药大学等院校的全方位合作，力争在国内外高端康养服务项目引进上取得突破。要紧抓智慧经济发展，力争在龙头企业引进上取得突破。各镇要进一步围绕“四大经济”重点方向，结合各自发展定位和产业特色，有的放矢、精准出击，加大力度引进一批高质量的先进制造业项目落户，更好支撑未来长远发展。

（二）坚持把全域环境提升作为增创发展优势的关键之举

环境既是竞争力，又是生产力。要着眼长三角一体化发展大局，着力探索生态创新形式，增强溧阳生态优势，吸引外部创新力量，推动全域环境提升，在更高层次上实现生态环境价值，持之以恒将其做成溧阳最大的特色、最靓的品牌。

一要筑牢生态环境根基。牢固树立“生态为本”理念，继续高标准推进“263”专项行动，驰而不息整治环境顽疾，坚决打赢蓝天保卫战、治水升级战、固废清零战“三大战役”，努力让群众看到更多蓝天白云。要突出关键、抓住重点，紧扣天目湖水源地保护、大气污染防控等工作重点，科学务实推进环境治理，做到精准施策、分类管控、分类指导，避免简单“一刀切”。要建立健全长效机制，全面消除重点领域、重点环节生态环境隐患，真正做到解决一个问题，完善一套制度，堵塞一批漏洞，促进环境保护“常”防“长”治。要进一步提高环境应急处置能力，坚决防止违章违建、非法码头等问题反弹回潮。持续开展危废“减存量、控风险”专项行动，严厉打击危废物、垃圾跨界转移倾倒等违法犯罪活动，确保不发生重大环境事故。

二要提升城镇环境品质。要以全国文明城市建设巩固提升为抓手，精致精细推动城乡面貌改善，加快推进溧高高速、溧宁高速等枢纽工程建设，推动宁杭高铁公交化，进一步织密交通路网体系。要以争创“中国人居环境奖”为引领，积极探索生态空间与城市空间有机融合，公共服务与生活生产功能协调配套的城市建设新模式，让生活更美好成为城市建设的出发点和落脚点。要积极推进省级历史文化名城创建，推动历史文脉、民俗风情、人文掌故等资源禀赋融入城市建设，融入环境提升，进一步激活历史文化品牌，提升城市影响力和美誉度，让溧阳与天目湖一起名扬四海。要用“绣花”的功夫推进城市精细管理，提高城市管理的人性化、标准化、法治化水平，持续扮靓城市面貌，让精致、干净体现在城市管理的方方面面，成为溧阳新的城市品牌。

三要做美农村环境面貌。农村环境整治是全域环境提升的重中之重。全市上下要组织开展“乡村振兴美丽提升行动”，致力于做足做好“空间、活力、效益”三篇文章。要整出空间，以“1号公路”为轴，推动沿线农村片区景观化改造，善用艺术的手法，凸显历史的底蕴，进一步做出特色、做美空间，打造一批地标式特色片区，让更多人愿意来、留得住、能消费，带动周边群众增收致富。要整出活力，继续做好“土地文章”，科学实施土地整理项目，盘活土地资源，做强集体经济；要系统研究、创新思路，在盘活闲置农房、宅基地上积极探索，唤醒农村“沉睡的资源”。要整出效益，大力发展高效农业、特色农业、观光农业，加快农旅融合步伐，持续扩大优质农产品供给，使农产品成为高附加值的旅游产品。深入研究和对接城市消费群体需求，以点带面建设特色田园乡村，进一步增强体验感、做出乡土味，吸引更多游客走进溧阳，体验乡村风情，“田园生金”助力乡村振兴。

四要打响营商环境品牌。营商环境是发展的重要软实力。这几年，我们在重大项目建设上之所以能够取得好成绩、实现大突破，一个重要原因就在于我们的营商环境得到了广大投资商的认可和肯定。我们要在此基础上继续巩固提升，努力打造全国一流的营商环境。要以新一轮政府机构改革为契机，进一步打通工作壁垒，厘清权责边界，全面形成职责明确、运转高效、协调有序的管理服务机制。要全面深化“放管服”改革，进一步优化审批流程，缩短办事时限，推动“3550”改革要求向更高水平迈进。要以提供个性化、定制化服务为工作导向，时刻站在企业的角度想问题，全过程提供“菜单式”服务，全方位满足企业诉求，着力打造其他地方不可比拟的精准服务环境。要在全市上下大力营造尊重企业家价值、鼓励企业家创新、发挥企业家作用的浓厚氛围，把企业家当成自己人，真心关注企业，关心企业家，让他们能轻装上阵、放开手脚，一心一意办企业，聚精会神创一流。

（三）坚持把增进民生福祉作为我们工作的根本追求

始终秉持以人民为中心的发展理念，突出问题导向、需求导向，千方百计办好民生实事，补齐民生短板，努力让群众生活更加幸福，更加便捷，拥有更多获得感。

一要不折不扣落实富民举措。明年是决胜全面小康的关键之年，富民成效决定小康成色。我们要以打赢打好脱贫攻坚战三年行动计划为总抓手，组织开展“领导挂钩、企业联村、干部帮扶”活动。要坚持产业为先，在推动产业迈向中高端的过程中，实现更加充分、更有质量的就业，积极推进自主创业，推动富民增收与经济转型齐头并进。要充分发挥建安业富民支柱产业作用，进一步促进建筑业做大做强做优，加快培育一批资产规模大、经济效益好、核心竞争力强的骨干企业，带动更多群众就业创业。要依托特色田园乡村试点和“一村一品”建设，打通农业与旅游的通道，让更多农民群众在家门口从事乡村旅游、现代农业，确保农民收入持续增加，村集体经济经营性收入达到50万元。要大力推进精准扶贫，推动扶贫与扶志相结合、输血与造血并重，聚焦因病因残致贫等突出问题，按照“分类施策、一户一策”要求，有针对性地开发一批困难群众干得了、愿意干、能干好的公益性岗位，落实教育、医疗、救助等“一揽子”帮扶政策，兜住底线、维护尊严，确保新一轮“建档立卡”低收入群众全部脱贫。

二要强化优质公共服务供给。高质量的公共服务是最大的民生普惠。要以群众对美好生活的需求为追求，坚持教育优先发展理念不动摇，高标准建设南航天目湖校区，确保明年9月如期开学。大力实施教育发展三年行动计划，推进中小学校科学合理布局，强化校园周边环境治理和校车、校舍安全管理，深化教育领域突出问题整治，让每一个孩子都能快乐学习、健康成长。要紧扣“苏皖医疗高地”目标，扎实推进“健康溧阳”建设，进一步推进省人民医院、省中医院溧阳分院同质化、一体化管理，加快省人民医院溧阳分院三级医院创建步伐。办好民生实事既要尽力而为、又要量力而行。在推进相关工程和项目的过程中，要全面落实资金来源、落实推进计划，不盲目许诺、不仓促上马，真正把工作的着力点放在一些必须办、办得了、能办好的事上，以实际行动取信于民。

三要更高要求创新社会治理。要深化“法治溧阳”建设，建立健全司法标准化体系，深入开展人大代表“听百案、议百事、评百员”活动，完善社会监督机制，努力让公平正义以看得见的方式实现。借助“百姓议事堂”等成功模式和经验，持续推动社会治理重心向基层下移，推动城乡社区服务管理实体化运作，进一步畅通服务群众渠道。要以打造全国最具安全感的城市为追求，深化“平安溧阳”建设，进一步完善社会矛盾纠纷调处化解机制，全力维护社会和谐稳定。要扎实推进社会网格化治理，坚持抓早抓小，全面排除影响社会安定的不和谐因素，持续开展扫黑除恶专项斗争，确保社会大局和谐稳定，让每一个溧阳人、每一位游客和投资商都能在溧阳工作得开心、生活得舒心、玩得尽兴。

三、坚定不移全面从严治党，着力提高新时代党的建设质量

加强党的建设，是新形势下做好一切工作的根本前提和保证。全市各级各部门和广大党员干部要认真落实新时代党的建设总要求，推动全面从严治党不断向纵深发展，为高质量建设宁杭生态经济带最美副中心城市提供坚强政治保证。

一要着力抓好政治建设这一根本性建设。坚持把政治建设放在首位，严守政治纪律和政治规矩，进一步树牢“四个意识”，坚定“四个自信”，坚决做到“两个维护”，确保上级决策部署在溧阳不折不扣落实。要强化理论武装，充分发挥党委（党组）理论学习中心组的龙头带动作用，深入推进学习型党组织建设，扎实开展“不忘初心、牢记使命”主题教育，引导党员干部学而信、学而用、学而行。扎实开展新时代文明实践中心试点建设工作，整合资源打造宣讲服务“五大平台”，深入学习宣传贯彻习近平新时代中国特色社会主义思想，确保新思想新理念在广大农村落地生根。要坚持守正创新，严格落实意识形态工作责任制，牢牢掌握意识形态工作领导权，坚决打赢网络空间人心争夺战，唱响主旋律、发出好声音，着力构建具有强大凝聚力和引领力的社会主义意识形态。

二要着力建强党的基层战斗堡垒。党的基层组织是党的全部工作和战斗力基础。要以提升组织力为重点，充分发挥“书记项目”带动作用，以“1号公路”全域党建为抓手，更高标准推进农村社区、“两新”等领域党的工作有形有效覆盖，推动基层党建全面进步、全面过硬。要以村“两委”换届为契机，建强建好村级带头人队伍，持续开展“定制村干”工程，拓宽源头活水。要着力推进支部标准化规范化建设，严格落实好“三会一课”、组织生活会等制度，让每个支部都有色彩、有温度、有活力。切实改进党员教育管理方式方法，探索各领域党员分类管理措施，完善党员考核评价机制，推动党员队伍建设有质量。

三要着力打造一支高素质的干部人才队伍。“为政之要，惟在得人”。要认真对照高质量发展要求和“好干部”标准，始终坚持政治第一、事业为上，围绕推动溧阳改革发展的重大任务，选优配强各级领导班子和领导干部。要切实加强干部监督管理，突出立体考核、强化精准识人，用好用活“三项机制”，旗帜鲜明褒奖实绩突出者、支持敢闯敢试者、宽容无心之过者、鞭策懈怠庸碌者。要以为事业发展储备人才的大视野、大格局、大担当，扎实做好年轻干部选拔培养工作，坚持动态更新、优胜劣汰，强化基层一线、吃劲岗位历练，着力打造一支当下有活力、发展有潜力、未来有竞争力的年轻干部队伍。要确立人才引领发展的战略地位，始终坚持党管人才原则，推进新一轮“天目湖英才榜”行动计划，强化名校选优，加强研发平台、创新载体、优质服务等综合供给，吸引更多优秀人才近悦远来。

四要着力巩固风清气正的政治生态。营造良好政治生态，事关人心向背、事业兴衰，事关溧阳长远发展。要驰而不息抓好中央“八项规定”及其实施细则精神落实，紧盯“四风”老问题、关注新动向，重点围绕形式主义、官僚主义开展集中整治，着力解决表态多、行动慢、落实少等问题。要压紧压实“两个责任”，切实发挥好纪律在管党治党中的根本性作用，运用好监督执纪“四种形态”，深入推进市委巡察，完成对村（社区）巡察全覆盖，推动全面从严治党向基层延伸。要始终保持惩治腐败高压态势，坚持无禁区、全覆盖、零容忍，严肃整治发生在民生资金、“三资管理”、征地拆迁、教育医疗等领域的腐败问题，及时堵塞制度漏洞，营造山清水秀的政治生态。

同志们，最美梦想引领未来，职责使命呼唤担当。让我们始终高举习近平新时代中国特色社会主义思想伟大旗帜，团结带领全市各级党组织和广大党员干部群众，解放思想，凝心聚力，务实、进取、担当，为决胜全面建成小康社会、高质量建设宁杭生态经济带最美副中心城市而努力奋斗，以优异成绩向新中国成立70周年献礼！

政 府 工 作 报 告

——在溧阳市第十六届人民代表大会第三次会议上

溧阳市人民政府市长 徐华勤

（2019 年 1 月 8 日）

各位代表：

现在，我代表市人民政府向大会作工作报告，请予审议，并请各位政协委员和列席人员提出意见。

2018 年工作回顾

2018 年是贯彻党的十九大精神的开局之年，也是改革开放 40 周年。我们紧紧围绕“凝聚精气神，建设新溧阳”总要求，团结和依靠全市人民，解放思想，克难奋进，不仅顺利完成了市十六届人大二次会议确定的各项目标任务，而且在一些打基础、创影响、利长远的工作上取得了突破。全年地区生产总值突破 900 亿元，增长 8%；公共财政预算收入达 66.3 亿元，增长 8%；城乡居民收入增长 9.1%。创成国家生态文明建设示范市，苏皖合作示范区规划获得国家发改委批复，中科院物理所长三角研究中心建成运营，全国休闲农业和乡村旅游大会在溧召开，城乡统筹“田园生金”被人民日报社《中国经济周刊》总结为“乡村振兴的溧阳样本”，以生态优势集聚创新动能的实践展开序幕。我们重点做了以下几方面工作：

一、强化党建引领，聚力建设更加开放溧阳。坚持以强化党的建设为主线，落实全面从严治党，切实发挥政府党组在建设更加开放溧阳进程中把方向、管大局、推落实的重要作用。以“解放思想”为核心提升开放理念。深入开展“解放思想大讨论”活动，“全面对标找差，全力争创一流”活动成效明显。行政审批制度等改革工作，盘活财政存量资金、地方政府债务管理等管理工作，棚户区改造、农村危房改造等民生工作受到省政府通报表扬。向上争取资金 24.9 亿元，争取政府债券资金 56.4 亿元，均创历史新高。光大控股投资母基金成功落户。实施占补平衡项目建设规模 7.9 万亩，新增耕地面积超 2.5 万亩，居全省第一。对口扶贫与苏陕合作取得新进展。以“接轨南京”为重点拓展开放格局。交通设施共联步伐加快，溧高高速、溧宁高速、宁杭高速曹山互通加快建设，341 省道上兴和别桥段、360 省道社渚至明珠大道段竣工通车，往来南京高铁班次增至每天 52 列。公共服务共享深入推进，在提升省人民医院溧阳分院、省中医院溧阳分院同质化管理水平的基础上，省中西医结合医院、省第二中医院相继与我市镇级卫生院合作办医。接轨南京规划编制形成初步成果，溧阳作为特邀代表出席南京都市圈党政领导联席会议。以“清明有序”为目标浓厚开放氛围。以强化政府债务管理为契机完成国有企业体制调整，以整合网格化管理为重点重构社会治理体系。专项化解上世纪 90 年代以来的各种历史遗留问题 48 件。宗教场所设置和建设规范化水平有所提升。税收征管体制改革有序推进。规范和加强政府特许经营权管理、国有资金投资工程建设项目招投标管理、农村“三资三化”[1] 管理，“一规范两清理三打击”[2] 活动取得实效，全年拆除违章建筑约 14 万平方米，清明有序的政治生态与社会风气不断巩固。

二、紧扣两大推进，切实增强绿色崛起动能。“四大经济”[3] 作为“重大项目推进年”和“全域旅游推进年”的重要抓手，在全市经济总量中的比重较上年提升 6 个百分点，达到 49%。三次产业占比进一步调整为 5.8:48.2:46。围绕产业培育抓推进。全年引进投资亿元以上项目 60 个，其中超 10 亿元的 18 个。总投资 120 亿元的时代新能源三期项目、璞泰来二期和碳元科技 2 个超 50 亿元项目均实现当年签约、当年开工。98 个市级重点工业项目已投产或部分投产项目比重达 64.3%。全年工业投入增长 10%，其中设备投入增长 30.8%。“四大重点产业”[4] 产值增速高于规上工业总产值 11.2 个百分点。“溧阳 1 号公路”引爆全域旅游，安麓酒店等品牌酒店签约溧阳，京华康复医院投入运营，涵田国际康养中心等旅游项目加快建设，田家山房、鸣桐茶舍等一批“溧阳茶舍”有序实施。塘马村、杨家村等特色田园乡村建设初见成效，李家园村获评中国美丽休闲乡村。全年接待游客 1930 万人次，实现旅游总收入 236 亿元，房车自驾游、乡村体验游成为溧阳休闲新名片。优化平台载体抓推进。江苏中关村创成省级高新区并跃居综合评价全省第 2 名，经济开发区功能不断完善，苏皖合作社渚先导区建设步伐加快。别桥无人机小镇入选省级特色小镇创建名单。天目湖生命康原完成空间布局规划编制，天目湖蝉联全省国家级旅游度假区考评第 1 名，曹山获评省级旅游度假区和省级现代农业产业示范园。中国 · 溧阳茶叶节暨天目湖旅游节、院士溧阳行、天目湖创新设计大赛等活动以及拓扑物态论坛等行业峰会，正在成为溧阳开放新平台。创新体制机制抓推进。成立“四大经济”招商办

别桥镇塘马村——特色田园乡村

（市摄影家协会 供稿）

公室，专业化招商队伍建设步伐加快。优化旅游项目建设审批流程，激发了全域旅游开发的活力。"全程代办制"服务项目加快落地，镇区之间相互推荐项目、部门与镇区之间合力攻坚项目氛围日渐浓厚。

三、立足固基提质，有效激发实体经济活力。坚持把发展经济的着力点放在推动实体经济的质效提升上，反映在经济数据的逻辑关系上。规上工业总产值增长14.7%，全社会固定资产投资增长10%，规上工业企业亩均产值、亩均税收分别增长14.7%和39.8%，单位工业增加值能耗下降11.5%。优化精准扶持提振企业信心。开展"弘扬企业家精神，谋求高质量发展"活动，上上电缆连续两届入围中国质量奖提名奖、获评中国工业大奖，科华控股主板上市，安靠智电被认定为省级科技"小巨人"企业。累计精准扶持工业项目10个，带动企业投资44.6亿元。及时兑付各类涉企扶持资金7.6亿元，为企业减负15.6亿元。设立建安基金，扶持建安企业做强做优，全年完成建筑业施工产值797.1亿元，实现入库税收18.4亿元，分别增长20%和22.1%。其中苏华集团、天目集团等前十名企业入库税收合计占比超54%，增幅达46.2%。积极培育农民专业合作社，全市各类合作社累计1260多家、家庭农场超1190家，新增高标准农田面积1.3万亩，通过国家农产品质量安全市验收。坚持质量提升强化要素保障。完善工业企业资源集约利用综合评价体系，推行土地使用税、水价、用地、信贷资源等要素差别化配置，激发企业活力，规上工业企业利润增长35%。向上争取规划流量土地指标1.5万亩，完成供地超1万亩。优化金融机构支持实体经济评价激励办法，全市贷款余额898亿元，其中制造业贷款占比提高0.7个百分点。帮助企业转贷超28亿元。解决企业用工缺口8000多人次，培训企业经营管理人员4200余人次。科技镇长团工作扎实推进。引进领军人才或团队项目24个、高层次人才230余名，新增高技能人才超2000人。沈学础、庄松林、吴云东、蒋剑春等众多院士专家助力家乡发展。新认定高新技术企业14家。高新技术产业产值占比较上年提升9.1个百分点。释放改革红利创优营商环境。深化"放管服"改革，推行"一窗受理、集成办理"，实现85%以上的服务事项"网上办"，其中"不见面"审批占比达97.6%。获评全省"建设项目施工许可"评价先进地区。开通常州首家24小时"不打烊"政务自助服务区。江苏中关村企业投资信用承诺制改革迈出实质性步伐。商事制度改革不断深化，创办企业平均时间压缩至1.88个工作日。全年净增私营企业1400户，制造业企业新增数增长14%；新增各类市场主体超9000户，市场主体总量达6.2万户。

四、秉持民生为本，持续提升群众幸福指数。致力在兴办民生实事的过程中让群众更有获得感。突出常态长效深化文明城市建设。实施深化文明城市建设三年行动计划，深入开展"三大专项行动"[5]和"三项重点整治工作"[6]，规范物业企业管理，完善住宅小区物业管理体制机制，整治住宅小区和人行道板停车秩序，持续推进垃圾分类进万家、"厕所革命"。公众参与、社会协同抗击暴雪成为城市管理新标杆。完成燕山菜场、昆仑菜场等6个菜市场标准化改造。市博物馆、档案馆、文化艺术中心建成开放，万达广场正式开业。扎实推进新时代文明实践中心试点工作，"风信子之爱""汇众社"等志愿服务品牌影响力持续提升，"扫雪新人""赤脚妈妈"等感人事迹不断传递正能量，"爱生活、爱公益、爱溧阳"成为城市风尚。突出问题导向狠抓生态环境保护。聚力打好污染防治攻坚战，不折不扣落实中央和省环保督察交办问题整改工作，"263"专项行动、"散乱污"企业整治等工作成效明显。关闭化工企业13家，整治取缔码头23家。完成167家重点单位废气治理。高标准生态修复废弃矿山15家。天目湖水源地保护深入推进，完成沙河水库饮用水源地取水口改造工程，天目湖国家湿地公园通过验收。区域治污一体化工程加快推进，全面完成17个撤并乡镇、11个工业集聚区企业污水主管网建设，基本完成规划发展村污水治理任务。整治黑臭水体26条，各考核断面水质持续向好。完成长山路绿化等7个生态绿城建设工程，新增绿化总面积约23万平方米。通过国

溧阳文化艺术中心 （市摄影家协会 供稿）

家节水型城市验收。突出执政为民提升民生保障水平。高质量落实“四推进四提升”[7]为民实事工程，全面完成市人大代表建议、政协委员提案办理任务，妥善解决了一批群众关心的热点问题。城镇新增就业超1.6万人，城镇登记失业率1.82%。完善商品房价格备案机制，建立商品房预售资金第三方托管机制，房地产市场保持平稳。全省“四好农村路”高质量建设现场推进会在溧召开，获评“四好农村路”全国示范县。加快建设城市停车设施，逐步开放行政事业单位停车场，新增停车泊位6000余个。精准扶贫取得阶段性成效，基本完成低收入农户脱贫任务。城乡低保、农村五保供养标准逐年提升。困难群众医疗保障稳步提标，实际医疗补偿比例超96%。城乡居民养老保险基础养老金调幅达21.4%，惠及群众12.3万人。市镇两级生态公墓建设有序推进。社会事业加快发展。南航天目湖校区一期主体结构封顶，光华高中、燕山中学新校区竣工。完成新昌小学等19所非建制镇学校食堂改造。高考“一本”达线率超省平均34.1个百分点。创成省平安校园建设示范市。出台教育、卫计系统绩效考核办法，引导优秀教师与医生服务基层。编制历史文化保护规划，开展历史建筑普查，积极申报省级历史文化名城。沙涨村入选第七批中国历史文化名村。举办“天目湖·古琴”音乐会、中俄青少年文化交流以及“宋团城”观灯节、全民健身节等文体活动1500余场。城市推介力度加大，通过媒体宣传、高铁视屏、名人推介、旅游促销等方式不断集聚人气，被中央电视台宣传报道20多次。积极开展国际交流合作，与美国马里兰州哥伦比亚市、乌克兰特鲁斯卡韦茨市结为国际友好城市。“平安溧阳”“法治溧阳”建设水平全省领先，扫黑除恶、“七五”普法、信访维稳、疫情防控、安全生产和校外专业培训机构治理工作扎实有效，“百姓议事堂”入选中国十大社会治理创新奖，市司法局被评为全国人民调解工作先进集体，防震减灾工作获评全国县级考核先进单位。

与此同时，人民武装工作成效突出，实现省级双拥模范城“七连冠”。粮食购销、供销合作、妇女儿童、老龄、残联、审计、民防、气象、住房公积金、邮政、通信、供电、海关、烟草、盐务、新闻出版、市志、科普、红十字、侨务、台湾事务等工作取得新成绩。

各位代表，这些成绩的取得，是市委统揽全局、正确领导的结果，是市人大和市政协科学监督、协同推进的结果，是全市干部群众团结实干、共同努力的结果。在这个过程中，我们更深切地感受到，“依靠溧阳人，办好溧阳事”正在成为每一个无论是奋斗在乡还是打拼在外溧阳人的情感关注与自觉行动。在此，我谨代表市人民政府，向全市广大干部群众，向驻溧部队和武警官兵致以最崇高的敬意！向所有关心支持溧阳发展的各界人士表示最衷心的感谢！

各位代表，在看到成绩的同时，我们也清醒地认识到：“四大经济”培育步伐亟待加快，重大项目储备不足，新旧动能接续转换任务艰巨；节能减排、环境治理工作压力较大，让天更蓝、水更清仍需久久为功、持续发力；文明城市建设成果有待巩固，优质公共服务供给与人民群众期盼仍有差距；政府系统工作人员的作风建设还需加强，特别是创新意识和攻坚能力亟待提升。对于这些问题，市政府将高度重视，采取有力措施切实加以解决。

2019年工作重点

2019年是新中国成立70周年，更是决胜全面建成小康社会第一个百年奋斗目标的关键一年，做好今年工作意义重大。我们将以习近平新时代中国特色社会主义思想为指导，全面贯彻落实市委决策部署，紧紧围绕“凝聚精气神，建设新溧阳”总要求，高扬“实干强市”主旋律，紧扣“重大项目攻坚年”和“全域环境攻坚年”工作主题，围绕本届政府确定的“三城联创”[8]，持续推进“四大经济”，担当作为，开拓创新，在高质量建设宁杭生态经济带最美副中心城市上迈出坚实步伐。

今年经济社会发展主要预期目标是：地区生产总值增长8%左右，公共财政预算收入增长8%左右，规上工业总产值增长12%左右，城乡居民收入增长9%左右，空气优良天数、单位GDP能耗和主要污染物排放总量削减完成上级下达任务。

各位代表，通过这几年全市上下的不懈奋斗，溧阳的发展正处在一个重要转折关头。船到中流浪更急，人到半山路更陡。新的一年我们要把握好以下三条：一是必须把溧阳放到长三角一体化的大格局中来衡量。坚决摒弃“小富即安”“小进即满”的思想，立足宁杭生态经济带发展定位，着眼长三角城市群竞合态势，既要在接轨南京上实现突破，也要在对接沪浙、联动皖南上持续发力，还要在深耕深圳、稳扎北京上加大力度，努力把溧阳建设成为全国知名的长三角休闲康旅目的城市、南京科技创新资源南下与杭州科技创业资本北上的交汇城市、承接深沪先进制造产业拓展的集聚城市和苏皖省际边界地区生态创新合作的示范城市。二是必须把资源集约利用作为高质量发展的标准来评判。高质量发展的核心在于发展模式由粗放向集约发展，要强化“亩均论英雄”共识，通过优化空间资源、国有资源、财税资源配置，实现“向存量要空间、以质量谋发展”。三是必须把稳定工作摆上更加突出的位置来落实。要从更长时间周期看待中美经贸摩擦的不确定性、经济下行压力加大的不稳定性、房地产市场的不安定性以及各项改革中可能引发的稳定风险，强化系统思维和底线思维，掌握好工作节奏和力度，加强源头预防，把“六个稳”[9]的要求落实在工作实践上。

各位代表，这些年的实践一再证明，重大项目是推动溧阳加速崛起的“第一引擎”，全域环境是实现溧阳加速崛起的“第一优势”。面对高质量发展要求，我们把“重大项目攻坚年”和“全域环境攻坚年”确立为今年的工作主题，就是要牢固树立“项目为王、生态为本”理念，不为短期变化所干扰、不为外界议论所困惑，接续奋斗、持续发力，既通过攻坚重大项目来培育产业的力量，又通过攻坚全域环境来激活生态的力量，更通过产业与生态的融合与转化，加速集聚溧阳转型发展、区域突围的新动能。一是在提升品牌效应上抓攻坚。以培育全国最大的动力电池基地品牌为重点，大力发展电机、电控、轻量化材料等产业，加快构建新能源汽车全产业链布局，推动溧阳先进制造经济在业内名气的提升。以放大“天目湖”品牌效应为依托，丰富“溧阳1号公路”内涵，加快完善沿线“溧阳茶舍”、旅游驿站、房车营地等功能配套，系统研究南部山区旅游基础设施提档升级，加大高端会务、休闲健康、夜间产品、品牌酒店、知名餐饮、景点农业等产品供给，建设一批特色旅游村、休闲村，创建国家全域旅游示范区，实现从旅游向休闲的转变。以擦亮国家生态文明建设示范市品牌为起点，打好蓝天保卫战、治水升级战、固废清零战，统筹实施交通干线沿线环境整治、规划发展村村庄综合整治、农村河塘整治、农村生活垃圾整治、零星散坟集中安灵提升五项工程，努力让干净、整洁、舒适、美观成为溧阳全域环境的新评价。二是在提升空间效能上抓攻坚。做好城乡空间统筹文章，探索新的城乡空间规划体系，优化调整部分行政区划的功能定位和产业布局，启动天目湖工业园“退二进三”。做好园区空间增效文章，江苏中关村以创建国家级高新区为目标抓好园区规划布局优化，经济开发区与苏皖合作社渚先导区以项目建设为突破确立园区产业定位，立足产业“特而强”导向打造一批镇级特色产业园。做好土地空间调整文章，扎实开展第三次全国国土调查，加大土地综合整治力度，整理各类土地3万亩，新增耕地面积1.2万亩，实现空间价值增值。三是在提升服务效率上抓攻坚。创优营商环境，持续深化“放管服”改革，推进政务服务标准化建设，打响“溧即办”政务服务品牌，把“强政府”更多体现在“强服务”上，确保营商环境评价位居全省第一方阵。优化人才环境，强化产业引才、平台聚才、事业留才，实施新一轮“天目湖英才榜”行动计划，提升人才政策的精准度和获得感，加快形成良好的人才发展生态，新增高层次人才220人以上，新增高技能人才超1200人。改善生活环境，补足江苏中关村地区城市功能短板，加大力度满足外来人才对教育、文化、医疗、住房、餐饮的多元化需求，全力以赴争创“中国人居环境奖”。四是在提升产出效益上抓攻坚。加大批而未供和闲置土地盘活处置力度，推动落后产能淘汰，力争规上工业亩均产值、亩均税收分别增长10%以上。重点推动休闲农业与乡村旅游融合发展，切实把生态优势转化为产业优势，带动群众增收致富，力争全年实现农旅收入40亿元，带动5.4万农户增收。建立“领导挂钩、企业联村、干部帮户”机制，推动经济薄弱村集体增收、农民致富，力争集体经济经营性收入全部达到50万元。

无论是重大项目攻坚还是全域环境攻坚，关键要加大执行力度。一是坚韧不拔招商引资。制订实施“发展四大经济，实现生态崛起”三年行动计划，围绕产业集聚集群，紧盯产业链关键环节和目标客户，绘制招商地图和目标清单，积极承接深沪等地区产业拓展，加大对英日等国招商力度，确保全年引进总投资超10亿元人民币或1亿美元项目20个以上，其中50亿元或5亿美元项目2个以上、30亿元或3亿美元项目4个以上，力争百亿项目再突破，力争在人工智能、集成电路、5G通信、无人机等领域实现龙头项目的“单兵”突破。二是坚持不懈治理污染。深入推进“263”专项行动，分类实施“散乱污”企业关停取缔、改造提升，切实推动苏皖交叉地带环境综合整治，推进矿山专用通道改造，持续开展危废“减存量、控风险”专项行动，强化土壤污染管控和修复，建成城市固体废弃物综合处置中心，建设工业企业再生资源回收利用体系，全力打赢污染防治攻坚战。三是坚定不移创新评价。完善企业综合评价体系和要素差别化政策，把资源更多投向装备水平、技术含量、节能环保处于领先水平的企业。建立项目建设绩效评估机制，确保引进项目的协议履约。探索建立天目湖生态容量评价

天目湖湿地公园　　（市摄影家协会　供稿）

机制，推动天目湖地区向高端休闲方向转型。构建“公园城市”建设指标体系，以评价高起点、落实高标准推动环境高质量。

在全力抓好“重大项目攻坚年”和“全域环境攻坚年”活动的同时，我们还要重点做好以下七方面工作：

一、聚焦实体实业，稳定经济运行。弘扬企业家精神，营造尊重企业家干事创业的社会氛围。全面落实惠企政策，切实解决发展过程中各种理解不够、争论不清而积累的问题，了结因政策变化而产生的历史遗留问题，让企业轻装上阵、加快发展。推动精准扶持政策由工业向休闲健康产业、建筑业、农业等领域拓展，以法律服务为重点优化建筑业发展氛围。聚焦企业人力资源需求，引进企业用工万人以上。优化土地服务保障，向上争取土地指标不低于6000亩。加强政银企联动，引导金融机构更大力度支持企业发展。鼓励企业聚焦产业链高端，加大技改投入和新品开发，增创自身发展新优势。深入推进“两化”融合，创建省级示范智能车间、智能工厂。推动企业对接多层次资本市场，确保全年新增股改企业10家。

二、聚焦接轨南京，推动开放融通。加快推进溧高高速、溧宁高速、宁杭高速曹山互通建设，增加溧宁两地高铁往来班次，启动104国道城区段向东改线工程、溧阳连接南沿江高铁快速通道、宁杭高速水西互通、芜申运河溧阳港规划建设，研究溧阳高铁站增设两轨，探索南京都市圈新能源汽车分时租赁网点布局。完成省中医院溧阳分院新院区设计与前期工作，加快省人民医院溧阳分院三级医院创建，鼓励乡镇卫生院与省级医疗机构合作办医，探索远程医疗门诊新模式以及异地就医实时结算。广泛开展合作办园、合作办学，力争在引入南京高等院校上再有突破。加快推动在南京都市圈具备条件的城市成立溧阳商会，为经济沟通拓展渠道。健全苏皖合作示范区联席会议制度，加强规划批复后的政策对接与争取，推动更大范围进入长三角一体化国家规划。

三、聚焦治水先行，丰富生态内涵。加强天目湖水源地源头治理，通过强力推进区域生态共护、入湖河道两岸植被修复、农业面源控减、渔业养殖管控等措施把好“入口关”，促进天目湖水源地水质持续向好。严格落实“河长制”，强化农村生活污水处理设施运维，完成区域治污一体化建设任务，全面开展工业园区污水处理厂提标改造，加大黑臭水体综合整治力度，确保全市“水十条”省考以上断面水质达标。对城区范围内入河排放口实施“一口一策”专项整治工程，不断改善城区河道水质，再现“清水亲水”的水乡风情。

四、聚焦文明实践，共建美好家园。依托新时代文明实践中心建设，建立“中心‘端菜’、群众‘点单’、志愿者‘买单’”的精准服务新模式，促进志愿服务标准化、制度化、生活化。重点对接农村群众需求，把宣传教育寓于文明实践之中，推动习近平新时代中国特色社会主义思想深入人心、落地生根。持续深化文明城市建设三年行动计划，以长山地区为重点打好拆违控违攻坚战，改造86个城区散住楼，全面实施机关事业单位向社会开放停车场所，着力化解市民反映强烈的餐饮油烟污染、物业管理等突出问题。高起点开展城市设计，加强天际线和色彩管控，提升城市建筑品质。注重城市雕塑及街头小品设计，打造一批富有创意的人文景观。以申报省级历史文化名城为契机，统筹书院巷、费家巷等传统风貌街区的规划和保护，全面实施新的地名规划，恢复文昌阁，留住城市记忆。启动建设焦尾琴公园，为形成城市客厅打基础。加大城市宣传推介力度，以茶叶节、旅游节为重点，综合运用各种传媒手段和合作交流平台，打造“年年有创新、月月有看点”的推介活动，持续提升城市影响力和美誉度。

五、聚焦乡村风貌，建设富美农村。开展规划发展村农房建设布局设计，研究撤并村庄农房改建新建政策，推动农房建设向规划发展村集中。深入开展“大棚房”问题专项清理整治行动。推进农地股份合作社等多种形式的合作与联合，鼓励盘活闲置土地和农房，引导新型农业经营主体多元融合发展。新增家庭农场30家、农民合作社50个。因地制宜布局“一村一品”特色镇、专业村，强化龙头引领，搭建展销平台，扶持农产品加工和休闲农业升级。促进农业产业化联合体发展，创建常州市级现代农业产业示范园1−2家。推动“农旅融合”，每镇开发1−2个富有特色的农副产品伴手礼。积极发展农村电商。聚力打造一批省级特色田园乡村和美丽乡村发展组团，努力将塘马村、杨家村、牛马塘村等特色田园乡村打造成全省示范样板。做好第12届村委会和第7届居委会换届选举工作，深化农村“三资三化”管理，完善“百姓议事堂”工作机制，鼓励基层探索村民参与式治理新路径。

六、聚焦风险防范，维护社会稳定。稳步化解企业“担保互保圈”隐患，运用政府应急转贷资金、周转融等方式缓释风险，引导负债多、投资战线长的企业瘦身健体，确保不发生系统性金融风险。完善房地产市场风险防控机制，整顿规范房地产开发销售行为，促进房地产市场平稳健康发展。完善网格化社会治理体系，实现“大事全网联动、小事一格解决”。推进信访法治化建设，及时就地解决群众合理诉求。深化“平安溧阳”“法治溧阳”建设，推进扫黑除恶治乱专项行动，加大建筑领域围标串标打击力度，加强应急管理体系建设，强化食品药品监管、疫情防控、安全生产工作，增强公众安全感。

七、聚焦民生关切，办好为民实事。实施更加积极的就业政策，城镇新增就业11600人，实现失业人员再就业2400人。强化精准扶贫实效，确保建档立卡低收入人口全部脱贫。实施养老服务体系提升工程，稳步推进各类社会保障扩面提标，大力发展社会福利和慈善事业。确保南航天目湖校区开学招生。实施前马中小学、东升小学等学校校舍改造提升工程。试点学校体育场馆社会化运营。论证农村高中入城方案，优化教育资源布局。深入开展校外培训机构综合整治。大力增强职业教育服务发展能力。依托医联体建设和家庭医生签约，推进分级诊疗制度落实。健全卫生急救体系。开展古琴音乐会、名家戏曲展演、爱情泼水节等精品文体活动，办好第四届“宋团城”观灯节、“健身365”等品牌惠民活动。强化“书香溧阳”建设，完成镇级文化馆分馆、村级文化小礼堂全覆盖，打通公共文化服务“最后一公里”。

各位代表，民生实事由人民做主。在前期广泛征求意见、充分研究论证的基础上，市政府初排了12件重点民生实事候选项目，请各位代表审议票决。

全力推动政府工作再创新

各位代表，实现高质量发展，创新是必然要求，也是第一动力。我们将深入学习贯彻习近平总书记在庆祝改革开放40周年大会重要讲话精神，传承创新基因，持续推进政府治理体系和治理能力现代化，让创新活力竞相迸发、创新价值深入拓展。

一、让生态创新成为溧阳引领示范长三角的核心特质。聚焦建设长三角生态创新示范城市，全面释放生态优势，聚合高端创新资源，切实把生态转化为吸引产业、科技等创新发展的品牌。在深化与中科院物理所等研发机构合作的基础上，力争引进2–3家中科系、高校系高端研发项目，建设中英电动汽车联合创新中心、南航无人机研究院产业基地。完善“三库一队”[10]建设，精准推动创新政策、创新资源、创新人才向企业集聚。充分发挥科技创新券、“苏科贷”等引导作用，全面集聚南京科技创新资源，精准招引杭州科技创业资本。实施重大产学研合作项目30项以上，新认定省级以上“三站三中心”5家、高新技术企业10家以上。

二、让改革创新成为驱动溧阳高质量发展的动力源泉。认真开展社会主义现代化建设试点工作，努力在现代化建设的重点领域取得突破性进展。稳步推进政府机构、事业单位与综合执法机构改革，优化机构设置和职能配置，逐步构建职责明确、依法行政、高效优质的政府治理体系。深化相对集中行政许可权改革，高质量实现“2330”改革[11]目标。加快构建市市民服务中心、镇（街道）为民服务中心、村（社区）便民服务中心三级政务服务体系。推行实施“五个一”[12]政务服务新模式，探索大数据应用服务途径，推动各部门平台互联、信息互通。深化农村改革，重点探索“三权分置”多种实现形式，推进农村土地制度和集体产权制度改革，多途径发展壮大集体经济。鼓励社会资本参与标准厂房、园区孵化器建设，进一步激发社会投资活力。优化国有资本运营，稳妥化解政府债务，推动国有企业完善现代企业制度。

三、让聚力创新成为贯穿政府工作全过程的鲜明主线。强化政府系统党的建设，落实全面从严治党职责，着力推进发展理念、体制机制、工作举措等全方位、多层次、宽领域的大创新。强化“一切皆有可能”，深入推动“全面对标找差，全力争创一流”活动成果转化。创造鼓励讨论、允许争论、宽容议论的社会氛围，注重从群众实践中汲取智慧和力量，打造务实、开放、高效、活力的创新生态链。坚持以规矩护航创新，强化依法行政，凝聚“规则至上”共识。自觉接受人大工作监督和政协民主监督，完善招投标监管机制，有序开展房地产开发地块清盘行动，全面检核担保中心代偿行为，全面落实经济责任与自然资源资产审计问题整改。强化廉政建设，以治理“痕迹主义”为重点纵深推进形式主义、官僚主义整治。加强机关干部健康体检，落实休假制度，关心干部生活。落实干部鼓励激励、容错纠错、能上能下机制，大力营造鼓励探索、允许失误、宽容失败的良好环境。

各位代表，奋斗就是幸福，创新才有未来。让我们更加紧密团结在以习近平同志为核心的党中央周围，在中共溧阳市委的领导下，团结一心，迎难而上，苦干实干，以高质量建设宁杭生态经济带最美副中心城市的新业绩向新中国成立70周年献礼！

名词解释

〔1〕.“三资三化”：即农村集体资金、资产和资源管理的制度化、信息化和公开化。

〔2〕.“一规范两清理三打击”：即规范建筑市场，清理占用公建和闲置用地，打击违章建筑、违法用地、违规垦植。

〔3〕.“四大经济”：即先进制造经济、高端休闲经济、现代健康经济、新型智慧经济。

〔4〕.“四大重点产业”：即智能电网、农牧与饲料机械、汽车及零部件和动力电池产业。

〔5〕.“三大专项行动”：即小区综合管理、城市交通综合治理和菜市场综合管理三项专项行动。

〔6〕.“三项重点整治工作”：即“餐饮业油烟、食品小作坊、公共场所污水接管整治”“废品收购（加工）站点整治”“城区停车场、快捷汽修店环境整治”三项重点整治工作。

〔7〕.“四推进四提升”：即2018年市政府重点民生实事工程，“四推进”是指推进农村生活污水治理、推进天目湖水源地保护、推进城乡困难群众医疗保障提标、推进南京航空航天大学天目湖校区建设；“四提升”是指提升城区停车功能、提升“溧阳1号公路”内涵、提升办医水平、提升住宅小区物业管理水平。

〔8〕.“三城联创”：即市十六届人大一次会议提出的创建国家级产城融合示范城市、创建国家生态文明建设示范城市、创建全国文明城市。

〔9〕.“六个稳”：即中央经济工作会议提出的稳就业、稳金融、稳外贸、稳外资、稳投资、稳预期。

〔10〕.“三库一队”：即面向全市科技型企业建立技术需求数据库，针对重点产业建立相应领域的产学研合作项目库和高校院所专家库，组织产学研对接精准服务小分队。

〔11〕.“‘2330’改革”：即开办企业2个工作日内完成、不动产登记3个工作日内完成、工业建设项目施工许可30个工作日内完成。

〔12〕.“五个一”：即“一门服务、一窗受理、一网通办、一证通办、一城通办”政务服务模式。

全面接轨南京 融入南京都市圈
——溧阳推动高质量发展纪实

2018年12月21日，南京都市圈党政领导联席会议在宁召开，溧阳市委书记蒋锋、市长徐华勤作为特邀嘉宾参加了会议。经联席会议共同商议，同意将溧阳吸纳为南京都市圈成员地区。宣告溧阳市接轨南京的战略取得实质性进展。

溧阳接轨南京是顺应时代潮流，立足实际推动开放发展、实现互利共赢的重要举措。长三角一体化是中央确立的重大发展战略，是习近平总书记关于区域协调发展战略思想的重要内容。省委省政府已把大力提升南京首位度，加快南京都市圈建设提上重要日程。溧阳与南京地域相连、人文相亲具有无缝对接的天然基础，深度接轨南京，全面融入南京都市圈，不但能为溧阳赢得更大发展空间，而且对南京首位度建设也将起到重要的助力作用。

为此，早在2015年7月，溧阳市委十一届九次全会就提出了“接轨南京”的发展构想，并将其作为推动工作的一项重要抓手和方向。2018年，根据新时期溧阳高质量建设宁杭生态经济带最美副中心城市的目标定位，结合当前溧阳市所处的发展阶段以及面临的内外形势，在8月份召开的市委十二届六次全会上正式把全面接轨南京作为一项战略目标提出，并作了专题系统部署。由此按下了全面接轨南京“快进键”。

全面深度融合，承接南京产业溢出效应

2015年以来，围绕全面接轨南京战略，全市各部门创新思路、狠抓落实，在系统规划、交通出行、夯实平台等方面取得了初步成效。

规划先行，勾画精准接轨“路线图” 立足溧阳发展实际，委托南京城市规划院系统编制《溧阳接轨南京建设宁杭生态经济带最美副中心城市发展规划》，市交通、经信、商务、教育、卫计、人社、旅游、科技等8个部门分别编制接轨南京三年行动计划，目前“1+7”规划均已形成初稿。同时，结合各部门三年行动计划，市发改委正在制定全面接轨南京的实施意见，从制度设计层面着手，把全面接轨南京各项任务分解落实到年、落实到部门、落实到具体责任人，确保工作系统推进、有条不紊。

交通入手，打造互联互通新格局 溧阳位于南京市东南部，与溧水、高淳两地山水相连，沿宁杭高速1小时即可进入南京市区，40分钟可达南京禄口机场。2013年，随着宁杭高铁的正式通车，溧阳和南京两地产生了更高水平的同城效应。近两年，溧阳坚持从交通入手，积极融入南京都市圈综合交通体系建设，以打通边界地区“断头路”为抓手，全面畅通与圈内主要城市的连接通道。争取提高宁杭高铁溧阳站、瓦屋山站发车停靠班次，把宁杭高铁打造成溧阳接轨南京的主动脉，往来南京高铁班次增至每天52列，时间最快26分钟即可到达。溧阳正在实现着与南京在交通体系上的无缝对接，构建起互联互通的新格局。

平台夯实，筑就接轨南京主阵地 在擦亮天目湖旅游度假区、江苏中关村科技产业园金字招牌，打造全域旅游产业地标和先进制造业基地的同时，2016年，溧阳市委、市政府又因地制宜把经济开发区主阵地转移到上兴新区，并按照产城融合模式，结合曹山省级旅游度假区建设，使上兴成为溧阳接轨南京的第一城和南京市民休闲的大花园，推动更多人流物流产业流在这里集聚。

移师上兴后，溧阳经济开发区上兴新区建设全面启动。一是高起点规划，以都市休闲产业、新能源汽车等产业为主导，结合交通安全、节能环保、电子商务、现代物流等产业，着力打造高端人才集聚、配套设施完善、环境独具魅力、产业发展迅速的宜业宜居新城。二是拓展载体，上兴新区总体规划面积20平方公里。一期先导区规划6.7平方公里，已经按照国家级开发区要求，高标准完成了园区道路、水、电、气、管网、雨污分流等基础设施建设。人才公寓等生活设施也在有序实施推进中。按一体两翼布局，经济开发区上兴新区还含生活配套区10 平方公里及曹山旅游度假区50 平方公里，突破了成熟园区固有的

诸多限制，给广大客商提供了更为广阔的投资舞台。2018年6月，上兴新区与8个来自南京的项目进行集中签约，总投资15亿元的绝味食品南京公司迁扩项目、投资3亿元的南京第一有机光电OLED照明迁扩项目和力汇科技减防震设备迁扩项目等一批优质项目落户上兴。上兴正成为溧阳市承接南京产业转移的先导区。

通过打“南京牌”，上兴不仅吸引一批南京项目落户，还促使一批外地企业落地，上海的博飞特、众雅、赛密思，苏州的协多利、聚亿光伏，常州的兴跃洋等项目落地，德资法德尔、容导设备等一批“小而精”的高质量项目纷纷落户上兴，而这些企业的市场、人才均对南京有所依靠。

为更好地承接南京产业溢出效应，溧阳坚持围绕主导产业，在配套和承接上下功夫，力争成为南京产业链建设中不可或缺的重要一环。溧阳的动力电池产业已经集聚了40多个具有国内一流水平的产业链相关项目，以宁德时代新能源、上汽集团为代表的百亿级项目就有3个，这些项目足以为南京新能源汽车产业发展提供有力支撑。不仅如此，溧阳的汽车及零部件产业、智能电网产业，都和南京“4+4+1”的主导产业体系有着很高的匹配度，具备承接和配套的基础。

绿色生态着色，构建宜业宜居的“后花园”

溧阳素有“绿色仙境”“天然氧吧”的美誉。溧阳市委市政府秉承“绿水青山就是金山银山”的理念，充分利用生态环境优势，为青山着色，为绿水添彩，把核心资源整合成开启农旅融合和乡村振兴的“金钥匙”。溧阳作为紧邻南京的生态福地，随着近年来推进全域旅游开发的步伐不断加快，南京人也特别喜欢来溧阳旅游。据统计，2018年国庆长假期间，到溧阳旅游的南京游客就占到外地游客总量的35%，他们对溧阳的青山绿水、美丽乡村赞不绝口。

离南京最近的曹山旅游度假区依托“溧阳1号公路”的串联，构建以“养眼、养身、养心”三个层次的休闲度假旅游产品，打造集乡村农业、生态文化、运动休闲、养生度假于一体的乡村旅游度假目的地，吸引了越来越多的南京游客前来，成为南京市民休闲的“后花园”。比如，“中国溧阳地瓜村”——上兴牛马塘村，自2017年入选“江苏省首批特色田园乡村建设试点村”以来，紧紧围绕“生态优、村庄美、产业特、农民富、集体强、乡风好”的目标要求，全力打造田园风光、田园建筑、田园生活，建设美丽乡村、宜居乡村、活力乡村。目前，村庄的整体改造已初步完成，别致新趣的墙画，充满个性的造景……吸引了越来越多的游客，而其中很多都是南京的游客。不仅如此，该村还与江苏农科院甘薯研究所开展合作，成立了薯院，一方面宣传这里的红薯文化，另一方面开发红薯产品。如今一支来自南京的大学生团队在这里打造着创新“栖息地”，实现着创业创新的梦想，他们开发的各类山芋制品，如山芋冰激凌、山芋面包、山芋凉粉、山芋奶茶、山芋豆浆、山芋酒、山芋甜品等，深受游客青睐，每天供不应求。

在上兴像这样的绿色仙境随处可见。曹山旅游度假区以“七彩曹山”为主题，建设了樱花林、紫薇谷、格桑花田、薰衣草花田等众多赏花基地，并串联曹山花海、十里梅岭、千亩蓝莓、京林古刹、古道竹海等众多景观，成为溧阳市全域旅游的一张新名片。2018年，七彩曹山获评国家级“田园综合体”，争取到财政部1.05亿资金；创成省级现代农业产业示范园，获补资金5000万元。

自2016年曹山游客量快速上升，每周已突破3万人次，其中1万多人次来自南京。如今，每到周末，曹山的每个旅游农庄都有大批的南京游客，到曹山度假成为许多南京市民的首选。

在游客量增加的同时，南京来投资的旅游企业也不断增多，既有曹山花居、巴士丛林、火车莱斯、畅游国际垂钓基地、草花基地等旅游项目，也有星斗湖度假村、山林学堂度假村等酒店配套项目，绿色“经济圈”正在这里形成。

多方合作共融，奏响民生共享的乐章

接轨南京是顺应时代潮流，实现互利共赢的重要举措。一方面溧阳优质的山水资源、土地资源、成本优势，成为南京市民和南京企业旅游观光的“后花园”和投资“集散地”。另一方面，南京，高校聚集、人才众多，在科技、教育、卫生、文化等领域拥有相对优势，这些又是溧阳经济社会发展所渴求的。于是合作共融共享成为双方的契合点。

最强大脑汇聚于此　2015年以来，南京各大高校与溧阳的合作越来越多。南京航空航天大学新校区落户溧阳，真正加快建设，明年将如期开学。南大双创落地带来节能锅炉项目，南工大研发中心落地带来防腐螺栓项目，南信大落地带来了遥感中心项目，南艺落地带来了创意基地和高校活动，东南、南航、南理工等高校产学研合作项目逐步落地……科技人才汇聚于此，他们用最强大脑与溧阳的创新发展一起律动。

文卫合作惠及百姓　2015年以来，两地在文化、卫生等方面进行了广泛的交流和合作，扩大了溧阳的知名度，增进了百姓的民生福祉。在卫生方面，依托南京的优质的医疗资源，通过府院合作模式，先后与省人民医院、省中医院合作共建溧阳分院，并全面实行一体化、同质化管理。不仅溧阳市区的两大医院与南京合作成功，同样，在接轨南京第一城的上兴镇医疗卫生的合作也惠及千家万户。2018年8月8日，江苏省中西医结合医院技术合作医院在上兴卫生院揭牌，一下子提升了上兴卫生院6个科室的技术实力，让上兴百姓在家门口就能得到南京大医院专家的“把脉开方”，百姓无不点赞。

在文化方面，与江苏广电总台合作开展“百名主播颂经典”活动，与江苏侨领文化集团合作举办“2018全国象棋甲级联赛（溧阳曹山站）”活动，与南京艺术学院合作举办“七彩曹山——中泰高校交流专场演出”，让溧阳百姓不出家门就能享受到精彩赛事和高雅艺术。江苏省首个“舞龙舞狮竞赛基地”、“南京艺术学院曹山文化创意产业基地”、省民间艺术家协会采风创作基地均落户上兴。同时，南京市民也在这种交流中感悟到乡村文化的传承魅力。

便捷交通，彰显“同城效应” 打开南京都市圈地图，以南京为圆心，以车程1小时距离为半径，画一个大圆。这个圆里，溧阳紧邻南京，地处都市圈圈层。便捷交通更加紧密地实现了工作、生活、休闲的跨区域融合。

得益于省交通运输厅覆盖全省13个地级市的“江苏交通一卡通”工程实施，现在溧阳市民只要持有“江苏交通一卡通”，即可在南京市乘坐公交、出租车、地铁，使用公共自行车实现划卡消费服务，截止2018年底，溧阳共有1001位市民办理了江苏交通一卡通。同样的，南京市民持有江苏一卡通来溧阳也可享受城市公交、镇村公交等划卡消费服务，两地市民在同城效应下实现了交通同行。

（宋林珍）

最好的风景在路上
——溧阳“1号公路”建设纪实

人们常说最美的风景在路上。2017年12月1日，在首届“水韵江苏”旅游产品交易博览会开幕式上，溧阳“1号公路”与南京紫金山绿色长廊旅游风景道、苏州金鸡湖环湖旅游风景道等13条风景道被正式命名为“首批江苏省旅游风景道”。

溧阳“1号公路”，一条流淌着音乐动感节奏的玄幻之路；一条给人以美的体验与感悟的诗意之路；更是一条串联全域的富民之路；就像一条绵延的幸福纽带，把绿水青山神奇地转换为金山银山。

溧阳建设“1号公路”初心探秘

近年来，伴随大众旅游时代的到来，“旅游+”的大力发展，旅游休闲与道路建设、生态环境、文化遗产等深度融合成为时代趋势。而风景道（ScenicByway）源起于欧美，是欧美国家百余年来注重生态环境、自然文化遗产保护和管理的延续及发展，反映了生态保护、历史文化、景观环境、旅游休闲等综合发展的新潮流，正拓展成为一种新型旅游功能区，成为深受众多自驾车游客喜爱的线型旅游欣赏地。

2016年11月，江苏省第十三次党代会作出了“聚力创新、聚焦富民，高水平全面建成小康社会”的战略部署。聚焦富民，如何让群众的口袋鼓起来，江苏省顺应旅游发展大趋势和自驾游蓬勃发展的需求，在全省启动旅游风景道创建工作，提升江苏旅游公共服务、满足游客需求。

溧阳城依山水、山水入城，自然禀赋优越、生态环境优美，是国家生态市、国家环保模范城市，也是中国优秀旅游城市、中国最美休闲度假旅游城市，更是中国长寿之乡、世界长寿之乡。作为鸡鸣三省地、通衢活力城的溧阳，地处沪宁杭金三角、苏浙皖交界，拥有宁杭、扬溧、常溧三条高速公路和宁杭高铁，路网梭织时空，四通八达。溧阳市努力践行习近平总书记在宁杭生态经济带区域内的浙江湖州提出“绿水青山就是金山银山”理念，坚持生态立市，积极探索全域旅游、全景溧阳发展之路。2016年7月18日，溧阳市第十二次党代会响亮提出，全力实施重大项目建设、全域旅游开发、全国文明城市创建“三大工程”，推动经济社会健康协调发展。2016年11月2日，溧阳市被国家旅游局确定为“国家全域旅游示范区”创建单位。在谋划溧阳“十三五”发展时，提出了建设“宁杭生态经济带最美副中心城市”的目标定位，着力打造“美音自在溧阳”的城市形象。多年以来，溧阳的发展离不开一个“路”字，特别是全面推进的农村公路，已经成为党和政府与农民之间的连心路、情感路、富民路。溧阳全市农村公路总里程超2800公里，全市175个行政村及中小学、医院、敬老院等全部建成了6米以上的沥青（水泥）道路，所有150人以上的自然村全部通上了4米以上沥青（水泥）道路，百姓“出行最后一公里”得到了进一步贯通，国家、省级层面推进农村公路建设现场会相继在溧阳召开，被评为全省农村公路建设示范县（市），并上了央视新闻联播节目。

在这个背景下，如何让“最美”更好地展示出来，能否以以路为线，以路为景，以路为媒，把溧阳优美的自然风光和深厚的人文底蕴展现出来。溧阳市从推动全域旅游开发的高度去思考和谋划，立足全市乡村旅游现状，把旅游公路建设作为全域旅游的新载体，结合“四好农村路”创建，在全省率先提出并实施特色化旅游公路体系，积极探索“交通+”，将“四好农村路”作为常规动作，把旅游公路作为亮点推进。2017年3月，溧阳正式启动旅游公路建设，并命名为溧阳“1号公路”，着力打造宁杭生态经济带靓丽明珠。

溧阳虽以生态优美著称，但自然生态好的地方往往交通并不方便。市委、市政府将溧阳“1号公路”建设连续三年列入年度重点工程，提出了明确的工作目标和任务。在建设过程中，充分考虑如何让市民和游客能够走近山水田园，亲近自然，更好地共建共享最美生态。坚持以不破坏原有生态环境为先决条件，“1号公路”尽可能地采取“原路利用”的方式，路形不求太平坦，顺岗就坡、起伏别致；路线不求太笔直，随弯就势、曲径通幽；路面不求太宽阔，既能快进、更宜慢游。

2018年9月29日，全长365公里的溧阳“1号公路”顺利通车。按照“全国一流、全省示范”标准，聚焦“自在驾行、畅游溧阳”主体，以“四好农村路”为载体，以溧阳境内的“三山（南山、曹山、瓦屋山）两湖（天目湖、长荡湖）”为中心，融入生态涵养、全域旅游、文化传承、乡村振兴等新时代新元素，对内串联全市主要景区、景点和98个行政村、312个自然村、联接220多个乡村旅游景点、62个美丽乡村和特色田园乡村试点村，对内通达周边7个县（市）。自此，在红黄蓝三色线的指引下，溧阳“1号公路”激活了全域旅游的整盘棋，将田园、乡村、景区和茶舍串成线、连成片，实现游客与优质山水资源的无缝对接，形成了全域旅游的强磁场，为高质量建设宁杭生态经济带最美副中心城市奠定了坚实基础。

深度促融合与拓展相结合

溧阳市拥有国家A级景区5家，其中5A级景区1家、4A级景区1家、3A级景区1家、2A级景区2家，全国工农业旅游示范点7家，省级乡村旅游区（点）19家，省级自驾游基地3家。天目湖成功创建成国家5A级旅游景区、国家生态旅游示范区、国家级旅游度假区，并分别建成天目湖国家森林公园、天目湖国家湿地公园、长荡湖国家湿地公园，溧阳成为全国唯一拥有两个国家级湿地公园的县级市。全市以“三山两湖一团城”为纽带，推进溧阳全域旅游产业进程。形成了天目湖“休闲度假”、南山竹海“养生天堂”、城区“商务旅游”、曹山“慢悠生活”、瓦屋山“运动休闲”和长荡湖“时尚体验”等6个旅游板块的特色定位和发展方向。溧阳“1号公路”沿线结合各旅游区（点）专项规划、美丽乡村规划、特色小镇规划，把整个城市作为最大的景区、最好的产品、最美的旅游目的地，走“城区、园区、景区”深度促融合与拓展相结合之路。

串联全域旅游“珍珠链”的“旅游1号”。通过旅游公路建设，放大国家级旅游度假区品牌优势，发展高端休闲和现代健康经济，培育新兴旅游业态，打响推动全域旅游开发的“旅游1号”品牌。首先推进广域覆盖。在全面对接国省干线、高铁、高速公路的基础上把全市主要的景区景点、220多个乡村旅游点、62个美丽乡村和特色田园乡村全部串联起来，把溧阳最美的风景全部展现出来，加快打造“大环小圈、内连外引”的路网体系，真正使溧阳成为一个“大景区”，加速了全域旅游发展步伐。其次丰富旅游供给。依托“1号公路”建设，在公路沿线规划布局了一批精品酒店、民居民宿，设置30座“溧阳茶舍”，打造了60余处房车营地、驿站、驿亭和观景平台，让游客在领略生态之美的同时，增添各种不同的旅游体验，让游客能够慢下来，停下来，住下来。同时提升功能配套。高标准、艺术化设置“1号公路”沿线旅游标识、标志和标牌，规划布局了86个共享汽车出行点，并将沿线景区景点、驿站以及特色产品、乡土文化、交通出行等旅游信息整合到“自在溧阳”手机APP平台，为游客提供最贴心暖心、最快捷便捷的服务。

涵养溧阳青山绿水的“生态1号”。通过提升溧阳生态品质，释放生态优势，打响展现人与自然和谐共生之美的“生态1号”品牌。利用溧阳丘陵山区、平原圩区等地形地貌兼备的有利条件，注重亲山近水、路景交融，推动“1号公路”与沿线山水风光、乡村风情深度融合，打造“显山露水、自然通透、乡村野趣”的生态景观。建设上坚持保护优先、品质为上。坚持以不破坏原有生态环境为先决条件，尽可能利用原有乡间小道，因势利导进行全面改造提标，所有道路均改造提升为7米以上沥青路面。管理上创新机制，全面落实“1号公路”属地管理责任，积极试行“片区管理”路政管理运营新模式，全面推行路政养护联合巡查机制，着力提升“1号公路”沿线环境，美化沿线村庄，创造“畅通、安全、舒适”的通行环境。

打开农民增收致富新通道的“富民1号”。通过旅游公路建设，聚力农业、农村、农民发展，推动特色田园乡村、特色农业和“溧阳茶舍”等建设，打响促进富民增收的“富民1号”品牌。方便了群众出行。“1号公路”串联了98个行政村、312个自然村。全市所有行政村包括150人以上的自然村公路通达率100%。同时，大力推进城乡公交一体化，共建成标准化农村客运站11个，开通“1号公路”旅游专线5条，实现全市所有镇区、行政村公交一体化、全覆盖，连续多年被省交通运输厅评为城乡道路客运一体化发展水平5A级。推动了产业发展。交通条件的改善为农业农村发展带来了新的机遇，吸引了更多的工商资本投资农业、旅游项目，浙江蓝城集团、中信国安等知名企业纷纷入驻，为农业农村发展注入了新的活力。通过龙头带动，积极引导沿线村庄开展“一村一品”建设，大力发展休闲农业和观光农业，推进农旅融合发展，不断延伸农业产业链、价值链，让农业成为有奔头的产业。促进了富民增收。农业产业化发展和旅游业的兴起，不仅创造了更多的就业机会，让沿线群众实现了在家门口的就业，而且推动了沿线居民自主创业，开起了民宿、办起了农家乐，也让老百姓的农副产品变成了高附加值的商品。“1号公路”成为了农民发家的新通道，让村民走出田头，让产业走进乡村，乡村振兴的“双向通道”被打开。据统计，“1号公路”已累计带动10万农民增收致富。随着农旅融合不断深入，“1号公路”沿线越来越多的村庄前进发展步伐愈加有力。有着江苏省乡村振兴旅游富民先进村、江苏最美乡村、中国美丽休闲乡村等诸多荣誉的李家园村，全村劳动力人口就业率达到100%，主要从事茶产业、乡村旅游业，全村有各类农家乐餐馆百余家，农产品销售超市近50家。

传播好“溧阳故事”的“文化1号”。通过旅游公路建设，传承弘扬历史文化、乡土文化、红色文化等，打响提升地方特色的“文化1号”品牌。依托“1号公路”，通过恢复文化遗存、塑造绿雕小品等方式，诉说史贞女、《游子吟》、蔡邕焦尾琴等历史人文，让忠勇、信义、慈孝、明慧的文化基因具备传承的载体。重点将代表史前文明的“中华曙猿”，代表马家浜文化的“神墩遗址”，代表良渚文化的“梅岭玉”，以及溧阳社渚傩戏、蒋塘马灯、泓口丝弦等非物质文化遗产融入其中，让“1号公路”成为地方特色文化体验之路。利用水西村新四军江南指挥部、塘马战役遗址等红色遗存，深入挖掘溧阳茅山革命老区红色资源，在“1号公路”沿线布局一批爱国主义教育基地，推出一批红色体验经典线路。在沿线风景中，穿插党建宣传标语；在休闲驿站里，悬挂本地党员模范先进事迹牌；在旅游大道路口，竖起大型党建宣传牌；在“溧阳行”App上，将党建资源融入，通过AI技术，游客可以在“1号公路”上边看党建风景边听红色故事。

率先走向全域旅游新时代

溧阳“1号公路”在串联绿水青山、引领全域旅游的同时，探索实现“田园生金”的乡村振兴，通过提高农产品附加值，带动农民增收致富，成为率先走向全域旅游新时代。

箕笪里村 位于瓦屋山旅游大道沿线，背靠上世纪70年代修建的水利翻水站，如今这里建起了游步道，添置了特色休憩长凳，植满花草树木，村民们在此闲唠家常，摄影爱好者们慕名而来。

神女之心 彩虹路的一端便是神女湖，湖水碧波荡漾，瓦屋山和丫髻山的倒影在水中形成山脊弯曲的轮廓，如卧沐的仙女。而神女之心观景台在竹箦镇百家山茶园内，由一个心形木制平台、六个箭型挑高平台以及一面巨幅双心花坡组成，远方山脊处有一个巨大的自然心型竹林，“神女之心”由此得名。寓意丘比特之箭射向山坡上的神女之心，成为网民的网红打卡地。

爱情的套路 “1号公路”中有一段是专门为信奉纯真爱情，渴望拥有甜蜜爱情的男男女女打造的特别之路，而这段路被称为“爱情的套路”。黄绿相间的树上挂满情侣们的爱情誓言，寓意着跟相爱的人携手同行。

杨湾驿站 地处“森林步道”与“爱情的套路”两点之间，是一间风格特异的驿站。它三面环林，就像是被包裹在一片绿幕之中。简单质朴的篱笆将这间小屋圈起，站在门口的小道上，仿佛穿越时空，回到了古代。

正是以上这些三步一景，五步一观的一块块地方，才成为脚下的路都是景的一部分，而且是十分别致的景。崭新的道路中间醒目的三条线，红、黄、蓝三种主色调，向远处无限延伸着。行驶在绵长的“彩虹路”上，观旖旎风光，尽情享受“人在景中走，心在画中游”的温馨浪漫。

将山水资源、旅游景点、历史古迹、乡土文化有机结合在一起，全面展示溧阳之美，是溧阳“1号公路”的特色所在。一方面，通过系统串联，展示溧阳优美的山水资源。在旅游公路规划建设中，注重利用丘陵山区、平原圩区等地形地貌，赋予“一路一景观、一路一特色”的特征，重点将南山的万亩竹海、万亩茶园，曹山的千亩花海、十里梅岭，瓦屋山的千年古刹、原始森林，天目湖的秀美山水、悠然恬适，长荡湖的烟波浩渺、渔舟唱晚等醉人风光充分展示，让人流连忘返、回味无穷。另一方面，通过深入融合，展示溧阳特色的乡土文化。自秦朝建县，溧阳是全国保持原名称的57个县之一，拥有悠久的历史文化和深厚的人文底蕴。既注重串联承载春秋时期史贞女舍命相救伍子胥故事的贞女祠、流传溧阳侯史崇精忠报国佳话的史侯祠、记录识焦木而制焦尾琴事迹的蔡邕读书台、留下千古绝唱《游子吟》的孟郊射鸭堂，以及姜太公钓鱼台、欧冶子铸剑台、岳飞练兵场、新四军江南指挥部等一批历史与文化遗存；又探寻着感叹“何时到栗里，一见平生亲”的李白、行脚驻锡燕山的金地藏菩萨，以及陆游、朱熹、唐伯虎、文徵明等文人墨客在溧阳留下的足迹；更将代表史前文明的高级灵长类动物化石“中华曙猿”，代表马家浜文化的“神墩遗址”，代表良渚文化的古玉“梅岭玉”，以及社渚“傩戏”、蒋塘马灯、泓口丝弦、戴埠太平锣鼓等非物质文化遗产资源融入其中，让行走在溧阳“1号公路”的游客，体验一场触及心灵的文化之旅。

惠民、利民、便民，让乡村更美丽、让农民更富裕是建设溧阳“1号公路”的根本出发点和落脚点。也正是本着这样的初心，市委、市政府依托旅游公路，以提升农业附加值为导向，把农业元素变成休闲旅游的重要内容，打造了曹山的杨梅采摘节、蓝莓采摘节等有影响力的活动品牌，以及别桥的原乡油菜花海和溧城镇八字桥的荷塘月色景观等创意农业，探索“田园变公园、农区变景区、劳动变运动、产品变商品”的发展路径，有力促进农业增效、农民增收。溧阳有300余家茶企，百亩以上规模的近一半，已成为江苏省茶叶主要生产基地。全市茶叶开采面积6.2万亩，工商备案茶叶企业200余家，注册商标100余只。其中“玉莲”“玉枝”牌商标获中国驰名商标，“富子”“田家山”“松岭头”“伍员山”等多个商标获江苏省著名商标。“天目湖白茶”作为溧阳茶叶的区域公用品牌，荣获农业部颁发的“农产品地理标志证书”，品牌价值逐年提升。冠以“天目湖”品牌的农副和旅游产品有100余个。全市建成17个省级美丽村庄，266个星级旅游农庄，近10万人捧上了旅游的“金饭碗”。被评为“全国最美乡村旅游目的地”的李家园村，年接待游客近80万人次，年旅游经营收入超6000万元，旅游从业人员年收入4.5万余元。

引发多方关注的持续效应

上有天堂，下有苏杭；出了苏杭，美在溧阳。溧阳市深入贯彻习近平总书记关于“四好农村路”建设重要指示批示精神，从推动全域旅游、策应乡村振兴的角度去思考和谋划，在全省率先提出并实施了溧阳“1号公路”建设，成为继天目湖之后的又一知名对外旅游品牌。

2018年5月，全省“四好农村路”高质量建设现场推进会在溧阳召开。

2018年7月，全国政协副主席、交通运输部党组书记杨传堂专题到溧阳调研“1号公路”。

2018年9月，溧阳被授予全国“四好农村路”建设示范县称号。

2018年国庆假期，溧阳“1号公路”再次刷爆朋友圈，央视《CCTV－13》一天三场直播，其中两场都是围绕溧阳“1号公路”，突出了溧阳“1号公路”沿线的精彩节点。

2018年11月14日，交通运输部副部长戴东昌带队调研溧阳“1号公路”，实地察看了溧阳“1号公路”北山片区建设情况，了解溧阳“1号公路”给溧阳乡村振兴、全域旅游所带来的商机与变化。

溧阳优美的山水资源，让八方游客行走其中，体验溧阳独有的人文情怀和文化基因，共享溧阳“1号公路”的生态福利，为溧阳全域旅游大格局赋予了全新概念，迸发了持续效应。

（尹少鹏）

溧阳概况

栏目编辑　莫　俊

基本情况

【地理位置】 溧阳市隶属江苏省，位于长江三角洲西南部的苏、浙、皖三省交界处，是宁杭经济带区域中心城市及长三角都市圈重要节点城市。地处北纬31°09′～31°41′，东经119°08′～119°36′，东邻宜兴，西与高淳、溧水毗邻，南与安徽省的广德、郎溪接壤，北接句容、金坛，南北长59.06千米，东西宽45.14千米，土地总面积1535.87平方千米。

境内有低山、丘陵、平原圩区等多种地貌类型。南部为低山区，属天目山脉延伸，山势较为陡峭，绝对高程在250米以上，比高（吴淞基面）在200米以上；西北部为丘陵区，属茅山余脉，冈峦起伏连绵；腹部自西向东地势平坦，为平原圩区，平均海拔3米。溧阳处于太湖湖西水网区，属太湖水系，境内之水及高淳、郎溪部分客水主要经南河、中河、北河注入太湖。

【人　口】 2018年年末，全市户籍人口79.04万人，比上年减少0.06万人，其中，男39.72万人，女39.32万人。总户数26.45万户。人口自然增长率0.76‰。全市常住人口76.33万人，其中城镇人口46.11万人，城镇化率60.41%，比上年提高0.2个百分点。

【行政区划】 2018年年末，溧阳市辖10个镇（区）和昆仑街道，10个镇（区）分别是：溧城镇、天目湖旅游度假区（天目湖镇）、埭头镇、上黄镇、戴埠镇、别桥镇、竹箦镇、上兴镇、南渡镇、社渚镇，有1个省级经济开发区——溧阳市经济开发区，1个国家级旅游度假区——天目湖旅游度假区和江苏中关村科技产业园。共有175个行政村，59个居委会。

【物产资源】 境内自然植被茂盛，拥有耕地7.47万公顷，林地2.19万公顷，河流和湖泊2.84万公顷。溧阳盛产水稻、油菜、茶叶、蚕桑、白芹、板栗、西瓜、竹笋以及鲢鱼、鳊鱼、青鱼、草鱼、鲫鱼、螃蟹、白壳虾等，素有“鱼米之乡”“丝府茶城”之誉。

境内有石灰岩、方解石、瓷石、膨润土、黏土、硅灰石、石英岩、石英砂岩、大理岩、建筑砂、煤炭等。其中石灰岩、方解石、大理岩、陶土、彩瓷石等储量均在亿吨以上，且品位优良，具有极佳的开采价值。

境内的天目湖旅游风景区、南山竹海风景区、天目湖御水温泉景区是享誉华东地区的旅游度假胜地、国家AAAAA级旅游景区；新四军江南指挥部纪念馆为全国爱国主义教育示范基地、全国重点文物保护单位；中华曙猿化石发现地点为江苏省大遗址、全国重点文物保护单位。其他旅游景点和历史遗迹还有高静园、凤凰公园、天目湖国家森林公园、天目湖湿地公园、长荡湖湿地公园、伍员山、瓦屋山、平桥石坝、别桥淳化阁帖、合剌普华墓址、大石山摩崖石刻等。

【交　通】 溧阳水陆空交通便捷。宁杭高铁、宁杭高速、扬溧高速、常溧高速、104国道、239省道、241省道、芜太运河贯穿全境，距南京禄口国际机场仅68千米，有“三省通衢”之美誉。

【气　候】 溧阳市气候属北半球亚热带季风气候，温和湿润，四季分明，雨量丰沛，日照充足。夏冬季历时长，冬冷夏热，雨热同季；春秋季短，春温多变，秋高气爽。无霜期长，自然条件优越，气候资源丰富。2018年溧阳市平均气温较常年偏高，降水量偏多，日照时数正常。2018年全年日照时数1935.1小时，与常年1873.5小时相比，偏多61.6小时，属正常年份。

【气　温】 2018年，全市年平均气温17.3℃，比常年16.0℃偏高1.3℃，属偏高年份。年平均最高气温21.7℃，比常年20.5℃偏高1.2℃；年平均最低气温13.6℃，比常年12.4℃偏高1.2℃。年内，10月平均气温接近常年，3、4、5、7、8、9、11、12月平均气温较常年偏高，1、2月平均气温较常年偏低，年极端最高气温38.4℃，出现在5月16日；全年日最高气温≥35.0℃的高温日24天；年极端最低气温−7.7℃，出现在1月30日。

【雨　情】 2018年，全市年降水总量为1351.4毫米，比常年1146.7毫米偏多204.7毫米，属偏多年份。年内，2、3、6、9、10 月的降水量较常年同期偏少，其余各月降水量都较常年同期偏多。全年雨雪日（≥ 0.1 毫米）152 天，比常年 133 天多 19 天；雨量≥ 10.0 毫米的降水日 40 天，比常年 37 天多 3 天；雨量≥ 25.0 毫米的降水日 13 天，比常年 12 天多 1 天；雨量≥ 50.0 毫米的降水日 3 天，和常年 3 天一样多。日降水量极大值为 130.3 毫米，出现在 8 月 17 日。最长连续降水时段为 10 天，出现在 6 月 30 日～ 7 月 9 日，累计降水量 129.1 毫米。最长连续无降水时段出现两次，为持续 17 天无降水。

全市 6 月 22 日入梅，7 月 9 日出梅，梅长 17 天，梅雨量为 113.9 毫米，比历年 240.0 毫米偏少 126.1 毫米。

【重要天气事件】 2018 年，溧阳市重要天气气候事件主要体现在暴雪、台风、暴雨、霜冻、连阴雨、雷电、大雾对全市的影响。

暴雪　1 月 24 ～ 28 日溧阳市出现暴雪天气，24 日下午 14 时 40 分开始出现降雪，至 28 日 17 时 32 分降雪停止，市区累积总降雪量为 44.5 毫米，市区最大积雪深度达 23 厘米。暴雪主要分成 3 个阶段，第一阶段自 24 日下午至 26 日早晨，降雪量为 22.1 毫米，最大积雪深度为 11 厘米；第二阶段为 26 日白天至上半夜是降雪间歇期，积雪深度消减至 5 厘米；第三阶段为 27 日早晨至过程结束，降雪量为 22.4 毫米，最大积雪深度为 23 厘米。

台风　2018 年度主要影响溧阳市的台风有三次，分别为：7 月 20 ～ 22 日受台风“安比”影响、8 月 2 ～ 3 日受台风“云雀”影响、8 月 16 ～ 17 日受台风“温比亚”影响。

暴雨　2018 年溧阳市行政区域内共出现多次区域性或局地性暴雨过程。对全市工农业生产造成了一定的影响。

高温　全年共出现 24 天高温，给人民生活、生产带来了一定的影响。

霜冻、雷电、大雾　灾害时有发生，由于相关职能部门应对及时、措施得力，没有造成明显灾害。

（狄百花　钱半吨）

【历史沿革】 距今 5000 多年前，溧阳境内即有先民活动。春秋末期，楚吴边界就有溧阳地名。秦始皇嬴政二十六年（公元前 221 年），溧阳始建县制，区域包括今溧阳市大部以及高淳县和溧水县的东南部。自三国吴黄武元年（公元 222 年）至唐德三年（公元 620 年）的近 400 年间，溧阳县域区划变化甚大，溧阳县曾两度被废，境内先后设置过屯田都尉和永平县、永世县、平陵县。唐武德三年（公元 620 年），废永世县，并划溧水东部之地复置溧阳县，自此，溧阳作为行政区域名连续沿用至今。元、明时期，溧阳曾升为溧州、溧阳府、溧阳路、溧阳州。民国时期，溧阳县先后隶属于江苏省行政公署、金陵道、江苏省政府、江苏省第一行政督察区（专员公署驻溧阳县）、江苏省江南行署管辖。1949 年 4 月 25 日溧阳解放，建立县人民政府，先后属苏南行署武进行政分区、常州专署、镇江专署管辖。1983 年 3 月实行市管县体制后，溧阳县属常州市管辖。1990 年 8 月经国务院批准，撤销溧阳县，设立县级溧阳市。溧阳历史上曾有多座县治，自唐天复三年（公元 903 年）迁至溧阳城（今溧城镇）以来，距今已有 1000 多年。

【人文荟萃】 历史上溧阳曾引四方高士慕名前来。李白、张旭、朱熹、张孝祥、汤显祖和袁枚等名人，都曾在溧阳留下足迹、名篇。孟郊、仇远、陈鸿寿等人，在溧阳任职多年，把政绩、佳作留存于世。宋璟、陆游等人的后裔，钟情溧阳，也就定居于此。溧阳人杰地灵，人才辈出。春秋期间，史贞女搭救伍子胥的事迹广为流传。从东汉起，出任朝廷文臣武将的名人有东汉史崇、唐朝史务滋、明朝马一龙、清朝史贻直等人；状元有清朝马世俊，榜眼有明朝宋之绳、清朝任兰枝，探花有明朝陈名夏、清朝黄梦麟、清朝任端书。当代中国科学院学部委员有经济学家狄超白、昆虫学家蔡邦华、化学家彭少逸和细胞生物学家翟中和；中国社会科学院学部委员有经济学家周叔莲；中国科学院院士有液体火箭发动机专家朱森元、物理学家沈学础和理论有机化学家吴云东；中国工程院院士有光学专家庄松林、内分泌学专家史轶蘩、小麦育种专家程顺和与化学家蒋剑春。电缆事业的创始人之一葛和林，新针灸学的开拓者朱琏，文史专家缪钺，女作家菡子，世界知名青年科学家吴柯，他们都建树卓越，誉满中外。

【地方特产】 溧阳茶叶　历史悠久，始于唐宋，盛于明清。溧阳是江苏省重点产茶区，拥有茶园面积 8 万余亩，分南山、北山 2 个茶区，茶叶种植、加工、销售一体化经营。溧阳茶的品种日趋多样，制茶工艺日益精湛，茶叶质量不断提高。地方名茶有前峰雪莲、南山寿眉、水西翠柏、天目湖白茶等，先后有 100 多只（次）茶叶在省级以上名特优茶评比中获奖。2005 年通过全国无公害茶生产示范基地县（市）评审验收，获首届中国茶产业发展政府贡献奖，2007 年通过国家标准化委员会全国茶叶标准化示范区专家评审。1991 年以来，成功举办了十六届中国溧阳茶叶节。

溧阳白芹　白芹是溧阳传统的特色农产品，已有 800 多年的种植历史。在种植过程中，当地农民创造出一套水芹旱育、一次性深培土的培植技巧，培育出的白芹晶莹透亮，茎鞘洁白，叶尖嫩黄，风味脆嫩爽口，微甜不腻，并含丰富的氨基酸，堪称江南一绝，成为馈赠亲朋好友的高档礼品。2005 年，溧阳白芹进入钓鱼台国宾馆，成为国宴菜肴。2006 年 9 月 16 日，溧阳白芹获中华人民共和国原产地证明商标。2007 年 1 月 12 日，“江苏省溧阳白芹标准化示范区”项目通过省质量技术监督局专家组的验收。溧阳白芹畅销京、沪、宁、杭、苏、锡、常等城市以及港澳台地区，且出口日本、韩国等国家。

溧阳板栗　溧阳丘陵山区盛产板栗，是江苏省著名的干果生产基地。溧阳板栗果型大，皮壳薄，色泽悦目，肉质白而脆嫩，香味浓郁，以板栗为原料烹制的大栗烧鸡、大栗红烧肉、桂花糖大栗都是闻名遐迩的溧阳地方名肴。

长荡湖绒螯蟹　长荡湖（又名洮

湖）所产的螃蟹，属长江水系中华绒螯蟹，是螃蟹家族中的名贵品种，青背白肚，螯强爪健。中秋过后，体大脂肥，红膏饱满，肉质细腻，维生素A含量极高的螃蟹上市，成为餐桌上的佳品。一品一尝，鲜美透顶，令人赞不绝口。溧阳市长荡湖水产养殖场生产的“可鲜可康”中华绒螯蟹具有“出国护照”——中华人民共和国出入境动物养殖企业注册证。长荡湖螃蟹不仅畅销上海、南京、广州、深圳、中国香港、中国澳门等地，而且走出国门，远销日本、韩国、新加坡以及欧美，深受海内外美食家的赞赏。用蟹黄做的蟹黄馒头（又称蟹黄小笼包），也是溧阳的名点。

天目湖砂锅鱼头　采用天目湖中完全没有人工喂养的花鲢鱼头，用甘甜清冽的天目湖水，配以十多种佐料，置于专用的砂锅中，用文火久煨而成，汤色乳白如汁，清纯如雪；其香浓郁绕梁、馨雾升腾；其味肥而不腻，鲜而不腥。砂锅鱼头不仅味道鲜美，而且富含多种蛋白质、维生素和矿物质，经常食用能益智健脑，滋润养颜。天目湖砂锅鱼头成为溧阳天目湖蜚声四方的“三绝”之一，在长三角地区声名远扬。

溧阳乌米饭　乌米饭原为民间食品，唐代即有。溧阳乌米饭是把乌饭树叶捣烂、滤汁、泡糯米，晾干蒸煮而成，米粒紧缩，碧如坚珠具有诱人的清香，乌黑的亮泽，劲道的口感。每天煮食一碗，能强筋骨、益气力，固精驻颜，被古人誉为“仙家服食”。

周城火锅　又名周城羊肉火锅，以周城地产优质山羊肉为原料，采用传统配方及独特工艺制作而成，其肉质鲜美，风味独特，色、香、味俱佳。当地企业将其制成真空包装，销往常州、南京、上海等大中城市，深受各地消费者的青睐。

竹箦风鹅　以地产农家土鹅为原料，在继承传统工艺的基础上，采用扬州大学最新肉食品加工技术精制而成。生产全过程实行封闭式运行，不添加任何化学防腐剂，保持传统风味鹅肉制品的“色、香、味、形”，原汁原味，食后回味无穷。

溧阳三黄鸡　这种鸡的特征为黄喙、黄毛、黄爪，故称“三黄鸡”。其体重一般可达4.5千克（最重者可达5千克以上），故又称“九斤黄”。为蛋肉兼用型地方良种家禽。1只重1千克左右的鸡，将其放入一个大锅里，倒入能淹没鸡身的清水，同时放适量的葱、姜和黄酒，用大火烧开，撇去浮沫，再移至小火上焖10～20分钟，加适量食盐，鸡刚熟时，马上将锅端下，盖上锅盖放置一旁。待锅里汤凉爽后，再将鸡捞出，控去汤汁，在鸡的全身涂上香油即可。具有鲜、嫩、香、肥而不腻的口味特点。

溧阳扎肝　作为过年的年菜，一般是一次做够，烧一大盆，待客时在饭锅里蒸热后上桌。取五花肉1块、猪肝1块、笋干2块、油豆腐2块，将五花肉、猪肝、笋干放在一起，外围用两块油豆腐夹住，左手拿好小肠的一头，从左到右将其绕3～4圈扎紧，剪断小肠，收好头。锅上大火，放冷水，扎肝烧沸，撇去浮沫，放入姜片、绍酒、葱结、精盐、酱油、白糖、转小火烧约1.5小时，捞去葱结、放味精即可出锅。具有口味咸鲜、荤中有素、柔中有脆、口感酥爽的特点。

南山手剥笋　选用上品南山笋10根。特制绍菜根、秘制烧菜汁适量，将笋加工成大小均匀，焯水待用。将绍菜根、烧菜汁加秘制配方调汁后会同竹笋一起上笼蒸约两小时即可。

南山雁来蕈　产于溧阳南山，又名“雁来菌”，食用菌的一种，生于农历二月者叫“桃花菌”，九月者叫“雁来菌”，以寒露时松花落地所生的最佳，味鲜美，有异香，是人们喜爱的山珍。取雁来蕈100克、仔姜50克、酱油100升、白糖30克、色拉油500升。将雁来蕈浸泡拣洗。锅上火，放酱油、雁来蕈、仔姜、白糖，烧沸，撇去浮沫，转小火烧半小时，起锅冷却后食用为佳。

溧阳青虾　溧阳池塘养殖青虾起源于20世纪90年代初，溧阳青虾营养丰富，且其肉质松软，易消化，对身体虚弱以及病后需要调养的人是极好的食物；虾中含有丰富的镁，镁对心脏活动具有重要的调节作用，能很好的保护心血管系统，可减少血液中胆固醇含量，防止动脉硬化，同时还能扩张冠状动脉，有利于预防高血压及心肌梗死；虾的通乳作用较强，并且富含磷、钙、对小儿、孕妇尤有补益功效；虾体内的虾青素有助于消除因时差反应而产生的“时差症”。

【市　标】　市树：香樟树。市花：桂花。2004年10月，全市开展评选市树、市花活动。11月23日，经溧阳市十三届人大常委会第十四次会议表决通过，作出《关于同意市人民政府“关于建议确定并命名溧阳市市树、市花的议案”的决定》，决定命名香樟树为溧阳市市树，桂花为溧阳市市花。

【溧阳城市形象】　溧阳城市形象主题用语：

自在茶香　美音溧阳

山水绝佳天目湖　感恩信义溧阳城

人类发祥地　生态好家园——中国溧阳

溧阳城市形象欢迎用语：

何时到溧阳　一见平生亲——中国溧阳欢迎您

敦厚如山　刚直如竹　纯净如水　清雅如茶——和谐溧阳欢迎您

中国游憩文化首选地——中国溧阳欢迎您

溧阳城市形象理念用语：

明礼诚信　尚善笃行　精业进取　开拓创新

溧阳城市形象旅游用语：

溧阳山水甲江苏　天目湖色秀江南

阅山阅水阅江南　品茶品竹品溧阳

七色文化旅游城　五季山水休憩地

溧阳城市形象外文用语：

Garden city charming liyang

（田园城市　魅力溧阳）

Liyang，a city of many tradition

（一个溧阳　万种风情）

A city of stories a land of beauty

（一个充满着山水田园诗故事的城市）

【溧阳城市名片】　政治名片：新四军江南指挥部（威震江南　功在民族）。

经济名片：生态循环经济（发展

生态循环经济 打造绿色环保溧阳）。

文化名片：孟郊与《游子吟》（感恩之城 大爱之乡）。

历史名片：人类发祥地（溧阳中华曙猿——距今4500万年前的人类祖先）。

民俗名片：跳蟠神（千年神舞 祐你平安）。

人物名片：史贞女与伍子胥（诚信卓绝千古 感恩声凌浮云）。

美食名片：天目湖砂锅鱼头（鲜而不腥 肥而不腻 中华一绝 砂锅鱼头）。

观光名片：天目湖、南山竹海和瓦屋山。

⑴游憩天目湖，行走南山峰，山水绝佳处，诗情画意中。

⑵东湖南湖瘦西湖，太湖西湖天目湖。

⑶品天目湖绿茶，览南山竹风光。

⑷台湾有日月潭，溧阳有天目湖。

⑸中华小九华，溧阳瓦屋山。

物产名片：天目湖绿色食品（自然精华 养生佳品）。

地域名片：苏浙皖三省通衢（长江三角中心城 华东三省通衢地）。

【溧阳八景】 天目山水、南山竹海、将帅雄风、瓦屋听禅、茶果飘香、石坝飞瀑、高静叩石、曙猿祖地。

【溧阳八俗】 鱼头也有身份证，水芹生长土里埋，白米煮出乌米饭，白茶有钱买不回，想挑西瓜不能拍，少儿挥笔写校牌，锣鼓蟠神祈福来，高塔信手吊到位。

【天目湖八珍】 冬笋、板栗、乌饭、白茶、雁来蕈、香瓜藤、天目湖寿桃、爆炸瓜。

【天目湖八鲜】 砂锅鱼头、长荡湖蟹、长荡湖白壳虾、溧阳白芹、白鱼、田螺、红菱、刀鱼。

（文 扬）

经济发展

【综合实力】 2018年，全市地区生产总值（GDP）突破900亿元大关，达935.51亿元，按可比价计算比上年增长8%，人均GDP达12.26万元（按常住人口），比上年增加1.0万元。从三次产业完成情况看，第一产业增加值51.06亿元，增长0.3%；第二产业增加值453.97亿元，增长10.1%；第三产业增加值430.48亿元，增长6.5%。产业结构进一步优化，三次产业增加值比例调整为5.5∶48.5∶46.0，服务业增加值占GDP比重比上年提高0.5个百分点。全年高新技术产业产值比上年增长23.9%，占规模以上工业产值的比重达36.9%，比上年提高10.3个百分点。

2018年，全市“四大经济”全产业累计完成增加值458.12亿元（合计数已剔除融合部分，下同），同比增长24%（同口径，下同），占全市地区生产总值的比重为49%，较上年提高6个百分点。全产业实现主营业务收入1422.75亿元，税收40.8亿元（列统口径），分别增长12.6%，16.4%。“四大经济”增加值融合部分达93.16亿元，增长16.1%，较上年提升1.8个百分点；主营业务收入与税收融合部分分别为508.60亿元和10.53亿元，分别增长27.1%、13.7%。

2018年，全市一般公共预算收入完成66.29亿元,较上年同期增4.9亿元，增长8%，收入总量和收入增幅在常州各辖市（区）中分别列第3位和第6位，在全省县市中分别列第11位和第19位。收入结构为：税收收入57.99亿元，比上年增7.80亿元，增长15.5%；非税收入8.3亿元，比上年减少2.89亿元，下降25.8%。税收占比为87.5%。财政总收入完成328.62亿元（含政府性基金收入和上划中央“四税”收入），比上年增95.10亿元，增长40.7%。

【农 业】 2018年，全市农林牧渔业总产值为94.71亿元，比上年增长0.9%。其中，农业种植业产值51.22亿元，增0.9%；林业产值为1.21亿元，增1.7%；畜牧业产值6.35亿元，降8%；渔业产值31.73亿元，增2.1%；农林牧渔服务业产值4.18亿元，增4%。全市农林牧渔业增加值完成53.64亿元，增1%，其中，农业增加值32.06亿元，增0.9%；林业增加值0.51亿元，增2%；畜牧业增加值2.13亿元，降7.8%；渔业增加值16.36亿元，增1.9%；农林牧渔服务业2.58亿元，增4.9%。全年粮食播种面积6.2万公顷，粮食总产量45.56万吨。

全市认定常州市级现代农业产业示范园3家，省级农业产业化龙头企业11家。建成设施农业面积19.58万亩、设施渔业面积9.07万亩、高标准农田面积52.75万亩、常州市“一村一品一店”示范村5个。戴埠镇牛场村（南天竺）被评为国家级一村一品示范村。绿色优质农产品比重达43.8%。拥有农民专业合作社1264家、家庭农场1138家，农机总动力55.9万千瓦。

【工 业】 2018年，全市工业总产值、产品销售收入分别达1439.45亿元、1436.52亿元，比上年分别增长10.2%、10%；实现工业利税总额152.88亿元、利润总额98.42亿元，比上年分别增长23%、27.6%。规模以上工业产值、产品销售收入达1259.57亿元、1259.27亿元，比上年分别增长14.7%、13.3%；规模以上工业利税、利润总额为138.87亿元、87.86亿元，比上年分别增长29.9%、34.3%。全年工业应税销售收入1433.87亿元，比上年增长14.4%。全年工业用电量79.13亿千瓦时，比上年增长21.3%。

全市共有工业企业5000多家，其中规模以上工业企业385家。新兴特色产业主要有智能电网、汽车及零部件、农牧与饲料机械、动力电池四大产业，传统产业主要包括机械、冶金、建材、纺织轻工等。拥有50家工业企业技术中心，其中国家级2家（江苏华朋集团、江苏上上电缆集团），省级24家，常州市级24家。工业企业净入库税金3000万元以上20家，其中江苏上上电缆集团、江苏金峰水泥集团、江苏国强镀锌实业有限公司、江苏华朋集团、溧阳天山水泥有限公司、溧阳市华鹏电力仪表有限公司获特别贡献奖企业。江苏金峰水泥集团、江苏国强镀锌实业有限公司、江苏上上电缆集团、江苏申特钢铁有限公司4家企业入围2018年中国民营企业制造业500强。

全年规模以上工业企业综合能源消费量478.53万吨标准煤，能耗比上年下降3.2%。规模以上工业万元产值能耗为0.3799吨标准煤/万元，比上年下降15.6%。

【建筑业】 2018年，全市有建筑业企业352家，其中特级2家、一级38家、二级144家、三级132家、劳务及一体化36家。截至2018年年底，建筑行业有注册建造师4434人，其中一级建造师929人、二级建造师3505人。全市建筑业累计完成施工总产值764.4亿元，比上年增长20%，占常州地区施工总产值的43%；完成入库税收18.41亿元，比上年增长22%，占全市税收18.4%。全市施工产值超10亿元的企业有15家，超50亿元的企业有5家（龙海集团、天目集团、苏华集团、天力集团、溧阳建设），超100亿元的企业有3家（龙海集团、天目集团、苏华集团）。

全市特级资质建筑业企业新增1家，一级资质新增6家。天目建设集团参建的军博展览大楼加固改造工程（扩建建筑）被评为2018～2019年度第一批中国建设工程鲁班奖。全市建筑业企业累计摘得“鲁班奖”7次（其中参建2次）。5家企业被评为“江苏建筑业百强”企业，9家企业获评江苏省建筑业“双百强”，天力集团获评2018年“江苏省建筑业优秀企业”。

【固定资产投资】 2018年，全市固定资产投资比上年增长10.1%。其中：工业投资增长10%，服务业投资增长10.7%。5000万元以上投资项目投资额占比63.7%，制造业投资占比达到74.8%。全年引进投资亿元以上项目60个，其中超10亿元项目18个。总投资120亿元的时代新能源三期项目、总投资超50亿元的璞泰来二期和碳元科技项目均实现当年签约、当年开工。98个市级重点工业项目已投产或部分投产项目比重达64.3%。

2018年，全市商品房施工面积500.37万平方米，增长21.7%，其中当年新开工面积165.76万平方米，增长38.4%。全市商品房销售面积117.21万平方米，增长24.3%。全市待售房屋面积为46.87万平方米，下降13.5%。全市房地产开发完成投资60.86亿元，下降17.7%。

【国内贸易】 2018年，全市实现社会消费品零售总额356.82亿元，比上年增长9.6%。其中，批发业32.87亿元、零售业285.61亿元、住宿业6.85亿元、餐饮业31.49亿元，分别增长13.9%、6.0%、23.9%、44.8%；城镇地区消费品零售额331.31亿元，增11.7%；农村地区消费品零售额25.51亿元，降12.6%；限额以上零售额106.93亿元，增8.4%；限额以下零售额249.89亿元，增10%。全市亿元以上市场实现成交额130.51亿元，增2.2%，超10亿的市场有2家（江苏苏浙皖边界市场、溧阳市江南春市场），其中，江苏苏浙皖边界市场成交额达112.03亿元。

【开放型经济】 2018年，全市实现进出口总额75.5亿元人民币，比上年增长11.9%，增幅位列常州第一。其中，一般贸易占进出口总额比重达92.6%。完成外经新签合同额1.3亿美元，比上年增长26%；完成外经营业额1.4亿美元，比上年增长38%。完成协议注册外资4.94亿美元，比上年下降4.2%，实际到账注册外资3.01亿美元，比上年增长20.2%。其中，产业类占比为70%，超常州市平均水平；战略性新兴产业占比达53%，位列常州市第三。

【旅　游】 2018年，全市旅游总接待人数1930.03万人次，实现旅游总收入236.04亿元，比上年分别增长9.8%、14.3%；实现旅游增加值110.87亿元，占GDP比重为11.9%。全市拥有国家A级旅游景区5家，其中AAAAA级1家（包括天目湖山水园、南山竹海、御水温泉），AAAA级1家（新四军江南指挥部纪念馆），AAA级1家(史侯祠)，AA级2家(高静园、凤凰公园)。拥有1家国家森林公园（含天目湖、南山竹海、龙潭林场），是全国唯一拥有两个国家湿地公园（天目湖、长荡湖）的县（市）。拥有江苏省星级乡村旅游区（点）19家，其中五星级1家（溧阳南山花园旅游发展有限公司）、四星级11家、三星级4家、二星级3家。旅行社(营业部)56家，其中全国百强国内旅行社1家(天目湖旅行社)。星级饭店15家（其中五星级3家、四星级4家、三星级6家、二星级2家），星级饭店拥有3672张床位。

【金融保险】 2018年年末，全市共

2018年溧阳市工业企业主要产品产量

表1

产品名称	单　位	产量	比上年增长（±%）
水　泥	万吨	2135.01	3.9
硅酸盐水泥熟料	万吨	1783.74	17.3
电力电缆	万千米	77.86	69.3
服　装	万件	2331.57	-3.3
钢　材	万吨	268.00	-13.8
啤　酒	万千升	11.90	-29.4
生　铁	万吨	161.71	-16.2
纱	吨	5814.26	-14.3
变压器	万千伏安	5395.45	-7.6
锂离子电池	万只（自然只）	345.79	111.2

有银行20家。金融机构各项本外币存款余额1143.29亿元，比年初增加30.90亿元，增长2.8%；贷款余额901.07亿元，比年初增加44.16亿元，增长5.2%。小贷公司共12家。证券公司有5家。人保财险、太保财险、太保寿险、人寿财险、人寿保险溧阳五大保险公司全年保费收入14.81亿元，比上年增长13.6%；赔付额4.54亿元，比上年增长3.18%。

社会事业

【科技创新】 2018年，全市完成高新技术产业产值464.1亿元，占规模以上工业产值的比重达36.9%，较上年提升10.3个百分点。截至2018年年底，全市拥有高新技术企业88家，1家企业入选江苏省创新型领军企业，新增1家江苏省上市培育企业，申报常州市高新技术产品211只，认定198只。新增省级企业研发机构9家，全市建成省级以上企业“三站三中心”124家。全年申请专利2050件，万人发明专利拥有量达17.03件。拥有常州市级以上众创空间、孵化器、加速器27家，其中国家级孵化器2家，省级孵化器2家，省级加速器1家，省级众创空间5家。

【教　育】 2018年，全市共有各类学校145所，学生数93438人（含幼儿），教师数7639人。中学32所，其中完中1所、高中7所（含民办1所）、初中24所。初中在校学生18772人，高中在校学生8709人。小学44所（另特教学校1所，学生116人），在校学生39499人。中专2所，在校学生4977人。幼儿园67所，其中民办23所，在园幼儿21481人。高考一本达线率达59.6%，超全省计划录取率34.1个百分点。

【卫　生】 2018年年末，全市拥有各级各类医疗卫生机构273家，其中，综合医院12家、中医医院1家、专科医院2家、镇（区）卫生院17家、厂矿医务室（个体诊所）76家、村卫生室148家、公共卫生机构16家、医学在职培训机构1家。全市各级各类医疗卫生机构实有床位数3780张，卫计从业人员6077人，其中，执业（助理）医师2053人，注册护士1985人。

【文化体育】 2018年，全市有文物保护单位64处，其中国家级2处（新四军江南指挥部旧址、中华曙猿化石地点）、省级8处、市级54处。有非遗项目70项，其中国家级1项（传统舞蹈类——蒋塘马灯舞）、省级9项、常州市级11项。拥有省级文化生态保护实验区1个（社渚傩文化生态保护实验区）。建成195个基层综合性文化服务中心，高标准建成126个文化小礼堂，打通公共文化服务“最后一公里”。建成城市社区10分钟体育健身圈，实现175个行政村体育设施全覆盖，城市公园、绿地配建体育设施达100%，全市健身点近千个，人均体育设施场地面积达3.48平方米，拥有市、镇两级单项体育协会82个、社会体育指导员4000余人，居民体质合格率达96%。

【公用事业】 2018年，投入2.07亿元，对10个市政重点项目实施改造建设。完成市国税局等5个院落敞开、体育路白改黑及新华街与西大街交叉口渠化3个项目，对崇文路停车场、燕河路拓宽、西后街人行道改造、夏桥巷、万泰街等背街小巷项目进行整治改造。2018年，天然气销量达2亿立方米，全年新增燃气管道35公里，改造老旧管道1.6公里。开展季度安全检查4次、专项检查4次，整改安全隐患75项，开展“燃气行业春夏火灾防控整治攻坚行动”及“安全宣传月”系列活动，营造安全的天然气使用环境。

保障性安居工程建设推进有力，实际开工8538套，涉及中关村园区、苏皖公司等单位的13个棚改项目，完成省下达目标任务的142.3%。全年获批上级住房保障专项资金1.087亿元；启用住房保障管理系统，受理公租房申报57户，清退公租房租赁补贴家庭30户、实物配租家庭16户，对197户实施危旧房解危工作，“棚户区改造”工作获省政府办公厅通报表扬。

【环境保护】 2018年，全市PM2.5均值为44.8微克／立方米，比上年下降1.3%，空气质量优良天数为251天，优良率为68.8%，比上年减少48天，下降13.3%。集中式饮用水源地沙河水库、大溪水库水质达标率为100%，水源地水质状况持续良好。2018年10月，溧阳市被评为江苏省第一批省级生态文明建设示范县（市、区）；12月，被命名为第二批国家生态文明建设示范县（市、区）并授牌。

人民生活

【就　业】 2018年，全市城镇新增就业人数15495人，城镇失业人员再就业2680人，就业困难人员再就业550人，新增转移农村劳动力1490人，支持成功自主创业2815人，引领大学生创业人数419人，扶持农村劳动力自主创业701人，城镇登记失业率1.82%。

【社会保障和福利】 2018年年末，全市城镇职工基本养老、医疗和失业“三大保险”综合覆盖率以及城乡社会保险参保率均超98%。截至2018年年底，全市纳入低保的对象有2753户、4449人，其中城市250户、378人，农村2503户、4071人；全市共有农村五保对象1874人，其中集中供养534人、分散供养1340人；全市有建档立卡低收入农户5895户、10617人。

【居民收入】 2018年，全市全体居民人均可支配收入39424元，增长9.1%，其中城镇居民人均可支配收入49489元，增长8.2%；农村居民人均可支配收入25908元，增长8.7%，分别高出GDP增速0.2和0.7个百分点。农村居民收入增长快于城镇居民收入增长，城乡居民收入之比为1.91，城乡收入差距继续缩小。

（汤竣程）

组织机构与主要负责人名录

（2018 年 1 月～2018 年 12 月）

中共溧阳市委员会

书　　记　蒋　锋
副 书 记　徐华勤
　　　　　邵钦华
常　　委　周卫中
　　　　　刘　佩（女）
　　　　　张爱文
　　　　　王朝晖
　　　　　毛建国
　　　　　龚友强
　　　　　庄松年
　　　　　金　健（至 8 月）
　　　　　张　顺
　　　　　彭宝华（8 月任）
　　　　　刘海峰（6 月任）

溧阳市人大常委会

党组书记　潘云芳（女）
副 书 记　夏国浩
主　　任　潘云芳（女）
副 主 任　夏国浩
　　　　　陆晓明
　　　　　崔文敏
　　　　　石伟期

溧阳市人民政府

党组书记　徐华勤
副 书 记　周卫中
市　　长　徐华勤
副 市 长　周卫中
　　　　　刘新农
　　　　　陈　峰
　　　　　曹　俊
　　　　　王耀庆
　　　　　陆慧琦（女）
　　　　　何家奎
　　　　　孙秀峰
　　　　　曹　岚（女）
　　　　　秦建军（至 4 月）

政协溧阳市委员会

党组书记　狄立新
副 书 记　蔡金龙
主　　席　狄立新
副 主 席　蔡金龙
　　　　　唐华新
　　　　　陈波涛
　　　　　黄普文

中共溧阳市纪律检查委员会

书　　记　毛建国
副 书 记　刘学俊
　　　　　夏国中

溧阳市监察委员会（1 月始）

主　　任　毛建国（1 月任）
副 主 任　刘学俊（1 月任）
　　　　　夏国中（1 月任）

溧阳市人民武装部

党委第一书记　蒋　锋
部　　长　彭宝华
政　　委　金　健（至 6 月）
　　　　　武　伟（8 月任）

溧阳市人民法院

党组书记、院长　周　白

溧阳市人民检察院

党组书记、检察长　刘晓松

江苏中关村科技产业园

党工委书记　蒋　锋
管委会主任　徐华勤
党工委副书记　庄松年
纪工委书记　朱开国
纪工委副书记　吴浩英（女）
管委会副主任　庄松年
　　　　　赵苏洪
　　　　　夏　明（女）
　　　　　包志宏
　　　　　潘　儒
　　　　　吴小平
　　　　　程建军
　　　　　（5 月任，至 11 月）
党工委委员　蒋　锋
　　　　　徐华勤
　　　　　庄松年
　　　　　赵苏洪
　　　　　夏　明（女）
　　　　　包志宏
　　　　　潘　儒
　　　　　朱开国
　　　　　吴小平

中共溧阳市委工作机构及直属单位

市委办公室
　主　任　周文光
市委研究室
　主　任　李　球
市委全面深化改革领导小组办公室
　主　任　周文光
市委机要局
（市国家保密工作局、市密码局）
　局　长　谢文军（女）
市委组织部
　部　长　刘　佩（女）

市委党的建设工作领导小组办公室
主　任　宋　斌
市委非公有制企业和社会组织工作委员会
书　记　李　忠
市委宣传部
部　长　张爱文
市精神文明建设指导委员会办公室
主　任　徐星频（女）
市新闻信息中心
主　任　谢建东
市委统战部
部　长　龚友强
市民族宗教事务局
局　长　何筛平
市委政法委员会
书　记　邵钦华（至5月）
王朝晖（5月任）
市社会治安综合治理委员会办公室
主　任　杨文艳（女）
市依法治市领导小组办公室
主　任　邵钦华（至5月）
王朝晖（5月任）
市委巡察工作办公室
主　任　夏国中
市委第一巡察组
组　长　史国庆（至11月）
市委第二巡察组
组　长　高荣平（至8月）
夏玲娣（女）（8月任）
市委第三巡察组
组　长　郑杭军
市委第四巡察组
组　长　董　荣
市委农村工作办公室
主　任　马俊浩
市机构编制委员会办公室
主　任　翟德明
市委市级机关工委、直属机关党委
书　记　朱洪伟
市委老干部局
局　长　潘益明
市委离退休干部工作委员会
书　记　潘益明
市信访局
局　长　王　颖（女）
市委台湾工作办公室
主　任　陈伟星
市委党校
校　长　蒋　锋
常务副校长　姜竹旻
市档案局（馆）
局（馆）长　周志清
市委党史工作委员会、市地方志办公室
主　任　甘正富

溧阳市人大常委会办事机构

办公室
主　任　史　萍（女）
财政经济工委
主　任　杨云龙
农业和农村工委
主　任　史云龙
内务司法工委、民族宗教侨务工委
主　任　陈荣林
教科文卫工委
主　任　徐　彦
人事代表工委
主　任　花　波
环境资源城乡建设工委
主　任　黄东英（女）
研究室
主　任　马志标

溧阳市人民政府工作部门、办事机构及派出机构

市政府办公室
主　任　马立峰
市政府研究室
主　任　王剑锋（4月任）
市外事办公室
主　任　许新平
市接待办公室
主　任　殷洪雅（女）
市金融工作办公室
主　任　法　律
市政府应急管理办公室
主　任　朱云明
市政府法制办公室
主　任　沈健清
市政府侨务办公室
主　任　李　劼
市发展和改革委员会
党委书记、主任　赵　明
市住房和城乡建设委员会
党委书记、主任　钱　栋
市建筑工程管理局
局　长　钱　栋
房屋征收与补偿办公室
主　任　姜　卫（至4月）
市城市管理局（市城市管理行政执法局）
党委书记　操文杰
局　　长　吴小平（至1月）
操文杰（1月任）
市规划局
局　长　孙秀峰
市燕山新区
党工委书记　钱　栋
管委会主任　芮玉昌
市民防局
党组书记、局长　董卫国
市经济和信息化局
党委书记、局长　蔡红兵
市中小企业局
局　　长　邹启东
市教育局
党工委书记　唐洪祥（8月任）
局　　长　唐洪祥
市科学技术局（市知识产权局）
党组书记、局长　吕胜中
市公安局
党委书记、局长　刘新农
政　　委　史晓春
市监察局（至1月）

局　　长　刘学俊

市民政局

党委书记、局长　蒋　彤

市退役军人事务局（11 月始）

党组书记　史国庆（11 月任）

局　　长　史国庆（12 月任）

市老龄工作委员会办公室

主　　任　沈庆康

市司法局

党组书记、局长　戴一平

市财政局

党委书记、局长　高伟新

市人力资源和社会保障局

党委书记、局长　陆卫林

市国土资源局

党委书记、局长　朱荣屏

市交通运输局

党委书记、局长　赵　波

市水利局（市水务局）

党委书记、局长　马祥中

市饮用水水源地保护治理工作领导小组办公室

主　　任　王新平

市农林局

党委书记　高　昱

局　　长　谢菊芬（女）

市商务局

党委书记、局长　成　俊（至 8 月）

陈建伟（8 月任）

市卫生和计划生育局

党委书记、局长　陈志豪

市市场监督管理局

党委书记、局长　花建国

市审计局

党组书记、局长　沈新章

市安全生产监督管理局

党组书记、局长　王国权

常州市溧阳环境保护局（1 月机构改革更名，前为溧阳市环境保护局）

局　　长　王洪明

市粮食局

党委书记　汤敏骅（至 4 月）

高　昱（4 月任）

局　　长　汤敏骅（至 4 月）

谢菊芬（女）（4 月任）

市供销合作总社

党委书记、主任　芮子遐（女）

市统计局

党组书记　杨龙保

局　　长　丁　红（女）

国家统计局溧阳调查队

队　　长　朱锡洪

溧阳广播电视台

党委书记、台长　葛军伟

市文化广电体育局

党委书记、局长　吴旺志

市旅游局

党组书记、局长　朱红新

市行政学校

校　　长　徐华勤

常务副校长　姜竹旻

市地震局

党组书记、局长　朱立峰

市政务服务管理办公室

党工委书记、主任　史　军

政协溧阳市委员会办事机构

秘书长　周荣春（至 12 月）

杨国平（12 月任）

办公室

主　　任　周荣春（至 12 月）

杨国平（12 月任）

研究室

主　　任　葛　铭

提案委员会

主　　任　陈少文（女）

学习和文史委员会

主　　任　潘祖良

经济科技委员会

主　　任　杨国平（至 12 月）

社会事业法制委员会

主　　任　陈立群（1 月任）

港澳台侨民族宗教委员会

主　　任　储利军（至 8 月）

社会团体

市工商业联合会（市总商会）

主席（会长）　陆慧琦（女）

党组书记　蒋歧平

共青团溧阳市委员会

党组书记、书记　陈建伟（至 8 月）

市红十字会

会　　长　陆慧琦（女）

党组书记　胡雪芹（女）

市总工会

党组书记、主席　郑丽萍（女）

市妇女联合会

主　　席　张雅萍（女）

市科学技术协会

党组书记、主席　芮立新

市归侨侨眷联合会

党组书记、主席　李　劼

市文学艺术界联合会

主　　席　芮振华

市残疾人联合会

党组书记、理事长　袁志荣

中共溧阳市委协助管理单位

溧阳市国家税务局（至 7 月）

党组书记、局长　张宇民

常州市溧阳地方税务局（至 7 月）

党组书记、局长　彭　滢（女）

国家税务总局溧阳市税务局（7 月始）

党委书记、局长　张宇民（7 月任）

国网江苏省电力公司溧阳市供电分公司

总 经 理　徐国平（至 8 月）

陈　杰（8 月任）

党委书记　陈宇飞（至 8 月）

徐国平（8 月任）

江苏省溧阳市烟草专卖局（江苏省烟草公司常州市公司溧阳营销部）

党组书记、局长、经理　孙立群

常州出入境检验检疫局溧阳办事处（至4月）
主　　任　姚琦华
常州海关驻溧阳办事处
主　　任　李旭敏
溧阳市邮政局
党委书记、局长
张宏茂（至7月）
王海燕（女）（8月任）
江苏省电信公司溧阳市电信局
（中国电信股份有限公司溧阳分公司）
党委书记、局长、总经理　曹云祥
中国移动通信集团江苏有限公司溧阳分公司
总 经 理　李增明（至12月）
李光华（12月任）
中国联合网络通信有限公司溧阳市分公司
副总经理（主持工作）　韶铁山
溧阳市气象局
局　　长　管连和
溧阳市盐务管理局
（江苏省苏南盐业有限公司溧阳分公司）
党组书记、局长　俞正洪
经　　理　许　建
常州市天目湖地区人民检察院
检 察 长　赵　鑫
江苏省溧阳地震台
台　　长　毛华锋
常州市住房公积金管理中心溧阳分中心
主　　任　施　钧
中国人民银行溧阳市支行
（国家外汇管理局溧阳市支局）
党组书记、行长、局长　蒋留新
中国工商银行股份有限公司溧阳支行
党委书记　朱丽萍（女）（至3月）
张谷平（3月任）
行　　长　朱丽萍（女）（至5月）
张谷平（5月任）
中国银行股份有限公司溧阳支行
行　　长　李　华
中国建设银行股份有限公司溧阳支行
党委书记、行长　丁瑞卿
中国农业银行溧阳市支行
党委书记、行长　张　鸣（至7月）
交通银行股份有限公司常州溧阳支行
行　　长　陈　建
中国农业发展银行溧阳市支行
行　　长　张　新（至11月）
叶路圣（12月任）
江苏江南农村商业银行溧阳市支行
行　　长　黄　劲（至6月）
朱海金（6月任）
中信银行溧阳支行
行　　长　钱雄文
江苏银行溧阳支行
行　　长　李　栋
中国邮政储蓄银行溧阳支行
行　　长　王勤建（至12月）
周　炜（12月任）
溧阳浦发村镇银行
行　　长　李　旭
华夏银行股份有限公司溧阳支行
行　　长　周传芳
招商银行股份有限公司溧阳支行
行　　长　王伟平
兴业银行股份有限公司溧阳支行
行　　长　石建伟
东海证券有限责任公司溧阳南大街营业部
总 经 理　彭建福（至6月）
王　晶（7月任）
中国人民财产保险股份有限公司溧阳支公司
经　　理　狄小燕（女）
中国人寿保险股份有限公司溧阳支公司
副经理（主持工作）　狄　昕（女）
中国人寿财产保险股份有限公司溧阳支公司
经　　理　狄伟栋
中国太平洋财产保险股份有限公司溧阳支公司
经　　理　王益斌
中国太平洋人寿保险股份有限公司溧阳中心支公司
经　　理　潘　岩（至11月）

镇（区）·街道

溧城镇党委书记　潘建中（4月任）
镇　　长　潘建中（至4月）
姜　卫（4月任）
天目湖旅游度假区
党工委书记　朱志军
管委会主任　柳建平
天目湖镇党委书记　朱志军
镇　　长　柳建平
埭头镇党委书记　孙龙斌
镇　　长　王旺荣
上黄镇党委书记　张　涛
镇　　长　强建方
戴埠镇党委书记　扈军华
镇　　长　张余亮
别桥镇党委书记　姚觉成
镇　　长　孙　斌
竹箦镇党委书记　方学军
镇　　长　施雪芹（女）（至8月）
张国良（8月任）
上兴镇党委书记　夏国中
镇　　长　朱　威
江苏省溧阳经济开发区
党工委书记　夏国中
管委会主任　朱　威
曹山旅游度假区
党工委书记　夏国中
管委会主任　汤全明
南渡镇党委书记　张　顺（至8月）
施雪芹（女）（8月任）
镇　　长　夏玲娣（女）（至8月）
王鹏程（8月任）
社渚镇党委书记　吴志东
镇　　长　赵　波
昆仑街道
党工委书记　陈　波
办事处主任　江　涛

1 月

2～4 日 政协溧阳市第十五届委员会第二次会议召开。市委书记蒋锋讲话。市政协主席狄立新受政协溧阳市第十五届委员会常务委员会委托，向大会作工作报告。会议表彰了 2017 年“政协委员特别奖”获得者、先进委员、先进委组和优秀提案。会议通过了《中国人民政治协商会议江苏省溧阳市第十五届委员会第二次会议决议》。

3～4 日 溧阳市第十六届人民代表大会第二次会议召开。市长徐华勤作政府工作报告。大会表决通过《关于溧阳市人民政府工作报告的决议》《关于溧阳市 2017 年国民经济和社会发展计划执行情况及 2018 年计划安排意见（草案）报告的决议》等相关决议。大会选举毛建国为市监察委员会主任。大会首次以投票表决的形式选定 2018 年溧阳市重点民生实事项目。

4 日 上汽集团大通房车研发及生产基地竣工仪式在江苏中关村科技产业园举行。

5 日 科华控股股份有限公司在上海证券交易所主板成功挂牌上市，股票简称“科华控股”，股票代码 603161，成为溧阳市首家在主板上市的工业企业。

6 日 市监察委员会正式挂牌成立。

8 日 上兴镇入选第五批江苏省特色景观旅游名镇。

15 日 曹山旅游度假区正式获批省级旅游度假区。

16 日 常州市市长丁纯到溧阳市调研重大项目建设情况。

是日 教育部公布 2017 年全国“国防教育特色学校”名单，溧阳市光华高级中学、天目湖中等专业学校、燕山中学入选。

18 日 常州市溧阳环境保护局、常州市溧阳环境执法局、常州市溧阳环境监测站正式挂牌成立。

31 日 在第七届中国旅游投资“ITIA 艾蒂亚奖”颁奖典礼上，江苏天目湖旅游度假区获中国最佳旅游度假目的地奖，江苏天目湖旅游股份有限公司获中国最佳旅游投资服务机构奖。

2 月

2 日 天目湖宾馆、常州涵田度假村酒店入选旅游饭店类百佳名单；溧阳天目湖旅游度假区入选旅游度假区类百佳名单；溧阳天目湖旅行社有限公司入选旅行社类百佳名单。

5 日 在 2018 江苏智慧旅游工作推进会上，溧阳智慧旅游公路项目获“2017 年度江苏省智慧旅游示范项目”称号。

6 日 省委常委、省纪委书记、省监察委员会主任蒋卓庆一行到溧阳市，慰问老党员、低收入户和特困职工，走访敬老院。

是日 住房城乡建设部发布《关于核准 2018 年度第一批建设工程企业资质名单的公告》，江苏天目建设集团有限公司升级建筑工程施工总承包特级资质，成为溧阳市第二家拥有建筑工程施工总承包特级资质的建筑企业。

9 日 溧阳市天目湖天目家园食品有限公司、横涧快乐家园饭店 2 家单位获评省级放心消费创建示范先进单位，天目湖白茶集聚区获评省级品牌消费集聚区。

3 月

1 日 由第十二届江苏省人民代表大会常务委员会第三十三次会议批准，《常州市天目湖保护条例》于 2018 年 3 月 1 日起正式施行。

7 日 江苏省环保厅公布江苏省首批生态文明建设示范乡镇(街道)、村(社区)名单，戴埠镇、天目湖镇、竹箦镇、埭头镇、天目湖镇三胜村榜上有名。

19 日 “世界卫生组织消除疟疾研究与培训合作中心实习基地”揭牌仪式在溧阳市疾控中心举行。

30～31 日 沈学础院士学术思想研报暨固体光谱学报告会在溧阳市举

行，来自世界各地的40多名知名专家、教授开展学术交流。

4 月

3日 常州市市长丁纯带队对溧阳市2018年重点项目推进情况进行第一次督查。

是日 中国艺术摄影学会、江苏省摄影家协会天目湖国家湿地公园摄影创作基地揭牌仪式在天目湖维景温泉酒店举行。

4日 省政府办公厅专门发文，正式授予溧阳市江苏人居环境奖。

9日 南京航空航天大学天目湖校区举行奠基仪式。

是日 江苏联赢激光有限公司激光焊接设备项目在江苏中关村正式开工。项目总投资10亿元。

是日 市委书记蒋锋会见中国工程院院士陈立泉及其夫人，双方就进一步加强合作、加快推进锂电池产业发展进行深入交流。

是日 市长徐华勤在天目湖宾馆会见陕西省白河县县长李全成率领的党政代表团。

是日 由中国民族器乐学会古琴学术委员会、江苏省非物质文化遗产保护中心、溧阳市人民政府共同主办的“美音自在溧阳”第二届中国溧阳“天目湖·古琴”音乐会在奥体国际花园体育馆奏响。

10日 2018中国·溧阳茶叶节暨天目湖旅游节在燕湖公园拉开帷幕。乌克兰驻上海总领事罗鹏、日本白山市议长永井徹史、台湾民意代表陈超明、台湾恒安照护集团董事长胡世贤、中国工程院院士陈立泉、中国科学院院士沈学础、中国工程院院士蒋剑春、中国科学院院士顾东风、江苏省人大常委会农业和农村工作委员会主任吴沛良、新华日报社副社长庄传伟等嘉宾，常州市有关领导以及溧阳市四套班子领导出席开幕式。溧阳的国内外友好城市代表团、客商、签约企业代表以及国内外知名网络大咖、旅游达人等近千人参加开幕活动。

11日 省委书记娄勤俭到溧阳调研社会经济发展情况。

是日 受中共中央委托，全国政协副主席、民盟中央常务副主席陈晓光率民盟中央调研组到溧阳，就苏皖合作示范区建设和天目湖湿地保护情况开展调研。

是日 江苏省首届乡村振兴国际研讨会在天目湖举行，来自德国、日本以及国内众多知名专家学者参会。

16日 省特色田园乡村建设第二批试点村庄名单揭晓，上黄镇浒西村南山后榜上有名。

20日 常州市委书记汪泉在江苏中关村科技产业园会见中科院物理研究所所长方忠一行，双方就项目合作、科研成果转化等事宜进行深入交流。

26日 长寿之乡绿色发展区域合作联盟第一届理事会第三次（扩大）会议暨“新时代寿乡绿色发展与美好生活”高峰论坛在溧阳市开幕，来自全国17个省（直辖市、自治区）52个县（市、区）的“中国长寿之乡”代表、专家学者、企业负责人等近300人参会，共谋新时代寿乡绿色发展与美好生活。

27日、28日 市委书记蒋锋、市长徐华勤分别会见德国富尔达大区区长贝恩德·沃伊德一行，双方就进一步加强合作进行深入交流。

5 月

21日 2018年“发展中国家传染病防治官员研修班”观摩团，到溧阳观摩学习。该观摩团由来自非洲和东南亚等15个国家的62名从事传染病预防、管理和治疗的官员组成。

28～29日 全省“四好农村路”高质量建设推进会在溧阳召开。其间，副省长费高云、省交通运输厅厅长陆永泉率与会人员实地观摩了“溧阳1号公路”建设情况。

30日 2018年全国胃肠微创手术无剪道剧场多中心手术演示系列溧阳站活动在省人民医院溧阳分院举行。

31日 市委书记蒋锋、市长徐华勤率溧阳市党政代表团赴江宁、昆山学习考察，借鉴两地在高质量发展、对接大城市都市圈等方面的成功经验与先进做法。

6 月

1日 常州市委书记汪泉就开展解放思想大讨论活动，到溧阳市调研指导。

是日 溧阳万达广场开业，总建筑面积10.02万平方米。

2日 溧阳市召开省环保督查问题交办会，专题交办生态环境部、中央和省级环保督查反馈问题，安排部署整改落实工作。

9日 江苏省政府正式公布江苏省国家级生态保护红线划定情况。溧阳市共有9个区域划入国家级生态保护红线，分别为：溧阳市上黄水母山省级自然保护区、溧阳水母山中华曙猿地质遗迹保护区、溧阳天目湖湿地县级自然保护区、溧阳天目湖国家级森林公园、西郊省级森林公园、溧阳瓦屋山省级森林公园、溧阳天目湖国家湿地公园（试点）、江苏溧阳长荡湖国家湿地公园（试点）、长荡湖重要湿地（溧阳市）。

16日 七彩曹山第二届水果采摘节开幕式暨“融入南京”项目集中签约仪式在江苏省曹山旅游度假区举行。

19日 省住建厅、财政厅公布2018年度省级村庄生活污水治理试点县区名单，溧阳市榜上有名，并获省级专项资金4108万元。

26日 上上电缆在国内首次完成交

联海缆户外终端 1000kV 工频闪络试验。

27 日 省经信委、省工商联向社会通报按营业收入指标排定的 2017 年江苏省前 100 位民营企业（集团）。江苏上上电缆集团、江苏金峰水泥、江苏申特钢铁 3 家企业上榜，分别列第 79、81、88 位。

是日 省经信委认定 2018 年度 173 家省专精特新“小巨人”企业，溧阳市江南烘缸制造有限公司、江苏金源高端装备股份有限公司被认定为 2018 年度省专精特新产品企业；江苏安靠智能输电工程科技股份有限公司被认定为 2018 年度省科技“小巨人”企业。

28 日 工业和信息化部赛迪县域经济研究中心发布县域经济 100 强（2018 年）榜单，溧阳市位居榜单第 32 位。

7 月

2 日 由溧阳市人民政府、俄罗斯新西伯利亚州文化部主办，溧阳市文广体局、黑龙江传媒集团承办的中俄青少年文艺汇演暨中俄地方交流年活动启动仪式在溧阳市文化艺术中心举行。当日，市长徐华勤会见俄罗斯新西伯利亚州文化部副部长库扎耶娃一行，双方就进一步开展合作进行广泛交流。

3 日 由南京师范大学生命科学学院和市林业站组成的植物调查小组，在对“江苏林业三新工程项目”珍稀濒危树种香果树野外种群补充调查过程当中，在溧阳市龙潭林场内发现了全省单株最大香果树。

5～6 日 中国戏剧家协会副主席、国家一级演员、著名黄梅戏表演艺术家、国家级非物质文化遗产项目代表性传承人韩再芬，到溧阳市进行演出。

6 日 溧阳市竹箦镇陆笪村马家庄自然村发现“不明生物”。经中国水产科学研究院科研人员鉴定，确定该生物为世界级濒危物种——素有“水中大熊猫”之称的“桃花水母”。

9 日 农业农村部公布第八批“全国一村一品示范村镇”名单，戴埠镇牛场村获评。

10 日 江苏省住房和城乡建设厅认定 2017 年度江苏建筑业“百强企业”公示名单，溧阳市龙海建设集团有限公司、苏华建设集团有限公司、江苏天目建设集团有限公司、江苏天力建设集团有限公司和江苏鹏程钢结构有限公司被评定为江苏建筑业“百强企业”。

10～11 日 泰州市委书记韩立明、市长史立军率党政代表团到溧阳考察。

13 日 第十四届“中国机械工业百强、汽车工业三十强企业名单揭晓，江苏上上电缆集团上榜，位列 2017 年中国机械工业百强企业第 23 位，较上年上升 10 位。

是日 江苏省发改委发布了第二批省级特色小镇创建名单，别桥无人机小镇入选。

19 日 全国政协副主席、交通运输部党组书记杨传堂到溧阳调研。副省长费高云、省交通运输厅厅长陆永泉等陪同调研。

20 日 兴化市委书记李卫国率该市党政代表团到溧阳考察。

是日 新组建的国家税务总局溧阳市税务局挂牌成立，原江苏省溧阳市国家税务局、常州市溧阳地方税务局正式合并。

30 日 市委书记蒋锋在天目湖宾馆会见中国工程院院士蒋剑春、欧阳平凯、陈勇，南京工业大学教授、校长乔旭等一行。

30 日 纪念建军 91 周年暨常州市红色文化宣传教育阵地联盟成立揭牌仪式在溧阳新四军江南指挥部纪念馆举行。

是日 溧阳市被省委、省政府评为省级双拥模范城。

8 月

2～5 日 日本白山市青少年交流团到溧阳市访问交流，体验中国传统文化。

3 日 国务院办公厅对部分地方优化营商环境的典型做法进行通报推广，江苏中关村科技产业园首创的区域评估改革名列第一大类的第 4 项。

8 日 江苏上上电缆集团董事长丁山华和江苏华朋集团有限公司董事长钱洪金获得“改革开放 40 年 · 最受尊敬的苏商功勋人物”称号。

10 日 由商务部主办的 2018 年“一带一路”沿线国家湿地及候鸟保护与管理研修班成员到溧阳参访天目湖国家湿地公园。

12 日 长三角物理研究中心理事会成立大会暨第一次会议在溧阳市召开。市长徐华勤当选副理事长，市委常委庄松年、副市长陈峰、江苏中关村控股集团总经理朱光华当选理事。

17 日 溧阳市举办首个“中国医师节”庆祝活动。

23 日 市委常委会召开会议，研究讨论中央及江苏省委巡视巡察反馈意见，明确溧阳市整改要求和整改意见。

24 日 市委书记蒋锋率溧阳市党政代表团赴马鞍山市博望区、镇江市句容市学习考察，实地感受两地在接轨南京、项目建设、产业发展等方面的经验做法。

29 日 中国民营企业 500 强名单揭晓，江苏金峰水泥集团有限公司位居第 286 位，江苏国强镀锌实业有限公司位居第 451 位。

31 日 上汽大通房车科技有限公司研发及展示中心揭牌仪式在江苏中关村科技产业园举行。

是月 溧阳市位列全国“新时代文

明实践中心建设试点县（市、区）”，同批被列入全国试点的共有50个县（市、区）。

9月

1日 溧阳市开始全面受理港澳台居民居住证申领。

是日 由中国旅游网络媒体联盟主办的“2018·中国十佳避暑胜地口碑榜”评选结果出炉，南山竹海景区获评“中国十佳避暑景区”；美齐山野温泉度假村获评“中国十佳康养度假村”。

2日 第三届“中国天水·李杜诗歌奖”颁奖，溧阳市作协副主席、天目湖诗社副社长丁欣诗集《紫烟青霭作浮生》获该届诗歌奖项中的秦风雅韵（古体诗）奖。

5日 溧阳锦汇诚信广场入选首批“江苏省诚信示范街区”。

7日 溧阳市被命名为第二批“四好农村路”全国示范县。

是日 2018中国长寿之乡养生名优产品名单揭晓。溧阳市共有三个产品上榜，分别是“周大敬”牌白茶、“鑫”牌天目湖黑金白茶（饼）、“南山韵龙”牌白茶。

10日 中国烹饪协会发布全国地域菜系、名菜以及主题名宴等榜单，其中，溧阳砂锅鱼头入选“江苏十大经典名菜”。

13日 江苏省科技厅通报2017年度江苏省高新区创新驱动发展综合评价结果，江苏省中关村高新技术产业开发区在全省排名第2位。

14日 2018亚洲旅游产业年会暨第三届亚洲旅游“红珊瑚”奖评选揭晓。天目湖旅游度假区获评“最受欢迎旅游度假区”奖。

是日 市监察委员会第一、二监察员办公室正式挂牌成立。

18日 赛迪顾问发布2018年中国县域营商环境百强研究成果，溧阳排名百强榜第23位。

是日 在江苏省第十九届运动会青少年部举重比赛中，市少体校举重队输送的运动员获3金1银2铜的成绩。

21日 社渚镇入选全省29个经济发达镇行政管理体制改革名单。

25日 新四军江南指挥部纪念馆被中国博物馆协会评定为国家三级博物馆。

27日 国际权威机构英国商品研究所（简称“CRU”）发布“2017年度全球绝缘线缆企业规模排名”，江苏上上电缆集团位列中国第一、全球第七。

10月

8日 江苏省环保厅公布第一批省级生态文明建设示范县（市、区）名单，溧阳市入选。

11日 别桥无人机产业园入选省级双创示范基地。

12日 第十一届全国舞龙舞狮锦标赛暨第三届中国·曹山龙狮节在曹山旅游度假区举行。

13～15日 在首届全国皮肤病人工智能临床应用研究高峰论坛暨中国医学装备人工智能联盟皮肤科专委会成立大会上，省人民医院溧阳分院获评首批国家皮肤影像推广单位。

17日 第三届中国·溧阳南山竹海长寿文化节在南山竹海景区启幕。活动现场颁发了“敬老文明号”、“十佳老有所为人物”、“十大孝星”等奖项。随后，万名老人游南山系列活动启动。江苏溧阳作为“中国长寿之乡”，2018年，全市80岁以上老人2.6万人，90岁以上老年人4210人，百岁以上老人123人。

18日 江苏正昌集团100周年盛典活动在奥体花园体育馆举行。

20日 “洋眼看曹山”活动在曹山旅游度假区举行，来自美国、英国、加拿大、俄罗斯等14个国家的86名外国友人漫游曹山，欣赏民俗，体验中国传统文化。

23日 在2017年度全省52家省级及以上旅游度假区的考评中，天目湖旅游度假区列江苏省国家级旅游度假区发展综合考评第一名。

是日 江苏省经信委公布2018年江苏省“质量标杆”名单，江苏上上电缆集团入选。

30日 2018年苏南及沿海地区油菜机械化种植现场观摩会在溧阳市举办。

31日 2018全国休闲农业和乡村旅游大会在溧阳市召开。会上，发布2018年中国美丽休闲乡村名单，戴埠镇李家园村榜上有名。

11月

2日 星云大师一笔字书法展在溧阳市博物馆举行。星云大师弟子、星云文化教育公益基金会理事长、佛光山大陆地区都监妙士法师及溧阳市领导徐华勤等出席开幕式。

是日 江苏上上电缆获得第三届中国质量奖提名奖。

3日 溧阳市召开新时代文明实践中心成立大会。

6日 2018中国（溧阳）天目湖创新设计大赛颁奖仪式在溧阳市举行。

7日 常州市委常委、宣传部部长陈涛带队到溧阳市调研宣传思想工作推进情况。

9日 市委书记蒋锋率市党政代表团赴安徽省郎溪县、广德县学习考察，并与两地领导就深入推进苏皖合作示范区建设举行三方座谈。

10日 常州市委书记汪泉到溧阳市调研解放思想大讨论和脱贫攻坚情况。

14日 交通运输部副部长戴东昌带队调研溧阳“1号公路”，省交通运输厅党组书记、厅长兼省铁路办主任陆永泉等陪同调研。

15日 副省长马秋林到溧阳市调研工业经济发展情况。

是日 沪、苏、浙、皖三省一市政协联合调研组到溧阳市就长三角区域污染防治协作机制落实情况开展调研考察。

17日 全国人大常委会委员、民盟中央副主席龙庄伟率调研组一行到溧阳市调研“盟员之家”建设工作。

18日 应中央电视台军事·农业频道邀请，溧阳市市长徐华勤，市委常委、市委宣传部部长张爱文带队参加《2018丰收中国》节目录制。

20日 溧阳市政府、中国光大控股有限公司与光大银行常州支行举行战略合作协议暨光控溧阳母基金签约仪式，共同发起设立“光控溧阳母基金”。

是日 江苏上上电缆集团董事长丁山华被中宣部、国家发改委评为全国“诚信之星”。

21日 在“中国县域工业经济发展论坛（2018）”上公布，中国信通院发布《中国工业百强县（市）、百强区发展报告（2018年）》白皮书，溧阳位居2018工业百强县(市)第36位。

24日 溧阳位居中国县级市全面小康指数百强榜第26位。

是日 上兴镇入选 2018年江苏省十佳生态旅游小镇。

25日 “纪念精准扶贫首倡五周年——全国县域精准扶贫与乡村振兴经验交流会”在北京举行。市长徐华勤作交流发言。他认为，实现乡村空间的价值增值，关键要充分激活土地、生态、品牌等资源，形成联动效应，才能在县域乡村振兴上取得突破。

是日 溧阳城乡统筹“田园生金”被人民日报社《中国经济周刊》总结为“乡村振兴的溧阳样本”。

26日 溧阳市与德国法德尔集团签署项目合作协议，双方将在溧阳经济开发区建设高端装备制造项目。

30日 由市委、市政府举办的“濑江竞春潮 奋进新时代”溧阳市庆祝改革开放40周年图片展在市文化艺术中心大厅开幕。

是月 苏皖合作示范区规划获得国家发改委批复。

12月

4日 塞拉利昂人民党总书记乌马鲁·科罗马率人民党代表团一行18人到溧阳市参观考察。

是日 中国社会科学院财经战略研究院发布《中国县域经济发展报告(2018)》，溧阳县域经济综合竞争力位居第31位。

是日 溧阳市龙海建设集团、江苏正方园建设集团获“2018年度中国工程建设诚信典型企业”称号。

8日 溧阳市通过省水利厅技术评估和行政验收，成为常州首个创建国家节水型社会达标地区。

8～9日 溧阳市通过国家卫健委消除疟疾工作技术评估。

9日 在第五届中国工业大奖发布会上，江苏上上电缆集团获得“中国工业大奖”称号。

是日 2018“美音自在溧阳”全国闪小说大赛颁奖仪式在别桥镇塘马村举行。

是日 江苏华朋集团入选“江苏改革开放40年40企”。

12～18日 江苏省生态环境厅发布第二批江苏省生态文明建设示范乡镇(街道)、村（社区）名单，溧阳市社渚镇、南渡镇、上兴镇、别桥镇、上黄镇、戴埠镇松岭村、戴埠镇南渚村榜上有名。

15日 生态环境部公布第二批国家生态文明建设示范县（市、区）名单，溧阳市上榜。

是日 在2018第十三届中国全面小康论坛上，溧阳市“村村设立‘百姓议事堂’”项目获2018年度中国十大社会治理创新奖。

17日 国家文物局与住房城乡建设部发布第七批中国历史文化名镇名村名单，溧阳市昆仑街道沙涨村名列其中。

18日 在2018宁杭生态经济带(江苏段)特色旅游产品颁奖仪式上，溧阳市“天目湖度假游”和“曹山运动休闲游”同时被评为十大旅游线路，“网红1号公路之旅”被评为自驾休闲线路一等奖。

20～21日 首届全国锂电池失效分析与测试技术研讨会在溧阳市举行。

21日 南京都市圈党政领导联席会议召开。江苏省委常委、南京市委书记张敬华，南京市市长蓝绍敏出席会议。常州市委书记汪泉、市长丁纯，溧阳市委书记蒋锋、市长徐华勤作为特邀嘉宾参加会议。

27日 江苏省考古学会2018年年会暨“濑水汤汤”江苏溧阳考古新发现成果展开幕式在溧阳市博物馆举行。

28日 “2018溧阳国际无人机发展论坛暨第四届无人机百人会”在溧阳市举行。

30日 市政协举办《淳化阁帖溧阳本溯源》和《淳化阁帖溧阳本存世拓本考辨》两部成果专著的新书首发仪式。

市委重要会议

【全市“重大项目推进年”“全域旅游推进年”动员大会】 2月22日上午在市文化艺术中心召开。市委书记蒋锋作了题为《激情奋斗勇担当，接续接力再出发，在“两大推进”新实践中争创一流业绩》的动员讲话，对“重大项目推进年”“全域旅游推进年”活动进行全面部署。要乘势而上、接续接力，激情满怀再征战。全市上下要确立更高的目标、落实更实的举措，谋求新突破、再续新辉煌，努力以“两大推进”的过硬成果引领全市发展全局。在重大项目推进方面，全市上下要进一步营造“一切围着项目转、一切为了项目干”的浓厚氛围，再奏项目建设最强音；在全域旅游推进方面，全市上下要拿出“二次创业”的气魄和勇气，把重点项目打造成传世作品，核心景区景点打造成一流名品，特色旅游打造成经典精品，坚持品质至上，再创溧阳全域旅游新优势。要保持定力，久久为功，持之以恒强基础。要坚定方向不偏移，进一步释放绿色生态优势，加快实力跃升、动能转换，按照市第十二次党代会提出的“三大工程”，一步一个脚印抓好推进；要严把关口不折腾，坚持规划引领，控制开发强度，严格把好关口，确保旅游项目“做一个、成一个”；要守住底线不突破，坚守增长底线、生态底线、民生底线，推动经济发展与社会进步齐头并进、人与自然和谐共处。要凝心聚力，对标找差，全力以赴争一流。实施“两大推进”，要把“对标找差”当做习惯融入血液，让“争创一流”成为自觉植入基因，不断开阔眼界思路，补强差距短板，练就过硬本领，开创溧阳发展新境界。要聚焦更准，学习标杆取真经；要干得更实，取长补短见真章；要行得更远，争创一流出真效。全市上下要心往一处想，劲往一处使，在全社会形成学先进、赶先进、当先进的浓厚氛围，真正以各行各业的一流汇聚成全市的一流，以方方面面的第一托举起全面的第一，加快凝聚起奋进突破的力量。

市委副书记、市长徐华勤主持会议。徐华勤指出，幸福都是奋斗出来的，奋斗的人都是幸福的。全市上下要有奋斗的锐气、创新的志气、开放的勇气，以更加坚定的决心、更加果敢的魄力、更加务实的作风，一心一意抓落实，埋头苦干促发展，切实把“实干强市”主旋律落实在展示建设宁杭生态经济带最美副中心城市的过硬成果上。

【市委十二届六次全会】 8月9日，在市委党校会议楼第3会议室召开。市委副书记、市长徐华勤主持。会议深入学习贯彻党的十九大精神，紧紧围绕省委十三届四次全会、常州市委十二届六次全会决策部署，回顾总结上半年工作，研究部署下半年任务，动员全市上下以深度接轨南京为着力点，进一步解放思想、对标找差，凝心聚力、接续奋斗，高质量建设宁杭生态经济带最美副中心城市。市委书记蒋锋代表市委常委会作题为《解放思想不停步，接轨南京再出发，高质量建设宁杭生态经济带最美副中心城市》报告。报告中指出，2018年以来，全市上下紧紧围绕建设宁杭生态经济带最美副中心城市的目标愿景，接续努力、持续攻坚，发展态势稳中向好，“两大推进”扎实有效，生态底色持续扮靓，民生幸福更具温度，党的建设全面加强，全市高质量发展迈出了坚实步伐。蒋锋指出，解放思想是解决一切发展问题的“金钥匙”，要通过深入解放思想，凝聚高质量发展新动能。解放思想就是要永不僵化、永不停滞，改革开放迈新步；解放思想既是认识问题，也是实践问题，必须对标找差争一流；解放思想不是空洞的口号，而是有效的作为，必须落实落细强作风。全市上下要把接轨南京作为解放思想的最大着力点，深入开展“解放思想大讨论”活动，坚持问题导向，通过全面对标找差，进一步找准找实工作推进的着力点，努力以思想的大解放推动发展的高质量。要深度接轨南京，全力打造高质量发展的战略支点。把溧阳打造成接轨南京的“第一城”和南京市民休闲的“大花园”，高质量建设宁杭生态经济带最美副中心城市。

【市委十二届七次全会】 12月30日上午，在市委党校会议楼第3会议室召开。市委副书记、市长徐华勤主持会议。全会审议通过了《中国共产党溧阳市第十二届委员会第七次全体会议决议（草案）》，市委书记蒋锋代表市委常委会作题为《保持定力聚合力，接续奋斗再攻坚，向着宁杭生态经济带最美副中心城市奋力迈进》的报告。报告指出，2018年以来，市委在省委和常州市委坚强领导下，紧紧围绕“凝聚精气神，建设新溧阳”总要求，聚焦“重大项目推进年”和“全域旅游推进年”工作主题，以接轨南京为战略支点，在复杂环境中积极应对、求实奋进，经济发展量质并举、“两大推进”有力有效、创新动能加速积蓄、城乡环境更加靓丽、民生幸福持续升温、管党治党全面从严，实现了迈向高质量发展的关键转折。溧阳市2019年工作的指导思想是：坚持以习近平新时代中国特色社会主义思想为指导，全面贯彻党的十九大和十九届二中、三中全会精神，深入贯彻省委和常州市委决策部署，坚持稳中求进工作总基调，按照“凝聚精气神，建设新溧阳”总要求，以深度接轨南京为着力点，紧扣“重大项目攻坚年”和“全域环境攻坚年”工作主题，全面推进“三大工程”，持续发力“四大经济”，不断深化全面从严治党，在高质量建设宁杭生态经济带最美副中心城市上迈出坚实步伐，以优异成绩庆祝中华人民共和国成立70周年。2019年要重点抓好以下几方面工作：要坚持把重大项目建设作为牵引动能升级的核心工程。要高举“项目为王”大旗不动摇，聚焦产业升级目标，以项目引领打造产业支柱，以龙头带动做强载体支点，以全面突破形成全域支撑，进一步集中资源、集成政策、集聚力量，提升项目建设的质量和效益，以重大项目的持续突破，不断提升产业的竞争力和支撑力。要坚持把全域环境提升作为增创发展优势的关键之举。环境既是竞争力，又是生产力。要着眼长三角一体化发展大局，着力探索生态创新形式，增强溧阳生态优势，吸引外部创新力量，推动全域环境提升，通过筑牢生态环境根基，提升城镇环境品质，做美农村环境面貌，打响营商环境品牌，在更高层次上实现生态环境价值，持之以恒将其做成溧阳最大的特色、最靓的品牌。要坚持把增进民生福祉作为我们工作的根本追求。要始终秉持以人民为中心的发展理念，突出问题导向、需求导向，不折不扣落实富民举措，强化优质公共服务供给，更高要求创新社会治理，千方百计办好民生实事，补齐民生短板，努力让群众生活更加幸福，更加便捷，拥有更多获得感。要坚定不移全面从严治党，着力提高新时代党的建设质量。加强党的建设，是新形势下做好一切工作的根本前提和保证。全市各级各部门和广大党员干部要认真落实新时代党的建设总要求，着力抓好政治建设这一根本性建设，着力建强党的基层战斗堡垒，着力打造一支高素质的干部人才队伍，着力巩固风清气正的政治生态，推动全面从严治党不断向纵深发展，为高质量建设宁杭生态经济带最美副中心城市提供坚强政治保证。

【市委常委会会议】 *研究出台《中共溧阳市委落实全面从严治党主体责任清单》* 1月19日，市委常委会召开会议，讨论并原则通过《中共溧阳市委落实全面从严治党主体责任清单》。会议明确，要进一步细化明确全面从严治党主体责任的相关要求，推动量化落实。

研究出台《关于加快推进全域旅游发展的实施意见》 5月18日，市委常委会召开会议，讨论并原则通过《关于加快推进全域旅游发展的实施意见》。会议明确，进一步发挥旅游业在转方式、调结构、惠民生中的重要作用，力争到2019年创建成为国家全域旅游示范区。

研究出台《关于打赢打好脱贫攻坚战三年行动的实施意见》 12月27日，市委常委会召开会议，讨论并原则通过《关于打赢打好脱贫攻坚战三年行动的实施意见》。会议明确，认真落实中共中央、国务院《关于打赢脱贫攻坚战三年行动的指导意见》（中发〔2018〕16号）、省委省政府《关于打赢打好脱贫攻坚战三年行动的实施意见》（苏发〔2018〕25号）、常州市委市政府《关于打赢打好脱贫攻坚战三年行动的实施意见》（常发〔2018〕26号）精神，确保按时高质量完成脱贫攻坚政治任务。

市委重要活动

【重大项目推进】 保持重大项目强劲攻坚态势，百亿项目三年耕耘三年收获，总投资120亿元的时代新能源三期项目成功签约。全年共引进亿元以上项目60个，其中超百亿元1个，50亿元2个，10亿元15个。上汽时代、北星新材料、璞泰来等一批动力电池产业链项目相继投产，千亿级动力电池产业呼之欲出。

【全域旅游推进】 全域旅游架构全面形成，天目湖龙头效应更加彰显，综合考评蝉联全省第一，曹山创成省级旅游度假区和省级现代农业示范区。“1号公路”串珠成链，有力拓展了全域旅游新空间，溧阳茶舍、休闲驿站、房车营地等新业态不断涌现，南山竹海风情小镇、涵田国际康养中心等重点项目加快推进。加快农旅融合发展，塘马村、杨家村等5个省级特色田园乡村建设扎实推进，“五朵金花”初露美丽容颜。全市乡村旅游接待量、营业性收入分别增长18.8%和32.4%，实现了人气、财气“双丰收”。

【深度接轨南京】 在长三角一体化加快推进的背景下，面对激烈的区域竞争，进一步发挥现有优势，加快宁杭生态经济带最美副中心城市建设，推动溧阳高质量发展走在前列。省委、省政府全力提升南京城市首位度，为溧阳市提供了重大的发展机遇。溧阳作为紧邻南京的生态福地，地理相近、人文相亲，交通基础设施完善，具有无缝对接的天然基础。特别是省委娄书记对溧阳市接轨南京提出了殷切的希望，常州市委汪书记更是高度关心、亲自推动，溧阳接轨南京“天时、地利、人和”皆备。溧阳市以更大的力度，更开放的理念，进一步做强接轨南京这一战略支点，撬动高质量发展提速提效。紧紧围绕“凝聚精气神，建设新溧阳”总要求，按照“系统谋划、全面接轨、重点突破、平台先行、做强自身”的思路，扎实推进基础设施共联、产业平台共兴、公共服务共享等领域重点工作，加快守护优美环境、发展美丽产业、创造美好生活，把溧阳打造成接轨南京的“第一城”和南京都市圈的“大花园”，高质量建设宁杭生态经济带最美副中心城市。

（夏冶成）

组织工作

【概　况】 2018年，全市组织工作以全面贯彻落实党的十九大精神为主线，按照全国组织工作会议以及市委“两个攻坚年”要求，全面推进党的思想、组织、作风建设，基层党组织组织力不断加强，干部队伍专业化素质能力不断提升，人才爱国奉献精神不断凝聚，组工干部精专意识不断增强，为高质量建设宁杭生态经济带最美副中心城市发展提供了强有力的组织保证和人才支撑。

【基层党组织建设】 以全面提升基层党组织组织力为重点，紧扣省委巡视整改和“1号公路”全域党建工作，通过制度规范化、责任明晰化、品牌精致化，统筹推进各领域党建提升。

不折不扣抓好规范化建设。围绕如何规范，强刚性制度约束。结合省委巡视反馈意见，以“1号文件”形式印发《溧阳市基层党组织规范化建设实施意见》，针对双重组织生活会、党费收缴使用等工作出台《进一步规范党内组织生活七项制度的意见》等12个系列文件；分9个大类、55个小类制定《2018年度基层党建工作“体检单”》，要求基层党组织对照“体检单”逐条自查限期整改。围绕如何补短，强重点工作落实。先后3次召开基层党建工作重点任务推进会，对面上存在的党建突出难题、失联党员查找、“两新”党组织覆盖等工作，制定具体细化的操作方案和参考模板；在“溧阳先锋”微信号开辟专栏，定时推送党务工作知识和党建工作提醒，全年推送“党务半月谈”14期。围绕如何提质，强日常督导力度。下发《关于开展全市党建工作专项督查的通知》，分组启动全面督查，对全市11个镇（区）、近70个村（社区）进行日常党建工作和整改事项全面督导，列出需整改事项720余条。

不遗余力推动全域化党建。全域党建实现“既有高峰又有高原”。在“1号公路”沿线风景中，通过穿插党建宣传标语、风景墙彩绘、悬挂当地党员模范的先进事迹牌等方式营造浓厚党建氛围；通过情景式“AI课堂”、体验式“实境课堂”、浸入式“乡间课堂”，打造学旅相伴的大课堂；突出“党建＋服务”，设立多个“党员先锋驿站”、投放党员流动服务车，实现党员服务全程覆盖。2018年累计有60多批次2000多人到实地调研学习。2018年10月，省委常委、组织部部长郭文奇到溧阳调研时对此做法给予高度评价。党员教育坚持“既有温度又有力度”。开展“致党员的三封信”活动。在入党发展对象培训时“致新党员的一封信”、七一建党节时“致老党员的一封信”及春节时“致流动党员的一封信”；开展党员教育微视频大赛，“初心”系列微视频展播主题活动，先后拍摄11部先进党员事迹微视频，1部获得常州市党员教育微视频大赛优秀作品奖、2部入围全省“300项目”评选。阵地建设做到“既强化热点又消除盲点”。对全市15个村级会议室面积不达标村开展改扩建工程；全面推进“党建+IS”形象识别系统建设；组织开展全市新任村党组织书记培训班，专程赴苏州旺山村等先进地区观摩学习；建设3个非公企业党群服务中心，其中布勒展示立体触摸的“最强科技”，正昌通过国家认证的“最高标准”，科华拥有2000多平方米的“最大面积”，强有力的带动全市非公党建工作的开展；制订全年远教站点播放计划表，截至年底，已集中开展三期活动，走访70余个远教站点。

不拘一格打造精品化品牌，整合基础示范资源。突出乡村振兴，打造曹山党员创业示范走廊、“1号公路”（北山片区）党员创业示范带，高标准规划奥体中心全市社区干部培训基地，重新装修布置正昌集团、安靠智电等党建展厅。打造更高引领标杆。正昌集团量化非公企业党建行业标准，顺利通过党建ISO 9001质量体系现场审核；“定制村官”招引实现报考、录取人数全省第一；持续扶持村官富民各类奖项位列常州首位；葛俊投资领办总投资2亿元的环境可靠性实验室项目，建成后将成为环境可靠性领域华东地区最大且唯一一个坐落在县级市的综合性实验室；与省农科院签约6个“大学生村官对接帮扶服务基地”；深入开展省委组织部“百村半月蹲点”调研、常州市委组织部“村干部待遇保障问题”专题调研工作，走村入户近1500户为完善常州市村书记“5A制”晋档升级等制度提供有效支撑。发挥基层自主活力。充分发挥基层“首创”精神，总结推广南渡镇党建“红管家”、党员“代办制”和“2121”党员活动法（领导班子“两周一议”、党小组“一季一课”、全体党员“两季一会”、基层组织“一年一评”）等；指导供电公司从党的标识、制度、教育设备等方面规范统一党员活动阵室建设；“心愿树爱心工作站”被评为全省首批百个党支部书记工作室。

【干部队伍建设】 对照高质量发展需要建设高素质干部队伍，始终坚持“好干部”标准，突出抓好“五大体系”建设，着力培养忠诚干净担当的高素质干部队伍，不断激发干部干事创业热情。

围绕班子建设，坚持标准选优配强领导班子。坚持“统筹兼顾、合理调整、有序交流”的原则，考虑领导班子成员的年龄结构、知识结构、气质搭配、性格等因素，合理调整选优配强。布局改革统筹谋划干部配备。按照深化机构改革要求，对照省委机构改革方案，分析研判市级机关部门架构和领导班子运行情况，提前做好岗位调整谋划。加强班子常态运行管理。开展镇区领导班子常态化谈话了解工作，根据平时掌握情况，有针对性的对10个镇区书记、镇长进行约谈，并对部分年轻班子成员和一般干部进行点对点谈话。规范班子内部工作分工。出台《关于规范镇领导班子分工的通知》，让每个班子成员都有独立分工，明确专职副书记分管党建工作，纪委书记不再分管或兼任纪检监察之外的工作，建立领导班子分工备案制度。2018年共讨论干部3批次166人次，提任科级领导干部23人。

围绕素质建设，上挂下派强化能力提升。完成交通、旅游、教育等重点部门的干部挂职需求调查，选派经信局、商务局2名优秀年轻干部对口挂职江宁区经信局、经济开发区；选派1名处级干部，2名科级干部到陕西白河、汉阴县挂职；从教育、卫计、农林系统分别选派36名优秀干部到结对市（县）支教、支医、支农；推荐农林、民防系统2名干部赴滨海挂职；选派市委办、国土局2名干部分别到竹箦镇、上兴镇担任镇长助理。加强干部教育培训工作。出台《关于进一步规范市外办班、严肃培训纪律的通知》，严控市外办班频次，强化办班审批要求；举办1期北京大学正科职领导干部班、1期青年干部培训班；做好县处级领导干部的调训工作，全年配合省、常州共遴选县处级干部15人次；中组部干部教育局领导专题调研新四军江南指挥部党性教育基地和天目湖干教培训资源，给予高度评价。

围绕重点环节强化监督管理。信用等级评定初见成效。继续深化对交通违章、欠缴公共服务费等指标界定，完善履职、守法、金融和公德4大指标体系，共8人被评为C等，7人被评为B等，并相应给予提醒谈话，考核不得评优和不得提拔使用等处理，该项工作由常州市委组织部专门向省委组织部进行汇报，获得高度认可。深化提醒函询制度。综合运用干部考察考核、巡察、选人用人检查、个人有关事项报告抽查核实、经济责任审计、信访举报等数据，由常委部长、分管部长对10名市管干部采用提醒、函询和诫勉谈话。完善个人有关事项报告。印发《关于做好领导干部报告个人有关事项工作的通知》，组织全市副科职以上领导干部按照首次要求报告个人有关事项，共收回报告表886份；做好市管干部个人有关事项报告抽查核实工作。加大经济责任审计力度。严格贯彻“四个即审”要求，对10个单位进行审计。进一步夯实干部基础性工作。完成市管干部年度考核工作，正职领导干部优秀等次26人，副职领导干部优秀等次47人，审批领导干部因私出国（境）共计92人次。

【年轻干部选育工作】坚持把培养选拔优秀年轻干部放在领导班子和干部队伍建设的重要位置，突出对年轻干部的锻炼、考察和使用，为优秀年轻干部脱颖而出提供了广阔平台。

优化年轻干部培养体系。广泛摸排潜力型干部。分镇区召开年轻干部座谈会，听取年轻干部个人状况和工作感悟，征求对镇区年轻干部的培养工作的意见建议，从中发现一批有潜力、有悟性、有重点培养价值的优秀年轻干部。前移发现培养关口。根据干部成长和培养规律，按照早发现、早培养、早成才的原则，开展新招录公务员、省委选调生、试用期满公务员和2015年录用省委选调生考察工作，并结合考察结果，向每一名年轻干部提出针对性意见建议。出台“611”培养选拔计划。聚焦“选、育、用”三个环节，研究制定出台《关于实施“611”年轻干部培养选拔计划的意见》，着眼未来五年全市科级年轻干部配备需求，着力打造一支来源广泛、数量充足、结构合理、素质优良的年轻干部队伍。

打造年轻干部甄选平台。拓宽优秀年轻干部来源渠道。把历时10个月的年轻干部助力计划，作为青年干部培训学员遴选的前置端口之一，通过三个环节4次大活动的比拼，遴选出13名年轻干部进入青干班学习。打造年轻干部成长的黄金平台。举办第2期青年干部培训班，在前期年轻干部调研、助力计划和各单位推荐的基础上，从200多名年轻干部中确定58名青干班学员，点训8名80后副科职领导干部，第2期青干班全脱产5周，辗转五地，分为5个篇章，其中设置了每周一谈、每日一悟、晨读我来领3个经典项目，安排将近20次能力训练，实现在源头上“找”出好苗子，为“比”出好干部奠定坚实基础。

【领军人才引育工作】紧扣“四大经济”战略部署，通过拓宽引才路径、打响人才品牌、强化无忧保障，努力构建更加开放包容、更具竞争活力的创新创业生态，推动人才工作取得新的成效。

高层次人才引育再获新突破。借力天目湖储能研究院等科创中心的实体化运作，中科院物理所长三角研究中心正式成立，成功举办“2018第四届全国固态电池研讨会”“2018高比能动力电池材料国际论坛”“两院院士溧阳行”“2018秋季青年科学家论坛”等高端峰会活动，一批行业内顶尖专家带项目、带技术落户溧阳。树立“项目为王”的理念，关注动力电池、新材料、装备制造等产业发展方向，突出技术先进性与高层次人才匹配度，大力实施“龙城英才计划”，成功申报龙城英才特别支持项目2个，第十批龙城英才优先支持项目24个。

创新创业载体建设稳步推进。加快人才科技载体建设，大力提升对高层次人才的集聚、承载和孵化能力。2018年，新增省级以上“三站三中心”9家，其中江苏中关村成功申报国家级博士后工作站。截至年底，全市累计拥有省级以上“三站三中心”125家，常州市级以上众创空间、孵化器、加速器22家，其中国家级孵化器2家、省级孵化器2家、省级众创空间4家，孵化面积累计超80万平方米。

宜业宜居人才生态持续优化。全面落实《“天目湖英才榜”三年行动计划》及配套细则，重点围绕“四大经济”，引进培育应用型专业人才、高技能蓝领人才等五类人才。2018年，累计发放“天目湖英才榜”专项基金资助奖励3385万元，发放“苏科贷”贷款2420万元。市领导联系优秀人才制度、“人才绿卡”优惠范围不断拓展，为引进人才提供入学、就医、旅游和政务服务等十大方面“超市民”待遇。成功举办“天目湖英才榜”人才峰会暨溧阳籍院士专家回乡行活动，对64位“天目湖英才榜”优秀人才进行颁奖表彰，邀请沈学础、顾

七一前夕，市委常委、组织部部长刘佩走访慰问南渡镇堑口村有着 57 年党龄曾参与抗美援朝的老党员计承伯　（市委组织部　供稿）

东风、蒋剑春等十余位院士专家作为政府特聘顾问。

【组工干部队伍建设】 围绕全面从严治部、从严带队伍的要求，以新时代党的组织路线和模范部门建设标准，全力推进政治品格过硬、职业操守过硬、专业能力过硬、作风形象过硬的部门形象建设，打造一支适应新时代需求的精专组工干部队伍。

强化理想信念，打造廉洁组工。举办全市组工干部培训班暨解放思想大讨论活动，以思想大解放推进组织工作高质量发展走在前列为主题，突出“找差距、补短板”，着力提高全市组工干部的整体素质和专业水平。赴南京江宁区学习交流城市党建工作，宣城泾县新四军纪念馆缅怀革命先烈，重温入党誓词，增强党性信念。举办“组织部长上党课”活动，邀请常委部长向部全体机关干部作《年轻干部如何健康成长》的专题党课。组织部中层正职以上机关干部旁听第 2 期青干班廉政党课。举办“纪律处分条例”分享会，全体部机关干部的廉政意识不断增强。

强化文化建设，建设和谐组工。举办“精专半小时”学习会，以第七期县委书记讲坛上 10 位县委书记的发言稿为背景，以 5 名干部谈“我最喜爱的书记发言”为主题，围绕高质量发展这一主线，分享阅读的体会感受，畅谈自己的思路感想。开展走访慰问老党员活动，给他们送去党的关怀。开展“春风送爱情暖培智”党员义工活动，组织全体机关干部赴溧城镇培智学校帮扶慰问，教孩子们识字、唱歌、跳舞、打球、做游戏。实施“组工干部家文化”建设，利用周末节假日时间，以开展工会活动的方式，组织组工干部家属、子女参加团体活动，增进彼此了解、共创和谐大环境。

（崔　虎）

宣传思想工作

【学习宣传贯彻党的十九大精神】 深入学习宣传贯彻习近平新时代中国特色社会主义思想。深化理论武装，凝聚思想共识。组织全市党员干部学习贯彻习总书记新时代社会主义思想和党的十九大精神，市委常委会带头开展专题研讨，举办市级知识竞赛和各类活动推动学习贯彻；抓好理论中心组学习制度建设，选择国家安全环境变化、接轨南京发展规划等热门主题开展中心组学习；加强党委中心组学习旁听，定期开展“学习日”活动，不断改进学习型党组织建设；开展解放思想大讨论专题交流研讨活动；举办全省基层党员冬训工作 40 周年座谈会暨 2018—2019 年度工作动员部署会。

【意识形态工作】 稳步推进意识形态工作责任制落实，完善《溧阳市党委（党组）意识形态工作责任制实施细则》。定期分析研判，会商重要事项，通报特殊情况，定期督察评估，及时研究解决意识形态领域重大问题。市委将意识形态工作纳入常委会工作要点、全委会工作部署，与各镇区各单位党委（党组）签订工作责任书。全年召开两次分析研判联席会议，加强对基层党委落实督查考核。建立完善属地网络平台、网络社会组织、关键信息基础设施等重要数据库。应用网络红军队伍，有力引导网上舆论风潮。开展网络空间秩序专项治理，关闭违法违规网站、微信公众号，结合网上巡查线索，多次约谈网站、自媒体公众号，净化网络空间。

【舆论引领】 重要工作重点宣传。围绕“两大推进”“解放思想大讨论”“两节”“溧阳 1 号公路”等重点工作，发挥电视、报纸、广播、“两微一端”功能，策划做好系列主题宣传和深度报道，刊播主题新闻报道超 100 篇。规范全市新闻发布工作，举办全市新闻发言人培训班，推动部门发布重要信息，全年举办大型新闻发布会 12 场。围绕各项重点工作，在官方政务微博“溧阳发布”、政务微信“今日溧阳”开展网上宣传，累计发布各类信息 800 余条，“溧阳 1 号公路”两则微信热帖阅读量达双 10 万，CCTV-7“乡村大世界”走进溧阳专题微博点击率近 10 万一次。

舆情信息处置有力。配合镇区、部门妥善处置新闻媒体突发舆情 20 余次；侦测网络舆情 3500 余起，累计介入 300 余起，科学处置“全球首例人感染 H7N4 病例”等一批重点舆情，编印网络舆情工作简报 61 期，网络问政平台回复率达 100%。

融媒体中心建设稳步推进。完善传媒大厦软硬件设备，依托现有条件积极探索全媒体融合发展。溧阳广播电视台推出官方综合微信公众号“融溧阳”、新闻公众号“大栗新闻”等，开通网络直播，形成新媒体矩阵。市新闻信息中心引进“全媒体采编系统”，再造“策、采、编、发”流程，

2018年10月18日，溧阳市委宣传部组织中国好人江苏省道德模范代表参加全省庆祝改革开放40周年图片展（市委宣传部 供稿）

形成党媒融合发展的“1+X模式”，并入驻今日头条、抖音号、百家号等新媒体平台。

【城市品牌宣传】 高质量推进“十个一”工程。城市形象宣传片《美音自在溧阳》在国内外电视、网站、实体电子屏播出，春节期间在央视9套《舌尖上的中国》黄金时段插播，“两会”期间投放央视1套《新闻30分》；城市LOGO由G20杭州峰会会标设计师袁由敏团队设计完成，应用于溧阳市政府机关名片、年鉴封面、接待手册、标识标牌等载体。外宣成效显著。全年被央视刊播新闻22条，录播电视栏目5次，拍摄纪录片1项。国庆期间，央视新闻频道《新闻直播间》1天3次直播溧阳黄金周盛况，关注溧阳南山竹海的生态之美，聚焦溧阳“1号公路”以全域旅游助推乡村振兴的做法。

【文化发展】 文艺创作环境优化。整合“溧阳北湖亭奖”精品文艺扶持资金和“读书台”扶持资金，推动地方文艺快速健康发展。群文活动蓬勃发展。“社区天天乐”蓬勃发展，培育大量社区文艺骨干，开展活动457场次。举办第三十届群众文化活动周“文化零距离”大型惠民行动、第十届民间文化艺术节、观灯节优秀非遗项目展演、全民阅读系列活动、全民艺术普及活动、全民健身日系列活动等群众品牌文体活动1500余场，惠及群众百万人次。2018年，文化科技卫生“三下乡”集中服务活动在南渡镇启动；组织中国好人、江苏省道德模范代表参加全省庆祝改革开放40周年图片展；举办第二届“天目湖古琴”音乐会、“美音溧阳茶香戏韵”中国戏曲名家汇演、“当天目湖遇上卡林卡”中俄地方文化交流年活动、“美音戏韵·再芬黄梅·唱响溧阳”韩再芬黄梅戏专场演出、2018“天目湖论道”学术论坛、“星云大师一笔字书法展”等一大批文化活动。

文化设施产业更完善。建成博物馆、全民艺术中心，成为全市文化新地标。博物馆自11月初实施全面对外免费开放以来，日均接待游客1200人次。大力推进红色文化教育培训工作，发挥地方文化影响力，累计完成红色教育培训200批次，培训人数近1万人。

（潘　达）

精神文明建设

【概　况】 2018年，溧阳市文明办以培育和践行社会主义核心价值观为根本，以《深化文明城市建设三年行动计划》为总纲，坚持围绕中心、服务大局，持续加强公民思想道德建设，不断巩固和提升全国文明城市创建成果，为建设“强富美高”新溧阳凝聚强大的精神力量。

【文明城市建设】 巩固创建成果，不断深化文明城市建设。成立深化文明城市建设领导小组，下设小区、交通、菜市场3个专项行动工作小组，进一步强化组织领导机制。在季度文明指数测评的基础上，增加小区和菜市场专项测评，按季度召开季度点评会，形成了强大工作推力。出台路长制考核细则，各路长单位每周巡查不少于3次，并上报工作日志。督查考核常态化进行，针对路长工作和重点测评点位开展每周不少于一次督查，督查情况即时通报并对通报问题跟踪回访。

攻克重点难点，市文明办牵头组织开展小区综合管理专项行动，推动综合执法进社区，开展行政推动物业费清缴工作，全市物业费收缴率接近85%。开展小区停车秩序专项整治，全年完成218个小区停车规范化管理。持续加大对乱停乱放、闯红灯、逆向行驶、斑马线不礼让行人等各类不文明行为的查处力度，推动行政事业单位停车场错时开放停车。开展全市菜市场综合管理专项行动，逐步推进城区菜市场标准化改造，已完成7个改造任务。组织开展“餐饮业油烟、食品小作坊、公共场所污水接管整治”“废品收购（加工）站点整治”“城区停车场、快捷汽修店环境整治”3项重点整治工作，取得阶段性成效。

亮点品牌做优做强。召开全市“心愿树”爱心工作站推广现场会，继续打响“心愿树”爱心工作站品牌，昆仑街道和天目湖镇各新增1家爱心工作站。如意小食堂按照时序进度逐步推开，至年底，全市共有15家，其中新增昆仑街道2家，溧城镇2家，天目湖镇、戴埠镇各1家。出台《关于加强“百议堂”建设的工作意见》，其功能定位进一步规范，“百议堂”在村民自治中的积极作用不断放大。

【公民思想道德建设】 2018年，市文明办坚持价值引领，不断深化公民思想道德建设，优化道德讲堂，召开全市道德讲堂建设现场培训会，推动道德讲堂线上线下联动发展，“深山沟王娟”“托举电线交警”“光脚妈妈”等事迹通过常州道德讲堂App广泛传播，点击量过万。全年公安、税务、溧城镇等4场道德讲堂活动送入常州总堂，受到一致好评。2018年，市文明办共收集道德模范、身边好人线索100余条，出台《溧阳市关爱礼遇道德典型实施办法》，召开镇（街道）典型选树工作培训会，建立健全挖掘、选树和培育机制，全年共获评中国好人1名，江苏好人2名以及常州好人13名。

深化群众性精神文明创建活动。开展诚信示范街区创建活动，锦汇广场获评江苏省首届诚信经营示范街区。加强文明单位创建和管理，组织省级文明单位提交履行社会责任报告，预申报省级文明单位4个。启动2018年度社区邻里节活动，组织开展江苏“迈进新时代 幸福舞起来”广场舞大赛基层海选等，取得良好社会反响。深化农村精神文明建设。全面实现文明城市城乡一体标准，将镇村全部纳入季度文明指数、小区、菜市场专项测评以及城市长效管理考核，统一推进、统一测评、统一考核。深入开展“践行核心价值、培育文明新风”主题活动，着力加强农村精神文明建设，全年打造农村精神文明建设示范点11个，推选新乡贤60人。

【未成年人思想道德建设】推进项目机制建设，确定2018年度未成年人重点项目和创新项目31项。围绕“我们的节日”主题，在春节、清明、端午、重阳等传统节日开展丰富多彩的未成年人活动。开展童诗童谣征集活动，报送常州童诗童谣共31个学校283首。深化“八礼四仪”教育，召开文明礼仪养成教育暨文明校园创建工作现场会，表彰文明礼仪教育优秀案例16个。组织开展未成年人社会主义核心价值观歌唱比赛，6所学校参加常州决赛。推进未成年人活动阵地建设，申报2018年度常州市乡村学校少年宫3所。

【新时代文明实践中心建设】坚持高点定位，推进新时代文明实践中心建设。11月3日，全市召开新时代文明实践中心成立大会。12月2日，新时代文明实践志愿服务总队启动仪式暨“公益集市镇村行”活动在竹箦举行，各镇（街道）文明实践所、文明实践站相继挂牌成立，新时代文明实践活动蓬勃开展。通过五大工作平台和五项工作内容，全面汇总整合各单位、各部门、各条线公共服务资源，将“五堂一站”等平台以及“风信子”“红铃铛”“向阳花”等志愿项目，全部纳入文明实践活动“大盘子”，统筹整合、共享使用。截至年底，汇总阵地平台34个、活动资源85项。筹建志愿服务信息平台，实践中心、所、站分别组建文明实践志愿服务总队、支队、大队，“体制内”全市各路长制责任单位志愿者，网格化社会管理体系网格员，中小学校、医院、文化、旅游等单位在职工作人员，全员加入志愿队伍，“体制外”鼓励引导“百姓名嘴”、新乡贤、返乡创业人士、文化科技能人、道德模范及身边好人和各社会组织志愿者参加文明实践志愿队伍。

（杨文斌）

统战工作

【多党合作政治协商】2018年，溧阳市委统战部协助市委制定政治协商计划，严格对照计划开展工作。加强《市委常委结对党外代表人士联谊交友制度》和《政府部门对口联系民主党派、无党派代表人士联谊会、工商联制度》等相关对口联谊制度的贯彻落实力度，围绕全市中心工作和经济社会发展热点难点问题，通过召开党外代表人士迎春座谈会、政情通报会等形式召集党外代表人士进行沟通协商，形成党委统一领导、统战部牵头协调、各级各部门参与的良好工作局面。全年召开2次全市统战工作领导小组会议，传达部署新时期统战工作任务，解读新时代统战工作思想。严格按照要求做好党外代表人士政治安排工作。组织开展新四军统战工作图片展活动，继承和发扬革命光荣传统，教育引导统战成员不忘初心、牢记使命，凝心聚力、开拓创新。继续开展“不忘合作初心，继续携手前进”主题教育活动，通过组织专题学习、外出考察、集中培训，增强党外人士的“四个自信”。打造民主党派服务社会品牌，筑牢“同心”理念，其中“民盟读书台”服务社会品牌得到上级的高度肯定。

【非公有制经济领域统战工作】开展“不忘创业初心，接力改革伟业”主题教育实践活动。召开全市民营企业座谈会，深入学习贯彻习近平总书记在民营企业座谈会上的重要讲话精神。进一步加强教育培训力度，以常州市“百千万工程”和“民企管理升级”培训为载体，重点抓好非公经济代表人士、非公企业家、企业人才三支队伍建设，组织开展“民企管理升级”等各类培训班15期，培训人士1000多人次。全力打

2018年9月25日，统战工作领导小组会议召开　　（市委统战部　供稿）

造“溧商兴业”品牌，大力推进“基层商会学湖塘，行业商会学别桥”活动，不断提升商会工作水平，召开了商会建设年动员大会，印发《关于加强新形势下商会建设工作的意见》。稳步推进商会发展工作。深入开展“溧商回乡创业工程”和“服务家乡招商引资工程”，全年在外溧商回乡创业总投资60亿元，实际到账19.9亿元。密切与党政部门的联系，有效开展服务企业活动，着力构建“亲”“清”新型政商关系。继续深化“温暖重阳”工程内涵，在不断充实完善并实行动态化管理的基础上，加强与在外优秀溧阳籍人士的沟通交流，带领相关部门上门走访部分重点在外溧阳籍院士和专家学者，并聘请部分优秀人士为市委、市政府特约顾问，邀请他们参加“两节”等市委、市政府重要活动。结合春节和重阳节契机，四套班子全体领导结对走访慰问优秀人士父母160户，发放慰问金32万元。利用光彩事业工作平台，引导商会和企业家继续助力慈善公益事业，通过光促会平台共捐资205万元，用于新农村建设及帮困助学。新成立溧阳市飞跃机电百万光彩基金。

【民族宗教统战工作】 深入学习宣传贯彻新修订的《宗教事务条例》（以下简称《条例》），着重在“三支队伍”中学好用好新《条例》。抓好宗教工作“三合一”平台建设，确保行政审批事项依法、按时、高效优质办理。密切关注宗教领域意识形态工作，做好风险点排查，对宗教舆情有预案，做到早发现、早处置，把宗教场所纳入全市网格化管理范围，细化实化管控措施。强化宗教团体班子建设，市佛教协会、基督教三自爱国会顺利换届。鼓励团体、场所抓好宗教文化品牌创建工作，推进“四进”宗教场所活动。深入开展星级场所创建活动，加大宗教场所规范化管理力度。加大教职人员培训力度，突出爱国爱教培训，不断提高教职人员综合素质和传道弘法水平，举办基督教传道培训班和佛教僧伽等各类培训班6期，培训人数达1200多人次。把宗教团体活动经费纳入全年预算，切实加强宗教团体场所、人员与经费保障力度。强化民间信仰管理，对民间信仰活动场所建档立卡，通过建立机制，完善制度，总结交流等形式，逐步将民间信仰纳入依法管理。结合新《条例》，巩固基督教私设点治理成果，开展临时活动点审批监管试点工作。

【海外及港澳台交流工作】 加强与海外重点代表人士的联系，坚持“引进来”和“走出去”相结合，进一步加强与香港溧阳同乡会等友好社团的交流联谊，组团参加溧阳香港同乡会成立42周年庆典，全年接待港澳台侨同胞300多人次。利用赴德国、捷克等地开展活动的契机，开展项目合作洽谈，拜会海外侨团，向海外推介溧阳市投资创业环境和科技人才政策，拓展经贸、科技交流合作。持续深化“天目湖—日月潭”两湖协议，积极推动溧台茶农、果农、渔农“三农”交流合作。两岸同乡联系形成常态，旅台溧阳同乡会2次到溧阳开展联谊交流活动，组团赴台拜访旅台溧阳同乡会理事长蒋小伟等，联络情谊，讨论规划两地民间社团互动交流事宜。结合常州“双百活动”，开展季度性侨企走访调研。通过组织开展“归侨侨眷看溧阳”等活动，让归侨侨眷们亲眼目睹和切身感受改革开放40年来溧阳建设发展的新面貌、新变化。切实落实“三必访”制度，关爱侨界群众，帮助解决实际困难与问题，提供服务工作。坚持“两为服务”，建言献策发挥侨力，全年组织侨界政协委员围绕乡村旅游、特色小镇开发、城市建设等开展4次调研活动，撰写调研报告、政协提案等共计20余篇。

【新的社会阶层人士试点工作】 成立溧阳市新的社会阶层人士联合会，初期会员78名，囊括溧阳市各个方面新的社会阶层人士，取得良好的社会效应。将新的社会阶层人士教育培训纳入全市教育培训整体方案和市委统战部教育培训框架之中，通过邀请省社会主义学院的专家教授辅导、组织前往江西进行爱国主义教育等形式，坚定“四个自信”。进一步排摸、筛选新的社会阶层代表人士，实行长效动态化管理，截至年底，新的社会阶层代表人士数据库人数达850人。积极引导新的社会阶层人士投身“光彩事业”“慈善事业”等公益事业，全市新的社会阶层人士通过“光彩基金”等社会公益组织累计捐资捐物近30万元。确定溧阳市新的社会阶层人士统战工作“凝新聚溧”品牌，并制定详细的方案和相应的实施意见，确定天目湖镇、埭头镇为外商投资企业管理技术人员工作试点；中关村科技产业园、竹箦镇为民营企业管理技术人员工作试点；归国留学人员联谊会为社会组织从业人员工作重点，全力建设“聚才库”，构建“连心桥”，培养“排头兵”；布勒（常州）机械有限公司充分整合公司67名新的社会阶层人士，打造布勒“新力量”；溧阳市归国留学人员联谊会成功入驻戴埠科创园，提供智力支持。

（吕　涛）

巡察工作

【推进巡察监督】 全年共开展4轮巡察，其中分3轮完成对溧城镇、昆仑街道、上兴镇、南渡镇4个镇（区、街道）和交通运输局、国土资源局、教育局、农林局等16个市直部门的常规巡察；开展一轮对天目湖、戴埠、竹箦、别桥、埭头、上黄6个镇68个村（社区）的专项巡察。全力做好常州市委交叉巡察第三专项组对溧阳市经信局的巡察保障工作。通过巡察共发现“六围绕一加强”等方面问题236个，提出整改意见74条，移交问题线索116件。

【压实巡察整改】 以强化被巡察单位党组织主体责任为根本，紧扣整改的关键节点和重要环节，增强巡察整改的有效性和系统性，严实巡察整改的后半篇文章。将巡察整改纳入市委对基层的目标管理考核，挥好巡察整改的“指挥棒”；制定出台《市委巡察整改“三五”工作法》，确定巡察整改的“施工图”；强化纪检监察的日常监督和巡察机构的集中督查的有效衔接，促进监督力量的“攥指成拳”。针对全市共性问题，下发《巡察建议书》，推动各基层对镇村建设工程项目管理不规范、出借资金随意、现金管理混乱等领域的系统治理。完善纪检监察机关、组织部门加强日常监督的工作机制，2018 年度共开展巡察整改督查 40 多次，巡察中发现的 342 个问题通过立行立改、制度促改、长期整改等方式得到整改。

【统筹巡视整改】 根据市委巡视整改工作领导小组办公室的要求，统筹推进省委巡视溧阳反馈意见的整改、中央巡视江苏反馈意见的整改和省委第四轮巡视 18 个县（市、区）共性问题的整改，建立微信工作群，实时提醒各牵头部门注意报送时间、注重报送质量，每月 19 日前完成省委巡视溧阳反馈意见整改推进情况相关资料的审核工作，并将其录入省委巡视整改督查系统；统筹市委 4 个巡视整改督查组，做好巡视整改日常督察和季度督查，并将巡视整改中存在的问题、工作建议等内容，形成书面材料报市委主要领导审阅。2018 年共开展巡视整改督查 4 次，形成的汇报材料得到市委书记蒋锋的批示。

【总结提炼经验】 坚持在实践中总结，在总结中提高，在推进巡察监督的同时，不断完善“溧阳巡察经验”，对村（社区）巡察全覆盖在全省试点工作座谈会和推进会上分别作经验交流。《巡察整改力求精准到位》《聚焦突出问题开展政治巡察》《扎实做好巡察“后半篇文章”——关于市县巡察整改的调研》3 篇文章在《中国纪检监察报》刊登，省纪委“清风扬帆网”、《党的生活》、常州市纪委监委网站“龙城清韵”、《溧阳时报》等各级媒体先后 70 余次报道溧阳市巡察工作；对戴埠镇党委的巡察报告被省委巡视办评选为优秀巡察报告，《中共溧阳市委巡察整改“三五”工作法》被评为全省巡察方法创新制度，《坚持问题导向，深耕对村巡察，推动全面从严治党到基层》在常州市纪委优秀项目评比中获得二等奖。

（史　璟）

农村工作

【概　况】 2018 年，市委农工办以习近平新时代中国特色社会主义思想为指导，认真贯彻落实中央、省和常州市农村工作会议精神，围绕“产业兴旺、生态宜居、乡风文明、治理有效、生活富裕”总目标，以深化农村改革、强化精准扶贫、促进乡村振兴为着力点，坚定不移抓重点、攻难点、求创新、勇突破，积极探索具有溧阳特色的乡村振兴之路。全市完成合同签订的户数 15.02 万户，完成证书打印的户数 15.01 万户，分别占应确权户数的 97% 和 96%，超额完成省定 90% 的目标。

【启动实施乡村振兴战略】 召开全市农村工作暨乡村振兴工作会议，制定三年（2018—2020 年）行动计划，专门成立由市党政主要领导任组长的领导小组，将乡村振兴工作纳入镇、部门年度绩效考核体系，着力实施产业振兴、生态宜居、富民增收、改革创新、乡村治理五大工程，明确工作任务和职责，密切协同配合，强化资源要素支持和制度供给，形成工作合力。坚持“一村一品”理念，推动农业高质量发展，因地制宜发展精品茶果、特种水产、优质稻米、花卉苗木等特色产业，强化地方特色农产品挖掘和品牌保护，培大培强合作社、家庭农场等新型经营主体，全市农民合作社达 1260 家，家庭农场达 1166 家。

【创新“三资”监管模式】 村级资金非现金结算全覆盖，全市 11 个镇（街道）188 个村（居）与江南商业银行全面实行“村银对接”，在出台《溧阳市村级集体资金“村务卡”（备用金）管理办法》的基础上，制定《“村务卡”使用补充规定》，并积极推行村级财务预决算制度；出台《溧阳市镇（街道）农村会计服务站建设方案》，全市所有镇（街道）农村会计服务站全部挂牌成立，人员全部到位；农村集体产权交易量增质升，全市累计成交项目 474 个，成交金额 1.3607 亿元，溢价 466.75 万元，戴埠镇实现农村产权网上竞价交易，河西新街店面出租项目在常州市农村产权线上交易平台顺利成交，开通村级小型工程项目招投标，截至目前，已完成 65 个小型工程项目的招标；在全市 188 个村（居）安装使用村务信息公开触摸屏查询系统的基础上，市级统筹开发“溧阳•阳光村务”微信公众号，截至年底覆盖全市所有镇（街道）、村（居），用户量超万户；村务电视公开在天目湖镇三胜村、昆仑街道合心村试点开通，天目湖镇年底前全镇覆盖，其他各镇（街道）也将试点推开。

【精准扶贫工作】 建档立卡低收入农户动态调整。按照省、市统一部署，以人均年可支配收入低于 8500 元的标准，认真开展低收入农户建档立卡动态管理工作，截至 2018 年年底，录入到国家扶贫信息开发系统中的建档立卡低收入农户共 5894 户、10617 人，其中未脱贫 76 户、138 人。开展干部结对帮扶活动。按照“阳光扶贫”工作要求，市、镇、村三级干部与低收入农户挂钩结对。帮扶责任人使用“阳光扶贫”手机 App 完成对挂钩村和结对农户四个季度的走访慰问活动。深化“双挂双促”结对帮扶。推行村级集体经济项目库管理，对经济薄弱村实施的因地制宜盘活闲置、低效的村级集体资产、资源，发展物业经济等项目给予资金补助，共实施省、常州、溧阳市各级项目 8 个。65 个挂钩村全年共利用各类帮扶资金约 2200 万元。

【稳妥推进农村集体产权制度改革】 出台《关于稳步推进农村集体产权制度改革的实施意见》，召开全市农村集体产权制度改革工作推进会，明确农村集体产权制度改革的总体要求、目标任务和工作内容。2018 年 11 月 23 日，全市第一家农村经济合作社——溧城镇北水西村集体经济合作社挂牌成立。12 月 18 日，溧城镇先进社区股份经济合作社顺利组建。到 2018 年年底，全市 188 个村（社区）全部完成清产核资工作，核定农村集体资产总额 31.26 亿元，其中经营性资产总额13.02亿元;188个村(社区)开展成员资格界定动态调整工作，共界定成员总数56.7万人；全市184个村（社区）完成产权制度改革，其中182个村（社区）成立经济合作社，2个村（社区）组建股份经济合作社，分别为湾里村和先进社区。

（袁　瑞）

机构编制工作

【概　况】 2018年年底，溧阳市党政序列机构数34个，其中，市委序列8个，政府序列26个。全市党政群系统总编制3005名，其中，行政编制1937名(市级行政总编1163名，乡镇行政总编774名)，政法专项编制1068名。全市党政群系统在职人数2668人，其中，行政在职1606人（市级机关公务员在职971人，乡镇公务员在职635人)，政法专项在职1062人。

2018年年底，全市事业单位365家，其中，全额拨款207家，差额单位136家，自收自支22家。下达事业编制总数13118名，其中，全额拨款编制8300名，差额拨款编制4413名，自收自支编制405名。全市事业单位在编人数12814人，其中，全额拨款7775人，差额拨款4576人，自收自支463人。

【行政审批制度改革】 深化“3550”（企业3个工作日内注册开业，5个工作日内获得不动产权证、50个工作日内取得工业生产建设项目施工许可证。）集成化改革。以全面优化提升溧阳市营商环境为目标，深入推进“3550”改革，研究高质量实现“3550”目标突破方案。开通常州首家24小时“不打烊”政务自助服务区，成功实现不动产登记交易与水、电、气、广电网络集成办理，极大方便企业群众。2018年5月，省政府办公厅通报2017年江苏省简政放权创业创新环境评价情况，溧阳市综合排名在全省96个县（市、区）位列第26名，成功跻身第一方阵，并在“建设项目施工许可”单项评价中排名第11位，被评为先进地区，是常州各辖市区唯一进入省先进行列的地区，溧阳市行政审批制度改革被省政府办公厅发文予以督查激励，在全省该类受到督查激励的11个地区排名第8位，在全省享此荣誉的3家县(市)中排名第2，并获得2018年优先推荐国家级试点，优先纳入相对集中许可权改革等相关试点的政策激励。6月，溧阳市政府对市编办等相关部门予以通报表扬。

研究推进相对集中行政许可权改革。编办积极主动会同市政务办等及时开展相对集中许可权改革前期调研，进行可行性和必要性研究，完成调研报告和改革方案起草，确定实施领域，摸排划转审批事项及划转人员编制规模，提出机构框架建议，细化改革路线图时间表，提出江苏中关村行政审批局模式改革建议，为市级和中关村同步推进相对集中行政许可权改革打下基础。

积极稳妥推进“不见面审批（服务)”改革。根据上级部署要求，进一步推进不见面审批改革，完善不见面清单规范化工作，收集汇总“不见面审批（服务)”案例，圆满完成省下达的不见面审批服务目标。配合省和常州市完成“我为不见面审批献一策”活动。根据常州市行政审批制度改革领导小组关于印发《常州市市级“马上办”事项清单（第一批）的通知》精神，制定出台溧阳市“马上办”事项清单，为人民群众增便利，为市场主体添活力。

【机构编制重点工程推进】 推进第二批经济发达镇行政管理改革。指导社渚镇制定行政管理体制改革方案，完成方案报批，并于9月获得省委办公厅、省政府办公厅批复同意。按照便民服务“一窗口”、综合执法“一队伍”、管理服务“一中心”、镇村治理“一张网”的要求，推进天目湖镇、社渚镇构建“集中高效审批、强化监管服务、综合行政执法”的基层政府治理架构。

深化综合行政执法改革。横向加大整合市级层面综合执法力量，解决市级执法力量分散、多头执法问题。全面完成部门内综合行政执法。重点在交通运输、农林、卫生监督、市场监管、经信、住建等领域将其执法队伍和执法职能进行资源整合。溧阳市作为全国承担行政职能事业单位改革试点，以此为切入口，同步推进溧阳市综合行政执法体制改革。溧阳市部门内承担行政执法的事业执法队伍从24支精简压缩至13支，全面实现“一个部门一支执法队伍”目标。纵向综合行政执法向乡镇延伸，解决乡镇力量薄弱的难题。重点推进区域内综合行政执法。在“两镇一街道”开展区域综合执法改革工作，即在天目湖镇、社渚镇、昆仑街道开展相对集中相对处罚权工作，具体承担原由市级部门行使的行政处罚权。下放社渚镇行使的行政处罚权有219项，昆仑街道320项，涉及物业管理、文化体育、镇村建设、安全生产、农林水利等领域。

从执法监管机制着手，全面打造“双随机、一公开”平台建设，从日常监管体制机制层面解决检查任性和执法扰民、执法不公、执法不严等问题，以科学有效的“管”促进更大力度的“放”。溧阳市于2017年3月公布市政府部门随机抽查事项清单，并于2018年正式启用全市统一的“双随机”监管抽查平台，完成“四个全覆盖”，即做到随机抽查事项清单以及拥有随机抽查事项部门、抽查监管对象、执法人员纳入平台系统全覆盖，做到应进尽进。在市场监管领域推广“双随机、一公开”平台的基础上，通过以点带面，实现在各部门、各领域的检查工作中广泛运用，有效降低了企业负担。截至三季度末，全市24家部门、761名执法人员、65676家企事业单位纳入平台运行，制定年度抽查计划数1347条，年度完成率达到125%，各项主要指标在常州辖市区中均位列第一。

【党政机构和事业单位改革】 做好党政机构改革准备工作。深入学习，吃透改革精神。认真学习《中共中央关于深化党和国家机构改革的决定》和《深化党和国家机构改革方案》等文件精神，准确把握改革的重大意义和目标要求，彻底搞清楚“改什么、怎么改”等问题。组织调研，掌握基础资料。对全市机关事业单位开展机构编制大调研，全面摸清家底，梳理存在问题，为更好落实改革任务提供科学依据。提前研判，梳理改革思路。成立机构改革工作小组，结合全市实际，在预估的机构限额内，提出差异化的机构设置建议，供领导决策参考。

积极探索融合经开区、旅游度假区和镇“区镇三合一”的产城融合行政管理体制改革新模式。围绕市委、市政府对溧阳经济开发区提出的打造“接轨南京第一城、经济发展增长极、产城融合示范区、体制机制试验地”的发展定位，探索推进溧阳经济开发区行政管理体制改革工作，助力老牌开发区重新焕发体制机制活力。完善机构设置。按照“区镇合一、产城融合、精简高效”的整体框架，整合经济开发区、曹山旅游度假区及上兴镇原有的六大办公室、五大事业单位及其挂牌机构的职能，综合设置为10个内设机构。机构调整后，上兴镇和溧阳经济开发区共用一套内设机构，实现扁平化管理，但在具体职能上有所侧重，突出溧阳经济开发区规划建设、招商引资、审批服务等职责。下放管理权限。会同市政府法制办及相关职能部门，研究制定《溧阳市关于赋予江苏溧阳经济开发区部分经济社会管理权限实施方案》，紧扣向溧阳经济开发区下放部分县级人民政府经济社会管理权限的总体目标，明确赋权范围、赋权内容和工作要求，重点给予开发区适用于工业项目、现代服务业及配套设施在企业设立、投资建设等方面的审批权限。创新人事管理。将现有行政、事业干部职务身份均纳入档案身份管理，畅通机关、事业、社会化用工等各类人员交流渠道，实行人员统一使用、分类管理。在上级政策框架内大胆创新收入分配机制，加大绩效考核和薪酬激励力度，对于开发区急需的特殊高层次管理人才和招商人员，实行特岗特薪、特职特聘。

统筹推进行政和事业、市级和区镇党政机构改革、实现“两个同步”。按照十九届三中全会精神，溧阳市提前谋划党政机构改革和事业单位改革。3月完成全市行政事业单位机构设置、人员编制及职能专项调研，4月梳理完成汇总部门、各镇（区）调研的情况。结合党政机构改革，溧阳市统筹考虑事业单位改革，解决制约事业单位发展的体制机制障碍，重点梳理差额拨款、自收自支事业单位经费收支情况，优化整合该类事业单位职能、编制资源。参照经济开发区和经济发达镇改革试点成果，在上级党政机构改革的总体框架下，因地制宜，探索区镇机构改革新路径，草拟好“两个同步”的总体改革意见以及各部门具体细化方案，为下一步改革打好坚实基础。

完成重点领域改革任务。按照市委常委会议审议意见，指导工、青、妇群团机关优化内设机构设置和职能配置，重新制定总工会、团市委、妇联机关“三定”规定。和市旅游局等部门密切配合，组织外出考察学习，共同研究旅游行政管理体制改革工作方案。配合市监察委员会开展向农村派出监察机构试点工作。

【机构编制管理和服务】 提升机构编制实名制信息化管理。共用大系统，确保数据实时。建立健全“一库一平台”，即编办与人社等管理部门和各机关事业单位共享一个“活”的信息数据库，并在同一个平台上办理机构、编制、人事、工资、社保等各类日常业务，系统数据随机构、编制和人员变动而实时更新；优化大服务，发挥统计功能。通过利用系统中报表服务、数据仓库、综合查询等大数据功能，实时掌握人员动态变化情况，为人事编制部门在确定全市机关事业单位增人用编指标、机构改革中相关资源配置等科学决策提供重要依据；实现大共享，接轨大数据云平台。溧阳市大数据云平台将单位信息、职数信息、人员信息等相关机构编制数据信息纳入其中，助力机构编制管理科学化、规范化和法制化。

创新机构编制绩效管理工作。注重日常监督管理。采取日常监督管理、半年度考核、年末考核有机结合的办法进行，由各考核具体牵头部门负责，对考核指标的落实情况进行跟踪督查、动态掌握，对各部门完成情况进行对标；结合机构编制专项督查。对照绩效管理考核指标体系，通过全市机关、事业单位机构编制人员和职能大调研、党政机构改革相关调研等机构编制专项督查，了解各单位工作完成情况，查找分析存在问题。

（黄巾瑜）

对台工作

【概　况】 2018年，全市台湾工作贯彻落实省市对台工作一系列决策部署，抓住溧台经贸合作和交流交往工作重点，扎实推进各项对台工作。涉台信息宣传工作被国台办和常州市台办多次表彰，市台办连续14年被中共中央台办宣传局评为“中央台办‘两刊’对台宣传工作先进单位”。截至年底，全市累计批准设立台资企业达221家，登记在册的台资企业47家，其中规上企业8家，注册资金5.8亿美元，台资实际到账4.94亿美元，总投资10.95亿美元。全年共办理各类赴台团组14批79人次，其中经贸及交流团组4批27人次，跨地区团组4批13人次，企业商务团组6批39人次。接待台商台胞15批156人次，协助解决台胞台属求助10多起。

【台商新年茶话会】 1月12日，市台商联谊会在溧阳宾馆举办新年茶话会，市委常委、统战部部长龚友强、常州市台办副主任凌洁到会并讲话。市人大副主任陆晓明、副市长秦建军应邀出席茶话会活动，会议由市台办主任陈伟星主持。

【副市长陈峰走访慰问台资企业】 2月8日，副市长陈峰在台办相关人员陪同下，走访调研溧阳市台资企业江苏粘博士新材料有限公司、溧阳金利宝胶粘制品有限公司、江苏钢锐精密机械有限公司，调研台资企业发展情况，并向留守在溧的台商致以节日的问候和新春的祝福。

【市台属联谊会召开四届十次理事会议暨新春座谈会】 于2月8日召开，会议由台办主任陈伟星主持。市委常委、统战部部长龚友强参加会议，他充分肯定了台谊会2017年的工作成绩，并向各位理事介绍全市的经济形势，分析当前的两岸关系，对台谊会工作提出三点意见：要以学习引领为重点，切实增强做好对台工作的使命感和责任感；要以联谊服务为纽带，扎实开展新形势下的台谊会工作；要以制度平台为契机，进一步提升对台工作能力和水平。

【市委书记蒋锋会见中国台湾民意代表】 4月7日，市委书记蒋锋会见中国台湾民意代表陈超明一行，双方就相关合作事宜进行深入交流。市委常委、统战部部长龚友强参加会见。蒋锋对陈超明一行表示热烈欢迎，并简单介绍了溧阳经济社会发展情况。陈超明表示，溧阳与中国台湾地形相似、人文相亲，双方合作机会非常多。此次到溧阳主要是实地考察熏衣草选址，计划在溧阳打造一座薰衣草森林公园，拓展溧阳文创旅游产业发展。

【中国台湾恒安照护集团到溧阳考察健康养老产业】 4月10日，中国台湾恒安照护集团董事长胡世贤带队到溧阳参加“2018中国·溧阳茶叶节暨天目湖旅游节”开幕式。市委常委、常务副市长周卫中会见台湾恒安集团董事长胡世贤一行，双方就健康养老产业项目进行深入交流。市委常委、统战部部长龚友强参加会见。胡世贤一行在副市长陆慧琦以及台办、健康办相关负责人的陪同下实地考察天目湖敬老院，详细了解溧阳市敬老院各层次养老服务设施及体系建设情况，交流中国台湾养老服务业发展情况，希望寻找合作机会把恒安照护集团专业化的养老服务理念和模式与溧阳良好的养老医疗基础相结合，全力为溧阳及周边老百姓提供优质服务。

【市台商联谊会理监事会议】 4月25日，市台商联谊会召开二届五次理监事会议，主要议题是讨论联谊会换届事宜及酝酿第三届理监事名单。5月15日，市台商联谊会召开二届六次理监事会议，研究部署台商联谊会换届筹备工作，协商第三届理监事候选人建议名单等相关议题，讨论通过市台商联谊会第三次会员大会方案。

【市台属联谊会赴台开展民间交流活动】 4月17～23日，市台属联谊会在市委常委、统战部部长龚友强带领下，进行为期7天的赴台参观考察和交流活动。该次赴台，参访团重点和旅台溧阳同乡会开展民间交流活动，同乡会理事长蒋小伟、总干事狄克逊及部分理事热情接待参访团一行。座谈会上，双方互为总结近年来的工作成效和交流成果，讨论规划两地民间社团互动交流事宜。此外，还向同乡会赠送了新版《溧阳市志》和台属联谊会副会长邓超所著的新书《濑水钩沉》。

【市委书记蒋锋率经贸考察团赴台考察交流】 5月6～10日，市委书记蒋锋应邀率经贸考察团赴中国台湾考察交流。在台期间，经贸考察团先后参访了中国台湾勤美达、固纬电子、迪乐科技、京元电子、长兴新材料等企业，与相关企业负责人进行深入交流，全面了解台湾先进制造、微电子、半导体等产业及企业发展情况，积极推介溧阳投资环境，着力推动项目加快落户。考察过程中，还与台湾省苗栗县、南投县政府进行了深入友好的交流，双方就进一步加强经贸、农业、旅游、文化等方面的交流与合作形成新的共识、取得新的成果。

【组织师生赴台参加苏台学子携手行交流活动】 5月21日，溧阳市6所中学的94名师生代表在江苏省港澳台教育交流中心的组织下，飞赴中国台湾，与中国台湾6所中学开展为期6天的“手拉手·心连心——苏台学子携手行”交流活动。该次交流活动主要包括“一校一主题”校园学习、校际联合晚会、寄宿家庭体验交流和中国台湾特色文化参访。光华初中和新北市光仁中学、实验初中和新北市三峡国中、燕山中学和新北市板桥国中、江苏省溧阳中学和台北市内湖高中、光华高级中学和新北市三民高中、埭头中学和新北市板桥高中开展师生结对交流活动，各自在结对学校开展学伴课堂和课外活动、沉浸式体验特色课程培训，参加社团活动，参与学校文化活动。交流过程中，精彩的国语课、激动的篮球课、神奇的蓝染课、美味的烹饪课、精细的焊接课、校园童军社团等活动给溧阳学子们留下了美好的回忆。

【市人大常委会主任潘云芳率团赴台经贸考察】 5月27日～6月2日，市人大常委会主任潘云芳率有关部门和企业负责人赴台，考察中国台湾四维集团、金利宝集团、凯杰股份有限公司等工商企业，洽谈推进江苏中关村科技产业园内台企江苏粘博士新材料有限公司增资投入设备增加生产线项目。该次赴台重点考察中国台湾农业发展和民宿经营模式，对中国台湾农业发展和民宿经营模式加深了解。参访团成员在宜兰县五结乡梦田观光米厂内向负责人了解米厂生产经营情况，参观厂内生产线，了解米的制作过程及营销方式。在宜兰县民宿发展协会，参访团成员向协会负责人了解民宿发展理念、运行模式及经营状况。协会负责人介绍，做民宿一定要和当地的资源和生态结合起来，从设计和服务上入手。设计上，结合当地人文、自然景观、生态环境资源以及农林渔牧生产活动，以家庭副业方式经营，经营上要体现主人亲自接待的热情，为客人提供乡野生活的乐趣。

【市台商联谊会第三次会员大会】 6月29日，市台商联谊会召开第三次会员大会，听取和审议第二届理事会工作报告、财务报告，选举产生第三届台商联谊会会长、副会长和理监事，市委常委、统战部部长龚友强，副市长陈峰被聘为名誉会长。市领导蒋锋、龚友强、陈峰、蔡金龙及常州市台办副主任徐栋受邀出席活动。市委书记蒋锋代表市委、市政府向广大在溧台商致以谢意，并向当选的台商联谊会会长、副会长、各理监事表示最热烈的祝贺！蒋锋指出，近年来，溧阳市取得的一系列丰硕成果既饱含全市上下的辛勤努力，也离不开广大在溧台商的鼎力支持。当前，溧阳正按照新发展理念和高质量发展要求，抢抓接轨南京都市圈的历史机遇，建设更高品质的宁杭生态经济带最美副中心城市，各项事业全面进入前所未有的关键期、机遇期，希望在溧台商继续扎根溧阳，抢抓机遇、乘势而上，在新起点上加快自身发展，共创新的辉煌。

【GE 绿色供应链创新（GSI）交流大会暨永冠 GSI 项目启动仪式在溧阳举行】 6 月 28 日，由江苏钢锐精密机械有限公司承办的“GE 绿色供应链创新（GSI）交流大会暨永冠 GSI 项目启动仪式”在溧阳市举行。市委常委张顺、副市长王耀庆出席活动。会上，永冠能源科技集团董事长张贤铭对永冠能源科技集团与 GSI 专项计划做了介绍，表示通过各项专案的推行，以绿色生产和完善社会责任作为企业核心，让永冠集团在可持续发展的道路上稳健前行。王耀庆指出，永冠与 GE 项目不仅提升了企业的绿色可持续发展能力，而且为绿色转型提供了示范样板，让更多的企业推进绿色供应链，为溧阳生产研究中心提供绿色动能。在该次大会上，由 GE 可持续发展团队牵头的 7 家企业，与永冠集团分别签约，实施 GE 绿色供应链创新（GSI）的各个项目。

【市台属联谊会第五次会员代表大会】 于 7 月 10 日召开。市委常委、统战部部长龚友强出席会议并讲话，常州市台办副主任凌洁、常州台谊会副会长郝锦和旅台溧阳同乡会理事长蒋小伟到会并宣读贺词。大会听取市台属联谊会第四届理事会工作报告，表彰市台属联谊会第四届理事会先进个人，审议和通过《溧阳市台属联谊会章程》、第五届理监事名单，选举产生第五届理监事会理监事及新一届领导班子。

会上，溧阳市台谊会第四届理事会会长史丹回顾总结了过去五年台谊会工作情况，对今后溧阳市台属联谊会的发展提出希望和规划。大会按照民政部门的相关要求举行换届选举，产生 25 名新一届理监事，其中，溧阳市美华环境艺术工作中心总经理吴鸣伟当选为新一届会长，邓超、芮金龙、王才清、潘敏、杨建刚当选为副会长，冯超当选为监事。

市委常委、统战部部长龚友强对台谊会提出四点意见：要强化责任感使命感，在两岸和平统一上要有新认识；发挥桥梁纽带作用，在对台交流合作上要有新突破；积极履行自身职责，在台属台胞服务上要有新成效；切实形成工作合力，在台谊自身建设上要有新提升。

【旅台溧阳同乡会组团回乡参访交流】 7 月 5 ～ 12 日，旅台溧阳同乡会一行 26 人，在理事长蒋小伟的带领下回乡开展探亲参访交流活动。市委常委、统战部部长龚友强和副市长陈峰分别接待参访团一行。该次回乡，台胞蒋忠一家在台办的帮助下，找到了失联 24 年的亲叔叔。活动期间，参访团开展一系列参观走访活动：通过游览天目湖、南山竹海等地感受家乡的秀美山水；通过实地观摩溧阳“1 号公路”和曹山慢城了解家乡乡村振兴和全域旅游发展的概念；通过参观燕山新区、燕山公园、燕湖公园等地，感知家乡城市建设和民生实事工程；通过参观市博物馆，体验家乡深厚的历史底蕴；通过参观文化艺术中心，欣赏锡剧表演，感受传统文化；通过参观城市规划馆，了解家乡未来发展方向；通过走进中关村科技产业园，感受家乡经济的快速发展。

【第八期台企政策法规宣导会】 于 8 月 31 日举行。市安全生产监督管理局副局长毛洪作以“安全生产管理”为主题的专题讲座，各台企负责人及主管安全生产的台干近 30 人参加会议。毛洪从近年来常发的几种事故类型、国家对安全生产领域的相关政策要求、怎样落实安全生产主体责任 3 个方面进行授课，并就台企感兴趣的年度安全生产检查类别与检查的重点及企业配合检查应注意的事项等方面与大家进行互动交流。

【市台属联谊会五届二次理监事会议】 于 9 月 12 日召开。该次会议分为 3 个主题：市台办副主任张岚传达贯彻市委十二届六次全会和政府全体（扩大）会议精神；台谊会会长吴鸣伟谈下一步台谊会的工作设想，并对台谊会的工作机制提出新建议；新任理事进行自我介绍，各位理监事围绕贯彻落实两个会议精神、招商引资、为民办实事、加强对台交流等工作发表自己的观点。市台办主任陈伟星对溧阳市台谊会工作谈了几点想法：希望台属理监事全面贯彻落实市委十二届六次全会部署要求，全面发挥台属的资源优势，为深度接轨南京出一份力；加强台谊会自身建设，新班子要有新活力，通过开展各种活动，把台谊会办成名副其实的“台胞台属之家”，并代表台办表态，将一如既往地关心支持台谊会的工作，使台谊会“渠道”作用更加通畅，“桥梁”作用更加牢固，“纽带”作用更加密切。

【市委常委、统战部部长龚友强参加首届海峡两岸姊妹湖产业协作年会】 9 月 14 ～ 16 日，首届海峡两岸姊妹湖产业协作年会在重庆长寿湖举行，市委常委、统战部部长龚友强和天目湖旅游度假区管委会主任柳建平应邀出席。在此次年会上，天目湖旅游度假区管委会主任柳建平作了《立足生态 彰显特色 全力打造国内一流的休闲度假旅游目的地》的主题演讲。按照年会章程及商议，第二届海峡两岸姊妹湖产业协作年会将在天目湖举行。在年会闭幕式上，长寿湖与天目湖完成会旗交接仪式。

【“连心叙情仲秋会”活动】 于 9 月 20 日举行，在溧台商台干近 30 人参加活动，副市长陈峰出席活动。陈峰向所有在溧台商台干致以中秋的问候与祝福，感谢他们长久以来为溧阳经济社会发展作出的巨大贡献，并简要介绍了上半年溧阳经济社会发展的基本情况。参加活动的台商台干们对市委、市政府的关怀表示感谢，对溧阳的营商环境和政务服务表示十分满意，纷纷表示愿意扎根溧阳，共同创造溧阳美好的明天。

【中国台湾著名作曲家胡德夫一行到溧阳参访交流】 9月26～28日，中国台湾著名作曲家、“台湾民谣之父”胡德夫一行3人应邀到溧阳参访交流。市长徐华勤，市委常委、宣传部部长张爱文出席了活动。在溧阳期间，胡德夫一行先后参观了天目湖山水园、“游子吟”碑石、乐管井、胜因寺、孟郊园、旧县文化浮雕、旧县古文化陈列馆、春晖公园、溧阳博物馆、南山竹海等溧阳历史人文景观。胡德夫表示：溧阳人好、山美、水秀，“美音自在溧阳”名不虚传，“感恩信义城”历史文化底蕴深厚，置身于溧阳山水之中也激发了创作灵感，希望能与溧阳深度合作，创作出经典的传世之作以回馈溧阳人民。

【市台属联谊会组织参观天目湖国家湿地公园】 10月23日，市台属联谊会组织参观天目湖国家湿地公园，并召开五届三次理监事会议。天目湖国家湿地公园管理服务中心分设科研监测中心、科普宣教中心、游客服务中心等，为湿地公园的管理、管护提供了良好的基础设施条件。理监事们在湿地科普馆观看天目湖湿地公园保护宣传片，并实地参观湿地保育区和恢复区等主要区域。天目湖国家湿地公园管委会领导从保护修复、管理监测、科普宣教、合理利用、优质服务、示范引领等几方面向理监事介绍天目湖湿地公园的保护管理成效，展示天目湖湿地公园“红绿结合、永续发展”的理念和模式。参观结束后，召开台属联谊会五届三次理监事会议。理监事们对湿地公园的变化表示赞叹：政府实施退耕还林、退塘还湿、滨岸带修复、湖滨植被带修复、封山育林等一大批保护工程，生态系统保持得很好，形成独特的生态湿地景观空间，对推进社会经济发展发挥了重要作用，并表示以后会利用与台湾亲属接触的机会，多宣传溧阳建设的新成果。

【市台商联谊会召开三届二次理监事会议】 11月9日，市台商联谊会在溧阳金利宝胶粘制品有限公司召开三届二次理监事会议。会长陈世忠作2018年工作总结。会议审议2019年财务预算，补充会员及增补理事。副会长兼秘书长褚院平就当前两岸形势、两岸动态、台商关切的新闻热点等进行政策解读和宣导，特别强调理监事们在特定的时期要起到风向标作用，在会员中要起到领头羊作用，在与政府部门沟通中要起到桥梁纽带作用。

【举办“星云大师一笔字书法展”】 11月2日～12月23日，“星云大师一笔字书法展”在市博物馆展出。市长徐华勤，市委常委、统战部部长龚友强等领导与星云文化教育公益基金会理事长妙士法师等数百位嘉宾出席开幕典礼。开幕式上，星云大师特派其弟子妙士法师代为出席开幕仪式，述说大师与溧阳的深厚机缘。并代表星云大师致赠墨宝“上善若水”给市博物馆收藏，并赠送《献给旅行者的365日》一书给现场的每位嘉宾及参展观众。

【市长徐华勤受邀参加2019年台湾省南投灯会】 2018年11月，台湾省南投县县长林明溱邀请市长徐华勤出席2019年南投灯会，并邀请溧阳市在灯会上展示溧阳特色的灯艺文化，拓展城市文化交流。为在2019年南投灯会上向中国台湾民众呈现溧阳特色的彩灯，市台办精心设计、制作《美音自在溧阳》特色灯组。围绕山体展示溧阳一人（史贞女）、一景（山水主题）、一物（焦尾琴）、一特产（茶叶）、一阁（文昌阁）、一楼（天目湖牌楼）、一诗（游子吟）、一公路（1号公路）等内容，充分展现溧阳的人文情怀和山水风光，天目湖中驰骋的日月潭号游轮更代表了溧阳与南投结对县市的交流合作。

【中国台湾师生到溧阳开展结对交流“暖心行”活动】 12月17～19日，新北市三民高级中学、新北市板桥初级中学2所中学共计49名校长、教师及学生到溧阳市结对学校开展文化交流活动。

该次研学时间为期3天，新北市三民高级中学与溧阳光华高中和戴埠高中结对、新北市板桥初级中学和溧阳燕山中学结对。台湾师生共同参与了班会课、文化课、户外实践课、特色校本课及前往结对家庭体验家庭生活等。台湾师生还参观了市博物馆、平桥石坝、新农村、农业生态园及“1号公路”等，寄宿结对同学家庭加深了台湾师生对溧阳市经济社会高质量发展的了解，对溧阳高校及寄宿家庭热情真情的真切感受。两岸师生在结对交流中相互了解、相互学习、增进了感情。

（彭旭红）

史志工作

【概　况】 2018年，市委党史工委、市地方志办公室围绕“奋力谱写建设宁杭生态经济带最美副中心城市新篇章”发展目标，充分发挥史志部门“以史鉴今、资政育人”的职能作用，以扎实推进市志、年鉴和地方史编纂工作为重点，全面推动溧阳史志事业科学发展。溧阳市委党史工委被江苏省委党史工办评为全省党史系统先进集体；《见证——溧阳史志专题文集》获江苏省党史部门优秀成果三等奖；《溧阳年鉴（2015年）》获第四届江苏省优秀年鉴评比优秀奖。

【解放思想大讨论活动】 委办严格按照上级关于解放思想大讨论活动要求，广泛动员，全体参与，认真完成各项规定动作。制定活动方案和学习计划，成立活动办公室，进行动员部署。召开专题会、学习会、讨论会等多种形式的学习教育活动10多次，围绕溧阳改革开放40周年的经验和启示进行讨论，研究如何进一步推动史志事业发展及指导实践。围绕大讨论中发现的问题，制定整改计划，明确整改重点，落实整改责任，分别制定完善年鉴编纂工作流程图和人员职责等制度，从制度上保证史志工作的质量和进度。通过开展解放思想大讨论活动，进一步增强宗旨意识和群众观点，健全党内政治生活，转变工作作风，建立长效机制。

2018 年 12 月 3 日，溧阳市举办庆祝改革开放 40 周年图片展

（史茵杰　摄）

【庆祝改革开放40周年图片展工作】 改革开放以来，溧阳在经济政治文化社会建设和生态文明建设等方面取得了一系列的辉煌成就。为全方位、多层次真实展现溧阳的新面貌，进一步加深广大群众对改革开放政策的理解和拥护，切实增强解放思想推进高质量发展氛围，按照全市庆祝改革开放40周年活动的整体部署，在市委宣传部的牵头组织下，委办承办了溧阳市庆祝改革开放40周年图片展。

5月，选调精干人员组成图片展布展工作小组，分工专人负责图片和文字两大内容。6月起从市档案局、摄影协会等重点部门集中征集图片，截至7月底共征集到反映溧阳市改革开放建设场景的新旧照片近千张。在图片征集的同时草拟布展方案，按分工准备图片和文稿，至9月底形成布展初稿。在市领导的关注下，几易其稿，最后形成“改革岁月、坚实足迹”“产业兴旺、经济腾飞”“统筹发展、城乡巨变”“社会进步、文明提升”“民生改善、生活美好”“从严治党、依法治市”“自在茶香、美音溧阳”7个板块340多幅图片，展示溧阳的发展，见证溧阳翻天覆地的变化。

【党史二卷本、三卷本编纂工作】 再次组织力量对《中国共产党江苏省溧阳历史》（第二卷）书稿质量进行校核提升。严格按照中央、江苏省、常州市党史部门的要求，树立精品意识，做到脉络清楚，体例结构合理，内容全面系统，资料翔实可靠，文字流畅精炼，具有较高的权威性、学术性；总体评价科学严谨、实事求是，正确处理全国党史与地方党史的关系，力求完整、准确地反映中共溧阳历史；坚持以中共中央关于历史问题的两个决议精神和新时期历次党代会关于党的历史问题的重要结论为依据，对重要史实、数字、引文等进行认真核实，切实把握好取材选材的政治关、史实关和文字关。11月底完成全书清样的最终校核任务，交中共党史出版社出版印刷后年底发行。

根据上级党史部门工作部署，有序推进《中国共产党江苏省溧阳历史》（第三卷）编纂工作，在拟定纲目的基础上开始部分资料收集整理任务。配合市老促会编纂革命老区发展史，截至2018年年底完成初稿撰写。

【“溧阳史志”宣传阵地建设】 根据市委“对标找差”活动要求，委办继续运行“溧阳史志”微信公众号，全面宣传溧阳地方党史、地情文化、民俗风物、大事要事，充分挖掘溧阳史志文化遗产，创新史志宣传途径，传播历史文化、弘扬优良传统、凝聚社会共识。2018年共推送“溧阳人民的大团结”“溧阳人民精心打造的节日，来看看溧阳茶叶节的‘前世今生’”“重温红色记忆——溧阳中共组织的诞生”等50条文稿，并被多个微信公众号转发，逐步扩大溧阳史志工作的影响力和受众面。

【地方志工作】 精心组织《溧阳年鉴（2018）》编纂工作。自2017年12月正式启动以来，全市各镇区、各部门高度重视，及时撰写、报送稿件。4月完成组稿，6月完成编辑合成，8月完成单位审稿、统稿校对，11月出版发行。《溧阳年鉴（2018）》共设33个类目，1164个条目，78张表格，83.6万字。该卷年鉴紧紧围绕2017年溧阳市中心工作，全面、系统、准确地记述了2017年度市委、市政府领导全市人民齐心协力成功创建全国文明城市，奋力谱写建设宁杭生态经济发展带最美副中心城市新篇章，扎扎实实办好民生实事的新做法、新业绩。

启动编纂镇村志工作。1月下发全市镇村志编纂工作方案，4月召开全市镇村志编纂业务培训班，6月开始对各镇村志的篇目进行评审。主要从框架结构合理性、格式体例统一性以及篇章设置的科学性等方面对各镇村报送的篇目进行评审，力求体现地域特色和时代特色，为下一步资料征集做好充分准备。经过三轮镇村志篇目评审工作，至11月底，已有溧城镇、上兴镇、埭头镇、南渡镇、社渚镇、天目湖镇、上黄镇以及竹箦镇陆笪村、水西村完成篇目评审。

组织编纂“口述溧阳”。计划用30万字、百余幅精美照片和生动手绘，数十位村民的原生态口述音频，立体展现溧阳5个省级特色田园乡村的美丽样本。完成溧城镇礼诗圩村访谈试点工作，并把征编范围扩大到其他典型特色村，扩面后工作方案已经市委、市政府批准。9月完成溧城镇礼诗圩村初稿，至11月底，上兴镇牛马塘村、上黄镇南山后村、戴埠镇杨家村、别桥镇塘马村按时序推进中。

积极组织旧志整理工作。委办通过省方志馆搜集到《弘治志》《康熙志》《乾隆志》《嘉庆志》《光绪续志》五部溧阳旧志的电子材料，通过与江苏凤凰出版社合作研究，组织专家对旧志《弘治志》进行整理出版。

【史志理论学习研究活动】 开展多种形式的史志理论学习活动，提高史志工作人员业务工作能力。参加省市举办的编史修志业务培训班，集中学习史志理论知识，组织工作人员学习周边县市先进的编写工作经验和史志写作规范，提高编纂工作水平。结合市志党史年鉴编纂实际工作开展史志理论研究，以理论引导实际工作，以实际工作促进理论研究。利用党史庆祝活动开展党史调研活动。为纪念瞿秋白同志诞辰120周年，撰写的《浅析瞿秋白文化思想的时代实践意义》参加省委党史工办征文活动。

（莫 俊）

党校工作

【概 况】 2018年，市委党校结合市委、市政府进一步解放思想、对标找差，凝心聚力、接续奋斗的要求，努力做好教学培训、课程开发、理论调研和队伍建设各项工作，承办市委中心组学习专题报告会、全市党建工作会议等培训会议70多场，对全市各类党员干部分层分批进行党性教育轮训超8620多人次。

【教学培训】 会同组织、人社等部门，举办中青年干部培训班、新进事业人员培训班等多期市内培训班，培训学员720余人次。全年对外培训班次、人数再创新高，接待山东邹城党员干部培训班、宿迁青年干部培训班等36期，共计培训1950余人次。根据各班次的不同培训需求，精心选择专题课程和教学点参观线路，课程涉及全域旅游、基层党建等多方面，保证培训的针对性和实效性。

【理论研究】 课程品质不断提升。通过制定详细的青年教师助力计划，以“培养青年骨干，汇聚党校力量”为主题，频繁开展“每周微课”“每月推送”“每季调研”“专题赛课”等教科研活动，不断更新教学素材。探索研究全域旅游新理念，关注农村环境整治、农民创业增收、农村集体产权制度等乡村振兴措施，调研非公企业党建、溧阳城市文化内涵提升等专项课题，形成符合溧阳市情、关注溧阳实践、宣传溧阳经验的精品课程。科研论文持续更新。党校教师团队持续关注时政热点，以集体听评课、师徒结对指导等形式开展教研活动，撰写多篇有关干部教育培训、基层党建的高质量论文，完成市级重点调研课题《关于推进我市红色教育培训的问题研究》《关于进一步全面深化我市全域旅游的策略研究》2篇。入选环太湖发展研究中心出版的《环太湖经济社会发展研究报告·2018》论文3篇，其中《全域旅游视角下溧阳文化旅游发展的思考》被评为优秀论文。紧扣热点高频发声。党校外宣报道、党政信息撰写录用篇数明显增多，不仅完成溧阳信息的报送录用任务，还在求是网、人民论坛网、中国社科网上发表《“一枝一叶总关情”，以诗悟青年干部的成长》《做一名“色香味”俱全的干部》等11篇网评文章，做到紧扣社会热点，适时正确发声。

【基层宣讲】 坚持不懈说重点。党校教师团队紧跟时政热点，认真开展教研活动，积极筹备十九大精神再解读、聚焦高质量发展再出发、乡村振兴、全域旅游等专题课程，形成了《三线共振 全面从严》《新起点、新征程》等7个较高质量的课程宣讲稿和课件，对外宣讲达50余场，直接听众达3600余人次。创新方式讲热点。针对新时代、新任务、新要求，在立足传统课堂，讲好重点要点的基础上，积极探索新宣传方式。通过利用网络、参与网络、引领网络方式，在互联网上积极参与讨论，发表意见，引领风尚。在求是网和人民论坛网发表评论文章《做新时代的学习型人才》《干部在培训中要避免“亚学习”状态》等，逐渐探索出一条崭新的舆论宣传、教育教学道路。

【特色课程】 依托资源优势，开展体验式教学。一方面，整合红色资源，紧抓溧阳市新四军江南指挥部的红色示范和红色引领作用，进一步完善寻找“新四军足迹”、寻找“新时期共产党员”的现场体验式教学。另一方面，挖掘绿色禀赋，注重发挥溧阳“三山两湖”的绿色资源优势禀赋，让参训学员发现绿色溧阳、生态溧阳、宜居溧阳，对绿色发展理念再感知、再深化、再认同。依托全域旅游，开辟全域型培训。依托全域旅游新局面，积极转变思维，调整方向，致力于开辟全域型培训方式。特别注重对溧阳“全域旅游”“乡村振兴”“1号公路”等内容的研究，丰富提升绿色发展课程的现场教学解说内涵，进一步彰显绿色发展的底蕴和内涵。依托接轨南京，探索外延型课程。在接轨南京大背景下，在课程开发、科研立项和人才聘请等方面积极探索，在常州、南京、嘉兴等周边地区建立外延型培训课程。特别注重红色教学资源的路线整合，尝试与茅山革命老区、南京红色教育基地、嘉兴南湖纪念馆等开展合作对接，进一步开发开设系列化红色教育培训特色课程。

（沈 乔）

市级机关党建

【概 况】 2018年，市级机关党组织系统深入学习宣传贯彻习近平新时代中国特色社会主义思想和党的十九大精神，以新时代党的建设总要求为指引，以党的政治建设为统领，围绕市委“重大项目推进年”和“全域旅游推进年”工作主题，深入开展解放思想大讨论活动，持续推进“两学一做”学习教育常态化制度化，全面推进机关党的建设。9个市级机关部门党组织被市委表彰为“五个好”基层党组织。市级机关党工委连续五年被市委表彰为五好市级机关党组织，连续三年荣获市级机关部门目标管理优胜单位称号。

【机关政治建设】 始终把党的政治建设摆在首要位置，在理论学习、思想引领、党性锤炼、责任落实等方面取得新成效。组织开展学习贯彻习近平新时代中国特色社会主义思想和党的十九大精神知识竞赛，共有6000多人参加个人赛，48家单位组织192名选手参加团体赛。在市级机关党员干部中掀起学习习近平新时代中国特色社会主义思想和党十九大精神的热潮。2018年共旁听6家党委（党组）中心组学习，增强中心组学习的实效。举办第二十三期入党积极分子培训班，来自41家市级机关的134名入党积极分子参加培训。与市委组织部联合举办2018年全市市级机关党委党员发展对象培训班。共有27家单位的125名发展对象参加为期3天的培训。组织市级机关党组织书记培训班。50多名市级机关党组织书记到西柏坡开展“不忘初心、牢记使命”专题培训，提升市级机关党组织书记思想政治素质。组织开展基层党组织书记抓基层党建述职评议考核，落实管党治党责任。

【特色支部创建】 落实“一切工作到支部”工作导向，市直机关党组织通过上好特色党课、开展特色活动、建设特色阵地、打造特色队伍4个项目建设，提升了支部工作水平。全年涌现出特色党课8个，特色活动15个，特色阵地5个，特色队伍11个，受表彰特色支部9个。特色支部创建工作有效地选树了先进典型，锻造了特色品牌，放大了示范效应，使机关党建有形有神有效，促进机关党建创新发展、整体跃升。

【作风效能建设】 按照常州市作风办部署，深入开展“啄木鸟”专项行动，通过分解任务落实责任、明察暗访落实监督、建立机制落实整改，有力地推动了重点项目建设和机关作风提升。聘请第三方常州市社情民意调查与评价中心开展对20个重点职能部门服务重大项目测评，为年底机关目标考核提供了可靠依据。认真贯彻落实全市作风建设大会精神，深入开展作风建设对标找差活动，对查摆问题严格整改销号，较好地完成了市作风办交办工作，全市作风建设得分名列常州市第一。

【机关文体活动】 围绕“党建+”，抓好党建工作与文体活动的融合，设计开展一系列主题文体活动，使机关党员在活动中健身体、悦心情、长见识，增强机关党建的凝聚力和吸引力。机关工委组织300余名机关干部职工参加“2018溧阳·别桥‘原乡花海’徒步大会”；举办市级机关篮球赛；举办“崇廉尚德，让溧阳更美好”书画摄影作品征集活动，共收集到作品70余件，获奖作品在市级机关中巡回展览。

【服务型党组织建设】 市级机关工委较好地完成负责的党群部门目标任务管理考核、直属机关党组织党建任务考核、文明城市建设“路长制”工作、双挂双促扶贫脱困、阳光扶贫走村入户、招商引资项目落实等各项工作任务。各市级机关党组织围绕中心、服务大局，深入开展“全面对标找差、全力争创一流”活动和解放思想大讨论活动，动员机关党员在“两大推进”工作中争先创优，建功立业，涌现出一大批先进典型事迹，增强了机关党建实效。

（王　峰）

老干部工作

【落实老干部政治待遇】 坚持老干部情况通报、阅读文件、走访慰问、参加组织生活和重要会议、重大活动等制度，做到重大决策让老干部参与，重要情况向老干部通报，重要活动让老干部参加，并有计划地组织老干部对经济社会发展情况进行参观考察，使老干部政治生活常态化。春节前夕，市委举行情况通报会，市委主要领导亲自向老干部通报2017年全市经济社会发展情况以及2018年工作目标和任务。夏季高温，把市委主要领导在市委全体（扩大）会议上的工作报告印发给老干部，供他们在家阅读。春节前夕，市委、市政府主要领导带队，走访慰问原四套班子老领导；市委老干部局走访慰问住院老干部、易地安置在溧阳市的老干部。夏季高温，市委老干部局走访慰问原四套班子老领导、易地安置在溧阳市的老干部。重阳节前夕，对全市的离休干部及易地安置在溧阳市的老干部普遍进行走访慰问。通过走访慰问，及时了解老干部的身体和生活情况，把党委和政府的关心关怀送到老干部家中。为了让老干部亲身感受溧阳市经济社会建设取得的巨大成就，6月，组织市原四套班子老领导前往江苏中关村亲身感受溧阳市在项目建设、工业经济、园区建设等方面取得的成绩；下半年，组织市原四套班子老领导参观考察市燕山中学燕湖校区、市博物馆、南航天目湖校区等重点工程项目建设。

【老干部思想政治建设】 9月，举办全市离退休干部党支部书记培训班，邀请市委组织部干部就基层党组织党务工作进行培训。11月，举办“奋进新时代　再创新辉煌”主题读书班，由常州市委党校的老师为市原四套班子老领导作讲座。通过党费赠订、单位赠订、赠阅等形式，为全市离休干部和市原四套班子老领导个人订阅《常州日报》《溧阳时报》《银潮》《铁军》《晚霞清影》等报刊，为每个离退休干部党支部订阅《离退休干部党支部学习参考》，配发《基层党务工作实用手册》《党务工作常用文书实用手册》，丰富老干部的学习资料，帮助老干部及时、准确地了解社会的变迁与发展，在思想上跟上时代的节拍。

【落实老干部生活待遇】 5月，组织全市140多名离休干部在市人民医院进行健康检查，更新老干部健康档案，体检结束后及时邀请医院专家为老干部做健康咨询。6月，邀请人民医院专家医生来老干部活动中心为老干部做健康咨询，让老干部及时了解自己身体状况，有病早发现、早治疗，为老干部身心健康保驾护航。保障改制企事业离休干部待遇同落实。下半年，市委老干部局和人社局对改制企事业离休干部的医疗统筹、生活补贴、等项经费进行测算，并向财政局申请经费，年底前与各主管部门进行结算，保障这部分离休干部待遇与行政事业单位离休干部同步落实。

【老干部主题活动】 2018年是中国改革开放40周年，为更好地发挥广大离退休干部的独特作用，广泛凝聚正能量，为宣传溧阳、推动溧阳发展扩影响、造声势，结合离退休干部实际情况，在全市离退休干部中组织开展“庆祝改革开放40周年”系列活动。通过征文、故事讲述、书画摄影等活动，组织老干部讲述今昔巨变，3篇文章获得常州市局表彰，制作《诗草》“纪念改革开放”专刊并组织诗词吟诵活动，出版《美影溧阳》画册，广泛展示溧阳改革新成就。

【三大创建活动】开展“五好”“五好示范”离退休干部党支部创建活动。以创建常州市“五好”离退休干部党支部为契机，积极发挥支部的战斗堡垒作用，促进老干部思想政治建设，并在此基础上，不断深化创建活动，开展“五好示范”支部的创建。2018年，全市有常州市“五好”支部21个，“五好示范”支部5个。开展社区离退休干部党建工作示范点创建活动。在社区推进离退休干部党建工作，按照“一方隶属，多重管理”的模式，让离退休干部党员在不改变原单位组织关系的基础上，在社区找到新的学习活动的新组织。2018年，全市有省级试点社区1个、常州示范点2个。开展“三星级”老干部活动中心（室）创建活动。加强老干部活动阵地建设，让老同志老有所乐，丰富老干部晚年生活，促进老干部队伍和谐稳定。2018年，全市有常州市“三星级”老干部活动中心（室）15个，“四星级”老干部活动中心（室）3个。市委老干部局将以创建“四星级”为契机，争取活动阵地提档升级，进一步满足老干部的活动需求。

（胡闻祺）

保密工作

【概　况】 2018年，溧阳市保密局以党的十九大精神特别是习近平新时代中国特色社会主义思想为指导，切实加强组织领导，创新工作机制，扎实推进全市保密工作高质量开展。将提升保密系统工作人员综合素养作为提高工作水平的内生动力，坚持学习经常化、制度化、规范化，积极参加各级组织的保密知识授课，不断丰富知识储备。结合市委办深入开展师徒结对岗位AB角制度。通过岗位轮换、任务轮换等方式，使每一位保密干部成为一专多能的专科型干部。

【保密管理工作】 市保密局坚持把保密检查与服务作为加强保密工作的重要手段。深入开展保密督促检查，做好高考保密检查工作。在2018年高考期间，积极与市招生办配合，研究部署高考安全保密方案，明确职责、层层落实。对重点部位开展保密检查，严格执行安全保密制度，并全程参与高考试卷的运送、交接、颁发、监管等环节，确保高考保密安全。做好信息公开保密检查。5月，与政府办市新闻信息中心联合开展全市机关、单位互联网网站信息发布管理工作情况检查，通过采取实地查看资料、现场对比网站信息等方式，检查各单位互联网网站信息发布管理工作情况。年终通过听取汇报、查阅台账的方式，对全市政务信息公开部门及镇（区）进行保密审查进行全面检查考核。

扎实推进定密规范管理。市局深入贯彻落实中央关于保密工作的决策部署，加强国家秘密管理，根据2018年中保委、省保委工作要点及省国家保密局《关于进一步规范定密管理工作的通知》《关于报送定密工作数据的通知》文件有关要求，为切实掌握定密工作基础信息，建立定密管理数据库，推进定密管理科学化，于7月在全市开展定密管理统计工作。通过定密统计，摸清全市国家秘密分布情况，掌握定密责任人基本情况，建立定密工作基础数据库，促进定密工作规范化管理，为进一步推进全市依法定密提供依据。

发挥保密科技支撑作用。市局深入贯彻落实省、常州市对实施涉密领域国产化工程的通知要求，召集市委网信办、市发改委、市经信局、市财政局等部门，结合溧阳市实际，起草《关于溧阳市实施涉密领域国产化替代工程的通知》，并以市委办、市政府办名义转发，组织全市各单位对涉密领域国产化替代工程进行梳理汇总，研究涉密领域国产化替代具体工作计划，稳步推进全市涉密领域国产化替代步伐。

【保密宣传教育】 市保密局把保密法治宣传教育机制建设作为开展宣传工作的基础紧抓不放。逐步将保密工作部署、保密法规和保密工作重要文件等纳入市委常委会会议和党委（党组）理论中心组学习内容，把保密教育培训作为各级党政领导班子和全市党政办公室系统领导干部能力培训内容，纳入初任公务员培训计划。主动协调司法局，建立协作机制，综合利用社会资源，形成保密宣传合力。在全市“宪法宣传周”暨法治宣传月活动中，与各普法部门一起在人员密集的广场设立展板，开展面向全社会的宣传。

切实加强对领导干部的保密法治宣传教育。抓住领导干部这个“关键少数”，将“不遵守工作纪律、泄露国家秘密、工作秘密”列入溧阳市领导干部信用等级评实内容，作为干部管理、提拔的重要参考。将《领导干部和涉密人员保密行为手册》等相关保密材料印发至副科职以上领导干部，促进其自觉学法用法。切实加强涉密人员保密法治宣传教育。通过组织保密业务培训、赠送《保密工作》杂志、印发学习材料等方式，切实抓好涉密人员上岗、在岗及离岗后的保密法治宣教工作，使全市涉密人员掌握必要的保密法律知识、保密技术防范要求和知识，自觉履行保密责任和义务。7月，组织两办秘书科参加常州市电子政务内网业务信息和电子文件交换系统培训，切实增强重要涉密部门涉密人员保密知识和保密技能。切实加强对公务员的保密法治宣传教育。上半年，市局通过文件和宣传资料的形式，将《失泄密案件查处办法》、《关于在汇编文件资料中做好保密工作的通知》印发至各部门、镇（区），通过引用典型案例，以案说法、以案释法，增强各单位公务员遵守保密法律法规的自觉性。市保密局还分批赴卫计局、纪委和住建委，上门开展保密法律法规知识培训，不断扩大培训覆盖范围。

市保密局牵头制作保密宣传，与各单位积极协调联系，以每周一个单位的方式，实现全市各镇（区）、各部门保密宣传展板巡展。通过溧阳市党政协同办公平台向全市机关事业单位工作人员发送“五法”保密宣传标语；通过中国溧阳微信公众号、溧阳市政府门户网站、智慧城市平台等集中推送“五法”学习宣传口号；结合前期开展的重要军事设施周边环境保密问题整改专项工作，在溧阳市户外运动QQ群和微信群中发送“五法”宣传内容，进一步扩大宣传范围。

（徐晨旭）

信访工作

【概　况】 2018年，全市信访工作深入贯彻中央、省、市信访工作的部署要求，紧紧围绕全市经济发展大局，以“争创人民满意的信访部门、争当人民满意的信访干部”为主线，以“全面对标找差，全力争创一流”为抓手，以依法及时就地解决群众合理诉求为根本，有力有序有效推进各项工作，单位整体建设实现新发展。在2018年度江苏省对县、市（区）的信访考核中，溧阳市位列全省第五；市信访局被评为全省信访工作先进单位和全省信访工作“三无”县创建先进单位，在常州市信访工作考核中位居前列；市人民来访接待中心被江苏省信访局评为“江苏省首批群众满意接访窗口”。

【信访形势平稳可控】 积极适应社会主要矛盾转化，深化形势预测预判，着力规范信访秩序，增强了工作的前瞻性、主动性。2018年，来市信访总量为2025件，比上年上升22%；网上信访占比达63.35%，呈现“一稳三降一向好”的局面，即信访总体态势平稳，赴省访人次、突出信访矛盾数量和重复信访矛盾数量全面下降，“网升访降”的信访结构向好。常州市信访联席办向溧阳市委、市政府发来感谢信；省大化解大突破督查组和省维稳督查组先后督查时给予高度肯定。

【有效化解信访突出问题】 始终把推动解决群众合理合法诉求作为出发点和落脚点，组织开展信访突出问题和重点人员化解稳控大突破专项行动，共两次集中交办50件信访积案，并纳入市政府18项重点工作推进，共计化解30件。对信访老户转化稳控得较好，重点人员中未发生进京到非接待场所上访被登记。市委市政府主要领导带头落实党政主要领导“百县千案”包案工作，一批重点人员、重点矛盾和层面性问题得到推动化解。在7月19日召开的全省信访工作视频会议上，溧阳市推进主要领导“百县千案”工作经验做法作会议交流发言，全省介绍此经验的仅一家。

【信访制度改革落地见效】 根据国家、省信访改革工作要求，切实强化职责使命，在信访信息化、法治化、专业化等方面精准发力。加强信访法治化建设步伐，扎实推进依法分类处理群众诉求工作，制定依法分类处理信访诉求流程图，27件群众诉求成功导入其他法定途径，数量高居常州辖市区首位，在常州市信访局组织的培训会议上溧阳介绍了经验做法；加快信访信息化步伐，开通“溧阳信访”微信公众号，开辟“微信信访”群众投诉新通道，推送的“今晨七点有约”微信作品获国家信访局“微信大赛”入围优秀作品；落实信访专业化要求，围绕信、访、网、电办理自主编印《信访工作业务要求汇编》《溧阳市依法分类处理信访诉求清单汇编》《依法分类处理信访诉求流程图》，确保信访业务办理有章可循；根据需求编印简洁明了的《阳光平台实务操作手册》，为各基层信访干部熟知系统主要功能和操作流程降低难度；深入钻研初访简易程序办理、群众权益保障卡发放、依法分类处理群众诉求、涉法涉诉来访事项等录入方法，坚持应录尽录，有据可查，溧阳市在常州县市区中录入量占比最大。

【业务工作质效不断提升】 认真学习贯彻习近平新时代中国特色社会主义思想，牢固树立、认真践行以人民为中心的发展思想，扎实开展“争创人民满意信访部门、争当人民满意信访干部”活动，在获评省首批“群众满意窗口”的基础上，继续围绕“只访一家就受理”“只跑一次就解决”和“只查一网就明白”的目标，深化“人民满意窗口”建设。切实以群众需求为出发点，以群众满意为落脚点，在全市上下大力推行初信初访“马上办、提速办、认真办”的三办服务机制，信访干部的作风实现大转变，78件初信初访实现简易程序办理，在2～7天内办结，100%被群众点赞；责任单位办理信访件的时间从平均40天缩短到平均25天；群众对初信初访的满意度不断攀升，阳光信访“四率”达到历史新高，处于常州地区第一方阵。持续开展“阳光信访”专业培训和信访干部能力素质培训，信访干部为民服务理念、解决问题能力、队伍整体素质得到增强，人民群众对信访部门、信访干部的满意度进一步提升。无锡市、海南省海口市信访部门先后到溧阳信访局交流取经。

（金国友）

档案工作

【概　况】 2018年，市档案局（馆）以习近平新时代中国特色社会主义思想为指导，深入贯彻党的十九大精神，扎实开展解放思想大讨论和对标找差活动，积极推进“两学一做”学习教育常态化制度化，紧贴中心，服务大局，聚焦基础业务，聚力开发利用，为溧阳市高质量发展作出贡献。不断提升从业人员的业务技术水平，9月会同市委组织部举办到期死亡干部档案移交业务培训；组织局（馆）人员参加省、常州市档案局组织的各类业务技术培训和技能竞赛。配合市委第一巡察组对市档案局开展为期2个月的巡察工作，并根据巡察组反馈的问题和建议，抓紧抓实整改工作，整改工作有序推进，截至年底，整改完成率达97%。加强机关作风建设，召开党风廉政建设专题会议2次，深入学习习近平总书记重要讲话精神，采取集中学习、参观各类廉政教育基地、参加知识竞赛等形式，营造和谐文明的机关工作环境。

【对标找差活动】 根据市委实施意见精神，市档案局由局领导带队，组织局机关干部，分别于6月13日、8月8日与射阳县档案局、郎溪县档案局开展以“对标找差 共谋发展”为主题的交流学习会。互相借鉴新馆机房建设、库房智能化系统等先进经验，在服务民生方面深入解放思想，完善新馆建设。

【档案资料收集】 加强对基层档案室的业务指导，做好各立档单位档案管理工作的监督指导，年初下发《关于做好2017年度文件材料归档工作的通知》，指导各立档单位确保做到各种门类、各种载体形式的档案及时归档。加强地方特色档案资料的收集征集，完成市纪委、人社局等10个单位132卷3538盒110582件档案的接收进馆工作，并进行整理、输目和全文数字化工作。会同市委组织部联合下发《关于做好死亡干部档案移交进馆工作的函》，并于9月14日召开死亡干部档案移交工作座谈会。截至年底，8家单位共计2176卷死亡干部档案全部接收进馆，目录录入和全文数字化扫描工作正在进行中。征集蒋氏、范氏、陈氏、汤氏宗谱及平陵葛氏宗谱共47册，以及地方性资料25册、光盘1张，征得名人档案蔡邦华院士著作《昆虫分类学》1册、1958年溧阳县第三届人大代表当选证书一张；2018年共收集整理有关溧阳历史的图片770张，累计收集图片19570张。积极为上级档案部门、其他单位开展编研和举办展览提供档案资料，根据省、常州市档案部门的统一要求，对馆藏抗战档案进行全面梳理，为配合国家档案局编纂抗战档案系列书籍奠定基础。为全市改革开放40周年图片展提供图片756张、电子文档26份和有关纸质文件，并为新闻媒体提供40周年大事记资料。

【档案资料利用服务】 积极做好档案资料查阅利用服务，全年接待利用者3470人次，提供档案资料7502卷(件、册)，复制11354页，出具证明3471份。积极主动做好政府信息公开服务工作，2003～2018年，累计接收、整理60个单位送交的政府公开信息纸质文本16719件，供社会查阅利用。

【档案史料编研和宣传教育】 编印2017年度《溧阳市大事记》，完成2018年每月《溧阳市大事记》编写工作，并及时分发到有关单位。开展国际档案日系列宣传活动。完成新馆“溧阳印记”布展工作。利用丰富的馆藏档案资料，以史实为依据，采用300多张图片、实物、档案原始件、资料、多媒体、浮雕等多种形式记录溧阳的前世今生。

【档案安全保密】 协调、指导各部门、各单位加强档案基础设施建设，改善保管利用条件，加强档案整理、鉴定等基础业务工作，进一步加强全市档案基础管理和安全保管工作，完善和落实档案安全保管的各项责任制度，确保档案的安全和规范。切实加强档案利用和数字化过程中的监管，坚持涉密的不托管、不外包、不上网，确保档案实体和档案信息的安全保密。逐步建立档案信息数据备份和灾难恢复机制，认真做好数据信息的实时备份，11月初将信息数据量为6T的备份数据送到湖南省档案馆进行异地备份，确保档案数据信息的安全。

【档案业务指导服务】 加强基础业务规范化建设，全年共有29家单位开展档案工作规范化省级测评和复查工作，其中溧阳新区实验幼儿园等8家单位创省三星级；供电公司通过省五星级复查；民防局等7家单位通过省三星级复查；戴埠高级中学等13家单位通过省二星级复查。切实加强档案工作的指导服务，会同市委农工办、财政局、国土资源局，对全市162个行政村，4384个村民小组，15.54万农户的农村土地承包经营权确权登记档案进行了预验收，并持续做好跟踪指导服务。组织开展档案工作年检，9月，对20家市级机关、镇（区）的档案工作进行年检，并对存在的问题及时进行业务指导，提出整改意见。2家单位被评定为年检优秀等级，18家单位为合格等级。

【档案信息化建设】 加快开展馆藏档案的全文数字化，将人社局2010～2015年数据，纪委2008～2017年数据，妇联1997～2016年数据，教育局1997～2016年数据，档案局2016年数据添加进系统，全文挂接完善。统筹指导馆库、机房建设，以档案新馆建设为契机，全面建成现代化智能机房。将老馆所有数据全部迁移至新馆机房新档案系统管理软件且挂接成功，5000多G的数据信息完整复制。加大档案信息网站的建设，严格按照网站运行维护的有关规定要求，认真维护更新网站各栏目内容，并加强对工作动态信息的收集、更新、发布。

【档案基础设施建设】 溧阳市档案馆新馆于2016年5月开工建设，2017年4月底基本竣工，2018年4月中旬起，市档案局精心制定方案，周密细致安排，实施档案资料搬迁工作，全体干部发扬“5+2”、节假日不休的连续工作精神。至5月下旬，馆藏档案82707卷、以件为保管单位的档案247905件、资料15840册，以及1万余件实物档案均顺利迁入新馆，并且按序上架一步到位。2018年7月23日完成整体搬迁投入使用。整个搬迁过程有序、顺利、安全，未丢失一份档案资料，未闭馆停止正常工作和服务，在全省属唯一。新馆占地面积18亩，总建筑面积1.6万平方米，其中地上三层1.1万平方米。大楼东侧为对外服务区、展览陈列区、业务技术用房区、办公区，西侧为档案库房区，中间为中庭，整个功能分区和布局合理。新馆各项功能完善，配套设施齐全。建有独立的双电源配电房，及大楼空调系统、消防系统和安防监控系统，库房有恒温恒湿、自动防盗报警、视频监控、消毒灭菌等智能化管理系统。机房按省5A级数字档案馆标准建设。

（宗贝贝）

综　述

【概　况】 2018年，市十六届人大常委会深入贯彻习近平新时代中国特色社会主义思想和党的十九大精神，紧紧围绕省委“六个高质量”发展和市委“建设宁杭生态经济带最美副中心城市”决策部署，主动担当，积极作为，依法履职，有效监督，努力为建设“强富美高”新溧阳贡献人大力量。

重要会议

【市第十六届人民代表大会第二次会议】 2018年1月2～4日在溧城镇召开。市政府市长徐华勤作《政府工作报告》，市十六届人大常委会主任潘云芳作《溧阳市人民代表大会常务委员会工作报告》，市法院院长周白作《法院工作报告》，市检察院检察长刘晓松作《检察院工作报告》。《溧阳市2017年国民经济和社会发展计划执行情况及2018年计划安排意见（草案）的报告》和《溧阳市2017年财政预算执行情况和2018年财政预算（草案）的报告》作大会书面报告。会议审议上述工作报告，并作出相应的决议。会议选举毛建国为市监察委员会主任。

【市十六届人大常委会会议】 2018年，市十六届人大常委会共举行8次会议，听取和审议市政府、市法院、市检察院的工作情况汇报11项，依法任免国家机关工作人员63人次。

第九次会议　2018年1月4日召开，接受史志伟辞去溧阳市第十六届人大常委会委员职务的请求；通过了市政府、市监委有关人事任免事项。

第十次会议　2018年2月28日召开，听取了市人大常委会昆仑街道工委主任黄晓军所作的昆仑街道工委工作情况报告；审查批准市政府“关于提请审议将燕山水厂周边等房屋征收项目纳入2018年度溧阳市国民经济和社会发展计划的议案”；讨论通过市人大常委会2018年工作要点；通过了市法院、检察院有关人事任免事项。

第十一次会议　2018年4月25日召开，听取和审议市发展和改革委员会主任赵明受市政府委托所作的《关于2017年政府性投资项目、国有企业重点建设项目实施情况及2018年政府性投资项目、国有企业重点建设项目的报告》；听取和审议市环境保护局局长王洪明受市政府委托所作的《2017年度环境状况和环境保护目标完成情况报告》；审查批准市政府“关于提请审议将人民医院北侧等国有土地上房屋征收项目纳入2017年度溧阳市国民经济和社会发展计划的议案”；接受秦建军辞去市人民政府副市长职务的请求。

第十二次会议　2018年6月26日召开，听取和审议了市财政局局长高伟新受市政府委托所作的《溧阳市2017年决算草案的报告》；听取和审议市审计局局长沈新章受市政府委托所作的《溧阳市2017年度本级

2018年1月4日，溧阳市第十六届人民代表大会第二次会议举行第二次全体会议
（市人大办　供稿）

预算执行情况的审计工作报告》；听取和审议市农工办主任马俊浩受市政府委托所作的《全市农村土地承包经营权确权登记颁证工作情况报告》；审查批准市政府“关于提请审议将宏盛汽修地块房屋征收项目纳入2018年度溧阳市国民经济和社会发展计划的议案”。

第十三次会议　2018年8月30日召开，听取和审议市政府市长徐华勤代表市政府所作的《市政府上半年工作情况报告》，听取和审议市法院院长周白代表市法院所作的《市人民法院关于司法队伍建设情况的报告》、市检察院检察长刘晓松代表市检察院所作的《市人民检察院关于司法队伍建设情况的报告》；审议通过了《溧阳市人民代表大会常务委员会议事规则》和《溧阳市人民代表大会常务委员会主任会议议事规则》；接受陈建伟辞去溧阳市第十六届人大常委会委员职务的请求；通过市政府、市监委有关人事任免事项。

第十四次会议　2018年10月30日召开，听取和审议市水利（水务）局局长马祥中受市政府委托所作的《<常州市天目湖保护条例>宣传贯彻实施情况的报告》；听取和审议市教育局局长唐洪祥受市政府委托所作的《全市学前教育工作推进情况的报告》；通过市检察院有关人事任免事项。

第十五次会议　2018年12月19日召开，听取和审议市环境保护局局长王洪明受市政府委托所作的《<溧阳市2018－2020年突出环境问题清单（送审稿）>编制情况报告》；听取市发展和改革委员会、教育局、民政局、人力资源和社会保障局、住房和城乡建设委员会、交通运输局所作的部门工作汇报，并进行工作评议；听取和审议部分常州市十六届人大代表履职情况的报告；接受操文杰、史晓春、陈建伟、赵明、史志伟、施雪芹、孙斌、张顺、夏玲娣、高昱辞去溧阳市第十六届人民代表大会代表职务的请求；通过市人大、市政府、市法院、检察院有关人事任免事项。

第十六次会议　2018年12月28日召开，听取和审议市财政局局长高伟新受市政府委托所作的《2018年财政预算执行情况和2019年财政预算编制情况的报告》；审查批准市政府“关于提请审议2018年度财政预算调整方案（草案）的议案”；听取和审议市政府办公室主任马立峰受市政府委托所作的《2019年溧阳市重点民生实事候选项目情况说明》；审议通过市人大常委会代表资格审查委员会“关于补选彭宝华等同志为溧阳市第十六届人民代表大会代表的代表资格审查情况报告”；审议通过“关于表彰2018年度优秀代表建议的决定（草案）”；听取市十六届人大三次会议筹备情况报告，并作出相应的决定。

监督工作

【经济工作】　面对复杂严峻的经济形势，常委会多次组织委员及代表走访经济部门，认真分析全市经济走势。市十六届人大常委会第十一次会议在审议政府性投资项目、国有企业重点建设项目实施情况报告时，提出要加强科学论证、严把项目决策关，加大要素保障、严把项目推进关，强化全程监管、严把项目质量关，完善工作机制、严把项目绩效关。市十六届人大常委会第十二次会议在审议全市农村土地承包经营权确权登记颁证工作情况报告时，提出突出重点、稳妥推进扫尾工作，完善提升、严格把控质量水平，拓展应用、聚力推动乡村振兴等建议。市十六届人大常委会第十三次会议在审议政府上半年工作报告时，提出要全面贯彻新发展理念，坚持量质并举，以重大项目建设和全域旅游开发为引领，统筹推进稳增长、调结构、促转型各项工作，推动高质量发展走在前列。围绕国企市场化改革，常委会对融资平台转型发展情况开展专题调研，在肯定历史作用的基础上，深入分析融资平台所面临的发展困境，在调整政企关系、严控债务风险、提升经营质效等方面提出针对性建议，推动融资平台“脱虚向实”，实现可持续发展。紧扣“重大项目推进年”主题，常委会对全市重大项目推进情况开展专题视察，提出持之以恒推动重点工业项目建设，不断优化发展环境，充分发挥重点板块、区域在重点工业项目推进工作中的支柱作用等建议。同时，常委会还对全市安全生产、抽水蓄能电站建设等工作开展专题视察，并积极建言献策，推动相关工作落到实处。

【财政工作】　近年来，常委会扎实推进预决算全口径审查监督工作。在市十六届人大常委会第十二次会议上，分别听取和审查2017年财政决算和财政同级审计报告，督促相关部门就预算执行过程中存在的问题，及时抓好整改落实。在市十六届人大常委会

2018年9月19日，市人大常委会领导带领督办组对建议集中督办
（市人大办　供稿）

第十六次会议上，听取和审议2018年财政预算执行情况，初审2019年财政预算编制草案，提出强化税源培植、夯实财政增收基础，规范税收秩序、确保严格依法治税，深化绩效管理、提高财政支出质效等建议。此外，常委会围绕公共财政、政府基金、国有资本经营、社会保险基金预算“四本账”，建立健全预先审查、初审、审查批准“三审”制度，开通预算联网监督实时查询系统，实现对预算编制、执行、调整和决算等管理活动全过程的常态化监督，进一步增强预算审查监督的约束力和实效性。

【教科文卫工作】 为扎实推进溧阳市学前教育工作发展，市十六届人大常委会第十四次会议听取和审议学前教育工作推进情况报告，提出要支持和推动政府尽快补齐短板，满足人民群众对优质学前教育的需求。为推进溧阳市体育事业和体育产业稳步发展，市十六届人大常委会第七次主任会议专题听取全市体育工作情况报告，围绕全民健身工作、体育设施建设、体育人才培育、体育产业发展等方面提出针对性建议，推动政府进一步增强群众体育活力，提升竞技体育实力，打造体育产业竞争力。为助推政府进一步提升基本医疗和公共卫生服务水平，让群众看得上病、看得起病、看得好病，常委会针对基层医疗服务体系建设情况开展课题调研，围绕资源配置效率、医疗人才管理、健康服务供给、医疗管理机制等方面集思广益、出谋划策。

【环资城建工作】 常委会聚焦生态文明建设，在市十六届人大常委会第十一次和第十五次会议上，分别听取和审议年度环境状况和环境保护目标完成情况以及2018～2020年突出环境问题清单报告，并组织对“263”专项行动实施情况开展“回头看”，支持政府实行最严格的生态保护制度，全力打好污染防治攻坚战。常委会聚智乡村振兴战略，把《精雕“1号公路”，筑梦美丽溧阳》作为“一号课题”，提出要把“1号公路”作为推进“美丽溧阳”建设的重大战略，在丰富内涵中创造特色，在不断完善中创新发展，使之真正成为“生态1号”“旅游1号”“文化1号”“富民1号”。在市人大常委会第九次主任会议上，专题听取溧阳市特色田园乡村建设情况，提出要跳出“就农治农”“靠农兴农”的传统模式，瞄准“农村人口与公共服务”的城镇化、“城市人口与工商资本”的逆城镇化发展方向，以激活农村土地资源为突破，以特色田园乡村建设为引领，从乡村最缺的人气与财气入手，大力推进城乡融合发展，激发乡村振兴的真正活力。常委会聚力社会事业发展，在市人大常委会第八次主任会议上，专题听取物业管理工作情况报告，针对停车难、收费难、拆违难等问题，把脉问症开“良方”，促进物业管理工作提档升级。

2018年12月17日，市人大代表集中视察溧阳1号公路 （市人大办 供稿）

【内务司法工作】 为进一步推动法律法规的贯彻落实，常委会专题听取“七五”普法实施情况报告，推动全社会形成尊法学法守法用法的良好氛围，并组织对《中华人民共和国产品质量法》《江苏省禁毒条例》《常州市天目湖保护条例》开展执法检查，促进相关法律、法规在溧阳市贯彻执行。为进一步深化监察、司法体制改革，常委会按照全国人大常委会的决定和省人大常委会的部署，积极参与推进溧阳市监察体制改革试点工作，确保改革顺利实施。一年来，市监察委员会统筹推进机构设置、人员转隶等工作，依法依规履行监督、调查、处置职责，制度优势转化为治理效能得到初步显现。为进一步推动司法体制改革在溧阳市的贯彻落实，常委会专题调研法院、检察院司法队伍建设情况，支持和推动“两院”以完善司法责任制为核心，积极应对“后员额时代”挑战，不断提升队伍的职业化、规范化和专业化水平。

【部门评议工作】 围绕“推动科学发展、提升服务效能、规范行政行为、促进依法行政”的要求，常委会组织对市发展和改革委员会、教育局、民政局、人力资源和社会保障局、住房和城乡建设委员会、交通运输局6个部门开展工作评议。评议前，通过向社会公开征求意见、组织服务对象座谈、开展问卷调查等方式，广泛听取社会各界的意见，客观公正地对被评议部门进行“画像”。评议中，邀请15名市人大代表参与评议，增强评议的广泛性和代表性。评议后，当场公布结果，并向市委报告，向市政府通报，抄送组织部备案，有力促进部门工作作风改进和效能提升，达到“评出正能量、评出新动力”的效果。

代表工作

【概　况】 2018年，常委会始终尊

重代表主体地位，不断加强和改进代表工作，充分发挥代表在管理国家和社会事务中的重要作用。

开展主题实践活动。把“六个一”活动（即市人大代表每年或任期内至少参加一次履职培训、提出一件议案建议、参加一次人大活动、走访一次选区选民、开展一次代表述职、办好一件实事好事）作为贯穿本届常委会任期的一条主线，引领代表高质量履职。邀请中央党校傅思明教授作宪法修正案和监察法专题辅导讲座，提升代表的履职能力和法治素养。实行代表议案、建议预提预审制度，开展优秀议案、建议评选活动，鼓励和引导代表提出高质量的议案、建议。组织全体市人大代表对全市经济社会发展情况开展集中视察，保障代表知情知政。扩大代表对常委会工作的参与度，全年共有69名代表列席常委会会议，46人次代表参加部门评议、执法检查、工作调研等活动。有序推进代表述职活动，组织12名常州市人大代表向常委会述职、69名溧阳市人大代表回原选区述职。

激发代表履职动能。扎实推进“人大代表活动中心”“人大代表之家”“人大代表联络站”等履职载体建设，使各级代表在闭会期间开展活动有阵地、联系群众有渠道、服务群众有窗口、履行职务有平台。2018年，各级人大代表共接待选民1349人次，收集意见建议484条，转市、镇两级政府及相关部门答复办理484条。完善代表履职登记制度，采用日常评价和定期评价相结合、代表自评和组织评定相结合的方式，客观公正的对代表履职情况进行评价，并作为任期内代表评先评优和推荐连任的依据，让代表履职既有动力又有压力。2018年，广大代表立足岗位，积极履职，涌现了一批先进人物和典型事例，展示出良好的精神风貌。

【指导镇（街道）人大工作】 强化基层联系指导。认真落实常委会领导分工联系镇（街道）人大制度，定期召开镇（街道）人大工作座谈会，专题听取昆仑街道人大工委工作情况报告，及时沟通情况、交流经验，推动市、镇（街道）人大工作互动共进。组织开展人大业务培训，为基层人大拓宽工作思路、提高工作水平搭建平台。强化镇（街道）人大工作考评，在代表履职平台建设、闭会期间代表活动、年中人代会、民生实事票决、问政制等方面加强指导，不断提升基层人大的规范化建设水平。2018年，各镇（街道）人大在同级党委的领导下，牢记使命担当，依法行使职权，各项工作取得了新的进展，推动了全市人大工作的整体发展。

【市十六届人大二次会议代表建议办理】 为增强建议办理实效，常委会选择“加强1号公路建设”“加大天目湖水源地保护资金投入”“推进安心菜市场工程”等11件建议，由常委会领导和各工委牵头重点督办。组织对“建立辐射乡镇社会治理网格化指挥中心”“加快实施上兴区域治污工程建设”“让传统文化进入校园和课堂”等4件建议，进行现场督办。截至年底，127件建议均在规定期限内办结并答复代表，“申报曹山省级现代农业产业园”“规划建设农村公益性墓地”“加快别桥原乡旅游开发”等建议得到相关部门的积极回应，并在工作中得到落实和改进。

溧阳市第十六届人民代表大会第二次会议代表建议办理情况

表2

序 号	代表建议类别	数 量	占 比	办结率
1	城建交通	35	27.6%	100%
2	科教文卫	30	23.6%	100%
3	农业农村	29	22.8%	100%
4	工业、环保、旅游	16	12.6%	100%
5	劳动人事	9	7.1%	100%
6	政法民政	8	6.3%	100%
合 计		127	100%	100%

人事任免工作

【概　况】 常委会本着对党、对人民高度负责的精神，坚持党管干部原则和依法任免干部有机统一，认真审议各项人事任免议案，严格执行任前法律知识考试、拟任职发言、无记名票决、颁发任命书、奏唱国歌、宪法宣誓等工作程序，切实增强被任命人员的法律意识和责任意识。2018年，共依法任免国家机关工作人员63人次，从组织上保证国家机关正常有序运转。

备案审查及信访办理工作

【备案审查工作】 按照《中华人民共和国各级人民代表大会常务委员会监督法》的规定，常委会不断完善规范性文件备案审查制度及工作流程，对市政府报送的《特许经营权管理办法》《调整政府工作部门的备案报告》等文件进行审查，切实做到有案必备、有备必审、有错必纠。

【信访办理工作】 常委会高度重视信访工作，把信访接办工作作为增强常委会监督实效的重要手段和拓宽监督视野的重要途径，不断健全人大信访工作机制，促进人大信访工作的规范化。2018年，共受理人民来信32件，接待群众来访20批30人次，通过积极协调处理，一批群众反映强烈的问题得到依法处理和妥善解决。

（市人大办）

综　　述

【概　况】 2018年,全市紧紧围绕“凝聚精气神，建设新溧阳”总要求，团结和依靠全市人民，解放思想，克难奋进，不仅顺利完成市十六届人大二次会议确定的各项目标任务，而且在一些打基础、创影响、利长远的工作上取得了突破。全年地区生产总值突破900亿元，增长8%；公共财政预算收入达66.3亿元，增长8%；城乡居民收入增长9.1%。创成国家生态文明建设示范市，苏皖合作示范区规划获得国家发改委批复，中科院物理所长三角研究中心建成运营，全国休闲农业和乡村旅游大会在溧阳召开，城乡统筹“田园生金”被人民日报社《中国经济周刊》总结为“乡村振兴的溧阳样本”，以生态优势集聚创新动能的实践展开序幕。

【聚力建设更加开放溧阳】 以“解放思想”为核心提升开放理念。深入开展“解放思想大讨论”活动，“全面对标找差，全力争创一流”活动成效明显。行政审批制度等改革工作，盘活财政存量资金、地方政府债务管理等管理工作，棚户区改造、农村危房改造等民生工作受到省政府通报表扬。向上争取资金24.9亿元，争取政府债券资金56.4亿元，均创历史新高。光大控股投资母基金成功落户。实施占补平衡项目建设规模7.9万亩，新增耕地面积超2.5万亩，居全省第一。对口扶贫与苏陕合作取得新进展。以“接轨南京”为重点拓展开放格局。交通设施共联步伐加快，溧高高速、溧宁高速、宁杭高速曹山互通加快建设，341省道上兴和别桥段、360省道社渚至明珠大道段竣工通车，往来南京高铁班次增至每天52列。公共服务共享深入推进，在提升省人民医院溧阳分院、省中医院溧阳分院同质化管理水平的基础上，省中西医结合医院、省第二中医院相继与溧阳市镇级卫生院合作办医。接轨南京规划编制形成初步成果，溧阳作为特邀代表出席南京都市圈党政领导联席会议。以“清明有序”为目标浓厚开放氛围。以强化政府债务管理为契机完成国有企业体制调整，以整合网格化管理为重点重构社会治理体系。专项化解20世纪90年代以来的各种历史遗留问题48件。宗教场所设置和建设规范化水平有所提升。税收征管体制改革有序推进。规范和加强政府特许经营权管理、国有资金投资工程建设项目招投标管理、农村“三资三化”管理，“一规范两清理三打击”活动取得实效，全年拆除违章建筑约14万平方米，清明有序的政治生态与社会风气不断巩固。

【切实增强绿色崛起动能】 “四大经济”作为“重大项目推进年”和“全域旅游推进年”的重要抓手，在全市经济总量中的比重较上年提升6个百分点，达到49%。三次产业占比进一步调整为5.8∶48.2∶46。围绕产业培育抓推进。全年引进投资亿元以上项目60个，其中超10亿元的18个。总投资120亿元的时代新能源三期项目、璞泰来二期和碳元科技2个超50亿元项目均实现当年签约、当年开工。98个市级重点工业项目已投产或部分投产项目比重达64.3%。全年工业投入增长10%，其中设备投入增长30.8%。“四大重点产业”产值增速高于规上工业总产值11.2个百分点。“溧阳1号公路”引爆全域旅游，安麓酒店等品牌酒店签约溧阳，京华康复医院投入运营，涵田国际康养中心等旅游项目加快建设，田家山房、鸣桐茶舍等一批“溧阳茶舍”有序实施。塘马村、杨家村等特色田园乡村建设初见成效，李家园村获评中国美丽休闲乡村。全年接待游客1930万人次，实现旅游总收入236亿元，房车自驾游、乡村体验游成为溧阳休闲新名片。优化平台载体抓推进。江苏中关村创成省级高新区并跃居综合评价全省第2名，经济开发区功能不断完善，苏皖合作社渚先导区建设步伐加快。别桥无人机小镇入选省级特色小镇创建名单。天目湖生命康原完成空间布局规划编制，天目湖蝉联全省国家级旅游度假区考评第1名，曹山获评省级旅游度假区和省级现代农业产业示范园。中国·溧阳茶叶节暨天目湖旅游节、院士溧阳行、天目湖创新设计大赛等活动以及拓扑物态论坛等行业峰会，正在成为溧阳开放新平台。创新体制机制抓推进。成立“四大经济”招商办公室，专业化招商队伍建设步伐加快。优化旅游项目建设

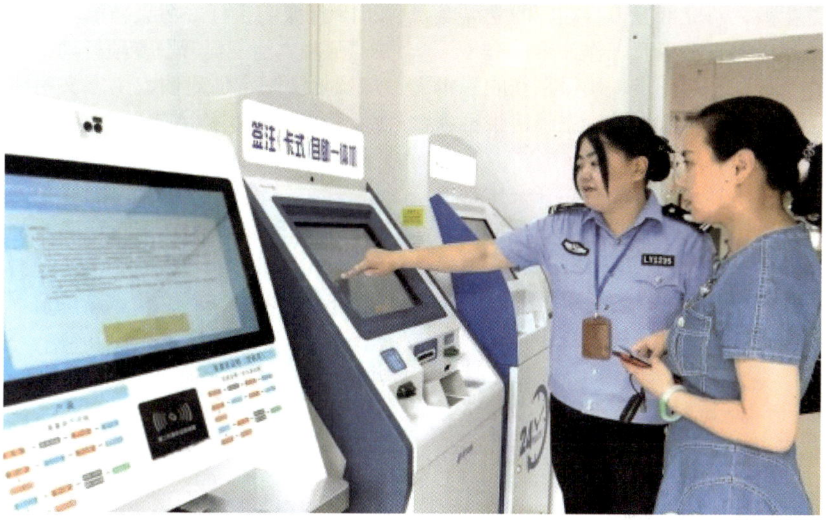

溧阳开通 24 小时“不打烊”政务自助服务区 （邹迪 供稿）

审批流程，激发了全域旅游开发的活力。“全程代办制”服务项目加快落地，镇区之间相互推荐项目、部门与镇区之间合力攻坚项目氛围日渐浓厚。

【有效激发实体经济活力】 坚持把发展经济的着力点放在推动实体经济的质效提升上，反映在经济数据的逻辑关系上。规上工业总产值增长 14.7%，全社会固定资产投资增长 10%，规上工业企业亩均产值、亩均税收分别增长 14.7% 和 39.8%，单位工业增加值能耗下降 11.5%。优化精准扶持提振企业信心。开展“弘扬企业家精神，谋求高质量发展”活动，上上电缆连续两届入围中国质量奖提名奖并获评中国工业大奖，科华控股主板上市，安靠智电被认定为省级科技“小巨人”企业。累计精准扶持工业项目 10 个，带动企业投资 44.6 亿元。及时兑付各类涉企扶持资金 7.6 亿元，为企业减负 15.6 亿元。设立建安基金，扶持建安企业做强做优。全年完成建筑业施工产值 797.1 亿元，实现入库税收 18.4 亿元，分别增长 20% 和 22.1%。其中苏华集团、天目集团等前十名企业入库税收合计占比超 54%，增幅达 46.2%。积极培育农民专业合作社，全市各类合作社累计 1260 多家，家庭农场超 1190 家，新增高标准农田面积 1.3 万亩，通过国家农产品质量安全市验收。坚持质量提升强化要素保障。完善工业企业资源集约利用综合评价体系，推行土地使用税、水价、用地、信贷资源等要素差别化配置，激发企业活力，规上工业企业利润增长 35%。向上争取规划流量土地指标 1.5 万亩，完成供地超 1 万亩。优化金融机构支持实体经济评价激励办法，全市贷款余额 898 亿元，其中制造业贷款占比提高 0.7 个百分点。帮助企业转贷超 28 亿元。解决企业用工缺口 8000 多人次，培训企业经营管理人员 4200 余人次。科技镇长团工作扎实推进。引进领军人才或团队项目 24 个、高层次人才 230 余名，新增高技能人才超 2000 人。沈学础、庄松林、吴云东、蒋剑春等众多院士专家助力家乡发展。新认定高新技术企业 14 家。高新技术产业产值占比较上年提升 9.1 个百分点。释放改革红利创优营商环境。深化“放管服”改革，推行“一窗受理、集成办理”，实现 85% 以上的服务事项“网上办”，其中“不见面”审批占比达 97.6%。获评全省“建设项目施工许可”评价先进地区。开通常州首家 24 小时“不打烊”政务自助服务区。江苏中关村企业投资信用承诺制改革迈出实质性步伐。商事制度改革不断深化，创办企业平均时间压缩至 1.88 个工作日。全年净增私营企业 1400 户，制造业企业新增数增长 14%；新增各类市场主体超 9000 户，市场主体总量达 6.2 万户。

【持续提升群众幸福指数】 致力在兴办民生实事的过程中让群众更有获得感。突出常态长效深化文明城市建设。实施深化文明城市建设三年行动计划，深入开展“三大专项行动”和“三项重点整治工作”，规范物业企业管理，完善住宅小区物业管理体制机制，整治住宅小区和人行道板停车秩序，持续推进垃圾分类进万家、“厕所革命”。公众参与、社会协同抗击暴雪成为城市管理新标杆。完成燕山菜场、昆仑菜场等 6 个菜市场标准化改造。市博物馆、档案馆、文化艺术中心建成开放，万达广场正式开业。扎实推进新时代文明实践中心试点工作，“风信子之爱”“汇众社”等志愿服务品牌影响力持续提升，“扫雪新人”“赤脚妈妈”等感人事迹不断传递正能量，“爱生活、爱公益、爱溧阳”成为城市风尚。突出问题导向狠抓生态环境保护。聚力打好污染防治攻坚战，不折不扣落实中央和省环保督察交办问题整改工作，“263”专项行动、“散乱污”企业整治等工作成效明显。关闭化工企业 13 家，整治取缔码头 23 家。完成 167 家重点单位废气治理。高标准生态修复废弃矿山 15 家。天目湖水源地保护深入推进，完成沙河水库饮用水源地取水口改造工程，天目湖国家湿地公园通过验收。区域治污一体化工程加快推进，全面完成 17 个撤并乡镇、11 个工业集聚区企业污水主管网建设，基本完成规划发展村污水治理任务。整治黑臭水体 26 条，各考核断面水质持续向好。完成长山路绿化等 7 个生态绿城建设工程，新增绿化总面积约 23 万平方米。通过国家节水型城市验收。突出执政为民提升民生保障水平。高质量落实“四推进四提升”为民实事工程，全面完成市人大代表建议、政协委员提案办理任务，妥善解决一批群众关心的热点问题。城镇新增就业超 1.6 万人，城镇登记失业率 1.82%。完善商品房价格备案机制，建立商品房预售资金第三方托管机制，房地产市场保持平稳。全省“四好农村路”高质量建设现场推进会在溧阳召开，获评“四好农村路”全国示范县。加快建设城市停车设施，逐步开放行政事业单位停车场，新增停车泊位6000余个。精准扶贫取得阶段性成效，基本完成低收入农户脱贫任务。城乡低保、农村五保供养标准逐年提升。困难群众医疗保障稳步提标，实际医疗补偿比例超96%。城乡居民养老保险基础养老金调幅达21.4%，惠及群众12.3万人。市、镇两级生态公墓建设有序推进。社会事业加快发展。南航天目湖校区一期主体结构封顶，光华高中、燕山中学新校区竣工。完成新昌小学等19所非建制镇学校食堂改造。高考“一本”达线率超省平均34.1个百分点。创成省平安校园建设示范市。出台教育、卫计系统绩效考核办法，引导优秀教师与医生服务基层。编制历史文化保护规划，开展历史建筑普查，积极申报省级历史文化名城。沙涨村入选第七批中国历史文化名村。举办“天目湖·古琴”音乐会、中俄青少年文化交流以及“宋团城”观灯节、全民健身节等文体活动1500余场。城市推介力度加大，通过媒体宣传、高铁视屏、名人推介、旅游促销等方式不断集聚人气，被中央电视台宣传报道20多次。积极开展国际交流合作，与美国马里兰州哥伦比亚市、乌克兰特鲁斯卡韦茨市结为国际友好城市。“平安溧阳”“法治溧阳”建设水平全省领先，扫黑除恶、“七五”普法、信访维稳、疫情防控、安全生产和校外专业培训机构治理工作扎实有效，“百姓议事堂”入选中国十大社会治理创新奖，市司法局被评为全国人民调解工作先进集体，防震减灾工作获评全国县级考核先进单位。

重要会议

【市政府全体（扩大）会议】 2018年，市政府召开3次全体（扩大）会议。

2月4日，市政府召开全体（扩大）会议，深入学习贯彻党的十九大精神，全面落实市委十二届五次全会部署要求，紧扣“重大项目推进年”和“全域旅游推进年”工作主题，以开放姿态务创新之实，推动市十六届人大二次会议明确的目标任务和工作重点落地生效，研究部署节日期间的党风廉政建设和安全生产工作，确保全年工作开好局、起好步，确保在新的一年为溧阳加速崛起宁杭生态经济带再创新业绩。

8月19日，市政府召开全体（扩大）会议，全面落实市委十二届六次全会部署要求，紧扣“重大项目推进年”和“全域旅游推进年”工作主题，以深度接轨南京为着力点，进一步解放思想、凝心聚力、接续奋斗，高质量建设宁杭生态经济带最美副中心城市。

12月25日，市政府召开全体（扩大）会议，解读2019年《政府工作报告》内容及起草情况，讨论修改2019年《政府工作报告》。

【市政府常务会议】 2018年，市政府共召开8次常务会议。

2月1日，市政府召开第14次常务会议。会议听取了《关于开展“重大项目推进年”和“全域旅游推进年”活动的实施意见》《溧阳市2018“重大项目推进年”和“全域旅游推进年”镇（区）、市级机关部门目标任务和绩效管理考核办法》《溧阳市2018年镇（区）主要经济指标目标任务分解方案》、2018年重点民生实事进展、《溧阳市人民政府特许经营权管理办法》、财政注资市产业引导基金、《2018年溧阳市18项重点工程（工作）》《市政府全体（扩大）会议报告》的情况汇报。

2月10日，市政府召开第15次常务会议。会议听取溧阳市2017年镇（区）、市级机关部门各项考核结果，《关于2018年度在全市企业中开展“弘扬企业家精神 谋求高质量发展”评选活动的意见》，全市“重大项目推进年”、“全域旅游推进年”动员大会表彰奖项设置的情况汇报。

4月18日，市政府召开第16次常务会议。会议听取《溧阳市乡村振兴三年（2018～2020）行动计划》《溧阳市城区公共停车收费管理工作实施意见（试行）》《溧阳市工业企业资源集约利用差别化政策实施意见》《溧阳市城区菜市场标准化改造实施意见》和《溧阳市菜市场长效管理综合考评暂行办法（2018～2020）》《2018年溧阳市打好污染防治攻坚战暨“两减六治三提升”专项行动工作方案》《溧阳市创建国家生态文明建设示范市工作实施方案》《溧阳市对适龄公民应征失信联合惩戒实施细则（试行）》《贯彻常州市天目湖保护条例工作方案》《溧阳市城镇路名规划（2014～2030）》、市发改委关于拟对溧阳市巡游出租汽车运价改革的情况汇报，学习《宪法修正案》，解读《常州市安全生产专业委员会工作规则》。

5月17日，市政府召开第17次常务会议。会议听取《关于创建国家全域旅游示范区的实施意见》《溧阳教育发展三年行动计划（2018～2020年）》《溧阳市事业单位（国有企业）公务用车制度改革实施意见》《关于实施市级国有企业整合改革推动转型发展的意见》《溧阳市市级国有企业负责人年度经营业绩考核暂行办法》《关于调整在溧银行业金融机构支持我市经济发展评价激励办法的通知》、2018年第一批工业企业精准扶持项目申报、难点问题梳理化解工作、对2018年溧阳市“最美乡村教师”“教育英才奖”获奖者进行表彰以及给予2017年度全市机关事业单位工作成绩突出的先进个人嘉奖和记功的情况汇报。

7月12日，市政府召开第18次常务会议。会议听取《关于深入推进农村集体产权制度改革的实施意见》《溧阳市国有资金投资工程建设项目招标投标管理办法》《2018年度溧阳市社会综合治理工作考核办法》《关于深化“溧阳1号公路”建设实施意见》《溧阳市市区声环境功能区划》《关于2018年第一批工业企业精准扶持项目的情况汇报》、2018年上半年全市安全生产工作、表彰2018中国·溧阳茶叶节暨天目湖旅游节组织筹备工作先进集体和先进个人的情况汇报。

9月3日，市政府召开第19次常务会议。会议听取对溧阳市幼儿园收费标准实施调整、进一步完善教育系统绩效考核工作、进一步深化溧阳市乡镇卫生院和村卫生室卫生专业技术人员绩效考核、《关于开展新建商品住宅预售资金第三方托管工作暨调整相关预售政策的通知》《溧阳市生态河湖行动实施方案（2018～2020年）》《关于创新网格化社会治理机制的实施意见》《溧阳市简易建设项目规划管理办法》的情况汇报。

11月27日，市政府召开第20次常务会议。会议听取《溧阳市高质量实现“3550”目标实施方案》《关于赋予江苏省溧阳经济开发区部分经济社会管理权限的实施方案》《溧阳市盐业体制改革实施方案》《溧阳市重大项目建设审批预审制实施方案》《关于推进安全生产领域改革发展的实施意见》《关于推进全市数字应急广播系统建设的实施意见》《关于优化资源配置促进高质量发展的实施意见》《关于土地指标申请及调整规费结算方式的通知》《关于明确溧阳市棚户区改造的范围和界定标准的通知》、全市校外专业培训机构安全治理工作、第二批历史遗留问题（难点问题）梳理化解工作、合资成立“溧阳茶舍”运营管理公司、提请追加部分下岗失业志愿兵2018年度工资补助经费、建立被辞民师、乡镇老放映员生活补助增长机制、引进名校紧缺专业人才、组建退役军人事务局的情况汇报。

12月23日，市政府召开第21次常务会议。会议听取《关于打赢打好脱贫攻坚战三年行动的实施意见》《关于规范休闲健康项目用地出让管理的实施意见》《溧阳市公安机关警务辅助人员管理办法》《溧阳市农村人居环境整治三年行动实施方案》《溧阳市城市管理综合行政执法体制改革实施方案》《溧阳市教育资源短缺解决方案》、2018年溧阳市市长质量奖和溧阳市质量管理先进单位、《关于划拨国有资产注入国有企业的通知》《2019年政府工作报告》、2019年重点民生实事备选项目、2018年财政预算执行情况和2019年财政预算（草案）的情况汇报。

（市政府办）

政务服务工作

【概　况】 2018年，市政务办紧紧围绕建设“宁杭生态经济带最美副中心城市”的目标方向，认真贯彻中央和省、市部署，全面深化“放管服”，聚焦相对集中许可权改革、“一张网”深化、政务服务体系向基层延伸等重要工作，主动作为、克难求进，各项工作开展扎实有序，改革成果不断涌现，行政审批制度改革获省政府和市政府通报表彰，“建设项目施工许可”获先进地区评价。

2018年，政务服务中心行政审批类、政务服务类项目的办件量达41万件，同比增长5%。公共资源交易中心完成各类公共资源交易总数1310个，交易总额278.2亿元，节约总额11亿元，分别同比增长102%、18%、48%。

【推进相对集中许可权改革工作】 在市相对许可权改革调研小组的带领下，先后赴武进、江阴、盱眙、宜兴、义乌等地参观学习相对集中行政许可权改革工作的先进经验和主要做法，并形成调研报告和实施方案，积极探索相对集中许可权改革。

提出相对集中许可权改革设想。对政务服务事项进行全面梳理，特别是对涉及市场准入、投资建设两个领域的审批事项进行深入梳理，并参照常州武进、新北的做法，对相对集中许可权改革划拨事项和划拨人员进行明确。在组织架构方面，提出“一局（办）三中心”的设想，“一局（办）”，即行政审批局，挂政务服务管理办公室的牌子；“三中心”，即公共资源交易中心、市民服务中心、数据资源管理中心。

谋划数据资源管理中心建设。9月，市税务局选派1名业务人员至政务办，协助数据资源管理工作。多次赴省、常州市及周边地区大数据中心对接、调研，形成溧阳市大数据建设的调研报告，对溧阳市数据资源管理中心的建设工作提出具体方案和建议。

配合做好市民服务中心大楼建设规划前期工作。2018年，市民服务中心大楼建设被列入2018年18项重点工程，该办积极配合规划、住建等部门，主动参加前期需求统计及方案设计工作，市民服务中心大楼建成投入使用后，全市所有与企业、群众生活密切相关的政务服务事项将集中进驻市民服务中心，真正实现“进一扇门办所有事”的目标。

【优化提升政务服务环境】 坚持以“为群众办好事，让群众好办事”为工作追求，推进审批服务便民化改革，提升政务服务中心“一站式”办结功能。

推动政务服务事项“进一门”。根据政务服务“一网、一门、一次”和常州市“进一门、集中办、高效批”改革的要求，召开全市政务服务事项集中进驻推进会，按照“应尽必进”的要求，推动全市36个部门的6类行政权力事项和公共服务事项（依申请类）全面进驻政务服务中心。截至年底，部门进驻率、事项进驻率、事项授权率分别为86.11%、81.66%、92.09%。行政许可类事项部门进驻率、事项进驻率、事项授权率分别为100%、89.45%、88.46%。投资建设项目领域部门进驻率、事项进驻率、事项授权率分别为100%、97.4%、97.18%。政务中心“一站式”办结功能有了较大提高。

实行“一窗受理、集成服务”。在投资建设和市场准入两大领域推行“一窗受理、集成服务”，推行“前台综合受理、后台分类审批、综合窗口出件”的服务模式。推动市场监管与银行、税务登记、公章刻制集成办理，不动产登记与税款缴纳、水、电、气、广电、公安户籍集成办理，工业投资项目审批将各涉审部门及水、电、气等纳入审批总流程集成办理。

深化“多联合一”工作。简化建设项目审批环节，优化审批流程，提高审批效率，拟定《溧阳市关于开展工程建设项目“多联合一”实施意见》。开设联合服务专窗，负责联合踏勘、联合测绘、联合竣工验收、联合评估等工作的牵头受理、咨询服务、联系协调、推进落实，持续创优溧阳市营商环境。

推动流程优化再造。聚焦市场准入、不动产登记、建设工程等重点领域，实施流程优化再造，编制标准化工作规程和办事指南，提升审批服务效能。企业开办最快案例0.5个工作日完成，不动产存量房登记最快案例1个工作日完成，工业“50”审批最快案例10个工作日完成，基本实现溧阳市“2330”改革目标。

优化便企利民举措。围绕“增效”，推行建设项目代办制和预审制，助推项目落地。企业开办实行银行全程无偿代办。围绕“提质”，推出免费复印、公安出入境免费自助拍照、证照自助打印等各项“微改革”，在常州首推24小时自助服务区、“不午休”窗口服务等，提升群众对“放管服”改革的体验感和获得感。

【深化政务服务“一张网”建设】 按照省政务服务“一张网”建设要求，积极有序抓好“一张网”建设，全市政务服务一张网形态完备。

推进网上办事服务标准化。对照国家评估指标，督促各相关部门公开网上办事服务信息，规范和完善办事指南。定期开展办事服务信息专项检查，确保网上办事服务信息完整便民、准确规范。梳理政务服务大厅办事指南，确保线上线下信息准确一致、办理口径一致，方便群众和企业办事。

提升不见面审批（服务）水平。完善不见面审批事项清单，公布市级“不见面”审批（服务）事项1008项，不见面审批（服务）事项占比97.6%。开设“不见面”专窗，与EMS签约，开通部分窗口的审批结果文书实行免费送达服务，免费邮寄各类证件6351份。发改委、城管局、公安局、住建委、经信局等部门的部分事项实现“在线咨询、网上申请、网上审批、网端推送、快递送达”的审批服务模式。

提升政务服务一体化平台办理能力。拓展优化平台功能，持续推广市级部门使用一体化平台，网上办件的数量、类型和部门覆盖率普遍提升，平台数据实时归集、同步共享和分析应用功能大幅增强。一体化平台全年共受理审批事项6664件，涉及25个部门的103个事项；归集各类电子证照6164个，自建系统业务办件推送4792件。不动产登记交易中心、规划局2家市本级自建系统与政务服务一体化系统完成对接；市投资项目在线审批监管平台与一体化平台实现互通互联，数据共享。

优化用户体验。丰富“溧阳综合服务旗舰店”功能，开通投资项目网上申报、中介超市平台、数字化联合审图、“不见面”专窗、网上预约五大特色服务，中考成绩查询、社保查询缴费查询、掌游天目湖、1号旅游公路、溧阳公交查询等多项重要移动应用接入江苏政务服务APP，满足用户多元化需求，不断提升“一网通办”的集成应用水平。

【推进政务服务体系向基层延伸】 根据省、市基层政务服务体系建设的要求，推动市、镇（区）、村（社区）三级政务服务体系建设，实现基层服务体系全覆盖。推动基层服务中心标准化建设。以天目湖镇、社渚镇为民服务中心为示范点推进标准化建设，完成综合服务大厅场地建设、人员配备及设施布置等工作。印发《溧阳市村（社区）便民服务中心建设示范标准》，为村（社区）便民服务中心大厅建设提供统一的标准。

推动“一体化平台”向基层延伸。9月，江苏政务服务一体化平台已经全部延伸到11个镇（街道）和228个村（社区）。11月，溧阳市政务服务网乡镇级频道上线试运行。梳理并下放83项延伸到基层的“就近办”公共服务事项。

提升基层服务水平。推动公安、不动产登记、市场监管等审批服务事项集中进驻天目湖、社渚为民服务中心，落实人员、事项、授权等要求，推动基层实现政务服务事项“进一门、集中办”。公安窗口从2019年1月1日起，实现常州市内身份证“全城通办”。

【提升公共资源交易平台服务水平】 继续推进公共资源交易平台的功能融合，规范平台交易管理，强化平台交易功能。

强化制度保障。会同住建部门共同起草《溧阳市国有资金建设项目招投标管理办法》，保障招投标活动合法合规开展。

稳步扩大交易类别。按照“成熟一个、纳入一个”的原则，逐步将相关公共资源交易的项目纳入统一平台交易。水利、矿山整治、交通、农村集体小型工程建设等项目进入平台交易，提升平台综合服务能力。

明确管办分离。加强与住建、水利、国土、交通、财政等行业主管部门之间的协调联系，强化行业主管部门监管，住建委已实现了驻场监管。

【提升“12345”政府公共服务平台服务水平】 有序推进“12345”平台整合工作，完成各类热线号码整合工作，实现一个号码对外。全年受理群众来电19883件，接通率达100%，来电量同比增长38%。省、常州“12345”平台转派工单2991件，办结率为100%，满意率达96%。热线服务效率有了较大的提升。12月，“12345”政府公共服务中心机构划转到市政法委管理。

拓展完善服务功能。开通溧阳市“12345”政府服务平台微信公众号和官方微博，成为“12345”继电话后又一服务渠道，进一步满足群众需求。话务系统更加完善，增加了短信提醒派单功能和回复功能，提高了各联动单位的工作效率和市民对平台的满意率。

提升工作效率。进一步优化工单办理流程，加强工单督办力度，建立联动机制，着力缩短工单办结时间，提升部门响应速度。加强工单管理，全过程跟踪交办事项，采取催办、督办等形式，提高工单结单效率。对存在职能交叉职责不清的事项采取相关部门现场办公的形式进行交办。

【加强政务服务作风效能建设】 落实全面从严治党要求，进一步解放思想，转变作风，充分发挥窗口党支部的战斗堡垒和先锋模范作用，以作风转变营造良好的政务服务风气，提升政务服务效能。

推动全面从严治党向纵深发展。深入学习贯彻习近平新时代中国特色社会主义思想和党的十九大精神，落实党风廉政建设责任制，与党支部、科室、窗口签订党风廉政责任建设书，层层压实责任。

开展解放思想大讨论。按照省委、

市委“解放思想大讨论”部署要求，以浙江省嘉兴市南湖区行政审批局、浙江省长兴县政务服务管理办公室为标杆，在政务服务效能与精细化管理方面再发力，以思想的大解放推动政务服务作风大转变。开展“我为政务服务高质量发展献一策”征文、演讲比赛，“改进我们的作风”主题讲坛，“新时代、新担当、新作为”专题组织生活会等“解放思想大讨论”系列活动，力促党员干部思想作风大转变。

强化窗口督查考核。深化“晨会”活动，严格落实考勤签到与请销假制度，实行窗口提醒约谈与联合巡查制度，发现问题及时处理，及时通报，强化考核结果运用。推行“无便携式通讯”办公，出台《政务服务中心手机、计算机使用规定》，规范窗口手机与计算机使用规定，提高窗口作风效能。

推进窗口现场标准化建设。结合巩固深化文明城市三年行动计划，提升窗口现场规范秩序，推进窗口管理标准化、规范化、常态化，在公安窗口试点现场管理标准化并推广到所有窗口，出台《政务服务中心窗口现场标准化管理实施方案》，用制度管人、管事、管物，中心日常运行秩序、窗口服务品质更规范、更优质。

（葛　菁）

外事工作

【概　况】 2018 年，溧阳外事办坚持地方外事服务中央外事、地方外事服务地方经济建设的方针，从大局出发，以溧阳市经济建设为中心，积极、稳妥地开展外事工作。

【因公出国（境）审批】 在办理因公出国（境）审批中，溧阳外事办围绕以经济建设为中心，一切从有利于溧阳市经济发展，为政府、为企业提供服务。2018 年，全市共办理因公出国（境）22 批，68 人次，其中，上组团 7 批，8 人次；自组团 15 批，60 人次。

【友城交往】 1 月 9 日，溧阳市与巴西圣保罗州圣维森特市签署结好意向书，圣维森特市（SAO VICENTE）位于巴西东南部的圣保罗州，该市占地面积 148 平方公里，人口 36 万。距离圣保罗市 60 公里，距离港口 10 公里。圣维森特市地处巴西大型经济活动中心区域，是圣保罗州大都市圈的组成部分。其主要产业包括零售贸易与服务、港口贸易、旅游、玻璃、制革等。

4 月 9 ~ 13 日，乌克兰利沃夫州特鲁斯卡韦茨市代表团一行 8 人到溧阳进行了友好访问，4 月 10 日上午，代表团一行参加了溧阳市 2018 中国 · 溧阳茶叶节暨天目湖旅游节开幕式，乌克兰驻上海总领事馆总领事罗鹏陪同出席，特鲁斯卡韦茨市长安德瑞杰 · 库尔钦斯基作为国际友城代表致辞，并与溧阳市人民政府市长徐华勤签订两市缔结友好城市关系意向书。4 月 10 日下午，市长徐华勤在天目湖宾馆会见安德瑞杰 · 库尔钦斯基市长和罗鹏总领事一行。在溧阳期间，代表团参观溧阳市新建成的博物馆和规划馆，考察了南山竹海、天目湖，拜访布勒、安靠等企业。

4 月 9 ~ 11 日，日本白山市议会议长永井徹史一行 3 人到溧阳进行了友好访问。4 月 10 日上午，代表团一行参加 2018 中国 · 溧阳茶叶节暨天目湖旅游节开幕式。开幕式结束后，市人大常委会主任潘云芳会见代表团一行，双方就深化合作、共谋发展等方面进行交流。

4 月 10 日，溧阳市人民政府市长徐华勤与塞浦路斯帕福斯市市长芬多那斯 · 芬多诺斯共同签署两市缔结友好城市协议书。自此，塞浦路斯帕福斯市成为溧阳市第七个友好城市。

2018 年 4 月 27 日，市委书记蒋锋会见富尔达地区区长贝恩德·沃伊德（左）

（市外事办　供稿）

4 月 26 ~ 30 日，德国富尔达地区区长贝恩德 · 沃伊德、富尔达市长韦恩菲尔德一行 10 人到溧阳进行访问。4 月 27 日，中共溧阳市委书记蒋锋、市长徐华勤分别会见代表团一行。代表团一行在溧阳期间考察江苏中关村科技产业园，参观市博物馆、文化艺术中心，与溧阳市市民共同参加别桥原乡花海徒步大赛。

8 月 2 ~ 6 日，日本白山市青少年交流团一行访问溧阳。8 月 3 日上午，溧阳市人民政府副市长陆慧琦会见代表团一行，代表团团长、白山市农业委员会事务局局长池田昌俊转交白山市市长山田宪昭给溧阳市人民政府市长徐华勤的亲笔信，信中希望两市青少年草根间的交流能够持续进行。此外，代表团一行还体验传统民间艺术吹糖人，游览南山竹海，参加英语沙龙、徒步竞赛，学习书法、陶艺，4 名学生还体验了民宿，整个交流活动取得圆满成功。

9 月 4 日，溧阳市人民对外友好协会成立大会召开，溧阳市政协主席狄立新当选为首任会长，江苏省人民对外友好协会副会长蔡锡生、秘书长周卫东、常州市人民对外友好协会会长邹宏国、副会长杜吉宾、司马双龙应邀参加大会，中共溧阳市委书记蒋锋、溧阳市人民政府副市长陈峰出席大会。

9月10日上午，溧阳市人民政府市长徐华勤与哥伦比亚市委员会主席兼首席执行官米尔顿·马修斯共同签署两市结为友好城市协议，美国马里兰州众议院议员、马里兰州哈维郡议会主席艾瑞克·埃伯索尔、哥伦比亚市委员会副主席理查德·博尔顿等官员出席签约仪式。此外，代表团一行还观看了介绍哥伦比亚市概况的视频、听取霍华德郡营商环境介绍，参观哥伦比亚市的湖滨区、体育馆、大型零售企业、霍华德郡总医院以及霍华德社区学院。

【外事接待工作】 2018年，溧阳市共接待中外嘉宾103批，157人次，包括乌克兰利沃夫州特鲁斯卡韦茨市市长安德瑞杰·库尔钦斯基一行、日本白山市议会议长永井徹史一行、塞浦路斯帕福斯市代表团一行、德国富尔达地区区长贝恩德·沃伊德、富尔达市长韦恩菲尔德一行、日中友好协会兵库县联合会代表团一行、常州友城波兰耶莱尼亚古拉市市长马辛·扎维亚一行、常州丹麦友城代表团一行、俄罗斯新西伯利亚州文化部副部长库扎耶娃·伊丽娜·维克多洛夫娜一行、日本白山市农业委员会事务局局长池田昌俊一行、罗马尼亚阿拉德省省长琼卡—尔古尔·贾斯汀—马里内奥一行、毛里求斯博巴森—荷津市市长方苏冠一行、塞拉利昂人民党总书记乌马鲁·科罗马一行等。此外，该办还接待了各国议会联盟代表团一行、朝鲜交流访问团一行等。

【队伍建设】2018年，溧阳市外事办在认真做好因公出国（境）审批和外事接待工作的同时，大力开展队伍建设工作。

认真落实溧阳市2018年因公出国（境）计划以及《关于进一步规范国家工作人员因公临时出国管理的若干规定》，明确职责，加强管理。

积极征求在溧阳外国人、APEC卡持有人意见，进一步改善服务方式，提高服务质量；与溧阳市人民对外友好协会共同举办在溧外国人中秋联谊会，与溧阳市商务局共同举办在溧阳外籍人士国庆招待会。

加强学习，结合实际，积极探索如何把外事工作做得更好；如何在新形势下，充分发挥外事工作的优势，为地方经济工作服务。撰写《溧阳市民间对外交往工作的现状、问题和建议》。

认真总结，开拓创新，充分调动工作人员的积极性和主动性，提升外事人员形象和外事工作水平，派员参加常州市外办组织的因公出国（境）专办员培训班。

（张　敏）

侨务及港澳事务

【侨务经济工作】 多策并举，引资引智。坚持“引进来”和“走出去”相结合，以溧阳市产业和人才需求为导向，充分发挥资源丰富和联系广泛的优势，更好地服务溧阳市“重大项目攻坚年”主题。溧阳市侨商会会员企业江苏创客联盟投资管理有限公司与江苏省溧阳中等专业学校签约，双方合作共建“创意、创新、创业——三创孵化平台”，打通学生创新创业的教学、实践、扶持和孵化链，探索创新型人才培养新模式。参加“2018创业之桥——第十五届海外人才常州创新创业洽谈会”的8名海外人才带着项目到溧阳洽谈，围绕新一代信息技术、智能制造及健康医疗、新材料及节能环保开展深度交流，并有意向入驻溧阳中关村科技产业园区创新创业。11月，随常州侨务经贸团一行赴德国、捷克开展项目合作洽谈、拜会海外侨团。向海外推介溧阳市投资创业环境和科技人才政策，拓展经贸、科技交流合作。

主动作为，助力“两节”。2018年，溧阳市“两节”期间，邀请英国中医协会会长汤淑兰、香港溧阳同乡会会长庄竹青、斯里兰卡华人华侨总商会会长张旭东等人组成的侨界嘉宾代表参会，主动作为，助力“两节”。

发挥侨力侨智，架设为侨服务的新桥梁。出资帮助市侨商会、联谊会建设固定活动场所，并于4月完成市侨商会和联谊会的新址揭牌仪式，进一步激发侨界社团组织活力和积极性。结合常州“双百活动”，开展季度性侨企走访调研。先后赴侨商会会员企业溧阳市宁航钢结构有限公司、溧阳华晶电子材料有限公司、溧阳南山花园等10多家侨界企业走访调研，详细了解企业发展情况。与侨界知名人士张清林、徐志群、杨桂红等10多位企业家开展座谈研究，问需于侨、问计于侨，寻求企业发展新思路。12月，以省侨商总会、侨青会换届为契机，向上推荐省侨商总会理事3人、会员4人，省侨青会委员2人、会员12人，为溧阳市优秀侨商、侨界青年提供更宽广的平台和交流机会。

2018年9月23日，马来西亚侨领到溧阳考察交流　　（市侨办　供稿）

【国内侨务工作】 坚持新老并重，涵养侨务资源。4月，组织"归侨侨眷看溧阳"活动，让归侨侨眷们亲眼目睹和切身感受改革开放40年来溧阳建设发展的新面貌、新变化。9月，组织中秋慰问座谈，结合全市老归侨的详细情况，主动通电话，确保他们随时能得到贴心的服务。10月，组织"九九重阳浓浓侨情"主题活动，20余名归侨侨眷以登高、观赏等活动方式参观溧阳市上兴镇曹山现代农业，并通过他们向远在海外的亲人宣传溧阳的变化、优质的创业环境。全年，先后接待斯里兰卡华侨华人联合会会长张旭东，英国中医药学会会长、英国淑兰中医学院院长汤淑兰教授、德籍华人陆菊仙博士全家，柬埔寨华人曾剑，新加坡华人、现巴布亚新几内亚驻北京贸易代表、阿波罗矿物资源私人有限公司执行董事李永祯和马来西亚侨领等海外侨胞、客商40多人次。

落实"三必访"制度，关爱侨界群众。逢节必访。春节前夕，市侨办通过侨务工作公众号"濑江侨音"，向长期关心支持溧阳发展和侨务工作的广大归侨侨眷、海外侨胞致新年问候。九九重阳节，上门拜访加拿大皇家科学院和工程院两院院士吴柯母亲马小芳和中国科学院院士吴云东母亲王凤英，为他们送去节日的慰问和党的关怀。逢病必访。建立慰问探病制度，凡是老归侨、侨眷生病住院，必走访慰问；凡是老归侨或在家乡居留的侨眷去世，必到场吊唁。2018年上半年，市侨办到场吊唁印尼老归侨蒋巧敏、日本老归侨邓友江和中国科学院院士吴云东父亲吴仁信以及加拿大老归侨马秀芳等人。逢难必访。市侨办以归侨侨眷为本，以亲情服务为线的服务原则，深入群众，了解他们的生活及家庭经济状况，帮助解决实际困难与问题，为他们提供服务工作。

坚持"两为服务"，建言献策发挥侨力。当下，国际国内形势正发生着深刻变化，侨务工作随之面临许多新情况、新挑战，市侨办积极地探索符合科学发展，加快发展要求的侨务工作新思路、新对策。全年组织侨界政协委员开展4次调研活动，视察乡村旅游、特色小镇开发、城市建设等，撰写提案10件、社情民意9条、调研报告1篇、理论征文2篇，为科学决策服务、为经济工作服务。陈伟被评为2018年先进委员，他反映的"建立拆违地块后续清理及污染风险评估机制"建议被市政协办公室编辑后专刊上报市政府，得到分管领导重视和批示。

【侨务宣传工作】 注重特色，奋力创优侨务品牌宣传谱写新篇章。根据当前侨情的新变化，针对意识形态领域宣传工作的极端重要性，市侨办更加重视对外交流活动中外宣工作，进一步探索和强化主流媒体的运用，把握导向。

用常规媒体加强政策法规宣传。积极探索实践侨务动态信息宣传的新手段，提升侨务工作的影响力和号召力。在《溧阳时报》和部门网站上发布报道各类侨务信息30余篇。

用海外华文媒体加强家乡人文和知名度宣传。"两节"前，在《欧洲时报》《加中时报》、日本《现代中国报》以及中国香港《亚省时报》上专版宣传溧阳，从创新创业、文明幸福、休闲度假等方面大力宣传溧阳，扩大溧阳在海外的知名度、影响力。用微信传媒加强特定对象和综合信息宣传。在"一家亲"微信群和"濑江侨音"微信公众号，适时推送侨务政策法规、侨界大事要事和侨务工作的动态信息，让天南海北的溧阳人、华人华侨始终关注溧阳经济社会发展变化。

【解放思想大讨论活动】 齐抓共管，合力推进解放思想大讨论活动。按照市委、市政府统一部署，市侨办以"学习新思想，改革再出发，开放迈新步，发展高质量"为主题，扎实开展解放思想大讨论活动。

在优化为侨服务上解放思想。注重探索实践组织归侨侨眷每月或每季都有主题活动的新模式，形成侨办的品牌特色活动，在形式上不断创新活动方式，不断增强归侨侨眷的幸福感和对侨务工作的认同感。使直接联系、直接服务、直接引导侨界群众成为工作自觉，发挥侨务工作在侨界群众中的团结引领作用。组织"归侨侨眷看溧阳"、中秋慰问、重阳登高等系列活动，收到很好的效果。上半年，及时掌握了解华侨华人归国居留签证的新政策，帮助美籍华人王志远办理溧阳市首例华侨华人回国五年居留签证。

在对标（找差）改进工作方式方法上解放思想。坚持问题导向和实践导向，认真审视侨务工作存在的差距和短板，努力探索新形势下侨务工作的新方式、新方法。组织侨务干部赴厦门华侨大学培训交流，拓展福建侨乡与闽南文化的学习，思想得到进一步解放，能力得到进一步提升，对于进一步做好新时期侨务工作具有很好的启示和指导作用。组织侨商会成员赴石家庄、厦门等地考察学习，围绕侨商产业发展定位，聚焦侨商企业转型升级，学习先进地区、优秀企业的经验做法。8月，分别组织回乡国外侨领、部分侨商会会员，走访"全国美丽宜居村庄示范村"——八字桥村，致力引导侨智侨力服务乡村振兴。在接待返乡的侨界人士时，注重从单纯的接待转变为邀请他们走上讲台交流学术、畅谈工作经验体会，上半年，邀请回溧阳探亲的汤淑兰教授作《漫谈中医与健康美丽和长寿》专场学术报告会。

在加强作风建设改造侨务干部队伍建设上解放思想。扎实开展以"解放思想、真抓实干、严明纪律、坚守底线"为主题的纪律教育学习月专题活动，切实在侨务部门营造锐意进取、干事创业的浓厚氛围。重点抓好"六个一"规定动作的落实，每季度参加廉情分析会，如实汇报市侨办相关廉政信息。根据要求，及时上报"三重一大"内容及"两个责任"事项，注重加强机关内部管理，坚决落实中央"八项规定"和"六项禁令"，督促党员干部厉行节约、廉洁自律。提振党员干部干事创业的精气神，提升机关干部综合素质，着力打造一支想干事、能干事、干成事的高素质干部队伍。

（范建华）

政协溧阳市委员会

栏目编辑　宋林珍

综　　述

【概　况】 2018年，市政协常委会坚持以习近平新时代中国特色社会主义思想为指导，全面落实党的十九大精神，坚持团结民主两大主题，组织带领各级政协组织和全体政协委员，牢牢把握深度接轨南京、高质量建设宁杭生态经济带最美副中心城市主旋律，紧扣“重大项目推进年”和“全域旅游推进年”工作主题，勇于担当、锐意进取，认真履行政协职能，扎实推进协商民主，为推动全市高质量发展增添了活力、汇聚了合力、提升了影响力。

重要会议

【市政协第十五届委员会第二次会议】 于2018年1月2～4日召开，市四套班子全体领导和市法院、市检察院的主要负责人参加开幕式并在主席台就座。市委书记蒋锋作题为《担当新时代历史使命　投身新征程献智聚力》的讲话。市政协主席狄立新受市政协十五届委员会常务委员会委托，向大会作工作报告。会议审议通过《中国人民政治协商会议江苏省溧阳市第十五届委员会第二次会议决议》，表彰2017年度“政协委员特别奖”获得者、先进委组、先进委员、优秀提案。会议报告市政协十五届二次会议提案审查情况。各镇（区）党委，党工委书记，有关部门主要负责人，市政协老领导、老干部，在溧阳江苏省、常州市政协委员列席开幕式。

【市政协第十五届委员会常委会议】

第五次会议　2018年1月3日下午召开，听取大会秘书长周荣春关于各组讨论情况的汇报。

第六次会议　2018年5月17日下午召开，专题协商“住宅小区配套基础设施标准化建设”议题。市政府副市长、规划局局长孙秀峰到会并讲话。

第七次会议　2018年7月26日下午召开，听取全市上半年经济社会发展情况和市政府办理落实市政协2017年度工作成果情况通报。市委副书记、市长徐华勤，市委常委、常务副市长周卫中到会并讲话。

第八次会议　2018年9月28日下午召开，专题协商“发展现代健康经济”议题。市委常委、常务副市长周卫中到会并讲话。

第九次会议　2018年12月21日上午召开，协商通过有关人事事宜；协商通过召开市政协十五届三次全委会议的有关事项；协商通过先进委组、先进委员、优秀提案、提案办理工作先进单位、优秀承办件名单；对市政协十五届常委会工作报告和提案工作报告进行修改。

协商议政

【全委会议协商】 在市政协十五届二次会议期间，委员们认真听取和讨论政府工作报告、政协常委会工作报告、提案工作报告及其他重要报告，围绕全市经济社会发展，开展整体协商。

2018年1月2～4日，政协第十五届委员会第二次会议召开

（市政协办　供稿）

突出大会发言环节，民主党派和委组围绕扶持中小工业企业、建设宁杭生态经济带最美副中心城市、加强物业管理等 10 项重点工作进行交流发言，提出建议对策 80 余条，为改进、提升相关工作提供有益参考。市委、市政府领导对大会发言质量予以充分肯定。

【常委会专题调研】 2018 年，市政协常委会根据市委批复的专题协商议题，对“发展现代健康经济”和“小区基础设施标准化建设”两个专题开展重点调研和协商议政。

发展现代健康经济专题：组织常委、委员围绕发展现代健康经济深度调研协商，形成调研报告报送市委、市政府。市委书记蒋锋、市政府市长徐华勤对调研报告给予充分肯定，认为分析深入，意见和建议很有针对性，要求分管副市长和相关部门认真阅读借鉴，将建议纳入 2019 年工作计划和“四大经济”三年行动计划。

加快小区基础设施标准化建设专题：着眼更好满足群众对美好生活的需求，市政协常委会围绕补好小区基础设施标准化建设中的短板，深入调查研究，认真协商讨论，形成了专题调研报告。市委、市政府主要领导点赞该调研报告对住宅小区配套问题进行了完备的分析梳理，要求对报告中提出的建议逐条落实方案，形成制度，落到实处。市住建、规划部门充分采纳落实调研报告提出的建议对策，合力推进实施。

【主席会议视察】 2018 年，市政协共召开 10 次主席会议，视察规划局、戴埠镇等 10 个部门和镇（区、街道）工作，就进一步推动市委、市政府工作部署落实提出协商建议，呼吁解决工作过程中的困难和问题，有力推进相关工作。

【委组视察调研】 市政协各委组加强同相关职能部门的联系，通过视察调研、座谈交流等方式，广泛开展对口协商，就城乡融合发展、农产品品牌建设、菜市场公益性改革、生态保护、书香溧阳建设、提升基层医疗卫生服务能力等事关经济社会发展和群众关心的热点难点事项，形成一批有价值的协商成果，有效促进部门工作的科学化和民主化。全年各委组共开展活动 70 余次，形成专题调研报告 28 篇。各委组、广大委员和政协机关充分发挥联系群众、服务群众的优势和作用，深入开展送教育送科技送文化下乡和捐资助学、扶贫济困等社会公益活动，真心诚意帮群众办实事好事，共计捐资近 1600 万元（含投资设立企业资金），解决大量群众生产生活难题，加深政协组织与群众的感情，受到广大群众一致好评。

【文史工作】 市政协成立文史课题组，经过 6 年辛勤工作，形成 5 万字的研究文本及大量比对图片资料，基本完成学术考证工作，《淳化阁帖溧阳本溯源》《淳化阁帖溧阳本存世拓片考辨》2 本研究专著已编印出版。召开由四套班子相关领导参加的《淳化阁帖》溧阳本研究成果汇报会和新书发行仪式，推进研究成果转化，讲好溧阳故事，助力溧阳书法事业、文化事业发展再上新台阶。做好《〈教我如何不想她〉爱常州文史故事》系列丛书、《工匠精神话常州》溧阳篇的征稿工作。

【参政议政】 通过市政协主要领导参加市委常委会议、四套班子联席会议、政协常委参加市委全体（扩大）会议、政协委员参加市政府常务会议等方式，参与事关全市经济社会发展的重大部署和重要工作的决策。围绕天目湖水源地保护工作，分别向市委、市政府报送《关于采取切实措施减少沙河抽水蓄能电站对鱼类资源影响的建议》《关于进一步加强天目湖水源地保护工作的建议》2 份主席会议专题建议。市委、市政府主要领导批示要求相关部门结合政协建议推进保护工作。市政协领导根据市委安排，全面参与有关重点工程（工作），在攻坚克难上取得积极成效。发挥民主党派协商优势，通过政协渠道向中央相关部门报送支持苏皖合作示范区建设的建议，为溧阳以县级层面开展省际区域合作获得国家层面批复贡献政协力量。

民主监督

【监督工作】 发挥政协协商式监督的优势和特色，寓监督于服务发展之中，围绕重要改革举措、重要决策部署、重要项目建设落到实处真监督、善监督。坚持问题导向，组织委员围绕重大项目推进、全域旅游推进、特色田园乡村建设、菜市场标准化建设和规范化管理、网格化社会治理等 30 余项重要工作深入调查研究，全面了解情况，客观反映问题，务实提出建议。围绕构建良好政治生态，市政协主席会议专题听取全市纪检监察工作情况介绍，探索民主监督与党内监督有效贯通的渠道。围绕省政协、常州市政协“深化放管服改革，建设一流营商环境”课题开展联动监督，介绍全市“放管服”改革成就，提出改进建议。配合三省一市政协民主监督组来溧监督调研“长三角区域污染防治机制”落实情况，为建设绿色美丽长三角提出建议对策。

【提案工作】 市政协十五届二次会议以来，共收到提案 202 件，经审查立案 150 件其中内容相同或相近的 26 件进行并案处理，39 件转委员来信处理。所立提案中，经济建设和城建交通方面 60 件，科教文卫体方面 38 件，民主法制方面 8 件，劳动人事方面 5 件，人民生活及其他方面 39 件。提案交办后，截至 2018 年 10 月初已全部办复。提案所提问题、建议已经解决和基本解决的 64 件，占提案总数的 42.7%；正在解决或已列入计划准备解决的 81 件，占总数的 54%；因政策原因或受条件限制留作参考的 5 件，占总数的 3.3%。根据收到的《提案办理情况征询意见表》统计，提案办理满意和基本满意率为 100%。

市政协牢固树立质量意识，通过委员培训、会前征集提案、培育重点提案等途径，鼓励和引导各党派团体、界别、专委会和委员提交高质量提案。市政府领导、市政协主席会议认真督

市政协重点提案督办会　　（市政协办　供稿）

办重点提案，以点带面提升提案办理质量。深入开展提案办理协商，把每一件提案办实办好，实现“办结”向“办成”转变。

全力助推经济发展　广大委员紧紧围绕“重大项目推进年”“全域旅游推进年”工作主题，为经济发展积极建言献策。“关于对工业企业资源集约利用综合评价中限制发展类企业进行资源整合”的提案，提出了通过市场和行政相结合的手段，引导企业更好利用有限资源的建议。市政府积极采纳落实，出台文件精准指导、服务企业发展。“进一步完善江苏中关村科技产业园防洪设施建设，确保园区企业安全有序生产”的提案，相关部门和园区认真办理实施，防洪工程建设正在全面推进实施中。“关于在七彩曹山牛马塘村打造特色民居民宿”的提案，为乡村发展振兴提供了较好的参考，受到相关部门的重视和采纳落实。“关于放大企业综合评价效应，推动小微企业上规模的建议”“关于进一步提升‘1号公路’建设水平的建议”“加强专利工作，推进企业创新”等提案，都得到了各职能部门的高度重视和积极采纳。

全力助推民生改善　聚焦人民日益增长的美好生活需要，通过提案解决群众关心关注的“关键小事”，提高群众获得感、幸福感。充分认识城市社区作为城市细胞的重要性，提案“关于对溧城镇城市社区规模进行合理设置的建议”被列为1号提案，由主席会议督办推进。有关单位根据提案建议，将更加科学合理地整合社区设置和管理工作。为进一步加强文明城市基础设施建设，完善城市服务功能，委员提出了“关于在我市人流密集地安装直饮水装置”的提案。经相关部门协商实施并建成使用，受到群众广泛好评和欢迎。“溧阳对外窗口高铁站配套设施急需完善”“关于加大对‘老年代步车’监管的建议”“关于打通市区断头路”“关于推动营养餐工程再上新台阶的建议”等提案，都直接推进了民生事业改善。

全力助推生态美丽　生态是溧阳最大的底色和本钱。“关于进一步加强天目湖饮用水源地保护工作”的提案提出的建议，被市有关部门整体采纳落实，从减轻面源污染和旅游影响、整治上游来水、加强管理等方面系统推进天目湖水源地保护工作。为降低农药废弃包装物对农村环境的影响，保护人身安全和农村生态环境，委员们提出“关于加强对农药废弃包装物处置管理”的提案。市农林局试行农药包装废弃物回收工作，改善了农村环境。“关于加快加强矿山矿坑地质环境恢复和综合治理”“关于倡议绿色出行的建议”“关于加大对农产品质量安全监测力度的建议”“加强对工业危废的集中处理的建议”等提案，为美丽生态更添靓色。

社情民意

【编发信息】　广大委员面对面体察民情、了解民声、舒缓民愿，通过反映社情民意参政议政，全年共收集社情民意信息200余条，报送社情民意专刊38期，内容涉及中小企业减负、交通建设、城市建设、环境保护、市容市貌管理、医疗卫生等方面，较好地发挥社情民意信息“直通车”作用。每期社情民意都得到市政府领导批示交办，促成一批重点难点问题得到及时解决。

【来信来访】　2018年，共接待群众来信来访20余件次，每件来信市政协领导都认真批转，每次来访都热情接待，耐心细致地做好宣传解释和疏导工作，做到件件有交代，事事有回音，协调解决一批关系群众利益的问题。

自身建设

【解放思想大讨论】　响应市委部署，在全市政协系统深入开展解放思想大讨论活动。各委组、政协机关围绕综合执法进社区、乡村振兴、助力高质量发展、委员履职尽责、提升政协工作成效等主题开展了大讨论。组织委员积极参与常州市政协理论研讨活动，获得优异成绩。通过大学习、大调研、大讨论，广大委员积极履职尽责、勇于议政建言、锐意攻坚克难，政协工作在解放思想中进一步提质增效、创新发展。

【对标找差】　按照提高“四种能力”要求，持续深入开展“全面对标找差，全力争创一流”活动，全面加强政协委员和机关干部队伍建设。修订完善并严格落实机关各项工作制度，加强理论学习，重视调查研究，控制会议活动，改进接待工作，机关服务管理更趋规范，学风、会风、文风、作风有更好改进。加强新闻宣传工作，在《新华日报》《江苏政协》《常州政协》等媒体刊登稿件50余篇，展示政协履职成效和委员风采，扩大政协工作的影响力。

（市政协办）

中共溧阳市纪律检查委员会 溧阳市监察委员会

栏目编辑　宋林珍

综　　述

【概　况】 2018年，全市各级纪检监察组织深入学习贯彻习近平新时代中国特色社会主义思想和党的十九大精神，坚持稳中求进工作方针，以“七工程三行动”为抓手，忠诚履行党章和宪法赋予的职责，坚持改革创新，深化标本兼治，推动纪检监察工作不断迈向高质量，全市党风廉政建设和反腐败工作取得显著成效。

重 点 工 作

【全力优化政治生态】 始终坚持树牢“四个意识”，坚定“四个自信”，做到“两个维护”，牢牢把握政治机关属性，把严明政治纪律、政治规矩放在首位。

全力保障发展大局。综合运用检查、督察等手段，加强对党的十九大精神学习贯彻和党章党规执行情况的监督检查；积极主动融入全市发展大局，对市委、市政府“两大推进年”、打赢“三大攻坚战”、解放思想大讨论和对标找差争创一流活动等重点工作进行监督检查；快查快办市委、市政府主要领导批示问题，对城乡低保、工程建设、生态环保、财政资金安全、机关作风等领域违规违纪问题强化执纪问责，处理68人。

积极协助市委履行主体责任。深化“述责述廉述德”评议，完善落实“两个责任”、“325”闭环管理机制，强化履责记实，用信息化手段施行痕迹化监管；实施廉情抄告制度，双月向市委常委、党员副市长抄告联系镇区、分管部门党风廉政情况，每月向基层纪委书记通报监督责任落实情况；制定《贯彻〈问责条例〉实施细则》和《“三规范一强化”提升问责质效工作意见》，汇编《问责实务操作手册》，以规范精准问责，倒逼各级领导干部履行“一岗双责”，压实“两个责任”。市委常委会先后15次研究党风廉政建设工作，市委书记专程到市纪委监委机关调研指导纪检监察工作。

着力优化政治生态。牢牢抓住“政治生态优化工程”这一龙头，协助市委出台《关于全面优化政治生态的实施办法》《政治生态考核评价办法（试行）》，启动“五位一体”考核模式，全面把脉基层政治生态。严把干部选拔任用党风廉政意见回复关，对40名拟提拔干部进行廉政回复。实践探索容错纠错机制，梳理汇编容错免责、容错减责典型案例，制定信访举报失实澄清暂行办法和严惩侮辱诽谤诬陷行为暂行办法，竭力为担当者担当、为负责者负责。

【切实增强监督质效】 始终坚持把监督挺在前面，教育为先、提醒在前，警钟长鸣。

强化日常教育。深入开展廉洁文化“八进”活动，大力实施“善美家风”行动计划，启动“好家风·共分享”电视专题节目，制作拍摄《史氏家规家训》宣传片与《斩断伸向社保基金的黑手》警示片，召开全市领导干部警示教育大会，在全市党员干部中营造明规守矩、向上向善新风尚。

强化常态监督。明晰党风政风、监督检查、派驻机构职责定位，制定工作流程图，建立任务交办、协作联动、量纪平衡、双向反馈、会商会审5项监督工作机制。实践运用约谈提醒、谈话函询和参加民主生活会等方式，紧盯重点人重点事，强化常态化、近距离、可视化监督。运用监督执纪“四种形态”993人（次），同比增长89.5%。出台《专责监督程序规定》，对市人社局党委实施首例专责监督，警戒作用进一步彰显。强化派驻监督“探头”“前哨”作用，探索实践“巡回检查＋驻点办公＋专项督查”的嵌入式监督模式，建立派驻机构交叉监督、协作审查、查审分离工作机制，督促驻在部门党委（党组）整改问题139项，推动落实主体责任谈话87人（次），谈话函询68人（次），立案65件。

【探索不断提升治理效能】 市委高度重视监察体制改革试点工作，主要领导靠前指挥，相关部门密切协作，市监委于2018年1月6日正式挂牌运行。完成监督检查与审查调查部门分设，赋予派驻机构监察职能，向11个镇（街道）综合派出监察员办公室3个，推进监察权不断向基层延伸。

贯彻“全融合”理念。做好思想政治工作，与转隶干部逐一谈心、家访；坚持人岗相适、人尽其才，将转隶干部与原纪委干部混合编组、交叉集成；强化业务培训，深入开展党章党规、法律法规学习研讨，在执纪与执法上相互取长补短，实现人员、思想、情感、业务“四融合”。

健全运行机制。出台《市监察委员会委务会议事规则（试行）》和市纪委监委审查调查相关工作制度，绘制问题线索处置工作流程图，完善监督检查、审查调查、案件监督管理和案件审理相互配合、相互制约机制。发挥市委反腐败协调小组作用，规范纪检监察机关与司法机关、行政执法部门之间问题线索的移送和办理机制，纪法贯通、法法衔接步入正轨。

依法实践调查措施。落实省纪委监委两个“1+N”制度体系，开展审查调查情景模拟演练，科学审慎试用12种调查措施和3项提请协助措施的使用规范与文书制作。按照“宽打窄用”要求，加强使用调查措施的监督审核和跟踪核对。2018年，共移送司法机关5件5人，其中，留置3件3人。坚决贯彻“行贿受贿一起查”，对1名行贿人员立案调查并移送司法机关。

【坚持常态长效正风肃纪】 认真贯彻习近平总书记关于“纠正‘四风’不能止步，作风建设永远在路上”的重要批示精神，在坚持中深化、在深化中发展，推动党风政风持续好转。

持之以恒反“四风”。紧盯“四风”新动向新表现，牵头开展形式主义、官僚主义集中整治，协助市委组织作风建设自查自纠专项行动，制发作风建设“口袋书”和“慎进酒·劝谕”提醒卡。聚焦群众反映强烈的突出问题，加大监督检查力度，组织开展专项检查20次，明察暗访各类场所200多个，举办电视问政3期、政风热线16期，查处违反中央八项规定精神问题41个、处理75人，点名道姓通报曝光41人，不断释放从严从紧信号。

扎实推进“三资三化”。紧盯扶贫、城乡低保、医疗救助、惠农强农等领域政策落实情况，依托“阳光扶贫”监管系统，强化常态化监督。对系统预警的53个存疑问题逐一入户核查，立案处分6人，诫勉谈话9人，批评教育4人，提醒谈话29人。优化“三资”监管平台功能，出台《农村集体“三资”管理问责办法》《农村产权交易违规行为问责办法》，进一步规范产权交易行为。处理预警信息1600余条，问责履责不力的镇村干部10人，下发纪律检查建议书2份，查处“三资”管理领域违纪问题43起62人。

【巩固清除腐败高压态势】 坚持无禁区、全覆盖、零容忍，重遏制、强高压、长震慑，精准有序惩治腐败。

拓展信访举报渠道。进一步加强“信、访、网、电”四位一体信访举报平台建设，鼓励在线实时实名举报。全市纪检监察组织处理信访举报486件，增长37.2%。扎实开展信访形势季度分析研判，转立案贡献率达27.2%。落实重点信访问题领导包案制，有效控制赴省去京上访。

规范问题线索处置。落实问题线索综合分析研判制度，实行问题线索集中统一归口管理，严格按照程序分转办理。重点对巡视巡察移交、审计专项移送、上级纪委监委转交、市委政府领导交办的问题线索，建立专门台账，督促快查快办。

保持审查高压态势。密切关注“三类人”，紧盯重点领域和重要岗位、关键少数，严肃查处损害群众利益的腐败案件。处置问题线索854件，增长103%；立案346件，增长12.5%，其中自办案件245件，占70.8%，科级干部16人，占4.6%，挽回经济损失1300万元。审结案件360件，探索建立缺席审理制度。

确保审查调查安全。牢记“没有安全就没有办案”理念和“安全是审查调查工作底线”要求，强化“走读式”谈话安全管理，扎实推进办案场所建设，对镇（街道）一般性谈话室不定期突击安全检查，压实谈话场所使用审批、安全分工、方案制定、医疗保障责任链，实现了安全文明办案“双零”目标。

发挥案件治本功效。落实“一案四双”245件（次），对21件有影响的典型案件深入剖析，下发专责监督意见、纪检监察建议11份，督促发案单位举一反三、查找漏洞、建章立制。开展处分决定公开宣布现场警示教育130次，用好反面典型，以案明纪，政治效果、纪法效果和社会效果显著提升。

【扛牢扫黑除恶专责】 坚持将惩治涉黑涉恶腐败及其“保护伞”同整治群众身边腐败问题紧密结合，与政法机关建立沟通联络机制和双向移送机制，强化线索管理，突出惩治重点。对收到的12件涉黑涉恶问题线索全程跟踪督办。

【从严锻造纪检铁军】 深入开展“打铁必须自身硬”专项行动和“啄木鸟”先锋行动，坚持问题导向，推出扎实措施，锻造执纪执法铁军。

抓牢抓实政治教育。组织习近平新时代中国特色社会主义思想和党的十九大精神系列学习宣讲会，在《溧阳时报》开辟学习交流专栏，全市副科职以上纪检监察干部100%下基层讲党课，开展新时代溧阳纪检监察干部精神征集讨论活动，干部的事业心、责任心不断增强。

用好用活教育载体。办好清风讲坛、青年学堂、七彩课堂和组长论坛，出台岗位大练兵活动方案，通过教育培训、理论测试、知识竞赛、技能比武、案卷评比等形式，营造“勤学业务技能、争当岗位标兵”的浓厚氛围。深化“解放思想大讨论”和“对标找差争创一流”活动，深入一线大调研，形成调研成果35项，开展优秀工作项目集中展示，推动了难点问题的解决。

建强建优干部队伍。发挥党建引领作用，成立市纪委监委机关党委，制定《关于进一步加强纪检监察干部队伍建设的意见》，创新实施“青蓝结对”导师制，评选表彰“每月一星”。强化对纪检监察干部的日常教育和管理监督，分类制定基层纪委和机关内设机构、派驻（出）机构考核办法，全面梳理廉政风险点并制定防控措施486条，处置反映纪检监察干部问题线索9件，谈话函询3人、诫勉1人。向市人大常委会主任会议专项汇报监察体制改革试点工作，举办“纪检监察开放日”活动，聘请18名特约监察员，主动接受外部监督。

【持续深化政治巡察工作】 坚持有形覆盖与有效覆盖相统一，高质量推进巡察全覆盖工作。坚持政治巡察的基本定位，准确把握政治和业务关系，从业务角度切入，着力发现被巡察单位在贯彻上级决策部署、职能作用发挥和全面从严治党中存在的政治偏差。全年开展3轮对溧城镇、昆仑街道、交通运输局等21个单位的常规巡察和1轮对全市68个村（社区）的专项巡察，共发现“六围绕一加强”问题236个，提出整改建议74条，移交问题线索116条。出台《进一步增强巡察与纪检监察工作合力着力提升监督工作效能的意见》《关于加强巡察与审计协作配合的实施办法》等制度，加强巡察监督与纪检、监察、组织、审计等其他监督力量的协调协作，进一步落细落实巡察启动前、巡察过程中、巡察结束后等阶段各相关部门的工作任务。坚持把巡察与净化政治生态相结合、与整治群众反映强烈的问题相结合、与解决日常监督发现的突出问题相结合，增强监督合力，提高监督实效。以推进整改的标本兼治为目的，探索《中共溧阳市委巡察整改“三五”工作法》，深化巡察反馈问题的整改，对村（社区）普遍存在的建设工程管理不规范、应收款挂账严重、现金管理不严以及村干部梯队建设滞后等共性问题，以《巡察建议书》的形式，实施全市层面的系统整治。同时，以《省委第五轮巡视期间巡察工作专项检查发现共性问题的通报》的整改为契机，深入开展巡察工作的自我完善，全力解决巡察工作议事决策机制不够规范，对政治巡察内涵理解不够深等9个具体问题，不断提高巡察监督质效。

重要活动

【常州市委常委、市纪委书记、市监委主任张春福到溧阳市调研】 11月14日，常州市委常委、市纪委书记、监委主任张春福到溧阳市纪委监委开展工作调研。

【溧阳市监察委员会成立】 1月6日，溧阳市监察委员会正式挂牌成立。市委书记蒋锋、市长徐华勤共同为市监察委员会揭牌，市领导潘云芳、狄立新、邵钦华、刘佩、毛建国、刘新农，市法院院长周白、市检察院检察长刘晓松，市深化监察体制改革领导小组成员，市纪委、市监委部分干部代表共同见证了这一历史时刻。

【大型现代廉政题材锡剧《回家》首演】 1月11日，由市纪委监委创作，市委宣传部、市文广体局编排，市锡剧团演出的大型现代廉政题材锡剧《回家》在新落成的文化艺术中心首演。市领导张爱文、毛建国、崔文敏、陆慧琦、蔡和方与全市纪检监察干部、戏曲票友共同观看了演出。

【市纪委派驻纪检组更名】 3月9日，对市纪委派驻纪检组更名，统一更名为市纪委监委派驻纪检监察组，并授予派驻机构部分监察职能。

【市纪委监委赴连云港市东海县考察学习】 3月15日，为进一步优化市村级纪检员工作运行机制，充分发挥村级纪检员“前哨”“探头”监督作用，溧阳市纪检监察系统一行9人在市委常委、市纪委书记、监委主任毛建国带领下，前往连云港市东海县纪委监委学习考察驻村纪检员先进经验。

【溧阳市家规家训教育馆开馆】 5月9日上午，溧阳市家规家训教育馆开馆暨溧阳市“善美家风”三年行动计划启动仪式，在上黄镇南山后村举行。市委常委、市纪委书记、市监委主任毛建国出席仪式并致词。毛建国指出，溧阳市委、市纪委认真贯彻习近平总书记的指示精神，将家风建设纳入全局工作。

【市纪委监委首例留置案件】 7月4日，市纪委监委对市卫生系统自办首例留置案件进行纪律审查和监察调查。

【市监委派出监察员办公室正式挂牌】 9月14日，市监委派出监察员办公室正式挂牌成立。市委常委、市纪委书记、监委主任毛建国出席挂牌仪式。市监委共向全市11个镇区（街道）派出3个监察员办公室，分片负责所联系镇区（街道）管辖范围内的监察工作，实现对所有行使公权力的公职人员监察全覆盖，推动监察职能向基层延伸。

【市纪委监委机关大楼正式搬迁】 10月7日，根据上级纪委监委精神，在市委、市政府办公用房的统一调剂下，市纪委监委机关大楼正式搬迁至溧阳市溧城镇罗庄路8号办公。

【“青蓝结对”举行签约仪式】 10月16日，市纪委监委出台《溧阳市纪检监察系统“青蓝结对”导师制实施办法》，并举行导师结对签约仪式。2018年10月16日，市纪委监委举行“青蓝结对”导师制签约仪式，市委巡察机构、市纪委监委派驻（出）机关、委机关全体干部参加仪式。“青蓝结对”取“青出于蓝而胜于蓝”之意，

2018年10月8日，市纪委监委新办公地址首次举行升国旗仪式

（市纪委监委办　供稿）

由溧阳市纪委监委领导班子成员任导师，本着工作对口、双方愿意的原则，与年轻干部明确帮带关系，签订帮带协议，发挥导师传、帮、带的积极作用，帮助年轻干部快速成长成才。

【成立中共溧阳市纪委监委机关委员会】 10月16日，经市级机关工委批准，成立溧阳市纪委监委机关党委。是日上午，市纪委监委召开全体党员大会，选举产生首届中共溧阳市纪委监委机关委员会。通过差额选举、无记名投票方式，大会选举产生7名机关党委委员，机关委员会召开第一次全体会议，选举产生机关党委书记刘学俊、副书记吴国良，并对委员进行分工。市委巡察机构、市纪委监委派驻（出）机关、该委机关各室以及离退休干部100余名党员参加会议。

【《溧阳史氏》家训宣传片制作完成】 市纪委围绕史氏家规家训，挖掘史氏后人平凡而感人的家风故事，制作了《溧阳史氏》专题片。11月26日，在省纪委《清风扬帆》网首页推出，并向全省推送。

【钟楼区纪委监委到溧阳交流考察】 11月2日下午，常州市钟楼区委常委、区纪委书记、监委主任刘敏带队来到溧阳市纪委监委进行交流考察，考察通过实地走访、交流座谈等方式开展。溧阳市委常委、市纪委书记、监委主任毛建国就国家监察体制改革试点工作推进情况及派出监察员办公室工作实施情况作了介绍。此外，双方还就2019年工作思路进行深入探讨。

重要会议

【召开新任领导干部集体廉政谈话会】 1月16日下午，全市召开新任领导干部集体廉政谈话会。市领导刘佩、毛建国出席会议。市委常委、市纪委书记、监委主任毛建国指出，此次廉政谈话会的主要任务是认真学习贯彻党的十九大精神和习近平总书记全面从严治党新理念新思想新战略，教育引导大家倍加珍惜在各自岗位上干事创业的机会，倍加珍惜自己的前程和家庭幸福，时刻紧绷道德法纪两道防线，敬畏权力、审慎用权，勤勉履职、不辱使命，勇于担当，奋发有为，为建设“强富美高”新溧阳不断作出新的贡献。随后，他围绕从严“八防”，认清各自“为官路”；过好“六关”，提升自身“免疫力”；算清“七笔账”，谋划走好“人生路”三个方面对去年以来62名新任职的领导干部进行了集体廉政谈话。市委常委、组织部部长刘佩希望新任领导干部要倍加珍惜党和人民赋予的权力，倍加珍惜组织提供的平台，把准政治方向，明确历史使命，强化表率观念，凝聚发展共识，在各自的工作岗位上做出更优异的成绩。

【召开“打铁必须自身硬”专项行动部署会】 3月28日上午，市纪委监委召开全市纪检监察系统“啄木鸟”先锋行动暨“打铁必须自身硬”专项行动部署会。会议由市纪委副书记、监委副主任、市委巡察办主任夏国中主持，市委常委、市纪委书记、监委主任毛建国出席会议并讲话。会上，毛建国就如何做好今年“打铁必须自身硬”专项行动提出了三点意见。一是着眼使命担当，切实增强开展专项行动的紧迫感。二是把握目标重点，不折不扣落实好专项行动各项部署。三是强化组织领导，全力保障专项行动取得实效。毛建国强调：要认真贯彻落实上级部署要求，扎实开展“打铁必须自身硬”专项行动，不忘初心，牢记使命，以永远在路上的执着自我净化、自我完善、自我革新、自我提高，以铁一般的信仰、铁一般的信念、铁一般的纪律、铁一般的担当，不断推动全面从严治党、党风廉政建设和反腐败斗争取得新成效，着力营造更加风清气正的政治生态，为建设宁杭生态经济带最美副中心城市作出新的更大贡献。

【召开派驻机构工作例会暨第四期“组长论坛”】 5月29日上午，溧阳市纪委监委召开派驻机构工作例会暨第四期“组长论坛”，市委常委、市纪委书记、监委主任毛建国出席论坛活动，派驻（出）纪检监察组（纪工委）全体成员、部分职能室工作人员参加了活动。毛建国就如何做好派驻工作提出几点要求，他指出派驻（派出）纪检组（纪工委）全体成员要把握工作重心，从监督中发现问题，从监督中找到线索，有针对性的开展工作，做好做强主责主业；创新理念思路，把巡察工作的理念，嫁接运用到派驻监督上来，做到强化监督有态度，执纪问责有力度，治病救人有温度；改革方式方法，充分运用监督的抓手和载体。

【召开2018年度全市“述责述廉述德”会议】 8月16日上午，2018年度全市“述责述廉述德”会议在市政府二楼会议室召开。市委常委、市纪委书记、监委主任毛建国就如何进一步压实全面从严治党“两个责任”，为推动溧阳高质量发展营造风清气正政治生态提出三点要求。一是党委要抓总牵头、构建责任落实共同体，推动管党治党稳中求进、深化发展。二是纪委要协调推进、提升专责监督精准度，做到严于监督、严格执纪、严肃问责，发挥好党内监督专责机关作用。三是履责要有力有序、保持永远在路上的耐力和定力，进一步完善“四责协同”、合力运行的责任落实体系，把党要管党、全面从严治党的政治责任始终扛在肩上、抓在手上，不松懈、不停步、再出发。

【毛建国深入企业开展走访座谈】 9月13日上午，市委常委、市纪委书记、监委主任毛建国率机关到江苏金峰集团有限公司，对金峰水泥、华强模具、广道针织、恒通宝丽丝、天目助剂五家企业进行集中座谈。听取汇报后，毛建国就当前国际国内经济形势给企业家们进行分析，对各企业发展提出意见建议，并鼓励各企业要主动适应经济发展新常态，牢固树立诚信守法经营理念，在强化内部管理、大力开拓市场、提高企业效益上多下功夫，不断促进企业转型发展。对企业提出的如环保压力大、资金缺口大、用工成本高、原材料成本上升、天然气供应不够等问题进行了认真分析。毛建国提出：一是要正视困难，增强发展信心。二是要上下同心，确保齐头并进。三是要顾全大局，勇担社会责任。

（市纪委监委办）

中国民主同盟溧阳市基层委员会

【概　况】 2018年，民盟溧阳市基层委员会下设教育一、教育二、科技、文化、中医院、人民医院、经济等7个支部，新发展盟员10名，共有盟员127名。其中离退休盟员27名，在职盟员100名，高级职称者占盟员比例67%。共拥有常州、溧阳两级人大代表、政协委员22名，其中常委6名。全年开设“同心·献智惠民”民盟公开课68节，获民盟中央“优秀盟员之家”称号；建家经验在省盟务工作研讨会上交流发言；获民盟常州市“先进集体”“征文比赛优秀组织奖”“社会服务工作标兵项目奖”等奖项；民盟中央常务副主席陈晓光率盟中央调研组到溧阳调研，民盟中央专职副主席龙庄伟，中共常州市委统战部、溧阳市委、丹阳市委统战部以及兄弟盟组织等领导相继到“盟员之家”视察指导，给予高度评价。64名盟员获省市级以上奖项，其中，吕自新获评民盟江苏省“社会服务先进个人”；周春雷开办的文教书店获评中国“改革开放40年民营书业四十佳零售企业”“江苏省最美书店”和常州市未成年人教育基地；陈云波任总经理的江苏擎云广告公司承担2018“两节”广告总代理、“中央电视台乡村大世界节目走进溧阳”节目制作总执行等；基层委原主委魏继川任常务副校长的市老年大学获“江苏省先进集体”称号；沈森获省教学大赛课堂教学比赛一等奖，填补常州信息技术项目桂冠空白；贺丹君获评江苏省“教科研工作先进个人”“常州市师德模范”；刘叶兰辅导学生获省化学竞赛三等奖，开设常州市级观摩课；胡昊丞获第二届常州市中华经典诵写讲一等奖；张水定、陆建保、罗卫平分获溧阳市卫生系统“优秀科主任”；张俨琳获市“行业优秀人才奖”；罗卫平连续三年考核优秀、获记三等功一次；王艾民获“溧阳市师德模范”；杨珏、刘叶兰等被聘为溧阳市“在线课堂”授课老师；狄剑秋、滕国琴等5位盟员通过正高级教授职称评审；11名盟员分别被评为常州市“优秀盟员”“盟务工作积极分子”，20名盟员被评为溧阳市“优秀盟员”，1名盟员获评市政协2018年度先进委员；2个提案获评2018年度优秀提案。

【思想组织建设】 通过召开基层委扩大会、支委会、支部大会、盟员大会，依托盟员之家“群言悦读区”开展阅读交流，以及微信推送、盟讯赠阅、资料编发等多种形式，组织盟员学习领会中共十九大和习近平总书记系列重要讲话精神，组织参与盟市委“不忘合作初心，继续携手前进”专题教育活动、《奋进新时代——纪念改革开放四十周年》美术作品征集和书画作品巡展活动、“纪念改革开放40周年”和“纪念‘五一口号’发布70周年”征文比赛等教育实践活动10余次。邀请常州民盟组织处处长曹永忠、社会服

2018年11月17日，民盟中央副主席龙庄伟到溧阳民盟盟员之家视察指导民盟公开课工作　（民盟溧阳总支　供稿）

务处处长舒宵梅到“盟员之家”为盟务骨干作专题讲座2次，与民盟新北区基层委、民盟丹阳市基层委开展盟务工作交流2次。组织参加省党外干部培训、省盟务骨干培训、省盟务工作研讨会，常州市委统战部新盟员培训、统战信息工作培训，常州民盟在重庆大学组织的参政议政教育提高班、“新阶层、企联、志愿者协会三方联合会”、第六届“产教融合的实践与探索”高校论坛、溧阳市党外后备人才培训、市政协“健康中国、健康管理”专题讲座。参观溧阳水西新四军统战工作图片展、“第三届·溧阳南山竹海长寿文化节”开幕式及“1号公路”生态巡礼活动、市党外各界代表人士经济社会发展情况通报会和迎春座谈会等活动20余次。引导7个支部因地制宜开展学习研讨活动16次，全年参与学习交流超200人次。围绕“节日慰问”“病患探访”“‘暖冬’关爱”及“谈心交流”等工作开展活动100余项。

【参政议政】 2018年，基层委通过提案和建议案形式就全市经济社会发展和社会和谐稳定方面的热点难点问题，综合全体盟员意见和建议，共反映社情民意19件，提出政协提案和人大建议案24个，形成《谱写农业农村高质量发展溧阳新篇章——关于溧阳一号旅游公路引领乡村振兴的思考》《拓展农业功能，推进农旅融合，全力打造溧阳现代农业“升级版”》《关于制定溧阳市家庭教育指导文件的几点思考》3份调研报告，向市委统战部、上级盟组织报送信息近30条，积极组织参加与市规划局的对口联系工作座谈会；叶俊获评溧阳市先进政协委员；芮志莲的《关于加强全市妇幼保健功能建设的建议》和吴彩萍的《关于进一步加强天目湖饮用水源地保护工作的提案》等被评为市政协“优秀提案”；谢菊芬执笔的《拓展农业功能，推进农旅融合，全力打造溧阳现代农业“升级版”》获溧阳市理论调研论文评比二等奖；多条信息被省、市盟录用，盟员张带娣被推荐为省盟反映社情民意信息专家库成员。全年共有69篇有关盟务工作的稿件被各级网站刊物录用，其中《行胜于言——溧阳民盟公开课周年回眸》发表于《江苏民盟》2018年第5期，《“书店工匠”周春雷盟员》、《我们走在“盟员之家”建设的大路上》两文分别发表于《常州民盟》。

【社会服务】 2018年，基层委创新方式、发挥优势，积极开展惠民活动，打造“同心·献智惠民”社会服务品牌。全天免费对外开放溧阳民盟“盟员之家”。唱响“同心·献智惠民”公开课特色品牌，围绕“同心·献智惠民”主题，溧阳民盟拥有Logo标志的公开课项目如火如荼展开。其中，所设置的一套集公益教育、学业培训、艺技培养、家庭教育、公益医疗、公益文化、法制宣讲等一体的系列公开课课程深受学生、家长和广大市民欢迎；通过三结合，即发挥盟员优势登台授课和外请专家教授上台授课相结合、以“家”为教室和将公开课外送相结合、面授和线上推送相结合，涌现出一大批如吕自新、叶俊、朱国平、游嵘、刘叶兰、王静忠、胡修亮、高国民等优秀开课老师。11月16日，朱国平博士的“自恋者的轻狂”一课与盟中央副主席龙庄伟率领的一行领导及市老年大学学生和爱好者们分享了他的书法实践和体会，叶俊老师的散文类、论述类、小说类、诗歌类、实用类等的阅读基本要求与重点突破系列公开课5讲，王静忠老师的“敬畏生命”一课，为学员们推开了一扇看世界的窗；游嵘的“痤疮预防与治疗”讲座为广大市民和中学生上了一节极具指导性和针对性的皮肤保健课并赠送相关资料。基层委利用节假日共推出各类公开课68节，受惠群众上万人次，多次被溧阳电视台、《溧阳时报》报道，成为2018年溧阳市党建工作示范点之一。溧阳教育局特批认定其中6节课为溧阳市级公开课。

以“同心·献智惠民”为品牌，发挥盟员优势，不断“聚识、聚智、聚商、聚力、聚爱”服务社会。教育一支部积极协助基层委开设民盟公开课，经济支部分别组织盟员到华夏银行溧阳分行、天目湖玉枝特种茶果园艺场因地制宜开展调研活动，宣传党的方针政策，助推经济发展；9月22日，经济支部联合教育二支部在经济支部“盟员之家”举行与市光华高中扶贫结对项目启动仪式，经济支部向光华高中捐赠由本支部盟员和部分入盟积极分子捐资的帮扶资金2万元，用于资助贫困学子，帮助他们圆“梦”脱贫，以特殊的方式庆祝支部“盟员之家”成立一周年，受到社会各界广泛好评。5月19日是第八届“世界家庭医生日”，人民医院和中医院两支部呼吸科、儿科等18个专业的赵子予、翟国庆、芮志莲、狄剑秋等19位盟员医生组成医疗专家团来到社渚镇中心卫生院，开展“溧阳民盟健康行、送医送药惠基层”大型爱心义诊活动暨第八届“世界家庭医生日”宣传活动，专家们在门诊大厅集中提供健康指导和咨询服务，走进诊室对中心院医生进行业务指导，共接诊群众400余人，发放宣传资料200余份。12月1日，科技支部组织盟员赴溧阳最美乡村“礼诗圩”调研。文化支部组织并参与全市“全民艺术普及”活动，利用节假日在“盟员之家”开设“焦尾琴”教学系列讲座。三获中国书法最高奖项兰亭奖的盟员朱国平，坚持在网上开设免费书法教学15年。退休教师沈思初盟员十三年如一日义务帮教社区贫困学生及外来工子女，连续两年获评“溧城镇优秀志愿者”。

（唐银芳）

中国民主建国会溧阳市支部委员会

【概　况】 2018年，民建溧阳市支部全面贯彻十九大部署要求，全年召开4次支部会议，集中学习中共十九大精神，十九届二中、三中全会精神以及民建十一大精神，学习民建江苏省委九届四次、五次常委会文件精神，把理论组织学习与推动会的工作结合起来，提升理论素养，筑牢多党合作共同政治思想基础。全年发展会员 2 人，年末会员总数 23 人。

【参政议政】 2018 年，民建溧阳市支部整合各类资源，上下结合，联动推进参政议政。建立健全联络反馈机制，遇到困难和问题及时与统战部门沟通、协商解决；抓好与对口单位的信息交流和民主协商，增加彼此工作的了解和支持；加强各民主党派之间的合作与联系，定期就组织发展、机关建设、基层组织等自身建设问题进行互动，取长补短，共同提高；借助自身地位超脱的有利条件，着力集聚各级组织和广大成员的智慧和力量，为构建和谐社会，实现中国梦做出更大贡献。注重发挥会内人大代表、政协委员作用，上交政协提案 6 个，围绕市委、市政府工作中心，围绕关涉经济社会发展的重大问题，深入开展调查研究，撰写《浅谈溧阳汽车维修监管工作之对策》的调研文章，不断提高民建的建言献策水平。

【社会服务】 2018 年，民建溧阳市支部发挥好桥梁和纽带作用，积极参与大招商、招大商活动，广泛引进各类建设资源，拓展对外开放空间提供更广阔的支持；以港澳台同胞、海外侨胞、商会会员的血缘、亲缘、人缘关系为依托，动员在外知名人士通过资金回流、企业回迁、人才回援等途径，参与到现代化综合新城建设中来。继续深入开展坚持和发展中国特色社会主义学习实践活动，组织慈善助学活动，观摩会员企业。积极探索新时期社会服务工作的新内涵，拓展社会服务新形式。支部组织对上沛中心小学 20 名困难学生的进行帮扶，引导会员积极参与社会服务工作，扩大民建的影响力。

（史天翔）

溧阳市工商业联合会

【概　况】 2018 年，市工商联新组建 1 个异地商会，全市现有各类基层商会组织 37 个，其中，镇（区）商会 11 个，行业商会 18 个，异地商会 6 个，其他商会 2 个。年内，市工商联被《中华工商时报》评为“2018 年度构筑非公经济舆论阵地先进单位”称号。

【组织建设】 2018 年，市工商联按照全国工商联“四好”商会标准要求，结合常州市工商联关于“商会建设年”精神，印发《关于加强新形势下商会建设工作的意见》，进一步完善《溧阳市基层商会评估指导意见》。加强对商会建设的指导、引导、服务以及考核，配合市民政局做好 2018 年度社会组织年检工作，扎实推进品牌（特色）商会建设，电梯商会推荐申报全国“四好”商会，酒业商会和天目湖商会推荐申报江苏省“四好”商会，酒业商会被评为常州市社团组织 4A 商会，电梯商会、酒业商会被评为溧阳市优秀社会组织，土特产商会、建材商会被评为常州市社团组织 3A 商会。同时，稳步推进商会发展工作，新建 1 个异地商会——溧阳市福建商会，完成纺织商会、电梯商会、锻造商会和文体产业商会的换届工作；电梯商会继续拓展全国网络覆盖面，新成立电梯商会福建分会、西北分会。按照“有利于党组织管理，有利于党组织开展活动，有利于党员的教育和管理”的原则，采取灵活多样的方式搭建商会党建平台，探索依托商会推动非公企业党建工作的新路子。推进建立镇区（行业）商会党组织、商会——企业联合支部，中共溧阳市第一糖烟酒有限公司联合支部委员会（溧阳市第一糖烟酒有限公司、天目湖酒文化博物馆、酒业商会）和溧阳市天目湖镇商会党支部相继挂牌成立，先后为溧阳浙江商会、锻造商会、工业电器业商会选优配齐党建工作指导员。

【调研工作】 2018 年，市工商联按照全市“解放思想大讨论”活动和上级工商联调研工作要求，结合自身工作实际，深入商会和企业开展专题调研，撰写《加强异地商会建设　服务溧阳经济社会》《溧阳商会组织发展及其管理创新的思考和建议》《溧阳市企业廉洁文化建设的实践与思考》等调研文章。完成上级工商联部署的 2017 年度全国工商联上规模民营企业调研，江苏金峰水泥集团有限公司、江苏国强镀锌实业有限公司 2 家企业入围“2018 中国民营企业 500 强”。

【宣传工作】 2018 年，市工商联以宣传企业家精神为核心，开展“不忘创业初心，接力改革伟业”主题教育实践活动，会同宣传部、统战部、经信局、商务局等部门开展溧商企业家精神征集活动，提炼新时代“溧商精神”。配合全市企业家大会的召开，会同宣传部、经信局开展“溧商企业家风采”的宣传活动。配合常州市工商联做好《新常商新商道》第二册溧阳受访企业家事迹的采编工作。

【培训工作】 2018 年，市工商联以常州市“百千万工程”和“民企管理升级”培训为载体，重点抓好非公经济代表人士、非公企业家、企业人才三支队伍建设。全年组织“民企管理升级”系列公益培训 2 期；完成常州市民营企业家队伍建设“百千万工程”7 名“百人班”和 41 名“千人班”的学员招生任务，牵头做好“培养万名企业经营管理人才”溧阳班招生办班的组织实施工作，用历时 6 个月的时间，为全市 435 名企业家和企业中高层管理人员提供系统专业的优化课程培训；引导基层商会组织各类培训班 10 多期，培训人数逾千人。同时，与团市委、商务局等部门合作重点做好青年企业家的培训培养，先后组织 10 名优秀青年企业家赴西安交大和重庆大学进行脱产系统培训，着力提高青年企业家的综合能力。

【经济服务】 2018 年，市工商联围绕全市重点工作，扎实推进溧商回乡创业工程，积极动员在外溧商回乡投资兴业，全年新增投资 20 亿元。深入走访在溧阳的 28 个基层商会，听取基层商会的汇报，组织开展座谈讨论，把市委、市政府“政策选编”和“天目湖英才榜”相关文件送达基层商会和企业家手中。密切与党政部门的联系，有效开展服务企业活动，邀请市经信局、商务局、科技局、环保局等部门深入商会和企业开展政策解读推介活动，加大惠企政策宣传力度。会同人社局、总工会等部门加强企业劳动争议调解委员会建设，在正昌集团、天目湖旅游股份有限公司2家企业开展试点，指导开展企业劳动争议调解工作。与市场监督局一起在行业商会中开展2018年度常州市放心消费创建工作，文体产业商会、铸造协会2个行业创建工作顺利通过考核验收。全年开展内引外联交流联谊活动10余次，组织会员企业参加各类交易会、展览会6次。与湖北省英山县工商联、陕西省汉阴县工商联、内蒙古赤峰市元宝山区工商联等3家工商联建立友好工商联，先后接待陕西省汉阴县、湖北省英山县、内蒙古赤峰元宝山区、河南省兰考县等工商联考察团4批30多人次。

【光彩事业活动】 2018年，市工商联积极引导商会和会员投身扶贫帮困、光彩助学等公益慈善活动，承担社会责任。新成立溧阳市飞跃机电百万光彩基金。利用各个重要节日，组织商会和企业家开展慰问贫困户和敬老院系列活动，持续组织开展暑期光彩助学活动，各商会筹集暑期助学资金20多万元。动员会员企业致力于常州市光彩事业促进会少数民族精准扶贫工作，完成20万元扶贫资金任务。按照东西部挂钩协作扶贫工作要求，鼓励商会和企业开展帮扶行动。利用光彩事业促进会平台，组织商会和会员实施定向捐赠。年内，商会会员通过光彩事业促进会定向捐助资金200多万元。

（杨秀华）

溧阳市总工会

【概　况】 2018年，溧阳市总工会围绕中心，牢固树立新发展理念，顺应职工群众新期待，不断深化改革、开拓创新，以实现职工群众的获得感、幸福感为工作落脚点，构建工会工作新格局。全年新建企业工会组织41家、联合工会2家，覆盖企业46家，发展会员2368人。市总工会获“江苏省模范职工之家”、常州市辖市（区）工会工作综合考核特等奖和市委、市政府工作创新奖等10项奖项。

2018年12月6日，溧阳市工会第十六次代表大会召开 （市总工会　供稿）

【服务企业发展】 吴越科技产业园创成常州市“创新创业示范基地”，江苏创客联盟、江苏金瓜子电商园建成溧阳市“创新创业基地”，4家创新创业基地共入驻企业160家，带动就业近2000人。“创保贷”项目有力推进，帮助186家小微企业达成创业贷款，累计扶持小微企业349家，发放扶持资金3530万元，带动就业1500余人。积极推介“大学仕”技术转让平台，推动产业升级和技术革新，服务企业851家。继续规范完善劳模（职工）疗休养基地建设，延伸服务，拓展项目，在1号公路沿线合作挂牌首批职工活动驿站10家，不断丰富劳模（职工）休养活动内容，拓展全市职工工会活动新阵地。职工（劳模）疗休养基地接待省内外职工（劳模）疗休养团队2000余批次4.5万人，实现旅游经济收益近3000万元。组织举办农电、大客驾驶员职业技能比赛、“安康杯”第四届安全隐患随手拍、职工科技创新、重点工程创优立功竞赛、我为节能减排作贡献、师徒结对、女职工“双争”等竞赛活动，激发广大职工服务企业和经济社会发展的创新创造活力，引导广大职工立足岗位、建功立业。

【职工帮扶服务】 开展“两节”送温暖活动，走访慰问特困职工276名，各级工会共筹措发放慰问物资近百万元。为环卫工人、邮递员、公安辅警免费赠送意外伤害保障2000余份。通过包车、往返车票补助等形式，助力外来员工平安返乡2000余人。“阳光扶贫”结对帮扶，走访慰问建档贫困户20家，出资出智助力脱贫。关心关爱劳模，实施劳模免费体检、定制溧阳劳模卡、编纂《天目湖畔劳动之歌》等服务七项，发放劳模荣誉津贴、春节慰问金、困难补助金和特殊困难帮扶金108万余元。

【关爱职工行动】 落实普惠服务职工，打造一公里服务圈，发展工会特约商户479家，发放工会服务卡13.98万张，共有317名职工会员享受住院补贴、大病补助等工会卡专享保障金19.38万元。搭建职工再就业平台，通过举办“劳动最美　实干圆梦”等专场招聘活动，牵头246家企业提供就业岗位11346个。以“职工幸福课堂”进基层活动为契机，建立市职工教育培训基地，组织开展以技能提升、知识讲座和心理辅导为内容的教育培训，满足职工多方面的精神文化需求，服务企业30场次，服务职工2000余人次。在打响以“缘聚工会　牵手幸福”为主题的单身职工交友联谊活动品牌的同时，与中央电视台合作，央视七套《乡约》栏目2次走进溧阳，近300名单身职工参与，3000多名职工群众现场观看，服务单身青年职工的同时，把溧阳的历史文化、特色物产、乡风民俗等优质旅游资源向全国推广。

【和谐劳动关系建设】 通过召开非公企业工代会、职代会“双代会”现场观摩会，进一步加强非公企业职代会规范化建设，市总工会推行的《非公企业“双代会”规范化建制》获评2018年度江苏省厂务公开民主管理创优实践项目。深入开展和谐劳动关系企业创建活动，创建和谐劳动关系先进企业20家，积极推进营商环境建设。结合“五一”劳动法律宣传服务月、“尊法守法·携手筑梦”服务农民工法治宣传、“法治入人心·吉祥满万家”送法送春联等活动，扎实开展形式多样的送法服务，增强职工群众尊法学法守法用法意识。

【职工文体活动】 组织开展“我爱溧阳”职工歌唱比赛、纪念改革开放40周年职工书画展、“中交溧阳杯”职工羽毛球比赛等情系职工系列文化活动，进一步丰富职工业余文化生活。连续三年开展“中国梦·劳动美·幸福路”情系职工（农民工）歌手大赛，歌手杨康登上央视农民工春晚舞台。组织职工参加全省学习贯彻党的十九大精神知识竞赛、常州市“中国梦·劳动美——学习贯彻习近平新时代中国特色社会主义思想和党的十九大精神”职工演讲比赛等活动，不断强化全市职工听党话跟党走的坚定信念。开展文明职工评选活动，环卫女工潘彩琴获常州市十佳文明职工。开展“书香企业”创建活动，提高职工队伍素质，培育健康文明、昂扬向上的企业文化、职工文化，江苏正昌集团有限公司获全国“职工书屋”示范点。

【自身建设】 以开展“基层基础建设年”活动为主题，从隶属关系、规范建家、阵地建设、民主管理、经费使用等方面，着力强基层、补短板、增活力。认真贯彻落实市委办下发的《溧阳市总工会改革实施方案》文件精神要求，有计划、有步骤推进改革落实到位。按照“哪里有职工哪里就有工会组织”的原则，不断扩大工会组织覆盖面。通过创建信赖职工之家、评选“职工最可信赖的娘家人”，组建镇、村（社区）职工活动中心，促进基层工会规范化建设。12月5～6日，溧阳市工会第十六次代表大会胜利召开，顺利完成市总工会换届工作；扎实开展“全面对标找差全力争创一流”“不忘初心跟党走、牢记使命建新功”、廉政党日系列活动，推进“两学一做”学习教育常态化制度化，主动履行党风廉政建设主体责任，坚持问题导向和目标导向，强化制度执行，切实提高工会系统党建水平，提升工会干部党性修养和服务能力。

（*石春芳*）

中国共产主义青年团溧阳市委员会

【概　况】 2018年，全市各级团组织坚持以习近平新时代中国特色社会主义思想和党的十九大精神为指引，深入学习贯彻中央、省、市委关于共青团工作和青年工作重要部署，紧密围绕市委、市政府中心工作，不忘初心、牢记使命，积极进取、开拓创新，团结带领广大团员青年投身宁杭生态经济带最美副中心城市建设，各项工作稳步推进。年末，全市共有直属团组织52个，团员29120名。新增溧阳市城市建设发展集团有限公司团委和江苏平陵建设投资集团有限公司团工委2家直属团组织，全市发展新团员1065名。团市委获评“江苏省青年志愿服务行动组织奖”和“江苏省2018年度团属报刊宣传工作先进单位”。团市委在曹山旅游度假区主导成立的全省首家“青农讲习所”获评“江苏省示范性青年学习社”。

【青年思想建设】 全市各级团组织紧紧围绕学习党的十九大、团的十八大精神，贯彻习近平总书记“7·2”重要讲话内容，落实市委工作部署，坚持围绕中心、服务大局，聚焦改革攻坚、从严治团。结合“不忘初心·紧跟党走”主题教育活动、“1＋100——走支部连百心”活动，在全市建立21家“青年学习社”，组建“党的十九大精神宣讲团”、“团十八大宣讲团”10支，深入基层开展宣讲交流活动。积极挖掘选树一批“青春代言人”，举办“新时代·青年说”主题宣讲活动。在全市少先队开展“红领巾寻访新溧阳”“诵读学传”“青心之旅”等活动，与电视台合作推出《溧志工场》第二季，累计播出60期，引领广大青少年高举队旗跟党走。搭建青年宣传“全媒体”平台，入驻“抖音App”，通过网站专题、微博话题、微信专栏等形式开展线上活动，在广大青年群体中取得良好的反响。

【助力青年发展】 与市委组织部、市委办公室、市政府办公室等部门联合开展“建功新时代·最美青溧量”年轻干部助力计划，为全市160余名年轻干部搭建提升能力、展示风采的舞台，为各级各部门拓展认知年轻干部的新途径。持续打造“天目湖英才榜·青才库”，完善巩固青才基础数据4万余人，并开发升级就业信息发布和青年互动功能。组织溧阳籍大学生200余人次走进重大项目现场、“1号公路”、民生工程等溧阳发展前沿阵地，提升溧阳学子对家乡的了解和热爱。助力重大项目，开展“双服务·面对面”行动，联合“青年文明号”、政府相关职能部门和专业服务机构，成立政策服务团和专业服务团，深入重大项目一线提供生产技术等多方面志愿服务。助力全域旅游，在“1号公路”沿线，推出“公益1号”志愿服务项目，打造青年驿站2个，全年累计参与服务1000余人次。助力重大活动，承办中国长寿之乡峰会、全国休闲农业和乡村旅游大会、溧阳茶叶节暨天目湖旅游节、市政府全体（扩大）会议等重大会议活动的志愿服务近10场，组织志愿者200余人次。

【树立青年品牌】 继续提升“青年文

明号”的传统品牌特色，全年共创成武警溧阳市消防大队、溧阳市供电公司运维检修部配电运检二班2家常州市级“青年文明号”，溧阳市级25家，按照“亮身份、亮形象、亮承诺”的要求，营造溧阳青年勇担新使命、建功新时代、展现新作为的浓厚氛围。以“小志快满、爱的众筹——困境儿童幸福起步计划”为统揽，进一步扩大活动参与范围和影响力，持续做大“希望工程·圆梦行动”“暖心行动”“红铃铛心愿墙”等公益品牌，“小志快满”项目累计筹资5万余元，实现困境青少年微心愿60余个。“圆梦行动”发放助学金近15万元，帮助37名寒门学子圆梦大学。深入开展“青少年维权岗”创建活动，未成年人成长指导中心新创成常州市级青少年维权岗，现有各级维权岗41家。累计开展青少年禁毒防艾、预防暴力、平安自护等教育宣传活动66场。在年初抗击暴雪灾害中，组织“青年突击队”50余支，累计参与团员青年800人次。开展溧阳市农村创业青年“领头雁”评选表彰活动，在全市范围内重点培养农村青年创业带头人10名，扶持优秀农村青年创业项目20个，发放扶植资金6万余元。联合汇众社义工协会开发运营“1号青品”微信小程序，在展示销售农村青年创业产品的同时，将销售额的5%纳入团市委精准扶贫基金用于困境青少年帮扶。积极推举优秀创业青年参与各级“创青春”青年创业创新大赛，其中黑斑侧褶蛙养殖项目获省“创青春”大赛农业农村组三等奖，溧阳一号公路电商服务站项目获优胜奖，沈亮、郭翔、孔霄远、戴斌4位青年入选江苏省农村青年创业协会。

【从严治团抓团建】 出台实施《共青团溧阳市委改革实施方案》，围绕“组织建设提升年”主题，完善组织体系、优化队伍结构、拓展服务内涵、创新工作方式、改革管理模式、转变工作作风。搭建“智慧团建”组织框架，通过“团市委机关＋各级团委书记挂钩团支部、少先队”，深入基层团组织开展“双述双评”活动，有效提升基层团组织活力。严控团学比例，初高中毕业生团学比分别为14.7%和60%。同时抓好入团后教育实践工作，全面提升团员整体素质水平。全年累计开展全市团干部、少先队辅导员等培训班3次，培训干部超过300人次。突出传统团建“提质”，基层团委重点提升青年之家、青年志愿者服务站、红铃铛爱心课堂的活动内涵，打造青年服务“多元化”“一站式”的青少年服务平台。新兴领域团建“扩容”，把团组织建到重大项目的现场、生产研发的一线。分别以科华控股集团、江苏上河城商业公司和曹山旅游度假区作为非公企业、商圈和行业建团的试点单位，成立团（工）委，将团组织建到青年人聚集的地方。

【召开中国少年先锋队溧阳市第六次代表大会】 12月11～12日，召开中国少年先锋队溧阳市第六次代表大会。中共溧阳市委书记蒋锋出席会议并讲话。蒋锋代表市四套班子向大会的召开表示热烈祝贺，指出全市各级各部门要从民族兴旺、事业后继有人的战略高度，进一步加大政策支持和制度保障，为少年儿童学习成长创造更好条件，要牢固树立“一切为了孩子，为了一切孩子，为了孩子的一切”的根本要求，从细从实做好相关工作，相互支持、密切配合，切实解决事关少年儿童在教育、成长、发展中的实际问题，营造全社会关心少年儿童、爱护少年儿童、帮助少年儿童的良好氛围和强大合力。会议对溧阳市“十佳少先队员”“十佳少先队中队辅导员”“十佳少先队大队辅导员”“支持少先队工作好校长（书记）”等先进进行了表彰。选举产生了新一届溧阳市少工委委员。

（黄　震）

溧阳市妇女联合会

【概　况】 2018年，全市妇联组织紧扣市委、市政府中心工作大局，以习近平新时代中国特色社会主义思想为指引，认真学习贯彻中国妇女十二大、省妇女十三大会议精神，以开放的格局推动工作转型，以严实的标准强化自身建设，全市妇女干部面貌焕然一新，妇联组织活力不断加强。

【引领思想主旋律】 以主题教育深化政治引领。抓实学习贯彻党的十九大精神这一主线，以“巾帼心向党·建功新时代”为主题，联动市、镇（街道）、机关部门、村（社区）各级“巾帼好声音”宣讲团，广泛开展形式多样的宣讲活动，让妇女群众听得懂、能领会、可落实，提高对国家大政方针的关注度和知晓率，推动十九大精神进一步落到基层、进一步入脑入心。

以优良家风深化价值引领。丰富形式继续讲好最美“家”故事，以深化寻找“最美家庭”活动为抓手，抓好时间节点的主题策划，组织开展“最美家风”故事百场巡讲、首届“十佳善美母亲”评选表彰等主题活动，推出各具特色的家庭典型，最大限度发挥活动过程的教育激励作用。围绕改革开放40周年，部署开展“聊一聊我家这40年”讲故事比赛，激发广大家庭奋进新时代、开启新征程。

以榜样力量深化行动引领。开展“十佳母亲”“十佳好儿女”评选，缪静珍获评常州市“十佳好母亲”，陈西马获评常州市“十佳好儿女”，马贤娟、林丽琴、杨顺香分获常州市“优秀母亲”和“优秀儿女”称号；朱富金家庭、管林保家庭获评“全国最美家庭”“全国五好家庭”、黄琴家庭获评“江苏省最美家庭”；市妇联兼职副主席、富民资产合作社负责人郑香获江苏省“三八红旗手”称号。探索社会化申评模式开展巾帼文明岗创建，引领激励广大妇女岗位成才、建功立业。市第二实验小学德育处、市人民检察院未成年人检察科获省“巾帼文明岗”称号，税务局团支部书记周学婉、市中医院急诊输液护士长秦淮娣、公安局车管所涂琦分获省“巾帼建功”标兵和全省城乡妇女岗位建功活动社会监督员称号，客运有限公司公交15路线等10个单位创成常州市“巾帼文明岗”；李烨华、史惠元、戈芬3名创业女性获常州“巾帼建功”标兵称号。

【服务富民增收】 培树增收致富“领头雁”。实施巾帼创客明星“1+1”行动，组织开展巾帼创客沙龙、溧陕女企业家交流、电商峰会等活动。选送“天敌昆虫产业化”和“二元合成法的生物质制合格天然气技术”两个项目参加2018年常州巾帼创业创新创意大赛，分获一、二等奖。

拓展增收致富“新路径”。成立溧阳市金瓜子巾帼电商服务平台，举办电商人才、跨境电商专题培训，开展蜜糖聊天、路演学院展演，带动400余名妇女通过网络创业致富。张秀萍夫妇获“中国农村电商致富带头人”称号，刘颖入围全省百名女企业家服务高质量发展领航计划人选，李淑香、郑春华获评常州“最美质量人”。实施“助力乡村振兴巾帼先行”计划，将农旅融合发展模式作为动员妇女参与乡村振兴战略新路径和“双学双比”工作着力点，大力引导巾帼创业项目转型发展，积极培育休闲观光＋旅游、生态农业＋旅游、特色林果基地＋旅游和巾帼美宿项目。6月，在全国乡村振兴与妇女发展学术论坛上，市妇联作为唯一推介基层乡村产业振兴工作先进经验单位的代表应邀出席会议，介绍的工作做法引发与会专家学者的浓厚兴趣和高度肯定。9月、11月分别召开常州和本级双学双比现场推进会，表彰“巾帼电商服务基地”“巾帼创新业”“巾帼民宿”等巾帼优秀项目20个，发放扶持资金20万元。全年培育省级、常州级优秀项目，巾帼创业创新孵化基地等24个，获得扶持资金36万元。

厚植增收致富“内生力”。与财政、人社、金融等部门沟通联系，从技能培训、产业带动、资金帮扶、创业结对等方面开展创业就业帮扶。全年开展“妇女创业贷款政策宣讲”“旅游服务行业素质提升”“与智慧相伴，做一个聪慧的职业女性”等培训沙龙15场；举办女性专场招聘会20场，提供就业岗位5500余个；协调妇女创业贷款1385万元，解决数十名创业妇女资金瓶颈，直接带动就业2000余人。

【妇女维权】 市妇儿工委以妇儿两规（溧阳市妇女发展规划、溧阳市儿童发展规划）制定的实事项目为基础，分类分批全力破解事关妇女儿童切身利益的重难点问题。全市“社区儿童关爱保护”“留守儿童健康成长”“两癌妇女微心愿”等多项实事项目得到有效落实，7月，通过常州市“十三五”妇女儿童发展规划中期评估及重难点问题督查。

精准援助特殊困难群体，建立完善留守困境儿童信息库，全市562名特殊未成年人建立个人档案和联系卡；持续开展“春蕾助学”结对资助困境儿童活动，完成一对一爱心妈妈结对31人，帮扶109名儿童助学；在第二期“贫困母亲微心愿”认领活动中，溧阳50个贫困家庭的微心愿全部被认领，为贫困母亲送上关怀和温暖；在省儿基会“99公益日”活动中，指导市馨爱妇女儿童服务中心共同发起“守护星星的孩子”关爱自闭症儿童公益项目，共募得善款7.9万元，全部用于自闭症儿童康复器材的购买和康复训练。

着力推进社会维权。“三三工作法”实施“法润家庭”巾帼行项目，与市检察院、法院联合开展重点青少年帮扶活动，对涉罪未成年人开展测试、心理疏导、跟踪服务和矫正33人，为11名涉罪青少年和4名抚养费儿童解决实际困难；与公安和法院积极推广家庭暴力告诫制度和人身安全保护制度，全年发放家庭暴力告诫书和人身安全保护令9份。深入推进法律知识进家庭，举办“平安家庭”课堂、暑期安全教育、“模拟法庭”等系列普法宣传服务活动25场次。深化化解矛盾一线“牵手解心结”活动，对重点人群重点登记，重点接访，重点疏导，通过上门服务，开展心理疏导31起。帮助燕山东苑一名25岁困境妇女解决工作问题，关心关注其患有精神疾病的母亲，共处理妇女儿童案件151件，为79名受害人提供心理疏导和帮扶，为54名妇女儿童诉讼案件提供法律援助，解决和调解各类矛盾纠纷67起，排查婚姻家庭矛盾17起，解答法律咨询500余人次，发放维权联系卡3000余张。

【家风家教建设】 充分利用与华东政法大学社会发展学院共建实践基地的专家资源，积极开展家庭教育调研和咨询指导服务，相继开展留守儿童保护、社区儿童关爱等课题调研，为进一步探索建立以政府为主体的儿童公共服务体系提供有效意见和参考依据。深化“家庭教育微课堂”品牌，开设“点亮未来微课堂”线上线下50+系列课程和“弘家德 建家学 树家风”“曾国藩家训与好家风培养”“家庭教育专家面对面”等沙龙活动。与迷你吧、樊登读书会溧阳分会等爱心企业合作开展周二英语角、周四亲子读书会等沙龙活动。

【特色服务阵地】 濑江社区“红铃铛爱心小屋”、东升社区“太阳花爱心驿站”、美景天城“家庭多元成长空间”、马垫村“小候鸟工作站”等一批基层儿童活动阵地陆续投入运行。阳光公益法律志愿者协会、晨曦公益联合会等专业社会组织作为内容执行方，立足社区活动阵地和村小候鸟工作站开展“书香飘万家——亲子共读”“七彩的夏日”“青少年能力素质训练营”等活动30余场。馨爱妇女儿童服务中心全力引进、催生一批群众需求高、示范带动强的妇女儿童公益项目，其中“留守儿童阳光下健康成长服务项目”获2018年省妇女儿童公益社工一类项目。

【妇联组织建设】 因地制宜出台妇联改革实施方案。4月，按照中央和各级党委及全国、省市妇联对推进妇联组织改革的具体要求，以强“三性”去“四化”为目标，结合全市市情妇情特点，出台《溧阳市妇联改革实施方案》。

全面巩固村（社区）妇代会改建妇联、乡镇妇联组织区域化建设改革成果，建成苏浙皖边界市场妇联、劢善志愿者协会妇联、广播网络公司妇联、平陵集团公司妇联、东升实验幼儿园家校联合妇联、昆仑物业管理公司妇联等新型妇联组织25个。创新女性社会组织培育机制，建成沁霖女性社会组织孵化基地，推荐福阳社区新城主妇志愿者协会、先进居家养老服务中心，市木兰拳健身运动协会、劢善志愿者协会入驻常州市女性社会组织基地。拓展网上妇联建设渠道，按照市、机关部门及镇（街道）、村（社区）搭建三层“1+N”网上妇女微家建设模式，统一工作（交流）群名称，明确管理模式、工作重点和注意事项，建成“溧阳好姐妹”网上妇女微家452个。

对现有各级妇联组织特别是新建和改建的妇联组织，重点推进建章立制工作，相继推出《妇联执委联系妇女群众工作制度》《妇联工作公开制度》《妇联执委会议事工作制度》等指导性文件5项；进一步加强基层阵地建设，探索在村民小组、社区网格等妇女群众生产生活的最小单元建立“妇女微家”“执委之家”，充分发挥凝聚、教育、服务妇女群众的功能和作用。进一步探索符合新时代群众工作特点的妇联干部培养方式，加大对基层妇联主席、副主席和执委骨干培训力度，强化她们的身份意识、组织认同、履职能力。尝试开展市妇联机关干部挂职乡镇工作，选派家儿部部长余江上兴挂职，引导镇、村妇联积极融入服务接轨南京第一站工作中心。

（王　金）

溧阳市科学技术协会

【概　况】 2018年，市科协紧紧围绕全市“重大项目推进年”“全域旅游推进年”工作部署要求，积极开展“解放思想大讨论”主题活动，深入学习贯彻党的十九大精神，认真落实市第十二次党代会和十二届六次全会精神，推进市科协系统深化改革，按照“五位一体”总体布局和“四个全面”战略要求，切实履行“四服务一加强”工作职能，助推科技创新、提升科学素质、服务创新创业，为建设宁杭生态经济带最美副中心城市作出积极贡献。

【深化科协系统改革】 出台《溧阳市科协系统深化改革实施方案》。《方案》从五大方面入手，提出改革的目标和任务，力争从深层上解决科协系统机关化、行政化等突出问题，推动科协组织的政治性、先进性和群众性更加突出，引领力、凝聚力、服务力和创造力明显增强，开放型、枢纽型、平台型特色更加鲜明，服务科技工作者、服务创新驱动发展战略、服务公民科学素质提高、服务党委政府科学决策的能力明显增强，真正成为党领导下团结联系广大科技工作者的人民团体。扩充全民科学素质领导小组成员单位，新增经信局、国土局等9家为成员单位，同时将各乡镇科协全部纳入全民科学素质领导小组成员单位。市全民科学素质工作领导小组与各成员单位签订《全民科学素质工作目标责任书》，为推动《纲要》落实，确保到2020年如期实现居民具备科学素质比例超过14%的目标提供制度保障。

2018年6月1日，市科协举行“科普1号”科学实验秀活动　（周　昱　供稿）

【服务经济社会发展】 深入实施《服务企业科技创新三年（2017—2020）行动计划》，举办2018中国青虾高峰论坛，携手中关村招商局、溧阳市发明创新协会承办“中小城市如何留住人才”主题沙龙活动，组织竹箦镇科协、溧阳市万盛铸造有限公司科协等单位赴黑龙江和吉林等地高校进行产学研合作。继续开展企业科技信息服务推广应用工作，在上年入库企业达200多家的基础上，开始逐步尝试向企业推送专利信息网络版，对项目实施提供有针对性的精细化服务，根据企业需求，组织专家对专利资料进行翻译，提供专利深度解读服务，对产品开发过程涉及知识产权问题提供法律咨询、援助。

【开展科普宣传活动】 5月20～27日，科普宣传周以“科技创新，强国富民”为主题；6月6日是第23个全国“爱眼日”，与省中医院溧阳分院等围绕“科学矫正近视，关注孩子眼健康”主题走进西平小学。全国科普日活动期间开展“走进科普馆”“科学在身边”“科普进社区”等活动；全市全年参与科普活动人数超过10万人（次）。组织参加常州市第三十届青少年科技创新活动和江苏省第三十届“和平与发展”金钥匙科技竞赛。举办第六届溧阳市小学生建模、数棋、七巧板、小学生手工制作、创客机器人5项科技现场竞赛。组织溧阳市职业教育集团参加省职业院校创新大赛，一人获一等奖（中职级第一名），另外获3个二等奖和4个三等奖。

【完善科普示范体系建设】 市科协先后为全市18家社区免费安装科普触摸屏。举办“科普中国e站”落地应用培训班，组织相关专家编印《世界长寿之乡最美溧阳科普系列读本》，包括《交通篇》《食用油》《安全用药》《农产品安全》《长寿膳食》等8本科普宣传读本，内容同时在“溧阳科普”微信公众号上同步更新。常州日日春农业科技开发有限公司、溧城镇五里亭社区被江苏省科协、省财政厅命名为省科普先进单位、省科普示范社区；

江苏省天目四季春农业生态发展有限公司、溧阳市青虾养殖协会家被省科协命名为省科普惠农服务站，溧阳市青虾养殖协会被省科协评为优秀惠农服务站；天目湖新概念农业生态园、大石山旅游农庄为常州市科普惠农服务站；溧阳市南渡中心小学消防体验馆被省科协评为2018—2022年省科普教育基地。多次组织企业人员赴常州分别参加2018年科技信息服务项目推广应用工作培训会议、全省知识产权巡讲暨企业创新平台推荐会，为企业免费培训专利信息方面的技术人员。

【服务创新创业】 制定《溧阳市科协关于实施“四大工程”全面提升服务科技工作者能力水平的意见》。编辑《科技工作者建言》，走访慰问优秀科技工作者，使服务科技工作者的内容更加广泛，行动更加自觉，方式更加灵活，机制更加扎实，观念更加深入，团结和凝聚科技工作者为全市经济社会发展提供强有力的科技支撑。为大力宣传一批劳动、奋斗、奉献的“科技楷模”，进一步激发科技工作者创新争先的热情，在全社会大力营造尊重知识、尊重人才、尊重创造的良好氛围，市科协开展“创新科技企业行”活动，组织福阳社区、嘉丰社区居民走进溧阳市安靠智电有限公司和科华控股有限公司两家企业。对12名近年来为全市科技科普事业作出突出贡献的、长期扎根基层一线从事科研攻关、成果转化、科学普及、科技扶贫等工作的优秀科技工作者进行表彰。联合市科技局组织各镇（区）分管科技的领导、科技助理、科技镇长团成员以及部分市级学会（协会、研究会）、企事业科协负责人参加在武汉大学举办的市科技管理干部培训班。

（周　昱）

溧阳市归侨侨眷联合会

【概　况】 2018年，市侨联认真学习贯彻落实习近平新时代中国特色社会主义思想和党的十九大精神，以建设宁杭生态经济带最美副中心城市和更加开放的溧阳为目标，团结和带领全市归侨侨眷，紧紧围绕市委、市政府的中心工作履行职能，解放思想、开拓创新、振奋精神、克难奋进，为溧阳经济社会发展作出贡献。

【引资引智】 坚持“引进来”和“走出去”相结合，以全市产业和人才需求为导向，充分发挥资源丰富和联系广泛的优势，更好地服务全市“重大项目攻坚年”主题。“两节”期间，市侨联积极配合，邀请英国中医协会会长汤淑兰、香港溧阳同乡会会长庄竹青、斯里兰卡华人华侨总商会会长张旭东等人组成的侨界嘉宾代表参会。参加“2018创业之桥——第十五届海外人才常州创新创业洽谈会”的8名海外人才带着项目到溧阳洽谈，围绕新一代信息技术、智能制造及健康医疗、新材料及节能环保开展深度交流。溧阳市侨商会会员企业江苏创客联盟投资管理有限公司与江苏省溧阳中等专业学校签约，双方合作共建“创意、创新、创业——三创孵化平台”，打通学生创新创业的教学、实践、扶持和孵化链，探索创新型人才培养新模式。11月，随常州侨务经贸团一行赴德国、捷克开展项目合作洽谈、拜会海外侨团。全年，先后接待斯里兰卡华侨华人联合会会长张旭东，英国中医药学会会长，英国淑兰中医学院院长汤淑兰教授，德籍华人陆菊仙博士全家，柬埔寨曾剑、新加坡华人现巴布亚新几内亚驻北京贸易代表，阿波罗矿物资源私人有限公司执行董事李永祯和马来西亚侨领等海外侨胞、客商40多人次。

【参政议政】 全年，全年组织侨界政协委员开展4次调研活动，视察乡村旅游、特色小镇开发、城市建设等，撰写提案10件、社情民意9条、调研报告1篇、理论征文2篇。陈伟委员反映的“建立拆违地块后续清理及污染风险评估机制”建议被市政协办公室编辑后专刊上报市政府，得到分管领导的重视和批示，本人也被表彰为2018年先进委员。

【组织建设】 扎实开展以“解放思想、真抓实干、严明纪律、坚守底线”为主题的纪律教育学习月专题活动，切实在侨务部门营造锐意进取、干事创业的浓厚氛围。全年吸收4名侨商会新理事和会员，为侨商会工作开展增添活力。市侨联出资帮助市侨商会、联谊会建设固定活动场所，于4月完成两个会的新址揭牌仪式。结合常州“双百活动”，开展季度性侨企走访调研。先后深入10多家侨界企业走访调研。与侨界知名人士张清林、徐志群、杨桂红等10多位企业家开展座谈研究。12月，以省侨商总会、侨青会换届为契机，向上推荐省侨商总会理事3人、会员4人，省侨青会委员2人、会员12人，为全市优秀侨商、侨界青年提供更宽广的平台和交流机会。在年初制定的在具备条件的镇区或部门设立一个基层侨联组织的目标基础上，积极与教育、卫生等侨资源相对丰富的部门联络，配合卫生局完成全市卫生系统侨情普查，掌握一手的侨情数据，为全市卫生系统侨联组织成立奠定基础。

【爱侨护侨】 坚持新老并重，涵养侨务资源。4月，组织“归侨侨眷看溧阳”活动，让归侨侨眷们亲眼目睹和切身感受改革开放40年来溧阳建设发展的新面貌、新变化。9月，组织中秋慰问座谈，结合全市老归侨的详细情况，主动通电话，确保他们随时能得到贴心的服务。10月，组织“九九重阳浓浓侨情”主题活动，20余名归侨侨眷以登高、观赏等活动方式参观上兴镇曹山现代农业。落实“三必访”制度，关爱侨界群众。春节前夕，市侨联通过侨务工作公众号“濑江侨音”，向长期关心支持溧阳发展和侨联工作的广大归侨侨眷、海外侨胞致新年问候。九九重阳节，上门拜访加拿大皇家科学院和工程院两院院士吴柯母亲马小芳和中国科学院院士吴云东母亲王凤英，为他们送去节日的慰问和党的关怀。建立慰问探病制度，凡是老归侨、侨眷生病住院，必走访慰问；凡是老归侨或在家乡居留的侨眷去世，必到场吊唁。上半年，市侨办、侨联到场吊唁印尼老归侨蒋巧敏、日本老归侨邓友江和中国科学院院士吴云东父亲吴仁信以及加拿大老归侨马秀芳等人。

【文化宣传】 用常规媒体加强政策法规宣传。积极探索实践侨务动态信息宣传的新手段，提升侨务工作的影响力和号召力。在《溧阳时报》和部门网站上发布报道各类侨务信息30余篇。用海外华文媒体加强家乡人文和知名度宣传。“两节”前，在《欧洲时报》《加中时报》、日本《现代中国报》以及中国香港《亚省时报》上专版宣传溧阳，从创新创业、文明幸福、休闲度假等方面大力宣传溧阳，扩大了溧阳在海外的知名度、影响力。用微信传媒加强特定对象和综合信息宣传。在“一家亲”微信群和“濑江侨音”微信公众号，适时推送侨务政策法规、侨界大事要事和侨务工作的动态信息，让天南海北的溧阳人、华人华侨始终关注溧阳经济社会发展变化。积极组织全市中小学生参加“第十九届世界华人学生作文大赛暨第一届‘濑江侨音’杯作文大赛”，全市有168篇征文获奖，一等奖4名、二等奖17名、三等奖17名；溧阳市侨联获优秀组织奖。

【公益事业】 溧阳市侨联副主席（兼）赵华保、溧阳市侨商会副会长徐志群夫妇援疆助学，赴尼勒克县蜜蜂小镇溧阳村，看望并慰问村中的溧阳老人。前往哈萨克族村庄走访特困学生家庭，将江苏春为项目管理有限公司捐赠的6万元现金，发放到特困学生手中。他们十年不辍，十年来累计捐款已过百万元。溧阳市侨联委员、江苏碧玉谷化工有限公司李荣总经理向溧阳市古渎小学捐赠5万元善款，用于改善学校办学条件。

积极开展“阳光扶贫”工作，多次走访上兴镇汤桥村，结对帮扶贫苦家庭，并对3户挂钩贫困户实行“一户一策”，对有就业意愿和劳动能力的，积极联系用人企业，鼓励企业吸纳就业；对因疾病、残疾等丧失劳动能力的，帮助争取政府、社会各方面的关爱和救助。同时，扶持汤桥村参与上兴镇曹山旅游线绿色庭园经济开发项目，利用群众荒废的土地开发绿色菜篮子工程（土地租用）。协助汤桥村委积极申报汤桥供销社房屋改造工程项目，争取上级扶贫专项资金，力争项目实施，提高村级经济。落实帮扶资金3万元，确保完成2018年度各项挂钩扶贫任务。

（徐　丹）

2018年9月17日，溧阳市文学艺术界联合会第九次代表大会召开

（市文联　供稿）

溧阳市文学艺术界联合会

【概　况】 2018年，市文联团结和带领全市文艺工作者坚持文艺创新、崇德尚艺，在繁荣和发展全市文艺事业方面积极努力。“邀请全国知名文艺家采风创作项目”获得2018年江苏省文联系统优秀创新项目。

【召开市文联第九次代表大会】 2018年是市文联的换届之年，精心组织实施市文联九大协会换届工作。6～7月，下辖九大协会（即市作家协会、市美术家协会、市戏剧家协会、市摄影家协会、市书法家协会、市音乐家协会、市舞蹈家协会、市影视家协会、市民间文艺家协会）先后顺利换届。通过换届，进一步理清协会工作思路，一批年富力强的中青年骨干充实到各个协会理事会，为文艺事业持续发展提供组织保障。9月17日，市文联第九次代表大会隆重召开。市委书记蒋锋作了重要讲话，充分肯定过去五年市文联工作，对做好今后文联工作提出了新要求。市委常委、宣传部部长张爱文在闭幕会上代表市委对新一届文联领导班子提出新希望新要求。

【文艺活动】 市文联充分发挥文艺工作优势，组织全市文艺工作者深入生活、深入群众，精心组织系列特色主题文艺活动，丰富和活跃市民的精神文化生活。根据溧阳市18项重点工程安排，市文联邀请了全国著名词曲作家到溧阳开展“美音自在溧阳”采风创作活动；配合市委宣传部的“文化科技三下乡”活动，组织市书法家协会开展“送福送春联”；配合市纪委廉洁文化“八进”宣传，和市机关工委联合举办“崇廉尚德、让溧阳更美好”书画摄影作品征集活动；配合市“七五”普法，和市司法局联合举办“德法涵养”法治书画展活动；围绕纪念改革开放40周年等重要时间节点，和市总工会联合举办“纪念改革开放40周年‘金濑春晖’职工书法展”等。此外，组织市作家协会参与溧阳109位省部级劳模事迹采写；市戏剧家协会举办“迎新春”戏曲节、锡剧进校园、文明社区天天乐等活动；市音乐家协会、舞蹈家协会参加央视《乡村大世界》走进溧阳专场的开场表演；市美术家协会工笔画学会举办溧阳市“首届工笔画展”；市摄影家协会拍摄各镇区春节风光民俗活动；市影视家协会送电影下乡；市民间文艺家协会配合市政府全国农业与乡村旅游大会召开，组织跳幡神民间文艺队伍参演等。这些活动全方位地展示了溧阳深厚的历史文化底蕴、优美的自然风光和近年来经济社会发展所取得的成就，进一步提升了溧阳城市美誉度。

【文艺创作】 为进一步激发人才活力，市委宣传部出台《“溧阳北湖亭奖”文艺精品创作扶持奖励办法》等文件。为鼓励原创，引导艺术家出精品、出成果，市文联始终把繁荣文艺创作放在工作首位，充分调动广大文艺家的积极性，创作了一批思想性、艺术性、观赏性相统一的精品佳作。如赵善坚的长篇小说《血在燃烧》、潘振新创作的歌曲《梦在青山绿水间》、锡剧团报送的小戏《稻草人》均获常州市第八届精神文明建设“五个一”工程奖；沈佳宾的摄影作品入选江苏省文艺大奖摄影奖；刘琴芳的工笔画《秋色满江乡》、程安中的国画《和风》入选“江苏美术奖”；潘建忠、朱富平的粉画入选“第三届中国粉画作品展”；饶金龙的书法作品入展“全国四届隶书展”；彭衷、饶金龙、虞志江作品入展“第二届江苏书法奖”；老年摄影协会出版《美影溧阳——纪念改革开放40周年溧阳市老年摄影学会会员作品集》。

【文艺队伍建设】 2018年，市文联高度重视文艺人才队伍建设，加大优秀文艺人才的培养、评选、推介力度，文艺人才队伍整体实力不断增强。全市各文艺家协会焕发新的活力，通过开展各类活动，不断壮大文艺家队伍，扩大协会影响力。全市文艺家协会会员已发展到2200多人，其中，国家级会员27人，省级会员130人，常州市级会员310人。形成一支以省级以上文艺团体会员为龙头、市级会员为骨干、老中青三结合、充满活力和潜力的人才队伍。邀请赵本夫、黄书亭、赵文强、刘金保等艺术名家走进溧阳举办讲座培训或艺术展演或活动，拓展本土艺术家的视野，让文艺家队伍的政治素质和艺术素养得到较大提升。文联的季刊《天目湖》杂志，成为广大文艺工作者的创作园地、对外艺术交流的窗口和团结文艺家队伍的载体，彰显了溧阳的文艺特色，营造了浓郁的文化氛围。

（丁月辉）

溧阳市红十字会

【概　况】 2018年，市红十字会全面履行《中华人民共和国红十字会法》赋予的各项职能，着力加强自身建设，稳中求进，寻求突破，努力为改善民生、推动文明溧阳建设发挥应有的作用。获中国红十字会总会报刊宣传工作先进集体称号。

【人道救助】 2018年，市红十字会共发放助困、助学资金和物资100多万元。全面实施“红十字博爱送万家”项目，深入全市各镇（街道）走访慰问，发放慰问金和救助物资；开展红十字助学助老活动，联合民建支部到偏远学校开展助学活动；联合爱心企业到敬老院看望老人；按照《博爱救助基金管理和使用办法》，对家境困难的白血病患者和其他特困重病患者进行临时救助。

【急救培训】 围绕省委、省政府“应急救护百万培训”工程，以保护人的生命和健康为己任，大力推进救护培训工作。组织人员参加上级部门开展的救护师资培训，参加常州市红十字急救技能大赛。充分发挥国防园应急救护培训基地作用，联合市教育局将救护培训纳入学生军训课程，使应急救护知识普及常态化，定期组织救护讲师团成员深入社区、学校、企业开展救护培训，普及急救知识；在昆仑街道社区教育中心举办为期两天的全市校医和体育教师集中救护培训班；为江苏刚锐精密机械有限公司、溧阳北星材料有限公司等多家企业进行应急救护培训。2018年，举办各类培训班60多场，共培训救护员1106名、普及性救护培训8257名。

【救援演练】 在天目湖、南山竹海等景区设立30多个急救箱，加强对急救箱的日常管理；联合市公安局、交通运输局、地方海事处等单位开展天目湖景区水上搜救演练；联合市应急办、市教育局、市地震局等部门在全市各中小学大力开展应急逃生演练活动。

【无偿捐献】 联合市献血者协会举办第15个献血日和第33个国际志愿者日活动；联合市文明办、团市委、市献血者协会开展“汇聚青春热血、点燃生命希望”造血干细胞集中采集活动。2018年，全市共有150名造血干细胞捐献志愿者血样进入中华骨髓库，其中9人初配成功，再动员成功率为90%。累计遗体（器官）捐献登记60人，实现捐献8例。

【筹资工作】 加强与社会爱心力量的联系和合作，动员理事、会员单位以及社会爱心人士加入人道奉献行列。接受溧阳飞跃机电有限公司、江苏康宏新材料有限公司等单位捐款捐物合计90多万元。市红十字会认真开好每笔捐赠发票，并在中国溧阳网站上及时公布。

【主题宣传】 围绕“5·8”世界红十字日、“6·14”世界献血者日、世界急救日、“12·5”世界志愿者日等节日，广泛开展红十字文化传播、救护培训、志愿服务等形式多样的宣传活动。联合市文广体局举办急救健身操大赛，联合市人武部在国防园举办救护知识讲座，联合市卫计局、市血站、市献血者协会开展“浓浓献血情、心系你我他”活动。3月，省红十字会组织宣传部部长江建宁来到溧阳调研市红十字会组织建设情况。8月，中国红十字总会赈济救护部副部长李庆华、省红十字会赈济救护部部长郝宁到溧阳调研“博爱家园”创建工作。9月，参加在泰州举办的全省红十字专兼职干部培训班并作交流发言；12月，市红十字会四届二次理事（扩大）会议召开。全年，在省内外各报纸、杂志、网站发表信息、文章198篇。

【志愿服务】 充分发挥献血者协会、蓝天救援队以及爱心工作站等基层组织作用，大力开展志愿服务活动。借助“三下乡”活动平台，积极传播红十字运动知识，精心组织各类博爱救助活动，把党和政府的温暖及时送到困难群众手中。中、高考期间，组织红十字爱心车队主动为考生提供服务，免费接送考生205人次。

（金　璐）

人民武装

【思想政治建设】 2018年，市人武部在军分区党委和溧阳市委、市政府的领导下，求真务实、真抓实干，学习贯彻习近平新时代中国特色社会主义思想和强军思想，抓好《习近平新时代中国特色社会主义思想三十讲》《习近平论强军兴军》等书目的研读理解消化，注重抓好习主席系列重要讲话国防动员篇的运用转化，引导干部文员和职工始终做习主席强军思想的坚定信仰者、忠实执行者、模范实践者。坚持开展“传承红色基因、担当强军重任”主题教育。组织全体人员到西山烈士陵园凭吊先烈，到新四军江南指挥部参观学习、开展专题党日活动。开展“和平积弊大起底大扫除”活动，干部文员职工人人进行问题剖析，部党委对照清单梳理出8个方面15个问题，在日常工作中严肃整改。针对改革落地、人少事多的实际，及时搞好教育引导，开展“双四一”活动，力所能及解决实际问题，全体人员思想稳定、爱岗敬业，备战打仗、争创一流的思想观念进一步加强。开展全民国防教育，依托市民兵训练基地组织8700余名党政机关领导、企事业单位职工和高中新生国防教育培训，增强全民国防观念。参与“双挂双促”、“双百双建”结对帮扶活动，为溧阳市戴埠镇百家塘村提供帮扶资金10万元，为宿迁市宿城区罗圩乡郭庙村提供帮扶资金10万元。协调驻溧部队参加地方义务植树、烈士公祭日、义务献血、全国文明城市创建等各项活动，军政军民关系团结巩固。

【军事斗争国防动员准备】 贯彻落实习主席新年度开训动员训令，聚焦主责主业，狠抓练兵备战，始终坚持中心工作不动摇。常态化抓好市、镇两级战备规范化和基层武装部正规化建设，组织先行试点，现场观摩，全面推开。修订完善作战行动方案和非战争军事行动方案。落实机关值班，保持良好战备状态。加强动员业务学习，坚持按纲施训、从严治训，严密组织干部文员指挥技能、参谋业务、体能等常态化训练，指挥技能进一步提升。加强专武干部和民兵干部业务技能训练，坚持每季度例会制度，部署任务、辅导业务、研讨问题、交流经验，整体素质有效提升。抓好民兵分队森林防火、维稳防暴、快速动员、保障部队过境等科目演练，组织273名基干民兵分专业跨区域联训，遂行多样化任务能力有效提高。完成民兵调整改革任务，采取“盯住兵员流向编、区分层次分类编、围绕任务重点编”的方法，落实“三个优先”（优先选配转业退伍军人、科技人才、与军事专业对口人员），抓好“四个拓展”（由户籍地向工作地、由属地向行业、由传统产业向高新技术产业、由国有企业向新兴经济体拓展），提高民兵组织建设质量。高标准做好迎接军委国防动员部民兵调整改革落实情况考评验收工作，组织3个应急连300名民兵整建制集中补差训练。

【征兵工作】 市政府征兵办公室注重抓好18周岁适龄青年兵役登记，100%落实兵役登记工作。抓好宣传教育动员，印制散发宣传册5000余份，悬挂横幅标语200余条，运用手机微信短信多层次多渠道开展征兵政策宣传，激发适龄青年尤其是大学生报名应征热情。抽调市卫生和公安机关精干力量，严密组织进站体检和政治考核，组织预征对象开展役前适应性训练，狠抓廉洁征兵、择优定兵，确保新兵质量。协调民政部门落实优抚措施、抓好退役安置，保证上级优抚政策规定落实到位。加强军人荣誉体系建设，把优秀现役士兵和优秀退伍军人代表纳入走访慰问范围，把官兵在部队立功受奖的喜报敲锣打鼓地送到家庭，营造“一人参军、全家光荣”良好的社会氛围。协调多部门出台《对适龄公民应征失信行为联合惩戒实施细则》。严明赏罚措施，加大对逃避服兵役人员的处罚力度，维护兵役法律法规的严肃性。

【综合保障】 落实后勤动员准备，开展后勤动员潜力调查和需求测算，修订完善各类保障方案。根据民兵军事演训、执勤需求，加大后勤供应保障力度。落实党委管财理财,落实好“部财区管”和“一控三管”财经改革，确保财经安全。开展财务厉行节约“五个一”活动，抓好“八节一压”指标落实。不断完善部机关营区安防设施和生活设施建设，投入8万余元改造办公楼网络线路，加装“110”联动报警系统。加强精细化后勤管理，提升保障效益。发挥好民兵训练基地保障作用，完成省政协机关、溧阳市委常委“军事日”活动保障任务。

【安全管理】 定期开展安全形势分析，做好各类演训等大项活动中的风险评估，有针对性地做好防范措施。加强正规化建设，组织全体干部文员职工参加“学、学、正”（学条令、学法规、正秩序）活动，学习贯彻新条令，不断正规战备、工作、学习、生活秩序。开展“百日安全活动”，进行安全大检查大整治，对标找差，整改落实，开展网络安全和保密清查等专项活动，重点抓各项规章制度的末端落实，消除隐患死角，确保不出任何问题。抓“三防”（防事故、防案件、防泄露）、“四反”（反渗透、反心战、反窃密、反策反）工作，落实保密规定，有效杜绝失泄密问题发生。抓各项管控措施，尤其“人车枪弹密、水火电气油、酒钱黄赌毒、涉外涉地方”等重点环节，确保单位高度安全稳定和集中统一。高度重视意识形态领域斗争，开展社会主义核心价值观和当代革命军人核心价值观教育，推进精神文明建设，加强作风纪律整顿，塑造人武部良好的外部形象。

【学习教育】 推进“两学一做”学习教育常态化制度化，教育引导干部文员和职工增强党员意识、履行党员义务，统一思想、服从改革、推动发展。全体党员能够自觉以“时代楷模”王继才同志为榜样，加强理论学习，承诺践诺，严实工作作风，践行党员标准，学习教育成效明显。学习贯彻省军区第十四次党代表大会精神，结合开展的党的纪律教育，全面加强人武部党的建设，切实发挥好党组织功能，严肃正规党内生活，强化党性观念，不断改进作风。注重加强党委班子自身建设，坚持民主集中制原则，严格规范开好部党委民主生活会，突出“六个必须”，从强化“四个意识”的高度进行党性检视，坚定了看齐追随的目标方向。部党委、纪委严格履行“两个责任”，推进廉政建设，有效落实《中国共产党廉洁自律条例》《中国共产党纪律处分准则》，在经费使用、物资采购、兵员征集等敏感事项上，坚持按原则按规章按程序办理，杜绝违规违纪问题。

（刘　涛　朱海棋）

人民防空

【人防信息化建设】 优化人防专业队编组。完成10支270人专业队人员实名制调整和信息录入并上报，实名率100%。整组后人防专业队伍具有一定组织能力和专业知识，共产党员、共青团员、退伍军人比例逐年提高；与溧阳蓝天救援队进行联合演练，建立良好的沟通合作关系，共同提高应急处置突发事件能力。

抓好指挥平台管理和信息化建设。落实指挥所管理制度，完善9项登记统计表格并建立台账，对地下指挥所内部供电、供水、警报、通风和防护门等重要设备设施进行全面出新保养，保证指挥所运行状态良好。指挥所每周与上级保持通信联调联试，专线与视频会议通畅率100%。完成机动指挥所与地下指挥所4G VPDN联网运行。配合市地震局做好市地震指挥所日常维护管理工作。

人防训练演习工作。按照国家人民防空办公室颁布的《人民防空训练规定》和《人民防空训练与考核大纲》要求，开展民防局机关干部业务训练和准军事化训练工作。全年完成训练42个训练日224个训练小时。其中，跨区联演11个训练日，与兄弟单位联演4个训练日，自行训练27个训练日；观摩演习1次；完成“9·18”防空警报试鸣有关学校、社区应急演练工作。

防空袭预案和防空警报安装工作。按照上级的要求和部署，把握时间节点和工作步骤，做好城市防空袭预案修订工作，对7项保障计划和8幅图表进行部分修改和完善。全年新增安装固定电声警报器7台，完成“9·18”警报试鸣任务。组织重要经济目标分类统计工作。对全市重要经济目标按照省民防局文件标准重新进行分类分级统计和上报。

【人民防空工程建设和管理】 建立健全城市综合防护体系，围绕人员防护、目标防护、专业力量、组织指挥、支撑保障五大体系要求，突出抓好城市中心区、重要目标毗邻区人民防空设施建设，落实平结合换要求，完善防护功能和工程布局，增强城市整体防护和综合承载能力。抓好结建人防工程建设工作。实现结合民用建筑修建防空地下室新立项项目11个，新开工项目9个，新竣工项目7个，在建项目39个。政务服务中心民防窗口共办结许可项目98件。

抓好人防工程质量监督检查。重点抓好防护设备安装质量检查，抓好人防工程监理企业现场行为检（抽）查，推行人防工程质量监督检查规范化标准化建设。加强队伍建设，健全监管力量，探索与工程建设监督部门联合监管新模式，实现人防工程质量监督检查全覆盖。从2018年起，全市所有新开工人防工程均按照省民防局要求，实行网上“江苏省人防工程质量监督管理平台”运行，实现从工程报建到竣工验收的六个环节全部网上申报。

抓好人防工程维护管理工作。对老旧人防工程实施定人、定片、定时的动态巡查管理，落实专项维护经费，对部分人防工程进行维修出新保养。按照双随机要求，由双随机监管抽查平台，在每月月初分配人防工程维护管理抽查巡查任务，实现人防工程检查巡查每年两次的目标任务，每个人防工程的检查均形成《溧阳市人防工程维护管理和安全检查表》并由维护管理方签字见证。推广人防工程使用证制度，实行人防工程平时使用行政许可，按照要求发放《人防工程平时使用证》，做好《人防工程平时使用证》的上墙工作。

【民防法治建设】 坚持法规先行，注重规划引领，强化人防建设沿着有法可依，有章可循、依法建设和管理的轨道健康发展。强化规划引领。开展十三五”规划中期评估工作，对照溧阳民防“十三五”发展规划内容，查找差距，分析原因，研究解决办法，调整完善规划，促进加快任务完成。《溧阳市人民防空工程规划（2018–2035）》编制工作按计划推进，完成专家评审论证环节。深化行政审批制度改革。按照《市政府办公室关于印发〈溧阳市推进“不见面审批（服务）”改革实施方案〉的通知》实行“不见面”审批，“溧阳市政务服务一体化平台”正式投入使用，该系统确保申报项目能够即时审查、即时审批、即时送达。完善依法行政手段和方式。落实执法资格审查和持证上岗制度，启动运用“双随机”监管抽查平台，在监管过程中，随机抽取检查对象，随机选派执法检查人员，及时公布查处结果。开展军民融合发展涉及人防方面的文件清理工作。

【防空防灾宣传教育】 丰富宣传教育形式和内容。坚持把民防宣传教育融入国民教育、国防教育和公共安全教育体系，结合科普宣传周、防灾减灾日、法制宣传日等重大节点，推进民防宣传教育进机关、进学校、进企业、进社区、进网络，创新民防宣传教育形式。在民防系统及溧阳市政府门户网站、《溧阳时报》等媒体用稿50余篇，结合“5·12”防灾减灾日、科普宣传周及科普集市集中开展系列宣传教育活动。开展溧阳市民防局局长走进政风热线广播直播节目，真诚面对听众，宣传民防工作，了解社情民意，听取意见建议。完成理论调研成果2篇。民防进社区不断深化。结合“三大一实干”和文明城市创建巩固工作，开展村居、社区大走访活动，对民防工作站民防器材的维护保养、民防工作的开展用等情况等进行宣传指导。民防教育不断普及强化。向全市中小学发放民防读本23000余册，向社会公众发放宣传资料40000余册、宣传物品2000余件。

【文化建设】 机关文化建设持续深入。参与文明城市创建巩固强化、党员义工等活动，结合“三大一实干”“双挂双促”“阳光扶贫”开展大走访10余次，走访慰问10户困难家庭。组织开展丰富文化活动，举办“三八妇女节”踏青、乒乓球比赛等，提升干部队伍的凝聚力。

（肖　刚）

法治政府建设

【部署依法行政重点工作】 按照上级关于贯彻落实《法治政府建设实施纲要（2015—2020年）》的工作要求，印发《溧阳市2018年法治政府建设重点工作任务清单》，安排部署重点工作41项，明确责任分工和主要成果形式，确保法治政府建设的各项要求落到实处。

【政府法制机构规范化建设】 推进政府法制工作规范化、制度化，优化工作方式，在合法性审查、政府合同管理、执法监督、行政复议等方面建立工作制度，汇编成册，固化规范化建设成果，强化“严谨、规范、敬业、高效”的工作理念，发挥法制机构在推进法治政府建设中的参谋助手和法律顾问作用。

【提升制度建设质量】 落实规范性文件计划制度，市政府结合全市重点工作和重点工程，坚持问题导向，科学编制2018年度规范性文件制定计划。对拟出台的《关于溧阳市巡游出租车运价政策的通知》《城区菜市场标准化改造实施意见》《加快推进全域旅游发展的实施意见》等涉及重大公共利益和群众切身利益的规范性文件，严把合法性审查关，扩大公众参与度，确保规范性文件合法有效。

【文件专项清理】 开展涉及产权保护的规范性文件、大气污染防治相关文件、涉及军民融合发展文件以及生态环境保护规范性文件等领域的专项清理工作，市政府主要领导亲自作出批示督办，分别制定清理实施方案，加强部门之间对接论证，研究形成清理结果，及时向上级汇报清理情况。部署开展全市证明事项清理工作，梳理排查证明事项，清理“奇葩”证明、循环证明、重复证明等各类无谓证明，强化对部门行政行为的内部监督。

【规范性文件动态监管】 落实规范性文件报备制度，按要求及时向常州市政府和市人大报送备案，主动接受上级监督。印发《关于开展部门文件合法性审查的通知》，组织全市32个部门对历年来印发的1817件部门发文进行合法性审查，由部门法制机构或者法律顾问出具合法性审查意见书，提出审查意见，进一步提高文件质量，从源头上减少违法行政行为的发生。

【健全重大行政决策程序】 出台《溧阳市重大行政决策程序实施细则》，建立重大行政决策的具体实施机制，增强决策程序的可操作性，保证重大行政决策各项程序落到实处。加强行政决策合法性审查，重大行政决策草案提交市政府常务会议审议前，都经过市政府法制办进行合法性审查，并出具书面审查意见。全年经过政府法制部门审查的各类文件和决定98件。

【法律顾问制度】 继续推进法律顾问制度规范化建设，出台《关于成立溧阳市人民政府法律顾问委员会的通知》《溧阳市政府法律顾问委员会工作规则》等工作制度。充分发挥法律顾问的智力支撑作用，参与市政府重大涉法事项的处理。镇（区、街道）党委和政府、市级党政机关普遍设立法律顾问。

【政府合同管理】 落实《溧阳市政府合同管理实施办法》规定，组织全市机关、企事业单位对2010年以来签订的各类合同进行全面清理，摸清合同基本情况，建立政府合同台账。召开加强政府合同管理工作专题会议，市政府分管领导出席并讲话，对强化政府合同管理工作提出具体要求。印发《关于进一步加强政府合同管理的通知》，强化部门合同的动态监管，加强合同风险防范和控制。政府合同签订前均经过合法性审查，出具法律审查意见书。

【执法规范化建设】 印发《关于推行行政执法公示制度、执法全过程记录制度、重大执法决定法制审核制度的实施意见》，进一步规范行政执法行为，加强行政执法监督，减少行政执法争议。开展行政执法案卷质量评查，对全市27家行政执法部门73份行政处罚案卷进行集中点评，及时发现和纠正执法活动中存在的问题，规范行政执法自由裁量权，保障行政执法决定合法适当。严格行政执法人员资格管理，做好执法证件动态管理工作。

【行政执法体制改革】 推进区域相对集中行政处罚权试点工作，推动建立健全权责统一、执法高效的行政执法体制。开展行政执法体制改革调研督查活动，将相对集中行政处罚权工作落到实处，督促试点镇（街道）履行执法职责，截至年底，全部试点镇（街道）均已正常开展相关执法工作。

【政府信息依申请公开】 市政府信息依申请公开案件受案共51件，案件数量比上年有所提高，案件性质主要集中在征地补偿等方面，并呈现同一申请人重复申请、以咨询形式提出申请、同时向多个部门提出申请等特点。针对新情况新问题，组织相关部门协商沟通，明确职责分工，严格规范答复程序和时限，依法依规、严谨规范、慎重稳妥地做好答复工作。

【行政复议】 发挥行政复议纠错功能，发挥行政复议的层级监督作用。印发《关于做好行政应诉、行政复议答复工作的通知》，健全复议决定书网上公开制度，进一步畅通行政复议受理渠道。严格按照法定程序开展行政复议活动，对每一件行政复议案件都坚持重证据、重依据，做到事实清楚，适用法律正确。人民群众通过行政复议解决矛盾纠纷的意愿进一步增强，行政复议案件质量进一步提高。

【行政应诉】 贯彻执行《江苏省行政应诉办法》《关于加强和改进行政应诉工作的意见》，规范应诉工作程序。落实行政机关负责人出庭应诉制度，强化工作考评。加强与法院的沟通联系，对行政执法中遇到的共性问题加以研讨，深化行政机关与审判机关的良性互动。研究落实司法建议，确保整改到位、及时反馈。

【行政执法教育培训】 在全市组织开展各种层级、多种形式的法治教育培训活动。举办2018年度法制系统干部综合能力提升培训班，组织全市33个重点执法部门的分管领导和业务骨干赴南京大学，学习转型时期法治政府建设、行政法的理念与行政执法中的法律思维和方法等课程，提升执法人员法律素养和执法水平。

（市法制办）

政法委及社会综合治理

【概　况】 2018年，全市政法系统落实中央和省市政法工作会议精神和市委、市政府部署要求，推进平安溧阳、法治溧阳和过硬队伍建设，服务经济社会发展，维护社会大局稳定，促进社会公平正义，保障人民安居乐业。溧阳市被评为全省法治县（市、区）创建工作先进单位、全省平安县（市、区）和全省信访工作“三无”县（市、区）创建先进单位。全市公众安全感、法治建设满意度、政法队伍满意率分别达97.75%、98%和94.1%，保持全省、全常州第一方阵，其中队伍满意率连续两年位居常州第一。

【服务发展】 市委政法委出台政法服务保障“两大推进年”八项举措和为民五项实事，牵头实施的“天目湖生态环境法治保障工程”获评常州市2018年度社会治理创新优秀项目奖。市公安局高标准参与“263”专项整治，查处环境生态案23起，处理101人；开展政务服务“进一门、集中办、高效批”工作，落实身份证异地办理等20项便民举措，窗口满意度达95%以上。升级文明交通，交通文明现场测评指数保持全省前列，参与实施的“机关事业单位开放停车，创新社会资源共享”“深化文明城市建设三项重点整治”分别被评为2018年度全市工作创新奖和优秀项目奖。市检察院依托全国首家企业刑事风险防范中心，打造企业体检样板工程，被评为全省首批优秀法治实事项目；助力污染防治攻坚战，落实环保公益诉讼、诉前生态修复等机制，办理环资类案件46件86人。推进“12309检察服务中心”转型升级，建成集检察服务、检务公开、检察监督等功能于一体的对外服务网络和实体平台。市法院制定为全市“两大推进年”提供司法保障的20条意见，参与实施的“司法保障房屋征收成效显著”被评为2018年度全市工作创新奖。完善产权保护机制，采用“七人合议庭”审理环资案件。推进诉讼服务中心提档升级，实现诉讼事务“一站式”办理，诉讼权利“零障碍”行使。市司法局制定司法行政服务和保障全市“两大推进年”活动的实施意见，服务大局、普惠民生；做好重大项目公证法律服务，对有特殊需求的企业提供常年公证法律服务。组建“12348”法律服务队，走访企业750家，开展法治讲座20场。实施“法律扶贫”，把“阳光扶贫”对象纳入法律援助，共办理涉及阳光扶贫对象法律援助68件。

【维护稳定】 社会大局保持稳定。组织开展信访突出问题和重点人员化解稳控大突破等行动，落实党政主要领导“百县千案”包案等工作，一批重点人员、重点矛盾和层面性问题得到推动化解和有效稳控，完成全国“两会”、中央巡视组巡视江苏等重点敏感时段信访维稳任务。全市发生进京到非接待场所上访5人次，发生到国家信访局越级访22人次，比上年分别下降54.5%和18.5%。

矛盾纠纷有效化解。完善矛盾纠纷排查化解机制，深化公调、检调、诉调、访调等对接机制，做精劳动争议、物业纠纷、医患纠纷、婚姻纠纷、道路交通等专业调处平台。全市各级调解组织共排查纠纷5230次，调解纠纷12460起，劝阻群体性上访80批567人次。

防控体系扎实严密。深化“雪亮工程”和巡防一体化建设，新增监控探头2000个，全市万人发案数、万人违法犯罪警情发生数连续多年常州地区最低。加大对各类违法犯罪的打击力度，全市命案、“八类案件”全破。“涉税会战1号”案件得到李克强总理批示肯定，专案组被公安部荣记集体一等功。检察院批准逮捕犯罪案件289件442人，提起公诉744件1020人。法院审结刑事案件815件1128人。

扫黑除恶开局良好。成立领导小组，组建实体化专班，制定方案，签订责任状，召开动员部署会、领导小组扩大会、专班工作会，组织开展集中宣传活动，建立健全各项制度机制。至2018年年底，摧毁“套路贷”恶势力集团1个，摧毁寻衅滋事、聚众斗殴、非法拘禁等恶势力团伙22个，抓获涉黑涉恶犯罪嫌疑人337人。

【法治工作】 出台《溧阳市贯彻落实〈党政主要负责人履行推进法治建设第一责任人职责规定〉实施办法》，进一步将法治建设纳入“一把手”工程、全市绩效管理考核体系和优化政治生态考评体系，作为衡量各镇（街道）和各部门领导班子工作绩效的重要指标。

推进依法行政，制定《2018年法治政府建设攻坚行动重点工作任务清单》。深化“放管服”改革，落实政府行政权力清单制度，实行行政审批事项目录化、标准化。完善“两法衔接”机制，加强行政检察监督，在常州率先将该项工作纳入行政机关考核目标。做好行政复议、行政诉讼等工作，并将其纳入依法行政考核。

配合监察体制改革，落实司法责任制、以审判为中心的刑事诉讼制度、司法公开等改革任务，统筹推进司法体制综合配套改革。探索司法化审查逮捕试点，遴选50名刑事专业律师，参与案件办理126件，在省内率先实现审查逮捕阶段刑事辩护全覆盖。推进“基本解决执行难”攻坚行动，常态化开展集中执行活动，执结案件8058件，为当事人实现胜诉权益7.2亿余元。

推进“七五”普法，开展的“法润溧阳”“万人学法”“宪法进万家”等系列活动通过省、常州市“七五”普法中期考核验收。建立“谁执法谁普法”制度，实施项目管理和专门考核，编印以案释法集10个系列300个案例。加强法治文化阵地建设，12个单位成为常州市首批“法治五区同创”示范单位，7个单位获评省级法治文化建设示范点，省级“民主法治村（社区）”创建率达51.1%。

【网格化社会治理机制】 推进创新网格化社会治理机制工作，获得2018年度全市“工作创新奖”。中心统一规范。投入2000余万元，按照“统一建设标准、统一装备配备、统一运作流程”的要求，开展市、镇、村三级网格化服务管理中心（工作站）建设。市级中心和11个镇（街道）中心全部建成使用，相关34个职能部门均安装网格化联动指挥平台系统。网格统一划分。按照“属地管理、规模适度、界定清晰、全面覆盖”的原则，出台网格划分办法，全市共划分村、社区基础网格948个，学校、医院、企业、园区等专属网格226个。资源统一整合。将涉及基层社会治理的34个职能部门工作纳入网格，明确准入清单30项、信息采集清单21项和服务管理事项清单五大类（社会治安、公共安全、城市管理、环境保护和民生服务）351项。深入推进公共服务资源融合发展，在常州地区率先将“12345”政府公共服务中心和城市管理监督指挥中心整体并入市网格化服务管理中心。人员统一配备。建立以“网格联络员、网格长、专职网格员、兼职网格员、网格志愿者”为主体的全要素网格服务管理队伍。专兼职网格员队伍由镇、街道整合条线在村（社区）的各类协辅人员，统一配置到网格，实现“多元合一、一员多用”。信息统一采集。市、镇两级网格化服务管理中心建立联动指挥平台。网格员根据网格事项清单，依托全要素网格通手机，全面采集各类基础信息和动态信息，并向指挥平台上报流转。截至上2018年年底，平台内上报流转事件324859件，按期办结率达99.1%。

【教训培训】 更新培训理念，创新培训方式，丰富培训内容，开展业务骨干培训、实务技能竞赛、庭审观摩、司法调研、文书评比等活动，提升干警司法实践运用能力。开展“树典型、学先进”活动。开展第四届政法系统“十件最感人的事”评选活动，于2018年1月3日举办专题颁奖典礼。市公安局开展“最美警察”“最美警属”“最优辅警”“五四青春警星”等系列先进典型评选活动，形成广泛社会影响。参与条线评先评优，涌现出“全国坚持发展枫桥经验实现矛盾不上交试点工作表现突出个人”吴旭辉、“法润江苏专项行动先进个人”周腊梅、“常州最美警察”王峰等一批先进典型。

（沈　超）

公　安

【概　况】 2018年，溧阳市公安局以习近平新时代中国特色社会主义思想为引领，以不断增强人民群众获得感、幸福感、安全感为总目标，围绕市“两个推进年”工作中心，推进“五个现代”发展战略，重点抓好公安改革试点工作和“十项攻坚提升行动”。

完成全国“两会”、“上合组织青岛峰会”“中非论坛”等重要时期、敏感节点和“宋团城”观灯节、市“两节”等大型活动安保任务。年内全市死亡交通事故、死亡人数比上年分别下降6%、8%，火灾事故比上年下降10.87%，未发生亡人火灾事故。

【强化治安防控】 打造更加安全的治安环境。深推扫黑除恶专项斗争，摧毁“套路贷”恶势力集团1个，破获涉黑恶案件64起，抓获犯罪嫌疑人337名，法院涉恶生效判决143人。推进打击“盗抢骗”“云端2018”“净网2018”等专项行动，攻克公安部涉税“会战1号”案件，李克强总理和部、省、市领导专门批示肯定。快侦快破“3·5”“5·24”“11·23”故意杀人案等一批恶性案件，经营侦破部省督办“正能网”敲诈勒索案、“4·16”网上开设赌场案、“2017−140”目标毒品案等一批有影响案件。2018年，全市现行命案全破，辖区万人发案率、万人违法犯罪警情发生率保持常州最低。升级进攻型街面巡防格局，固化“三查”“常安”清查等工作机制，持续开展“扫黄禁赌”专项行动，落实实地考核、机关民警进社区等基础工作措施，完善旅馆业分类管理制，探索民宿管理新模式，基础工作质态稳步提升，基础管控更加有效。2018年，全市街面侵财警情比上年下降26.2%，娼赌警情比上年下降35%。打造升级版“技防城”，推进实施平安护民工程等项目建设。2018年，新投入实战智能侦查终端96套，采集汇聚社会面数据330万余条，科技手段直接服务实战贡献率大幅提升。

【优化服务环境】 推进“放管服”改革各项措施落地，按需设置出入境、交管服务分理点8个，在警务工作站、政务服务中心等设置自助服务设备5处，累计分流业务6.9万余件。落实身份证异地办理、出入境证件异地补换、错时预约办理、交管改革20项措施等便民举措，惠及群众12.6万余人。2018年，公安窗口累计办理业务66.2万余件，窗口满意度达95%。推进矿产品运输车辆超限超载治理，联合宜兴成功拆除长木桥东侧违建码头，落实境内360省道、社农线、233国道等重点道路限行措施，24小时常态运行治超站，累计处罚涉矿车辆交通违法行为4500余起。推进文明城市三大攻坚战，升级文明交通内涵，年内新增路内、单位停车泊位1362个，完成单位办公院落敞开5家，优化改造城区5个住宅小区1866个停车泊位和小区内部道路，严查行人、非机动车违法行为12.7万余起，城区机动车礼让行人率、非机动车守法率分别达98%和97%，交通文明现场测评指数保持全省前列。高标准推进"263"专项整治，贯彻执行《天目湖保护条例》，依法查处上黄力山矿宕口非法倾倒等案件17起，打击处理嫌疑人41名。优化民意中心工作机制，整合"110"接警、政府"12345"热线、数字化城管、小区综合整治等事务，统一扎口，回应群众诉求，做到事事有落实、件件有回访，营造警民互动、和谐共建的社会治安生态。年内省综治办测评，溧阳公众安全感、队伍满意度、矛盾纠纷调解率、解决率、治安问题解决率、平安创建群众参与率等9个指标，溧阳7项指标居常州市前三，其中5项指标第一。

【强化队伍治理】 坚持全面从严治党、从严治警，深入开展解放思想大讨论活动，完成智慧党建平台和钉钉考勤平台等系统建设并投入使用，打造智慧政工新模式；建立健全党建基础工作常态检查机制，持续保持党风廉政高压态势。推进民警实战实训，赴湖南大学举办领导干部综合素能提升班，组织参加各类专业培训20余次，累计受训460余人次。推进执法规范化建设，建立以"主办民警""首接责任制"为核心的执法处警责任制，深化以案管中心为纽带的执法服务体系，先后整改执法问题1732个，问责处置12人次。依法维护民警正当执法权益，对暴力阻碍民警执行公务等案件健全督察介入、异地处理和领导慰问等常态工作机制，先后为25名民警、辅警维权，处置违法人员30人。落实关爱激励措施，完成市局职工之家建设，结合三八、五四、六一等节日特色，举办系列主题活动，市局被省公安厅向公安部推荐申报集体一等功，7名民警获个人二等功，28个先进集体、333名民警受到各级表彰。

（汪德华）

检　察

【服务大局】 2018年，溧阳市人民检察院立足检察本职，坚持"打击、保护、服务"方针，出台《关于充分发挥检察职能服务保障"重大项目推进年"的实施意见》，着力提升服务创新发展的有效性。全年办理各类涉企刑事案件120件201人，涉案金额6亿余元。完善全国首家企业刑事风险防范中心，构建"5+模式"打造企业体检样本工程，为企业法人提供企业健康体检。2018年以来，累计有40余批近3000名企业高管、员工参观学习，该工程被评为全省首批优秀法治实事项目、省级法治文化建设示范点、省级廉政文化建设示范点等。

持续打造"检察蓝护航生态绿工程"，制定《关于充分发挥检察职能，服务保障"全域旅游推进年"的实施意见》，全面加强"1号公路"生态环境检察保护工作，开展巡查工作10余次，对发现的沿线秸秆焚烧、滥伐林木、非法倾倒垃圾等污染环境问题，及时反馈并督促相关职能部门依法履职。开展诉前生态恢复相关工作，开展补植复绿、增殖放流等工作近30次。加大打击破坏生态环境类犯罪力度，办理该类案件46件86人。由市检察院督促依法行政、督促立案和督促补充移送起诉，又上升为公安部督办的姚某等26人跨省污染环境案，在2018年法院全部判决有罪，同时立足公益诉讼职能协助追回损失2500余万元。

严厉打击群众反映强烈的非法集资等涉众型经济犯罪，起诉该类案件8件12人，特别是陈某甲、陈某乙非法吸收公众存款案，涉及公众167人，金额达1.7亿余元。维护人民群众"舌尖上的安全"，联合市场监督管理局制定《食品药品行政执法与检察监督联动的意见》，重点整治药品领域犯罪，适用速裁程序快捕快诉，起诉该类案件17件21人。针对网络餐饮服务平台商家违法经营、药店药品违规储存等问题，检察长依法送达检察建议，相关问题均已整改到位。结合办案中发现的出借资质、企业安全等社会性问题，向相关单位发出检察建议12份，特别是针对企业支付宝账户存在重大资金安全隐患的情况，专程赴支付宝（中国）网络技术公司当面送达检察建议，督促该公司完成软件升级，更好保护企业资产，该项工作被《检察日报》专门报道。

【刑事检察】 依法批准逮捕各类刑事犯罪案件289件442人，提起公诉744件1020人。投入扫黑除恶专项斗争，自觉增强责任感、使命感，强化与公安、法院等司法部门的制约与配合，始终保持对该类案件的高压态势，已批捕该类案件23件41人 。加大对严重暴力、网络诈骗等行为的打击力度，办理该类案件26件30人。依法批准逮捕中央领导批示的特大涉税案件犯罪嫌疑人30名。依法起诉侵犯上千名老年人合法权益的特大保健品诈骗案件被告人40名。

【民生检察】 坚持畅通群众诉求表达渠道、规范信访业务办理，健全基层矛盾化解"八大平台"，受理群众来信来访306件次，均得到妥善处理。始终贯彻宽严相济的刑事政策，重视依法从宽因素，最大限度地化消极因素为积极因素，对36名主观恶性较小、认罪态度好、犯罪情节轻微的初犯、偶犯、过失犯和未成年犯，实行轻缓处理，维护当事人的合法权益。完善司法救助制度，为21名生活确有困难的刑事被害人及其近亲属提供救助，同时联合相关部门开展心理疏导、爱心帮扶等举措，着力帮助被害人家属走出困境，重新生活。

高度重视未成年人司法保护工作，完善以超前预防为重点、多维心理重构为核心、人文关怀为保障的未检工作格局，先后开展“缤纷暖冬”“律动春天”“助跑青春”等校园法治宣传活动20次。高考前夕远赴江西铅山为2名即将高考的犯罪嫌疑人提供帮教，帮助其在考察期间顺利考上大学。秉持有限职责、无限服务理念，以争创全国文明单位为动力，成立常州检察系统首支综合性志愿者服务队——蓝纸鹤青年志愿者服务队，广泛开展义务献血、交通引导、爱心助学等社会公益活动，传递检察温情、展现文明担当。一名干警连续献血19年，获全国献血铜奖。

【诉讼监督】 通过编写侦查监督要点手册，汇编刑事审判监督案例指南，提高诉讼监督能力。通过召开检察法律监督季会，逐个点评员额检察官诉讼监督成绩并梳理诉讼监督盲点，履行诉讼活动监督职能。全年立案监督22件，纠正侦查活动违法51件次，追捕12人，追诉8人，提出或提请刑事抗诉8件。根据高检院统一部署，开展环境资源类和食品药品类“两个专项立案监督”工作，督促相关机关依法办理该两类案件20件。

会同司法局出台《溧阳市社区服刑人员风险量化评估机制》，全面加强社区矫正人员监督工作，系统开展“判实刑未执行刑罚检察”“财产刑执行检察”和“维护在押人员合法权益”3个专项监督活动，监督纠正脱漏管案件3件3人，监督纠正判处实刑未交付执行案件53件53人。监督纠正财产刑未执行案件5件5人。坚持羁押必要性审查，监督变更强制措施52件52人，对刑事执行违法违规情况发出检察建议17份，均被采纳。

受理民事行政申请监督案件210件，提出抗诉或者再审检察建议42件，对民事执行活动中的违法情形提出检察建议41件。以市“两办”转发《常州市违法行政行为检察监督工作实施办法（试行）》为契机，组织全市44家机关单位召开常州市首个行政检察监督工作会议，着力构建“在监督中支持，在支持中监督”的良性互动关系。完善全市打击虚假诉讼工作机制，针对涉及100余人追索劳动报酬的虚假诉讼案件，向市法院发出再审检察建议26份，向常州市检察院提请抗诉10件，已被采纳。对不服法院判决的7件申诉案件，经审查判决无误，依法做好息诉服判说理工作，维护审判权威。

【公益检察】 领会习近平总书记关于“检察官作为公共利益的代表”的重要论断，履行公益诉讼职责。通过开展公益诉讼宣传周活动，开发公益诉讼举报“随手拍”，走进“十镇百村”系列宣讲，举行新闻发布会通报典型案例，与市邮政局共同推进“检察公益邮路”等五项举措，汇聚全社会支持公益诉讼力量。2018年6月，常州市人大常委会领导到院调研公益诉讼工作时，给予高度评价。聚焦生态环境资源保护、国有财产保护等领域突出问题，发出诉前检察建议56份，采纳率100%。提起公益诉讼2件，挽回国有资产损失260余万元。以“统一回收、集中处置”模式，推动全市农药废弃包装物回收工作，受到市领导批示肯定。

【检务公开】 出台《司法化审查逮捕实施意见（试行）》《审查逮捕案件“公开听证评议”工作细则》等多份规范性文件，在看守所建成全省首家规范化审查听证室，联合司法局组建50人审查逮捕阶段刑事法律援助律师库和10人特约评议员库，率先在省内实现审查逮捕阶段刑事辩护全覆盖，确保犯罪嫌疑人的诉讼权利落到实处。试点之后，所有案件均适用听证程序审查，律师参与128次，特约评议员参与15次，该项工作被省检察院副检察长朱斌批示肯定。

推进内设机构改革试点工作，将全院15个内设机构配置成8个部门。落实检察官办案责任制，实行员额检察官“一人一档”，对办案数量、质量、规范、效率、效果等内容全程监督，构建“事前防范、事中控制、事后评价、公开透明”的办案管理机制，促进检察官办案责任心和积极性进一步增强。推行“编发填录小贴士”“制作问题通讯录”等案件监督管理5项机制，确保案件质量，在全省检察机关推广。深化检务公开改革，在微信、微博、检察集群网平台上及时发布重大案件信息210份，公开生效法律文书798份。

【学习教育】 把思想政治建设放在首位，推进“党旗更红、检察更蓝”系列党建活动，出台《争创“法治型、学习型”党组织实施方案》，广泛开展解放思想大讨论、党员活动日、“每月一星”评选等工作。开展以社会主义核心价值观为基本内容的12期道德讲堂、12期红色精神讲述等。全省检察文化建设示范院创建工作进入复评阶段。

推进党风廉政“八廉”工作机制，出台《关于建立不规范司法行为约谈制度的实施细则》等规定。强化日常监督管理，开展检风检纪专项督察14次，解决队伍中存在的庸、懒、散问题。

以人民满意为目标，以队伍专业化为方向，出台《关于高质量培养专业化检察人才暂行办法》，推进“小课堂”、辩论赛、考核庭等活动，构建“培训、练兵、实务”三大模式，助推检察干警队伍能力提升。制定《员额检察官推荐遴选方案》，择优选拔员额检察官。累计12人次在省级、常州市级业务竞赛中获奖，其中检察长在全省竞赛中获第一名。加强检察理论研究，8篇成果在省级以上知名期刊发表或年会获奖，获得全国检察宣传先进单位、全国检察机关一级规范化检察室、江苏省检察机关先进集体、常州市先进基层检察院、常州市检察官协会先进集体、常州市五四红旗团支部（总支）标兵等荣誉称号。

（陈　胜）

法　院

【概　况】 2018年，市法院忠实履行法定职责，各项工作稳步健康发展，为溧阳市高质量建设宁杭生态经济带最美副中心城市提供司法助力。全年受理各类案件22415件，结案19136件，收结案数再创历史新高，主要审判质效指标继续在常州法院系统保持领先。

【刑事审判】 发挥司法职能，助力平安溧阳建设。发挥司法维护社会和谐稳定的作用，依法严惩影响人民群众安全感的各类犯罪，审结刑事案件815件1128人。开展扫黑除恶专项斗争，始终保持严打高压态势，审结恶势力犯罪集团系列案件3件13人。打击危害人民群众生命财产安全犯罪，审结故意伤害、“两抢一盗”、强奸、涉毒等犯罪案件329件390人。重拳惩处破坏经济秩序犯罪，审结集资诈骗、非法吸收公众存款等涉众型经济犯罪案件3件3人，涉案金额4826万余元。维护人民群众餐桌和用药安全，审结危害食品安全、销售假药等犯罪案件23件25人。巩固反腐败斗争压倒性态势，审结贪污、贿赂、渎职等职务犯罪案件16件16人。建立与监察体制改革有机衔接的审判工作机制，加强查处职务违法犯罪案件的协作配合，依法审结市监察委立案调查移送起诉的案件2件。

【民事审判】 融入社会治理，助力法治溧阳建设。发挥司法的教育、评价、指引和示范作用，妥善审理影响人民群众幸福感的各类矛盾纠纷，审结民商事案件9958件、行政案件304件。保障人民安居乐业，推动房地产市场健康发展，审结房屋买卖、租赁、建设工程、物业纠纷等案件686件。维护老弱妇孺合法权益，审结婚姻家庭、抚养继承等案件1417件。保障民生权益，审结教育、医疗、交通、消费、劳动争议等案件2461件。审查行政行为合法性，判决撤销行政行为、确认行政行为违法案件6件，助推全面依法治市。保障重点工程、重点项目建设，有效化解行政争议，依法维护行政权威，妥善处理市国土资源局申请责令陶某某交出土地等行政案件22件。

【执行攻坚】 推进执行攻坚，保障群众合法权益。全年执结案件8058件，为当事人实现胜诉权益7.2亿余元。在市委政法委的关心支持下，召开全市“基本解决执行难”攻坚决战推进会，出台《关于深入推进“基本解决执行难”攻坚决战分工方案》，综合治理执行难大格局初步形成。建立区域异地执行协作机制，签署《苏浙皖毗邻地区七法院破解“执行难”合作协议》，实现信息资源共享和执行措施联动。建立执行悬赏保险制度，发动社会力量参与、协助执行，压缩“老赖”躲避空间，减轻群众维权成本。常态化开展集中执行活动，依法穷尽财产查控、罚款拘留、拒执入刑等法律强制手段和申报财产、限制高消费等信用惩戒措施，促进司法裁决落实。全年开展集中执行活动18次，依法实施司法拘留169人次，限制高消费10028人次，3534人被纳入失信被执行人名单，移送拒执罪线索11起。组织开展涉民生案件专项执行活动，全年执结追索劳动报酬、工伤赔偿、赡养费等案件467件，执行到位金额8235万元。

【服务大局】 延伸司法服务，助力最美溧阳建设。坚持以需求为导向，更新理念，创新实践，做好提升人民群众获得感的司法服务保障工作。围绕市委、市政府决策部署，制定《关于为全市“重大项目推进年”“全域旅游推进年”提供司法保障的20条意见》。采取建立诉讼绿色通道、慎用财产保全措施等方式，多点位维护民营企业健康发展，营造良好营商环境，妥善处理涉企纠纷案件5288件。牢固树立现代环境司法理念，健全联席会议制度和联动执法机制，凝聚环境资源保护合力，发挥司法在守护绿色生态、推进全域旅游上的防线作用，审结环境资源案件136件。开展“大走访”活动，精准对接贫困群众、代表委员、镇区部门与重点企业，倾听民情民意，改善司法举措，助推实现人民群众对美好生活的向往。

【司法为民】 提升诉讼服务，优化群众司法体验。推进诉讼服务中心提档升级，建立诉讼材料电子扫描与邮政专递服务中心，实现诉讼材料安全、高效、便捷流转。落实立案登记制，采用网上立案、自助立案、跨域立案、窗口立案、邮寄立案等线上线下双轨模式，为群众提供更贴心、更便捷的司法服务，当场立案率99.21%。推进“公益律师服务岗”建设，探索拓宽公益律师服务范围，实现免费提供法律咨询、代写诉讼文书、涉法涉诉纠纷调解等多方位服务，接待来访来诉群众889人次。常态化开展法医学专家到院集中鉴定32次，为当事人节约鉴定成本44.16万元；加大司法救助力度，为生活困难的当事人减缓免诉讼费17.98万元，发放司法救助金190.58万余元。

【综治维稳】 化解矛盾纠纷，回应群众期盼关切。开展矛盾纠纷诉前分流，拓宽纠纷解决渠道，推动形成阶梯式矛盾纠纷解决机制。发挥驻院人民调解工作室的先行调解职能，全年参与调解民商事纠纷244起，司法确认调解协议48份。加强与市物业管理纠纷调解委员会的沟通协作，建立诉调对接机制，提升物业管理水平，推动溧阳市物业管理健康发展，营造良好居住环境。发挥4个基层人民法庭在乡村治理中的前沿阵地作用，延伸审判触角，将巡回审判与多元化调解机制深度结合，主动邀请人民调解员、乡镇和村（社区）代表等协助参与婚姻家庭、农村土地流转、损害赔偿等涉民生案件调解，减轻群众诉累，审结案件4115件，调撤率为45.66%。围绕当前全市诉讼纠纷数量持续高位运行开展专题调研，形成《溧阳市诉讼纠纷成因分析及对策建议》报告，推动完善多元化纠纷解决机制。

【从严监管】 优化审判管理机制，落实司法责任。建立健全专业法官会议和审判委员会衔接机制，明确将专业法官会议作为提交审判委员会讨论案件的前置程序，发挥专业法官会议在法律咨询、监督指导、能力提升、过滤审查等方面的作用。2018年，特别专业法官会议先后就“建设工程价款优先受偿权”“民事调解书生效及反悔权”等热点问题出台会议纪要。推进审判委员会制度改革，落实检察长列席审判委员会会议制度，自觉接受检察监督。建立“一正二反”案件流程审批制度，强化院庭长审判监督管理职责，采取案件审限变更“书面

＋网上”双审批方式，严格设定院庭长审批节点和权限。对庭审直播和裁判文书上网采取“反向书面”审批方式，凡案件庭审不直播、文书不上网的，必须取得院庭长书面批准。坚持常态化开展案件质评、长期未结案件清理等工作，确保守好案件质量生命线。2018年，市法院案件质量指标位居常州地区第二位。

【深化改革】 推动审判方式改革，提高司法效能。坚持“简案快审、繁案精审”原则，持续优化案件速裁机制，推动速裁工作规范、有序、高效运行。2018年，院本部审结民商事案件的办案周期同比缩短15天／件，案件效率指标位居常州地区第一位。健全刑事案件速裁程序，完善轻微刑事案件集中诉审模式，加快案件流转，促进提高侦查、起诉、审判各环节效率，缩短办案周期，减轻押解压力。贯彻落实“三项规程”，推进庭审实质化改革，确保以审判为中心的刑事诉讼制度改革落地见效。制定出台《刑事缓刑适用规则》，获得2018年度常州市第十届“政法工作创新创优奖”。牢固树立人性化家事审判理念，强化家事调解、家事调查、心理疏导等工作，延伸当事人利益保护范围，发挥家事审判对婚姻家庭关系的修复和治疗作用，市法院审理的一起法定继承纠纷案件被评为全省十大经典家事案例。

【阳光司法】 健全司法公开机制，提升司法公信。构建开放动态透明便民的阳光司法机制，推进司法公开“四大平台”建设，开展电子卷宗随案同步生成查阅、审判法庭实现庭审直播功能全覆盖等工作，推动审判执行全要素依法公开，保障群众的知情权、参与权和监督权，累计裁判文书上网21393份、庭审直播2208次。坚持主动接受人大监督，研究回复代表提出的“关于破除执行难、难执行困境”的建议意见，专题向人大常委会报告队伍建设工作情况，主动配合开展人大代表“听百案、议百事、评百员”活动，推进司法公开和规范化建设。完善人民陪审员参审机制，尝试事实审与法律审相分离，细化参审工作流程，逐步推动陪审理念由关注陪审案件“数量”向关注陪审案件“质量”转变。在苑文礼污染环境罪刑事附带民事公益诉讼案件审理过程中，首次采用由3名审判员加4名人民陪审员组成的“七人合议庭”审理模式，发挥人民陪审员参与司法、见证司法的作用。

【政治引领】 聚焦思想建设，坚定司法信仰。坚持党对法院工作的绝对领导，学习贯彻习近平新时代中国特色社会主义思想和党的十九大精神，持续加强政治引领，引导干警牢固树立“四个意识”，坚定“四个自信”，做到“两个维护”，坚定不移走中国特色社会主义法治道路。按照全覆盖、常态化、重创新、求实效的要求，推进“两学一做”学习教育常态化制度化，落实“三会一课”、民主生活会等制度，组织升旗仪式、宪法宣誓、重温入党誓词、参观爱国主义教育基地等活动，引导干警争做合格党员、合格法官。组织开展党史国史教育、革命传统教育和形势政策教育，引导干警不忘初心、牢记使命。围绕把基层党组织建设成为坚强战斗堡垒的目标，落实党支部书记轮训、党建和意识形态述职评议等工作机制，提升人民法院基层党组织组织力。抓好组织生活制度规范化常态化落实，发挥基层党组织直接教育、管理、监督党员的政治功能。

【正风肃纪】 聚焦作风建设，筑牢司法底线。压紧压实党风廉政建设“两个责任”，运用好监督执纪“四种形态”，约束干警的业内业外活动，严防“四风”问题反弹回潮。严格落实“一岗双责”，坚持把党风廉政建设与司法审判工作同部署、同落实，执行司法巡查、审务督察、防止干预过问案件“两个规定”等制度，铸牢反腐倡廉铁笼。开展廉政警示教育，组织参观警示教育基地、观看警示教育片、邀请党政领导上廉政党课等活动，不断增强干警廉洁自律意识。高度重视司法良知教育，指引干警加强政德修养，夯实拒腐防变的思想道德基础。全年受理各类信访举报32起，比上年下降28%，党政纪处分2件2人，通报批评2件3人。

【人才培育】 聚焦能力建设，锤炼司法本领。坚持以全面提高干警司法专业、群众工作、社会沟通等能力为目标，持续更新培育理念、创新培育方式、丰富培育内容，完善人才培养机制。强化能力和业绩导向，构建教、学、练一体化教育培训机制，推行分级分类分层培训，有针对性地开展岗位培训、技能竞赛，不断提升干警业务水平和岗位技能，组织各类培训125场。发挥资深法官尤其是院庭长的“传帮带”作用，灵活采取结对帮带、案例教学、定期轮岗等措施，传承审判实践经验，助推青年法官与法官助理快速成长。开展庭审观摩、优秀裁判文书评比等工作，不断提升法官庭审驾驭、文书撰写等司法实践运用能力。引导干警树立工匠精神，提高司法专业化水平，打造精品案件，市法院7件案件被编入《中国法院2018年度案例》、2件案件被编入《江苏省高级人民法院公报案例》，被录用数量位居常州地区第一。与市广播电台合作播出“法治大讲堂”系列普法栏目61期。

（周　超）

司法行政

【法治宣传教育】 完成江苏省和常州市“七五”普法中期检查考核验收。落实“谁执法谁普法”的普法责任制，制定《溧阳市“谁执法谁普法”工作考核办法》，确定法院、检察院等10个单位为2018年“谁执法谁普法”项目化管理创建工作试点单位。评选表彰2017年度“法治宣传教育十件好事”，落实法官、检察官、律师等以案释法制度。助推基层民主法治创建工作，全市省级民主法治示范村（社区）创建率51.1%，位于全省前列。启动法治文化阵地建设提升工程，企业刑事风险防范中心和燕山公园消防主题园通过第六批省级法治文化建设示范点的考核验收，截至年底，全市共有7个省级“法治文化建设示范点”。加强领导干部和青少年等重点人群的普法教育，深化“法律六进”，开展“宪法宣传月”、“德法涵养文明”法治文艺晚会、“尊法守法　携手筑梦”服务农民工活动、全市少儿法治书画比赛、“万人学法”网上答题、普法短信推送等多种形式的法治宣传教育活动。

【社会矛盾纠纷化解】　创新发展“枫桥经验”，以人民调解全覆盖为抓手，坚持排查在前，多元化解。围绕“两会”、上海“进博会”、改革开放40周年等重要节点，实行应急值守、每日研判等战时机制，平时加强矛盾纠纷排查工作，每季度分别召开各镇（街道）所和市属行业系统纠纷排查分析例会。加强矛盾纠纷多元解决机制建设，探索信访案件分流移交人民调解机制，规范全市驻派出所人民调解工作室的运作机制，加大驻法院（庭）人民调解工作室建设力度，形成人民调解与法院、公安、信访等部门的矛盾纠纷化解合力。市矛盾纠纷调处服务中心调解纠纷55件，涉及金额450万元，成功调解1起长达三年的信访积案和2起工伤死亡案件。驻公安派出所人民调解工作室调解纠纷2844件。推进专业性、行业性人民调解组织建设，完成“3531”调解组织体系中医患、劳动争议、交通事故、消费、物业五类重点人民调解组织的全覆盖，成立环境污染纠纷人民调解委员会和常州地区首家保险类调解组织。市各级物业纠纷调解组织共受理调处物业纠纷217件。市医患纠纷调处中心调结医患纠纷71件（其中死亡纠纷16件），涉及金额261.8万元；婚姻纠纷调解室劝和255对面临破裂的婚姻。依托百姓议事堂，积极开展基层排查化解预警，及时就地依法有效化解矛盾纠纷，村级百姓议事堂共调处各类矛盾1458起。加大调解经费保障力度，出台《溧阳市人民调解“以奖代补”实施办法》。2018年，全市共排查纠纷5230次，接待群众10519批次、24920人次，受理调解纠纷12460起，劝阻群体性上访80批567人次，全市没有因调解失责或调解不及时引发的纠纷激化、民转刑及群体性事件发生。

【公共法律服务】　围绕全市重大项目，落实“法律服务机构与重点企业结对、企业法律需求和服务对接、企业经营法律风险预警”三项工作机制，组织律师、机关干部等开展企业走访，服务民营经济健康发展。为市政府主导的10余起司法强制拆迁等活动提供公证法律服务。完成市级和部分镇公共法律服务中心贯标工作。推行“绿色继承”，落实免费办理公证事项和公证在线受理，推行公证办理“最多跑一次”。对5起律师代理涉黑恶势力案件进行备案，加强指导。全市219个行政村法律顾问全覆盖，建立法润民生微信群实时开展各类法律服务。在全省率先实现审查逮捕刑事辩护全覆盖，办理案件126件。将阳光扶贫人员库中低收入人群共1667名，纳入全市法律援助服务对象信息库，办理涉及阳光扶贫对象法律援助44件。与看守所、法院、监狱等法律援助工作站衔接交流，为犯罪嫌疑人、被告人、困难群众及时提供法律咨询和建议，帮助申请法律援助，接待咨询1213人次，办理转交法律援助案件68件。2018年年底，溧阳市有16家律师事务所，170名执业律师，办理各类法律事务10951件，收费5613万元。6家基层法律服务所，29名基层法律服务工作者，代理案件1397件，收费391万元。法律援助中心接待来访来电4505人次，接听“12348”热线电话864个，办理指派法律援助案件1188件（民970件，刑218件），诉讼占比99%，完成全年案件目标数的152%，避免和挽回损失1400余万元。公证处办结各类公证事项3393件。其中，国内民事公证1744件，国内经济公证319件，涉外民事公证1293件，涉港、澳、台公证37件。

【特殊人群管理】　严格履行各项特殊人群管控职责，建强平台、科技强矫。落实治本安全观，推进刑罚执行一体化建设，加强社区服刑人员、刑释解矫人员、强制隔离戒毒后续照管对象的管理、教育、帮扶工作，重点社区服刑人员全部实行手机定位和电子腕表定位监控，没有发生有影响的社区服刑人员重新犯罪案件。以重点人员稳控专项督查等六大专项行动为内容，组织开展为期三个月的社区矫正监管安全集中整治活动。规范做好暂予监外执行罪犯的病情诊断检查鉴别工作，在社区服刑人员中开展思想政治教育活动。开展扫黑除恶专项斗争，抓好宣传发动工作，针对社区服刑和刑释解戒人员开展梳理排查涉黑涉恶高危人员。2018年，溧阳市在册社区服刑人员425人，累计接收373人，解除314人。完成社区矫正适用前调查评估67件。给予社区服刑人员警告35人次，被法院裁定撤销缓刑6名。在册安置帮教对象共3138人，其中刑释2015人，解矫1123人；接收安置帮教对象463人，其中刑释176人，解矫287人。在册后续照管对象78人。落实56名“必接必送”对象。帮助特殊人群指导和推进就业96人次，帮扶困难特殊人群家庭21家，帮助特殊人群子女就学6家。组织26例在监服刑人员家属与其亲人实现远程视频会见。

【教育培训】　制定下发《中共溧阳市司法局党组关于党支部规范化建设的实施意见》，提升党支部工作规范化和组织力，在党员中开展“读好书、悟初心、践使命”红色经典阅读分享活动。开展各条线业务技能培训，选树各类先进典型，全系统干事创业氛围进一步浓厚。常州市级以上媒体共发表新闻宣传稿件77篇，《人民日报》《法制日报》《农民日报》3次大篇幅报道全市司法行政工作，3篇信息得到省厅领导批示。2018年，获得省级以上荣誉表彰6项。市局获得全国人民调解工作先进集体、全省“法润江苏”专项行动先进集体、全省司法行政系统新闻宣传工作先进集体、溧阳市社会综合治理工作先进集体，局党总支获得“先进基层党组织”，阳光公益法律服务中心获评政法系统十件最感人的事。吴旭辉被评为全国坚持发展“枫桥经验”实现矛盾不上交试点工作先进个人，周腊梅被评为全省“法润江苏”专项行动先进个人，沈馨雯被评为全省司法行政信息工作先进个人。

（蒋军明）

城乡规划

【概　况】 2018年，市规划局围绕市委、市政府“凝聚精气神，建设新溧阳”的总要求，紧扣“重大项目推进年”和“全域旅游推进年”工作主题，以“建设宁杭生态经济带最美副中心城市”的发展战略为目标，突出规划目标任务，不断优化内部管理，夯实规划基础，齐心开创规划改革新局面，努力谋划全域高质量发展新格局。首次获得全国优秀城乡规划设计奖1项，增获中国地理信息产业优秀工程银奖1项、江苏省优秀勘察设计奖1项。

【规划服务】 加强平台建设。完善综合管理智慧平台，提升空间数据集成共享水平，优化一系列智能高效的应用系统，初步实现现状“一张图”、规划“一张图”和管理“一张图”。提升规划编研。突出规划空间布局优化、全域空间管控、生态环境保护、全域旅游推进、城市品质提升等能力，增强全市高质量发展动能。优化服务制度。强化管理的规范性、标准化，创新高效服务举措，优化联动协调机制，统筹落实“放管服”改革各项要求，实现“3550”工作要求。强化思想引领。以党建引领、深度融合、考核督查、风险防控为抓手，落实党建工作要点，强化队伍建设，营造良好政治生态。

【科技支撑建平台】 构建完成一个科学的标准体系。对各类基础地理信息、规划编研数据和规划管理标准进行系统梳理，开展数据标准设计，制定9项数据标准、规程和通则，初步建立由基础地理信息、规划编研及规划管理数据组成的信息化标准体系。建设完成两个完备的数据中心。建立全新的私有云数据中心和内外网数据交换中心，形成云端计算、本地集群的安全运行支撑体系，初步实现多库合一。部署完成三大智慧的应用系统。完成规划综合管理信息系统开发，以及控规和规划条件编制、电子报建应用系统的部署，初步建立覆盖规划政务管理、业务审批、数据库访问、内部监督的一体化、网络化电子政务平台。

【规划引领强编研】 深化产城融合，提升城市发展能级。完成城市南部区域空间发展规划研究，面向未来“理想城市”模型，从“经济创新、生态领先和社会和谐”三个维度协调空间，推动休闲、健康、旅游产业与城市融合发展。完成中关村科技产业园发展战略规划研究，站在全域发展角度谋划中关村空间战略格局，构建弹性可生长的空间发展框架，推动中关村向高质量方向转型。坚守生态底线，提升城乡环境品质。坚持生态优先，编制完成《天目湖保护规划》，划定“三区”，将生态修复与发展空间挂钩，引入开发边界管控，改变“项目定空间”管理流程为“空间统项目”的管控模式，更好引导天目湖地区有序发展。坚持生态为本，联合市环保划设国家、省级生态红线，将大溪、沙河水库校核洪水位划设为国家级生态红线。构建全域生态网络，将区域型、城市型生态廊道划设为省级生态红线。编制完成《中心城区绿线规划》和《城市蓝线规划》。完善城乡绿地生态和公共休闲网络；对市域河道、湖泊和水库划定管控蓝线，实行分类分等级控制和分区管控，推进河湖库生态水系保护。坚持以人为本，提升公共服务水平。编制完成《城市综合交通规划》，从对外交通、城市交通、旅游交通三方面，完善交通设施，优化交通组织，打造契合“山水入城、最美溧阳”在地特征的低碳绿色、品质交通之城。编制完成《溧阳茶舍与驿站布局规划》，依托各类旅游资源，形成总体分散、相对集聚的“各美其美”规划格局。高效保障田家山房、鸣桐茶舍等一批“溧阳茶舍”有序实施。推进优质教育、医疗，加快推进学校、医院建设。引导城市停车设施建设，指导行政事业单位院落敞开、停车场开放。配合“263”专项行动、“散乱污”企业整治等工作。编制《市域乡村建设规划》，高效促进特色田园乡村建设。委派专人专职化解48个历史遗留问题。

树立精品意识，提升城市特色韵味。编制完成《总体城市设计》，构建“山水轴＋特色环”中字型山水结构框架。对重点地区进行“八区”划定，让城市空间从山水拥城、城景分离、空间平淡，走向山水融城、游景入城、风貌塑城。编制完成生命康原核心区城市设计，通过引山纳水，着力打造江南山水特色的示范新城、多元经济驱动的活力新城，树立未来城市建设标杆，引领未来城市发展导向。开展生态大走廊景观规划，将溧阳的山、水、林、田、湖等要素和城市功能板块通过大走廊串联，形成一个整合文化、创新、生态等功能于一体，功能复合的城市廊道，为市民运动休闲提供新的生活方式，也为外来游客感受溧阳的美提供新的路径。健全历史文化保护体系。普查102处、认定并报市政府公布11处溧阳市第一批历史建筑保护名录。启动省级历史文化名城申报工作，完成申报工作方案和筹备方案。牵头开展历史文化保护规划编制，从全域角度对全市历史文化遗产进行系统梳理，制定各项保护要求。

【改革激发优制度】 强化实施评估，优化内控制度。2018年清理、评估规范性文件72个，废止39个，保留21个，修订12个，新出台27项制度，发布规范性文件23个，形成一套三篇51个文件汇编，实现规划决策、规划编制、实施管理、规划服务、技术规范和政务管理等规划领域全覆盖，提升规划管理标准化、精细化和规范化水平。创新服务举措，强化支撑力度。创新服务全域举措，实施乡村规划师制度。建立分管领导定向挂钩、规划师定期驻镇的服务机制，送人才和技术上门，提升规划服务镇村和全域旅游效能。简易项目当天办，把简易项目审批作为规划审批制度框架和管理系统改革的试点，出台简易建设项目规划管理办法，将简易项目审批时间从5天压缩到1天，规划意见和许可证当天可取。重点项目贴身办，优化技术审查机制，实施重点项目贴身办制度。把重点项目技术审查作为规划审查标准化、信息化改革的试点，按照“审批前沟通最优、受理后流程最短”的工作思路，建立重点项目服务体系。密切回应群众，不断畅通参与渠道。畅通诚信互动、开放多元、广接地气的公众参与渠道，提升市民规划师、乡村规划师的桥梁纽带作用，加强媒体沟通合作，加强网站规范化、长效化管理。协助执法部门查处违法建设34起，配合司法部门处理行政诉讼7件。获市政府政务公开及网站保障工作先进单位称号。

【教育活动】 强化绩效考核应用，优化综合绩效考核办法，健全考核评价体系，以激励实干、奖励优秀为导向，将绩效工资与平时工作任务完成情况、工作表现和工作纪律挂钩。精心组织解放思想大讨论活动，研讨完成17篇高质量调研文章，向省政府党组、常州市政府党组和溧阳市委常委会提出进一步解放思想意见和建议10条，完成两项重点难点课题。履行党风廉政责任，构建防微杜渐惩防并举的预防机制。制定《规划局党组落实“三重一大”制度实施细则》，规范决策。制定《规划局规划专项项目管理办法》《规划局廉政风险防控手册》。运用“两个责任”信息化平台，通过线上派发工单、专人维护的形式，确保党组责任清单、“四种形态”运用等有计划、全覆盖在线下照单履职。

（戴全浩）

公用基础设施建设

【概　况】 2018年，市住建委围绕“凝聚精气神，住建当先行，建设新溧阳，住建创辉煌”的总体要求，聚焦“重大项目推进年”和“全域旅游推进年”工作主题，不断创新，开拓进取，推动住建事业高质量发展，全年获得“溧阳市机关目标管理优胜单位”“全市重大贡献奖”“全市工作创新奖”三项称号。

【物业管理】 2018年投入1500万元，完成昆仑南路、工人新村等12幢老旧房屋整治、西大街亮化及燕山新村宜居建设工程。出台《溧阳市物业管理若干规定》，作为溧阳物业行业管理纲领性文件，来进一步解决溧阳市当前物业管理中存在的热点、难点问题。并在此基础上配套出台《溧阳市物业管理纠纷人民调解机制的实施意见》，建立市、镇（街）、社区三级物业纠纷调解组织，充分发挥人民调解在物业纠纷中的调解作用，及时有效化解物业纠纷；《溧阳市普通住宅物业公共服务考核标准》、《溧阳市住宅小区分类管理清单》，对住宅小区进行分类管理，督促物业企业提供“质价相符”的物业服务；《溧阳市物业服务企业诚信档案实施细则》，对溧阳市物业服务企业行为进行规范，促进物业服务企业诚信经营；《溧阳市物业服务合同履约保证金制度相关事项》，明确物业服务合同履约保证金制度；《溧阳市住宅小区停车管理指导意见》，破解住宅小区停车难问题，规范全市住宅小区停车秩序管理。2018年全市成立业委会12个、物管会179个（其余27个小区对照规定暂不具备成立业委会（物管会）），覆盖率达100%；市级物业纠纷调解平台化解各类物业纠纷31件；完成全市69家物业企业诚信档案信息采集，其中8家黑名单企业按规定清退；收取62家物业企业履约保证金3168万元；完成218个住宅小区停车秩序整治暨停车管理收费工作；完成96个住宅小区配套公建清理工作，其中73个是通过《小区配套公建用房权属管理协议》方式确认权属的，23个是通过出具《住区平台公建用房权属认定意见书》方式确认的。

【建设美好家园】 塘马、杨家村、牛马塘、礼诗圩4个首批全省特色田园乡村试点村全部完成核心区建设。其中，塘马、牛马塘成为全国休闲农业与乡村旅游大会观摩点。塘马村成为“网红村”，吸引着周边乃至全国各地许多人前来参观、学习，成为许多都市人休闲放松的打卡地。南山后、陆笪村申报第二、第三批省特色田园乡村试点也全面启动建设。特色田园乡村试点全部入选常州市美丽乡村特色示范点，已有特色示范点10个，是常州美丽乡村试点最多的辖市区，与此同时南山片区成为常州美丽乡村特色示范片。观西村成为省级美丽乡村示范。深入推进“建设美好家园三年行动计划”，完成全市19个撤并镇环境整治提升工作，使撤并镇基础设施、公共服务得到完善提升，地域文化特色得到充分彰显。

【建筑市场监管】 全年累计受监房屋

建筑工程338只，面积1089.7万平方米。开展建筑工地起重机械等专项检查7次，2次综合执法大检查，对67个违法违规企业、项目经理和总监进行了红、黄牌警示，全年质量安全生产态势平稳可控。在抓好质量安全工作的同时，通过网格化管理体系来打赢蓝天保卫战，开展扬尘管控专项巡查6次；改造提升16家有资质混凝土企业，取缔关闭24家无资质混凝土作坊。对19个扬尘管控不到位的施工工地进行行政处罚，在常州市第一次建筑工地扬尘防控考核中名列第一。推行数字化、精细化、智慧化的新型施工管理模式，建设“智慧工地”23个。76个工地现场安装了扬尘视频监控设备及PM2.5在线监测设备，完成率100%。严格规范招投标市场管理，对36起违法违规行为进行行政处罚。全年农民工投诉信访案件大幅下降，保障农民工工资支付工作考核被列入A级。

（陈　刚）

房屋征收与补偿

【概　况】 2018年，市征收办围绕“重大项目推进年”“全域旅游推进年”等市级目标任务，明确指导思想，细化工作目标，更新观念，调整思路，以“对标找差”“解放思想大讨论”为依托，秉承阳光征收的理念，坚持依法规范的原则，坚持公正、公平、公开，加强全市房屋征收的组织统筹和司法保障工作，注重各镇（街道）的政策和业务指导，以优化、完善征收政策和操作模式为契机，打造“镇—村—中介机构”合力推进的良好局面，实现快速推进和清零，提升全市征收工作的总体质态和整体效能。获得常州市五一劳动奖状、常州年度考核“一等”等次、溧阳市工作创新奖等荣誉。2018年，全市征收项目79个，其中往年结转41个，新启动38个，完成征收住户2550户，征收企业57家，面积76.5万平方米。完成花园后村、西圣公园、城区交通堵点、竹田桥等39个项目的清零，多个项目实现一个月内快速清零，涉及道路、安置房、公园、公墓等公共事业的重点项目完成情况突出，平均完成率99%。

【重点征收项目】 交通堵点地块　该地块是为保障城区道路畅通，服务于民的民心工程，由市征收办具体负责实施，先后启动5个城区交通堵点房屋征收项目，85户及一家商场，面积5144平方米，年内全部完成房屋征收清零工作。

花园后村地块　该地块共有住户146户，征收面积43000平方米，由溧城镇负责实施。5月26日启动，截至6月11日签约期限内完成143户，签约率97.9%，6月22日完成地块清零工作。

西圣公园地块　该地块涉及野塘头、下唐家、山岗头三个自然村，共需征收住户313户，面积67494平方米，由溧城镇负责实施。7月23日启动，在8月16日预签约的最后一天实现100%成功签约，征收期限内成功清零。

凤凰东路延伸　该地块需征收住户159户，面积3万平方米，由昆仑街道负责实施。6月21日启动，年内完成152户，完成率95.6%。

燕山南路南延伸　该地块含戴埠段和天目湖段，其中戴埠镇需征收住户86户，面积19714平方米，由戴埠镇负责实施。4月16日启动征收工作，完成87户，完成率97.8 %。天目湖镇需征收住户65户，面积1.7万平方米，由天目湖镇负责实施，6月启动，涉及道路建设的完成清零。

上姚生态公墓　上姚生态公墓分为线内、线外以及备选地块，共需征收住户297户，面积64000平方米，由上兴镇负责实施，已完成289户，完成率97.3%。

企业征收　完成企业搬迁57家，面积16.22万平方米，清零6个项目，其中昆仑街道完成30家，溧城镇完成25家，征收办和新区各完成1家。

【司法程序保障】 坚持依法征收理念，执行司法保障“全覆盖、全过程、全把关”的要求，做好结转地块遗留住户的强制程序工作、新启动地块的前期程序合法性审查和方案审核以及大量的行政复议、讼诉和司法程序等工作。2018年受理司法程序申请48件，作出责交令和补偿决定32件，成功调解33件，司法强制执行12件，且没有出现一例因司法强制导致的赴京上访，营造全市征收系统良好的法制环境，此项工作走在全省征收行业前列。

【安置房交付】 及时发放安置过渡费用，与相关部门协调交付矛盾，密切关注安置房建设进度，力争将具备交付条件的安置房能第一时间交到住户手中，缩短住户在外过渡时间，缓解社会不稳定因素。全年共调配安置房房源25.2万平方米，城区完成金顶名都、翰林苑、金色嘉苑等安置房交付2395套，面积26.3万平方米。

（史毓贤）

交　通

【基础设施建设】 2018年，交通运输系统贯彻市委、市政府决策部署，服务大局、服务人民、服务基层，交通基础设施建设规模保持高位运行，行业管理能力和绩效明显提升。“四好农村路”建设成果丰硕，溧阳先后创建成为全国和全省“四好农村路”示范县；综合工作再创辉煌，市交通局被常州市政府授予常州市五一劳动奖状，连续3年在政府目标管理考核中获优胜单位。“1号公路”建设被市委、市政府评为2018年度重大贡献奖，在全省农村公路创意设计大赛中获得金奖。

“1号公路”成为溧阳新的品牌。历时两年，建成全长365公里的溧阳“1号公路”。2018年，市人代会通过票决方式，将提升“1号公路”内涵列入重点民生实事项目。按照“生态1号”“旅游1号”“文化1号”“富民1号”的总体目标定位，将生态涵养、全域旅游、文化传承、乡村振兴等新时代新元素融入“1号公路”建设，全面提升“1号公路”品质内涵。“1号公路”串联全市主要的景区景点、220多个乡村旅游点，形成“大环小环、内连外通”的路网体系；打造60余处房车营地、驿站、驿亭和观景平台，高标准、艺术化设置“1

号公路”沿线旅游标识、标志和标牌，让游客体验乐趣自驾，享受便捷旅途。“1号公路”与沿线山水风光、乡村风情相融合，联接98个行政村、312个自然村和62个美丽乡村、特色田园乡村试点村，实现“交通+旅游”的双向融合，让游客在领略生态之美的同时，增添各种不同的旅游体验，让游客能够停下来、住下来。“1号公路”打通了富民强村的新渠道，吸引工商资本投资农业、旅游项目，推进农旅融合发展和沿线居民自主创业，开起民宿、农业乐。据统计，溧阳“1号公路”累计带动10万农民增收致富，探索出一条“田园生金”的乡村振兴之路。2018年5月28～29日，省政府在溧阳召开全省“四好农村路”高质量建设推进会。10月5日，央视新闻直播间对“1号公路”先后两次直播报道。2018年上半年起，省内外200多批次的市（县、区）党政代表团到溧阳学习考察“1号公路”建设。全国政协副主席、交通运输部党组书记杨传堂，交通运输部副部长戴东昌先后到溧阳考察“1号公路”。溧阳“1号公路”党员志愿服务的常态化开展，服务广大游客，宣传“1号公路”，推介溧阳。市人代会对2018年度溧阳市重点民生实事票决项目完成情况进行满意度测评，交通实施的“提升溧阳1号公路内涵”满意度97.9%，位居第一。

重点交通项目建设加快推进。协调化解项目建设推进过程中的困难和矛盾，加快工程建设，狠抓工作落实，取得较好进展。宁杭生态经济带加速融入。做好镇宣铁路项目对接；开展沪宜城际铁路西延至溧阳，南京至溧水地铁、南京至句容轻轨延伸至溧阳规划研究，建设“轨道上的溧阳”。高铁停靠溧阳班次达105趟。接轨南京加快互联互通。推进高速路网建设，溧高高速加快实施，增设汤桥互通；溧宁高速全面开工建设，增设南渡、周城、社渚互通；宁杭高速溧阳东互通2018年2月建成投用，推进宁杭高速曹山互通建设。争取增设宁杭高速水西互通，已通过省发改委方案论证。区域交通格局不断完善。干线公路加快实施，燕山南路南延段、十里长山路、341省道上兴和别桥段、360省道社渚至明珠大道段道竣工通车，104国道胡桥集镇段“四改六”改造完成，360省道溧阳东段开工建设，焦尾琴大道、经开区中兴大道加快实施。芜申运河高溧段河口大桥、南渡大桥先后建成通车，丹金溧漕河别桥大桥、人行桥有序实施，芜申运河城区段9.5公里前期工作加快推进。104国道溧阳收费站2018年1月18日建成开征，全年征收通行费达5100万元。

【城乡客运】推动交通公共服务逐步由“保障型”向“品质型”转变，运输服务的效率和水平得到提升。优化线网布局，新增、优化公交线路8条，新增、更型公交车60辆。城东公交综合站建成投运，新建候车亭60只。依托“1号公路”，针对出行热点，新辟旅游专线6条；市民乘坐城市公交实现移动支付，启动汽车分时租赁试点，在高铁站、“1号公路”重要节点布设共享汽车点位86个。将“1号公路”走向、线路、景点纳入高德、百度、腾讯地图，智慧出行引导系统进一步完善。“溧阳行”App功能不断深化，利用现代信息技术，将沿途文化、旅游等信息接入“溧阳行”，自动定位，实时语音播放，让游客一路看风景，一路听故事，实现解说零成本、游客满收益的双赢效果。应对网约车等新业态，推动出租汽车行业转型升级，推进出租汽车运价改革，对全市巡游出租车运价作适应性调整，出租汽车行业可持续发展能力进一步增强。网约车发展进一步规范，依法注册成立溧阳首家网约车平台公司。

【行业管理】“蓝天碧水”保卫战取得实效。以“263”专项行动为抓手，强化交通领域污染防治。开展运输船舶污水处理专项整治，江苏省县级市第一艘多功能船舶污染物接收处置船在溧阳下水。规范干线航道加油船经营，强化太湖水质重要断面监测点长木桥水域环境整治。结合大气污染防控要求，开展机动车维修行业专项整治，严控施工工地、干线公路扬尘污染。清洁能源在公共交通行业的应用率超过90%。码头管理实现常态。巩固内河港口码头整治成果，建章立制，对码头实施常态化、长效化监管。列入整治取缔的23家码头全部拆除到位。推进矿产品专用通道建设，溧梅河整治按计划启动实施。超限超载有效管控。坚持源头把控与路面治超相结合，约谈超限运输频次较多的运输企业，联合公安交警部门开展“集中整治超限超载攻坚战”行动，利用G104快速动态检测系统开展科技治超，超限率得到明显压降，达到省定标准3%的目标。“五项行动”成效显著。交通干线沿线路域环境综合整治“五项行动”深入推进，“三年任务，两年完成”的目标基本实现，在常州辖市区考评中连续两年名列前茅。累计打造绿色廊道560公里，交通干线沿线绿化总面积300万平方米，沿线环境品质进一步提升。运输市场秩序良好。高效完成春运和重大节日期间运输保障工作。严查各类违规经营行为，查处非法营运“黑车”78辆，有效维护全市运输市场秩序。做好高中考考生运输保障工作，连续6年开展出租车高考“爱心送考”活动。推动汽车维修电子档案建设，“一车一档”完成率达100%；绿色汽修创建深入开展。安全形势平稳趋好。履行安全生产“一岗双职”，建立健全安全生产责任制度，以防范遏制较大以上生产安全事故为重点，开展安全专项整治和“打非治违”。开展天目湖水上安全应急演练、“水上交通安全知识进校园”等活动，行业安全形势持续平稳，辖区公路、航道及管理水域安全、有序、畅通，天目湖连续25年水上安全无事故。行政执法规范有序。全年办理许可214件、处罚案件3921件，没有发生行政复议、行政诉讼案件，没有发生媒体或网络曝光、投诉举报和上级通报批评事件。交通政务服务“一张网”加快建设，146项政务服务事项全部进驻政务中心并实现网上办理。按照上级统一部署，综合行政执法改革工作稳步推进。建成水上交通指挥中心、海事船检服务中心，别桥海事所建成投用，交通服务手段和方式得到进一步创新。路域环境持续改善。干线公路优良路率保持100%，县道好路率保持98%以上，农村公路好路率保持80%以上，路容路貌得到极大改善。应对各种路况险情，全力处置，保障道路安全畅通，特别是面对2018年年初暴雪恶劣天气，全体交通人尽责尽职，保障群众的安全出行。

【教育工作】 推进从严治党纵向延伸、纵深发展，加强领导班子、干部队伍、人才队伍建设，加大思想政治工作和文明创建力度，为建设“强富美高”新溧阳提供保证构建“全域党建”品牌。以“1号公路”为依托，延伸放大建设效应，构建“全域党建”服务品牌，“1号公路”党建示范带获评“常州市党性教育基地”。选择有条件布展的绿化节点、景观雕塑、小品步道，打造党建文化广场；建设“老支书服务站”，推广“1号公路”沿线农特产品，实行首问责任制，听取和记录游客意见和建议；打造“党员流动服务驿站”，组建“1号公路”党员志愿服务队，利用节假日在“1号公路”主要节点，提供免费茶水、旅游咨询、导乘服务、困难帮扶等特色服务。市委巡察反馈问题加快整改，按照反馈的问题和事项“件件有着落、事事有回音、条条改到位”的标准，从严从实推进巡察整改，整改率达95.5%。严格落实“一岗双责”“党政同责”“守土有责”的党风廉政建设原则，开展腐败易发多发重点领域专项治理行动，加强对工作作风、资金使用、重点项目的监督检查。组织党员干部分两期到西柏坡开展革命传统和爱国主义教育，不断增强防范意识、廉洁意识，提升党员的党性修养，增强推进交通事业发展的责任感和使命感。深化创建活动，开展“工人先锋号”“青年文明号”“巾帼示范岗”等文明创建活动。扎实推进“两学一做”教育常态化制度化，严格遵守政治纪律和政治规矩，严肃党内政治生活，全系统党员干部“四个意识”“两个维护”不断强化。局党委被常州市委、溧阳市委分别授予“全市先进基层党组织”“五好市级机关党组织”称号，局机关支部被省交通运输厅党组评为“两聚一高”行动队，局机关被常州市纪委评为“常州市廉政文化示范点”。工程处被评为全省交通运输系统先进集体，公路处获得全省公路系统先进单位称号，华晨路桥入选“江苏省建筑业最具成长性百强企业”，客运公司党委被评为常州市交通运输系统“两聚一高”先锋党组织。

（董小俊）

公用事业

【供　水】 2018年，溧阳市城区供水总量4344.53万立方米（其中区域供水量494.55万立方米），售水量3799.45万立方米，最高日供水量11.99万立方米，水质综合合格率100%，供水管网压力合格率、主要供水设备完好率、管网抢修及时率和用户投诉处理及时率达99%。除溧城镇、上黄镇、埭头镇外，其余7个建制镇有农村集中式水厂9座，供水总量约1900.17万立方米，售水量约1834万立方米。所有水厂供水水质由市卫生部门定期检测，确保达标供水。上兴片区已接收范围内供水管网改造基本完成，供水趋于正常；南渡至竹箦供水主管道全长23公里，已完成。截至2018年年底，已完成一级主管网112.2公里（南渡—竹箦主管网累计完成23064.4米、南渡—社渚主管网累计完成18025.7米、南渡—别桥主管网累计完成11990.8米），二级管网95.2公里，三级管网733.5公里。上兴集镇管网改造3.9公里，上兴镇赵沛、余巷、分界及鸡笼坝水厂供水范围内及南渡镇户表改造工作基本完成，共计完成338个自然村、18535户户表改造。

【排　水】 2018年，城市污水处理厂污水处理规模9.8万吨／日，实际处理污水2990.02万吨，出水执行国家GB 18918—2002《城镇污水处理厂污染物排放标准》一级A标准，城市污水集中处理率97.08%，污水厂处理处置污泥25348.18吨，全部做建材处理。城市污水厂再生水生产能力9.8万吨／日，2018年再生水利用量达684.65万吨，用于工业冷却水使用。溧阳市现有建制镇污水处理厂8座，污水处理总量423.92万吨，乡镇污水处理厂由市水务、环保部门按季度进行检查考核，督促污水厂实现安全、稳定、尾水达标排放。

（杨文君）

【供　电】 2018年，全市全社会用电量累计94.31亿千瓦时，比上年增长20.1%；完成供电量88.40亿千瓦时，比上年增长22.15%；完成售电量86.64亿千瓦时，比上年增长22.54%；最大调度用电负荷115.93万千瓦（8月10日），比上年上升9.47%；最大日供电量达3130.644万千瓦时，创历史新高；截至12月31日，实现连续安全生产运行6155天。

2018年，溧阳电网建设投资共计10.38亿元。其中，主网建设投资6.28亿元，新增主变容量64万千伏安，新建线路79.6公里；配农网建设投资4.1亿元，新建（改造）10千伏线路639公里、低压线路483公里，新增配变302台。全市户均配变容量提升至4.68千伏安。农网绝缘化率提升至97%。

（周云华）

【供　气】 2018年，完成溧阳环网高压管道建设22km，完成天目湖高中压调压站、昆仑高中压调压站、城北高中压调压站的建设工作。全年改造老旧钢制管道长度1.6公里。

2018年，溧阳市管道天然气销售量达2亿立方米，相比2017年增长33.3%。管道燃气总用户数达115223户，其中民用户113361户，工业用户221户，商业用户1641户。总用气户数相比2017年增加15924户，增长16%。天然气管道总长度达2290.6公里，其中高压管道长50.6公里，中压管道长565公里，低压管道长1675公里。

2018年，瓶装液化气销量达5160吨，其中民用4385吨，工业用

表 3 2018 年溧阳市用电结构情况（单位：万千瓦时）

行业名称	2018 年累计	2017 年累计	上年增长（%）
全社会用电总计	943107	785270	20.1
A、全行业用电合计	876404	725935	20.73
第一产业	6928	6060	14.32
第二产业	795434	656005	21.25
第三产业	74042	63870	15.93
B、城乡居民生活用电合计	66703	59335	12.42
城镇居民	25215	22069	14.26
乡村居民	41488	37266	11.33
全行业用电分类	876404	725935	20.73
一、农、林、牧、渔业	9469	8418	12.49
二、工业	791261	652297	21.3
（一）采矿业	4359	4465	−2.37
（二）制造业	504013	459512	9.68
（三）电力、热力、燃气及水生产和供应业	282889	188320	50.22
三、建筑业	4200	3710	13.21
四、交通运输、仓储和邮政业	13130	12409	5.81
五、信息传输、软件和信息技术服务业	5038	4443	13.39
六、批发和零售业	18635	15379	21.17
七、住宿和餐饮业	8943	7944	12.58
八、金融业	814	773	5.3
九、房地产业	4941	3639	35.78
十、租赁和商务服务业	2985	2560	16.6
十一、公共服务及管理组织	16988	14363	18.28

775 吨，相比 2017 年销量增加 0.5%。瓶装液化气用户数约 74700 户。

（陈　刚）

智慧城市建设

【溧阳云计算中心】 溧阳云计算中心由中国电信投资建设，位于江苏省溧阳市燕山新区，总投资约 4.5 亿元，具备满载 2156 个机架的服务能力，于 2016 年 4 月正式投入运营。

该中心具备六大优势：网络优势。实现骨干网直连。出口带宽达 200G（后续扩容至 400G）。是中国电信在华东江浙地区重要节点。星级优势。机房按最高标准五星级建设，是截至 2018 年省内唯一县级五星级云数据机房、常州地区最大的云计算资源提供商。承重优势。机房地面全面积承重均达 1.6 吨，承重标准在同类机房中处于领先地位。安全优势。电力系统双路配置。双管路按照空调水系统。水蓄冷能满足市电停电时 15 分钟的不间断供冷。交通优势。周边有常溧高速、宁杭高速，距高铁站、高速站仅需 3 分钟路程。有常州机场、杭州机场、上海虹口等多个机场，距南京禄口机场仅 45 分钟车程，交通四通八达。服务优势。机房可以按客户需求提供全面个性化定制服务。网络质量在历次第三方网络质量测评中，均列江苏第一。

截至 2018 年年底，中心已经有腾讯、网易、云里雾里等一批国际互联网公司正式入驻，服务于地方政务云、智慧教育、平安护民、智慧城市等一批民生政务项目及企业信息化建设。并在 2017 年和 2018 年陆续对机房机架和电源设备进行相应扩容，以备承接快速增长的业务需求。

该中心的投入运营，提升全市信息化方面的基础能力，有利于加快全市云计算技术的运用推广，促进工业信息化融合推进，提升溧阳市政务服务、地方经济建设、民生服务、城市管理四方面的信息化水平，支撑“四大经济”的建设，必将为地方经济转型发展、建设宁杭生态线最美副中心城市提供有力保障。

（史春荣）

【智慧经济】 云计算平台基本完成建设，完成公共基础库、公共业务库、公共服务库、目录管理服务平台、数据交换系统、前置交换系统、统一身份认证系统的开发工作，完成 41 个单位的电子文档录入和 7 个系统对接。推广“自在溧阳”App，加大 App 更新迭代以及推广使用力度，对接华夏银行、农业银行等多家银行，开通网上支付功能。截至 12 月底，“自在溧阳”App 注册人数达到 16800 人，实名注册用户超过 3000 人。

（唐　鹏）

房　地　产

【概　况】 2018 年，全市房地产开发完成投资 60.86 亿元，同比下降 17.68%。全市房地产业税收 100.2 亿，同比增长 16.43%。全年新建商品房供应 131.9 万平方米，其中商品住宅 124.6 万平方米，比上年分别增长 43.8%、49.1%；新建商品房签约成交 117.7 万平方米，含商品住宅 111.2 万平方米，比上年分别下降 0.3%、增长 0.9%；新建商品房成交均价 11477 元／平方米，其中商品住宅 11368 元／平方米，比上年分别增长 26.2%、24.1%。每季度联合相关职能部门对房地产市场开展检查，重点打击恶意炒作等违规行为。出台《关于开展新建商品住宅预售资金第三方托管工作暨调整相关预售政策的通知》，全面实施预售资金第三方监管，2018年累计有9个项目66栋商品房住宅进行了第三方托管，累计托管资金4.85亿元。

全年楼市、上半年供不应求，造成一房难求。下半年市场供应充足，但需求回落。受宏观大环境影响，从10月份开始，市场已逐步降温，高地价楼盘成交缓慢，高性价比楼盘成交热度也不及上半年。商品住房均价结构性上涨特征明显。如华府晶园、恒大观澜庭精装项目，翡翠庄园、南山郡等高端住宅项目相继入市，成为房价上涨的主要原因。库存得到补充、去化周期拉长。2018年1～7月，全市新建商品房新增供应31.8万平方米，8～12月，全市新建商品房新增供应100.1万平方米。随着上年以及上半年拿地的各大楼盘相继入市，商品住房库存得到大大补充，购房者拥有了更多选择的余地。

（陈　刚）

住房公积金管理

【概　况】 2018年，全市新增开户单位398家，较上年增长11.5%；新增开户职工2.05万人，较上年增长75.4%；年末缴存职工人数达7.86万人，较上年末净增1.5万人。全年归集住房公积金10.41亿元，较上年增长16.5%；提取住房公积金8.22亿元，较上年增长11.8%；年末归集余额27.17亿元。全年向2673户职工家庭发放住房公积金个人贷款10.76亿元，贷款金额较上年下降6.8%；回收住房公积金贷款4.57亿元；年末个人贷款余额38.73亿元。全年实现增值收益3502.61万元。计提廉租住房建设补充资金2676万元，累计计提达2.1亿元。

【增人扩面】 溧阳市政府组织召开全市住房公积金工作会议，向全市各镇（区）宣传住房公积金政策。在溧阳市政府印发的《溧阳市“天目湖英才榜”专项基金资助（奖励）办法》中加入住房公积金内容，有135名溧阳籍高校毕业生获得公积金补助奖励22.29万元，在全省属首次。新增南渡镇和竹箦镇两个工作站，加大对编外人员建缴力度，南渡镇为全部编外员工建缴了住房公积金。按照中央发布的“惠台31条”文件要求，拓展在溧阳的台企建缴住房公积金，全市有3家台企为1050名职工开户建缴住房公积金。利用同和平台发送公积金建缴提示函3028封，有131家单位建缴，占全年新开户单位的33%。与上兴、埭头镇人社服务中心联合发催建函32封，为20家企业开展现场政策推介会，走进14家亿元以上重点企业，开展政策宣传。分中心与受托银行共同走进企业开展住房公积金政策推介会、培训会等8场次，全年受托银行扩面2207人。以网站、微信公众号、微信朋友圈等新媒体平台开展政策宣传，全年对外宣传信息47篇。通过各类志愿活动现场咨询、受托银行网点、镇区人社服务中心，发送各类宣传资料1.5万份。

【资金归集】 2018年，全市有1974家单位6.26万名职工办理基数调整，单位参调率和职工参调率分别达94.2%和99.8%，调整后月应缴额增加577万元，增幅7.8%。将托收业务纳入新单位开户流程，全年新增托收签约单位368家，新开户单位托收签约率达95%，托收金额占应缴金额的68.25%。开展重点催缴。更新重点汇缴单位信息库进行缴存提醒，每月对重点缴存企业进行电话提醒催缴，按季对欠缴3个月以上单位发送催缴函，跟进确保归集资金的及时到账。每月专人负责关注托收到账情况，对到账不及时的单位进行电话沟通联系，确保应缴尽缴。发挥QQ业务群、微信群便捷优势，为全市101家重点企业提供汇缴提醒服务。

【贷款管理】 加大与中心的区域间资金调度，全年调度资金3亿元、累计调度11亿元，满足职工购房贷款需求。全年发放贷款2673户10.76亿元，促进全市住房销售30.8万平方米、28.6亿元，其中促进商品住房消费18.8万平方米，占全市新建商品住宅销售面积的16.5%。全年支持职工购、建、修等住房类消费提取资金达到2.5亿元，住房消费提取比重逐年上升，占总提取金额的30.41%。加强楼盘评审管理，全年有65张预售证批准准入，准入面积为110.93万平方米。支持低收入家庭公积金贷款贴息，全市共有15户低收入家庭申请贷款贴息，共计贴息资金60070.54元。

【风险防控】 排查风险隐患，对照常州市委第二巡察组巡察整改要求，一一对照清单，查找问题和薄弱环节，针对发现的问题制定整改措施，明确完成时限和责任科室，确保问题及时整改到位、政策规定规范执行。制定实施《溧阳分中心轮候贷款放款管理暂行方案》，保证贷款放款的规范性和公平性。做好存量房抵押督办手续，全年办理抵押手续38笔。加大逾期贷款催收力度，年末逾期率为0。加强内控管理，每月专人负责对贷款、提取业务开展自查自检，确保每笔业务按规操作。每日核对资金账户情况，加强各类业务台账管理，及时掌握异动情况。开展各类业务培训，加强不动产证件识别培训，从受理环节切实做好骗提骗贷业务的发生。率先实施作风建设检查考核制度，每周对员工行为规范进行检查，提高全体员工的遵章守纪意识和工作制度执行力，保证内部管理规范、有序。

【服务效能】 2018年办理业务11.44万笔，接待群众咨询2.38万次，无重大服务投诉。全年回复“12345”平台来信25封，办结率100%，满意率100%。压缩二手房贷款放款时间，把房产转移登记和抵押登记放在贷款申请后的同一环节，办理周期由原来的20至30天压缩到4天。推广网上业务，累计开通单位网上用户1680家，占全部缴存单位的70%。个人网上业务签约达10551人，占缴存人数的13.4%，全年累计有40%租房提取和6.7%还贷提取在线上办结。加强工作站、协作单位等的培训服务工作，全年为5个工作站工作人员培训住房公积金政策12次，建立微信群、QQ群及时进行日常联系、远程指导。全年为受托银行开展公积金业务培训300人次，为20家开发公司的350名客户经理和销售人员进行贷款政策培训。为特殊人群开辟绿色通道，进行预约上门服务、延时服务。优化窗口服务环境，更新服务设施，增加自助服务机，提升接待能力。

（张　蕾）

城市管理

【概　况】 2018年，溧阳市城管局贯彻市委、市政府工作部署，紧扣“两大推进年”工作主题，以文明城市建设和城市长效管理为契机，全力提升城市环境品质，增加群众幸福感、满意度。创新乡镇管理机制，率先以上兴镇和戴埠镇为试点推行城管执法综合派驻，基层城管工作日趋规范，执法力量明显增强。开展各项惠民工程，城市固体废弃物综合处置项目顺利开工，燕山菜场、昆仑菜场等6个菜场完成标准化改造，垃圾分类逐步深入人心，“厕所革命”向乡镇延伸，机关事业单位开放停车全面推广，全力创建国家园林城市。深化文明城市建设，实施以废品收购（加工）站点、户外广告、人行道板乱停车为重点的专项整治，改善市容市貌。将乡镇撤并前的老集镇区域，以及镇区河道、过境公路“两条主线”纳入城市长效管理考核，实行城乡一体化考评，长效管理区域扩大到200平方公里，长效管理工作在2018年度常州考评中位列第2名，取得历史性突破。市城管局先后被评为常州市市容专项整治先进单位、常州市创建全国文明城市先进集体和常州市生态绿城建设先进集体，天目湖大道、永平大道绿化景观工程等9项绿化工程获评常州市园林绿化优质工程奖“戈裕良杯”，昆仑转盘城市出入口绿化工程获评江苏省优质工程奖“扬子杯”，燕山河公厕3个公厕获评中国城市环境卫生协会协2018年度公厕示范案例。

【环境卫生管理】 环境卫生管理中心推进“五化”（环卫工作一体化、市场化、机械化、规范化、智慧化）建设，道路清扫保洁面积达500余万平方米，负责112座公厕保洁，生活垃圾收运覆盖溧城镇113个物管小区、21个社区、村委和1200个垃圾收集点，对城区335家服务单位开展餐厨垃圾上门收运并进行无害化处理。城区机扫道路达126条，作业面积达216万余平方米，主要道路机扫率达100%。开展“垃圾分类进万家”活动，完成48个小区、132家单位、25个行政村和昆仑街道全域的垃圾分类设施建设。智慧环卫建设深入推进，通过信息化管理，环卫作业效率和质量明显提升。全年清理河道垃圾1878车，收集大件垃圾5874车，无害化处置生活垃圾23.2万吨。

【市容秩序管理】 坚持开展专项整治补短板，城区违规设置的“天际线”一拆到底，比预定时间提前两个月清理溧城镇等4个镇区范围内废品收购点近600个。推进道板违停管理，管控范围在原有的31条严管道路的基础上增加至43条，逐步覆盖全市中心城区。实施主次干道沿线及菜市场外围市容专项整治，取缔流动摊贩5430处，提高支街背巷菜场外围管理标准，消除环境死角和管理盲区。强化物业管理小区整治力度，重点整治餐饮油烟扰民、小区毁绿占绿、占用公共空间等难点问题，并与社区物业、居委会联动，建立长效管理机制。利用城管执法乡镇派驻试点的契机，全面管控全市违法建设，全年拆除违章建筑14万平方米，其中存量违建占70%。

【园林绿化管理】 完成“一河（护城河）两路（永平大道、天目湖大道）”、湾溪公园三期、昆仑西苑西侧滨水绿带、奥体大道天颐谷绿化提升等大型绿化项目建设，建成月星园、坤泰园、锦绣园等一批小游园，城区新增公共绿地面积30万平方米。全年补植各类苗木111万余棵，铺植草坪15万平方米，栽植地被9万平方米，475万平方米绿地管养到位。加强绿化监察，追缴绿化损坏赔偿金200万元。创建国家园林城市，成立市创建国家园林城市工作领导小组，绿规、绿道、生态评估、绿地绿线公示、台账资料收集整理、组织等均按计划有序实施。

提升公园窗口形象，承办公益活动90多场，实施多项民生实事工作。打造溧阳城区立体绿色雕塑品牌，完成燕山公园4组新增立体绿雕，负责城区34绿雕的养护和补草，在城区公园及绿地进行“七彩轮胎”“酒桶花香”等主题的花卉小品布置。

【市政设施管理】 在中心城区主次干道推行“面上不留盲区，线上不留空当，点上不留死角”的绿化管理理念，建立“立体养护”的工作模式，全年完成10次大规模绿篱、色块修剪工作和60余次病虫害防治。因地制宜提升绿化景观，按照“一路一景、一景一品“理念，打造出罗庄路的樱花大道、东西大街的林荫大道等景观道路。打造立体绿化特色项目，通过推广花箱栏杆、垂直绿化，实现小景点大出彩的目标。完善市政设施病害快速处置机制，全年完成零星维修3.5万平方米，改造盲道、缘石坡4000米，车位标线出新3500米，停车场改造2500平方米，沥青道路车辙修复7600平方米。

【菜市场管理】 推进城区菜市场规范化、长效化管理，督促整改各类长效督查问题3000余件。完成燕山菜场、昆仑菜场、钱家菜场等6个菜场标准化改造，提升市民购物舒适度。成立菜管中队，对城区菜场管理中的难点问题进行集中整治，清理占道经营、出摊等1800余处，清除场内乱停放车辆1000余辆（次），清除乱堆放500余处、乱张贴100余处，更换拆除破旧或不符合要求的公益广告200余块。协同市监、公安、消防等职能部门开展行动，共同解决食品安全、诚信经营、安全防控等问题。根据《溧阳市菜市场长效管理综合考评暂行办法（2018～2020年）》（溧政办发〔2018〕27号）文件精神，对全市菜市场进行考评，并实行月通报、季点评制度。通过精心筹备、积极招商，甘露菜场顺利开业，公建菜市场健康运营。

【户外广告管理】 开展“天际线”专项整治行动，完成对城区40余条主次干道两侧建筑物违规设置的标志、标识、标牌的拆除工作。同时对2条省级示范路和6条市级示范路的广告设施进行集中整治，拆除许可到期、违规设置的各类户外广告60余处；规范和完善提升各类户外广告200余处。布置公益广告高炮广告约4万平方米，大型楼宇广告约1万平方米，显示屏21处，公交站台200只，广告灯箱500只，支街背巷2000余块。

【基础设施建设】 2018年承担建设的9个政府投资项目除环卫后勤保障基地已进行规划调整，其余项目均已完成建设。完成昆仑西苑西侧滨水绿带，总面积约15000平方米，总投资300万元；完成城区40余条道路两侧4万平方米卷帘门统一着色工程，总投资300万元；完成城市公厕改造8个公厕的改造，总投资640万元；完成城市绿地系统规划，总投资160万元；完成执法队伍规范化建设工程，总投资200万元；完成2200万元的市政维修养护工程；完成2600万的市区设施维修、苗木补缺工程；完成2000万的绿化养护工程。完成创建国家园林城市专项建设9个小游园的工程；完成“236”房改亭项目165座垃圾房改造。

【队伍建设】 以市委巡察为契机，对城管工作全面进行“政治体检”，解除“管干不分”“多头执法”“资源分散”等阻碍事业健康发展的堵点和痛点。成立组织人事科单独挂牌，强化党建和人事管理，进一步加强干部队伍建设和编外用工管理，强化党的领导。成立工程技术中心，对工程招标、项目实施、跟踪督查三项事权进行分离，提高项目建设组织化程度，消除廉政监管盲区，确保每个工程做成“民心工程”“放心工程”。落实党风廉政责任制，深化城管作风建设，畅通信访投诉渠道接受社会监督。全年受理处置网络、电话类投诉1951件，办理办结信访类投诉567。承办人大、政协提案19件，办结率和满意率均100%。

（陶英杰）

燕山新区

【概　况】 2018年是燕山新区由“八年成城”向“十年一体”迈进的关键之年。新区党工委、管委会紧扣“交通枢纽、城市门户、精英之家、投资方向、消费天堂、休闲走廊”发展定位，以项目建设为主线、招商引资为动力、人口聚集为支撑，确保新区总体规划严格按图落地。截至年末，燕山新区10平方公里区域内的城市框架全面形成。

【民生项目】 年内，区内路网、绿化等公用设施建设圆满收官。位于燕湖之滨的市博物馆、市文化艺术中心于下半年投入使用，成为溧阳新地标。燕山公园连续三届成为宋团城观灯节举办地，迎来央视现场直播，高峰期日游览人数超16万人次，形成溧阳新年俗。光华中学、燕山中学项目基本竣工，连同已经投用的燕湖小学、新区幼儿园，使燕山新区成为溧阳优质教育资源集聚地。

33号地块安置小区于11月进场施工，燕河湾、燕阳嘉苑、望湖景苑3个安置小区结合深化全国文明城市建设行动，物业管理常年维持高水平，实现了“搬得进、稳得住”的预期工作目标。

【房地产开发】 作为溧阳城区南拓的一块热土，燕山新区的开发倍受沪、浙、苏、粤等地主力地产商的关注，碧桂园、银江国际等精品项目成为年度房地产市场热点。年内，新区共完成5宗土地出让交易（不含安置小区），出让面积24万平方米，占全市同类出让面积的21%，总地价21亿元，是全市商住用地供地最热区域。截至年末，新区多年累计拍出土地140万平方米，成交额共计85亿元。

【产业培育】 年内，燕山新区落实“产城融合”发展理念，加快推进产业培育和南大街核心商圈建设工作。建筑企业总部经济园入驻企业达17家，其中已建成14家。吾悦广场品牌展示厅和营销中心先后对公众开放。万豪酒店施工至正负零。华府汇广场基本完工，启动招商并进行外立面和公区装修。总建筑面积10万平方米的万达广场于6月1日开业，万达影城、永辉超市等6大主力店领衔200多个知名品牌入驻，引领时尚生活。

（燕山新区）

燕湖公园　　（市摄影家协会　供稿）

资源环境管理

栏目编辑　虞燕娟

国土资源管理

【概　况】 2018年，全市国土资源系统贯彻落实市委、市政府决策部署，紧扣“重大项目推进年”和“全域旅游推进年”工作主题，增强土地和矿产资源对经济社会高质量发展的支撑、服务和调控作用，为重大项目推进、全域旅游推进提供保障。

土地规划　《土地利用总体规划调整方案》12月初经省政府批准启用，落实规划流量指标1.5万亩，重点保障“三大园区”“四大经济”、18项重点工程等重大项目、民生项目的合理用地需求。

用地保障　落实各类用地指标7800亩，报批土地17个批次、面积1.24万亩。全市完成总供地143宗、面积1.05万亩，涉及出让金138.96亿元。争取耕地占补平衡异地调剂资金5.6亿元、土地储备专项债券资金23亿元。

【耕地保护】 完成占补平衡项目13个，建设总规模7.87万亩（5246.67公顷），新增耕地面积2.53万亩（1686.67公顷），新增面积连续3年位居全省第一。牵头开展戴埠镇戴南杨家村特色田园乡村试点建设，围绕打造“山水林田湖草”生命共同体，融合蓝城特色小镇、文旅项目和农业产业布局，高效推动总规模6000亩的生态型土地综合整治项目。

【节约集约】 以省、市国土资源节约集约利用综合评价考核为指引，出台《溧阳市批而未供土地专项处置工作方案》，处置2008—2016年批而未供土地3450亩。加大闲置处置力度，督促各镇区“一地一策”加快处置，全市处置闲置土地636亩。出台《溧阳市工业用地收购储备实施意见》，合理调整工业用地收储补偿政策，引导工业企业通过土地收回、协议置换、“退二进三”、增容技改等方式，加快推进低效工业用地再开发。加大对全市各镇区盘活存量建设用地的指导考核力度，制定和执行存量盘活的相关标准，探索各镇区新增指标和盘活存量相挂钩的新机制，修改2017～2020年低效用地专项规划，编制年度实施计划，共盘活存量土地3600余亩，完成低效用地再开发3200余亩。

【矿产资源管理】 市政府出台《溧阳市进一步推进矿山环境整治工作方案》，指导督促上兴、上黄、社渚3个镇分别制定矿山整治环境方案，对环境整治工作开展常态化督查，规范在采矿山秩序，做好大气污染防治工作。按计划关闭上黄黄家山矿、獐山矿，引导督促符合条件的5家在采矿山落实好“边开采、边治理、边复绿”要求，分期分批创建省级绿色矿山。督促相关镇区高标准推动2018年的15家废弃露采矿山的地质环境恢复治理工作。根据市政府下发的《2018年度地质灾害防治工作方案》，指导各镇区对关闭矿山及重要地质灾害隐患点进行全面排查，开展地质灾害应急处置演练，通过国家级地质灾害防治高标准“十有县”省级申报审查。

【执法监察】 加强“慧眼守土”国土资源综合动态智能监管系统建设，先后对部分违法违规用地以及存在越界越层开采矿山企业下发《责令停止违法行为通知书》29份，立案查处违法用地23宗。在南京督察局外业抽查基础上，对项目清单中认定的33宗违法用地除2宗已整改到位外，剩余31宗已全部立案查处。加强行政执法与刑事司法衔接，研究制定《关于建立国土资源行政执法与检察监督联动机制的意见》，收到检察建议2件，主动应对并及时反馈。推进信访工作“畅通五路”试点，利用“互联网＋信访”新模式，依托互联网、移动互联网等应用平台切实做好涉土信访工作，对群众反映的问题认真调查，妥善处理，探索视频接访的新模式，推动信访试点工作取得实效。

【不动产统一登记改革】 按照市政府关于推进“放管服”“互联网＋政务服务”和“3550”工作的相关要求，深化不动产登记与税务、住建、银行“一窗服务、集成办理”，实现不动产登记与水、电、气等过户集成服务，实行商品房转移登记与抵押登记一窗受理、合并办理，开设“96510”服务热线，增加微信公众号预约办件、进度查询、证书鉴别等服务事项。增设昆仑不动产分中心，完善全区域便民服务体系。完成13万卷原农村集体土地农房档案移交工作，获得常州市首届不动产登记业务竞赛团体一等奖。实现“全城通办、受办分离”，服务时限进一步压缩，基本实现所有不动产登记事项在3个工作日内办结。共完成不动产权属登记6.19万件，办理各类查询业务7万余宗。

【学习教育工作】 在上级党委举办的十九大知识竞赛中荣获团体二等奖。结合“不忘初心、牢记使命”主题教育，开展“解放思想大讨论活动”，发挥基层党建示范点的引领带动作用，加强基层党支部标准化台账建设，各支部开展党建推进会、观摩会、主题党日活动等50余次。开展“党员在路上，助力路长制”“我们来扫街，你们歇一歇”等主题活动，举行庆祝建党97周年暨第28个全国土地日文艺汇演、组织局退役军人八一前往泾县开展爱国主义教育，为留守儿童募捐书籍等送温暖，组织中学生代表举行“珍惜自然资源，呵护美丽国土”第49个世界地球日宣传活动。围绕“基层党建深化年”活动主题，加强局党委对各党支部、群团组织工作的领导，积极打造“三联三服”特色党建品牌。制定《关于落实局领导班子成员和机关部门意识形态工作责任实施方案》《关于明确意识形态责任的通知》，将意识形态工作纳入年度考核，纳入年度述职述廉内容，明晰责任，细化分工。在2018年市级机关目标任务和绩效管理考核中，市国土局获得目标管理优胜单位和优秀项目奖。局党委被溧阳市委表彰为2018年度溧阳市市级机关“五个好”党委。不动产登记交易中心党支部被省自然资源厅党组授予“党员先锋岗”称号。

（葛圆幸　陈平凡）

水　　利

【概　况】 2018年，溧阳市水利（水务）局深入贯彻十九大报告关于水利建设要求，坚持防汛防旱不动摇，狠抓项目推进不放松，确保行业管理不落后，水利水务各项工作在乡村振兴战略中的地位和作用得到持续凸显。

秉持“项目为王 生态优先”水利发展理念，抓水利项目建设，全年投资超18亿元，实施财政性投资项目12个，PPP项目（政府和社会资本合作建设公共基础设施的一种项目运作模式）3个。其中，全域农村生活污水综合治理和天目湖水源地保护2项工程（工作）被列入2018年全市民生实事工程。基本完成重点塘坝除险加固、小农水重点县工程、中小河流治理、重点县部分集镇防洪等9个财政性投资项目；实施天目湖取水口改造工程等4个城市水环境治理应急处置项目和28个移民后扶项目；实施天目湖水源地保护五大工程，保障饮水安全；推进区域供水管网建设、户表改造、水厂收购，强化农村饮水安全保障，逐步实现全市城乡供水“同网、同质、同价”，保障供水安全；实施区域治污一体化工程、全域农村生活污水治理工程，区域治污PPP项目完成17个撤并乡集镇的污水处理收集治理，新建3个，提标改造1个污水处理厂，农村生活污水治理PPP项目集中整治935个自然村的生活污水，被确定为2018年度省级村庄生活污水治理试点县，水利服务民生、优化生态的作用得到进一步发挥。

【防汛防旱】 按照“防大汛、抗大旱、抢大险”的工作要求，扎实做好防汛防旱防台各项工作，防汛防旱责任得到夯实，防汛物资得到充实，险工隐患查处效果明显，完成全市水库防洪预案、控制运用计划的修订工作，实施重点塘坝除险加固、城市防洪提升、中关村防洪包围、部分集镇防洪、小农水重点县以及中小河流治理重点县（社渚河、上兴河）等项目建设，修复2016年特大洪涝灾害暴露出的圩堤险工隐患，全市防汛防旱体系不断完善，防汛防旱能力得到进一步提升，整个汛期未出现明显汛情。

2018年汛情呈“两个较少”特点，降水总量少，降水强度小，全市6月22日入梅，7月9日出梅，梅雨期18天，雨日13天，汛期平均面降雨量733毫米，为多年平均值的102.6%，雨日偏少，降雨量月度分布不均，空间分布西北部多而中部少，与往年相比，2018年全市局部短时强降雨天气增多。围绕安全度汛，4月，市防指成立5个工作督查组，开展防汛督查“回头看”定期督查，消除各类险工隐患32处。调整市防指成员单位，落实各类防汛防旱责任制。全市储备编织袋108万只、草包2.45万只、木材1142立方米、石块7763吨、水泵545台，各类防汛物资得到全面充实，完成全市水库防洪预案、控制运用计划等修订工作。全市31座重点塘坝除险加固工作全部完成，城市防洪提升工程建成新区枢纽、南港闸、西山河节制闸，中关村防洪包围、部分集镇防洪等项目均已完成建设任务，防洪体系得到进一步完善，汛期未出现灾情。

【水利水务建设】 2018年，市水利系统实施中小河流治理重点县、小农水重点县、区域供水治污一体化、全域农村生活污水治理等为主的水利水务建设。中小河流治理重点县，社渚镇、上兴镇两项目区已完成实施。开展农村河道疏浚及河塘整治工作，全市2018年约完成河道、河塘疏浚土方143万立方米。历时8年，全市三轮九批次小型农田水利重点县项目全部完成，累计新（拆）建泵站507座、涵洞165座，建设高标准农田3.5万亩，干渠治理10.3公里，涧河治理8公里，可改善排涝面积约25万亩，改善灌溉面积约15万亩，项目受益人口达30万人。推进区域治污项目，已完成17个撤并乡集镇主管网建设，区域主管网基本完成，埭头、南渡、花园3座污水厂已进入运行调试阶段，社渚污水厂春节前可完成土建部分，同步推进八个主镇区主管网建设。推进区域供水项目，连通镇域的主管网建设基本完成，南渡和上兴范围内的户表改造也已基本到位，正积极配合市人大加快推进水厂回购，待水厂回购到位后，即可碰接通水，实施全域农村生活污水治理，已初步完成首批423个村的建设任务，第二批178个村已进场施工，预计2019年上半年可全面完成建设任务。完成竹箦河污水提升泵站直通第二污水厂的压力管道建设、省溧中支河清淤工程，城区排污口排查和分类整治方案制定完成，计划列入2019年政府性投资项目予以实施。

【行业管理】 利用“世界水日”“中国水周”等活动，全力做好宣传工作。

完成塘马水库省一级水管单位复验，黄鳝芥、文武岭、北山芥3座小型水库规范化创建通过省级验收。国家级节水型城市通过国家级现场考核，全国节水型社会达标示范县通过验收。加强涉水执法，全年发现并处置各类水事违法违章案件90起，结案率100%。推进河长制工作，落实三级河长工作制度，全年开展各级巡河8164次，共计发现处置各类问题878件，完成全市27条市级河道“一河一策”审查,推进各镇（街道）加快编制“一镇一策”“一河一策”；河湖库“三乱”专项整治成效显著，依法处理各类河湖水事违法行为 2551起，结合“263”专项行动整治黑臭水体29条。加快推进全市农业水价综合改革，会同市发改委出台《关于核定溧阳市农业水价综合改革农业用水指导价格的通知》，2018年完成改革面积26.76万亩，获国家、省、常州市奖补资金379万元，再用于农田灌溉系统维修养护。

【天目湖水源地保护】 2018年督促天目湖镇实施天目湖水源地保护五大工程，确保天目湖核心保护区沙河水库水源地和大溪水库水源地水质达到Ⅱ类水标准，保障70.27万人用水安全。体制机制更加健全，启动《天目湖保护规划》编制工作，出台《〈常州市天目湖保护条例〉工作方案》《溧阳市大溪水库、沙河水库水源地突发性污染事件水利系统应急预案》，初步制定《天目湖水源地保护专项资金管理办法》《天目湖生态保护补偿机制》。水污染防治更加有力，完成沙河水库取水口改造工程，保障供水源头水质稳定。水生态文明有效提升，沙河水库1.8平方公里生态清淤两大工程进入招投标程序，2019年将启动大溪水库生态清淤。

（徐　佳）

生态环境管理

【概　况】 2018年全市空气质量达到Ⅰ级(优)空气质量的天数为55天，达到Ⅱ级（良）空气质量的天数为196天，合计占全年总天数的68.8%，比2017年减少48天，下降13.3%。$PM_{2.5}$平均浓度为44.8微克/立方米，下降1.3%，在常州各辖市区中唯一达到$PM_{2.5}$年度考核任务目标。集中式饮用水源地沙河水库、大溪水库水质达标率为100%。全市六个“水十条”国考、省考断面达到或好于Ⅲ类水比例为100%，超额达到上级考核要求。2018年，城市区域环境噪声监测结果平均值为55.4dB(A)，比2017年下降0.1dB(A)，城市交通环境噪声监测结果平均值为68.4dB(A)，比2017年上升0.2dB(A)。

【打好污染防治攻坚战暨“263”专项行动】 2018年，全市打好污染防治攻坚战暨“263”专项行动在常州综合考核排名辖市区第一，保持第一方阵，其中组织推进、环境空气质量、大气污染防治攻坚、生态绿城建设均排名第1，水环境质量排名第3。11个专项中减少煤炭消费总量排名第1，减少落后化工产能排名第1，治理太湖水环境排名第1，治理生活垃圾排名第3，治理黑臭水体排名第6，治理畜禽养殖污染排名第1，治理挥发性有机物污染排名第1，治理环境隐患排名第1，提升生态保护水平排名第1，提升环境经济政策调控水平排名第3，提升环境监管执法水平排名第2。溧阳市被常州市委、市政府授予打好污染防治攻坚战暨“263”专项行动奖称号。

减少煤炭消费总量。全市完成煤炭消费总量净削减38.93万吨，超额完成常州市下达的全年减煤目标任务。淘汰3台15蒸吨以上燃煤锅炉，完成富春江热电超低排放改造。鑫林钢铁等4家企业工业炉窑完成“煤改气”改造，布勒机械完成清洁能源替代。新建绿色建筑30万平方米。

减少落后化工产能。关停化工企业13家。出台《溧阳市化工生产企业整治提升工作方案》，28家企业编制“一企一策”方案开展整治工作，2家整治无望关闭，20家企业通过预验收。南渡新材料园区防护距离内210户居民全部签约、搬迁，环境监控和预警平台建设完成。

治理太湖水环境。完成太湖二级保护区20个自然村农村生活污水整治，淘汰生产工艺和技术装备落后、达不到安全和环保要求的化工企业13家、电镀企业1家。完成竹箦河、上黄镇中干河水环境综合整治工程。江苏中关村科技产业园等11个工业集聚区企业完成污水管网整治，15家私营加油站、8家中石油和中石化加油站完成地下油罐防渗改造。

治理生活垃圾。完成192家单位，57个小区，25个行政村的垃圾分类设施建设，建设分类收集亭339座，分类简易亭130座，设置分类垃圾桶6858个,农户小垃圾桶1万余个。城市固体废弃物综合处置中心建设正在推进，大件分拣中心和农贸市场有机易腐垃圾处理设施已建成投运。

治理黑臭水体。完成29个黑臭水体整治。完成601个村庄污水管网建设，其中380个规划发展村庄已完成污水治理设施建设。17个撤并乡镇主管道建设已完成，建设区域治污污水主管道280公里。推行河长制，推进“一河一策”编制和整治。上兴河和社渚河中小河流治理、城区河道清水生态景观工程已完成。

治理畜禽养殖污染。完成5家治理无望的规模畜禽场关闭。全市保留规模畜禽场39家，其中35家已完成治理，治理率89.7%，提前达到常州考核要求。建设规模以上畜禽养殖企业可视化系统，有1个监控中心、39个规模养殖场及3家饲料加工企业的监控点位全部建成投入使用。开展生态循环农业示范创建工作，8家单位被认定为常州市生态循环农业示范创建单位。探索农药包装废弃物回收，150余家农药经营单位按要求配套回收设施。

治理挥发性有机物污染。完成55家重点工业企业、30家印刷包装、59家汽修企业VOCs治理，完成41家以上餐饮单位油烟治理。完成25家企业颗粒物深度治理。1家企业完成清洁能源替代。13家重点企业完成VOCs（挥发性有机物）在线监测设备安装。船舶岸电系统完成年度建设任务。推进高排放禁止作业区划定、高污染和老旧车辆淘汰、清洁能源汽车推广等工作。

治理环境隐患。完成46家重点环境风险企业“八查八改”，及时督促企业对“八查八改”过程中发现的

问题进行全面整改。天目湖水源地93家经营性农庄污水整治、20个村庄污水处理、100个河塘清淤工程、中田舍拦河坝等重点工程已完工。洙漕、桂林、吴村、南钱、平桥5个沿湖村庄3372亩退耕还林、大溪水库临湖面5000余亩茶园、林地完成土地流转。取缔沙河水库饮用水源地一级保护区内违法违规设施，关闭太公山景区、经营性停车场、3家汽修企业，完成取水口向库中延伸工程。宜巷化工土壤修复和清安化工地块土壤及地下水修复工程已完成。

提升生态保护水平。推进生态绿城建设，完成“1号公路”绿化提升等30个工程和27个细胞创建工作。15个矿山宕口完成修复治理。10月，溧阳市成功上榜江苏省第一批省级生态文明建设示范县（市、区），12月，溧阳市被生态环境部授予第二批国家生态文明建设示范市称号。2019年1月，天目湖国家湿地公园正式授牌。

提升环境经济政策调控水平。2018年，全市有17个新、改、扩建项目落实排污权有偿使用。完成2017年度省级生态补偿转移支付资金拨付。完成2016年度省污染物排放返还及奖励资金考核分配，其中5224.73万元分配奖励至镇区，结余411.27万元统筹使用于“263”专项行动。市财政累计拨付“263”专项行动相关补助资金共9998.55万元。

提升环境执法监管水平。在全市网格化环境监管体系初步建成的基础上，推行环境执法“双随机一公开”的抽查模式和保密机制，全年抽查企业194家，其中重点排污企业34家，一般排污企业160家。开展环境执法大练兵活动，实施环境执法“春雷行动”“雷霆行动”、大气污染防治攻坚战等专项行动，全方位、全天候检查企业水、气、声等各类污染防治设施的运行情况和各类污染物的排放情况，严肃查处超标排放、偷排偷放等各类环境违法行为。2018年出动环境执法人员12763人次，检查企业5543厂次。加强与公、检、法等部门的联动执法，重点案件请公安提前介入，完善环境违法犯罪案件移送和办理、环境公益诉讼程序。加强与市监、城管、经信、水务、供电、银行等部门协调，同步运用断水、断电、停贷、吊销营业执照等法律、经济、行政手段合力打击环境违法行为。2018年全市环境违法行为立案数464件，行政处罚额总数为1657万元，比上年提高16.63%。其中查封扣押39件，按日计罚1件，实施停产限产12件，移送公安30件，移送司法4件。健全和落实各项信访工作机制，构建信访调处网格化管理体系，受理“12369”平台信访78件、“12345”平台信访650件，办结率100%。

【“散乱污”企业整治】 6月11日，溧阳市出台《溧阳市“散乱污”企业（作坊）专项整治工作方案》，正式启动全市“散乱污”企业整治工作，相继印发2018年整治工作要点、码头整治方案和整治标准、预拌混凝土企业整治方案和整治标准等规范性文件。实施全域排查，全市排查出“散乱污”企业（作坊）1557家。其中，计划关停取缔1137家，改造规范420家。涉及重点行业企业122家（混凝土搅拌52家、码头70家），其他企业1435家。强化整治推进，混凝土搅拌。全市关停取缔混凝土搅拌企业24家，完成改造规范16家。港口码头。关停取缔码头23家，完成改造规范25家（包含由改造规范转至关停取缔1家）。其他企业和重点区块。关停取缔其他“散乱污”企业978家，改造规范348家。其中列入重点区块的261家企业（作坊）已关停取缔164家、改造规范97家，完成年度整治任务。

【服务项目发展】 提升服务效率，深化“环保直通车”服务品牌，畅通审批“绿色通道”，急事急办，特事特办。强化源头管控，严把项目审批关，全年受理各类许可项目246个，其中审批报告书项目14个，报告表项目232个，较上年增加50.9%；退批项目2个；环境影响登记表网上备案1257个。服务重点项目，完成常州市2018年度10家重点项目环评审批。

【大气污染防治】 制定《溧阳市2018大气污染防治攻坚行动方案》，组织协调大气污染防治攻坚行动。出台《溧阳市提升大气环境质量强化管控方案》，开展秋冬季错峰生产、中国进口国际博览会等应急管控，保障环境空气质量。

【水污染防治】 制定《溧阳市化工园区水污染治理工作推进方案》，开展南渡新材料工业园区水污染专项整治。推进《天目湖水源地保护实施方案（2017—2019年）》中农业面源污染控减、上游来水净化、生活污水整治、生态修复和科学管理保障五大类15项工程，全市集中式饮用水源地水质达标率为100%。牵头组织对潘家坝断面进行排查，综合分析水质下降原因，联合多部门实施12项水质提标重点工程，潘家坝断面水质得到较大提升。

【固废防治】 开展全市重点行业企业用地土壤状况调查，调查企业约350家。完成230家企业危险废物网上动态申报，调整2018年危险废物重点源名单81家，较上年新增6家。实施“减存量、控风险”专项行动，危废库存较上年同期减少1504吨。溧阳中材环保有限公司水泥窑协同处置27000吨／年危险废物项目已建成投运，前峰环保科技有限公司水泥窑协同处置6万吨／年危险废物项目设备、设计完成招标，主体工程建设已经开始，预计2019年年底建成运行，江苏腾业新型材料有限公司利用隧道窑协同资源化处置一般污泥项目已建成。

【宣传教育】 加大环保宣传力度，开展环保进社区、学校、企业等多样化环境保护活动，提高市民环保意识。巧借协会平台，通过公开召集志愿者见证、参与环保执法，提高环保部门形象。梳理分析新《中华人民共和国环境保护法》实施以来查处的环保典型案例，编写《溧例在目——溧阳市环境违法典型案例集》供各类企业、相关领导参阅，帮助企业自我对照“体检”查找存在环保问题，更好地宣传环保法律法规。构建环保信用体系，对全市259家企业开展信用评定，其中绿色11家，蓝色202家，黄色20家，红色23家，黑色3家。依托信用评定，推动企业积极整改，不断完善环保管理水平，8家企业动态修复调整为蓝色。

（周岷瑾）

开放型经济

【利用外资】 2018年，全市完成协议外资5.61亿美元，其中新批项目20个，协议外资5.31亿美元，占总量的94.65%；增资项目3个，协议外资0.3亿美元，占总量的5.35%。其中新增制造业项目协议外资1.61亿美元，占总量的28.7%。实际到账外资3.01亿美元，其中到账大项目（到账500万美元及以上项目）有11个，共完成实际到账外资2.91亿美元，占完成总量的96.68%。

【项目建设】 紧盯产业链上下游招商，确定目标客商数据库，举办专题招商推介会、投资恳谈会，重点招引“四大经济”新型产业。开展节会招商，充分利用溧阳“两节”、常州“5·18”“9·28”经贸活动、中国香港产城融合等重要节点，推进一批在谈重点项目，全年提供无锡先导智能装备股份有限公司、三一重工股份有限公司、AMRC创新平台项目等有效信息17条，其中容导项目开工投产，中信国安文旅项目、明顿国际学校签约落地。根据实际“走出去”和“请进来”相结合，先后邀请并接待德国富尔达代表团、美国马里兰州代表团等各类商务团体和友城团体。

【专业招商】 编印中、英、德等多语种版本《美音自在溧阳》、“四大经济”系列招商手册、编辑国际版城市宣传片和产业宣传片，制作溧阳市投资环境电子资料，运用新媒体平台，通过微信公众号等手段多角度宣传溧阳。完善在欧美、日本等地经贸交流平台的联络机制和运营体系，境内巩固驻上海、北京、南京等招商代理渠道。全面推进“接轨南京”产业合作进程，制定产业合作规划，考察调研南京开发区、电商园等产业园区学习先进经验，联合南京农业大学等高校推进实地产业调研，组织全市招商干部培训，全面提高招商队伍的招商能力。紧紧围绕集成电路、5G、人工智能等重点产业方向开展招商活动。

【对外贸易】 1～12月，全市实现进出口总值755402.5万元，比上年增长11.9%，其中出口657117.5万元，增长9.6%；进口98285.0万元，增长30.2%。进出口总值占常州全市的3.33%。2018年，全市机电产品、化工产品、纺织面料及其制品、贱金属及其制品等主要出口产品分别出口40.33亿元、9.77亿元、7.95亿元、7.36亿元。出口位于前三位的国别和地区分别是：“一带一路”27.25亿元、欧盟12.20亿元、东盟10.01亿元。全年新增获权企业84家，累计达800多家。

【外经合作】 2018年，全市累计完成新签外经合同额13011.72万美元，完成年计划1.2亿美元的108.43%，1～12月累计完成营业额14137.75万美元，完成年计划1.12亿美元的126.23%，新备案境外投资项目4个，完成年计划200%，中方协议总投资150万美元。工程项目涉及电站安装、电厂安装、锅炉安装、热电安装、道路改造、钢结构安装，宾馆建设、变压器成套设备安装、调

2018年4月29日，德国代表团参加别桥“原乡花海”旅游节暨徒步大会
（市商务局　供稿）

试、运营以及炼钢炼铁和水泥建设安装等项目，总计有82个项目，项目涉及国别和地区26个，主要分布在东南亚、非洲、西亚及中东地区。2018年，境外大工程项目有云龙设备制造有限公司在孟加拉承接的孟加拉沥青生产工厂的工程、采购、供货和结构的交钥匙工程合同，合同总金额3000万美元。

【商贸流通】 2018年，全市实现社会消费品零售总额356.82亿元，比上年增长9.6%。其中，批发业32.87亿元、零售业285.61亿元、餐饮业31.49亿元，分别增长13.9%、6.0%、44.8%。2018年，全市亿元以上市场实现成交额130.51亿元，增长2.2%，江苏苏浙皖边界市场和溧阳市江南春市场超过10亿元，其中江苏苏浙皖边界市场成交额112.03亿元。推动商务领域信用建设，建立市场诚信公共服务平台。负责商务领域内成品油、茧丝绸、废旧汽车回收拆解、二手车市场交易评估等企业经营、资格许可证的预审。组织实施市场运行监测，及时、系统、全面的向公众发布各类市场信息。按照双随机抽查机制要求，定期开展单用途商业预付卡的检查活动，确保备案发卡企业“三项制度”执行到位。牵头组织打击侵犯知识产权和制售假冒伪劣商品工作，大力整顿市场秩序。定期开展商贸流通领域安全检查工作。大力开展矿区非法加油点的整治，规范成品油市场秩序。

（蒋依纯）

海　关

【业务融合】 4月20日报关报检注册备案业务融合以来，截至12月底共办理新报关报检注册备案企业62家。其中10月31日，成功办结首份企业注册登记“合二为一”。举办新版报关单规范填制培训暨企业座谈会，辖区代理报关企业和其他进出口企业8家11人参加，海关就关检融合整合后的报关单申报项目的重点内容及应注意事项进行培训，双方就测试过程中遇到的程序和实务问题进行互动交流，设置专人专岗和相应的应急措施处置切换过程中碰到的问题。8月1日启用新版报关单系统以来，截至12月底共处理报关单67票，没有接到企业反映切换过程中遇到的问题，各项工作进展顺利。

【业务改革】 积极推广税款自报自缴和电子支付年，通过政策宣讲、走访企业等形式引导提高自报自缴、电子支付比例。年初与中国银行溧阳支行联合举办“单一窗口”税费支付签约推介会，溧阳地区32家进出口企业代表参会，会后相关企业进行现场签约。全年共处理进出口报关单169份，报关单无纸化率100%；开具税单77票，征收税款139万元，其中通过税款电子化支付的企业比例80%，采取税款自报自缴方式的报关单66票，自报自缴的比例85.7%；加工贸易一体化改革进展顺利，业务现场的一体化中心手册设立51份，金额1307万美元，一体化新手册核销结案69份，2人次借调关区加工贸易集中作业中心，共核销电子化手册599份。申请开通易集通权限的加工贸易企业6家。

【检验检疫】 2018年，全市共接受进出口货物报检1034批，金额2840.8万美元，批次比上年减少4.7%，货值减少75.1%；其中出口货物报检1021批，金额2478.5万美元，批次比上年增长4.1%，货值减少14.1%；进口报检13批，金额362.3万美元，批次减少87.6%，货值减少95.8%。全年共签发各类证书4526份，签证金额29762万美元，签证批次比上年增长16.8%，签证金额增长25.6%；其中签发一般原产地证书1277份，签证金额6809.5万美元，签证批次增长39.1%，签证金额增长56.7%；签发普惠制原产地证书531份，签证金额2794.3万美元，签证批次增长7.1%，签证金额减少10.0%；签发区域性优惠原产地证书2504份，签证金额19126万美元，签证批次增长15.0%，签证金额增长26.1%；对外证书214份，签证金额1031.6万美元，签证批次减少24.9%，签证金额减少4.2%。企业可减免境外关税约1000万美元。

（沈沛云）

江苏中关村科技产业园

【概 况】 2018年，江苏中关村科技产业园紧扣“两大推进年”主题，围绕“凝聚精气神，建设新溧阳”总要求，坚持“一切围着项目转、一切围着项目干”，克难攻坚干事业，凝心聚力谋发展，取得可观可感的工作实绩。发展质效同步提升。经济运行稳中向好，全面完成各项主要经济指标，均保持两位数的增幅。全年完成地区生产总值200亿元，比上年增长16.2%，净增值占全市增值的40.6%；公共财政预算收入完成17.89亿元，增长19.3%，净增值占全市增值59.2%。园区立足固基提质，经济发展质量明显提升，年度新增规模以上企业14家，新增超亿元企业7家。上上电缆行业排名上升至全国第一、全球第七，获工业界“奥斯卡”——中国工业大奖，蝉联“中国质量奖提名奖”，董事长丁山华获“全国诚信之星”“常州商界十大领军人物”等多项称号；苏华建设集团获国内安装行业工程质量最高奖——“中国安装之星”，董事长宋小华被评为“改革开放40周年常州市杰出民营企业家”；江苏上上电缆集团税收超3亿元，苏华建设集团税收超2亿元，江苏悦之盛实业有限公司税收超1亿元，税收超1000万元企业共33家，实体经济迸发充沛活力。

项目招引再突破。园区始终把项目招引作为发展的生命线，坚持项目为王理念，强劲攻坚重大项目。2018年，园区共引进工业项目20个，累计总投资超300亿元，其中10亿元以上项目5个，50亿元以上项目3个。百亿项目招引再获突破，连续三年均有百亿项目落户园区，总投资120亿元的时代新能源项目、新嘉拓紫宸和碳元科技2个超50亿元项目均实现当年签约、当年开工，彰显“中关村速度”。深耕特色产业，集聚国内知名动力电池产业链项目40个，成为全国最完善的动力电池产业基地，一批重点项目正陆续形成产能，规模效应蓄势待发。

创新驱动再加速。园区坚持以创新引领发展，不断集聚创新要素，激发创新活力，谱写高质量发展新篇章。2018年4月，中科院物理所长三角研究中心落户园区，10月顺利揭牌运营，受到全国瞩目。天目湖先进储能技术研究院被列入苏南国家自主创新示范区省市共同推进重大科技创新建设项目，成功举办多次高端学术交流会议和国际性论坛，园区动力电池产业的对外影响力进一步扩大。2018年9月21日，江苏中关村科技产业园被省政府批准设立为省级高新技术产业开发区，成为江苏省中关村高新技术产业开发区。9月，江苏省科技厅通报“2017年度江苏省高新区创新驱动发展综合评价”结果，江苏省中关村高新技术产业开发区在全省27家省级高新区中排名第2位，在全省48家国家和省级高新区中排名第15位。联合园区内7家单位正式获批设立国家级博士后科研工作站。截至2018年年底，园区集聚院士10人、省双创人才、双创博士等省级领军人才近60人，拥有“龙城英才”创业项目80余个。

营商环境再优化。审批模式跳出“老套路”，行政服务跑出“加速度”。园区深化“放管服”改革，开展“企业投资项目信用承诺制”试点工作，新嘉拓锂离子电池生产设备、紫宸负极材料、时代上汽先进动力电池产业化项目、碳元光电3D玻璃项目等7个项目试行该模式，为项目节约3个月左右的建设时间。园区2016年首创开展的区域评估试点工作曾得到李克强总理等多位国家和省领导的批示和肯定。2018年，15家企业无偿使用区域评估报告，审批效率提速60%，费用下降70%。国务院办公厅将园区的区域评估改革工作作为地方优化营商环境的典型做法之一进行通报推广，是江苏省唯一列入的事项。

【上汽大通房车研发及生产基地竣工】 1月4日，上汽集团大通房车研发及生产基地竣工仪式在江苏中关村科技产业园举行。上汽大通房车研发及生产基地总投资17亿元，占地超400亩，引进欧洲先进的生产设备，建设柔性化装配车间、智能化家具车间、厢板车间、自动化智能物流配送系统、产品展示及研发中心，规划年产量超2.5万辆。2018年，实现销售收入22402万元。

【科华控股A股主板上市】 1月5日，科华控股股份有限公司在上海证券交易所主板成功挂牌上市，股票简称“科华控股”，股票代码603161，成为溧阳首家在主板上市的工业企业。科华控股股份有限公司前身为溧阳市科华机械制造有限公司，厂区分别坐落在江苏中关村科技产业园和余桥工业集中区，依托中关村高新技术企业开发的优势，自2002年成立以来一直保持着健康、快速的发展态势。公司专业生产汽车涡轮增压器部件、液压泵阀和工程机械配件。企业坚持技术创新和管理创新，综合实力不断提高，已与世界500强的关键客户建立全球供应链的战略合作关系，产品大量出口国际市场，并被应用于国内外知名汽车品牌公司。

【金源装备被评为专精特新产品企业】 6月，江苏金源高端装备股份有限公司被江苏省经济和信息化委员会认定为2018年度省专精特新产品企业。江苏金源高端装备股份有限公司始建于1997年5月，坐落于江苏中关村科技产业园内，多年来专注于高速重载齿轮的研发、生产、销售。产品主要涵盖电力、海洋工程、轨道交通、矿山机械等领域。公司占地面积22.5万余平方米，建筑面积16万平方米；设有2个厂区、8个职能部门；拥有一支440余人技术力量雄厚的员工队伍，其中本科及以上学历72人，各类专业技术人才135人。公司有各类生产设备600余台（套），其中配有国内技术水平领先的80MN模锻压力机、数控操作机、智能化数控辗环机及其配套设备，国际领先水平的程控式温控天然气炉窑台、智能化热处理炉台、各类大小锤锻设备；可生产0.5公斤至35吨产品。年产能力8万吨，产品已覆盖全国20多个省市，部分产品出口至荷兰、加拿大、美国、印度、日本、西班牙、德国等国际市场。

（刘　创）

2018年1月16日，江苏中关村科技产业园管委会与上海璞泰来新能源科技股份有限公司签订投资协议　（中关村科技产业园　供稿）

溧阳经济开发区

【概 况】 江苏省溧阳经济开发区为全省最早的省级开发区，成立于1992年，1993年11月被江苏省人民政府批准为省级经济开发区。2016年8月，溧阳市委、市政府围绕“融入常州、接轨南京”的发展战略，在经开区原核准面积区域已为建成区及与江苏中关村科技产业园竞合的背景下，经常州市委、市政府同意，溧阳市委、市政府作出将溧阳经济开发区主战场移师到上兴镇的重大决策，将上兴镇委托溧阳经济开发区管理，实行区镇合一体制，为经开区“二次创业”提供更为广阔的舞台。上兴镇是溧阳市距离南京最近的镇，区域面积245.6平方公里，溧阳经济开发区核心区面积80平方公里（其中制造业园区规划面积15平方公里，一期开发6.7平方公里）。

溧阳经济开发区在推动当地企业转型升级基础上，将重点打造高端装备制造、生命健康（含健康食品）、会议会展等特色产业，建成“接轨南京第一城”、经济发展增长极、体制机制试验地、产城融合示范区，争创国家级经开区。2018年，实现地区生产总值53亿元，比上年增长10.4%；实现税收5.6亿元，增长18.6%，完成一般公共预算收入3.16亿元，增长12.5%。全年完成工业应税销售180亿，增长7.7%；实现规模以上工业产值150.5亿元，完成年计划的106%，增长16.4%；工业投入32.5亿元，完成年计划的101.6%，增长23.1%。公共财政预算收入、工业纳税销售、规上企业总产值等指标增幅名列全市前茅。

（许　峰）

溧阳经济开发区一角　　（上兴镇　供稿）

镇工业集中区

【天目湖工业园】 天目湖工业园于2003年5月经溧阳市人民政府批准成立，总规划面积18平方公里，其中工业区12平方公里，商居配套6平方公里，园区承担全市高科技产业基地和城区副中心的双重招商、建设和管理任务。2006年年初，园区又在田家山新辟0.5平方公里中小企业区，作为对主园区的有效补充。

截至2018年年末，园区（不含东陵集镇、田家山园区的工业企业）历年累计完成拆迁33个自然村、1772户、6202人，总拆迁面积37.1万平方米，拆迁安置总面积约46.6万平方米（其中期房安置8.5万平方米）；历年累计投入公共基础设施建设资金已超17亿元，完成工业区6平方公里“七通一平”基础设施建设，区内工业总投资累计达83亿元，其中固定资产投资70亿元（含软件园），总注册资本为56.5亿元。入驻园区工业企业200多家，进区企业中有外资工业企业16家，高新技术企业9家，规模以上企业43家，其中销售超亿元以上工业企业15家，拥有瑞士布勒、顺风光电、中国台湾永冠集团、安靠智能、鹏程钢构、金利宝等国内外知名企业。2018年，工业园区企业共完成工业产值72亿元，销售收入75.9亿元，上缴税收入库2.6亿元。

（居　乾）

【别桥工业园】 别桥工业园位于溧阳工业重镇别桥镇。园区北靠省道上上线，西接扬溧高速后周道口，东、南分别于三级航道丹金溧漕河和五级航道北河相连，区位优势明显，水陆交通便捷。园区商业服务、园林绿化、环境保护、文化教育、卫生事业等市政公用工程设施和公共生活服务等配套设施齐全。

别桥工业园规划总面积18平方公里，其中工业用地12平方公里。园区按照国家一、二类产业规划分期组织实施，主要由东区的绿色建筑产业和西区的电梯产业、装备制造产业组成。园区一期3.8平方公里启动区已建成，园区内道路近20公里，土地平整、自来水、天然气、通讯设施基本到位，由供电公司投资为园区配套建设的11万伏、22万伏变电所分别于2009年3月和2012年12月建成；为园区配套的日处理1000吨的生活污水处理厂已运行。自2007年以来已有30余家企业进驻。2015年，园区建设污水管网8千米，形成绿色建筑产业、工业型材加工、电梯产业和无人机产业四大特色产业集群。入驻盈德机电、金久科技、鑫林钢铁等知名企业。2018年，新入驻南京航空航天大学无人机研究院产业化基地、松菱重工（溧阳）有限公司、江苏屹居木业等企业，为园区的发展注入新鲜的血液。

【北郊工业园】 别桥镇北郊工业园于2003年经市政府批准设立，2007年5月省环保厅批准区域环评。工业园总规划面积2.15平方公里，地理位置与江苏中关村科技产业园接壤，是别桥镇的南大门，重点发展冶金及工业型材产业。园区依托丹金溧漕河、中河、常溧高速等交通区位优势，构建以工业型材加工产业为主的特色园区。区内道路总长近6公里，水、电、通讯、污水、雨水、天然气管网等基础设施全部到位，为园区配套建设的日处理工业废水5000吨（一期3000吨）的盛康污水处理有限公司于2005年建成投产；由市安顺燃气公司投资建设的天然气总管于2007年10月全面铺设到位。2015年，园区增加绿化面积3000余平方米。2018年，园区有江苏三益科技有限公司、江苏富民新材料有限公司、江苏广源金属加工有限公司、江苏劲连通讯技术有限公司等30家企业。

（滕　俊）

【埭头镇工业园区】 2018年，园区有工业企业207家，其中规模以上企业43家，外资企业20多家，已形成食品、轻纺、新材料、机械精密制造、建材、机电等产业体系，着力打造1平方公里绿色建筑产业集聚区和1平方公里宝钢装配化住宅产业基地。江苏骏益科技创业园是埭头镇重点打造的绿色建筑产业集聚区，总规划用地100公顷，建筑面积91万平方米，骏益科创园已成为江苏中关村科技产业园第一个拓展的主题园区、溧阳第一个省级众创空间和国家级科技孵化器，已有70余家成长型企业入驻。全镇加快工业转型升级，加快推动传统企业和国企、外企、上市公司的合资合作，推进企业兼并重组和股改上市，全面优化企业资本结构、创新水平。2018年实现工业总产值62.1亿元。

（李　丹）

【上黄科创园】 建于2006年3月，东南至239省道，西至上林路，北至北环路。总体规划面积2平方千米，已开发面积1平方千米，区内自来水、污水管网、电力、通讯、天然气、道路、路灯“七通一平”设施全部到位，基础设施投入5000多万元，年处理40万吨的污水处理厂已经运行。至2018年年底，园区已形成高端装备制造、信息技术、新材料、电子轻工等优势产业，入驻企业30多家，包括溧阳市飞跃机电有限公司、溧阳市宇政机械制造有限公司、江苏晶瑞半导体有限公司、江苏瑞复达新材料有限公司、常州恒联五金有限公司等规模企业。

（刘龚献）

【南渡新材料工业集中区】 溧阳市唯一的化工园区，2008年9月经常州市政府批准设立，2011年11月取得省环保厅审查意见，工业集中区规划面积3.93平方千米。2017年，规划面积优化调整为1.84平方千米。园区产业定位以氨基模塑料、高性能树脂、锂电池为主导，上下游产品延伸为辅，形成合成材料、有机硅、高端涂料、多元醇、电子化工材料等化工新材料及其配套的专用化学品研发、生产及应用开发的产业链，同步发展机械、轻工等二类产业。区内拥有江苏省工程技术中心2家、江苏省博士后工作站1家、江苏省院士工作站1家、江苏省高新技术企业4家、常州市企业技术中心2家。2018年，集中区内13家企业实现纳税销售197253万元，其中规模以上8家企业共实现工业总产值183008万元，纳税销售195066万元，利税13381万元。

【南渡智能制造产业新区】 位于南渡镇东侧，东接中关村科技产业园，南至芜申运河，西到新104国道。新区规划面积4.8平方公里，一期启动100公顷。土地平整、道路框架已完善到位。新区产业招引方向主要为汽车零部件制造、海洋装备制造、轨道交通装备制造产业。

（吴有安）

【戴埠镇工业园区】 园区有镇西、镇南、新北、镇东4个工业集中区，总规划面积约4.7平方公里。镇西工业集中区总规划面积约1.2平方公里，基础设施完善。区内有22家工业企业，形成以鸿开金属为代表的有色金属企业，以谦胜合成、华晶合成为代表的合成材料企业，以巨峰机械为代表的饲料机械企业。其中华晶合成（电子）与中科院成都有机化学研究所、常州大学共同建立江苏省特种工程材料工程技术研究中心。镇南工业集中区规划面积约0.4平方公里，配套设施健全。区内有20家工业企业，聚集了以江南烘缸、博尼特种钢管等一批拥有高新自主科技产权的企业，以海德机械、天佑机械为代表的农牧饲料机械企业，以港鹏重工、德意利机电为代表的非标钢结构生产企业。其中江南烘缸制造生产的具有自主专利技术的钢制扬克烘缸填补国产领域空白。博尼钢管从事不锈钢无缝钢管生产加工，是全国锅炉、热交换器用管行业标准主要起草者之一。新北工业集中区接壤城郊，总规划面积2.1平方公里。区内环境优美，基础设施及配套齐全。区内共有32家工业企业，有以益尔机电、爱卓电气为代表的机电设备制造企业，以天目钢机、欣源钢机为代表的大型工程设备制造企业，以威克尔、中天农牧、晨丰机电为代表的农牧饲料机械企业，以广信东腾、三鼎水处理为代表的环保装备制造企业。江苏同德科技创业园有限公司成立省级民营科技企业孵化器——江苏同德科技创业园，为区内中小型企业创新发展倾力服务。镇东工业集中区规划面积1平方公里，基础设施完善。区内有16家工业企业，恒力通用、翔能科技、腾新机电等高新装备制造企业入驻。翔能科技与中信泰富（特钢）集团签署增资扩股协议。

（袁子杰）

【竹簀镇绿色铸造科技产业园】 位于竹簀镇集镇南侧，始建于2015年，规划面积3.8平方公里，一期核心区建设面积1.2平方公里，是全市铸造产业的专题园区，被评为江苏省铸造产业转型升级示范基地、中国绿色铸造小镇。2018年，园区“二横二纵”道路框架基本拉开，完成大坟头村等居民搬迁近1.7万平方米，征用土地1000亩，永和变进线工程全面竣工，纽威3.5千伏、后周变至园区4回路10千伏线路加快建设，保障园区企业用电需求。承办“全国铸造产业安全生产和职业健康工作经验交流与研讨会”，扩大竹簀铸造影响力。园区引进废砂、粉尘处理和铸造环保机械项目，柳晶科技股份有限公司落户园区，形成可持续发展产业链。公共服务平台——孵化器项目启动建设，功能涵盖产业产品展示、技术研发、检验检测、人才培训、咨询服务等。园区以建设百亿元级具有国际竞争力和影响力的国家级绿色铸造产业集群（高端制造业基地）为目标。产品涵盖汽车零部件、风电、核电、船舶、柴油机、农业机械、工程机械、轨道交通、环保机械、五金工具等20多个系列1000多个品种。园区拥有12家规模铸造企业，拥有50万吨铸件生产产能，年销售达30亿元。已建26条日本新东、丹麦迪砂等自动化生产线；规模铸造企业全部被工业和信息化部批准为“行业准入企业”。至2018年年底，已有7家国家高新技术企业，8个江苏省、常州市级工程技术研究中心和企业技术中心，76只高新技术产品，300多件国家专利授权。

（岳　磊）

接轨南京

【概　况】 按照溧阳建设宁杭生态经济带最美副中心城市、融入长三角区域一体化战略的发展定位，溧阳经济开发区作为全市“接轨南京第一城”，始终立足全市，着眼长三角城市群竞和态势，系统谋划、科学分析、精准发力，全方位、深层次、多角度接轨南京，力争与周边区域形成交通同城、产业同兴、山水同绿、人文同认的发展格局。

融入南京都市圈交通体系建设，进一步畅通与南京溧水、高淳及主城区的连接通道，构建快进快出、畅通无阻的交通新格局，实现公路、铁路、航空的全面接轨。2018 年 4 月 28 日开通上兴至南京禄口机场客运专线，半小时可达南京禄口机场。

医疗合作方面，2018 年，上兴卫生院和省中西医结合医院合作共建技术合作医院，形成骨伤科、消化科等 6 个特色专科，专家门诊覆盖所有工作日。

借助“接轨南京”的重要机遇，多次邀请省农科院、林科院、南京农业大学等多个科研院的农业专家所到上兴指导农技生产，开展专题培训，开发桂花深加工、中药研制、苗木提档、果蔬新品等多个特色产品，提升农产品附加值和农业整体内涵。

按照溧阳市委提出的“全面对标找差、全力争创一流”的相关要求，经开区选取南京市江宁区作为对标找差对象。先后多次组织党政领导赴南京市江宁区开展“对标找差”活动，到江宁区行政服务中心、东山街道网格化管理中心、江宁未来小镇等地学习优化服务、产业发展、社会治理等内容，找准差距、抓好落实、强化合力。

【编制规划】 完成《溧阳市接轨南京，建设最美副中心城市发展规划》编制，确定未来接轨南京主要方向、目标任务和重点项目，并拟定《溧阳市接轨南京实施方案》，把各项工作重点分解落实到部门，确保接轨南京有序推进。

高点站位，按照“宁南新城　大美上兴”的目标愿景和“接轨南京第一城”的发展地位，邀请阿特金斯、邦成等规划机构，精心部署“融入南京”总体规划。

主动融入提升南京首位度的发展大框架中，构建更加开放、高效、便捷的发展新格局。成立“接轨南京、融入南京”工作领导小组，全面负责“接轨南京”相关工作。搭建“融入南京　乡村振兴”解放思想大讨论实体化运作平台，每季度开展活动，互动交流、深入研讨、集思广益，集全镇之力为“接轨南京”出谋划策。深化“放管服”改革，学习南京地区先进的体制机制，全面提升经开区制度创新发展水平。

【产业承接】 抢抓“融入南京”重大机遇，加快产业平台深度对接，密切联系南京高校和重点企业，耦合上下游产业链，承接产业转移，2018 年 6 月 15 日举办“融入南京”项目集中签约仪式，签约项目 8 个，分别是江苏力汇振控科技有限公司的减隔震设备生产、南京淳璞旅游开发有限公司投资的曹山巴士松林、南京浩天医疗科技有限公司食品药品检测中心、南京信息工程大学遥感观测中心、南京第壹有机光电有限公司 OLED 照明、江苏广播电视总台（集团）公司的江苏广播电台融入南京互动合作、盛航博测（溧阳）科技有限公司四综合检测中心、江苏省中西医结合医院上兴卫生院。推动东南大学与国强公司共建建筑工程研究院，设立南京大学国际孵化中心、南工大新材料研发中心，与南京信息工程大学签订遥感观测中心项目、与南京航空航天大学签订四综合检测中心项目，通过创新要素集聚，推动当地企业转型升级。

【活动联办】 依托曹山省级旅游度假区的优势旅游资源，加大曹山在南京的宣传宣介，扩大影响力和知名度，加强与当地旅行社、电视台、融媒体、高校的合作，联合举办丰富多彩的主题活动，实现两地文化互动交流，精品旅游生态资源共享。2018 年 5 月 21 日，南京艺术学院与曹山旅游度假区管委会联合举办中泰高校交流专场演出。6 月 21 日，江苏广播“百名主播诵经典”夏季诗会在曹山旅游度假区举办。10 月 17 日举办“孝暖曹山，爱在重阳”2018 江苏广播幸福健步走活动。

（许　峰）

苏皖合作示范区

【概　况】 2016 年 4 月，溧阳市、

郎溪县、广德县三地共同编制《苏皖（溧阳、郎溪、广德）合作示范区发展规划》。2017年2月，规划经常州、宣城两市同意并分别上报至两省人民政府。两省人民政府征求省级部门意见后，于2018年2月，由两省发改委联合上报至国家发改委。国家发改委已完成征求国家部门意见程序，并于11月份，得到国家发改委批复。

【交通互联】 溧广高速工可、初步设计、施工图设计已批复，233国道溧阳段可行性研究报告已通过江苏省公路局预审，已完成优化方案等待审查，两条路的建设将有效提升苏皖合作示范区内外交通联系。推进19.8公里的矿产品运输专用通道和10.6公里溧梅河航道疏浚整治，郎溪境内矿产品运输专用通道已完成7公里老路黑色化改造工作，溧梅河航道疏浚整治已完成招标，施工、监理单位已进场。

【产业协作】 农业产业协作推进。发挥社渚"中国青虾第一镇"品牌优势，培育郎溪、广德两地新养殖户，2018年已经培训两地养殖户130人次，发放养殖资料300余份，多次上门进行技术指导，提供优质虾苗、渔需物资、技术咨询等服务。截至2018年年底，两地的青虾养殖户在溧阳市社渚青虾交易中心交易的青虾超过16万斤，促进郎溪、广德地区青虾产业发展。

旅游事业协调发展。发挥溧阳旅游优势，组织广德、郎溪两地到高铁沿线各城市开展联合宣传推介活动。提升从业人员服务水平，2016年开始，每年均举办旅游人才培训班，邀请广德、郎溪两县旅委或旅游企业参加。

平台建设开展。加快苏皖合作示范区先导区建设。其中溧阳社渚总先导区建筑13万平方米的安置房建设，总投资15亿元的天然气分布式能源及天然气轮机整机试验平台项目签约。郎溪梅渚先导区规划总面积8平方公里，已建成3平方公里，2018年新引进企业8家，入驻企业73家。广德邱村先导区（广德经开区北区）规划面积12.8平方公里，已建成3平方公里，2018年新签约企业9家，入驻企业50多家。

【民生事业】 教育互动增强。与郎溪成立"胥河情"教育联盟，与广德成立两省六校"竹海情"教学研讨会，所属三地学校负责人开展各项交流活动。卫计合作扩大。建立苏皖合作血防联防合作制度，2018年3月郎溪县召开血防联防工作会议，制订2018年工作计划，加强区域内工作交流。社渚镇中心卫生院提升自身医疗水平，打造周边医疗卫生中心，每年都接受1万余郎溪县梅渚、定埠等地病人到社渚就诊。人社互补提升。与郎溪、广德搭建人力资源和企业需求共享信息平台，溧阳市就业部门每季度向郎溪、广德两地就业部门发送全市缺工企业招工信息，1～9月，提供岗位信息650个。

（徐　杰）

苏陕对口扶贫协作

【概　况】 推进东西部扶贫协作。2018年是帮扶陕西汉阴、白河脱贫攻坚的关键一年，双方党政主要领导多次互访对接，扶贫协作工作取得较大进展。溧阳糖烟酒、苏浙皖边界市场、中纺联等分别与汉阴、白河签订合作协议，调动社会扶贫积极性。由市卫计局和市教育局牵头，分别选派优秀教师和医生到两县帮扶，为提高两县公共服务供给打下坚实基础。分别在两县召开专题招聘会，帮助贫困人口就业数700余人。选派优秀讲师到汉阴进行创业培训，为当地创业致富带来积极效应。

（杨　晓）

"1号公路"曹山段　（上兴镇　供稿）

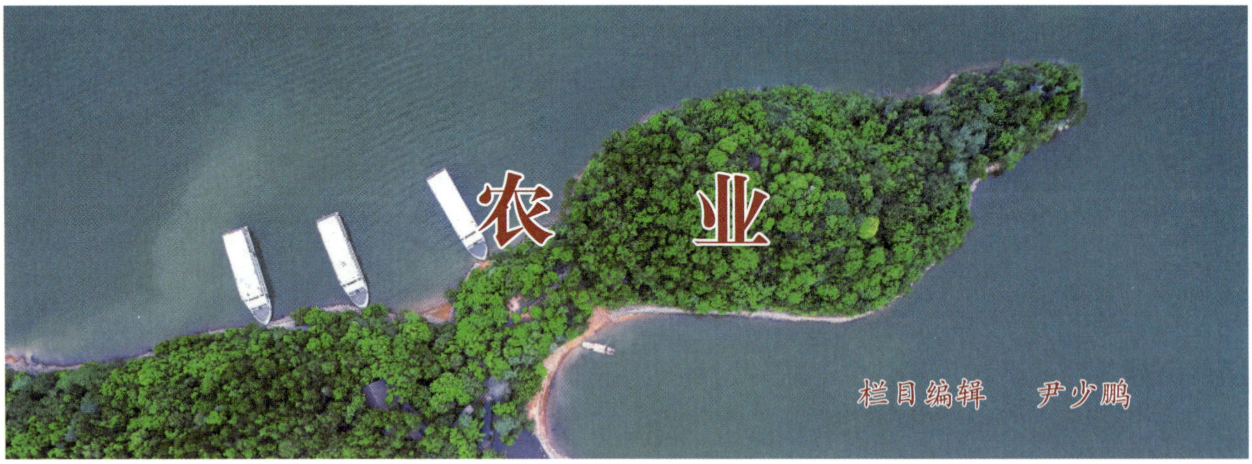

综 述

【概 况】 2018年，全市农林牧渔业现价总产值为94.71亿元，同比增加0.8%。其中农业产值为53.64亿元，同比增长5.67%；林业产值为1.21亿元，同比增长1.68%；畜牧业产值6.35亿元，同比降低7.97%；渔业产值31.73亿元，同比增长20.9%；农林牧渔服务业产值4.18亿元，同比增长3.98%。

（朱 廷）

【农业综合开发】 2018年，溧阳市申报各类农业综合开发项目12个，总投资2558.52万元，争取各级财政资金2452万元。其中，申报国家农业综合开发土地治理项目3个1.3万亩，项目总投资1951.31万元，财政资金1950万元；申报省级丘陵山区综合开发项目7个0.21万亩，总投资495.21万元，财政资金390万元；申报市级开放型农业培育出口增幅补助项目2个，财政奖补资金112万元；全年累计农业综合开发面积约1.51万亩；全年实际利用外资250万美元。

（葛惠兴）

【农民培训】 2018年，全市农林牧渔业劳动力7.79万人，新型职业农民培育程度（持证率）达49.7%。新型职业农民培育工作有部级新型职业农业培育330人，其中农机合作组织40人、现代青年农场主10人、职业农民100人、家庭农场100人、农民合作组织80人；省级农业职业技能培训1000人，其中农业职业技能培训800人、电子商务130人、龙头企业70人；溧阳市级新型职业农民培训1200人，全市新型职业农民新增比重3.25%，新型职业农民培育程度达52.95%。通过培训，受训农民系统学习最新的农业生产新技术、经营管理知识和创业技能及信息技能等，提升农民就业创业能力，培育一批新型职业农民和现代农业生产经营者，为全市农业现代化工程和现代农业发展提供强有力的人才支持和智力支撑。

积极做好乡土专家及后备人才选拔和培育工作。根据《关于印发〈溧阳市“天目湖英才榜”专项基金资助（奖励）办法〉的通知》（溧政发〔2017〕55号）精神，以及《关于开展第二届溧阳市“天目湖英才榜”乡土专家及后备人才选拔工作的通知》（溧农发〔2018〕78号）的要求，在各镇（街道）审核推荐的基础上，经过省、常州市农业专家评审及公示，市人才办、市人力资源和社会保障局、市农林局联合发文确认第二批50名乡土专家和19名后备人才。确认2期共100名乡土专家、25名后备人才。积极与南京农业大学、扬州大学和苏州农业职业技术学院等省内知名农业高校联系，分茶叶、苗木果树花卉、水产畜禽、粮食生产以及蔬菜农产品深加工经纪人等专业对乡土专家和后备人才开展对口培训、定向培养、现场结对等工作。9月27日，市农林局与苏州农业职业技术学院签订“天目湖英才榜”乡土专家培养培育协议，依托乡土专家及后备人才培育培训，围绕把溧阳打造成“苏浙皖边界地区人才集聚地”定位，创新人才培育机制和激励方式。协议规定以乡镇为单位，便于服务与统一活动；每组专家教授团队都涉及蔬菜栽培、农产品加工、产品质量安全及市场营销。

（杨朝华）

【农业品牌建设】 新增“三品”认证14只，市“三品”基地面积占可食用农产品面积的比例达43.6%。拥有有效期内的“三品”企业241家，产品总量达543只，其中无公害农产品企业194家，产品428只；绿色食品企业37家，产品81只；有机农产品企业10家，产品34只。“天目湖白茶”“溧阳青虾”“溧湖牌大米”被评为常州市十大农产品知名品牌，“溧阳白芹”被评为常州市农产品特色品牌，“玉枝”牌天目湖白茶等22个农产品品牌被列入常州市农产品品牌目录，“溧之香”牌软米等11个产品被认定为常州市第二十届名优农产品。“松岭头”牌天目湖白茶获第十六届中国国际农产品交易会参展农产品金奖；长青粮油作物专业合作社获第二届优质稻米博览会金奖；“南山韵龙”牌天目湖白茶、“周大敬”牌茶叶、“鑫”牌天目湖黑金白茶（饼）获“中国长寿之乡名优产品”称号。

【农业产业化建设】 2018年，溧阳市久和饲料有限公司、溧阳市欣龙生态农业发展有限公司升级为省级农业产业化龙头企业，江苏松岭头生态茶

表 4

2018 年溧阳市主要农作物生产情况

类　别	面　积（千公顷）	比上年（±%）	总　产（万吨）	比上年（±%）	单　产（千克／公顷）	比上年（±%）
稻谷	53.16	−3.17	32.95	−2.43	619.8	0.76
小麦	33.99	10.00	10.6	7.65	312	−2.13
油菜	9.7	−24.81	1.65	−23.27	170	1.98

业有限公司等 5 家企业升级为常州市级农业产业化龙头企业。全市拥有省市县级农业龙头企业 190 家，直接带动农户近 16 万户。

（朱　廷）

种 植 业

【概　况】 2018 年，全市粮油生产坚持稳粮、优经、扩饲、多元发展的目标，坚持推进农业供给侧结构性改革，粮油生产综合能力不断提高。全市粮食种植面积 92.94 万亩，比上年增加 0.54 万亩，增 0.58%；粮食总产 45.56 万吨，比上年减少 0.19 万吨，降 0.42%；单产 490.27 公斤，比上年减少 4.86 公斤，降 0.98%。

【粮油作物良种推广】 2018 年，全市稻、麦、油播种面积 96.85 万亩，良种覆盖率为 98.6%，优质化率 59.9%。主要示范、推广应用优质水稻品种 4 个，优质小麦品种 2 个，油菜品种 2 个，其中水稻主推武运粳 23、武运粳 30 等高产品种，扩大示范宁粳 8 号、南粳系列等在适宜区域的优质稻米品种；小麦主推扬辐麦 4 号、扬麦 20；油菜主推宁杂 1818、搭配油研 10 号等双低油菜品种。

【轻简高效栽培技术推广】 2018 年，全市推广水稻高产优质精确定量栽培技术 51.1 万亩，占水稻种植面积的 96.1%；推广小麦群体质量栽培技术 31.1 万亩；推广油菜免耕稻草全量还田技术 7.8 万亩；示范推广稻田综合种养 0.5 万余亩。

【农技服务】 2018 年，全市从事粮油和经济作物的农技推广人员 100 余人。坚持抓好粮油基础产业，稳定粮油面积，培育建设优质粮油生产基地，推广优质高产良种配套技术、新型轻简栽培技术和测土配方施肥技术，加强病虫草综合防治。坚持抓好农技信息服务，发布《溧阳农技》等农技资料 1 万余份。

【高产创建】 全市组织实施水稻绿色高质高效创建示范片（方）12 个，其中 5000 亩以上示范片 3 个，千亩示范方 9 个，小麦绿色高质高效创建示范片 8 个。粮油高质高效创建活动的开展，对促进粮油大面积平衡增产起到了积极的推动作用。

（狄田荣）

水 产 业

【概　况】 2018 年，全市养殖水面 11439 公顷，水产品养殖总产量 4611 万千克，水产品总产值 15.01 亿元。养殖结构进一步调优调强，河蟹放养面积 5913 公顷，以蟹塘套养青虾、蟹虾混养为主要模式；青虾主养面积 2833 公顷，养殖效益进一步提高。社渚镇通过苏皖合作示范区建设这一平台，将青虾养殖技术和效能逐步进行输出；黄颡鱼、克氏原螯虾等名优品种养殖积极性、效益显著，与特种鱼养殖、垂钓、乡村旅游相结合的休闲游钓观光渔业蓬勃发展。

【渔业现代化工程建设】 全市新建、改造标准化池塘 342 公顷，亩效益 5000 元以上的设施渔业面积累计达 6024 公顷。借助政府加快推进“四圈三区二园一重点”工程的契机，推动三大渔业园区发展，树立产业亮点。黄家荡园区进一步加固圩堤，在变化异常的天气中抗旱抗涝能力不断加强；做好生态循环养殖尾水达标工作。溧阳青虾创成常州市十大名牌农产品，社渚镇建成的青虾批发市场集群发展，进一步打通青虾销售环节的瓶颈。

【渔业科技创新】 2018 年，继续推进渔业科技入户工程建设，遴选县级专家 7 名组建县级专家组，并分镇开展渔业科技入户工程的相关工作指导和督查，遴选技术指导员 15 名，培育科技示范户 300 户，以河蟹、青虾、异育银鲫为主推品种，主推养殖水体

社渚青虾市场青虾挑拣现场　　（市农业农村局　供稿）

表 5

2018 年溧阳市渔业主要指标情况

项　　目	单　位	指　标	比上年（±%）
水产养殖面积	公顷	11439	−2.89
水产品总产量	万千克	4611	−11.07
水产品产值	亿元	15.01	−12.99
河蟹养殖面积	公顷	5913	−1.56
河蟹产量	万千克	675.3	−10.08
溧阳青虾主养面积	公顷	2833	0
青虾产量	万千克	462.3	−0.56

水质调控技术、水产病害防治技术、渔用药物安全使用技术、青虾标准化生产技术 4 项技术。

【水产品质量安全建设】 根据《中华人民共和国农产品质量安全法》《中华人民共和国食品安全法》《江苏省农产品质量安全条例》等法律法规及省、市农委有关文件的要求，印发《2018 年溧阳市农产品质量安全工作目标任务考核办法》，明确监管机构的职责分工及具体的考核指标，溧阳市农林局与相关科站、镇农产品质量安全监管站签订责任书，确定相关责任单位和责任人员。水产科与养殖生产企业分别签订农（水）产品质量安全责任状，建立质量安全责任制及责任追究制。制定 2018 年全市水产品质量安全工作计划和《2018 年溧阳市水产品质量安全专项执法监管工作方案》，积极进行水产品质量安全管理诚信企业建设工作。发放《水产品安全生产告知书》，与养殖场、苗种场、合作社、重点养殖户签订《农业企业农产品质量安全承诺书》，并且对 300 户渔业科技示范户发放规范的养殖记录台账。全年开展以水产品质量安全生产为重点的培训 35 期，共计受训养殖户 2303 人次。

【水产品质量监管抽检】 积极配合部、省、市农检等部门定期定点抽检，特别是“三品一标”产地、水产品质量安全监测点及病害测报点，采用不定期上门督查、抽检等检打联动手段，接受各级抽检 8 次，样品 140 只，其中产品样品 72 只、底泥样与水样 68 只。开展水产品药物残留快速检测工作，药物残留快速检测实验室 12 个，主要是在镇（街道）农产品检测中心的基础上新增部分水产品快检设备及人员，对全市各乡镇（街道）全覆盖。所采样品主要是各镇（街道）“三品”基地、苗种生产企业、科技示范户等，检测项目为孔雀石绿和呋喃唑酮代谢物，涉及草鱼、白鲢、鲫鱼、鳙鱼、青鱼、鳊鱼、青虾、河蟹、翘嘴红鲌、黄颡鱼、克氏原螯虾等养殖品种。全年共抽检样品 533 个，全部为异地交换检测，检测显示无 1 例阳性，样品合格率 100%，检测送检单位样品 541 个。对全市部分养殖户所生产产品进行三次风险监测，全程严格按照规定进行抽检，检测结果均为阴性。

【渔政监督管理】 2018 年，共有 527 艘机动渔船参加年度检验，检验合格 527 艘，合格率 100%。完成渔民人身平安互助保险 6324 份，投保额为 6324 万元。全面开展非法捕捞和违规渔具专项整治执法行动。共开展渔业执法 63 次，出动执法人员 155 余人次，查处违法案件 57 起，结案 57 起，处罚金额 49800 元。全年共调处渔业事件 13 起。通过增殖放流、生态环境的营造等方式，丰富天然水域的渔业资源，营造良好的水域生态环境。11 月 23 日，举办“保护渔业资源，改善水源水质”——2018 年溧阳市天目湖大溪水库渔业资源增殖放流活动，放流生态碳汇类鱼种白鲢、鳙鱼 2 个品种 3.625 万尾，以渔活水，优化天目湖大溪水库生物多样性种群，改善天目湖大溪水库水质。做好渔业风险预警与防范工作，在台风、高温等特殊时期，及时向社会及渔民发布相关信息，确保渔业生产及渔民生命财产安全。

（孙红辉）

畜牧业

【概　况】 2018 年，全市畜牧兽医工作在上级业务部门的关心指导下，不断加强重大动物疫病防控长效机制建设，确保全市未发生重大动物疫病。加大动物卫生监督执法工作力度，扎实开展畜产品质量安全监控体系建设，保障全市畜牧业进入健康平稳发展。受“263”行动禁养区关闭养殖场和全国“非洲猪瘟”疫情影响，存栏量和出栏量大幅下降。生猪存

翘嘴红鲌成鱼捕捞　（市农业农村局　供稿）

栏 4.76 万头，较上年减少 19.32%，出栏 6 万头，较上年减少 35.83%；肉禽存栏 48.34 万羽，较上年减少 25.65%，出栏 234.46 万羽，较上年减少 51.78%；蛋禽存栏 22.47 万羽，较上年减少 14.95%；肉羊存栏 0.57 万只，较上年减少 43.56%，出栏 1.05 万只，较上年减少 42.31%。

表 6　2018 年溧阳市畜牧业主要指标情况

项　　目	单　　位	指　　标
生猪出栏	万头	6
生猪存栏	万头	4.76
能繁母猪	万头	0.28
家禽出栏	万羽	234.46
家禽存栏	万羽	70.81
羊存栏	万只	0.57
羊出栏	万只	1.05
兔存栏	万只	0.1
奶牛存栏	头	131
猪肉产量	吨	5002
禽肉产量	吨	4514
羊肉产量	吨	220
蜂蜜产量	吨	105

【开展畜牧生态健康养殖创建】 按照省、市农委的统一要求，继续开展省级“畜牧生态健康养殖示范创建”和生态健康养殖技术推广活动。6 月 25 日，召开溧阳市畜牧生态健康养殖技术推广和示范创建培训会议，邀请现有省级畜牧生态健康养殖示范场、复验场和部分符合创建条件的养殖场参加，并布置创建任务。各养殖场经过半年的软硬件提升，市农林局与常州市农委于 12 月组织专家组对全市 3 个省级畜牧生态健康养殖场和 19 个常州市畜牧生态健康养殖基地（场）进行初验和复验，全部通过考核。畜牧生态健康养殖技术示范场 30 个，占全市 39 家养殖场的 76.92%。

【三大防疫行动】 2018 年 3 月 12 日、7 月 18 日和 9 月 25 日，开展春防、夏防、秋防三大防疫行动。继续按照规模场程序自行免疫，小规模场及散养户进行集中免疫的模式，大部分乡镇以防疫小分队的形式开展防疫。三大防疫行动中，应免畜禽免密率 100%，免疫后家畜耳标悬挂率 100%。共免疫禽流感 205.18 万羽、新城疫 179.88 万羽、家畜口蹄疫 6.14 万头、猪瘟 5.12 万头、猪蓝耳病 4.64 万头、羊小反刍兽疫 0.74 万只。

【应对非洲猪瘟防控】 根据农业农村部，省、市农委的统一部署，开展非洲猪瘟防控工作。实行部门联防联控，成立防控非洲猪瘟应急指挥部，明确各成员部门职责，从而实现联防联控。全市自 8 月 8 日起，按照《非洲猪瘟紧急排查工作方案》，组织对辖市内所有生猪养殖场（户）、定点屠宰企业、肉类交易、冷藏场所等开展循环式地毯式排查，排查工作做到场场到、户户到，排查情况实行日报制；全面落实 24 小时专人值班和领导带班制度，明确值班人员，确保联络畅通。通过《溧阳时报》、溧阳农林信息网、“12316”平台等栏目，加强防控知识宣传，引导广大消费者科学认识非洲猪瘟不感染人的特点，防止引起猪肉消费恐慌。做好消毒药品、防护用品等防疫应急物资储备工作，盘点库存，及时补充更新，并做好储备物资的调试，确保一旦发现疫情，要拿得出、用得上，按照“早、快、严、小”的原则及时处置。指导各镇做好应急准备，各镇（街道）全部成立 50 人以上应急分队，选好深埋地点，准备挖掘机、运输车、消毒车、生石灰等。向各镇（街道）发放防控非洲猪瘟工作清单，使各镇明白防控非洲猪瘟具体工作。指导有关单位和镇（街道）设立临时消毒检查卡口，向高速公路道口发放生猪及生猪产品调运规定。

【兽医实验室建设】 2018 年 4 月，溧阳市动物疫病预防控制中心兽医实验室通过省农委复核验收，市兽医实验室继续拥有承担全市动物疫病诊断、监测和检测等任务的资质，标志着市兽医实验室建设的标准化、规范化、专业化、科学化的水平进一步提高。按照省市监测工作要求，采取日常监测和飞行监测相结合的监测模式，开展监测工作。全市家畜口蹄疫抗体、猪高致病性蓝耳病抗体、猪瘟抗体、H5 禽流感免疫抗体、H7N9 禽流感免疫抗体、鸡新城疫免疫抗体合格率均在 70% 以上。牛羊布鲁氏菌病监测、牛结核菌病监测均为阴性。

【“互联网 + 智慧兽医”系统建设】 投资建成溧阳市互联网 + 智慧兽医系统。在全市现有的市级以上 39 个养殖场、3 个动物源性饲料厂安装 171 只（球机 23 只、枪机 148 只）视频探头，对养殖场的病死畜禽无害化处理处、畜禽进出栏口、饲料加工区、粪污堆放区、饲料加工企业的原材料进出口、饲料加工车间、原材料仓库、成品仓库等进行 24 小时实时监控，监控视频云存储 1 个月，随时查看。建设视频监控中心一个，市农林局畜牧兽医科、市疫控中心、市动监所、市畜禽屠宰管理办公室工作人员轮流值班，对各场进行日常巡视。

【畜产品质量安全整治】 全面落实生猪“瘦肉精”监督监测工作制度，按照江苏省要求建立健全生产监测与屠宰监测两项制度。全市共监测场所 108 个，出动执法人员 188 人次，指导培训人次 144，抽样数量 7451 个，合格数量 7451 个，合格率为 100%。

【动物诊疗机构整治】 全市开展动物

诊疗机构专项整治活动5次，出动执法人员36人次，对全市9家诊疗机构进行监督检查，做好动物诊疗监督检查记录。发现有部分动物诊疗机构出具处方不符合规定，病历保存条件不完善的情况，检查执法人员当场对诊疗机构负责人提出整改要求。

【检疫行政执法】 为进一步完善全市畜禽产地检疫工作模式，规范畜禽产地检疫程序，根据上级业务部门的相关要求，全市畜禽产地检疫实行现场在线电子化出证。发放1张《动物诊疗许可证》，处理1起动物卫生执法案件。全市产地检疫生猪46691头，屠宰检疫88069头。

【病死动物无害化处理】 全市屠宰环节无害化处理生猪111头，养殖环节无害化处理生猪11528头。按照相关规定通过焚烧或深埋进行无害化处理，及时发放相关补贴。对无害化收集体系的建设根据常州市的规划和设计，按时建设到位。

【畜禽污染整治】 立足区域资源禀赋，结合农业功能区划和种植业、养殖业实际，以发展种养结合、生态循环为重点，因地制宜采取适用模式，促进畜禽养殖废弃物资源化利用。对保留的规模化养殖场按美丽牧场的要求进行改造和提升，对新建的规模畜禽养殖场一律按美丽牧场的要求进行设计和建设，美丽牧场建设具体指导意见和考评方案按常州市制定的标准实施。同时盘活“263”专项行动中关闭搬迁畜禽养殖场存量土地，与农业功能区规划相衔接，合理安排畜禽养殖设施用地。编制《溧阳市畜禽养殖废弃物资源化利用实施方案》，确保全市畜禽养殖污染得到有效的控制和利用。在推进畜禽养殖监管系统的基础上，对全市规模养殖企业安装可视化管理系统，进一步完善监管的手段和方法。

【生猪定点屠宰】 全市共定点屠宰生猪145640头，检出病害猪及产品467.7头，其中病死猪213头、不可食用产品折合头数247.7头，进场前死亡7头，“瘦肉精”检测8856份。有效遏制私屠滥宰违法行为，生猪屠宰量比上年减少40%左右。

【规范屠宰企业经营】 与动监所密切协同，从宰前、宰中、宰后等各个环节入手，加强规范定点屠宰场管理和屠宰规程；大力规范肉品生产经营行为，健全长效管理机制，促进定点屠宰及肉品市场秩序进一步好转，努力实现城镇销售的猪肉全部来自定点屠宰企业。以偏远农村、城乡接合部为重点区域，采取主动查处与群众举报信息查处相结合、定期巡查与突击检查相结合等方式，深入整治违规屠宰生猪行为，始终保持高压态势。对有私屠滥宰嫌疑的经营户进行重点调查摸底，严厉打击生猪或生猪产品注水或注入其他物质，屠宰注水或注入其他物质的生猪等违法行为。

林特产业

【概　况】 2018年，全市生物多样性、森林的数量和质量均显著提高。森林资源林政管理、林地管理、生态公益林管护、森林防火、森林病虫害防治工作有序开展。共完成成片造林201.77公顷；四旁树折合面积248.67公顷，林木覆盖率达31.38%。

【重点工程】 2018年，全市共完成绿化造林450.44公顷，其中成片造林201.77公顷，其中人工造林197.17公顷，低产林改造4.6公顷。完成四旁树植树50万株，农田林网2万亩，折算面积248.67公顷。全市共完成森林抚育6500亩。完成村庄绿化建设11个村，其中“三化”示范村4个，绿化示范村7个。

加快松材线虫病病死树治理。根据市人民政府与各疫区镇（林场）签订的防治责任状要求，全市完成主要区域的病死树调查摸底工作，调查出病死树463株，疫情面积11000亩左右。组织专业队伍，开展松材线虫病病死树木清理工作。全面完成病死树的清理及松疫木的安全利用工作。全市境内清理的病死树一律要求集中堆放，统一运输，由专人监管送疫木定点加工企业做粉碎除害处理。加强对全市木材经营加工企业的检疫执法检查，严防周边省市及当地砍伐的松疫木流入市场进行非法加工利用。下发《关于切实加强全市林业植物检疫工作的通知》，设置美国白蛾监测点30个，监测面积20万亩，未发现美国白蛾。

完成溧阳市重要湿地的数据更新，与第三方合作编制《溧阳市湿地保护与发展规划（2018—2030）》，全面分析溧阳市湿地资源及保护现状，明确湿地保护功能分区与建设重点，对湿地保护体系、湿地保护管理工程等作详细、合理规划。

完成全市林地变更工作，准确掌握溧阳市林地的实际变化情况，在全国林地“一张图”基础上，开展林地范围、林地保护利用状况以及林地管理属性等变化情况的调查分析，提高林地监管能力，加强林地保护利用管理，为国家和溧阳市政府宏观决策管理提供支撑。完成国家林业和草原局提供的274个疑似违规用地图斑调查工作，其中35个违法使用林地单位、个人移交森林警察大队处理，进一步打击破坏森林资源违法行为，确保全市森林资源安全。

【森林防火】 2018年，全市无森林火警及火灾发生。充分利用市农务通信息平台，累计发送森林防火短信7000余条。为引导更多群众关注、支持、参与森林防火工作，投入15余万元，定制森林防火公益宣传牌100余块，发放到全市各镇国有林场。利用森林防火消防车宣传森林防火，特别是在春节、元宵节、清明节等防火关键时期，共走村串户30余次，把森林防火工作宣传到山头、村头，提高广大干群的防火意识。

加强扑火突击队伍建设，优化调整37人的局森林火灾扑救应急队伍。继续聘用230名森林防火专职护林员。市森林防火指挥部成立森林防火督查工作组，采取听取汇报、查看台账、实地查看、调查访问相结合的方式，对全市11个镇（街道）、3个国有林场的森林防火工作督促检查20余次。全市投入森林防火经费330多万元，共购置灭火弹6000只、风力灭火机2台、二号工具1400把、防火服125套、强光手电200把。组建溧阳市森林防火专业队伍，进入实地巡查运行阶段。投资1100万元，建设溧阳市森林防火监控体系。投资180万元的溧阳市森林资源监测系统试运行。

（朱俊洪）

园艺业

【概　况】 2018年，全市现有桑田面积0.5万亩，春蚕发种313张，秋茧发种136张。茶园总面积7.3万亩，采摘面积6.5万亩，春茶产量1300吨，产值约3.75亿元，其中安吉白叶1号2.6万亩，产量约156吨。全市水果面积28370亩，葡萄5420亩，梨4250亩，桃8620亩，草莓3550亩，其他6530亩，早熟桃1200吨，产值约840万元，草莓3610吨，产值约4630万元，其他水果中枇杷150吨，产值约250万元，杨梅135吨，产值约650万元，蓝莓130吨，产值约250万元。蔬菜生产克服劳动力价格不断升高，气候多变，自然灾害频发的条件，总体态势发展良好。全市播种面积6.6万亩，比上年同期略增；总产约10.9万吨；种植效益平稳；蔬菜质量明显提高。

【休闲观光农业】 10月31日，2018年全国休闲农业和乡村旅游大会在溧阳市召开，会上发布2018年中国美丽休闲乡村名单，戴埠镇李家园村被授牌为“中国美丽休闲乡村”。江苏丫髻山警体培训中心有限公司、溧阳市白露山生态农业发展有限公司2家休闲观光农业企业，成功申报农业农村部全国休闲农业与乡村旅游星级企业示范创建评比活动。常州日日春农业科技开发有限公司、溧阳市欣龙生态农业发展有限公司两家企业评为全国“四星级示范企业”。

12月28日，由常州市农业委员会、常州市供销合作总社、溧阳市农林局、溧阳市供销合作总社等联合主办，常州市首届名优农产品展销嘉年华暨第二届“溧阳1号公路”年货大街活动在昆仑街道新昌村的江苏优鲜到家农业科技有限公司园区内举行。

组织完成首届溧阳市创意休闲农业设计大赛。此次大赛共收到参赛作品117件，经过初赛初选后，52件作品进入最后的决赛，4件作品分别获得产品类、包装类、景观类、活动类金奖，8件作品获得银奖，16件作品获得铜奖。

【技术服务培训】 开展园艺作物绿色生态防控标准园建设，在溧阳市优鲜到家家庭农场推广试验蔬菜绿色防控技术；在溧阳市天目湖玉枝特种茶果园艺场、溧阳市天目湖茶叶研究所等推广试验茶叶绿色防控技术。年前布置春蚕种收订工作，加强宣传引导，及时统计数量，落实蚕种。蚕种催青工作顺利，蚕茧单产稳定。蔬菜技术指导能深入田头，及时向种植企业、大户发布蔬菜病虫害防治预测预报15次，发放蔬菜生产安全用药指南380余份，配合质检科认真做好蔬菜日常抽检。做好果树新品种的引进和推广，分别引进梨、桃、樱桃、葡萄、蓝莓新品种5个。做好梨、桃、樱桃、葡萄、蓝莓高产技术的推广，全面提升果树栽培技术，果品质量明显提高。共举行红茶制作培训、水果标准化种植技术培训、园艺科技下乡辅导员技术培训等各类培训班6期，参加常州市组织的果树、蔬菜培训4期，通过培训，全面提升园艺企业的茶叶制作、果树栽培管理的能力。

【品牌推介和展示】 在第三届江苏“紫金杯”优质草莓评比活动中获特等奖1个、金奖4个、银奖10个，奖牌数位居全省前列。5月，由农业农村部和浙江省人民政府主办的第二届中国国际茶叶博览会在浙江杭州举行，市农林局获组织奖，共获得特等奖6只、一等奖9只。7月，在江苏现代农业（桃）产业技术体系、江苏省园艺学会、江苏省农业科学院果树研究所联合主办的江苏省桃产业技术交流会暨2018年优质桃果评比活动上，市园艺技术推广站组织溧阳市戴埠果博苑家庭农场、溧阳市欣龙生态农业发展有限公司、果树种植专业户天目湖平桥张德胜选送的“佛晓”“白凤”“湖景”3个品种3份桃样品均获银奖。

“溧阳白芹”“溧阳白茶”入选由农业部编发的上年度全国名特优新农产品目录，全国共有696个农产品入选。江苏省放心消费创建活动办公室发布《关于表彰2017年度全省放心消费创建示范、先进单位的通报》，天目湖白茶集聚区获评省级品牌消费集聚区。5月，由江苏省茶叶学（协）会、溧阳市人民政府主办，溧阳市农林局、江苏天目湖白茶科技股份有限公司承办的第二届中国国际茶叶博览会参展名优苏茶选拔赛在溧阳市举行。

（杨　清）

农业机械化

【概　况】 2018年，全市以开展加快推进粮食生产全程机械化示范建设行动、加快实施高效设施农业“机器换人”工程、推进实施绿色环保农机装备与技术示范工程为抓手，以优化主要农作物农机具结构、改善农机作业条件、拓宽农机社会化服务领域、提升农机使用效率为目标，持续向着全程化、全面化高质量发展。农机装备总量继续保持平稳增长，农机装备总动力达55.9万千瓦，供给侧不充分不平衡情况得到进一步缓解，大马力、高性能、特色、复式先进的农机需求不断增加。畜牧、林果、渔业、设施农业机械化水平和农产品加工机械化水平全面提升，全市主要粮食作物综合机械化率达94%。

【粮食生产全程机械化】 全市紧紧围绕两年完成省级粮食生产全程机械化示范市建设的目标，依托农机专业合作社组织为实施主体，出政策，补短板，强示范，抓融合，育人才，全面启动和推进粮食生产全程机械化示范市创建，耕整地、种植、高效植保、收获、烘干、秸秆处理六大生产环节机械化水平分别达99%、

南渡庆丰村全程机械化示范方建设　　（市农业农林局　供稿）

91%、96%、99%、80%、87%以上，主要粮食生产全程机械化水平达94%，按照省标准粮食生产全程机械化水平达95.6%。建成粮食生产全程机械化千亩核心示范区15个、万亩示范片12个、社会化农机维修点11个，培育89家全程机械化种植模式的农机合作社，所有镇（街道）粮食生产全程机械化示范镇创建达标。辖区内农业镇（街道）主要粮食全程机械化实现率100%。耕整地、烘干、植保等强势环节机械化装备持续巩固强化，结构更优化，配置更合理。种植、收获自给等薄弱环节机械装备增长瓶颈松动，小麦种植机械化水平得到大幅度提升，其中主要粮食收获机械化自给能力首次达85%左右，彻底改变依赖跨区的收获作业模式，小麦机播水平达81%的历史水平。

【农机购置补贴】　2018年，全市补贴各类机具711台（套），享受中央财政购机补贴资金1006余万元，购机总额超过5410万元，全市新增耕整地机械234台；联合收割机145台，其中全喂入自走履带式49台，半喂入96台；大中型拖拉机57台；喷杆式喷雾机64台；播种机械53台；插秧机37台。

【秸秆机械化还田】　2018年，全市稻麦种植面积83.84万亩，其中，小麦32.1万亩，水稻51.74万亩；下达2018年机械化还田任务面积71.21万亩，全市夏（秋）收期间共投入大型秸秆还田机械1743台、大中型拖拉1399台。全年1038家农机户承担任务申请。实际秸秆机械化还田面积达69.6139万亩，还田率达83.02%，兑付补贴资金842.7925万元。其中夏季完成秸秆机械化还田29.3307万亩，还田率达91.37%。

【农机获证奖补】　2018年，共完成农机行业职业技能获证奖补培训四期，鉴定考评通过103人，其中培训农机维修初级工64人、中级工27人、高级工8人、技师4人，农机化人才队伍素质进一步提升。

【农机合作社】　2018年，坚持开展农机合作社“管理、服务、装备、人才、安全”五大水平提升的“强社”活动，通过“定标准、树典型、立榜样”，带动全市农机合作社建设。把众多的小农机户集聚起来，解决农机发展的最后一公里，推动全市整体农机化发展。年末，全市农机合作联社3家，规范化运行的农机合作社292家，其中国家级示范合作社2家、国家水稻全程机械化标准化示范社5家、省级示范社31家、常州A级“四有”农机合作社97家，生产、服务、销售“三位一体”的合作社41家。粮食全程机械化六大环节机具齐全，技术装备能力开展“一套龙作业服务”、种植和农机社会化服务双主体的农机合作社89家，机具原值150万以上的106个，机库面积300亩以上的112个、土地流转面积300亩以上的124个。农机合作社“耕、种、管（植保）、收”服务面积分别达77.9万、61.3万、79.5万、62.1万亩，带动小农户41560户，社会化服务综合水平达84%。农机合作社已成为农机社会化服务的重要市场主体，成为保障粮食丰产丰收、增加农民收入的有效支撑，成为支持供给侧改革、促进农业提质增效的重要抓手。

【农机示范推广】　2018年，新增联合收割机145台，总量达603万台，基本实现自给收获需求。以省级财政项目资金为导向，强化作业补贴，新增高地隙喷杆喷雾植保机64台，无人植保机15台，分别比上年增长4倍和5倍；高效植保水平达98%。围绕小麦种植水平，加大小麦复式条播机、撒播机推广力度，新增各类小麦播种机械85台，其中条播机49台，增长是同期的4倍以上，小麦机械化播种水平达89%，上升8个百分点。设施蔬菜和林果茶“从无到有”，研发并引进溧阳传统经济作物板栗的采摘和初加工机械装备，并在戴埠、天目湖等板栗种植区进行适应性试验示范。在天目湖两个茶园，开展特色产业茶叶生产全程机械化模式和技术路线的示范推广和示范点建设，标志着全市全程机械化正向经济作物和丘陵区域领域横向的拓展。完善和改良溧阳白芹种植机械，白芹新机械和新农艺得到进一步的融合，溧阳白芹规模化种植初步实现。

【农机安全生产】　2018年，扎实做好农机安全监管工作，农机安全生产形势进一步稳定。不断加强农机安全知识宣传、全面实施农业机械免费实地检验，以提高“三率”为契机，深入进行安全生产大检查、隐患排查和“平安农机”示范社创建，初步形成农机安全监管长效机制。全市未发生农机死亡事故和重特大农机事故，农机安全生产形势总体保持良好态势。

（蒋秋新）

综 述

【概 况】 2018年，全市经信系统按照市委、市政府的决策部署，紧紧围绕“重大项目推进年”和“全域旅游推进年”工作主题，以推动工业经济高质量发展为主攻方向，创新推进项目建设，持续优化产业结构，全市工业经济运行总体向好，四大重点产业增长强劲，较好实现各项目标任务。

2018年，全市实现工业总产值、产品销售收入分别增长10.2%、10.0%；工业利税总额、利润总额分别增长23.0%、27.6%；规上工业总产值、产品销售收入分别增长14.7%、13.3%；规上工业利税、工业利润分别增长29.9%、34.3%；规上工业企业中，智能电网、农牧与饲料机械、汽车及零部件和动力电池四大重点产业产值同比增长25.9%，占规模工业总产值的30.6%；工业应税销售收入同比增长23.4%，占规模工业企业应税销售收入的29.7%；全年工业用电量同比增长23.1%。

2018年，全市规模以上工业企业385家，实现工业应税销售超亿元企业156家，超10亿元企业22家，超百亿元企业4家(上上电缆、金峰水泥、国强镀锌、申特钢铁)，金峰水泥、国强镀锌分别位列中国民营企业500强第286位、451位。全市纳税超亿元工业企业5家（申特钢铁、上上集团、金峰水泥、国强镀锌、华朋集团）；纳税5000万～1亿元工业企业3家（安靠智电、正昌集团、天目湖啤酒）。

【项目建设】 加速推进全市重点项目建设。开通溧阳市重点工业项目信息管理系统，有效提升镇区上报项目进展情况的效率。积极推行领导挂钩重点项目、重大项目协调会办等制度，协调建设、规划、国土、环保、安监等相关部门开通项目建设绿色通道。2018年，98个市级重点工业项目已投产或部分投产项目比重达64.3%。

成立先进制造经济招商办公室，完成“4+X”重点产业调研报告；绘制上海、南京、杭州、深圳4个城市先进制造业产业地图；研究接轨南京的产业方向和具体目标，加大精准招商的力度。通过商会、咨询机构、展会、在外知名人士、中介代理、驻点招商等途径拓展招商渠道，搭建项目信息网。全年完成落地项目2个，签约项目2个（海洋钻井平台设备生产基地、汽车零部件及工程生产基地项目），在谈项目23个，合计获取27条有效信息。

【转型升级】 在常州市率先出台《关于对工业企业实施差别化政策推动资源集约利用的意见》，建立工业企业资源集约利用综合评价系统，根据企业评价等级，在自来水、蒸汽、天然气以及土地使用税等方面对企业实施差别化政策。举办“弘扬企业家精神，谋求高质量发展”主题论坛，提振企业家发展信心。2018年，兑现“向先进制造出发”各类奖励资金17438万元，精准扶持项目奖励资金1159.66万元。累计争取省级新能源汽车推广应用地方财政补贴资金271万元，苏南城市群试点示范专项切块奖补资金260万元，常州“三位一体”专项资金2643.7万元，合计发放奖励资金

2018年12月15日，“弘扬企业家精神 谋求高质量发展”论坛召开

（市工信局 供稿）

2018 年 11 月 6 日，2018 中国（溧阳）天目湖创新设计大赛颁奖
（市工信局　供稿）

达 21772.36 万元。雪奈利时装、国粮仓储、布勒机械、科华控股、中兴西田 5 家企业成功申报常州市工业设计中心；正昌粮机顺利通过江苏省工业设计中心申报。二十八所的拖挂式房车进入省工业设计产品金奖终评，上汽大通的 C 型房车同时入围中国优秀工业设计复评和省工业设计产品金奖终评。溧阳市江南烘缸制造有限公司、江苏金源高端装备股份有限公司被认定为 2018 年度省专精特新产品企业；江苏安靠智能输电工程科技股份有限公司被认定为 2018 年度省科技小巨人企业。继续开展“天目湖创新设计大赛”，充分利用外部高端设计资源助力溧阳市企业发展。

【保卫蓝天】 联合环保部门，通过施行网格化管理、细化管控措施、定期督查限产情况、动态调整管控企业名单、制定限停产工作方案等一系列措施，确保强制减排企业限停产措施落实到位。对省、市大气办明确的 47 家管控企业以定期检查和随机抽查的方式进行督查，督促企业坚持做好限产措施落实情况的日报工作，累计现场督查管控企业 630 余家次。重点做好进博会期间企业限停产工作。进博会期间，对市大气办确定的 141 家限停产企业及后续增加的 102 家企业开展现场督查，深入挂钩镇区督查限停产企业 300 余家次。扎实推进重污染天气应急管控工作，根据市大气办确定的 285 家重污染天气应急减排企业，参照红色预警，严格落实Ⅰ级管控措施。

【节能降耗】 下发《关于下达 2018 年全市各镇区节能目标任务的通知》，明确各镇区规模以上工业增加值能耗下降目标和节能重点工作目标任务，全年规模以上工业企业综合能源消费量 478.53 万吨标准煤，能耗下降 3.17%。规模以上工业万元产值能耗为 0.3799 吨标准煤／万元。开展 12 家企业能源审计和 18 家企业自愿性清洁生产审核工作。严格贯彻落实固定资产投资项目节能评估审查制度，严格控制高耗能项目的立项。2018 年，共有 6 家企业接受溧阳市节能监察中心的变压器专项节能监察，4 家企业接受省级重点用能设备能效提升专项监察。

【淘汰产能】 制定下发《溧阳市化工生产企业整治提升工作方案》，超额完成全年“减化”目标任务；完成上级下达的 2018 年“减化”关闭任务。对全市轧钢企业生产设备进行逐一鉴定。对全市所有的窑炉，特别是中频炉的使用情况进行摸排；共拆除 7 台 3 吨以下冲天炉，整治 23 台大于等于 0.25 吨的铝壳无磁轭中频炉。对全市 10 家企业使用的煤炭含硫量和灰分指标定期进行抽检，严格控制用煤企业的煤种标准。完成 3 台 35 蒸吨／小时及以下燃煤锅炉集中供热替代和鑫林钢铁、三元钢铁、上上电缆和戴西金属等 5 家企业工业窑炉“煤改气”工程。

【信用体系】 2018 年，溧阳市将诚信建设纳入深化文明城市建设三年行动计划，相继出台《溧阳市应征失信联合惩戒办法》《溧阳市关于加强政务诚信建设的实施方案》《溧阳市关于进一步加强拖欠农民工工资“黑名单”管理和失信联合惩戒的实施办法》等规范性文件，进一步提升重点领域诚信制度化建设，社会诚信水平不断提升。溧阳市锦汇商业广场被命名为全省首批诚信示范街区，上上电缆、正昌集团被评为全省依法管理诚信经营示范企业，上上集团董事长丁山华被授予全国“诚信之星”称号。

（唐　鹏）

2018 年 11 月 20 日，江苏上上电缆集团董事长丁山华被中宣部、国家发改委评为全国诚信之星
（市工信局　供稿）

表7

2018年溧阳市工业企业产品销售收入前100家企业

序号	企业名称	序号	企业名称
1	江苏申特钢铁有限公司	51	溧阳市四方不锈钢制品有限公司
2	江苏上上电缆集团有限公司	52	江苏司能润滑科技有限公司
3	江苏国强镀锌实业有限公司	53	江苏广信东腾环保装备有限公司
4	江苏金峰水泥集团有限公司	54	江苏宏光钢铁有限公司
5	溧阳市宏峰水泥有限公司	55	重庆啤酒集团公司常州天目湖啤酒有限公司
6	江苏华鹏变压器有限公司	56	江苏冠宇机械设备制造有限公司
7	溧阳市新金峰水泥有限公司	57	江苏维多股份有限公司
8	江苏瑞昕金属制品科技有限公司	58	溧阳市金昆锻压有限公司
9	江苏正昌集团有限公司	59	溧阳兰天化工有限公司
10	江苏弘溧新材料有限公司	60	江苏碧玉谷化工有限公司
11	溧阳市垚鑫电子科技有限公司	61	江苏联盟化学有限公司
12	常州普莱德新能源电池科技有限公司	62	江苏溧阳南方水泥有限公司
13	江苏诺信达电缆科技有限公司	63	江苏安靠智能输电工程科技股份有限公司
14	江苏国信溧阳抽水蓄能发电有限公司	64	常州时创能源科技有限公司
15	江苏超强工程材料有限公司	65	冶建新材料股份有限公司
16	布勒（常州）机械有限公司	66	江苏竹箦阀业有限公司
17	科华控股股份有限公司	67	溧阳金利宝胶粘制品有限公司
18	江苏国电新能源装备有限公司	68	溧阳东发纺织有限公司
19	江苏富民新材料有限公司	69	江苏立达电梯有限公司
20	江苏鑫林钢铁有限公司	70	江苏合伟重工科技有限公司
21	江苏盈德机电设备制造有限公司	71	溧阳市盛杰机械有限公司
22	江苏昇远金属制品加工有限公司	72	江苏力强化工有限公司
23	江苏扬子水泥有限公司	73	江苏迪赛诺制药有限公司
24	常州海大生物饲料有限公司	74	溧阳市金世纪混凝土有限公司
25	鹏程住宅工业化材料江苏有限公司	75	上汽大通房车科技有限公司
26	顺博合金江苏有限公司	76	溧阳市山湖实业有限公司
27	江苏宝鹏建筑工业化材料有限公司	77	溧阳市华鹏电力仪表有限公司
28	溧阳市宏泰特种扁钢有限公司	78	江苏盛昌钢铁有限公司
29	江苏金源高端装备股份有限公司	79	江苏诺信达特种电缆有限公司
30	溧阳市鑫天地金属制品有限公司	80	江苏利德塑业有限公司
31	江苏鹏程钢结构有限公司	81	溧阳二十八所系统装备有限公司
32	溧阳天山水泥有限公司	82	江苏力乐汽车部件股份有限公司
33	溧阳市金山尾矿综合利用有限公司	83	江苏兴源矿业有限公司
34	溧阳市飞跃机电有限公司	84	江苏华强模具科技有限公司
35	溧阳安顺燃气有限公司	85	溧阳市虹翔机械制造有限公司
36	江苏顺风光电电力有限公司	86	江苏保龙设备制造有限公司
37	溧阳市力士汽车配件制造有限公司	87	溧阳市宏宇建材有限公司
38	溧阳索尔维稀土新材料有限公司	88	溧阳市恒基商品混凝土有限公司
39	江苏开利地毯股份有限公司	89	朗盛（溧阳）多元醇有限公司
40	江苏钢锐精密机械有限公司	90	溧阳市江山矿业金山有限公司
41	溧阳市鹏程彩钢有限公司	91	溧阳市万盛铸造有限公司
42	江苏三益科技有限公司	92	溧阳市立方贵金属材料有限公司
43	溧阳中材重型机器有限公司	93	溧阳市诚泰机械制造有限公司
44	江苏铭丰电子材料科技有限公司	94	常州亚泰焊材有限公司
45	江苏翔鹰新能源科技有限公司	95	恒天宝丽丝生物基纤维股份有限公司
46	常州乔尔塑料有限公司	96	溧阳市乔森塑料有限公司
47	常州市宏豪制钢有限公司	97	江苏省社渚轴承有限公司
48	江苏金隆新材料有限公司	98	溧阳市昆达金属制品有限公司
49	江苏开磷瑞阳化工股份有限公司	99	江苏翔能科技发展有限公司
50	溧阳市万兴特种建材有限公司	100	江苏旗云油脂科技有限公司

表8

2018年溧阳市工业企业产品实现利税总额前100家企业

序号	企业名称	序号	企业名称
1	江苏申特钢铁有限公司	51	溧阳市华鹏电力仪表有限公司
2	江苏国强镀锌实业有限公司	52	江苏碧玉谷化工有限公司
3	江苏上上电缆集团有限公司	53	溧阳市飞跃机电有限公司
4	溧阳市宏峰水泥有限公司	54	溧阳市盛杰机械有限公司
5	江苏金峰水泥集团有限公司	55	溧阳市宏宇建材有限公司
6	溧阳市新金峰水泥有限公司	56	江苏诺信达特种电缆有限公司
7	江苏瑞昕金属制品科技有限公司	57	江苏力乐汽车部件股份有限公司
8	江苏扬子水泥有限公司	58	江苏竹箦阀业有限公司
9	江苏国信溧阳抽水蓄能发电有限公司	59	溧阳市江南烘缸制造有限公司
10	溧阳天山水泥有限公司	60	溧阳兰天化工有限公司
11	江苏超强工程材料有限公司	61	江苏兴源矿业有限公司
12	江苏正昌集团有限公司	62	江苏翔能科技发展有限公司
13	溧阳市垚鑫电子科技有限公司	63	江苏前峰电子有限公司
14	江苏弘溧新材料有限公司	64	江苏迪赛诺制药有限公司
15	江苏诺信达电缆科技有限公司	65	江苏司能润滑科技有限公司
16	江苏开磷瑞阳化工股份有限公司	66	溧阳市江山矿业金山有限公司
17	江苏华鹏变压器有限公司	67	江苏溧阳南方水泥有限公司
18	常州普莱德新能源电池科技有限公司	68	冶建新材料股份有限公司
19	江苏盈德机电设备制造有限公司	69	江苏维多股份有限公司
20	鹏程住宅工业化材料江苏有限公司	70	溧阳市万兴特种建材有限公司
21	布勒（常州）机械有限公司	71	溧阳市山湖实业有限公司
22	科华控股股份有限公司	72	溧阳市虹翔机械制造有限公司
23	江苏鑫林钢铁有限公司	73	溧阳中材重型机器有限公司
24	江苏富民新材料有限公司	74	江苏冠宇机械设备制造有限公司
25	江苏宝鹏建筑工业化材料有限公司	75	江苏新华机电设备制造有限公司
26	江苏安靠智能输电工程科技股份有限公司	76	溧阳市中纺联针织有限公司
27	溧阳市鑫天地金属制品有限公司	77	恒天宝丽丝生物基纤维股份有限公司
28	常州时创能源科技有限公司	78	江苏晶阳加工有限公司
29	重庆啤酒集团公司常州天目湖啤酒有限公司	79	江苏金久科技新材料有限公司
30	溧阳索尔维稀土新材料有限公司	80	江苏隆迪新材料有限公司
31	溧阳安顺燃气有限公司	81	常州乔尔塑料有限公司
32	溧阳市四方不锈钢制品有限公司	82	常州金纬挤出机械制造有限公司
33	江苏金源高端装备股份有限公司	83	江苏晶竹服饰有限公司
34	江苏三益科技有限公司	84	天目照明有限公司
35	江苏国电新能源装备有限公司	85	溧阳市塑宝塑胶科技有限公司
36	江苏铭丰电子材料科技有限公司	86	江苏恒祥石化工程有限公司
37	溧阳市金山尾矿综合利用有限公司	87	江苏羚羊机械有限公司
38	江苏省前峰服饰有限公司	88	溧阳市新力机械铸造有限公司
39	江苏宏光钢铁有限公司	89	江苏富春江环保热电有限公司
40	溧阳水务集团有限公司	90	溧阳市双马塑胶纺织有限公司
41	江苏利德塑业有限公司	91	常州紫金花铜业有限公司
42	江苏广信东腾环保装备有限公司	92	江苏省社渚轴承有限公司
43	溧阳市力士汽车配件制造有限公司	93	江苏金隆新材料有限公司
44	江苏沙河抽水蓄能发电有限公司	94	申芝电梯有限公司
45	江苏鹏程钢结构有限公司	95	溧阳比利美英伟营养饲料有限公司
46	江苏昇远金属制品加工有限公司	96	溧阳市昆达金属制品有限公司
47	溧阳中材环保有限公司	97	江苏欧标有限公司
48	溧阳金利宝胶粘制品有限公司	98	溧阳东发纺织有限公司
49	江苏联盟化学有限公司	99	常州市宏豪制钢有限公司
50	溧阳市鹏程彩钢有限公司	100	溧阳市万盛铸造有限公司

2018年溧阳市工业企业期末资产总计前100家企业

表9

序号	企 业 名 称	序号	企 业 名 称
1	江苏申特钢铁有限公司	51	冶建新材料股份有限公司
2	江苏金峰水泥集团有限公司	52	溧阳市飞跃机电有限公司
3	江苏国信溧阳抽水蓄能发电有限公司	53	江苏迪赛诺制药有限公司
4	江苏上上电缆集团有限公司	54	江苏国粮仓储工程有限公司
5	江苏华鹏变压器有限公司	55	申芝电梯有限公司
6	江苏国强镀锌实业有限公司	56	上齿集团有限公司
7	溧阳市宏峰水泥有限公司	57	江苏竹箦阀业有限公司
8	溧阳市新金峰水泥有限公司	58	溧阳金利宝胶粘制品有限公司
9	科华控股股份有限公司	59	江苏兴源矿业有限公司
10	江苏正昌集团有限公司	60	江苏德盛食品有限公司
11	江苏时代新能源科技有限公司	61	常州时创能源科技有限公司
12	布勒（常州）机械有限公司	62	江苏力乐汽车部件股份有限公司
13	江苏顺风光电电力有限公司	63	江苏溧阳南方水泥有限公司
14	常州普莱德新能源电池科技有限公司	64	常州海大生物饲料有限公司
15	江苏钢锐精密机械有限公司	65	溧阳市四方不锈钢制品有限公司
16	江苏开磷瑞阳化工股份有限公司	66	溧阳市万兴特种建材有限公司
17	江苏金源高端装备股份有限公司	67	江苏盛德电子仪表有限公司
18	江苏安靠智能输电工程科技股份有限公司	68	江苏粘博士新材料有限公司
19	溧阳安顺燃气有限公司	69	江苏三益科技有限公司
20	溧阳水务集团有限公司	70	重庆啤酒集团公司常州天目湖啤酒有限公司
21	波士顿电池（江苏）有限公司	71	江苏盈德机电设备制造有限公司
22	江苏鹏程钢结构有限公司	72	江苏天目建设集团钢机有限公司
23	江苏昇远金属制品加工有限公司	73	溧阳市力士汽车配件制造有限公司
24	江苏科达利精密工业有限公司	74	江苏鑫林钢铁有限公司
25	江苏扬子水泥有限公司	75	江苏司能润滑科技有限公司
26	江苏诺信达特种电缆有限公司	76	溧阳市虹翔机械制造有限公司
27	溧阳索尔维稀土新材料有限公司	77	溧阳市金世纪混凝土有限公司
28	江苏翔鹰新能源科技有限公司	78	溧阳市华鹏电力仪表有限公司
29	江苏开利地毯股份有限公司	79	江苏金隆新材料有限公司
30	溧阳中材重型机器有限公司	80	江苏立达电梯有限公司
31	溧阳天山水泥有限公司	81	江苏盛屹钢构有限公司
32	上汽大通房车科技有限公司	82	溧阳市金昆锻压有限公司
33	江苏省前峰服饰有限公司	83	江苏明天胶业有限公司
34	江苏国电新能源装备有限公司	84	江苏中兴西田数控科技有限公司
35	江苏弘博热电有限公司	85	江苏弘溧新材料有限公司
36	江苏联盟化学有限公司	86	江苏阳毅实业有限公司
37	溧阳二十八所系统装备有限公司	87	江苏沙河抽水蓄能发电有限公司
38	江苏诺信达电缆科技有限公司	88	江苏维多股份有限公司
39	江苏超强工程材料有限公司	89	鹏程住宅工业化材料江苏有限公司
40	江苏广信东腾环保装备有限公司	90	江苏恒祥石化工程有限公司
41	江苏富民新材料有限公司	91	江苏晶瑞半导体有限公司
42	江苏富春江环保热电有限公司	92	江苏省社渚轴承有限公司
43	溧阳市金山尾矿综合利用有限公司	93	江苏省奥谷生物科技有限公司
44	常州乔尔塑料有限公司	94	江苏新华机电设备制造有限公司
45	江苏铭丰电子材料科技有限公司	95	溧阳市山湖实业有限公司
46	顺博合金江苏有限公司	96	溧阳三元钢铁有限公司
47	江苏保龙设备制造有限公司	97	溧阳联星混凝土有限公司
48	江苏冠宇机械设备制造有限公司	98	溧阳兰天化工有限公司
49	江苏瑞昕金属制品科技有限公司	99	江苏金久科技新材料有限公司
50	江苏宝鹏建筑工业化材料有限公司	100	江苏华强模具科技有限公司

新能源电池与新材料制造等新兴产业

【概　况】 溧阳的新能源电池与新材料制造等新兴产业近年来发展速度惊人，已经拥有一批初具规模的企业。

建设新材料基地是提升产业结构的重要途径之一。溧阳的新材料主要有锂电池、稀土、太阳能、氨基模塑料、有机硅、绿色建材和生物能源等，拥有以上汽时代、江苏时代新能源、普莱德新能源电池为龙头的锂电池、索尔维稀土为龙头的稀土新材料，以乔尔塑料、乔森塑料为主的聚酰亚胺膜材料产业。2018 年，普莱德新能源电池销售收入 20.6 亿元，索尔维稀土销售收入 5.3 亿元，乔尔塑料销售收入 8 亿元，国电新能源装备销售收入 13 亿元。

【江苏铭丰电子材料科技有限公司】 成立于 2013 年，位于社渚镇工业集中区，紧临 239 省道，交通便利。公司占地 95 亩，建筑面积 27710 平方米，注册资本 2000 万元人民币，总资产 2.5 亿元。公司有职工 346 人，其中各类专业技术人员 60 余人，汇集了一批具有 20 多年电解铜箔生产经验的技术与管理团队。公司主要从事电子铜箔及 FR-4 覆铜板的研发、生产和销售，产品主要应用于电脑、手机等电子通信业、消费电子业和大容量锂电池等。2018 年，实现销售收入 4.6 亿元。

公司与国内外相关各知名的企业合作，并积极加强与国内高校的产学研合作，累计投入千万以上资金用于研发。在原有年产 8000 吨高档电子铜箔生产线和年产 200 万平方米 FR-4 覆铜板生产线的基础上，公司投资 2.8 亿元扩建 1 万吨级高档电子铜箔生产线并实现投产。公司采用国际上先进的生产工艺，控制机组均从日本、美国进口，产品质量达到美国 ANSI/IPC-MF-150F（2009）标准要求。公司技术力量雄厚、自动化程度高、质量控制可靠，已获得职业健康安全管理体系认证、质量管理体系认证、环境管理体系认证、国家高新技术企业、江苏省民营科技企业、江苏省研究生工作站、常州市工程技术研究中心、常州市企业技术中心、常州市工业设计中心等称号。

（陆　平）

【溧阳索尔维稀土新材料有限公司】 是比利时索尔维（SOLVAY）集团在全球投资规模最大的稀土电子与催化剂新材料生产企业。公司于 2000 年 8 月合资组建，主要从事稀土相关产品（含稀土新材料）的开发、应用、生产与销售。2018 年，实现销售收入 5.3 亿元，利税超 8000 万元，进出口额 3.8 亿元。

公司积极发展下游、功能性材料产品，通过逐年投资、改进、优化，依托索尔维集团技术研发、创新优势和长期战略合作伙伴拥有的资源优势，完成产品的结构调整，成功实现从上游分离产品向稀土应用新材料的转型升级。公司始终兼顾客户、环境、社区、员工、供应商、股东的和谐统一，始终追求公司经济效益和社会效益的双丰收。

公司用于汽车尾气净化处理的稀土催化材料、用于电子领域的稀土精密电子陶瓷材料等稀土应用产品得到众多国际知名跨国公司和国内高端客户的青睐，核心竞争力不断增强。公司积极实施科技创新，建有江苏省稀土电子与催化剂材料工程技术研究中心，已成为江苏省人民政府确定重点支持和培育的省稀土催化材料产业基地。公司将进一步增加研发和创新投入、吸收人才、改进工艺以及提升产品应用功能，研发更具创新型的技术产品和提供更好的解决方案，增强高质量发展后劲，实现企业可持续增长，成为稀土应用市场引领者。

公司已通过 ISO 14001 ：2004 环境管理体系认证、ISO 9001 ：2008 质量管理体系认证、ISO 50001 ：2011 能源管理体系认证、清洁生产和安全生产标准化审核，管理水平、产品质量档次、技术创新能力、信息技术应用、社会经济效益在国内稀土行业中处于领先地位。公司为溧阳市首家“海关高级认证企业”、2017—2018 年度溧阳市工业企业资源集约综合评价 A 类企业，2011 ～ 2018 年连续 8 年获评“常州市、溧阳市工业星级企业”。

（戴　真）

【冶建新材料股份有限公司】 成立于 1988 年，是一家长期专注于高端、特种、环保海洋防腐新材料的研发、生产、销售和服务的国家火炬计划重点高新技术企业，为中国涂料工业协会常务理事单位。

公司为江苏省高新技术企业、江苏省创新型企业、江苏省民营科技企业、标准化良好行为企业、中国石油化工优秀民营企业和江苏省企业信用管理贯标企业，建有江苏省工程技术研究中心、江苏省企业技术中心、江苏省级博士后科研工作站，已通过 ISO 9001 ：2008 质量体系、ISO 14001 ：2004 环境体系和 GB/T 28001-2001 职业健康安全体系认证，获得 CCS、GL、DNV、LR、BV、RINA、NK、KR 八大船级社认可，通过 IMO（国际海事组织）规定的 PSPC 实验，2017 年通过“安全生产标准化二级企业”验收。公司先后获得“全国重合同守信用企业”“国家新型涂料产业化基地重点骨干企业”“AAA 级资信企业”“2014 年度常州三星级明星工业企业”“中国涂料百年百强企业”等称号。2018 年，实现销售收入 1.9 亿元。

公司与清华大学、复旦大学、南京工业大学、中国涂料大学等众多知名大学的化工学院和知名教授建立长期的良好合作关系。公司承担多项国防、省、市科研项目，拥有众多的专有技术和专利，其中国家授权发明专利 15 项、实用新型专利 34 项，拥有国家重点新产品 4 项、江苏省高新技术产品 10 项、江苏省科技进步奖 2 项、常州市科技进步奖 3 项，参与修订国家、行业标准 30 多项。公司攻克众多行业技术难题，产品质量居国际领先水平，形成安全环保型精益生产模式。“天虎”商标获得中国驰名商标称号，连续多年当选“中国最受欢迎十大防腐涂料品牌”。产品被认定为“江苏省名牌产品”，广泛应用于船舶、桥梁、重点工程、海洋工程、风电、石油化工、机车、钢结构等行业，销售覆盖全国各省、市、区 200 多家大中型企业。

（戴　真）

【常州普莱德新能源电池科技有限公司】 成立于 2016 年，是一家新能源电池系统方案供应商，由北大先行科技产业有限公司（电池关键材料）、东莞新能德科技有限公司（电芯）、北京汽车工业控股有限公司（汽车）和北汽福田汽车股份有限公司（汽车）共同出资。公司由东方精工合并重组上市，股票代码 002611，总部位于北京采育经济技术开发区。

公司管理团队来自于美国、加拿大等国家和中国香港、中国台湾等地区，员工总数 200 人，超过 80% 拥有学士以上学历。公司技术支持团队由来自中国科学院、北京汽车研究院、北京理工大学、北京交通大学等科研机构的院士、教授和专家组成。公司注重发挥团队成员的主动性、能动性，为每位优秀人才提供良好的发展空间。

公司生产的锂离子电池包及管理系统具有安全、优质、高效、环保等独特优势，能够为新能源汽车、新能源汽车充电站以及电网储能系统等完美配套。产品按照 TS　16949 品质系统要求在自主研发的全自动生产线上生产，并经过公司自建的国家标准实验室严格测试和验证。公司与国内外众多知名品牌企业和科研机构建立长期的战略合作联盟，拥有材料、电芯、电池安全结构设计、电池管理系统等多项专利，可以根据客户需求灵活订制产品，并通过完善的追溯系统提供一站式的售后跟踪服务。2018 年，实现销售收入 20.6 亿元。

（刘　创）

【江苏司能润滑科技有限公司】 成立于 2012 年 3 月，是集工业、车用、特种润滑油研制、开发、生产为一体的综合性润滑油企业，为司能石油化工有限公司投资设立的全资子公司，位于江苏中关村科技产业园，占地面积 118 亩，年生产各类润滑油／脂能力达 8 万吨。2018 年，实现销售收入 3.8 亿元。

公司拥有现代化生产厂房、自动化调合及罐装生产线、完整及先进的润滑油质量控制检测仪器，有员工 100 余人，其中研发人员比例 30% 以上。公司为大型工程机械企业提供各种工程机械装机和售后服务用油；同时也为汽车、金属加工、冶金等行业提供系统润滑解决方案，展现润滑与机械的完美结合。主要产品包括内燃机油、齿轮油、液压油、液力传动油、润滑脂、防冻液、刹车液、金属加工液等 19 个系列 500 多种润滑油产品。

公司坚持采用优质原材料以及通过严格专业台架实验和实践评定的高科技配方，严格按照国际先进的管理模式组织企业的生产经营活动。产品满足国际标准组织（ISO）、美国石油学会（API）等规格标准的要求，已通过 IATF　16949 ： 2016、ISO　9001 ： 2015 质量管理体系认证。主要产品通过辛辛那提、丹尼逊、美国康明斯、沃尔沃、ZF 及高新技术产品认证。技术中心实验室总面积 1200 平方米，可进行各种润滑油品的实验室研发、分析检测、模拟试验、台架评定等研究工作。建有“江苏省企业技术中心”“常州市润滑油工程技术研究中心”，通过“国家级高新技术企业认证”，“司能润滑油”被评为“常州市名牌产品”。

（刘　创）

【江苏翔鹰新能源科技有限公司】 成立于 2016 年，位于江苏中关村科技产业园，注册资金 1 亿万元，项目总投资 3 亿元。公司主要开发和生产锂电池用镍钴锰酸锂三元正极材料，包括 523、622、811 等型号高镍三元正极材料，产品主要应用于汽车动力电池、3C 数码电池、储能电池等。

公司投资 1.6 亿元购置窑炉、发那科机器人、自动化生产线等行业一流的生产设备；投资 500 万元购置 ICP、XRD、SEM、激光粒度仪等进口检测设备；投资 500 万元购置国内最先进的氧气气氛辊道炉等设备用于 NCA 中试研发。公司与中科院物理所和浙江大学均签订产学研合作项目，加速开发高电压高能量镍钴锰酸锂、倍率型动力电池正极材料和高容量高镍多元正极材料。

公司拥有来自上市公司的专业管理团队和锂电池正极材料一流企业的技术团队。2017 年 2 月，一期产能 3000 吨／年的生产线建成，并于 5 月达产；2017 年 6 月，二期产能 5000 吨／年的生产线建成，至 10 月底达产。公司坚持绿色能源理念发展新能源与新材料，以专业化人才加强科技创新，按照现代企业制度规范化运作。2017 年，实现销售收入 2.7 亿元、利税 1000 万元。2018 年，实现销售收入 5 亿元、利税 1000 万元。

（刘　创）

【上汽时代动力电池系统有限公司】 上汽集团（股票代码 600104）是国内 A 股市场最大的汽车上市公司，2018 年第 14 次入选《财富》杂志世界 500 强，排名 36 位，是国内唯一一家在纯电动、插电式混合动力和燃料电池三种技术路线上同步发展和积极布局的汽车企业，并自主掌握新能源汽车的“电驱、电池、电控”三电核心技术。

宁德时代（简称“CATL”）成立于 2011 年，公司总部位于福建宁德。公司致力于通过先进的电池技术，为全球绿色能源应用，提供高效的能源存储解决方案。公司建立动力和储能电池领域完整的研发、制造能力，拥有材料、电芯、电池系统及废旧电池回收的全产业链核心技术，是全球顶级的车用动力电池供应商。2017 ~ 2018 年，车用动力电池出货量全球排名首位。

上汽集团与宁德时代在动力电池及电池系统技术方面强强合作，共同投资建设先进动力电池和电池系统产业化项目，项目按照国际一流、国内领先的标准，建设高度智能、绿色环保的先进动力电池和电池系统生产基地，推动中国汽车产业转型升级。项目规划总用地面积 2007 亩，总规划投资 200 亿元。其中一期规划用地 776 亩，投资 100 亿元，一期达产后将形成年产 18GWh（百万千瓦小时）

动力电池及45万套动力电池系统的生产能力。根据城市规划，溧阳将大力发展电动汽车产业，将新能源汽车产业作为重点支柱产业发展。

上汽时代动力电池系统有限公司由上海汽车集团投资管理有限公司与宁德时代新能源科技股份有限公司共同投资，于2017年6月8日注册成立，坐落于江苏中关村科技产业园。公司注册资本3亿元，其中，上海汽车集团投资管理有限公司占51%，宁德时代新能源科技股份有限公司占49%。公司经营范围包括动力电池模块和系统的开发、生产及销售，动力电池专业技术领域内的技术开发、技术转让、技术咨询及技术服务。一期建设已购买土地133亩，规划总建筑面积4万平方米，一期建成后将具备年产45万辆新能源汽车用动力电池系统的配套能力。公司厂房、仓库等基础建设于2018年6月完成，全体人员于2018年8月入驻。第一条10万套年产能的自动化生产线于2018年6月建成，9月正式生产。

（刘　创）

【常州时创能源科技有限公司】 成立于2009年11月，为国家高新技术企业，坐落于江苏中关村科技产业园，占地82.5余亩，由浙江大学硅材料国家重点实验室毕业的博士团队创立。公司主导产品是自主研发的高尖端的太阳能电池单、多晶制绒辅助品和晶硅太阳能电池体缺陷钝化设备Anti-LID，属国内首创，国内客户市场覆盖率达70%以上，海外市场覆盖率达50%以上。公司拥有国内发明专利31项、实用新型8项；韩国发明专利2项，中国台湾发明专利5项、实用新型2项，欧洲发明专利2项，美国发明专利2项，新加坡发明专利2项。公司获得科技部中小企业创新基金、江苏省科技型企业创新基金支持，主创产品单晶硅太阳电池制绒催化剂列入2013年度国家火炬计划。公司于2017年被评为江苏省最具成长性高科技企业、瞪羚企业、常州市企业技术中心，2018年被评为省工程技术研究中心、省工程研究中心、国家级博士后科研工作站。2018年，实现销售收入2.7亿元。

（刘　创）

【江苏迅隆科技发展有限公司】 成立于2007年，是一家主要生产各种高精度铝合金压力铸件和高压输变电设备配件的国家级高新技术企业，产品广泛应用于电力、冶金、石化、交通等领域，位于江苏中关村科技产业园。公司占地面积8万平方米，建筑面积6万平方米，有员工150余人，本科以上的工程技术人员和专业管理人员占30%以上，并聘请国内科研机构专家和大专院校教授负责技术和质量管理工作。

公司拥有各种铸造、机加工、热处理、喷涂等高精度机械设备100台（套），配备有金相分析、压力分析、气密性检测、拉伸检测等多种检测设备，购置砂型低压浇注机、金属型低压浇注机等专用设备，形成行业内最为全套的低压浇注生产规模，树脂砂低压浇注及产品检测手段均处于国内领先水平。公司参照客户行业要求及国家有关标准，制定合金材质控制全套技术文件及质量规范，通过改变合金中部分元素的含量和组织结构，提高合金强度及延伸率，提升合金的性能指标。公司拥有多项技术产品专利，获得江苏省民营科技企业、江苏中关村科技进步企业、国家级高新技术企业、常州市工程技术中心等称号，多个产品被评为江苏省高新技术产品和常州市高新技术产品。2018年，实现销售收入9022万元。

公司取得ISO 9000、ISO 14000、OHSAS 18000体系审核认证和欧洲SVTI资格证书，通过思源电气、法国GE、韩国HYOSUNG、日本AE POWER、日本NISSIN、瑞士ABB、德国SIEMENS、中国中车等客户的供应商资格审核，成为瑞士ABB、德国SIEMENS、法国GE、思源电气等客户的战略供应商。

（刘　创）

【江苏科达利精密工业有限公司】 是上市公司深圳市科达利实业股份有限公司的控股子公司，于2016年6月成立，位于江苏中关村科技产业园，注册资本6亿元。公司计划总投资20亿元实施新能源汽车锂电池精密结构件项目，总用地面积320亩，建筑面积18万平方米，投资9亿元购置动力电池壳生产线、防爆盖板自动装配线、日本多工位冲压机等主要设备350台（套），其中进口设备147台（套），价值3亿元。项目建成达产后将形成年产汽车动力锂电池结构件方形1.2亿套、圆形3亿套及电池包结构件10万件的生产能力，主要致力于满足中航锂电、无锡松下、ATL、力神、谷神、南京LG等周边下游高端客户及其他潜在客户的需求。2018年，实现销售收入1.3亿元。

深圳科达利实业股份有限公司创立于1996年9月，注册资本10500万元，为深圳市龙华新区工业100强、自主创新100强及纳税100强企业，新能源汽车动力锂电池主配件产销量居国内首位。产品主要分为便携式锂电池精密结构件、动力及储能锂电池精密结构件、汽车结构件三大类，广泛应用于便携式通讯及电子产品、汽车及新能源汽车、电动工具、储能电站等众多行业领域。公司坚持定位于高端市场、采取重点领域的大客户战略，持续发展下游消费电子产品便携式锂电池和新能源汽车动力锂电池行业的领先高端客户及知名客户，已与松下、LG、三星、波士顿、德国大众微电池等国外知名客户，以及ATL、比亚迪、力神、中航锂电、亿纬锂能、比克等国内领先厂商建立长期稳定的战略合作关系。

（刘　创）

【江苏兴锻智能装备科技有限公司】 成立于2011年9月，原名江苏中兴西田数控科技有限公司，由浙江中兴精密工业集团有限公司和日本西田精机株式会社等共同出资成立。公司聚集中日两国的资深技术团队，打造出“CPTEK—兴锻”品牌，已投资2亿元以上。

公司以“致力于成为金属塑性成形智能解决方案的领先品牌”作为公司愿景，专注于高端智能锻压装备及自动化生产线的的核心技术研发和创新，聚焦伺服压力机、冷温热精锻、多工位及周边自动化装置的研发制造，积极推进智能锻压设备与信息技术、网络技术和数据技术的深度融合。公司秉承“客户价值最大化”的服务理念，为客户提供产品工艺、模具方案、设备选型、自动化方案和系统集成的综合技术服务，承担交钥匙工程，部分产品填补国内空白，被选为智能装备首台（套）。2018年，实现销售收入1.2亿元。

公司为国家高新技术企业，建有江苏省智能伺服锻压装备及工艺工程技术研究中心、江苏省智能伺服锻压装备系统工程中心、江苏省博士后创新实践基地、江苏省企业研究生工作站、常州市外国专家工作室，常年有数位知名教授与海外专家常驻各中心与工作站，进行高端智能设备的技术研发与难题攻克。

（刘　创）

江苏时代新能源科技有限公司　　（市工信局　供稿）

【江苏粘博士新材料有限公司】 成立于2010年，是一家外商独资企业，主要从事胶黏剂、粘性胶带、不干胶、PCV原皮、绝缘胶带、光电及通讯材料的研发与生产，拥有专业生产线及先进设备。公司注册资本4000万美元，投资总额6000万美元，占地面积87114平方米，有员工136人。2016年，实现销售收入11995万元，产量3668万平方米；2017年，实现销售收入13970万元，产量3854万平方米；2018年，实现销售收入11595万元，产量3292万平方米。公司与中国台湾知名企业四维集团合作，引进专业技术和人员，产品质量优良稳定，取得UL、CSA、JIS等多项国际认证，广泛应用于电子产业、建筑产业、汽车产业、消费性产业等领域，客户主要分布于印度、巴基斯坦、孟加拉等国家。

（刘　创）

【江苏时代新能源科技有限公司】 是宁德时代新能源科技股份有限公司的全资子公司。宁德时代成立于2011年，总部位于福建宁德，公司致力于通过先进的电池技术，为全球绿色能源应用提供高效的能源存储解决方案。2018年，动力电池出货量23.54GWh（百万千瓦小时），位居全球第一。宁德时代与宝马、大众、上汽、北汽等国内外众多知名汽车厂商建立深度合作关系，为全球客户研发、生产纯电动汽车、混合动力汽车的动力电池系统。宁德时代还承担着“新一代锂离子动力电池产业化技术开发”和“100MWh（百万瓦小时）级新型锂电池规模储能技术开发及应用”2个“十三五”国家重点研发计划项目。

宁德时代为主动融入国家“一带一路”倡议和长江经济带发展战略，2016年在江苏中关村科技产业园投资建设锂离子电池长三角生产基地，2018年在一、二期建成10GWh（百万千瓦小时）产能的基础上，增加投资120亿元建设三期扩能项目，新建厂房23万平方米，新增设计产能40GWh（百万千瓦小时），预计于2019年下半年开始陆续投产。项目全部达产后，动力及储能锂离子电池年设计产能可达50GWh（百万千瓦小时），实现年销售收入超300亿元。2018年，实现销售收入1.1亿元。

（刘　创）

【江苏金久科技新材料有限公司】 是一家集生产、研发、销售为一体的高科技企业，占地面积500亩（一期260亩），注册资金2.68亿元人民币，总投资10亿元人民币。公司引进国际最先进的意大利进口设备，将建成10条全自动生产线，年产发泡陶瓷10万立方米，陶板达800万平方米，是全球最大的发泡陶瓷、陶板制造基地之一。2018年，实现销售收入1亿元。

公司将品牌理念融于陶板工艺，努力打造名优品质陶板产品，生产的节能环保幕墙陶板质地淳朴、色泽温润、隔音降噪、保温效果良好，广泛应用于写字楼、住宅等建筑。公司致力于海绵城市道路材料的研发与生产，研发出高强度的陶瓷透水砖，其采用陶瓷废料经高压并筛分选料，添加结合剂后，经成型、烘干、1200度高温烧结而成。金久陶瓷透水砖具有良好的透水性，能够快速渗透，使城市道路摆脱传统材料的束缚，轻松应对60毫米/小时的降雨量；还可以改善植被的生态环境，调节大气湿度、净化空气，消除雾霾，降低周围环境的温度，恢复地表水循环系统，有效缓解城市“热岛效应”；其多样的色彩可丰富城市景观，增强城市生态功能，让城市更加宜居，产品广泛应用于人行道、公园、广场、球场、植物园道路、轻量级道路、停车场、地下建筑工程以及新型体育运动场地。

（滕　俊）

【溧阳市金联树脂有限公司】 成立于1984年4月，位于别桥镇绸缪集镇西土桥，原名溧阳县第四化工厂（乡办集体企业），1990年8月改名为溧阳市树脂化工厂，1999年12月改制为私营企业，同时改名为溧阳市金联树脂化工厂，2003年9月改名为溧阳市金联树脂有限公司。公司占地面积1万平方米，建筑面积3600平方米，有员工40人，固定资产680万元。公司主要生产E型环氧树脂、F型环氧树脂以及环氧延伸产品，是上海电气集团、上海成套、常州正发、上海科欣、江苏富菱、常州天马、无锡广达、烟台明致等公司的主要定点厂家。1999年，公司被江苏远东国际评估咨询有限公司评为“资信等级AA级”；2002年被中国质量管理协会评为“用户满意”单位；2007年12月，公司通过ISO 9001：2000质量管理体系认证；2006～2008年，连续被常州市企业信用管理协会评为“信用(合同)A级企业”。2018年，实现销售收入2211万元。

（滕　俊）

【溧阳鑫晨电子有限公司】 成立于2003年1月，注册资本1000万元人民币，占地面积15亩，建筑面积5100平方米，主要经营电子元器件、冲压件的加工和制造，生产电容器、端子板、铝壳、铝华司等产品。公司投资1000万元，新购置压力机（16T）14台、压力机(25T)1台、液压机6台、恒温干燥箱8台、自动点焊机30台、自动铆接机13台、万能工作磨床1台、台式仪表车床1台、平面磨床1台、脱水桶2台、脱水烘干机3台、超声波清洗机1台、振动盘20套等设备。2018年，实现销售收入4338万元。

（滕　俊）

【常州乔尔塑料有限公司】 成立于2005年，位于南渡镇旧县工业园区，占地面积8.6万平方米，建筑面积6万平方米，总资产5.8亿元，有公司员工500余人，其中科技研发人员120名。公司拥有发明专利等自主知识产权30余件，年生产氨基模塑颗粒料4.5万吨、甲醛15万吨。2018年，实现销售收入8亿元。

公司于2008年起与北京航空航天大学、中石化北京化工研究院、四川大学等科研院校合作。2009年9月，承担江苏省科技计划支撑项目“低成本高性能氨基模塑复合材料及其新工艺技术”，项目于2011年1月进行科学技术成果鉴定，鉴定委员会认为：“该项目形成的技术成果为国内首创，达到了国际先进水平”。2010年9月，公司被江苏省科学技术厅认定为高新技术企业。2011年5月，成立江苏省热固性新材料工程技术研究中心、江苏省工程中心和江苏省企业技术中心。2013年9月，获批江苏省科技成果转化专项资金项目“环保型高性能氨基模塑颗粒料关键技术研发与产业化”，项目竣工验收后被常州市评为产学研合作成果奖。2015年5月，获批科技部（产业化示范）火炬计划项目。2015年12月，获江苏名牌产品证书。2016年，成立江苏省博士后创新实践基地。2015年3月和2017年11月，分别成功申报并获批江苏省“双创计划”—双创团队和双创博士（企业博士后类）2个项目。董事长肖和平于2015年被评为科技部“创新人才推进计划科技创新创业人才”，2017年被评为国家“万人计划”科技创业领军人才。

（吴有安）

【江苏金隆新材料有限公司】 主要从事不饱和聚酯树脂及醋酸纤维增塑剂的研发与生产，创建于2012年6月，位于南渡镇新材料工业集中区，占地面积90亩。公司注册资本1800万元，总资产1.4亿元，有员工90名，具有年生产10万吨不饱和聚酯树脂及4万吨醋酸纤维增塑剂的能力。公司已通过ISO 9001质量体系认证和ISO 14000环境体系认证，产品广泛应用于建筑、工矿、木材、塑胶、玻璃、金属、纸张、皮革等领域，得到国内外广大客户的普遍认可。2018年，实现产值4.5亿元，纳税销售4.35亿元，入库税收778万元。

（吴有安）

【朗盛（溧阳）多元醇有限公司】 位于南渡镇强埠力强路36号，占地约100亩，注册资本1.86亿元，有员工122名，其中工程技术人员20名，为外商独资企业。2009年9月，朗盛德国有限公司收购江苏多元醇化学有限公司和江苏波力奥化工有限公司，合并成立朗盛（溧阳）多元醇有限公司。公司由朗盛德国公司高品质工业中间体业务部负责运营管理。

公司主要产品为三羟甲基丙烷，年产能达1万吨，广泛应用于润滑剂、涂料制造等领域。公司已通过ISO 14001环境管理体系、ISO 9001质量管理体系体系和ISO 50001能源管理体系认证。公司产品质量稳定，市场占有率在同行业内处于领先地位，并得到国内外广大客户的普遍认可。2018年，实现产值1.74亿元、销售收入1.74亿元(其中出口4832万元)，上缴税收237万元。

（吴有安）

【溧阳市乔森塑料有限公司】 成立于2009年，占地面积5.5万平方米，注册资本2000万元人民币，总资产15038万元，固定资产9738万元，有员工200人，主营业务为高档氨基模塑料颗粒及制品的生产和销售。2018年，实现销售收入1.63亿元、利税670万元。

公司致力于自主研发创新，自创的造粒专用工艺技术、创新的制粉加工工艺技术已达到国际先进水平，初步形成连续化、密闭化、自动化生产。产品质量达到REACH环境指标要求，并通过美国UL认证、通过ISO 9001—2015、ISO 14001—2015认证，以及西门子公司的专业部门审核，达到德国DIN7708第三部分标准和国标GB 13454—92标准以及企业标准Q/320481 QSS001—2012。

公司为国内脲醛模塑料行业的领头羊，并成为多家国际著名企业的战略合作者。2010年，公司通过西门子公司的第二方审核，成为西门子公司系统内部的合作伙伴。公司先后和法国罗格朗公司、日本松下电气公司、中国香港天基电气、英国ELECTRIC、英国奈斯、美国HONEYWELL、德国HAMBERGER公司、丹麦PRESSALIT公司建立长期业务伙伴。在卫浴配套领域，与美国科勒、西班牙乐家、美国美标、日本TOTO、德国维宝和杜拉维特等国际顶级品牌建立合作关系；与厦门海益建材、厦门威迪亚科技、厦门倍杰特科技、中山美图、唐山伟达等国内龙头企业建立长期合作伙伴关系。

公司高度重视品牌建设，通过企业文化建设来提高软实力。公司获得25项专利，其中发明专利2项，实用新型专利23项，另有多项发明专利已受理。公司先后获得“高新技术企业”“江苏省民营科技企业”“AAA企业信用等级证书”“江苏省科技型中小企业”“江苏省高新技术产品认证证书”“科技成果鉴定证书”“银行信得过企业”常州知名商标”“常州名牌产品”等称号。

（吴有安）

【江苏三乔智能科技有限公司】 成立于2014年6月，注册资本4500万元，总投资7.5亿元，主要从事汽车玻璃制品、房车门窗、模具等的研发、生产及销售，是国内房车配件行业中品质精良、产品品种最多的企业。公司在南渡智能制造园区选址168亩，新厂区布局图正在规划中。公司为北汽、长城、通用五菱、宇通、上汽大通等房车企业的供应商，产品出口韩国、澳大利亚等国家。2018年，房车门窗配件销售额达5000万元以上，2019年目标实现销售2亿～3亿元。2017年8月，由于建设地块调整，租赁物流园2.68万平方米仓储库房作为过渡用房。

公司累计投资超2亿元，喷涂车间、玻璃成型车间、注塑车间、装配车间、净化车间已投产。项目全部竣工达产后，能实现年产电动汽车玻璃13万台(套)、房车类门窗3万台(套)、直升机玻璃1.25万平方米、建筑用玻璃10万平方米、车载冰箱30万台、标准座椅10万台（套）的能力，实现年销售收入10亿元、年利税2亿元。公司规划在现有产品的基础上，拓展房车电控系统、车用空调等关键配件生产，力争通过三到五年的发展，打造成国内房车关键配件齐全、规模最大的供应商。

（吴有安）

【溧阳市盛翔新型建材有限公司】 注册资本3000万元，占地面积95亩，有员工160人，是一家外资控股的股份制企业，主要生产各种规格、容重的岩棉板、岩棉条等保温材料。岩棉在使用过程中具有较佳的隔热性能，在使用的过程中不污染环境，广泛应用于建筑外墙外保温领域。公司投资建设的岩棉生产线，由中材科技南京玻璃纤维研究设计院倾力打造而成，采用最新的技术及装备，分两期建设，已达成年生产能力4万吨的生产规模。2018年，实现销售收入9035万元。

（许　峰）

【江苏国电新能源装备有限公司】 成立于2015年10月，注册资金6800万元，有员工700余人，位于上兴镇曹山路。公司主要从事光伏支架的生产和销售，输电线路铁塔、广播通信铁塔、导航塔、输变电钢管结构、铁附件、公用天线及钢结构的设计和制造，热浸镀锌，焊管、金属制品、浸塑制品的制造和销售，交通安全工程设施的制造、销售和施工，绿化工程、环保工程的设计和施工，声屏障产品、钢结构桥梁的设计、制造和销售等。公司与常州大学联合开展镀锌工艺研究，与合肥工业大学联合开展冷弯与焊管工艺研究，与武钢研究所联合开展材料结构研究，与南京大学联合开展纳米技术研究，与大连理工学院联合开发吸音降噪声、风屏障和防尘网项目，与多家电力设计院结合国内外先进技术联合开发太阳能支架、西格玛立柱产品。公司采取人才与项目对接、以技术产业化作为关键指标、项目专家组评估验收等措施，保障技术的先进性和实用性。2017年4月，365光伏电站网主办的“2017全球光伏20强排行榜”发布会在上海举行，公司凭借2016年度2908兆瓦的全球出货量，名列“2017中国光伏支架企业20强”榜单首位。2018年，实现销售收入13亿元。

（许　峰）

【江苏久业新材料有限公司】 成立于2017年6月，位于上兴镇老明路89号，注册资本3050万元。公司主要从事高性能膜材料研发，钢制门窗、护栏、机械设备及配件、五金电器的生产和销售，钢结构制作，金属材料、建筑材料、钢材、金属制品、劳保用品、塑料制品、机械设备、五金、电器、化工原料、矿产品销售，机械设备、厂房租赁。公司坚持为客户提供性能优良的产品、专业化的技术支持和健全的售后服务。2018年，实现销售收入9.6亿元。

（许　峰）

【江苏顺风光电电力有限公司】 注册资本2亿美元，位于天目湖工业园区茶亭路8号，占地150亩，是一家集硅片、太阳能电池片、电池组件的研发、生产、销售为一体的外商独资高新技术企业。母公司为顺风光电控股有限公司，2011年在中国香港主板上市，股票代码01165。

公司主要从事设计、制造太阳能电池组件、太阳能发电应用产品、太阳能用户发电系统、太阳能电站及其相关产品，销售自产产品并提供相关技术支持和售后服务。公司积极参与各类展览会、研讨会，组建售后服务团队，提高企业的知名度。2018年，实现销售收入5.5亿元、利税5000多万元。

（居　乾）

【江苏顶塑实业有限公司】 是由中国香港悦天集团投资的外商独资企业，占地面积70亩，规划建筑面积3.7万平方米，总投资1.3亿元，注册资本1000万美元。公司专业致力于研发、制造和销售环保材料——热塑性弹性体TPE，拥有“Topolymer”和“TPETEX”国际注册品牌，产品主要应用于牙刷软胶、汽车密封条和医疗用品等领域。2018年，实现销售收入1.1亿元、利税2000多万元。

2017年，公司投资6000万元实施热塑弹性体技改项目，扩建厂房1.7万平方米。项目采用先进螺杆高分子组合工艺，包括高温、组合、造粒、干燥、包装等流程，项目主体已竣工，进口设备正在调试中。项目建成达产后形成年产热塑弹性体1.6万吨的能力，预计实现销售2亿元、利税3000万元、利润2000万元。

（居　乾）

输变电设备制造业

【概　况】 2018年，溧阳市输变电产业在全市工业经济中继续保持着领先地位。输变电行业主要靠龙头规模企业带动发展，上上电缆集团的特种电缆和华朋集团的特种变压器等产品在国内外具有很大的知名度和很高的市场占有率，两大集团销售总额均在溧阳市位列前10。安靠智能为溧阳市首家A股上市公司，股票代码300617。

【江苏上上电缆集团】 创建于1967年，拥有国家认定企业技术中心和博士后科研工作站。上上电缆获得首届“中国线缆行业最具竞争力企业”第一名，全球绝缘线缆企业规模排名中国第一、全球第七。企业获得中国工业界“奥斯卡”——“中国工业大奖”，并获得第二届、第三届“中国质量奖提名奖”。董事长丁山华被中宣部、国家发改委联合评为全国“诚信之星”。“上上”品牌当选为“中国机械工业最具影响力品牌”“中国电器工业卓越品牌”。上上电缆获评“装备中国功勋企业”“中国质量诚信企业”“中国出口质量安全示范企业”“国家技术创新示范企业”“中国工业榜样企业”“全国守合同重信用企业”“全国质量管理先进企业”“全国卓越绩效模式先进企业”等称号。

上上电缆始终专注于电线电缆产品的研发、制造和服务，产品涉及新能源、输配电、海工及船舶、建筑工程、矿用、工业制造、轨道交通、机场等领域。产品为天安门城楼改造、北京奥运、上海世博、港珠澳大桥、京沪高铁、核电工程、苏通GIL综合管廊工程等国家重点项目所选用，并出口全球80多个国家和地区。企业具备从220伏直至50万伏全系列电力电缆及各类特种电缆的生产能力，其中三代核电AP1000壳内电缆填补了世界核级电缆领域空白，华龙一号壳内电缆达到国际领先技术水平。一大批高技术含量的新能源汽车用电缆、港口机械用卷筒电缆、柔性防火电缆、风能用耐扭电缆、光伏电缆、岸电电缆、轨道交通用机车电缆等均已批量进入市场，成为公司新的增长点。2018年，实现销售收入超200亿元。

近年来，CCTV新闻联播、焦点访谈、经济信息联播、经济半小时等央视黄金栏目均专题报道上上，新华社、《人民日报》《经济日报》、中新社、人民网、《光明日报》《中国质量报》等国家级媒体都在重要版面刊登上上报道，上上品牌影响力与日俱增。

（刘　创）

【江苏华鹏变压器有限公司】 是江苏华朋集团的核心企业，是国家定点生产电力变压器和特种变压器的专业制造企业，是常州地区纳税骨干企业，在全国变压器行业十强企业排名中名列前茅。公司始建于1967年，占地29.84万平方米，资产总额51.4亿元，年生产能力12万兆千伏。公司产品品种从单一的S9系列10千伏级配电变压器，发展到电压等级750千伏，容量1500兆伏安，共12个类别、30个品种、80个系列、765种样本标准规格，实际品种达千种以上。2018年，实现销售收入31.58亿元。

公司为国家重点高新技术企业、江苏省百家重点培育发展企业、中国机械工业企业核心竞争力100强企业、全国机械工业质量效益型企业、江苏省管理创新示范企业、江苏省两化融合示范企业，建有国家级企业技术中心、企业院士工作站、博士后科研工作站、博士后技术创新中心和江苏省高压智能变压器工程中心、国家地方联合工程研究中心，并率先在行业内建立完备的质量、环境和职业健康安全三大管理体系。2005～2014年，公司连续十年被评为“中国工业行业排头兵企业”；2009年，获得国内机械行业质量奖的最高奖项——全国机械工业质量奖；2014年获得中国工业行业排头兵至尊大奖。

公司自主研发的500千伏级超高压电力变压器通过国家级鉴定，其性能水平达国际先进；自主研发的48脉波干式整流变压器技术为国际首创；风电、核电、光伏等新能源产品、220千伏、110千伏产品及干式变压器产品产销量均位居全国前列。产品不仅广泛应用于国内各大火电、水电、核电、风电、特高压、轨道交通、航空航天、石油化工、高层建筑等领域，并远销北美、南美、欧洲、东南亚、中东、非洲等50多个国家和地区。

（刘　创）

【江苏山湖电缆有限公司】 是中国最大的生产电视电缆公司之一，位于别桥镇兴城东路136号，创建于1984年，原名江苏省溧阳市第一电缆厂，有员工200余人，其中高级工程师、技术人员、专业人才占30%，占地面积2.7万平方米，固定资产3500万元。公司已通过ISO 9001质量保证体系认证和美国UL认证。

公司是全国光电线缆行业协会所属生产同轴射频电缆的专业性企业、

华鹏高压试验大厅　　（市工信局　供稿）

江苏省最大的电视电缆生产基地和江苏省高新技术企业，各项主要经济指标逐年递增。公司凭借一流的引进设备，严格的质量管理和优质的售后服务，赢得国内众多广电网络公司的信任。公司利用自营进出口权出口美国、欧洲发达国家，出口量在国内名列前茅。2018年，实现销售收入4490万元。

公司利用世界银行贷款，从瑞士NOKIA-MAILLEFER公司引进世界先进的物理发泡绝缘电缆生产线，从美国HP公司引进HP8713B标量网络分析仪，从德国西门子公司引进氩弧焊铝管生产线，从英国DOMINO公司引进高精度自动喷码计数仪，主要生产SYWV（Y）-75系列物理发泡电视电缆（包括四屏蔽电缆）、SYWLY-75系列铝管外导体同轴电缆、SYWV(Y)-50系列物理发泡同轴电缆、SLDY-75系列移动通讯用泄漏电缆、SLDY-75系列移动通讯用自承式电缆及SYWKV-75系列工业监控电缆，年产量8万余公里。产品通过电子工业部、广电部联合组织的专家鉴定和广电部有线电视台器材入网认定和“采标”验收，被评为国家级新产品和江苏省高新技术产品。

（滕　俊）

【江苏诺信达特种电缆有限公司】 坐落于北山工业园，占地面积16.8万平方米，建筑面积11.8万平方米。公司创建于1995年，2004年进行企业重组，2012年进行大规模技术改造，一期改造投入6亿多元人民币。

公司拥有美国南线铝及铝合金杆加工生产线，引进世界先进的三层共挤化学交联生产线、高精密挤塑机、高温挤塑机、框绞机、笼绞机、管绞机、高速束线机、成缆机、高速编织机等生产设备。公司拥有行业先进的在线外径检测控制装置、在线三层测偏仪、电子拉力机、在线检测导体直流电阻装置等各种配套齐全的检测和试验设备，能满足产品研发、原材料检验、过程质量控制和出厂成品检测等要求。2018年，实现销售收入2.3亿元。

公司是江苏新时代控股集团有限公司旗下的子公司，江苏新时代控股集团有限公司曾获得“江苏省工业百亿企业集团”等称号，产业涉及铜业、电线电缆、液力变速、建材、矿山、有机肥业、生态农业、石头造纸、房地产、建筑安装、装潢、大型物流、度假旅游、金融、国际贸易等行业。

（滕　俊）

【江苏安靠智能输电工程科技股份有限公司】 创建于2006年，是国内唯一一家专门从事超、特高压地下智能输电系统整体方案提供的高新技术企业，也是溧阳市首家A股上市公司(股票代码300617)。公司在超高压电缆输电和气体绝缘输电(GIL)产品创新及系统工程方面创造了多项国内和国际第一，为国家电力建设节约了数十亿元的资金，保障了国家电力能源运行安全。2018年，实现销售收入3.6亿元，纳税5300万元。

公司持续推进地下输电系统服务，引领中国地下输电快速发展。2018年创造多项行业产品和工程第一：国内第一条500千伏GIL城市电网输电线路（大连星海湾城市广场）；国内第一条220千伏GIL城市输电线路（江苏中关村）；完成462米电缆竖井总包工程的世界级难题（厄瓜多尔）；为全球第一条最高电压等级（500kV）交流海底电力电缆提供电缆连接件（舟山）。作为中国能源装备的重要产品，公司获得央视“大国重器”和经济半小时多次报道。公司创新区域架空线入地置换土地投资EPC商业模式，为南京市栖霞区燕子矶新城、南京仙林大学城、张家港市经开区、济宁市运河新城规划制定架空线入地方案，为其创造出更大的城市发展空间。

（居　乾）

工程机械制造业

【概　况】 溧阳的工程机械制造业比较发达且处于扩张阶段，主导产品有汽车部件、风电设备、电梯设备以及农牧机械设备，该产业的龙头企业规模较大、数量较多。正昌集团是中国工程机械制造行业内第一家“中国驰名商标”企业，2018年实现销售收入12亿元。江苏富民新材料有限公司2018年实现销售收入11.7亿元。金源高端装备2018年实现销售7.6亿元。布勒（常州）机械有限公司建成亚太地区最大最高端谷物食品加工基地，2018年实现销售收入16亿元。钢锐精密2018年实现销售5.3亿元、利税5000多万元，为永冠能源科技集团子公司中投资最高、规模最大的企业。鹏程钢结构2018年实现销售收入12亿元。科华控股成功登陆A股，股票代码603161，2018年实现销售收入14.4亿元。

【科华控股股份有限公司】 位于竹箦镇余桥工业集中区，注册资本1.334亿元，于2018年1月5日起在上海

科华控股股份有限公司车间设备　　（市工信局　供稿）

证券交易所主板上市交易，股票代码603161。公司有两个厂区和一家全资子公司（溧阳市联华机械制造有限公司）。

公司专业生产汽车涡轮增压器零部件和液压泵阀、工程机械配件，是国家高新技术企业，先后被认定为“江苏省（科华）涡轮增压器部件工程技术研究中心”“江苏省企业技术中心”和“江苏省重点企业研发机构”，累计拥有国家授权专利67项，其中授权发明专利26项，被认定国家火炬计划产业化示范项目1项。

公司拥有国内一流的FCMX智能化铸造生产流水线、耐热钢铸件负压生产流水线，具有DISA、PV、STAMA等具备国内领先水平的智能化生产装备以及国际先进水平的检测、试验设备，产品客户有位于行业前列的霍尼韦尔、博格华纳、上海菱重、石川岛等国际知名企业，为汽车涡轮增压器零部件国际市场上最具有竞争力的供应商之一，产品出口北美、南美、欧洲、日本、韩国等国家和地区。2018年，实现纳税销售14.4亿元。

（岳　磊）

【溧阳市虹翔机械制造有限公司】 成立于1995年6月，注册资金503万元，占地面积10万平方米，建筑面积8万平方米，员工330余人，资产2.2亿元。公司为国家高新技术企业、江苏省创新型企业、中国铸造协会和江苏省铸造协会成员企业，拥有江苏省汽车传动系统部件制造技术工程技术研究中心。企业通过IATF 16949：2016国际质量管理体系认证、GB/T 24001—2004环境质量管理体系、GB/T 28001—2001职业健康安全管理体系认证，是工业和信息化部首批确认通过《铸造行业准入条件》企业，被江苏省环保厅认定为“绿色企业”，被中国铸造协会评定为“中国绿色铸造试点企业”。

公司建成年产8万吨铸件生产线，包括2条日本进口的国际先进的水平自动造型流水生产线和1条丹麦进口的国际先进的垂直无箱造型线。产品涵盖各类高低牌号的灰铸铁、球墨铸铁、奥贝球铁（ADI）材质的汽车零部件系列、农机传动箱体系列、工程机械零部件系列、新能源太阳能系列和各类皮带轮系列等。2018年，实现纳税销售1.87亿元。

（岳　磊）

【溧阳市金桥机械有限公司】 为铸件生产、机械加工的专业生产厂家，有员工300多人，占地面积6万平方米，建筑面积4万平方米，资产总值8000多万元。公司成立于1972年，2001年改制为民营企业。2013年，公司新建1.2万平方米铸造厂房，投资两条粘土砂生产线，扩建和改建自硬砂、覆膜砂生产线；新建4000平方米精加工车间。企业主要生产钳体、支架类、球铁叶轮类、箱体、壳体类等汽车零配件和工程机械配件；主要客户包括上海大众、上海通用、一汽等知名企业，部分产品远销北美、欧洲、东南亚等地区。公司已通过TS 16949质量体系、ISO 14001环境管理体系、ISO 18001职业健康安全管理体系认证，是工业和信息化部确定的符合《铸造行业准入条件》的公告企业。2018年，实现纳税销售1.38亿元。

（岳　磊）

【溧阳市新力机械铸造有限公司】 是一家专业生产灰口、球墨铸铁、合金铸件的民营科技企业，有职工180余人，占地面积2万平方米，建筑面积1.2万平方米。公司拥有1.5吨中频炉、1吨中频熔炼炉、0.5吨中频熔炼炉各1套，拥有先进的砂处理再生设备，造型设备及铸件清理设备，采用热芯盒射芯机及壳芯机制芯，主要采用树脂砂、湿型砂等方式造型，产品重量可达2吨，尺寸可达2米左右。公司拥有数控机床、普通车床、铣、刨、磨等各种冶金加工设备40多台（套）和即型砂性能测试设备、炉前光谱分析仪、常规化学分析及金相力学性能试验设备、内部组织控制仪等铸造检测设备，可满足用户的各类铸件加工需求，月产铸件可达800吨以上，实际生产量400吨。公司主要生产船用阀体、泵体、输送机械零部件、空调曲轴、工程机械零部件、壁炉件、汽车零部件（包括排气管、制动鼓、钳体、支架、制动盘、齿轮等）、电梯机座及端盖，产品销往美国、意大利、英国、德国、日本、西班牙、韩国等多个国家和地区。公司已通过TS 16949：2002汽车质量体系认证，ISO 9001质量体系认证，德国船级社的GL认证，为满足出口需求，正在推行CE认证和ABS认证。2018年，实现销售收入1.4亿元。

（岳　磊）

【江苏建腾机械设备有限公司】 成立于2014年，厂房面积3.5万平方米，有机械、电气工程师50余人，制作、安装技术工人600余人。公司主营机械夹具和建筑钢结构的设计、制作、安装，产品主要包括普通辊床输送线、焊装线高速辊床输送线、电动单轨小车（EMS）、摩擦线输送系统（FCS）、推板线输送系统、非标输送系统、钢结构以及电气自动化控制系统等。

公司先后为上汽大众、上汽通用、沈阳通用、沈阳宝马、长春一汽、北京奔驰、一汽大众、芜湖奇瑞等汽车品牌的车身车间、总装车间、油漆车间、动力总成设备提供制造、装配、安装及调试等方面的服务；与通用SGM公司、大众汽车有限公司、德国AFT、德国杜尔、德国爱达克、德国诺帮和意大利柯马等外企建立合作关系。2018年，实现纳税销售1.14亿元。

（岳　磊）

【江苏华强模具科技有限公司】 成立于2010年5月，位于社渚镇工业集中区振兴大道1号，占地88亩，厂房面积3万平方米，研发试制场地4500平方米。公司专业从事设计、制造汽车模具和汽车冲压件生产，有员工300多人，其中大专以上技术人员120多人。公司分为工程设计中心、模具制造部、零件制造部三大版块，具备年产冲压模具3500T，冲压焊接件2500万件的生产能力。公司为上汽大众、上汽通用、一汽大众等国内知名汽车企业指定的供应商。2018年，实现销售收入1.9亿元。

公司高度重视技术研发投入，设立专项资金进行关键技术攻关和科技成果转化，每年研发投入不少于销售额的3%。公司成立多个技术团队，针对汽车覆盖件模具、铝制件精密冲压模具、车身冲压高速精密级进模具等进行技术攻关，完成国家级、省级、市级项目多个，多个产品被评为省、市高新技术产品，拥有发明专利3项、实用新型专利6项。

公司于2013年被认定为“高新技术企业”，并在2016年11月通过复审。公司设有“江苏省数字化汽车模具工程技术中心”“常州市企业技术中心”“常州市工业设计中心”；与江苏大学开展产学研合作，设有江苏大学企业研究生工作站。

（陆　平）

【江苏省社渚轴承有限公司】 始建于1971年，原名江苏省社渚轴承厂，隶属于江苏球星有限公司，为国有中型企业，专业从事圆锥、圆柱滚子轴承及其套圈、滚子、保持架零件制造。企业拥有锻造、车加工、热处理、磨加工、滚子、保持架、装配7个专业生产车间，在国内圆锥滚子轴承生产企业中排名第15位。公司占地面积14万平方米，生产厂房面积5万余平方米，从业人员700余人，其中工程技术人员130余人。公司具有40毫米≤D≤400毫米公、英制系列圆锥滚子轴承年生产能力600万套，其中D≥120毫米年生产能力200万套。产品广泛应用于减速机、运输机械、工程机械、冶金机械、矿山机械、起重机械和农用机械等领域，产品国内市场占有率在5%以上。企业与青特集团、义和车桥、中联重科、盐拖、临工、国茂等知名企业建立稳定的配套合作关系。2018年，实现销售收入1.6亿元。

公司拥有常州市级技术中心、江苏省圆锥滚子轴承技术研究中心，采用三维CAD、CAPP等先进数字化设计技术，具有较强的轴承产品研发能力。公司拥有各类加工设备和检测仪器900余台（套），按照“自动化、数控化、智能化”的技术发展改造方向，形成中频锻造、数控车削、可控气氛淬火、数控磨削、自动装配、超声波清洗等先进生产线，具有完备的生产、检测、试验、分析能力。公司致力于全国轴承行业“滚子轴承减振降噪”“轴承寿命与可靠性”等共性核心技术难题的研究与攻关并取得突破，能够批量生产Z1(V1)、Z2（V2）组圆锥滚子轴承，成功研发P6X、P5、P4级圆锥滚子轴承和汽车用长寿命、低噪音轴承，多个项目获全国轴承行业技术攻关成果奖和江苏省科技进步奖，多项技术获得国家专利，具有核心专利技术的圆锥滚子轴承获2009年度江苏省装备制造业专利新产品优秀奖，2014年生产的32218/P4级产品被评为国家重点新产品。

公司已通过ISO 9001：2008、ISO/TS 16949：2009、CQC质量体系和职业健康安全管理体系、环境管理体系认证，具有稳定的质量保证能力，“球星牌”（QX）轴承获得“江苏省著名商标”“江苏省名牌产品”等称号。产品广泛为汽车、工程机械、船舶、农机、机床和通用机械领域的主机配套。

（陆　平）

【江苏正昌集团有限公司】 是一家集饲料机械与工程、粮食加工装备与仓储、农牧饲料与油脂为一体的大型产业化集团。公司创建于1918年，占地400余亩，有员工1150余人，下属20个分支企业，30多海内外家服务机构。正昌集团是国家级“守合同重信用企业”、国家重点高新技术企业、全国模范劳动关系和谐企业，获得“亚洲名优品牌”、“中国行业标志性品牌”等称号。产品通过欧洲CE认证和俄罗斯GOST-R认证。

正昌系列饲料机械和成套工程覆盖全国各省、市、自治区，业务遍及东南亚、中东、非洲、欧洲、大洋洲、南美洲等80多个国家和地区。为全国1万多家饲料企业中65%的企业提供9000多台（套）制粒机装备，在国内外已完成近3000座整厂工程，项目涉及饲料机械成套设备、牛羊饲料成套设备、秸秆再生能源成套设备、农副产品综合利用、整体养殖、繁育项目、禽肉食品加工、复混肥工程成套项目、垃圾处理环境工程项目等领域。公司已成为国内饲料机械行业的领军型企业。2018年，实现销售收入12亿元。

正昌集团是粮食行业大型粮食烘储保粮装备一体化的提供（解决）商，旨在提高粮食的储藏周期、确保粮食的纯天然无污染以及储粮设备、工程的安全性等。正昌粮食加工装备与仓储技术是国家粮食局科研院十一五新技术，获得国家科技进步奖一等奖。公司累计为粮食、港口、油脂、面粉、饲料、酿造、建材、化工、环保等行业的国内外1800多家用户设计了2000多套交钥匙仓储成套工程。

正昌集团设有农牧饲料、预混料（包括畜禽、水产系列预混料、猪料、鸡料、鸭料、鱼料等）培训中心，一方面为饲料企业提供现场实际操作技术培训，为饲料企业提供便利，创造价值；另一方面为公司科研人员研发饲料机械设备提供现场理论联系实际的机会，保证公司设计出来的产品品质优、效率高。

（刘　创）

【江苏金源高端装备股份有限公司】 始建于1997年5月，坐落于江苏中关村科技产业园，多年来专注于高速重载齿轮的研发、生产、销售，产品主要涵盖电力、海洋工程、轨道交通、矿山机械等领域。公司占地面积22.5万余平方米，建筑面积16万平方米；设有2个厂区、8个职能部门；拥有一支440余人技术力量雄厚的员工队伍，其中本科及以上学历72人，各类专业技术人才135人。

公司有各类生产设备600余台（套），其中配有国内技术水平领先的80MN模锻压力机、数控操作机、智能化数控辗环机及其配套设备；拥有国际领先水平的程控式温控天然气炉窑台、智能化热处理炉台、各类大小锤锻设备，可生产0.5公斤至35吨产品。公司年产锻件能力达8万吨，产品覆盖全国20多个省市，部分产品出口至荷兰、加拿大、美国、印度、日本、西班牙、德国等国际市场。产品质量稳定、可靠性高，受到国内外广大用户的一致好评，公司多次被客户授予“优秀供应商”和“最佳供应商”

等称号。2018 年，实现销售收入 7.6 亿元。

公司建有江苏省企业技术中心，江苏省 3MW 及以上级风电精密齿坯工程中心、江苏省大型锻件成形与控制工程技术研究中心和获得 CNAS 认证的国家试验室（可完成金相、力学、探伤、化学分析）；与南京理工大学、江苏大学等国内知名院校合作建立博士后创新实践基地，培养企业需要的各种人才；通过自主研发，开发十余项省高新技术产品，拥有 50 项授权专利技术，其中发明专利 47 项；完成国家火炬计划、科技成果转化等国家级、省级科技项目，并获得多个省市级科技奖项。

公司设有全资子公司溧阳市亿斯特进出口有限公司，成立于 2006 年 12 月，注册资金 500 万元，从事自营和代理各类商品和技术的进出口业务，主要从事江苏金源锻造股份有限公司高速重载齿轮锻件的出口代理服务业务，代理产品出口至荷兰、加拿大、美国、印度、日本、西班牙、德国等国际市场，年出口量达 500 万美元。

全资子公司江苏羽沐精工有限公司，成立于 2014 年 2 月，注册资金 3000 万元，主要从事国内外高端零部件的深加工业务，占地面积 37.4 亩。精密机械加工生产线项目正在建设之中，总投资 1.8 亿元，其中建设投资 1.5 亿元，流动资金 3000 万元；项目选用精密成形工艺，利用国内领先、国际先进的精密机床，进行项目产品精密机械零部件的生产，项目建成后将年产 5 万吨精密机械零部件。

公司已通过质量、环境、职业健康安全管理、能源管理、知识产权贯标体系、工业和信息化部两化融合管理体系、IRIS 国际轨道交通体系等多个体系认证；获得 CCS 风电准入认证，以及中国、韩国、挪威、法国、德国、美国、日本、意大利和英国九大船级社的认可，通过通用电气、博世力士乐、阿尔斯通、歌美飒、维斯塔斯、久益环球等国际知名企业的合格供方认证。

（刘　创）

【江苏冠宇机械设备制造有限公司】 是自动化输送生产线集成供应商，覆盖汽车、烟草及家电行业，成立于 2004 年 11 月，位于江苏中关村科技产业园，注册资金 10560 万元，年生产能力达 5 亿元以上。公司有员工 400 多人，科研人员近 100 人，大专及本科以上学历人员近一半，主要技术管理人员具有行业内知名国外公司工作经验。2012 年，公司扩展海洋工程装备和智能立体车库等新兴业务，为企业的发展注入新兴活力。公司以汽车焊接生产线和立体停车库为主导产品，主要客户涉及上海大众、上海通用、上汽、一汽大众、北京奔驰、沈阳宝马、长沙菲亚特、沃尔沃、德国西门子及奇瑞等国内外知名汽车厂。“冠宇牌”商标被评为常州市知名商标。2018 年，实现销售收入 3.9 亿元。

2010 年 10 月，国务院发布《关于加快培育和发展战略性新兴产业的决定》，明确将海洋工程装备、智能制造装备列为高端装备制造业的重点发展方向。2011 年 3 月，国家发改委将智能焊接设备，激光焊接和切割、电子束焊接等高能束流焊割设备，搅拌摩擦、复合热源等焊接设备，数字化、大容量逆变焊接电源，归为第一类鼓励类项目，为公司的发展营造了良好的外部环境。

公司享有无梁柱式立体停车库、偏心转台、中心转台等 30 多项发明和实用新型专利。投入 1 亿多元进行大规模技术改造和设备更新，先后引进龙门加工中心、CNC 加工中心、CNC 数控车床、数控冲床、数控折弯机、激光切割器、数控火焰切割机等十多台大型先进设备，引进国内外优秀企业的先进生产工艺和生产技术，形成国内一流的机械生产自动化系统。

“生产规模化、技术装备现代化、队伍专业化和管理手段信息化”“四化”工程，提升了冠宇的品牌价值，形成“安全、高效、创新、和谐”冠宇精神理念。公司加大对技术创新工作的投入，提高技术创新人员待遇。不断完善企业技术中心建设，制定企业技术中心各级各类人员工作职责并把技术中心经费支出纳入财务年度预算且逐年有增。公司努力拓展员工培训渠道，在工作实践中培养和造就人才，积极开展各类培训班，加大资质培训力度。

公司的管理，技术，产品在行业内都达到领先水平，获得 NGV 颁布的“质量管理体系认证”证书，取得“特种设备制造 A 级许可证”“维修 B 级许可证”“机电设备安装二级”“钢结构工程三级”和“管道工程三级”资质，先后 5 次被江苏产品质量监督保障中心评为“江苏省优质产品”。2009 年被评为“全国质量、安全、信誉 AAA 级优秀施工企业”，2011 年被评为“江苏省诚信企业家”，2013 年被评为江苏科技民营企业，2014 年被评为国家级高新技术企业，多次被评为“江苏省质量管理先进施工单位”。

（刘　创）

【江苏立达电梯有限公司】 是集制造、安装、维修及改造一条龙的现代化电梯专业企业，成立于 2000 年，位于江苏中关村科技产业园区城北大道 988 号，占地面积 8.5 万平方米，建筑面积 6.5 万平方米，有员工 320 多名，其中高级职称 6 人，中级职称 32 人，技术人员 90 多人。公司主要生产乘客电梯、住宅电梯、观光电梯、医用电梯、家用电梯、载货电梯、杂物电梯及电梯配套部件等自主知识产权产品。2018 年，实现销售收入 2.5 亿元。

公司具有多年丰富的电梯制造和安装维保经验，是较早取得国家颁发的电梯制造、安装、改造、维修许可双 A 资质的企业之一，通过 ISO 9001 质量管理体系认证、ISO 14001 环境管理体系认证、OHSAS 18001 职业健康安全管理体系认证、GB/T 29490 企业知识产权管理规范体系和 GB/T23001 两化融合管理体系认证，连续多年获 AAA 资信企业、A 级纳税信用企业、银行信得过企业、省重合同守信用（AAA）企业、常州市名牌产品、江苏省四星级电梯维保质量单位、电梯维保质量考核优秀单位、江苏省民营科技企业、江苏省科技型中小企业等称号。公司是国家级高新技术企业，技术中心被认定为“江苏省电梯关键部件工程技术研究中心”、江苏省企业技术中心。

公司拥有现代化的厂房和先进的制造装备，具有较强的机械制作加工能力，特别具有较强的钣金加工能力。公司拥有板材柔性折弯生产线、数控激光切割机、数控高速冲床、数控折弯机、数控高精度剪板机、焊接机器人、自动涂装流水线、加工中心、数控车床等进口先进专业设备；拥有完备的检验、检测仪器设备，有钣金零件视觉检测系统，能对钣金零件能智能化快速检测。产品质量从设计、制造到安装服务诸环节均严格受控。

公司是上海三菱电梯有限公司重要定点协作单位之一，与奥的斯、日立、永大等知名品牌电梯公司建立长期合作关系。公司不断吸收消化知名电梯企业的先进管理和先进技术，通过遍及全国各地的销售和维保网络，为客户提供尽善尽美的产品服务。公司是常州市质监局为民办实事认定的“96333”网络（119、110联动）电梯救援溧阳地区唯一指定单位，提供24小时全天候紧急故障和意外事故处理的保障。

（刘　创）

【江苏保龙设备制造有限公司】 成立于2010年4月，是一家主要从事风力发电机组塔筒（塔架）的制作、安装和服务的专业生产厂家，注册资本10200万元，本部占地260多亩。公司是中国能源协会会员单位，拥有国内多家实体经济，已抢占华东、西南、东北地区的风力塔架制造市场，并辐射华北、西北等地区，已成为中国覆盖面积最大、制造能力最强的风塔制造商。公司有员工800多人，其中各类专业技术人员180余人，配有各种机械加工设备和多种精、大、稀加工设备，以及科学准确、完备齐全的检测技术和手段，拥有先进的软硬件系统和辅助系统，具备专业设计、制作及安装大型非标设备的实力和适应各类用户要求的快速反应能力。2018年，实现销售收入1.8亿元。

公司注重现代化企业管理工作，多次被授予“重合同守信用企业”“私营企业二十强”“‘AAA’资信企业”“银行信得过单位”“江苏省名牌产品”“中国驰名商标”等称号，连年被评为国家级“高新技术企业”。公司始终坚持绿色发展战略与方向，推动绿色能源的扩大使用和可持续发展能力，历年来承担国家级、省级、市级项目多项，拥有一批核心自主知识产权，掌握多个技术诀窍，在行业内处于领头羊地位。

（刘　创）

【上汽大通房车科技有限公司】 是上汽集团旗下上汽大通汽车有限公司的全资子公司，自2016年9月成立以来，致力于推进房车全产业链布局，涵盖房车销售、房车租赁、房车旅行、房车营地等多维度服务，推动中国房车市场的完善。项目总投资金额17亿元，占地420亩，对标国际最先进的技术和标准，是国内首个专为大规模定制化房车打造的研发及生产基地。基地于2018年1月4日竣工投产，实现多平台产品生产，包含B型房车、C型房车、RG10、皮卡房车、公路拖挂、营地拖挂等车型，产品覆盖全系列智能房车，在房车整车领域率先开创智能制造的先河，即通过智能排产系统，绑定客户定制订单，工位实时显示车辆安装工艺及所需安装零件，实现C2B定制，为国内最先进、最大的房车研发及生产基地，产量超2.5万辆，进一步引领中国房车产业的发展。2018年，实现销售收入2.2亿元。

随着房车生产研发基地的启用，上汽大通房车成为国内第一家能够与基型车同步开发的房车企业，也是第一家完全引入整车开发流程的房车企业。尤其在产品验证环节，上汽大通房车是第一个建立完整的房车测试体系的房车企业，也是国内唯一的拥有整车级耐久试验能力和环保气味测试能力的房车企业。得益于完备的标准化产品开发流程，模块化产品快速开发得以实现，使得上汽大通房车成为国内第一个实现批量化C2B产品开发的房车企业。在关注产品品质和研发制造流程的同时，上汽大通房车注重与时俱进，持续的为客户提供最佳体验。作为国内第一家实现房车专用智能控制和娱乐系统的开发应用的房车企业，上汽大通房车不但提供领先的产品，还在传递房车生活的美好。

上汽大通房车除了丰富的产品型谱，还有房车租赁、房车游套餐产品、房车营地等配套服务设施，布局房车生活全产业链。公司拥有1212台自营租赁房车，为国内规模最大，租赁服务点最完整的企业。通过“自建租赁运营中心＋渠道运营”的方式，在全国覆盖上海、溧阳、成都、海口等多个核心旅游城市。已开业的房车生活家租赁运营中心有上海·汽车博览公园店、溧阳·服务体验中心、南京·聚宝山店等。公司在国内15个省、自治区、直辖市布局了65个小微营地，超过1130个智能水电桩营位。凭借生态圈优势，与国内500余家旅行商建立战略合作，策划设计丰富多样的“房车＋”旅游产品，涵盖140条房车旅行线路产品。

上汽大通房车打造一站式房车旅行服务平台——房车生活家，为集房车攻略、驴友游记、视频内容、车友社交为一体的内容分享平台，同时是境内外房车租赁、跟团旅行、预订营地的交易服务平台。其App v3.0版本已经在各大应用市场上架，用户可以一站式分享境内外房车游记、攻略、动态和资讯，记录旅途中的点滴、交流房车旅行的感悟，让房车生活变得触手可及。截至2018年年底，“App客户端＋微信＋微博”已拥有391万用户，稳居互联网新榜房车类首位，全网阅读量超过2760万次。未来房车生活家将进一步提升用户体验，推进平台蓄势，实现“带上家，向美好出发”的房车智慧出行愿景。

公司先后获得RA汽车改装行业金猴奖、自行式房车金奖、十大房车品牌、2015—2016年度中国房车露营行业杰出贡献奖、2016—2017年度中国房车露营行业十大房车品牌、2017中国房车露营行业最受欢迎房车品牌、2017—2018年度十佳房车制造企业奖、年度十大爆款房车车型奖、2018年度中国汽车定制改装行业领军品牌奖等称号。

（刘　创）

【溧阳二十八所系统装备有限公司】是中国电子科技集团公司二十八研究所全资控股的高新技术企业，成立于2003年10月，注册资本10170万元，占地面积212亩。公司积极将军用领域先进技术与成果向民用制造业转化，持续进行技术创新，优化产业升级，已成为以军品为基础、军民融合为方向，系统装备为主业的科研型生产制造企业。

公司以“基础加工—板材生产—舱体成型—专用车改造—平台集成”五环节为业务主线，在各环节形成独立的能力和产品，贯通各环节构建系列化、递进式产品体系，满足军品小规模、订制化和民品大规模、订单化等不同层次的装备生产需求。公司基于数百种军用方舱专业化设计经验，实现通用化、系列化、模块化设计与研制。拥有一支近百人的专业化技术研发与工艺设计队伍，可按用户需求实现低成本、高标准、订制式、批量化快速研制与生产。建成专用车系统集成工程技术研究中心、企业技术中心、复合材料3个技术中心及1个博士后工作站，获国家及国防发明专利9项及实用新型专利48项，拥有“中驰威”等自主品牌商标2项。建有机器人焊接系统、电装生产线、油漆车间打磨系统、厢体快速拼装生产线、房车生产线等生产工艺体系，具有日生产复合板材厢体120台，年生产集成各类方舱2000台（套）能力。建有设施齐全、条件一流、近5万平方米的现代化生产车间，拥有国内最先进的大板热压机、数控加工中心、数控转塔冲床，以及屏蔽测试系统、理化试验设备、淋雨系统、复合材料实验室等生产与保障设施，形成完整、高效的生产及试验检测体系。在方舱/厢体/载车等通用化机动式承载应用基础上，综合集成指挥、通信、检测、维修、医疗等专业化应用设备与功能，已形成数十个领域的专业应用解决方案与典型实装，满足军民各类用户的特色需求。2018年，实现销售收入2.228亿元。

公司立足军工技术品质，面向军民融合，以“智能制造”为引领，紧密结合行业应用，大力发展民用方舱、专用车、旅居车、新能源物流车/冷藏车、复合板材及箱体等核心产品，产品遍及武警、人防、公安、航空、航天、电信、卫生、地震、安监、石化、气象、民航、物流等诸多领域，在国内机动式应急通信指挥平台、车载复杂系统集成领域位列三甲，积极推动诸多民用行业的机动式平台及系统建设。在北京奥运安保、上海世博会安保、航天载人卫星发射、汶川抗震救灾、G20峰会等全国性重大活动保障中发挥突出作用。

公司建有新型增强材料工程技术研究中心，主要研究方向为复合材料的应用研究，建有300平方米复合材料实验室以及150平方米的理化、力学实验室，拥有各类先进设备20余台。公司对复合板材及其工艺过程进行深入不断的研究，特别是胶粘剂技术，成功研制可代替进口材料的工业产品，获得多项发明专利，经过军民用各类项目实际检验，效果良好，2017年度开始在业内推广。

公司为中国汽车生产企业及产品公告企业，已通过ISO 14001—2004环境管理体系认证、OHSAS 18001职业安全健康管理体系认证、计算机软件开发、信息系统集成质量管理体系认证，具备信息系统集成及服务资质（三级），拥有质量管理体系认证证书（汽车改装、大板式方舱舱体总成的设计、开发、生产和服务）、装备承制单位注册证书、矿用产品安全标志证书，在全国军用方舱生产企业生产能力评估中获第5名。

（刘　创）

【江苏国粮仓储工程有限公司】成立于2011年，注册资本1.3亿元，是国内最早从事粮食仓储工程的大型工程技术公司。公司以正昌钢板仓储粮、保粮为核心技术，吸纳正昌输送设备和正昌干燥设备，是国内领先的仓储一体化及自动化控制等先进功能的大型烘储运保粮装备一体化方案的提供(解决)商。2018年,实现销售收入1.4亿元。

公司有员工180人，其中科技人员30多人。主营业务为粮食烘干、仓储装备及工程，拥有干燥设备、钢板仓设备、港口装卸设备、电控自动化、工程工艺、工程土建、标准化7个设计组，科研实力位居同行业前茅。公司为国家高新技术企业，引进ERP、OA、PDM、三维数字工厂设计平台等现代公司管理系统，已通过ISO 9001、OHSAS 18001、ISO 14001体系认证，申请专利30多项，授权专利22项，其中发明专利2项，部分产品被评为省级高新技术产品。

公司专业从事物料的烘干、输送、仓储等技术的研究、开发、销售、服务和培训，掌握钢板仓、拱形仓、房式仓及大中型输送设备、干燥设备、仓储一体化及自动化控制等最新技术，并填补多项国内空白，在全球范围内已完工的精品工程超5000座。

2012年，具有世界先进水平的现代化生产研发基地建成并投入使用，占地142亩，新建厂房及办公配套设施建筑面积8万多平方米。基地具有行业内先进的工程研发中心，汇集来自全国各地的科研技术精英队伍，面向全球用户提供一流的产品、技术与服务；以环保、低耗、智能、低碳的理念引领粮食储运市场。

（刘　创）

【江苏翔能科技发展有限公司】成立于2012年5月，位于戴埠镇河西工业园，厂房面积2.3万平方米，总投资1.5亿元，主要从事专业化精密锻造生产。公司主要生产各种合金材料的环形件和自由锻件，产品广泛应用于冶金、矿山、风力发电、船舶、高速列车、石油化工，可再生能源，饲料机械及其他通用工程机械领域。2018年，实现销售收入1.6亿元。

公司已通过ISO 9001：2000质量管理体系认证、ISO 14001：2004环境管理体系认证，OHSAS 18001：2007职业健康安全管理体系认证，获得“高新技术企业”“江苏省科技型中小企业”“江苏省民营科技企业”“外国专家工作室”称号。企业资信等级为AAA级。公司获江苏省高新技术产品认定 2 项、常州市高新技术产品认定 4 项；拥有授权发明专利 3 项，实用新型专利 23 项。

（袁子杰）

【溧阳市江南烘缸制造有限公司】是全球知名的钢板烘缸和各种高速纸辊的专业化制造商，创建于 1993 年，是中国造纸协会会员企业。公司注册资金 3600 万元，占地总面积 6.2 万平方米，标准化现代厂房面积 5.05 万平方米，办公面积 3800 平方米，总资产 2.56 亿元，具有自营进出口权和国家质量监督检疫总局颁发的特种设备生产许可证 D 级资质（Ⅰ、Ⅱ类压力容器），并通过美国 ASME“U”钢印认证和 ISO 9001：2008 质量管理体系证。2018 年，实现销售收入 1.2 亿元。

公司具有丰富的设计及制造经验，投放市场各种钢板烘缸 1.8 万余台，先后与维美德、福伊特、安德里茨、亚赛利、川之江、PMP、佛山宝拓、宝索集团、维达、中顺、APP、玖龙、世纪阳光、太阳纸业、理文纸业等知名企业建立协作关系。产品专业配套造纸、印染、烟草等相关行业，年生产 ϕ1000－ϕ7500 毫米各类钢制烘缸、辊筒能力达 1600 多台（套），可满足众多用户的不同需求。公司吸收欧洲先进技术理念，成功研发出具有自主专利技术的钢制扬克缸，填补了钢制扬克缸国产化空白，各项性能指标达欧洲领先水平，并畅销国际市场。

（袁子杰）

【溧阳市四方不锈钢制品有限公司】是专业从事不锈钢卫生流体设备研发与制造的高新技术企业，成立于 1995 年，2009 年与瑞典阿法拉合资。公司总投资 5000 万元，注册资本 2310 万元，占地面积 105 亩，总资产 2.2 亿元，有员工 650 名。公司专注于卫生泵、阀门、管件的研发与制造，在卫生级流体产品领域不断进行专业化投资、研发、扩大生产规模，已经发展成为国内行业中的知名品牌，生产规模、专业化程度、市场占有率等均处于国内领先水平。2018 年 1～9 月，公司实现出口 4500 万元，其中对美国出口 1500 万元（受中美贸易战影响，美国订单受到一定影响）。2018 年，实现销售收入 4 亿元，较 2017 年增加 30%。

公司在保护环境、安全生产、员工职业健康等方面不断进行有效投入，实现污水零排放，安全生产标准化创建达标。公司一直注重设备的投入与改造，每年的固定资产投资均保持一定的水平，专业化、自动化生产水平不断提高。

（李　丹）

【溧阳市四方不锈钢制品有限公司技改扩能项目签约】 2018 年 11 月 15 日，埭头镇人民政府与溧阳市四方不锈钢制品有限公司正式签订技改扩能项目合约。项目位于埭头镇新安南路西侧，大华路延伸段北侧，总投资 5.1 亿元，用地面积 13.3 万平方米（约 200 亩），建筑面积 8 万平方米，达产后可年产不锈钢卫生级管道 600 万米、管件 500 万件。项目投产后，将新增产值 3.5 亿元、销售收入 3 亿元、利税 6000 多万元、就业岗位 500 多个。随着四方不锈钢扩能项目的投产，埭头镇将成为瑞典阿法拉伐公司的中国主要工厂区，知名度得到显著提高。

（李　丹）

【江苏羚羊机械有限公司】 为江苏省高新技术企业、安全生产标准化企业，专业生产立磨、热风炉、篦冷机、选粉机、破碎机、振动筛等产品，其中选粉机、篦冷机、立磨等被评为省高新技术产品。公司始建于 1995 年，位于埭头工业集中区大华路 6 号，占地面积 5 万平方米，其中厂房 3 万平方米。公司拥有高精尖的设备和国际先进的设计技术，已形成环保、粉体设备、高效节能低碳产品集一体的设计与制造格局，产品广泛应用于建材、冶金、电力、化工等行业，年生产能力近万吨，远销欧洲、北美、东南亚、非洲等全球 20 多个国家和地区，大部分产品供应德国莱歇公司、史密斯公司和蒂森克虏伯公司等国际知名企业。

公司向成套化、机电一体化、大型化、多元化方向发展，确立以市场为取向的产品开发、营销与服务、生产制造 3 个体系。公司长期与国内外科研院所和粉磨设备同行进行技术交流和成果转化。2011 年 12 月，公司设立“粉体工程技术研究中心”，并通过 ISO 9001 国际质量体系认证。公司以自主知识产权为基础，快速提升公司的核心竞争力，获得国家专利证书 18 项，取得技术诀窍 5 项。公司确保产品从设计制造直至售后服务的每个环节质量合格，努力实现德国品质要求，并把对产品终生负责作为企业的经营宗旨。公司先后获得“常州市民营科技企业”“江苏省民营科技企业”“银行信得过企业”等称号。

（李　丹）

【江苏富民新材料有限公司】 是一家以型材生产为主导的生产贸易型企业，成立于 2011 年 7 月，2012 年 5 月投产，位于古渎北郊工业园，固定资产投资达 2 亿元，占地 10 万多平方米。公司主要从事汽车、船舶、机械、五金零部件相关产品的设计和铸造，铁合金、铸造材料加工及销售自产产品。公司采用先进的德国磨根技术工艺设备、金属机械成型机成型技术、飞剪等技术，年产能达 80 万吨，还开展多元化经营，开发槽钢、角钢、电力角钢、小角钢、扁钢、废钢采购等产品。产品资源丰富，品种规格齐全，广泛应用于造船、钢结构、电力、汽车大梁板、邮电通信、市政、公路桥梁、钢格板（栅）及车辆制造等领域。2018 年，实现销售收入 11.7 亿元。

（滕　俊）

【江苏力乐汽车部件股份有限公司】为国内规模最大的汽车座椅零部件生产企业，创建于 1987 年，前身为江苏省溧阳市汽车座椅调角器总厂，2011 年 12 月改制为股份有限公司，注册资金 8000 万元。占地面积 25 万平方米，建筑面积 10 万平方米，有员工 800 多人，其中大专以上人员 200 多人。公司实行董事会领导下的总经理负责制，最高权力机构为股东大会。公司主要生产汽车座椅调角器、滑轨、精冲件、骨架等汽车部件，其中座椅调角器、滑轨年生产能力为2000万套、精冲能力为3000万件、骨架为20万件，产品远销北美、东欧、中东、南亚等地区。公司已成为一汽大众、奇瑞、哈飞、华晨、长城、北汽福田、比亚迪、东风、江淮、通用五菱、昌河铃木、东南三菱、双环等著名品牌的配套供应商，调角器国内市场占有率在全国同行业中名列前茅。2010年，公司被中国汽车协会授予“中国汽车零部件（调角器）龙头企业”称号；“力乐”品牌被评为江苏省著名商标。2013年，“力乐”品牌通过江苏省著名商标的复审认定。2018年，实现销售收入1.8亿元。

公司引进日本森铁工精冲压力机生产线4条、瑞士法因图尔精冲生产线2条、韩国自动盘簧生产线3条、BBH预抽真空渗碳热处理生产线3条，拥有专业热处理（网带炉）生产线4条、进口全自动弹簧机4组、焊接机器人30组、精密数控机床8台、自动装配生产线30条、专业实验室一个。公司具有较强的各种汽车调角器滑轨开发制造能力，能够满足行业分布广泛顾客群体多样化的需求。

（滕　俊）

【江苏新华机电设备制造有限公司】是一家专业从事各种设备结构、机械制造、钣金、涂装、电气加工的民营企业，尤其擅长制造不锈钢厚薄板。公司成立于1994年，位于别桥镇，占地200余亩，建筑面积5万平方米，有职工338名，中级以上技术人员占总职工人数的24%。公司拥有大型龙门加工中心10台（最大的龙门镗铣床长16米、宽5米、高2.8米）、各种立式加工中心数十台及龙门式三坐标（5米×2.5米×2米）等检测设备。公司与英国劳斯莱斯、CDL、德国福伊特造纸机械、德国博世、日本三菱重工、德国必诺、德国克劳斯玛菲、芬兰奥图泰、奥地利安德里茨等50多家国际知名企业建立合作关系。公司已通过机械部ISO 9001：2008、ISO 14001：2004及OHSAS 18001：1999标准认证，连年被溧阳市评为重合同守信用企业。2018年，实现销售收入1.5亿元。

（滕　俊）

【江苏永武钢结构工程有限公司】成立于2006年11月，位于别桥工业园区，是溧阳市建筑安装工程有限公司合资建成的钢结构制作和安装专业厂，注册资本2000万元，净资产逾3000万元，有员工近200人，其中各类技经人员40多人。公司融合溧阳市建筑安装工程有限公司钢结构制作安装团队的精湛技术和丰富经验，具有一流的钢结构制作工艺和生产设备、一流的生产技术工人和管理人才，本着“以质量求发展，以信誉拓市场”的宗旨，做强、做大“永武钢构”品牌。公司拥有制作车间2万平方米，年生产能力2万吨，不仅具有钢结构工程专业承包资质，同时还具有防腐保温、消防设施、建筑防水、体育设施工程专业承包资质。2018年，实现销售收入5632万元。

（滕　俊）

【江苏运通建设有限公司】成立于2009年2月，位于别桥镇兴城西路603号，总用地面积23亩，注册资金3000万元人民币，有钢结构厂房9000多平方米，有60余名员工，中高级技术人员占公司总人数的40%。公司主要经营房屋建筑工程、市政工程、基础工程、消防工程、装饰装潢工程施工，园林绿化设计、施工，钢结构设计、制造、安装，机械设备及非标准设备制造、安装，工业技术咨询，经销金属材料、建筑材料及五金机电产品。公司为适应国内外钢结构建筑市场的需要，不断对技术进行改造，对员工进行培训，已通过ISO 9001-2008质量管理体系认证。公司承建了很多国内外大型钢结构制作安装工程，年生产钢结构8000～10000吨。

（滕　俊）

【溧阳华耀起重机械有限公司】位于北郊工业园巨神路2号，占地6万余平方米，厂房建筑面积1.5万平方米，办公面积2000平方米，绿化面积1.5万平方米，是一个花园式的工厂。公司有员工100多人，高级工程师、工程师、技术人员30多人，持证操作人员齐全，固定资产6000万元，注册资金3000万元。公司主要从事电动单梁、电动单梁悬挂、电动葫芦桥、门式、通用桥式、通用门式、固定式、欧式、冶金、防爆、熔融金属、抓斗、门座起重机等及配件的制作与销售，拥有质检局颁发的特种设备制造、安装、改造，维修许可证。公司生产的起重机械产品有LD型16吨电动单梁起重机、MDG型50吨通用门式起重机、MH型20吨电动葫芦门式起重机、LH型20吨电动葫芦桥式起重机、QD型32吨通用桥式起重机、LDR型10吨（吊运熔融金属）电动单梁起重机、LDX型10吨电动单梁起重机、LDH型10吨电动单梁起重机和LX5t电动悬挂起重机等。公司已通过ISO 9001：2008质量管理体系认证，拥有强大的设计、生产能力和先进的检测手段，在消化、吸收国内外起重机先进的设计理念和制造技术的基础上，不断进行技术革新、开发新产品。

（滕　俊）

【江苏万金汽车零部件制造有限公司】是一家专业化生产各种汽车座椅调角器—蜗卷弹簧，汽车座椅增高器—蜗卷弹簧，汽车玻璃升降器—蜗卷弹簧，汽车座椅滑轨扭簧、拉簧，汽车座椅头枕，焊接钢丝等系列产品的民营企业，已通过ISO/TS 16949质量体系认证。公司成立于2003年12月，占地面积50多亩，建筑面积2万多平方米，有员工50余人，其中大专以上学历占员工总数的25%，高层管理人员均为从事弹簧行业30多年的专家，对蜗卷簧弹簧有丰富的理论基础和实践经验。

公司拥有13条蜗卷弹簧电脑自动化生产线，配备国内最先进的数显扭力试验机和疲劳试验机等检测设备，产品具有精度高、性能稳定等优点。公司采用欧美先进生产工艺技术，开发利用65Mn硬态（油淬火）扁钢丝材料及产品表面磷皂化处理工艺，同时自主设计制造出“程控电脑自动卷簧生产线”等专用配套设备，填补了国内空白。2018年，实现销售收入2643万元。

（滕　俊）

【江苏盈德机电设备制造有限公司】成立于2016年11月，位于北山工业园区，占地面积83.41亩，厂房建筑面积3.6万平方米，注册资金1000万元人民币，固定资产5000万元，有员工168人，其中中高级技术人员100人。公司主要从事机械设备、机械零部件及电气控制系统设备的研发、制造、销售和安装等业务，具备自主进出口权限和资质，可直接进行对外贸易。2018年，实现销售收入8415万元。

公司投入1700多万元引进龙门加工中心、激光切割机、等离子切割机等各种先进的机械加工设备和检测设备，并投入大量资金进行技术升级。公司已通过ISO 19001质量体系、ISO 24001环境管理体系、ISO 28001职业健康安全管理体系认证，部分员工取得国际认可的埃比埃斯不锈钢和Q345钢材的焊工资质。公司主要客户单位有瑞士布勒集团、德国必诺、日本恩斯克、中国台湾盟立、上海博凯机械、上海ABB工程、安德里茨（中国）有限公司、萨伊感应设备（上海）有限公司、葆柯物流科技（上海）有限公司等知名企业。

（滕　俊）

【溧阳市飞跃机电有限公司】成立于1987年，注册资金1000万元人民币，主要从事电梯、风力发电机、轨道交通、纺织工业等领域的机械部件制造和加工。公司位于上黄镇科创园内，占地面积10万平方米，有员工850名，主要机械设备250多台（套）。2015年，公司新增用地60亩，投资1.5亿元，建设3幢现代化的标准厂房1.3万平方米、办公大楼4000平方米、生活区用房8000平方米，新投入4×12米大型数控龙门加工中心2台、160数控落地镗铣床1台、2.5米数控立车2台、焊接机器人作业流水线3套。2018年，实现销售收入5.15亿元。

（刘龚献）

【申芝电梯有限公司】是一家集电梯设计、制造、安装、改造及维保的企业，具有电梯制造A级资质，2015年成功申报“江苏省著名商标”。公司占地5万多平方米，厂房面积4.5万多平方米，有职工400余人，拥有数控激光切割机、数控多工位转塔冲床、数控剪板机、数控折弯机、数控加工中心加速度测试仪、限速器测试仪等一整套先进的制造加工设备及完善的检测仪器，具备乘客电梯、观光电梯、病床电梯、载货电梯、小机房电梯、无机房电梯、自动扶梯、自动人行道、杂物电梯等各类电梯的生产能力。2018年，实现销售收入1.37亿元。

（刘龚献）

【溧阳市盛杰机械有限公司】前身为溧阳市上兴农具厂，2000年企业改制，2003年8月公司迁移至上兴工业园区，隶属常林工程机械集团成员企业，占地面积5.6万平方米，标准厂房4.5万平方米。2018年，实现销售收入达2.4亿元。

公司为常林股份、现代江苏、北京现代、江苏柳工、天津柳工、玉柴重工、斗山山猫等国内知名工程机械制造企业配套生产装载机、挖掘机、压路机、平地机等零配件产品，主要产品有挖掘机大臂、小臂、上部支架、下部支架、推土版高压油管、油箱、销轴、轴套、履带支架、链轮、法兰、阀块、不锈钢管、主控阀支架、轴承等精加工件、结构件和钣金件。公司年生产能力为6万台（套），部分产品通过现代集团出口到韩国本部。

公司多次被评为银行信得过企业、优秀供应商、质量先进供方，2004年通过ISO 9001质量管理体系认证；2006年被认定为江苏省民营科技企业；2008年被评为溧阳市工会工作先进单位；2010年被认定为安全生产一级达标企业和A级纳税信用等级，通过ISO 14001：2004环境管理体系认证。

（许　峰）

【布勒（常州）机械有限公司】始建于2004年4月，前身是私营企业江苏保龙农牧机械有限公司，2006年3月与瑞士布勒控股股份公司合资成立布勒（常州）机械有限公司（布勒公司控股80%），同年公司投资3.2亿元人民币新增用地232亩，新建厂房、办公楼等建筑5万平方米。2015年，布勒（中国）投资有限公司收购中方全部股份，公司变更为全外资企业（瑞士布勒占20%股份，布勒（中国）投资公司占80%股份）。公司自成立以来，合同销售收入及利税连年增长，连续多年跻身中国机械制造业产量及效益前10名，2005年实现销售3760万元、利税61万元；2007年实现销售突破1亿元、利税2383万元；2009年实现销售收入1.9亿元、利税3032万元；2018年实现产值16亿元、利税2亿元。公司主营业务为粮油机械、饲料机械、牧草机械、干燥机械、港口机械及工业电器控制柜等产品。公司拥有5个国家技术专利，在正大集团、希望集团等重要客户中树立了良好的声誉。公司技术力量雄厚，已完成第一批瑞士技术转让，可为客户提供贴心的技术服务，包括工厂和成套生产线规划设计，生产问题诊断，操作维修培训，配件供应和维修服务。公司于2008年获“国家高新技术企业”称号；2009年获评博士后科研工作站、江苏省外资研发中心；2012年获评省级工程技术研究所；2016年获评省级技术中心；2017年获评常州市优秀项目。

2015年，瑞士布勒调整全球战略投资，并购内资股份，加大对天目湖工业园的投资，正式启动“布勒（常州）粮食及食品加工成套设备项目”，总投资2.5亿美元，总占地面积537亩，其中一期总投资1.2亿美元，占地300亩，注册资本4000万美元，主要生产饲料机械、牧草机械、烘干机械、食品机械、港口机械以及饲料、牧草成套工程。产品主要用于粮食和饲料加工、港口运输等。项目一期新建建筑面积16.7万平方米，其中厂房14.4万平方米，办公楼2.3万平方米。项目投资2亿元购置数控激光切割机、数控车床、数控液压机、数控折弯机、多功能机械手、试验生产线等设备1300多台（套）。项目于2015年10月开工建设，2017年9月底投入生产。新项目不仅是一流加工生产线的综合性工厂，也是一座信息化与工业化融合、设有自主研发基地的智慧型工厂，更是集高效、清洁、节能、数字化、生态化于一体的花园式工厂。它的建成标志着布勒全球最大生产中心的落成，也标志着亚太地区最大最高端谷物食品加工基地的成立。

（居　乾）

【江苏鹏程钢结构有限公司】成立于2001年，注册资金1.01亿元，总资产5.76亿元，有生产基地2个，占地17万平方米，生产厂房10万多平方米，有员工600多名，其中中高级技术人员87名、一级建造师12名、二级建造师15名。公司拥有钢结构生产流水线8条，配备国内较先进的生产设备，年生产轻重钢结构制品10万吨以上。2018年，实现销售收入12亿元（含鹏程彩钢）。

公司产品畅销华东地区，涉及钢铁、冶金、化工、电力、轻工以及民用建筑领域，参与建设青岛流亭机场、浙江长兴电铲厂、南京国际金融中心、无锡茂业城二期68层钢结构建筑工程、京沪高铁无锡火车站、安徽广电中心一期工程、赤道几内亚700套钢结构房屋、印度腾达电厂、广州亚运场馆、广州火车站和上海宏力电子公司、马钢、南钢、沙钢、华西钢厂、无锡雪丰钢厂、宁波建龙钢厂、江苏申特钢厂、昆山台塑南亚化工等企业的基建项目。南京国际金融中心53层超高层建筑获得上海市最高质量奖“金刚奖”，上海港务公司上海港外高桥港区六期供电照明及E-RTG供电工程获中国建筑金属结构协会颁发的2010年中国钢结构金奖（国家优质工程）。

公司是中国质量检验协会团体会员单位和中国建筑金属结构协会会员单位。公司重视掌握国内外钢结构行业的发展趋势，拥有一流的技术、先进的机械设备及完善的组织管理机构。2004年，公司通过了GB/T 9001—2000质量管理体系和GB/T 28001—2001安全管理体系认证。公司先后获得“溧阳市先进私营企业”“常州市重合同守信用AAA企业”“全国质量信得过企业”“全国钢结构百强企业”“江苏省质量守信誉诚信施工单位”“江苏省明星企业”“江苏省百强企业”“江苏省钢结构十强企业”等称号。

（居　乾）

【江苏钢锐精密机械有限公司】始建于2006年，主要从事大型风电零部件、火力发电零部件、水泥机械零部件、大型蝶阀及气涡轮机零部件等大型铸件的生产、加工和研发。公司总投资为2亿美元，注册资本1.3亿美元，占地面积29万平方米，建筑面积12万平方米，有正式员工800多人。公司坐落于天目湖工业园区，隶属于永冠能源科技集团（集团于2012年4月在中国台湾证交所上市，股票代码:1589），是集团子公司中投资最高、产业最多、规模最大的企业。近年来，公司成功并购2家企业，从2个厂区发展到4个厂区。

公司注重内部质量管理和社会信誉，已通过ISO 9001质量管理体系认证、ISO 14001环境管理体系认证、OHS 18000职业健康安全管理体系认证、船级社认证、江苏省能源审计认证和清洁生产审核，拥有专利近50项。公司是中国铸造协会理事单位，获得“中国铸造行业百强企业”“江苏省两化融合示范企业”“江苏省企业技术中心”“高新技术企业”“CSA8000常州社会责任达标企业”“江苏省厂务公开民主管理先进单位”等称号。公司与美国、德国、意大利、法国、日本、韩国等20多个国家的著名企业保持着广泛的业务联系，产品深受国内外知名品牌企业的信赖。2018年，实现销售收入5.3亿元、利税5000多万元。

（居　乾）

【溧阳市力士汽车配件制造有限公司】创建于1976年，是江苏省定点生产汽车配件的重点企业，产品质量具有国内一流设计技术水平。公司于2009年1月成为上海汽车集团股份有限公司B类件产品指定生产厂家；2011年11月获上海汽车集团股份有限公司“A级供应商证书”。十多年来，公司为南汽、上汽、一汽、江淮、扬子、长安、吉利等数十家车企配套生产汽车配件500多个品种。2018年，实现销售收入5.5亿元、利税1亿元。

企业于2001年10月改制成为股份制企业，有职工400多人，其中专业技术人员50多人，注册资金2000万元，总资产2.3亿元，占地面积5.4万平方米，建筑面积4万平方米，其中厂房建筑面积3.5万平方米。公司拥有精加工设备258台，其中大型、高精度设备62台，冲压设备计50余台，现代化的焊接机器人30多台。公司具有精良的检测仪器，其中三坐标测量仪1台，多元素分析仪2台。2017年11月，公司举行中信建设证券上市辅导签约仪式，围绕股改上市的各项工作正在逐步开展中。

（居　乾）

【溧阳中材重型机器有限公司】为江苏省高新技术企业，成立于2007年12月，有员工528人，占地面积325亩，建筑面积10.4万平方米，由上市企业中国中材国际工程有限公司与溧阳市重型机械厂有限公司共同出资成立，主要生产破碎机、板喂机、堆取料机、辊压机、立磨、矿渣磨、回转窑、生活垃圾焚烧处理等环保节能设备。公司是中国中材国际在长三角地区的重型水泥装备制造基地，集中国中材国际在国内外水泥建设市场上的技术、研发、市场、品牌优势和溧阳市重型机械厂有限公司强大的机加工能力、优秀的员工队伍等优势于一身。

公司拥有8米立车、TJK6920数控镗铣床、GMC4×16米数控镗铣床、6.5×20米筒体车床等各类大中型机加工设备80台（套），形成年产日产5000～10000吨新型水泥生产线装备6.93万吨的制造能力。公司生产的破碎机、板喂机为江苏省高新技术产品，产销量位居业内第一；堆取料机、辊压机、立磨、回转窑等产品拥有自主知识产权，市场占有率达20%以上，位居业内前三。2018年，实现销售收入4.7亿元、利税7000多万元。

（居　乾）

【上齿集团有限公司】 是一家生产汽车、工程车螺旋锥齿轮和圆柱齿轮的江苏省高新技术企业，为中国齿轮专业协会常务理事单位、中国质量检验协会团体会员单位、中国汽车零部件企业信用指数样本企业。公司占地面积200亩，建筑面积6.7万平方米，拥有美国格里森公司生产的800G六轴联动数控磨齿机、250HC数控铣齿机和M & M3525齿轮测量中心等国内外先进技术装备近400台（套），年生产齿轮300万套。

公司致力于新产品开发的生产，开发生产的五十铃齿轮、亚细亚客车驱动桥齿轮和商务车齿轮先后被评为国家重点新产品和江苏省高新技术产品。公司产品覆盖重、中、轻、微等各种汽车车型和多种工程车车型，品种规格多达200多种，主导产品被多家主机厂评为免检产品。“上溧”牌汽车、工程车螺旋锥齿为国家免检产品和中国齿轮十佳名优品牌，具有较高的市场知名度。2015年，公司投资5000多万元进行技术改造项目，引进瑞士的数控切齿机、齿轮测量中心、刀条磨刀机等先进齿轮加工设备。2018年，实现销售收入1.8亿元、利税4000多万元。

（居　乾）

【常州市宏寰机械有限公司】 位于天目湖工业园云眉路28号，是一家专业生产饲料机械的高新技术企业，注册资金2000万元，占地面积70亩，建筑面积2.13万平方米。公司致力于现代化饲料厂及各种配套饲料机械、配件、电控设备、钢结构的设计和生产，拥有大型激光切割机、机器人自动焊机、自动化喷漆、喷锌生产线等自动化设备100多台（套）。2018年，实现销售收入1亿元、利税1500多万元。

公司拥有多年从事饲料机械设备生产、成套工程设计和成套工程安装的技术精英团队、先进的检验设施、完善的质保体系和严格的管理制度。产品覆盖全国大部分省市，部分产品出口至新加坡、比利时、越南、毛里求斯、孟加拉国、伊朗、澳大利亚、非洲等国际市场。

（居　乾）

【江苏恒祥石化工程有限公司】 始建于1978年，原名溧阳市恒祥特钢机械制造有限公司，占地面积8.8万平方米，注册资本6500万元，总资产1.5亿元，有员工200多人，其中，工程技术人员50多名，中高级技术工人100多名，具备相应资质的各类计量检定、理化测试和无损检测人员20多名。经过三十多年的发展，企业由加热炉配件（耐热钢铸件）生产企业逐渐发展成为专业生产石油化工加热炉、余热回收系统、换热设备、管道及配件、D1、D2类压力容器的现代化民营股份制企业。公司拥有砂型铸造、离心铸造、精密铸造、机械加工、铆焊制作、热处理、总装等主体车间，年生产各类设备及配件1.5万吨。2017年，实现销售收入1.2亿元、利税3000万元。

公司为中石化、中石油、中海油、中化集团网络成员企业，已通过ISO 9001质量体系认证和ISO 14001环境体系认证，资信等级连续26年被评为AAA级。公司常年为中石油、中石化、中海油、中化集团的众多炼油化工项目提供加热炉设备及配件，离心铸造合金炉管、急弯弯管、铸造管板、端管板、吊钩、拉钩、管架，各种炉门、烟道挡板、蝶阀，快开风门、空气预热器，加热炉余热回收系统和加热炉模块化制造。加热炉用耐热钢铸件和铸铁板式空气预热器等系列产品市场占有率国内领先，在业内具有相当高的知名度。2009年，与中石化总公司和洛阳工程公司共同合作研发的大型铸铁板翅式空气预热器，通过中石化总公司的科学技术成果鉴定，获得“江苏省高新技术产品”称号。

（居　乾）

生物医药和精细化工业

【概　况】 生物医药和精细化工业是技术含量较高，应用范围较广，有发展前途的产业。溧阳的生物医药和精细化工保持稳定增长，能生产生物医药产品、农用化工产品、化学试剂等多个大类几百个产品，其中一些产品的质量居国内领先水平。2018年，联盟化学销售收入3亿元，兰天化工销售收入3.1亿元，维多股份销售收入3.3亿元，三益科技销售收入4.2亿元，碧玉谷化工销售收入3.3亿元。开磷瑞阳化工是全国最大的多元醇制造商，2018年实现销售收入4.3亿元。

【江苏维多股份有限公司】 成立于2002年1月，是目前全球唯一一家能够同时拥有安赛蜜、阿斯巴甜两种高品质甜味剂的专业生产提供商。维多品牌创建于1995年，前身为北京维多化工有限责任公司，是国内最早生产高强度甜味剂安赛蜜的企业。公司一直致力于甜味剂领域的创新和改革，已发展成为开发、生产、销售及技术支持为一体的食品配料专业生产提供商。

维多秉承“创造甜美生活、倡导健康理念、促进食品安全”的价值理念，致力于生物技术以及化工技术产品的研究、开发、生产及销售，涉及领域包括食品配料、氨基酸、维生素、营养品、医药中间体等。公司在全球建立完善的分销网络，成为雀巢、卡夫、吉百利、娃哈哈、汇源、乐百氏等知名品牌的供应商。2018年，实现销售收入3.3亿元。

“维多”商标被江苏省工商行政管理局认定为“江苏省著名商标”。公司已通过ISO 9001质量管理体系、ISO 22000食品安全管理体系认证、ISO 14001环境管理体系认证、阿斯巴甜HALAL认证等。先后获得“国家火炬计划重点高新技术企业”“江苏省百家优秀科技成长型企业”“江苏省民营科技企业”“生态园林单位”“江苏省创新型企业”“江苏省高新技术（后备）企业”等称号。

（刘　创）

【江苏迪赛诺制药有限公司】 成立于2006年，系上海创诺医药集团成员企业，由上海创诺制药有限公司和香港鹏系有限公司共同投资成立，注册资金1000万美元，总投资逾3亿元。公司具有丰富的产品组合，拥有各类药品批文83个，生产许可涵盖小容量注射剂、粉针剂、片剂、硬胶囊剂、洗剂、酊剂、原料药、无菌原料药等，产品广泛应用于心血管、皮肤科、抗感染等领域。2018年，实现销售收入2.3亿元。

上海创诺医药集团创建于1996年，集团总部位于上海张江高科技园区，在上海、江苏溧阳、江苏盐城、江苏南通、内蒙古赤峰和印度班加罗尔等地建有十余处生产基地和研发中心，其中，5家为省级高新技术企业、7家通过中国GMP认证、3家通过美国FDA认证。

（刘　创）

【江苏碧玉谷化工有限公司】 创建于2012年5月，位于别桥镇北郊工业园中心路A座1号，注册资本4500万元人民币，占地面积108亩，有员工70人。公司主要从事不饱和聚酯树脂的生产、研发和批发，增塑剂的研发、生产和销售，化工原料及产品的研发、进出口业务及国内批发，已与多家常州化工公司零售商和代理商建立长期稳定的合作关系。公司以多品种经营和薄利多销为特色，赢得广大客户的信任。2018年，实现销售收入3.3亿元。

（滕　俊）

【江苏三益科技有限公司】 为专业生产医药中间体、农药中间体、染料中间体三大系列产品的江苏省高新技术企业，创建于1984年，原名江苏三益化工有限公司，位于北郊工业园。占地面积10.5万平方米，其中建筑面积2.5万平方米，绿化面积1.4万平方米，有员工250余人，其中工程技术人员及专业管理人员42人。

公司拥有各类化工生产设备、环保设备和试验设备250余台，引进日本、美国等国际先进制造工艺。产品主要为甲基丙烯酸、苯磺酰氯、甲基丙烯酸羟乙酯、丙烯酸羟乙酯等有机中间体系列产品，主要单元反应有氧化、氢化、氯化、硝化、酰化、酯化、缩合、环化、碘化、磺化等，产品种类70多个，远销日本、韩国、泰国、德国、美国等国外市场及国内主要省市。公司建有废水处理装置，日废水处理能力5000立方米／日。

2002年，公司通过ISO9001：2000质量管理体系认证。2003年，成为江苏省高新技术企业。2012年8月更名为江苏三益科技有限公司。近年来，公司业务从化工延伸至机械领域，研制出全自动包装套袋、码垛机器人、移动式焊接机器人等产品。2018年，实现销售收入4.2亿元。

（滕　俊）

【溧阳巨神科技材料有限公司】 成立于2009年1月，位于别桥镇绸缪，注册资本3000万元，前身为溧阳市巨神化学品有限公司。公司主要生产硅橡胶结构控制剂系列产品及羧基丁苯胶乳系列产品，多数产品达到国内先进水平，部分产品达到国际先进水平。2018年，实现销售收入4419万元。公司具有一流的实验设备、良好的科研氛围，拥有一套完整的自主知识产权体系，与国内知名院校建立科研合作关系。公司按标准建立从中试到大生产设备先进、配套齐全的生产车间；拥有完善的质量保证体系和健全的质量控制制度；拥有进口高压液相色谱、气相色谱等高效高灵敏度的分析仪器，能对产品进行有效的分析和监控。公司以促进新能源的开发利用为宗旨，以市场开发、技术开发为主导，为客户提供更加优质的产品和服务。

（滕　俊）

【溧阳市华邦高分子材料有限公司】 是一家专业生产环氧树脂、环氧树脂固化剂、环氧稀释剂和绝缘材料的江苏省“民营科技企业”，成立于1988年，位于别桥镇后周，注册资本220万元。公司具有年产环氧3000吨、二甲苯甲醛树脂3600吨的能力，是全国最大的二甲苯甲醛树脂生产厂家。公司主要生产环氧树脂、酚醛环氧树脂、二甲苯甲醛树脂、邻苯二甲酸二辛酯（二辛酯）、邻苯二甲酸二异丁酯（异二丁酯）、塑料粒子（聚丙烯）、塑料制品、涂料（水溶性）、邻苯二甲酸、萘醌等产品，自营和代理各类商品及技术的进出口业务。

公司具有雄厚的技术力量和完善的工艺流程，品种规格齐全，产品质量稳定，已通过ISO 9001质量管理体系认证和ISO 14001环境管理体系认证。公司与多家树脂科研单位合作，研发高质量、高技术的产品，产品多次被中国科协评为“华东优秀科技产品”。

（滕　俊）

【江苏开磷瑞阳化工股份有限公司】 是贵州开磷控股（集团）有限责任公司国有控股的混合所有制企业，总部位于南渡镇强埠集镇，创建于2001年11月，占地面积110亩，注册资本3.8亿元，总资产15.48亿元。公司是专业从事多元醇系列、UV光固化系列、水性聚氨酯系列、新型树脂涂料和相关产业链拓展的精细化工企业集团，是全国最大的多元醇制造商。2017年2月，公司在新三板挂牌，股票代码“870994”。2018年，公司实现销售收入4.3亿元。

公司拥有江苏溧阳、内蒙古赤峰、湖南衡阳、贵州息烽及江西黎川五个主要生产基地和卡帕瑞化学（上海）公司一个技术和市场服务平台。公司是国家级高新技术企业，拥有多家省级工程技术研究中心等研发创新平台和一个博士后科研工作站，并与多所科研院校建立长期稳定的合作关系，有发明和实用新型专利70余项。

公司作为国内及国际季戊四醇行业知名企业，参与《工业用季戊四醇》国家标准制定，主持起草《工业用双季戊四醇》《工业用三季戊四醇》化工行业标准。国内首家以自主技术开发出98%单季戊四醇、99%高纯度单季戊四醇、双季戊四醇和三季戊四醇新品种，其中三季戊四醇和99%高纯度单季戊四醇填补国内空白，三季戊四醇为国内独家生产。

公司具有年产工业季戊四醇10万吨、双季戊四醇5000吨，光固化单体2万吨、光固化低聚物1万吨（江苏溧阳生产基地），涂料1万吨、树脂1万吨，水性聚氨酯5000吨，酒精6万吨，草酸亚铁4500吨的生产装置能力。公司已通过 ISO 9001 质量管理体系、ISO 14001 环境管理体系及职业健康安全管理体系认证；“瑞阳”商标被评为中国驰名商标，产品畅销全国及全球 50 多个国家和地区。

（吴有安）

【溧阳兰天化工有限公司】 成立于 1999 年 11 月，坐落于旧县集镇，注册资本 800 万元，总资产 1.08 亿元，有员工 41 名。生产基地于 2004 年迁移至宁夏银川贺兰县，2018 年着手搬迁至内蒙古阿拉善左旗。公司主营业务为生产及销售靛蓝产品，年能产达 1.5 万吨，产品主要应用于牛仔布染色工艺，具有强度高、经久耐磨、色光鲜艳等特点。公司依托高效务实的技术团队和先进的经营管理理念，通过有效整合地区资源优势，增强企业的综合竞争实力，已通过 ISO 9001 ：2015 质量体系认证。

公司采用先进技术生产高含量的靛蓝产品，产品深受中高端客户的认可，9 成销往国外，主要销往日本、韩国、印度等国家，同时也出口至土耳其、巴西、德国等国家。2018 年，实现出口总额 3.1 亿元人民币。

（吴有安）

【江苏联盟化学有限公司】 是一家从事PVC稳定剂生产的知名龙头企业，创建于 1991 年 1 月，坐落于南渡江苏中关村新材料工业集中区，占地面积 8 万平方米。公司注册资本 3200 万元人民币，总资产 5.6 亿元，有员工 256 名，其中研发技术人员 26 名，具有年生产 8 万吨 PVC 稳定剂的能力，产品畅销全国 20 多个省市。公司被中国塑料加工工业协会聘为副会长单位，被中国塑料加工协会异型材及门窗制品专委会聘为副理事长单位。

公司拥有一支具有强大自主研发能力和售后服务能力的技术团队，建有完备的试验中心，配备包括 BRABENDER 流变仪等先进的研发和检测设备。公司与中国科技大学、浙江大学、南京工业大学等科研机构建立长期的“产、学、研”合作关系。公司建有常州市“高分子材料研发中心”平台，拥有专利 22 件，通过 ISO 9001 ：2015 质量管理体系认证、ISO 14001 ：2015 环境管理体系认证，被评为江苏省安全生产标准化二级企业。产品从 2012 年起连续获得中国塑料加工协会塑料行业“十佳助剂”称号。2018 年，实现销售收入 2.96 亿元、税收 2500 万元。

公司董事长蒋全松被中国塑料加工协会评为塑料行业“十佳风云人物”，获常州市“五一劳动奖章”和常州市“优秀企业家”称号。公司先后获得农业部“全面质量管理达标企业”、“江苏省高新技术企业”“江苏省中小科技创新企业”“江苏省清洁文明生产企业”“江苏省民营科技企业”“江苏省著名商标”“江苏省 2015—2017 守合同、重信用企业”等称号；被常州市人民政府评为“明星企业”、常州市“环境友好企业”、“社会治安综合治理先进企业”“工资集体协商先进企业”“常州市名牌产品”“常州市知名商标”。

（吴有安）

【江苏力强化工有限公司】 位于南渡镇强埠集镇化工集中区，由原酚醛厂（1990 年投产）、电玉粉厂（1992 年投产）和甲醛厂（1994 年投资）三厂合建而成。公司注册资本 1250 万元，资产总额 20027 万元，净资产 12686 万元，占地面积 21 万平方米，建筑面积 14 万平方米，有职工人数 219 人。公司具有甲醛 10 万吨、电玉粉（氨基模塑料）1.5 万吨、密胺粉 1 万吨和酚醛树脂（酚醛模塑料）1.2 万吨年生产能力。2018 年，实现纳税销售 2.35 亿元 。

公司技术力量雄厚，各类产品检测手段齐全，主导产品均采用国家标准和国外先进标准，产品深受用户欢迎。公司出口氨基模塑料及酚醛模塑料全年达 5000 吨左右，国内市场占有率、覆盖率在同行业中名列前茅。2001 年，公司生产的氨基模塑料、酚醛模塑料被评为省乡镇企业、省技术监督局名牌产品。2017 年，通过 ISO 9001 ：2015 质量管理体系认证和 ISO 14001 ：2015 环境管理体系认证。公司多次被评为“全国百强化工企业”“全国乡镇化工先进企业”、常州市“文明单位”“明星企业”。

（吴有安）

建 材 工 业

【概 况】 建材工业是溧阳的传统产业，溧阳的建材工业以水泥为主，主要生产干法新型水泥及熟料。2018 年，金峰水泥销售收入 52.3 亿元，扬子水泥销售收入 9.7 亿元，天山水泥销售收入 6.4 亿元。金峰集团是江苏省最大的水泥生产企业。

【江苏金峰水泥集团】 是江苏省最大的水泥生产企业，位例 2017 年中国民营企业五百强第 236 位，有员工 5000 多名，注册资本 10.28 亿元。公司创建于 1980 年，经过三十多年的市场拼搏，从一个名不见经传的小水泥厂华丽变身成为拥有多家子公司，业务经营范围涉及水泥制造、矿山开采、金融服务、房产开发等多个领域的集团公司。2018 年，实现销售收入 52.3 亿元。

公司拥有 9 条新型干法旋窑水泥熟料生产线（其中有 8 条 5000 吨 / 日的水泥熟料生产线）和 3 条年产 200 万吨的水泥粉磨生产线，年水泥生产规模达 3000 万吨，生产技术装备领先，工艺先进，是国家重点鼓励支持的新型干法旋窑水泥生产项目。公司响应国家相关行业政策和要求，发展循环经济节能减排，对所有生产线均配套建设纯低温余热发电，全年总发电量达 5.5 亿千瓦时。公司还利用水泥窑协同处置固体废物，温度高、规模大、有害物质固化、处置彻底等独特优势，积极探索水泥窑协同处置生活垃圾、污泥等的有效途径。

公司生产的“金峰”牌普通硅酸盐水泥产品，1994 年通过国家产品质量认证；2003 年 12 月通过国家 GB/T 19000 产品质量认证验收；2004 年 2 月通过国家 GB/T 19001—2000，idtISO 9001 ：2000 企业质量管理体系认证；2004 年 9 月获得国家质检总局颁发的“产品质量免检证书”，同年 10 月获“江苏名牌”产品称号，12 月获 ISO 14001 环境管理体系认证证书。公司连续多年被授予“江苏省建材行业优秀企业”“重合同、守信用企业”“常州市文明单位”“十佳企业”“常州市明星企业”“常州市名牌产品”“常州市工商行政免检企业”“常州市技改投入前十名”“诚信纳税户”“AAA级信用企业”“银行同业会信得过企业”等称号。

2006年12月，金峰水泥集团被国家发改委、国土资源部和中国人民银行三部委列入全国60家重点支持水泥工业结构调整大型企业（集团）名单，并于同年被江苏省经贸委列为全省101家重点培育发展企业，2013年被省政府苏政发〔2013〕162号文件列入积极引导实施兼并重组的重点支持、鼓励发展企业集团名单。公司先后获得“中国民营企业500强”“全国私营企业纳税百强企业”“江苏省私营企业纳税大户”“常州市五星级企业”“溧阳市纳税超亿元企业”等称号。

（陆　平）

【溧阳市金世纪混凝土有限公司】 位于竹箦镇濑阳村汽车零部件产业园，是江苏金峰水泥集团旗下的一家子公司。江苏金峰水泥集团是以水泥生产为主的综合型生产企业，首创于1980年，经过三十多年的市场拼搏，从一个名不见经传的小型水泥厂华丽变身成为拥有多家子公司、注册资本达36亿元，固定资产160亿元的大型企业集团。集团拥有员工5000多名、业务经营范围涉及水泥制造、金融服务、房产开发、混凝土预拌等多个领域。

江苏金峰水泥集团于2013年投资人民币2000万元，在江苏中关村科技产业园创建溧阳市金世纪混凝土有限公司。公司拥有“三一”牌搅拌车30辆，臂架泵、地泵6辆，两条“三一”牌3立方米混凝土预拌生产线，年产预拌混凝土40万立方米，可保证C10—C60各种强度等级的混凝土和特种混凝土的生产和服务，满足混凝土24小时连续生产和供应。公司主要管理人员均具有成功生产C60以上强度等级混凝土的从业经历，品控经验丰富。公司严格按照ISO 9001：2008质量管理体系、GB/T 14902《预拌混凝土》标准进行质量管理和生产供应服务，形成完整配套的生产能力，具有承担各类工业与民用建筑、道路、桥梁和市政工程的混凝土供应能力，在完成大批量混凝土需求、工期紧等工程方面具有显著的优势。2018年，实现销售收入2.3亿元。

公司具有集团总公司雄厚的资金实力和得天独厚的资源优势，生产预拌混凝土的主要材料（水泥、石子等）均由集团总公司的水泥生产线及轧石场供应，辅助材料采用现金采购，大大降低了生产成本，最大幅度地让利于客户，降低工程建设成本。近年来，公司先后承接金峰新城、金峰又一城、金峰佳苑、福田安置小区、溧阳四中西侧安置小区、金峰拆迁安置房、溧阳火车站西侧鼎邦大厦、江南银行“三大中心”、蒋店安置房、天颐谷生态养老中心、天目湖及燕山公馆碧桂园等项目不同强度等级的混凝土供应任务，工程质量验收合格率100%，深受广大用户及社会各界的好评。

（岳　磊）

【江苏福泰建材有限公司】 坐落于竹箦镇前马工业园区，总占地面积60多亩，注册资本3000万元。公司生产各种标号商品混凝土以及各种环保建材产品，年生产能力达30万吨。2018年，实现销售收入1.3亿元。

公司设备精良先进，拥有国内最先进的徐州天地重工单烘干塔楼式自动化预拌干混砂浆生产线和2条商品混凝土生产线；拥有背罐车1辆、砂浆运输车3辆、砂浆罐数百个，37米、46米、56米汽车泵及地泵各一台，12立方米搅拌车16台。公司拥有各类经验丰富的专业技术人员和设备先进的实验室，具有完善的质保体系和管理制度，生产过程达到国家的环保要求，可满足建筑行业不同用户需要，生产质优、稳定、便利、环保的商品预拌干混砂浆、商品混凝土产品。

（岳　磊）

【江苏华冶钙业有限公司】 前身为溧阳市茅山石灰厂，成立于2002年10月，主要生产冶金石灰与建筑石灰，是江苏省最大的石灰生产企业。2017年，实现纳税销售2亿元，被评为“突出贡献企业”。2018年，实现销售收入3.1亿元。

公司位于溧阳市周城镇镇北，临近104国道，239省道，紧靠芜太大运河，水路交通十分便捷。公司分二期建设计120万吨／年活性氧化钙6条生产线，一期投资9000万元，占地18.5亩。采用国内最新研制开发的LM系列固燃 自控竖式600型(600吨／日产）生产线4条，可年产60万吨高活性炭氧化钙。生产线采用高品质无烟颗粒煤为燃料，实现全机械化，应用DCS集散型自动控制技术，仅需生产技术工人30名，工程技术人员15名。生产线具有节能环保、氧化钙活性的可控性好，可根据不同行业对氧化钙活性的要求组织生产，不易产生死烧氧化钙等特点。产品色泽洁白、产浆量高、含钙量达到国家和行业优等品标准，广泛用于轻质碳酸钙、钢铁、热发电、造纸、化工、塑料、橡胶、建筑等行业，常年供应沙钢与宝钢、太仓国华电厂，南京金浦锦湖（中韩合资企业）等，产品销售覆盖当地、常州、镇江、苏州、南通、上海等市，在市场上享有较高的声誉。公司在选料和生产过程中严格按照ISO 9001标准要求进行质量管理，专业化验室24小时监测石灰质量，现场及售后服务接通知后6小时到达现场。

（陆　平）

【江苏溧阳南方水泥有限公司】 前身为溧阳市汉生特种水泥有限公司，现隶属于央企中国建材集团（CNBM）旗下的南方水泥，由上海南方水泥有限公司100%控股，法定代表人张俊炜，总资产12.1亿元，在职员工120人，其中技术人员20余名。2018年，实现销售收入3亿元。

公司拥有一条4500吨／天新型干法水泥熟料线（目前暂停生产），5台水泥磨机（其中2台带辊压机），年生产规模可达400万吨。公司已通过ISO 9002质量管理体系认证和ISO 14001环境管理体系认证。主导产品“苏特”牌（江苏省著名商标，现更名为“南方”牌）系列硅酸盐水泥为国内名牌产品，是国家级水泥免检产品，被广泛用于国家重点工程，销售网络覆盖华东地区。2010年，公司中标杭宁高速铁路工程，成为杭宁高速铁路工程水泥的主要供应商。

加入中国建材之后，公司在技术力量、设备维护、生产能力、企业文化建设等方面均取得长足的进步。公司技术力量雄厚、自动化程度高、质量控制可靠、经济技术指标先进、环保设施齐全，建立完备的安全、环保、质量管理体系，为节能减排和环境治理示范企业，在全省水泥企业中率先通过国家安全标准化一级，清洁生产处于行业内领先水平。

（陆　平）

【溧阳市万兴特种建材有限公司】 成立于2004年4月，为天舜集团的下属分公司，主要从事预应力钢绞线、预应力钢丝线、预埋件、高速铁路轨道板钢丝的生产和销售。公司占地15万平方米，建筑面积6万平方米，有员工200余人，其中本科以上学历人员20余人，专业技术人员45人。公司为常州大学、上海交通大学“产学研”合作基地，每年的研发金额超1100万元。

公司产品广泛应用于铁路、桥梁、电力、高层建筑等行业，被上海磁悬浮列车运营线建设工程、秦沈高速铁路工程、青藏铁路建设工程、深圳湾公路大桥、京沪高速铁路、郑西客运专线、哈大客运专线等国家大型铁路工程采用，近年来在全国高速铁路工程建设领域的年订货金额都达数亿元。2018年，实现销售收入4亿元。

（滕　俊）

【江苏扬子水泥有限公司】 始建于1985年，拥有2条日产2500吨新型干法水泥熟料生产线暨纯低温余热发电，固定资产总额6亿元，占地面积45万平方米，在职员工600多人，其中，中、高级职称的技术人员88人。公司建立完善的管理体系，已通过“产品质量认证”“质量管理体系认证”和“环境管理体系认证”；产品获得“产品质量国家免检”“江苏省名牌产品”等称号。公司被农业部授予“全面质量管理达标企业”称号；被江苏省人民政府命名为“重合同、守信用企业”“江苏省建材行业优秀企业”“常州市明星企业”；连续十年被常州市人民政府命名为“重合同、守信用企业”“常州市文明单位”。2018年，实现销售收入9.7亿元。

（刘龚献）

【溧阳天山水泥有限公司】 是江苏天山水泥集团有限公司的子公司，有员工237人，其中具有高、中级技术职称的专业技术人员近40人，大中专院校毕业生116人。江苏天山水泥集团有限公司是一家专业从事水泥、商品混凝土生产销售和房地产开发经营的大型建材企业集团，以水泥为主业，全面形成水泥、商品混凝土、房地产、矿山、管桩共同发展的良性产业链发展模式，具备年产水泥400万吨、年产商品混凝土200万方、年开发房地产竣工面积10万平方米的经营规模，年销售收入达20亿元。

公司日产5000吨水泥熟料生产线采用国家建材行业大力提倡推广的“国产化、低投资”的新型干法工艺，于2004年9月达产。该生产线拥有先进可靠的技术装备，其中原料辊式磨、煤粉计量、荧光分析仪等关键设备从国外引进，原燃物料设有大型预均化堆场，生产控制采用先进可靠的集散型计算机控制系统。公司拥有科学完善的经营机制和管理体系，确立以低成本为优势快速增长的管理理念，先后获得常州市星级企业、AAA级纳税诚信企业、AAA级银行信用企业等称号。2018年，实现销售收入6.4亿元。

（许　峰）

【江苏兴源矿业有限公司】 是专业生产高速公路、桥梁、国家一级公路及市政建设道路路面玄武岩集料的龙头企业，也是江苏省高等级公路建设最大的沥青面层材料生产基地。公司成立于2010年11月，有员工260人，其中中高级管理人才50人，位于上兴镇上沛老虎山，矿质资源丰富，集料优良。

公司完善生产技术工艺，稳定产品质量，设备总投入超过8000万元，操作系统引进国外最先进的西门子S7−300PIC自动化程序远程控制技术，年生产能力达500万吨。公司拥有一流的专业管理团队和技术骨干，配备先进的产品分析检测设备，建立完整的产品质量监测体系，生产的玄武岩沥青路面集料已通过江苏省高速公路指挥部入围资格，各项技术指标均达到国内同行业领先水平。2018年，实现销售收入1.9亿元。

（许　峰）

食品加工和制造业

【概　况】 溧阳的食品加工和制造业以天目湖啤酒为龙头，拥有以天目湖啤酒为主的酒类系列产品，以果蔬原汁、矿泉水、植物蛋白饮料为主的饮料系列产品，以畜禽水产深加工为主的香肠、羊肉火锅、天目湖鱼头、风鹅、青虾等生熟制品。2018年，天目湖啤酒实现销售收入3.7亿元。

【嘉士伯天目湖啤酒（江苏）有限公司】 创建于1985年，经过30多年的发展，拥有啤酒年生产能力30万千升。公司是嘉士伯集团（全球第三大啤酒公司）旗下子公司，被定位为华东区域重点制造基地之一。2014年加入嘉士伯成为公司发展的分水岭。随着嘉士伯投资的不断扩大，公司走上高质量发展之路，向打造国际啤酒行业标杆、高端品牌生产基地、传统优势产业典范、绿色工厂及智能化工厂目标奋进。公司具有国际高端品牌啤酒生产线，从德国KHS引进世界级装备和领先技术的拉罐线，整体装备水平处行业领先地位。公司生产的天目湖系列啤酒不仅覆盖江苏全省，而且远销上海、浙江、安徽、河南、山东等周边省份。2018年，实现销售收入3.7亿元。

公司多次获得“常州市明星企业”“溧阳市工业四星企业”“埭头镇重大贡献奖”等称号，成为溧阳市传统优势企业的标杆，江苏啤酒行业的知名企业。在嘉士伯集团“扬帆22”

战略指引下，公司致力于成为成功、专业和具有吸引力的公司。公司引入嘉士伯高新技术和管理模式，持续推进高端化战略和生产网络优化战略，形成“国际高端品牌（K1664、皇冠铝瓶、嘉士伯、乐堡等）+本地强势品牌（天目湖）”的强大品牌组合，并持续推进产品高端化，应对啤酒消费结构变化所带来的机遇和挑战。公司持续通过节约水电、减少能耗、降低排放的模式提高生产能效，实现以“零碳排放”“零水资源浪费”“零事故文化”和“零非理性饮酒”为重点的可持续发展目标，传承嘉士伯集团宗旨——酿造更美好的现在和未来。

（李　丹）

金属冶炼和加工业

【概　况】 金属冶炼和加工业是目前溧阳的主要产业，占全市工业企业销售收入的比重超过25%。2018年，国强镀锌销售收入113亿元，申特钢铁销售收入28亿元，鑫林钢铁销售收入11.7亿元，瑞昕金属销售收入26亿元，弘溧新材料销售收入20亿元。

【江苏国强镀锌实业有限公司】 始建于1998年10月，占地1600余亩，有员工3000余人，其中技术人才150余人，中级管理人才43人，资产总额50亿元，年生产能力200万吨。公司专业生产、销售各类高频焊接钢管、螺旋钢管、石油天然气管、高速公路安全设施、铁路声屏障、钢板桩、电力铁塔、太阳能光伏支架等产品，专业从事各类铁制构件的镀锌加工业务。2018年，实现销售收入113亿元。公司先后获得“中国民营企业500强”“中国交通百强”“中国工业行业排头兵”“江苏省平安企业”“常州市五星企业”等称号，已通过环境、质量、职业健康、能源、交通产品等体系认证及国际API（美国石油协会）认证。公司拟与华南理工大学合作，构建绿色钢结构件热镀锌的先进技术工艺及管理体系，引进先进的镀锌生产及管理技术，规范和完善现有热浸镀锌工艺及化学分析规程。

（许　峰）

【溧阳市万盛铸造有限公司】 创建于1999年，是生产铸造用覆膜砂及球墨铸铁件、灰铸件等精密铸造和汽车增压器铸件的国家高新技术企业。公司拥有日本新东FBO水平造型线、树脂砂造型线、万能材料试验机、德国OBLF光谱仪等先进设备。主要生产汽车零部件、高铁地铁配件、工程液压件、泵、阀、管道工具和高压电气开关铸件，产品出口美国、日本、意大利、德国等国家。2018年，实现纳税销售1.74亿元。

（岳　磊）

【江苏宏光钢铁有限公司】 成立于2002年10月，注册资本500万元，原名为溧阳市弘光轧钢有限公司，主要产品为钢筋混凝土用热轧带肋钢筋，年生产能力达30万吨。公司主要经营钢压延、机械配件加工，品种规格齐全，产品资源丰富，畅销周边市场。2018年，实现销售收入7.8亿元。

公司已取得《全国工业产品生产许可证》，拥有ISO 9001质量管理体系认证和中冶冶金产品认证（MC认证），2013年3月通过由常州市经信委组织的重点用能单位能源审计工作，2016年8月通过江苏省清洁生产审核验收抽查，2016年10月通过企业安全生产标准化三级达标验收。公司拥有“思达迪”“明昱”“SUHONG”“苏宏”“图形”5个注册商标。公司先后获“江苏省节水型企业”“江苏省钢铁协会常务理事单位”“常州市非公企业党建工作示范点”“常州市单位治安保卫工作先进集体”等称号。

（戴　真）

【溧阳三元钢铁有限公司】 始建于2001年12月，主要经营炼钢、轧钢、机械铸件铸造加工及销售自产产品。公司共建有2条全连轧轧钢生产线，年生产能力达65万吨热轧带肋钢筋，“苏元”牌热轧带肋钢筋连年被评为“常州市产品”和“江苏省质量信得过产品”。公司坚持“靠改革添活力，靠质量得信誉，靠科学促发展，靠管理体系求效益”，保持持续稳定的发展，并发展成为在区域经济中具有一定影响力的工业企业。公司先后获得“常州市五星工业企业”“常州市年度贡献大户”“溧阳市纳税大户”“溧阳市纳税信誉企业”等称号。

（戴　真）

【江苏申特钢铁有限公司】 是一家集烧结、炼铁、炼钢、轧钢、制氧、发电为一体的钢铁联合企业，总资产100多亿元。公司有员工3000余人，其中各类技术人才和专业人员占30%以上，总占地面积150万平方米，建筑面积40万平方米。溧金河水路连通长江，水陆运输方便快捷，建有年吞吐能力达1000万吨级的厂区码头和60万吨仓储基地，厂区环境优美，道路布局合理，配套设施一应俱全。

科学合理的产业布局，方便快捷的物流配送，严谨高效的管理团队以及和谐奋进的人文环境，培育了企业强劲的核心竞争力。公司连续六年被常州市政府评为“五星企业”“特殊贡献企业”“文明单位标兵”，多次被评为“质量信用守信企业”“产品质量国际信用AAA级企业”，企业先后通过ISO 9001质量体系认证、ISO 14000环境体系认证、GB/T 23331能源管理体系认证、GB/T 28001职业健康安全管理体系认证、清洁生产审核。2009年成为江苏省330家重点工业企业之一，2010年被评为“江苏省节能先进企业”，2012年9月成为江苏省高强钢筋示范企业之一，2013年位列中国企业五百强第288位、中国制造业第144位、中国民营企业500强第59位、中国民营企业500强制造业第40位，2013年4月成为工信部公告的首批符合《钢铁行业规范条件》之一。2018年，实现销售收入28亿元。

公司坚持绿色低碳发展理念，着力于发展节能节排和能源综合利用。企业实现工业污水零排放；转炉污泥、钢渣100%回收利用。将溧阳二污厂中水处理后用于工艺用水，日处理量4万吨，将整个城市污水全部用于工艺补充水，在国内尚属首家。建设高炉TRT（高炉煤气余压透平发电装置）压差发电、烧结环冷发电、转炉蒸气发电项目，年发电量近6亿千瓦时。公司的资源利用效率和污染物的排放等指标达到国内冶金行业先进水平，在赢得社会效应的同时，也获得了可观的经济效益。

公司主要产品有40Mn、45Mn钢坯、圆管坯，规格150×150 ～ 220×220；HRB400\HRB400E、HRB500\HRB500E螺纹钢及线材，规格直径6 ～ 40毫米；HPB300光圆钢筋，规格直径6 ～ 22毫米。产品以其稳定的性能和优良的品质广泛应用于上海虹桥枢纽、崇启大桥、无锡地铁、重庆涪陵—丰都—石柱高速、中船长兴造船基地等国家重点工程。公司生产的400MPa及500Mpa高强度螺纹钢属国家重点鼓励和推广产品，已通过中国香港、迪拜等地区产品的质量认证，畅销国内外。注册商标“申特”牌螺纹钢连续两年被中国质量监督管理学会等权威部门推荐为“中国同行业最具影响力品牌”，获得“江苏省著名商标”和“产品实物金杯奖”称号，同时成为上海期货交易所交割品牌。

（刘　创）

【顺博合金江苏有限公司】 成立于2016年，是一家从事再生铝行业的大型生产企业，地处江苏中关村科技产业园，项目总投资10亿元，占地面积177亩，建筑面积达12.6万平方米，总公司为重庆顺博铝合金股份有限公司。公司拥有国内外先进的蓄热式熔炼炉、自动化铸锭线、环保系统和ARL光谱仪等设备。公司于2017年9月投产，一期年产量10万吨，全套设备投产后，年产量可达30万吨，年产值可达45亿元。2018年，实现销售收入8.8亿元。

公司充分关注和保障生产安全，建立一系列健全的安全保障措施，落实以人为本的办厂理念。公司高标准执行国家环保要求，生产熔炼过程产生的铝渣灰等属于一般固废，由专业资质公司进行回收；建立各类排放在线监测和视频监控系统，市环保局可随时随地监控企业生产过程。

（刘　创）

【溧阳市金昆锻压有限公司】 成立于1996年，占地面积8万多平方米，是一家专业从事金属材料的锻造、热处理和机械加工的高新技术企业，已成为全球知名的锻件和机械配件供应商。产品以饲料机械锻件及配件为主，逐步扩展到工程机械、轨道交通、风力发电、船舶机械、冶金机械、石油机械等多个行业领域。公司锻件年生产能力3.5万吨，饲料制粒机锻件占公司产量过半（70%国内销售，30%国外销售），国内市场占有率达29%，居国内第一，产品远销德国、意大利、俄罗斯、美国、巴西、新加坡、日本、韩国等十几个国家和地区。2018年，实现销售收入3.24亿元。

公司拥有电液锤、碾环机、压机、天然气加热炉、多用热处理炉、刨、铣、钻、磨等数控车床、数控加工中心、锯床等各类生产设备300余台套，并配备有可完成金相、力学、探伤、化学元素分析的检测中心，各类硬度计、研究级金相显微镜、直读光谱仪、氢氧氮元素分析仪等各类检测设备齐全。

公司通过ISO 9001国际质量管理体系认证，获得ABS、DNV、LR、BV、RINA、NK、KR、CCS八大船级社认证，PED欧盟承压设备指令认证，API美国石油协会认证，TSG中国特种设备制造（压力管道元件）许可证（A+B），知识产权管理体系认证，采用ERP企业资源计划软件作为日常生产流程管理工具。公司建立一支由40多人组成的研发团队，并与江苏大学、常州大学等省内高校进行产学研合作，聘请专家、教授来公司进行产学研活动与技术交流、指导，吸收专业人才充实到研发队伍中来。公司注重知识产权保护，获得26项授权专利，江苏省企业技术中心、常州市新能源锻件成形与控制工程技术研究中心通过认定。公司先后获得“江苏省民营科技企业”“劳动保障诚信企业”“科技进步企业”等称号。

（刘　创）

【江苏鸿开有色金属有限公司】 创立于2011年，位于戴埠镇，总投资12亿元人民币，占地300多亩，拥有厂房8万平方米，办公及配套1.5万平方米。公司采用德国尼霍夫大拉机、多头多拉、电解镀锡等生产线，形成年产3万吨各类铜绞线加工生产能力。产品主要应用于高铁、核电以及船舶和信息工程领域，辐射江浙沪地区电缆企业。2018年，实现销售收入7.7亿元。

（袁子杰）

【江苏冶建锌业有限公司】 创建于2007年，是一家集生产、加工、销售锌基料于一体的高新技术企业，产品广泛应用于化工、医药、染料、冶金、立德粉、保险粉、涂料、电池、农药等行业。研制的涂料专用亚微米锌粉由于其特殊的球形结构，具有良好的附着力、显著的防腐抗氧化效果、高强活性以及优良的导电性能，技术与产品性能达到国际先进水平，产品纯度、粒度分布范围超过国际同类产品指标。公司曾获“国家高新技术企业”“江苏省民营科技企业”“常州市民营科技企业”“省级守合同重信用企业”等称号。2018年，实现销售收入1.38亿元。

（袁子杰）

【常州博尼特种钢管有限公司】 创建于2005年，原名常州博尼实业有限公司，占地2.5万平方米，注册资金1020万元，主要从事不锈钢无缝钢管的生产加工。不锈钢无缝钢管凭借其耐腐蚀、耐高温、无毒、可塑性强等优势，被广泛运用于石油、化工、制药、食品、造船、汽车、航天航空、核工业等领域。产品热销全国各省市，并远销东南亚、中东和欧洲地区。2018年，实现销售收入1.5亿元。

（袁子杰）

【溧阳市华磊锻造有限公司】 创建于1999年，为股份制民营企业，位于戴埠镇新桥村，占地面积2.8万平方米，有职工110名，其中各类管理人员30名、技术人员8名。2018年，实现销售收入1.4亿元。

公司拥有各类加工设备数十台、各类下料带锯床数十台、各类热处理炉数十台及各种配套设备和检测设备。公司主要生产各种自由锻件和胎膜锻件，年生产锻件能力达 3.5 万吨，品种有不锈钢、合金工具钢、轴承钢、弹簧钢、合金结构钢、碳素钢等，产品广泛应用于石油机械、饲料机械、起重机械、水泥机械、工程机械、冶金机械等领域。公司已通过 ISO 9001 国际质量管理体系认证，取得 TSG 压力管道元件制造许可证（A 级）、APIQ1 认证证书。

（袁子杰）

【常州亚泰焊材有限公司】 是国内专业研发、生产与销售各类焊接材料及焊接、切割设备的重点企业，创建于 2004 年，位于埭头镇工业园，有员工 300 多人，其中高级专业技术人员 40 余人，均具有曾经在国内外同类著名企业长期工作的经历，并具有专业研发的综合实力。公司拥有独立的产品研发部，与国内多所著名大专院校开展联合研发项目，专门从事新技术的研究和新产品的开放。2018 年，实现销售收入 1.7 亿元。

公司拥有大型数控切割设备和自动焊接中心，各种设备 500 余台（套），主要生产二氧化碳实芯气保焊丝，埋弧焊丝，氩弧焊丝等产品，焊材年产量达 3.5 万吨，年产值 5 亿元，外贸出口占公司销售额 50% 以上。2014 年，公司先后投资 1500 多万元，增加三条药芯焊丝生产线，并加大对特种焊材的研发和推广力度，先后有十多个新产品推向市场，收到良好的市场效应。

（李　丹）

【常州市宏豪制钢有限公司】 为个人股东出资的私营有限责任公司，成立于 2006 年 11 月，位于别桥镇绸缪，有员工 108 名，其中各类工程技术人员 20 名，占地面积 2.5 万平方米，注册资本金 1000 万元，实际投资近 5000 万元。公司拥有 ₵ 450 自动化连轧生产流水线一条，以及万能试验机等一批先进的理化检测设备，主要生产“宏豪”品牌热轧扁钢，年生产能力 20 万吨以上。产品规格齐全，广泛应用于造船、电力、邮电通信、市政、公路、桥梁、钢格栅（板）、钢结构及车辆制造等领域，畅销北京、上海、江苏、浙江、安徽、江西、湖南等地区，并远销东南亚及欧洲地区。2007 年 8 月，公司通过中国船级社质量认证公司 ISO 9001 ：2000 质量体系认证。2008 年，被常州工商行政管理局授予“企业信用（合同）AAA”证书，多次被溧阳市政府授予“先进私营企业”“溧阳市光彩之星”等称号。2018 年，实现销售收入 5.3 亿元。

（滕　俊）

【江苏鑫林钢铁有限公司】 成立于 1984 年 6 月，前身为溧阳市别桥轧钢厂，占地面积 2.7 万平方米、建筑面积 1.4 万平方米，固定资产 8500 万元，具有年产 60 万吨钢材生产能力，拥有全国生产许可证办公室颁发的钢筋混凝土用热轧钢筋生产许可证。

公司拥有 ϕ520×1/ϕ300×4/ϕ300×8、ϕ520×1/ϕ365×8 轧机生产线 2 条，ϕ3200 毫米煤气发生炉 2 套，ϕ3400 毫米二段式煤气发生炉 2 套，30×3.5 米、24.5×6.5 米蓄热式加热炉各一套，68×7 步进式冷床两套，理化检测及其他辅助设施齐全。公司贯彻 ISO 9001 ：2008 质量管理体系，产品质量稳定、规格齐全，畅销苏、浙、沪、皖等地市场。2018 年，实现销售收入 11.7 亿元。

公司奉行“以人为本”的理念，注重企业文化建设，围绕专业知识、技能和态度培训员工，基本做到人岗科学匹配。企业注重公益和慈善事业的投入，支持当地的教育、老年体育事业，构建具有鑫林特色的企业文化。

（滕　俊）

【溧阳市宏泰特种扁钢有限公司】 是一家以优质扁钢为主、其他型钢为辅的生产贸易型，地处上黄镇坡圩桥下，占地面积 5 万平方米，有员工 99 人。公司拥有 ₵ 550 轧机 1 套，₵ 430 连轧机组 9 套等轧机流水生产线，年产量 30 万吨以上。2007 年，通过“中国船级社 ISO 9001 ：2000 质量认证”。公司先后获“银行信得过企业”“信用（合同）AAA 企业”等称号。2018 年，实现销售收入 7.22 亿元。

（刘龚献）

【江苏瑞昕金属制品科技有限公司】 坐落于南渡镇小金山工业园区，是一家专业生产镀锌带钢、轻钢龙骨料、电缆铠装料、型钢料等的企业，为华东地区最具竞争力的金属表面处理基地，年产能达 80 万吨。公司创建于 2012 年 2 月，占地面积 400 亩，建筑面积 10 万平方米，注册资本 8000 万元，有员工 700 名。公司已通过 ISO 9001 质量体系认证，产品广泛应用于建材、钢结构、装饰装潢、卷帘门窗、农业大棚、仓储及货架、钢板仓等领域。公司先后获得江苏省“AAA 级重合同守信用企业”“常州市目标管理服务奖”等称号。2018 年，实现销售收入 26 亿元。

（吴有安）

【江苏弘溧新材料有限公司】 坐落于南渡镇小金山工业园区，创建于 2016 年 5 月，占地面积 140 亩，建筑面积 8.4 万平方米，注册资本 3000 万元，有员工 250 名。公司主要生产精密钢管、轻钢龙骨料等产品，年产能达 80 万吨。产品质量在同行业内处于领先水平，得到国内广大客户的普遍认可。2018 年，实现销售收入 20 亿元。

（吴有安）

【溧阳市鑫天地金属制品有限公司】 成立于 2013 年 5 月，注册资本 2000 万元，位于上兴镇工业园区。公司主要从事金属制品锻造，五金件制造和加工，机械配件铸造，销售钢材、钢坯、机械配件及其他金属材料销售。2018 年，实现应税销售收入 7.6 亿元。

（许　峰）

【溧阳市立方贵金属新材料有限公司】 是以白银为原料进行深加工的高新技术企业，成立于 2007 年，总投资 5000 万元，占地面积 20 亩，位于天目湖镇田家山工业园区。公司主要生产超纯银粉、超细银粉、片状银粉、球形银粉、光亮银粉、电子浆料等产品，产品广泛应用于电器、电子、粉末冶金、航天军工、太阳能光伏等领域。2012 年，公司通过 ISO 9001 质量管理体系和 ISO 14001 环境管理体系认证。公司与国内著名院校、科研单位和众多国际知名客户建立深层次的战略合作关系，2014 年 5 月被授予“江苏省企业研究生工作站”“江苏理工学院研究生实践基地”。公司研发中心拥有教授、博士和高级工程师 5 名，员工 20 余名。公司拥有多项国家发明专利，产品远销国内外。2018 年，实现销售收入 1.68 亿元、利税 2000 多万元。

（居　乾）

纺织服装业

【概　况】 纺织服装业是溧阳的传统产业，也是溧阳的主要出口创汇产业之一，同时更是高就业、广富民的产业，主要有地毯、纺织两大系列产品。2018 年，开利地毯销售收入 9 亿元，东发纺织销售收入 1.7 亿元，开成毯业销售收入 1.5 亿元，恒天宝丽丝销售收入 1.7 亿元。

【恒天宝丽丝生物基纤维有限公司】 创建于 2015 年，由常州宝丽丝纤维有限公司和恒天集团出资成立，是一家以研发、生产、销售新型针织纱线和高档绣花线为核心业务的高新技术企业。公司注册资本 1 亿元人民币，占地面积 46 亩，建筑面积 5 万余平方米，有员工 368 人，其中，大专以上管理人员和各类专业技术人员 96 人。2017 年，总投资 5 亿元新上生物基纤维、智能纤维等中试生产线项目。

公司集纺纱、捻线、染整于一体，年产绣花线、天蚕丝、曲珠纱、蚕丝蛋白纤维、银纤维等各类中高档纱线 3000 余吨。企业具有独立自营进出口权，产品 80% 外销到欧美、东南亚等 30 多个国家和地区。银纤维、蚕丝蛋白纤维等创新产品先后被皮尔卡丹、梦特娇、老人头、鳄鱼等世界知名品牌选用。2018 年，实现销售收入 1.7 亿元。

公司为江苏省高新技术企业，是江苏省唯一一家同时拥有 2 个高等级技术中心的纺织企业，获批成立“中国化纤功能纱线研发中心”“江苏省功能银纤维工程技术研究中心”。先后获得国家发明专利 2 项，实用型专利 15 项，“博洋”牌商标被评为江苏省著名商标，2 项银纤维产品获得江苏省高新技术产品证书，6 项产品获得常州市高新技术产品证书。公司于 2006 年通过 ISO 9000 质量体系认证和 ISO 14000 环境体系认证及“常州市清洁生产审核”，历年都通过瑞士 OeKo-Tex100 认证。

公司连续多年获得“溧阳市民营科技企业”“溧阳市模范职工之家”“溧阳市年度爱心单位”“信用 AAA 级企业”“常州市劳动保障诚信示范企业”“常州市两化融合试点企业”“常州市和谐文化建设示范企业”“江苏省著名商标”“江苏省节水型企业”“中华慈善总会慈善之星”等称号。

（陆　平）

【江苏省前峰服饰有限公司】 创建于 1985 年，坐落于天目湖畔伍员山下，紧靠宁杭高速，有员工 3000 余人，有现代化厂房 4 万多平方米，是专业从事来料加工梭织、针织装和 3 至 12 针羊毛衫成衣的企业。公司拥有成衣分析系统、自动裁剪系统、信息化管理系统、自动节拍流水线和全自动钉扣机等各类装备 3600 余台（套），主要承接衬衫、T 恤衫、拉链衫、棉上衣、牛仔装、童装、睡衣、羊毛衫等各类产品，年加工成衣 3500 余万件。公司拥有良好的口碑和美誉度，“前峰加工”品牌得到业界人士的广泛认同。2014 年，公司被江苏省服装协会评为“江苏省服装精品加工基地”。2015 年被江苏省方源集团评为“精品加工集群”。2018 年，实现销售收入 1 亿元。

（陆　平）

【江苏开利地毯股份有限公司】 为集地毯及其材料的专业设计、研发、生产、销售和服务于一体的国际型全产业链式地毯集团公司，拥有国内七大工业厂区和国外一个生产基地。基于航空航材的需求，2015 年 9 月，下属公司新疆中际航材航空设备有限公司在新疆成立。围绕国家“一带一路”建设，2016 年 3 月，在新疆沙湾投资 1.5 亿元，注册成立新疆天目湖地毯织造有限公司。

公司产业规模居中国地毯行业领先行列，拥有世界一流的技术和生产设备，并不断在航空、汽车、游轮专业地毯项目上持续加大投入，各类地毯年产能达 2800 万平方米，BCF 纺丝 2.3 万吨。威尔顿满铺块毯、阿克明工程毯、船用毯、簇绒汽车用毯、单面威尔顿航空毯、各类印花家用工程毯、PVC、沥青方块毯均名列行业品类前列。2018 年，实现销售收入近 9 亿元。

2004 年，公司与日本大野公司在地毯领域开展合资合作。2014 年 8 月，收购南非 Clossley 公司，同时拥有美国 Crossley Axminster Incorporated 公司、英国 Master Weaver Limited 公司的控股权以及他们在北美和欧洲的专业销售服务与设计团队。2015 年 10 月，与美国 The Dixie Group（迪克西集团）旗下 Masland Contract 品牌签署战略合资协议，并获得在东南亚地区市场销售服务的主导权。开利地毯结合 Crossley 公司在国际市场上的品牌渠道优势，将“开利地毯”品牌推向全球。

公司严格按照国际环保及等级要求，将“绿色、环保”理念贯穿到整个产品制造的全过程，生产流程坚持按照 ISO 9001：2008 质量管理体系、ISO 14001：2004 环境管理体系进行管理营运。公司拥有中国环保地毯认证书、国际环保地毯认证书和美国 CRI+PLUS 室内空气质量认证书。2012 年，公司被文化部、商务部等六部委授予“国家文化出口重点企业”称号。2014 年 11 月，通过全球最具权威的认证机构，挪威船级社（DNV GL）认证并获得证书。2016 年 3 月，获得由欧洲权威认证机构 Dedal 颁发的欧盟 CE 证书。2016 年 12 月，共同发起中国纺织国际产能合作企业联盟。

开利地毯销售网络遍布全国各地及全球 10 多个国家和地区，凭借不断增强的设计制造创新能力、突出的灵活定制能力、日趋完善的工程服务能力赢得客户的信任与合作。公司将坚持围绕顾客需求，以持续技术创新服务市场，按照“一带一路”建设方向，积极开拓世界地毯市场。

（刘　创）

【溧阳市中纺联针织有限公司】 是一家经过改制的民营企业，是集研发、设计、生产、销售于一体的羊毛内衣专业工厂，有2万平方米生产基地。公司拥有各式针织园机50台、缝纫设备200台（套）、后整理设备60台（套），引进全自动拉布机、悬挂系统、喷气式裁床等，形成先进完备的生产流水线，年生产能力达300万条件羊毛内衣（裤）。公司与“埃迪玛”“鸡雀唛”“GLASSONS”“NORHEIM”“MCKINLEY”“POSTIE”“MAYA”“MAX”“PUMPKIN PATCH”“EVEREST”“KARI TRAA”等中外知名品牌长期合作，产品远销欧洲、澳洲十几个国家和地区，在全球羊毛内衣细分市场中份额稳居第二。2018年，实现销售收入1.1亿元。

（刘　创）

【溧阳市凯瑞地毯制造有限公司】 是专业从事各类地毯产品的开发生产、国内销售、国际贸易及其他投资经营的综合性企业，有员工260余人。公司拥有强大的品牌优势、一流的管理体系、卓越的质量信誉、完善的服务支持、有力的技术保障、丰富的信息资源和团结友爱、相互信任的文化氛围。2018年，实现销售收入1亿元。公司拥有世界上设备技术最先进，生产速度最快的阿尔法400型多功能型8色和10色威尔顿地毯织机，年产能达600万平方米；拥有各类簇绒设备14台（套），能年产各类高中档簇绒满铺毯500万平方米，拼块毯150万平方米。产品广泛应用于宾馆、酒店、娱乐会所、办公场所。公司秉承质量至上的原则，为广大客户提供优质的产品，满足各层次用户的需求，设有产品研发中心，具有先进的地毯图案设计系统和专业的设计队伍，不断推出适应国际新潮流的地毯花色图案。

（李　丹）

【常州市华丰集团有限公司】 位于别桥镇绸缪村西土桥，占地面积27680平方米，建筑面积15180平方米，有员工360名。公司拥有总资产3865万元，注册资本1200万元，具有10500纺锭的生产规模，年生产绢丝能力达450吨。公司生产的蚕丝类系列产品，采用桑蚕茧为原料，经过脱脂、脱胶、精细纺制而成，属纯真丝织物，注册商标为JSPL，主要产品有60N/2、120N/2、140N/2、210N/2桑绢丝及60—120N/2绢毛、绢棉、绢麻等混纺丝。2018年，实现销售收入2100万元。

1997年，公司生产的蚕桑绢丝被评为江苏省乡镇企业名牌产品。1998年1月，公司获得中华人民共和国进出口企业资格证书；2001年5月，获得ISO 9002国际质量体系认证证书；2002年2月，取得蚕丝类产品的出口经营权。公司强化创新意识，争创国家名牌，质量目标为一等品率大于等于98%、抽检合格率100%、顾客满意率大于等于98%。

（滕　俊）

【江苏隆迪新材料有限公司】 创办于2011年8月，是一家专业生产涤纶加弹丝（DTY）的民营化纤企业，位于别桥镇北山工业园兴城西路199号，毗邻扬溧高速和沿江高速，有员工100名，其中大专以上学历38人，占地面积50余亩，拥有现代化标准钢结构厂房、仓库及办公楼。公司致力于生产优质产品、提供完美服务，为国内外纺织市场提供高质量的原料。2018年，实现销售收入6344万元。

公司严格执行化纤行业标准，产品基本覆盖市场上常用20D—300D各种规格，其中75D/144F、150D/288F规格的圆孔或扁平网络丝、75D/72F、150D/144F、150D/288F规格的阳离子、大有光、全消光等主打产品深受国内外客户青睐。公司研发出多个新型产品，其中无捻色丝、无捻复合丝、高收缩丝、高弹高强N66丝、有光FDY加弹丝等特殊品种在市场上比较罕见，具有良好的发展前景。

（滕　俊）

【溧阳开成毯业有限公司】 成立于2003年6月，坐落于南渡镇永安路161号，是集地毯及其材料的专业设计、研发、生产、销售和服务于一体的专业地毯制造商。公司占地面积4.3万平方米，建筑面积3.1万平方米，有职工300人左右，注册资金6125万元。2018年，实现产值15141万元、纳税销售15009万元、纳税额729万元。

公司是国内最具实力、最具规模的专业地毯制造商之一，拥有一批高素质的技术人才、经验丰富的生产能手及专业的设计队伍。公司主要生产簇绒地毯与方块毯，产品适用于商用、工程用、民用等领域，簇绒地毯总销量位居国内前三甲，方块毯为2012年引进新设备投资生产的新产品。公司已通过IATF 16949质量管理体系认证和ISO 14001：2015环境管理体系认证。公司致力于为客户提供工程及售后服务的整体解决方案，销售网络遍布全国各省市。

（吴有安）

【溧阳市宝丽佳塑胶纺织有限公司】 成立于2015年4月，是一家牛津布、箱包面料生产企业，前身为溧阳市宝丽来塑胶纺织有限公司，注册资本1000万元。公司拥有从织布到涂层的完整产业链，拥有一个织布工厂和一个压延工厂，分别位于埭头镇和上兴镇，总占地面积1万平方米。公司实力雄厚，在业内拥有顶尖的品牌影响力和产品美誉度，产品广泛应用于新秀丽、瑞士军刀等众多知名品牌户外用品。2018年，实现销售收入1.1亿元。

（许　峰）

【江苏开利地毯股份有限公司天目湖分公司】 开利地毯成立于1994年，为集地毯及其材料的专业设计、研发、生产、销售和服务于一体的专业地毯制造商。公司规模位于中国地毯行业前列，所生产的机织威尔顿地毯、簇绒地毯总销量位居国内前三甲；产品适用于商用、工程用、民用等多个领域，其中家居用毯居国内产销之首。

2006年，公司在天目湖工业园区征地180亩，并于同年成立江苏开利地毯股份有限公司天目湖分公司，同时将公司的薄型丝毯、簇绒地毯的生产基地搬迁至天目湖分公司厂区内。2009年在天目湖厂区新增阿克明车间，2011年增加机器人／手工枪刺地毯车间。公司主要产品涵盖地毯生产用纱、威尔顿地毯、单面威尔顿地毯、簇绒地毯、阿克明斯特地毯、印花地毯、匹染地毯、薄型仿丝毯、方块地毯、机器人／手工枪刺地毯十大系列，是中国地毯行业中品类最齐全的专业地毯生产商。2018年，实现销售收入2亿元、利税3500万元。

（居　乾）

【溧阳东发纺织有限公司】 是一家中外合资企业，占地面积1120亩，建筑面积7万平方米，拥有自动数控JW—911喷水织机200多台（套），年产量5600万米；PVC热贴数控sr−4F1830设备的生产流水线2条；中国台湾6M冷贴PVC自动生产线2条；PE120型涂塑生产线2条，年生产能力6000万米。产品有牛津革、提花革、麻丙革、人造革四大系列400多个品种，广泛应用于各种系列的箱包、旅游用品、沙滩椅、野营床和服装。2018年，实现销售收入1.66亿元、利税2000多万元。

（居　乾）

【溧阳市诚亿布业有限公司】 始建于2002年，占地面积2万多平方米，注册资本1000多万元，员工百余人，其中20%为各种专业技术人员，为常州市AAA级信用企业。公司主要生产经营各类真丝绸织品、化纤织物、麻类织物、化纤和棉混纺或交织织物，是涤棉（T/C）及全棉织物等基材涂层深加工和羊毛衫加工的专业工厂，并承接各种毛纺服装加工业务。公司年销售纺织涂层布料1000万米，产品主要应用于服装服饰、工业用布（汽车罩、飞机罩、电脑罩、画布、通风道等）、旅游用品用布（遮雨棚、旅游帐篷、睡袋、箱包）等领域。产品性能优越，具有防风、防尘、防雨、防静电、阻燃、抗紫外线等特种防护功能和织物风格强，多品种，色泽艳丽，手感柔软等特点。公司最新研究开发的人棉／涤丝交织提花箱包面料质量上乘、款式新颖，深受海内外顾客的欢迎。2018年，实现销售收入1.1亿元。

（居　乾）

造纸印刷、塑料制品、仪器仪表、日用杂品及其他行业企业选介

【江苏竹箦阀业有限公司】 原名江苏省竹箦机械厂，始建于1972年，占地面积25万平方米，有员工1100多名，各类工程技术人员290多名。

公司主要产品有钢制、铁制和铜制闸阀、截止阀、球阀、止回阀、船用阀门以及蝶阀和水嘴等共计150多个品种2000多种规格。产品通过美国FM认证、住房城乡建设部“康居认证”、英国水务WRAS证书等十多个国家和地区的专业认证，产品由中国人民保险公司质量承保。

企业是大陆地区唯一一家获得中国香港政府工程使用许可证的企业，具有国家特种设备制造许可证（TS）和自主出口经营权，是《CJ/216−2013 给排水用软密封闸阀》《GB/T12232−2005 法兰连接铁制闸阀》等10多项国家阀门标准的主要起草单位，是中国石化物资源市场成员单位、中国石油天然气集团公司一级供应网络成员单位、国家电力公司电站配件供应网络成员。

公司有精密铸造、锻造、焊接、热处理、金加工、装配等十多个现代化专业车间，拥有数控加工中心等先进加工设备和先进检检测设备400多台（套），产品出口到欧洲、日本、新加坡、韩国、以色列、澳大利亚、中国香港等20多个国家和地区，“ZJ”牌、“V”牌已成为中国阀门行业的知名品牌。2018年，实现纳税销售2.74亿元。

（岳　磊）

【溧阳安顺燃气有限公司】 成立于2000年6月，是集天然气销售、储配、管道安装、维修于一体的企业。公司以国家“西气东输”工程为契机，积极推进溧阳市天然气利用工程建设，管道已覆盖全市所有镇（区）、街道，实现“镇镇通”，发展民用户近12万户，工商业用户2000多户。公司拥有天然气门站2座，加压天然气、液化天然气加气站4座，在建高中压调压站3座，年接收能力达22亿立方米。2018年，销气量超2亿立方米，实现销售收入6.5亿元。

南渡天然气门站于2014年竣工，该项目为中石油“西气东输”向溧阳门站供气的第二条管线及中石化“川气东送”溧阳配套工程，使溧阳发展为多气源供气城市。

公司先后获得“江苏省放心消费创建先进单位”“江苏省守合同重信用企业”“江苏省文明单位”“江苏省平安企业”“常州市明星企业”等称号。公司董事长邵良先后被评为“江苏省诚信之星”“常州好人”“常州市劳动模范”和“常州市明星企业家”。

（戴　真）

【溧阳市双马塑胶纺织有限公司】 成立于2000年，位于溧城花园工业园区，是一家拥有自营进出口权的独资企业，主要生产PVC（聚氯乙烯）普通和环保瑜珈垫，NBR（丁腈橡胶）瑜珈垫，TPE（热塑性弹性体）瑜珈垫、跑步机垫和各种防滑垫、台垫、地毯垫系列产品100多个品种，外贸出口额在500万美元以上。公司拥有一流的设备和先进的工艺，具有中国台湾进口PVC瑜珈垫生产流水线2条、TPE专业生产流水线1条、NBR专业生产流水线1条、印花机流水线2条等大小设备几十余台，年生产各种瑜珈垫300多万条、各种防滑垫800万平方米。公司先后获得“十强规模企业”“银行信得过企业”“企业信用等级3A单位”等称号。2018年，实现销售收入1.4亿元。

（戴　真）

【溧阳水务集团有限公司】 成立于2008年5月，由中国水务投资有限公司收购溧阳市自来水有限公司重组而来，总资产88190.48万元，是一家集自来水生产、污水处理、再生水

生产销售为一体的综合性水务企业，主要经营自来水的生产和供应。2018年，实现销售收入1.42亿元。

公司有中心水厂一座，供水区域面积600平方公里，服务人口超过45万人，城区供水普及率达100%；有污水处理厂一座，污水配套收集管网212.8公里，污水处理收集范围95.12平方公里，服务人口28万人，服务区域覆盖主城区、昆仑街道及城郊部分地区，出厂水水质稳定达到国家一级A排放标准，其中30%中水由溧阳申特钢铁公司回用，中水回用水量名列全省前茅。公司先后获得“工人先锋号”“五一巾帼标兵岗”“敬老文明号”“江苏省诚信价格单位”等称号。

（戴　真）

【常州海大生物饲料有限公司】 位于江苏中关村科技产业园，占地70多亩，总投资1.2亿元，于2011年8月正式投产，是广东海大集团股份有限公司投资的大型现代化、高科技型水产饲料生产企业，有发明专利6项。公司有员工257人，其中，大专以上110人、硕士11人、博士1人，技术研发人员53人。2014年，获得江苏省“高新技术企业”称号。

公司主要从事水产饲料的研发、生产与销售，设有研发部、生产部、销售部、技术服务部、财务部、人力资源与行政部6个部门，各部门主管均有丰富的饲料行业经验。公司实行现代企业管理模式，管理科学规范。主销产品有加州鲈配合饲料、大菱鲆配合饲料、鲟鱼配合饲料、翘嘴红配合饲料、黄颡鱼配合饲料、鳊鱼配合饲料、鲫鱼配合饲料、混养鱼配合鱼料（适用草、青、鳊、鲫）、南美白对虾配合饲料、河蟹配合饲料、龙虾配合饲料等，主要销往华东地区。2018年，实现销售收入9亿元。

公司拥有从事鱼类营养、生理生化和生物技术研究的实验室，主要设备有近红外检测仪、酶标仪、无菌操作台、恒温培养箱、蛋白测定仪、脂肪抽提仪、微量天平和高速离心机等；拥有德国布勒公司生产的时产10吨的颗粒鱼料线6条，拥有丹麦安德里兹等公司生产膨化料鱼料线4条，实行全电脑操控，年设计生产能力达30万吨；拥有300多亩的外塘实验池塘、网箱实验系统及室内水泥池实验系统，可开展黄颡鱼、翘嘴红鲌、草鱼、青鱼、鲫鱼、鳊鱼、加州鲈、河蟹、龙虾等养殖品种的实验。

（刘　创）

【江苏华鹏智能仪表科技股份有限公司】 始创于1998年，是一家专业研制生产智能电能表、电能计量箱、采集器集中器、电动汽车充电桩和HOLC载波模块的高新技术企业。公司有员工300名，其中专业技术研发人员58名，占地2万平方米，建筑面积1.6万平方米。公司拥有各类产品全新生产线和先进检测设备，具有研发、生产、销售单、三相智能电能表、电能数据采集器集中器、多表合一系统、交直流智能云计算充电桩、单、三相电能计量箱和HPLC载波模块等产品的能力。年产单相智能电能表年产500多万只、三相智能电能表60多万只、单相电能计量箱220万只、三相电能计量箱100万只、电动汽车充电桩2万台。产品覆盖华东、华中、华北、东北、华南等地区，拥有1000多万用户，所有挂网产品运行良好。2018年，实现销售收入2.4亿元。

公司已通过AAA级企业资信和信用等级认证、ISO 9001：2008质量管理体系认证、ISO 14001：2004环境管理体系认证、OHSAS 18001：2007职业健康安全管理体系认证和ISO10012：2003测量管理体系认证。所有产品均通过国家质检总局和江苏省技术监督局的历次市场监督抽查。企业被评为质量诚信倡议企业、江苏省质量服务信誉AAA级企业、江苏省高新技术企业、江苏省企业信用管理贯标单位。2017年，公司被确定为江苏省和工业和信息化部两化融合试点企业，“华鹏”牌商标被评为江苏省著名商标，多费率智能电能表获江苏省名牌产品称号，电能表车间被评为常州市示范智能车间。

2009年以来，公司生产的电能表、电能计量箱等产品在国家电网公司和下属网省公司的项目招标中年年中标，2017年在南网项目招标中中标，公司已成为国家电网公司、南方电网公司及其下属网省公司的重要供应商。

（刘　创）

【江苏富春江环保热电有限公司】 成立于2014年，位于溧阳市腾飞路99号，注册资本1.5亿元，占地130亩，是浙江富春江环保热电股份有限公司（股票代码:002479,简称“富春环保”，是国内最大的环保公用型垃圾发电、污泥发电及热电联产循环经济型高新技术企业之一）的全资子公司。

公司一期项目投资4.8亿元，规模为3炉（110吨／小时 高温高压循环流化床）2机（15兆瓦背压式汽轮发电机组）及相应辅助设施，热网全线50公里，供热能力200吨／小时，远景规划为5炉4机，供热能力500吨／小时。作为溧阳市北片区热电联产规划的唯一热源点和行业带头人，公司充分保障园区的快速发展，为中关村、埭头、骏益片区提供蒸汽，平均供汽量80吨／小时，取代约50台燃煤小锅炉，主要客户有上上电缆、华鹏变压器、CATL、迪赛诺制药、维多股份有限公司、奥谷生物、华盛染整、中纺联等企业。公司先后获得“安全生产标准化三级企业”“2015—2016先进基层党组织”“2015年度投入先进企业”“溧阳市浙江商会第三届常务副会长单位”“2016年度园区发展之星”“2017年度园区发展之星”等称号。2018年，实现销售收入1.4亿元。

（刘　创）

【常州市诚鑫环保科技有限公司】 位于埭头工业园区大华路1号，注册资本1000万美元。主要从事可降解纸浆模塑产品的研发、生产；精密模具、纸塑加工相关专用设备的生产、加工；包装领域内的技术开发、技术转让、技术服务、技术咨询；包装材料、橡塑制品及其技术的国内批发和进出口业务。公司尊崇“踏实、拼搏、责任”的企业精神，创造良好的企业环境，以全新的管理模式，完善的技术，卓越的品质为生存根本，始终坚持用户至上，坚持用自己的服务去打动客户。2018 年，实现销售收入 7000 万元。

（李　丹）

【江苏盛德电子仪表有限公司】 是一家集电能表设计开发、生产、销售、服务于一体的企业，始建于 2001 年 3 月，有员工 200 多名。2008 年 5 月，公司投入资金扩建和改造，占地面积 40 亩，厂房面积达 4 万平方米。得益于国家“两网”建设改造工程的全面实施，公司已发展成为具有一定规模的新型企业，电能表年生产能力达 500 万只。公司主要生产普通单、三相有功电能表，单、三相 485 电能表，三相无功电能表，三相有功无功组合电能表，单、三相复费率电能表，单、三相预付费电能表和三相多功能电能表。国网集中招标产品的单、三相智能电表均通过中国电力科学研究院的检测并获得合格报告。2018 年，实现应税销售 9502 万元。

（许　峰）

【溧阳市塑宝塑胶科技有限公司】 是一家主要生产 PVC 环保稳定剂，PVC 新材料的高科技创新型企业。企业研发实力雄厚，检测水平一流，拥有雄厚的技术研发实力和一批中青年科技人才。公司全部流程按照国家 ISO 9001 质量认证标准设计生产，产品在行业内保持领先地位，获得国内外用户的普遍认可。公司经过长期研发，开发出世界领先的环保无毒稳定剂 SP 系列产品，为 PVC 硬质品稳定剂行业的里程碑事件。产品具有性价比高、适用性强的特点，提供代替铅盐稳定剂的低成本可行方案。公司以科技创新为先导，为用户提供全面技术与产品服务，为中国 PVC 行业无铅化作出自己的贡献。2018 年，实现销售收入 1.1 亿元。

（许　峰）

【江苏溧阳抽水蓄能电站】 位于天目湖镇平桥村，枢纽建筑物由上水库、下水库、输水系统及发电厂房系统四部分组成。电站安装 6 台单机容量 25 万千瓦的抽水蓄能发电机组，通过 2 回 500 千伏线路接入 500 千伏天目湖变，电站额定水头 259 米，设计年发电量 20.07 亿千瓦时，年抽水电量 26.76 亿千瓦时，工程概算总投资 89.27 亿元。2008 年 11 月，国家发改委出具《印发国家发展改革委关于江苏溧阳抽水蓄能电站项目核准的请示的通知》（发改能源〔2008〕3181 号），核准项目开工建设。2011 年 4 月，电站主体工程开工，首台机组于 2017 年 1 月投产发电，最后一台机组于 2017 年 10 月投产发电。2017 年，电站获得国家优质投资项目奖。

江苏溧阳抽水蓄能电站上下水库　（市工信局　供稿）

电站由江苏国信溧阳抽水蓄能发电有限公司建设及运营，公司由江苏省国信资产管理集团有限公司、中国电建集团中南勘测设计研究院有限公司、溧阳市投资公司于 2007 年 3 月共同出资成立，各家股比为 85%、10%、5%。

电站承担着华东和江苏电网的调峰、填谷、调频、调相及紧急事故备用等任务，在优化系统电源结构、提高系统供电质量、应对系统突发事故、保障系统安全运行等方面发挥着重要作用。电站可有效缓解电力系统调峰压力，改善火电机组运行工况，每年减少系统煤耗 19.3 万吨，降低火电平均调峰率 4 个百分点，提高系统燃煤机组发电利用 108 小时，减少二氧化碳排放 42.7 万吨。可作为核电、水电、风电、太阳能发电等清洁能源的支撑电源，提高电网安全运行水平。电站每年可实现利润 1.5 亿元，上缴税金 2 亿元，社会效益和经济效益显著。2018 年，实现销售收入 15.6 亿元。

（居　乾）

【溧阳金利宝胶粘制品有限公司】 成立于 2007 年 1 月，为主要从事不干胶纸、不干胶膜生产和销售的台商独资企业，有员工 200 多名，总投资额 2950 万美元，占地面积 4 万平方米。公司有 6 条生产线，生产以日用品、医药、物流、服装、防伪、玩具、酒、交通、电子胶带、电子电器、广告装饰、安全警示等 5000 多种类别标签产品，广泛应用于电子电器、日化、汽车、轮胎、啤酒、防伪、玩具标签等领域。公司具备完善的研发体系、拥有不干胶材料（金利宝）工程技术研究开发中心，已取得 1 个发明专利及 20 多个实用新型专利。2018 年，实现销售收入 2.67 亿元、利税 6000 多万元。2009 年 7 月，公司通过 ISO 9001：2008 质量管理体系认证和 ISO 14001：2004 环境管理体系认证。公司是国家标准制定起草单位之一，被授予“全国标签产业技术创新企业”“全国标签产业业绩优异企业”等具有行业地位大奖，并被评为“2012 年常州市第一批两化融合示范试点企业”“2012 年第二批江苏省科技型中小企业”“常州市企业技术中心”，连续多年获评“银行信得过企业”。

（居　乾）

（注：以上具体企业选介中的数据由于统计口径原因，可能有所偏差，仅供参考）

建筑施工

【概　况】2018年是《溧阳市建筑业做大做强做优三年行动计划》的关键之年，溧阳建筑业再上新台阶。由五星集团承建的江苏省人民医院溧阳分院实现溧阳当地项目国家优质工程零的突破。苏华集团、天目集团、龙海集团综合实力遥遥领先，税收超亿元且产值超百亿元。天目集团升为溧阳第二家特级资质企业，龙海集团获市委、市政府颁发的特别贡献奖，苏华集团、天目集团获市委、市政府颁发的突出贡献奖。

2018年，全市建筑业累计完成施工产值797.1亿元，实现劳务收入247.1亿元，比上年均增长20%，在常州占比约43%。建筑业全年完成地方税收18.41亿元，较上年15.05亿元增长22%。龙海、天目、苏华集团3家龙头企业的合计产值、税收分别占全市的39%、37%，比上年净增59亿元、1.8亿元。

建筑管理

【资质管理】2018年，企业资质一级升特级资质1家（天目集团），一级资质增加6家（博妍、臻龙、金燕、华晨、中硕、中安）。引进回溧阳创业建筑企业20家。截至2018年年底，全市各级资质共352家，其中特级资质2家，一级资质38家，二级资质144家，三级资质132家。产值超亿元58家，超10亿元15家，超50亿元5家，百亿企业3家（龙海、天目、苏华集团）。一级建筑企业产值占全市的86%，前十名税收贡献率比上年提高8个百分点，达54%。

【企业转型升级】2018年是溧阳建筑业获得奖项最多的一年。五星建设集团成为溧阳市第一家总承包形式的国优获得者。天目集团凭借军博展览大楼加固改造工程斩获鲁班奖（参建）1项，溧阳市人民医院新院工程和南京生态科技岛获国优工程(参建)2项，苏华集团的新疆心连心能源项目获得国优工程（参建），瑞峰集团参建的天津中医药大学第一附属医院新建工程中获得国优工程（参建），鹏程钢构公司凭借江苏科利达精密工业有限公司厂房工程和布勒（常州）谷物加工成套设备制造联合厂房工程获得金刚奖2项。

2018年，19个项目获省级优秀工程，其中省扬子杯项目3个，36个项目获省级建筑施工标准化文明示范工地，54项工程获建设类专利。五家建筑企业被评定为江苏建筑业“百强企业”，分别是龙海集团（综合实力类第22名）、苏华集团（建筑安装类第3名）、天目集团（建筑安装类第4名）、天力集团（基础设施类第8名）、鹏程钢构（钢结构类第5名）。有4家企业被评为突出贡献企业，有10家综合实力十佳企业、10家先进企业和30家优秀企业。有精彩工程10项，精美工匠10名，最美项目部70个，最美建筑人150名。

当地企业实施当地项目施工产值149.4亿元，比上年净增46.2亿元。龙海集团在常州地区首先实施智慧工地建设，推广应用BIM技术。城建集团是省厅认定的首批EPC项目建筑企业。省外产值继续高于省内产值，占比52%，达411亿元。2018年完成外经新签合同额6872.8万美元，营业额8635.65万美元，分别完成年度指标的123%和163%，开拓印度尼西亚、马来西亚等22个国外市场。新签对外工程承包合同额同比增长5.4%，创历史同期最高水平。

华晨路桥运用资本运作新概念，不但与广西建工深度合作，发展业务，同时将税源留在溧阳，为地方做贡献。建设集团打造精品、联合强企，多年来在恒大地产项目中建设180万平方米，与云南城投积极对接，为全市休闲经济描绘浓重一笔，签下180亿元的订单。天力集团涉足乡村振兴战略，与同缘梦集团合作在山西祁县乡村振兴文旅经济带项目总投资30亿元。江苏汉宇建设集团不忘家乡情怀，拟在曹山投资建设溧阳汉宇曹山度假村，总规划用地面积17万平方米。

溧阳市建筑业2018年度最佳企业（突出贡献企业）

1. 龙海建设集团有限公司
   董事长　张龙海
2. 江苏天目建设集团有限公司
   董事长　周天喜
3. 苏华建设集团有限公司
   董事长　宋小华
4. 江苏五星建设集团有限公司
   董事长　张云奎

溧阳市建筑业 2018 年度十佳企业（综合实力企业）

1. 江苏天力建设集团有限公司
   董事长　史俊生
2. 江苏溧阳建设集团有限公司
   董事长　吕永武
3. 江苏正方园建设集团有限公司
   董事长　吕树宝
4. 江苏鹏程钢结构有限公司
   董事长　史蒙杰
5. 江苏溧阳城建集团有限公司
   董事长　姜　军
6. 江苏金马工程有限公司
   董事长　马亚平
7. 江苏瑞峰建设集团有限公司
   董事长　缪文峰
8. 江苏苏南建设集团有限公司
   董事长　花新华
9. 晟唐伟业建设集团有限公司
   董事长　沈祖富
10. 常州东华建筑安装工程有限公司
   董事长　曹　军

溧阳市建筑业 2018 年度十佳精彩工程

1. 顺丰无锡电商产业园
   ——龙海建设集团有限公司
2. 南京生态科技岛展示中心
   ——江苏天目建设集团有限公司
3. 陕西榆林万源镁业集团发电车间
   ——苏华建设集团有限公司
4. 溧阳市燕山中学新校区
   ——江苏溧阳建设集团有限公司
5. 碧桂园柏悦世家二标段
   ——江苏正方园建设集团有限公司
6. 溧阳锦江大厦
   ——江苏瑞峰建设集团有限公司
7. 溧阳市兴亚大厦
   ——臻龙建设有限公司
8. 江苏省溧阳中学老宿舍民宿项目
   ——苏皖建设发展集团有限公司
9. 塘马游客服务中心
   ——溧阳市田园原乡建设发展有限公司（中一达建设集团有限公司）
10. 溧阳市国税局等院落敞开工程
   ——溧阳市市政建设管理处

溧阳市建筑业 2018 年度十佳精美工地

1. 常州工学院产教融合发展实训楼1#、2#（项目负责人戴明瑜）
   ——龙海建设集团有限公司
2. 南京航空航天大学天目湖校区（项目负责人沈永顺）
   ——江苏天目建设集团有限公司
3. 河南心连心化肥有限公司清洁生产技术项目（项目负责人杨善勇）
   ——苏华建设集团有限公司
4. 上海英业达大楼（项目负责人徐永丰）
   ——江苏五星建设集团有限公司
5. 苏州太湖度假区输水管工程（项目负责人徐杰）
   ——江苏天力建设集团有限公司
6. 溧阳万豪酒店（项目负责人刘忠云）
   ——江苏溧阳城建集团有限公司
7. 徐州好得家商城 B 区、C 区（项目负责人刘少勇）
   ——江苏苏南建设集团有限公司
8. 溧阳市天目湖小学东农民新村（项目负责人王苏蓉）
   ——晟唐伟业建设集团有限公司
9. 溧阳市滨湖农民新村 2#、8#、11# 楼（项目负责人经浩芳）
   ——常州东华建筑安装工程有限公司
10. 溧阳市城投艺体馆（项目负责人卜友健）
   ——中一达建设集团有限公司

溧阳市建筑业 2018 年度十佳精美工匠

1. 陈炜炜　龙海建设集团有限公司
2. 史志冬　江苏天目建设集团有限公司
3. 王福康　苏华建设集团有限公司
4. 宋海林　江苏五星建设集团有限公司
5. 宋跃国　江苏天力建设集团有限公司
6. 史国良　江苏溧阳建设集团有限公司
7. 吕四东　江苏正方园建设集团有限公司
8. 杨俊华　江苏鹏程钢结构有限公司
9. 王浩军　江苏溧阳城建集团有限公司
10. 张惠民　江苏金马工程有限公司

溧阳市建筑业 2018 年度先进企业

1. 臻龙建设有限公司
2. 溧阳市金燕建筑安装工程有限公司
3. 溧阳市水利市政建筑有限公司
4. 江苏茂盛建设集团有限公司
5. 江苏万远电力建设有限公司
6. 江苏华晨路桥有限公司
7. 江苏溧阳晶鑫建设有限公司
8. 江苏通用路桥工程有限公司
9. 安顺集团建设有限公司
10. 江苏弘海建设有限公司

溧阳市建筑业 2018 年度优秀企业

1. 宏昌建筑集团有限公司
2. 江苏汉宇建筑有限公司
3. 中易建设有限公司
4. 溧阳市立达安装工程有限公司
5. 江苏科嘉建设有限公司
6. 溧阳申菱电梯工程有限公司
7. 百茂建设集团有限公司
8. 苏阳建工有限公司
9. 江苏中辰建设工程有限公司
10. 江苏恒卓建设有限公司
11. 江苏中天市政工程有限公司
12. 江苏宇浩建筑安装工程有限公司
13. 中一达建设集团有限公司
14. 江苏博妍建设集团有限公司
15. 江苏中安建设有限公司
16. 江苏中硕建设有限公司
17. 江苏亿名环境工程有限公司
18. 江苏家宇建筑安装工程有限公司
19. 江苏伟力建设有限公司
20. 江苏巨龙建设工程有限公司
21. 江苏铭浩建设劳务有限公司
22. 江苏天之恒建设有限公司
23. 溧阳水务市政工程有限公司
24. 江苏恒固建设工程有限公司
25. 江苏闳晟建设有限公司
26. 江苏顺联工程建设有限公司
27. 江苏鼎邦建设工程有限公司
28. 江苏昱星建设有限公司
29. 江苏圣科建设有限公司
30. 江苏宸希建设有限公司

溧阳市建筑业 2018 年度最美项目部

1. 龙海建设集团有限公司
   袁　艺项目部
2. 龙海建设集团有限公司
   陶　春项目部
3. 龙海建设集团有限公司
   苏建生项目部
4. 江苏天目建设集团有限公司
   王　伟项目部

5. 江苏天目建设集团有限公司
包卫星项目部
6. 江苏天目建设集团有限公司
杨国中项目部
7. 苏华建设集团有限公司
范伟星项目部
8. 苏华建设集团有限公司
金海全项目部
9. 苏华建设集团有限公司
孙国优项目部
10. 江苏五星建设集团有限公司
倪新华项目部
11. 江苏五星建设集团有限公司
陈有龙项目部
12. 江苏五星建设集团有限公司
顾宇忠项目部
13. 江苏天力建设集团有限公司
宗国强项目部
14. 江苏天力建设集团有限公司
黄坚英项目部
15. 江苏溧阳建设集团有限公司
刘　香项目部
16. 江苏溧阳建设集团有限公司
任吉如项目部
17. 江苏正方园建设集团有限公司
王忠华项目部
18. 江苏正方园建设集团有限公司
吴　建项目部
19. 江苏鹏程钢结构有限公司
史红群项目部
20. 江苏鹏程钢结构有限公司
孔林方项目部
21. 江苏溧阳城建集团有限公司
郭庆涛项目部
22. 江苏溧阳城建集团有限公司
闫春梅项目部
23. 江苏金马工程有限公司
朱丽平项目部
24. 江苏金马工程有限公司
陶全保项目部
25. 江苏瑞峰建设集团有限公司
陈祥忠项目部
26. 江苏瑞峰建设集团有限公司
蒋文进项目部
27. 江苏苏南建设集团有限公司
孙国清项目部
28. 江苏苏南建设集团有限公司
范金明项目部
29. 江苏苏南建设集团有限公司
俞玉兴项目部
30. 晟唐伟业建设集团有限公司
王国忠项目部
31. 晟唐伟业建设集团有限公司
朱红星项目部
32. 晟唐伟业建设集团有限公司
钱光华项目部
33. 常州东华建筑安装工程有限公司
史　锋项目部
34. 常州东华建筑安装工程有限公司
王洪金项目部
35. 臻龙建设有限公司
余　鹏项目部
36. 溧阳市金燕建筑安装工程有限公司
张亚鹏项目部
37. 溧阳市金燕建筑安装工程有限公司
钱立群项目部
38. 江苏茂盛建设集团有限公司
叶建华项目部
39. 江苏华晨路桥有限公司
钱军成项目部
40. 江苏溧阳晶鑫建设有限公司
姜国松项目部
41. 江苏通用路桥工程有限公司
钱志华项目部
42. 安顺集团建设有限公司
陈　宏项目部
43. 江苏弘海建设有限公司
陆　凯项目部
44. 宏昌建筑集团有限公司
陈　良项目部
45. 江苏汉宇建筑有限公司
于加峰项目部
46. 中易建设有限公司
徐中华项目部
47. 江苏科嘉建设有限公司
邵文立项目部
48. 江苏科嘉建设有限公司
黄学文项目部
49. 百茂建设集团有限公司
高　斐项目部
50. 百茂建设集团有限公司
强永忠项目部
51. 苏阳建工有限公司
仲八庚项目部
52. 江苏中辰建设工程有限公司
彭小功项目部
53. 江苏恒卓建设有限公司
任其旺项目部
54. 江苏中天市政工程有限公司
谢云龙项目部
55. 江苏宇浩建筑安装工程有限公司
陈　耀项目部
56. 中一达建设集团有限公司
沈益明项目部
57. 江苏博妍建设集团有限公司
汤洪磊项目部
58. 江苏中安建设有限公司
黄小均项目部
59. 江苏家宇建筑安装工程有限公司
潘　坚项目部
60. 江苏伟力建设有限公司司
施建国项目部
61. 江苏巨龙建设工程有限公司
陈　凯项目部
62. 江苏天之恒建设有限公司
潘小萍项目部
63. 溧阳水务市政工程有限公司
周春伟项目部
64. 江苏恒固建设工程有限公司
郑旭娟项目部
65. 江苏闳晟建设有限公司
汪立群项目部
66. 江苏顺联工程建设有限公司
钱建荣项目部
67. 江苏鼎邦建设工程有限公司
芮　敏项目部
68. 江苏圣科建设有限公司
许国建项目部
69. 江苏宸希建设有限公司
阮　涛项目部
70. 江苏圣丰建设有限公司
蒋春平项目部

溧阳市建筑业2018年度最美建筑人

潘韶其　刘永辉　陈海波　孔　亮
袁茂水　沈留坤　陶志平　赵志龙
王纪生　陈伟东　罗云新　杨志龙
卢建平　姜华平　庄志刚　田志全
王　行　朱晓明　赵志铭　张震红
艾　刚　赵桂民　郭　健　王国利
王建浩　汤小浩　邱建新　蒋雪芳
余日升　翟建东　周大为　王小亮
侯旭峰　马旭平　陈　刚　芮俊杰
刘　泉　钱春伟　虞宇广　朱要华
马菁良　张爱国　石新民　沈伟奇
张强生　陈雪峰　刘明法　陆　平
曹祖生　范根南　钱浩兴　彭秀川
朱琪中　陈国松　狄卫星　陈　君
费　翔　戴恩华　滕　强　潘勇超
史云超　汤伟林　王水法　赵　萍

沈　琪	沈雪东	鄢恩松	陈　飞
宋　焘	周学良	王庆安	陈洪建
韦金荣	张　华	朱伟伟	张建新
邵余福	胡为庚	朱叶峰	周淑贤
张建秋	黄秋伟	吴龙海	史锡成
金建新	周正荣	许龙庚	李国荣
许东华	史胜强	周小俊	吕长泉
彭　琦	马建安	缪桢清	程卫平
范　涛	谢文慧	朱益铖	向自平
钱伟强	蒋　婷	葛云松	罗云啸
霍江波	吴　卫	史建彬	蒋久华
马文俊	李志贞	潘永祥	张华杰
史海江	蒋旭伟	张作雷	冯新行
钟俊强	王国春	周建明	李来富
陈永波	杨涵竣	潘建国	马　超
狄旭辉	张　俊	胡旭锋	王爱国
丁　钰	史佳杰	陆惠仁	解玉琴
赵　波	房　韬	彭锁保	芮　云
邵亚鹏	胡　威	吕俊杰	赵苏彦
王冠达	杨晓东	邵小红	黄海峰
吴伟平	芮　园	葛云锋	潘春峰
张星宇	马　俊		

（陈　刚）

企业选介

【龙海建设集团有限公司】 前身为溧阳市建工集团公司，逐步发展成一家“以信息化为基础，以科研为支撑，集施工、设计多项资质于一身”的区域性龙头建筑企业。公司注册资本金30200万元，公司具有建筑工程施工总承包特级资质、工程设计建筑行业甲级资质、市政公用工程施工总承包一级资质、机电工程施工总承包一级资质。建筑机电安装工程、钢结构工程、建筑装修装饰、地基基础工程等专业承包一级资质；同时还具有电子与智能化工程、消防设施、石油化工工程、锅炉、压力管道、压力容器、电梯安装等施工资质。具有商务部授予的对外工程承包签约权及省级技术中心。

集团总部设在江苏溧阳，有41家分公司、9家控股子公司，企业年产值超百亿元，名列中国建筑业竞争力百强企业第172位。集团有注册建筑师、注册结构师、注册建造师等注册人员300余人。公司致力于质量、环境和职业健康安全管理，取得了GB/T 19001—2008质量管理体系、GB/T 24001—2004环境管理体系、GB/T 28001—2011职业健康安全管理体系的认证。多次获得中国建筑业百强企业、全国优秀施工企业、江苏省建筑业百强企业、江苏省建筑业优秀企业、江苏省质量管理优秀企业、国家级重合同守信用企业、江苏省信用管理示范建筑业企业、上海市建筑业诚信企业、天津市优秀诚信企业、AAA级资信企业等称号。

企业围绕“科技兴企”和“管理竞争”的发展战略，分别与重庆大学、东南大学、南京工业大学等单位联合研发多项绿色、环保、节能建筑专利产品。公司共拥有21项省级工法、19项专利（发明专利5项、实用新型专利14项）。公司采用信息化管理，提高管理水平，降低管理成本，加强管理效率。

公司开拓国内外市场，国内市场遍布全国，国际市场分布在澳大利亚、朝鲜、印尼、卢旺达等国家。先后承建北京市门头沟区潭柘寺镇旅游产业项目、上海世博会日本馆、大型客机研制保障条件建设项目二期总装厂房工程、天津市公安局北辰分局、廊坊东方家具城、重庆第三军医大学第一附属医院科教楼、永城市体育中心体育馆、安徽阜阳国桢燃气调度中心办公楼工程、青奥文化体育公园为代表的众多总承包工程。一大批工程获得鲁班奖、市政金杯奖及“白玉兰杯”“扬子杯”“金奖海河杯”“中州杯”“钢结构金钢奖”和“军队一等奖”等省市优质工程荣誉。

【江苏天目建设集团有限公司】 公司创建于1958年，于1995年10月组建省级集团公司，2002年由全民企业改制为民营企业，总注册资本2亿元人民币，总资产达13亿元人民币。公司拥有6个子公司，施工区域辐射全国各省、直辖市及海外，现具有机电工程、建筑工程总承包一级资质，钢结构、地基基础、建筑机电安装、消防等专业承包一级资质，市政、冶金、建筑装修装饰工程等二级资质，电力工程、石油化工工程、环保工程三级资质，建筑劳务资质，锅炉安装Ⅰ级、起重安装A级、电梯安装A级及压力管道安装等特种资质，并具备独立的对外承包工程资格。2018年公司完成国内外施工产值82亿元，共获得国家级优质工程奖2项、省级优质工程奖5项、省级工法3项。

公司管理成效突出，专业管理和综合管理都具有较高水平。已通过ISO 9001质量体系、OHSAS 18001职业健康安全体系及ISO 14001环境管理体系认证，获得全国安装行业先进企业、全国优秀施工企业、全国用户满意安装企业、全国“守合同重信用”企业、中国建筑业成长性200强企业、全国建筑业AAA级信用企业、江苏省建筑业最佳企业、江苏省建筑业百强企业、江苏省建筑业竞争力百强企业、江苏省特级AAA资信企业、江苏省知名建设承包商等称号。

公司始终坚持以“忠于职守，无私奉献，勇于开拓，争创一流”的企业精神，以“承一项工程，树一片信誉，辟一方市场”的经营宗旨，上下齐动、左联右合、内炼外拓、不断进取，先后承接一大批远近闻名的高、大、新、特工程。公司获得国家级优质工程11项、国家级市政金杯工程5项、省市级优质工程及省市级文明标化工程数十项、国家级工法两项、省级工法11项。公司在海外工程市场上也屡有突破，先后参加印尼、委内瑞拉、马来西亚、越南、俄罗斯、纳米比亚、新加坡、以色列、缅甸、柬埔寨等国家和地区的工程建设，所承建的工程均得到了当地政府及业主的高度评价和赞赏。

【苏华建设集团有限公司】 公司成立于1976年，是中国建筑业成长性百强企业、全国优秀施工企业、全国安装行业先进企业、全国守合同重信用企业、全国用户满意安装企业。公司注册资本3.28亿元，总资产超10亿元，2018年公司完成施工产值103亿元，上缴税费5.3亿元，其中溧阳当地2.76亿元。

苏华建设集团作为一级资质企业，能够以EPC总承包的方式承建各种发电项目以及冶金、石油、化工领域的设备成套和房屋建筑、市政公用工程项目。同时还拥有锅炉安装改造一级许可证、起重机械安装维修改造、压力管道安装等许可证和电力设施承装（修、试）资格以及焊工培训中心和职业技术学校，具有独立的对外承包工程经营权。

公司自成立以来，在北京、上海、天津、贵州等20多省、市设有分公司，施工业务遍布全国各地。随着“一带一路”的推进，苏华集团进入印尼、马来西亚、越南、缅甸、阿根廷、斯里兰卡、巴西等海外建筑市场，并具备丰富的涉外工程承包经验和完善的保障体系。

公司多次获得中国建设工程鲁班奖、国家优质工程奖、中国安装之星、全国化学工业优质奖。公司自行开发多项国家级、省级工法，多项技术被中国安装协会和中国施工管理协会评为科技进步和科技成果奖，多项应用技术取得国家发明专利。已连续多年被评为科技创新先进企业。“苏华商标”获中国驰名商标称号。

【江苏五星建设集团有限公司】 公司创建于1964年，经过50多年的发展和壮大，取得房屋建筑工程施工总承包一级资质、市政公用工程施工总承包二级资质，以及建筑装修装饰、钢结构、机电设备安装、消防设施、特种结构（补强）、防腐保温专业承包二级资质，城市及道路照明、地基基础工程专业承包三级资质等和房地产开发资质，并取得中华人民共和国对外承包工程资格。公司先后通过了ISO 9001：2008质量体系认证，GB/T 28001-2011健康安全体系认证，GB/T 24001-2004环保体系认证，连续多年被授予全国守合同重信用企业、“AAA”级信用企业、“银行信得过”企业等称号。

公司注册资本2.01亿元，资产总额19亿元，固定资产6.5亿元。公司有技经人员416名，其中高、中级技术人员120多名，一、二级注册建造师150多名。公司沪宁一线及天津、广州、成都等地设立12个分公司，并组建江苏凯浪置业有限公司、劳务公司、五星钢结构、德航投资公司、仁浩资产公司、李家园大酒店6家子公司。

公司全体员工发扬“诚信敬业，团结拼搏，勇于开拓，务实进取”的企业精神，坚持走质量—科技—效益型发展之路，建立具有自身特色的质量保证和管理体系。在工程质量、安全生产和文明施工等方面硕果累累。公司共计创江苏省优质工程“扬子杯”奖2项、江苏省文明工地21项，全国绿色施工示范工程1项，地市级优质工程及文明工地奖43项。2018年度公司施工的溧阳市人民医院新院工程被评为国家优质工程奖、江苏省优质工程“扬子杯”奖等，XDG-2011-25号地块办公、商业项目无锡恒生科技园一期二标段施工总承包工程、淮安市中南世纪城三期61-63#楼、67-69#楼、(4组团）人防地下车库工程（含桩基工程）、XDG（NC）-2014-2号地块研发楼项目施工总承包工程，申特花园安置地块拆迁安置房二标段、南京空港NO.2015G47地块房地产开发项目27#、28#获得2017年度江苏省建筑施工标准化星级工地等。公司多次被评为全国优秀施工企业，江苏省、常州市建筑业优秀企业，江苏省建筑业竞争力百强企业，江苏省、常州市安全生产先进企业，溧阳市建筑业五强企业，溧阳市建筑业五星企业，溧阳市建筑业十佳企业等称号。

【江苏天力建设集团有限公司】 原名为江苏天力建设有限公司，前身为溧阳市煤气工业设备安装工程公司，创建于1981年6月，2003年6月企业更名、改制为有限责任公司。公司注册地江苏溧阳，注册资金50218万元。公司具有市政公用工程施工总承包壹级，建筑工程施工总承包一级，石油化工工程施工总承包一级，公路工程施工总承包二级，建筑机电安装工程专业承包一级，钢结构工程专业承包二级，建筑装修装饰工程专业承包二级，消防设施设计与施工一体化二级，环保工程专业承包三级资质。压力管道GA1乙级、GB1级、GB2级、GC1级资质，并具备了中石油集团公司、中石化集团公司等市场准入证。公司是溧阳市第一家市政公用工程施工总承包一级资质的企业，第一家在机电设备安装上荣获扬子杯的施工企业，溧阳市唯一一家同时具备压力管道GA1乙、GB1、GB2、GC1级资质的施工企业，溧阳市唯一一家长距离输送管道施工荣获省优工程的企业。

公司始终本着“务实开拓，创新拼搏，超人超前”的经营管理思想，一直保持着规模发展和经济效益连年增长的良好态势，形成了一整套独具特色的新世纪经营理念和科学管理方略，连续多年被常州市、江苏省人民政府命名为AAA级重合同守信用企业，先后多次获得常州市建筑业总承包综合实力20强企业、常州市文明单位、光彩之星企业、优秀施工企业、先进企业、安全生产先进单位、十佳企业、“AAA级”资信企业等一系列称号，公司先后获得质量管理体系、职业健康安全管理体系和环境管理体系的认证证书。

公司坚持以“忠于职守，无私奉献，勇于开拓，争创一流”的企业精神；以“承一项工程，树一片信誉，辟一方市场”的经营宗旨，积极开拓、不断进取。凭着雄厚的技术力量，专业化的施工队伍，精良的施工机械设备，严格的质量管理，赢得建设单位的信赖和推崇。施工队伍遍及全国，多年来，先后承接常州炼焦制气二期机电设备安装工程、常州港华高压天然气安装工程、常州新奥天然气高压管道安装工程、常州市区新北区热网工程、苏州昆山经三道路工程、常州市政工程管理处的中吴大道城市化改造工程、中石油管道一公司“西气东输”二线工程新疆吐鲁番分输联络站工程、东部原油管网俄油引进配套庆铁线扩能改造工程等多项国家重点化工石油设备管道安装工程。公司凭借雄厚的技术力量，优良的施工装备、严格的质量管理赢得建设单位的信赖和社会的肯定。在承建的压力管道工程中多次获得常州市优质工程、金龙杯和江苏省优质工程、扬子杯。

（陈　刚）

2018 年度溧阳市省级建筑施工标准化文明示范工地情况

表 10

工程名称	施工单位	项目经理	获奖名目
竹箦镇濑阳新村安置小区 -1#、2#、14#、15#、1#-4# 商业、综合楼	江苏龙海建工集团有限公司	张荷龙	江苏省标化工地
溧阳市文化艺术中心	江苏龙海建工集团有限公司	吕伟民	江苏省标化工地
建设顺丰无锡电商产业园项目	江苏龙海建工集团有限公司	虞自强	江苏省标化工地
中吴大道南侧、长江南路西侧 DN-010301 地块开发项目 - 10#、13#、14#、15#、25# 小区变、10#、14#、15# 区域地下室、西门卫	江苏龙海建工集团有限公司	李文军	江苏省标化工地
洪庄机械厂及周边 HX-020705、HXA-020813 地块开发项目 -8# 楼及 S-4A 区、9# 楼及 S-4B 区、S-3 商业、10# 楼及 S-5# 商业、人防地下室 II 区	江苏龙海建工集团有限公司	李　慧	江苏省标化工地
中吴大道南侧、长江南路西侧 DN-010302 地块（常州弘阳广场 B 地块）常州弘阳广场 1#-5# 楼、地医疗队及附属工程	江苏龙海建工集团有限公司	潘红涛	江苏省标化工地
动力及储能电池隔膜项目（一期）- 3# 办公楼、食堂、1# 泵房、水池、锅炉房、仓库、车间 1- 车间 4、4# 宿舍楼	江苏正方园建设集团有限公司	余日升	江苏省标化工地
溧阳市 CX-09-03-045、CX-09-05-02 地块开发项目 - 金峰香溪湾一期和地下车库土建工程	江苏正方园建设集团有限公司	宋立新	江苏省标化工地
凯尔尚郡花园三期 3#、4#、8#、9#、11#、12#、三期地下室	江苏溧阳建设集团有限公司	于峰苗	江苏省标化工地
溧阳建设集团 1# 办公楼、2# 办公楼、地下室建筑工程	江苏溧阳建设集团有限公司	毛　涛	江苏省标化工地
云龙南 3# 地块 5#-10# 楼、A、B 商业楼及地库	江苏溧阳建设集团有限公司	蒋明法	江苏省标化工地
蒋店安置小区三期一标段	江苏溧阳城建集团有限公司	王　宏	江苏省标化工地
毛巷标准厂房新建项目房建工程一标段	江苏溧阳城建集团有限公司	姜雪涛	江苏省标化工地
DG-2011-25 号地块办公、商业项目无锡恒生抗美援朝园一期二标段施工总承包工程	江苏五星建设集团有限公司	夏云福	江苏省标化工地
XDG（NC）-2014-2 号地块研发楼施工总承包工程	江苏五星建设集团有限公司	宋海福	江苏省标化工地
淮安市中南世纪城 61-63# 楼、67-69# 楼（4 组团）人防地下车库工程（含桩基工程）	江苏五星建设集团有限公司	王　成	江苏省标化工地
申特花园安置地块拆迁安置房二标段	江苏五星建设集团有限公司	姜建胜	江苏省标化工地
南京空港 NO.2015G47 地块房地产开发项目 27#、28# 楼	江苏五星建设集团有限公司	李志法	江苏省标化工地
原木材地块开发项目	江苏瑞峰建设集团有限公司	蒋　成	江苏省标化工地
天目湖小学东农民新村 3#、6#、8#、11#、12#、14#、17-19# 及人防	晟唐伟业建设集团有限公司	黄富国	江苏省标化工地
江苏钢锐精密机械有限公司可扩建生产用房	晟唐伟业建设集团有限公司	王国忠	江苏省标化工地
雅荷花园 9#、11-18#、防空地下室、商业配套 1、2 工程	江苏宏昌建设集团有限公司	魏　铠	江苏省标化工地
原云龙集团南厂区及周边地块一标段	江苏宏昌建设集团有限公司	陈家荣	江苏省标化工地
茶亭花园 2# 住宅楼、3# 住宅楼、车库及附属工程	常州东华建筑安装工程有限公司	陆武华	江苏省标化工地
滨湖农民新村 2#、8#、11# 楼、防空地下室及附属工程	常州东华建筑安装工程有限公司	经浩芳	江苏省标化工地
启迪城立业园（A5 地块）1-5# 及地下车库	江苏汉宇建筑有限公司	于加峰	江苏省标化工地
启迪城立业园（A5 地块）6-11# 及地下车库 2	江苏汉宇建筑有限公司	唐为亮	江苏省标化工地
句容市香溪湾住宅小区四期工程（D3#、D5#、E8#、E9#、S15#、S16# 及地下车库二区）	江苏茂盛建设集团有限公司	左云凤	江苏省标化工地
浦口区纬八路东延建设工程项目（南浦路至江山路段）	江苏天力建设集团有限公司	赵四海	江苏省标化工地
镇江市集成电路产业园建设项目	江苏天力建设集团有限公司	张　超	江苏省标化工地
原云龙集团南厂区及周边地块二标段	江苏鲁工建设工程有限公司	袁国安	江苏省标化工地
原云龙集团南厂区及周边地块 18-21 楼、H# 楼商业楼、地下车库 B	江苏鲁工建设工程有限公司	袁国安	江苏省标化工地
年产 6000 套大客车配件项目检测中心、联合动力站、新能源研发楼、综合办公楼、门卫 1、门卫 2、零部件一车间、零部件二车间	溧阳环宇建设有限公司	张庆松	江苏省标化工地
溧阳市兴亚建筑工程有限公司商业办公楼	溧阳市兴亚建筑工程有限公司	谷玉明	江苏省标化工地
人民楼南侧、火炬楼西侧地块一期一标段 21#、22# 楼	江苏龙地建设工程有限公司	朱克华	江苏省标化工地
人民楼南侧、火炬楼西侧地块一期二标段工程 5# 商业楼、8# 楼、5# 楼、6# 楼、9# 楼、10# 楼、12# 楼、15# 楼、17# 楼、18# 楼、20# 楼、地下室	江苏龙地建设工程有限公司	李素伯	江苏省标化工地

表 11

2018 年度溧阳市工程建设类专利情况

专 利 名 称	专利权人	类别	专利号
一种燃煤锅炉余热回收用换热器	苏华建设集团有限公司	发明专利	ZL 2016 1 0318395.9
一种耐腐蚀透水砖	江苏溧阳建设集团有限公司	发明专利	ZL 2015 1 0445474.1
一种建筑屋顶防水层	江苏溧阳建设集团有限公司	发明专利	ZL 2016 1 0647766.8
一种建筑基础施工设备以及施工方法	江苏溧阳城建集团有限公司	发明专利	ZL 2016 1 0508562.6
建筑用搅拌机	晟唐伟业建设集团有限公司	发明专利	ZL.2016 1 0678602.1
一种余热回收用换热器	苏华建设集团有限公司	实用新型	ZL 2016 2 0435146.3
一种土木工程用多功能建筑围栏	江苏溧阳建设集团有限公司	实用新型	ZL 2017 2 0949676.4
新型玻纤复合结构的建筑材料、生产装置及生产方法	江苏溧阳建设集团有限公司	实用新型	ZL 2015 1 0618684.6
一种建筑施工场地用的筛沙机	江苏溧阳建设集团有限公司	实用新型	ZL 2017 2 0949045.2
一种建筑施工管件外表面划线装置	江苏溧阳建设集团有限公司	实用新型	ZL 2017 2 0949044.8
一种建筑用泥浆定量搅拌机	江苏溧阳建设集团有限公司	实用新型	ZL 2017 2 0948680.0
一种用于房屋建筑施工的安全升降机	江苏溧阳建设集团有限公司	实用新型	ZL 2017 2 0949278.2
装配式建筑预制外墙接缝处防水结构	江苏溧阳建设集团有限公司	实用新型	ZL 2017 2 0220487.3
钢材组立机	江苏鹏程钢结构有限公司	实用新型	ZL 2018 2 0049430.6
钢结构屋顶桁架	江苏鹏程钢结构有限公司	实用新型	ZL 2017 2 0867563.X
钢板组立机	江苏鹏程钢结构有限公司	实用新型	ZL 2017 2 0867533.9
一种防撞隔离柱	江苏鹏程钢结构有限公司	实用新型	ZL 2017 2 0867534.3
一种冷弯成型机	江苏鹏程钢结构有限公司	实用新型	ZL 2017 2 0867536.2
一种剪板机	江苏鹏程钢结构有限公司	实用新型	ZL 2017 2 0867457.1
放卷料架	江苏鹏程钢结构有限公司	实用新型	ZL 2017 2 0867456.7
一种放卷料架	江苏鹏程钢结构有限公司	实用新型	ZL 2017 2 0867449.7
一种剪板机	江苏鹏程钢结构有限公司	实用新型	ZL 2017 2 0867447.8
多用钢梯	江苏鹏程钢结构有限公司	实用新型	ZL 2017 2 0867458.6
一种 H 型钢翻转机	江苏鹏程钢结构有限公司	实用新型	ZL 2017 2 0867561.0
C 型钢成型机	江苏鹏程钢结构有限公司	实用新型	ZL 2017 2 0867504.2
一种数控钻床	江苏鹏程钢结构有限公司	实用新型	ZL 2017 2 0866698.4
一种钢柱固定装置	江苏鹏程钢结构有限公司	实用新型	ZL 2017 2 0866727.7
柱脚	江苏鹏程钢结构有限公司	实用新型	ZL 2017 2 0867460.3
一种抛丸机	江苏鹏程钢结构有限公司	实用新型	ZL 2017 2 0867410.5
一种抛丸机	江苏鹏程钢结构有限公司	实用新型	ZL 2017 2 0867409.2
一种压型钢板与钢梁连接结构	江苏鹏程钢结构有限公司	实用新型	ZL 2017 2 0867407.3
一种预埋螺栓结构	江苏鹏程钢结构有限公司	实用新型	ZL 2017 2 0867406.9
一种马厩	江苏鹏程钢结构有限公司	实用新型	ZL 2017 2 0867405.4
一种数控钻床	江苏鹏程钢结构有限公司	实用新型	ZL 2017 2 0867531.X
悬臂式埋弧焊机	江苏鹏程钢结构有限公司	实用新型	ZL 2017 2 0867508.0
一种悬臂式埋弧焊机	江苏鹏程钢结构有限公司	实用新型	ZL 2017 2 0867507.6
一种 C 型钢成型机	江苏鹏程钢结构有限公司	实用新型	ZL 2017 2 0867506.1
钢结构房屋落水系统	江苏鹏程钢结构有限公司	实用新型	ZL 2017 2 0867564.4
H 型钢翼缘矫正机	江苏鹏程钢结构有限公司	实用新型	ZL 2017 2 0867562.5
防过热 H 型钢翼缘矫正机	江苏鹏程钢结构有限公司	实用新型	ZL 2017 2 0867565.9
一种 H 型钢翻转装置	江苏鹏程钢结构有限公司	实用新型	ZL 2017 2 0867540.9
一种钢结构房屋落水系统	江苏鹏程钢结构有限公司	实用新型	ZL 2017 2 0867538.1
一种钢结构厂房的天窗	江苏鹏程钢结构有限公司	实用新型	ZL 2017 2 0867537.7
一种管道工程钢管操作架	江苏天力建设集团有限公司	实用新型	ZL 2018 2 0402184.8
一种建筑施工用除尘装置	江苏天力建设集团有限公司	实用新型	ZL 2018 2 0401637.5
一种建筑装修用石灰搅拌装置	江苏天力建设集团有限公司	实用新型	ZL 2018 2 0400982.7
一种市政公用工程施工用路灯	江苏天力建设集团有限公司	实用新型	ZL 2018 2 0401624.8
一种市政管道疏通装置	江苏天力建设集团有限公司	实用新型	ZL 2018 2 0422867.X

续表 11

专　利　名　称	专利权人	类别	专利号
一种消防设施用的灭火器箱	江苏天力建设集团有限公司	实用新型	ZL 2018 2 0422825.6
一种用于机电工程的设备安装底座	江苏天力建设集团有限公司	实用新型	ZL 2018 2 0422866.5
一种园林绿化绿枝养护装置	江苏天力建设集团有限公司	实用新型	ZL 2018 2 0452094.X
一种园林绿化生态架	江苏天力建设集团有限公司	实用新型	ZL 2018 2 0452093.5
一种园林绿化施工划线车	江苏天力建设集团有限公司	实用新型	ZL 2018 2 0451617.9
一种园林修剪车	江苏天力建设集团有限公司	实用新型	ZL 2018 2 0452092.0

2018 年度溧阳市建筑施工省级及以上优质工程情况

表 12

工　程　名　称	施　工　单　位	项目经理	获奖名目	颁发部门
溧阳市人民医院新院工程	江苏五星建设集团有限公司	张云奎	国家优质工程奖	中国施工企业管理协会
军博展览大楼加固改造工程	江苏天目建设集团有限公司	陈伟东	鲁班奖（参建）	中国建筑业协会
溧阳市人民医院新院工程	江苏天目建设集团有限公司	赵文斌	国家优质工程奖（参建）	中国施工企业管理协会
南京生态科技岛 2011G68- 一期项 A 地块展示中心工程	江苏天目建设集团有限公司	陈伟东	国家优质工程奖（参建）	中国施工企业管理协会
新疆心连心能源化工有限公司煤头年产 28 万吨合成氨、48 万吨尿素项目	苏华建设集团有限公司	杨善勇	国家优质工程奖（参建）	中国施工企业管理协会
天津中医药大学第一附属医院迁址新建工程（一期）门急诊住院综合楼	江苏瑞峰建设集团有限公司	周力强	国家优质工程奖（参建）	中国施工企业管理协会
江阴城区热网整合（东南线）工程二标段	江苏天目建设集团有限公司	房国锋	中国安装之星	中国安装协会
榆林万源镁业（集团）三江源实业公司 2*50MW 发电间安装工程	苏华建设集团有限公司	孙朝兴	中国安装之星	中国安装协会
湖南省岳阳市华容县塌西湖 200MWp 一期 100MWp 渔光互补光伏发电项目（安装工程）	中易建设有限公司	朱云飞	中国安装之星	中国安装协会
唐山勒泰中心（一标段）83 裙房 AB 区钢结构工程（安装 ）	江苏天目建设集团有限公司	岳九洲	中国钢结构金奖	中国建筑金属结构协会
上海轨道交通 17 号线轨道工 B 标（中段桥路分界点－虹桥火车站站东端终点及徐泾车辆段）安装工程	江苏天目建设集团有限公司	史和平	申安杯	上海市安装行业协会
常州北站客运枢纽	江苏溧阳建设集团有限公司	张　涛	扬子杯	江苏省住房和城乡建设厅
南山子安置区工程（安泰华府）4# 楼工程	江苏溧阳城建集团有限公司	闫春梅	山东省建筑工程优质工程	山东省住房和城乡建设厅
南山子安置区工程（安泰华府）5# 楼工程	江苏溧阳城建集团有限公司	闫春梅	山东省建筑工程优质工程	山东省住房和城乡建设厅
溧阳市人民医院新院工程	江苏五星建设集团有限公司	张云奎	扬子杯	江苏省住房和城乡建设厅
122 省道常州东段工程	江苏华晨路桥有限公司（参建）	黄朝华	扬子杯	江苏省住房和城乡建设厅
江苏科利达精密工业有限公司厂房工程	江苏鹏程钢结构有限公司	唐黎春	金钢奖	上海市金属结构行业协会
布勒（常州）谷物加工成套设备制造联合厂房工程	江苏鹏程钢结构有限公司	孔林方	金钢奖	上海市金属结构行业协会
逸仙路公交停车场改建工程－交通业务楼安装工程	中易建设有限公司	张寅虎	申安杯	上海市安装行业协会

2018 年度溧阳市工程建设省级工法情况

表 13

工　法　名　称	主要完成单位	完成人
超限设备与结构整体提升安装工法	苏华建设集团有限公司	史洪卫、强超、周峰、史俊杰、黄晓舒

2018 年度溧阳市建筑施工技术科技进步获奖情况

表 14

名　称	获奖单位	获奖名目
城镇道路改性地聚合物注浆加固技术规程	江苏溧阳建设集团有限公司	江苏省工程建设标准（江苏省住房和城乡建设厅发布）

综 述

【概 况】 2018年，全市消费品市场呈现出总体运行平稳，规模持续扩大的态势。全市实现社会消费品零售总额356.82亿元，比上年增长9.6%，增速分别高出常州和全省0.5个、1.7个百分点。

从运行态势看，全年保持较高增长水平。2018年四个季度全市社会消费品零售总额的增速分别为9.5%、9.8%、9.9%、9.6%，前三季度增速连续上行，到四季度略有回落，呈现出倒“U”形，波动幅度始终在0.4个百分点范围之内，在总体上保持着较高的增长水平。

从市场结构看，限上单位份额趋于稳定。2018年，全市限上单位实现社会消费品零售总额106.93亿元，比上年增长8.4%，占总量的30.0%，结合前三季度30.5%、30.3%、30.4%的占比情况，可以发现限额以上单位在全社会总量中的占比已经稳定在30%左右。

从区域构成看，城镇地区仍是主导力量。2018年，全市城镇地区共实现社会消费品零售总额331.31亿元，比上年增长11.7%，占总量的92.9%，农村地区共实现社会消费品零售总额25.51亿元，比上年下降12.6%，占总量的7.1%。城镇地区无论是增速还是总量都占据着主导地位。

粮油食品类增速回落。2018年粮油食品类零售额比上年增长9.7%，较1～9月回落2.2个百分点，较1～6月回落4.1个百分点。

饮料烟酒类保持高速增长。2018年饮料类零售额比上年增长17.9%，较1～9月回落3.5个百分点，烟酒类同比增长21.6%，较1～9月提升2.1个百分点。

穿戴类增速略有回升。2018年服装鞋帽类零售额比上年增长1.1%，较1～9月提升2.2个百分点。金银珠宝类零售额比上年下降7.7%，降幅较1～9月收窄2.1个百分点。

家用电器及日用品类增长较好。2018年家用电器和音像制品类零售额比上年增长8.2%，较1～9月下跌1.4个百分点，日用品类零售额同比增长15.9%，较1～9月提升2.8个百分点。

文化产品类增速较快。随着收入水平的提高和消费观念的转变，文化类产品需求快速增长。2018年书报杂志类零售额比上年增长19.9%，较1～9月提升1.4个百分点，电子出版物及音像制品类零售额同比增长33.5%，较1～9月提升7.2个百分点。文化办公用品类零售额比上年增长1.5%。

建材类高速增长。受房地产市场快速发展的带动，2018年建材类零售额比上年增长34.4%，较1～9月提升0.6个百分点。

汽车类零售持续低迷。汽车类零售延续了2017年以来的下滑态势，2018年汽车类零售额比上年下降7.1%，较1～9月下跌4.5个百分点。

（注：限额以上标准为批发业年主营业务收入2000万元以上，零售业年主营业务收入500万元以上，住宿、餐饮业年主营业务收入200万元以上。）

（李 静）

【服务业】 2018年，完成服务业增加值430.48亿元，比上年增长6.5%；完成社会消费品零售总额356.82亿元，比上年增长9.6%；完成限额以上服务业营业收入94.02亿元，比上年减少2.9%。

重点项目建设推进。50个溧阳市服务业重点项目计划总投资189亿元，2018年计划投资51.3亿元。其中新建项目27个，计划总投资97.3亿元；续建项目23个，计划总投资91.7亿元。截至2018年年底，50个重点项目已完成投资51.5亿元。

产业布局再度接力。围绕新技术、新产业、新业态、新模式“四新经济”，在已出台的《向先进制造出发三年行动计划》《向休闲经济拓展三年行动计划》《向健康经济创新三年行动计划》《向智慧经济聚合三年行动计划》基础上，承前启后，编制新一轮“四大经济”三年行动计划，重点对智造产业、休闲产业、健康产业、智慧产业进行扶持。

（杨 晓）

【汽车产业】 2014年3月，溧阳市各汽车经销商自发成立非营利性组织溧阳市商会。商会成员涵盖20多个品牌。溧阳市汽车商城位于城北大道北侧，占地面积30余公顷。位于汽车商城内的会员单位有常州外汽永豪汽车销售服务有限公司、溧阳福尔特汽车销售服务有限公司、常州外汽永立汽车销售服务有限公司、溧阳广恒汽车销售服务有限公司、溧阳新苏南丰田汽车销售服务有限公司、溧阳宝尊汽车销售服务有限公司、溧阳中天日盛汽车销售服务有限公司、溧阳常通汽车销售服务有限公司、溧阳飞宏汽车销售服务有限公司、苏州常城汽车销售服务常州溧阳有限公司、溧阳宝达汽车销售服务有限公司、溧阳明珠大众汽车销售服务有限公司、溧阳外汽今豪雷克萨斯汽车销售服务有限公司、常州上瑞凯迪汽车销售服务有限公司、溧阳常雪汽车销售服务有限公司等。溧阳平陵众达汽车销售服务有限公司、溧阳顺达起亚汽车销售服务有限公司、溧阳顺达北现汽车销售服务有限公司、溧阳中天阳光汽车销售服务有限公司、溧阳市东方汽车销售服务有限公司等会员单位位于商城之外。2016 年 5 月 1 日，商会举办第一次车展。截至 2018 年年底，商会共举办五届大型车展活动。2018 年，全市汽车销量 13377 台，销售额 21.6205 亿元，缴纳购置税 2.0604 亿元。

（彭敏虹）

住宿餐饮业

【概　况】 2018 年，溧阳市有限额以上（年主营业务收入 200 万元以上）住宿、餐饮业单位 38 家。其中，住宿业单位 27 家，餐饮业单位 11 家（按住宿业餐饮业营业额所占比重来区分），年末从业人数 4102 人。

2018 年全市限额以上住宿、餐饮单位全年营业额 92761.9 万元。其中，客房收入 33964.3 万元，餐费收入 53522.7 万元，商品销售额 408.2 万元，其他收入 4866.7 万元。年末床位数 7835 个，餐位数 19570 个，客房数 4528 间。

2018 年全市限额以上住宿业单位全年营业额 69315.7 万元。其中，客房收入 30641.6 万元，餐费收入 33543.8 万元，商品销售额 329 万元，其他收入 4801.3 万元。年末床位数 6693 个，餐位数 12060 个，客房数 3891 间；限额以上餐饮业单位全年营业额 23446.2 万元。其中，客房收入 3322.7 万元，餐费收入 19978.9 万元，商品销售额 79.2 万元，其他收入 65.4 万元。年末床位数 1142 个，餐位数 7510 个，客房数 637 间。

（李　静）

电子商务

【概　况】 2018 年，全市电商交易额突破 140 亿元，其中农村电商交易额 7 亿元。全市注册登记的电商企业共 160 多家，有 400 多家规模以上企业运用电子商务，电商直接从业人员 1800 余人。溧阳市上兴镇龙峰村、竹箦镇南旺村获评省级农村电子商务示范村，溧阳市社渚镇特色产业园区获评第二批江苏省电子商务特色产业园（街）区。

（蒋依纯）

粮　油

【粮食购销】2018 年由于天气原因造成区域性的小麦品质大幅下降，托市难以启动。秋粮遭遇面积增、单产增、总产增而最低收购价大幅降低的新情况，市粮食局及早布局，积极应对，主动引导各类粮食收购主体多渠道消化粮农手中的粮食，解决农民产后超标小麦有处卖、有人收的问题，坚持维护粮食收购市场秩序，严格按国家质量标准检查收购市场，确保在收购中各收购主体依质论价，优质优价，让老百姓卖放心粮、明白粮。

引入地储粮竞价销售机制。成立地储粮轮换竞价销售工作小组，选择有一定经营规模、诚信可靠、抗风险能力强的实体加工企业作为竞标比价的主要对象，坚持按照公开、公平、公正的原则，召开地储粮销售竞价现场会，增加销售的透明度，提高承储企业的市场竞争力和收益，在全市粮食市场价格总体下行的情况下，市粮食购销有限公司抢抓先机竞价出售的小麦和稻谷成交价分别高于标底价 40 ～ 120 元／吨，盈利 200 万元。

包购包销优质粮。市粮食购销有限公司与大粮商、大米厂合作收购优质粮，采取包购包销的方式经营购销业务。市粮食购销有限公司提供仓容、资金，实行专仓收购、专仓储存；客户组织粮源，负责销售，交纳 10% 的保证金，承担一定利息及收储费用，取得农民、企业互利共赢的成效。

【粮食安全责任制】 2018 年度，全市落实粮食安全责任制工作连续两年在常州市考核名列前茅的基础上，整改问题，全力补齐短板，完成各项目标任务。重视程度更高，推进力度更大。市政府将认真落实粮食安全责任制工作写进《政府工作报告》，并纳入市委、市政府 2018 年重点工程（工作）。市各相关部门在市迎考办的协调下，制定推进方案，强化组织保障，目标任务分解细化到月。同时，市政府进一步调整充实粮食安全责任制领导小组，考核工作涉及的 12 个主要成员单位都将工作触角延伸到镇（街道）。各镇（街道）也相应成立粮食安全责任制考核工作领导小组，明确主要职责和工作重点。责任落实更实，跟踪督查更紧。实施季度工作督查机制，一季度督查工作计划，二、三季度督查工作进展情况、存在问题和解决的举措，四季度督查落实完成情况。市各成员单位编制责任清单，对照考核目标任务指标逐项落实，梳理完成情况，开展预评自评，详细分析扣分原因，明确落实整改责任，倒逼问题整改，推进工作。部门合力更强，推进机制更灵活。市粮食安全责任制考核领导小组周密组织实施，细化职责分工，建立健全制度和工作机制，层层传导压力。市迎考办畅通工作渠道，运用“OA 系统”、粮食安全责任制 QQ 群、微信、短信等平台，上情下达、下情上传，交流经验、反馈问题，构建条块互联互通的粮食安全责任制工作机制，推进责任落实，确保考核工作有序开展。建立落实粮食安全责任制联络员季度例会和迎考办季度工作督查机制，每月选择 1 至 2 个部门上门沟通信息，协调问题，掌握进度，把责任制考核工作贯穿到各相关部门、各环节和各时间段，协同推进粮食安全责任制工作。市各成员单位坚持责任到人，按照考核任务，逐条对标自查，逐项落实到位，报送的自评报告、资料目录等台账资料齐全。

【粮食流通】 推进粮食依法行政工作。利用各种媒体、部门联合通告、以会代训等多种形式，宣传《粮食流通管理条例》和国家最低收购价预案收购政策等法律法规，加强粮食流通执法监督检查工作，开展粮油质量安全抽检；及时做好全市粮食收购许可证年检工作。

做好政策性粮食出库检查工作。及时掌握了解政策性粮食竞价销售和出库情况，采取跟踪检查的方法，严防粮食出库掺杂使假、拖延阻挠出库、索取不合理费用等违规行为的发生。督促国有粮食企业在粮食出库前，做好出库粮食质量检验，确保出库粮食质量符合国家标准，坚决杜绝不符合质量要求粮食流入口粮市场，按照国家运输技术规范，不得使用被污染的运输工具包装物，防止粮食受污染。

开展政策性粮食库存数量和质量大清查工作。结合全市实际情况，成立专门督查小组，按照“有仓必到，有粮必查，有账必核，查必彻底”的督查原则，开展政策性粮食库存数量和质量大清查自查工作，做到库存粮食粮面平整，库容库貌整洁，管理规范有序，执行国家有关粮食政策，粮食库存数量真实，感官鉴别质量良好，储存安全，账实相符，费用补贴拨付到位，安全生产落实到位。

开展行业“两个安全”大检查工作。成立专门检查领导小组，按照“两个安全”检查清单，采取查阅资料、现场检查和当面询问等多种方式，对全市涉粮企业进行“两个安全”大检查工作，确保涉粮企业明确工作任务，落实工作责任，强化“两个安全”意识，做到警钟长鸣，同时积极督促问题整改，并组织整改落实情况回头看。

【优质粮油】 推动粮食订单工作。以“四个需要、四个环节、三个落实”推动粮食订单收购工作，全市与108户种粮大户、专业合作社和家庭农场签订粮食订单合同，签约面积3.2万亩，粮数35000吨。推进“放心粮油”工程。建立起镇（区）全覆盖、粮食经营全过程的供应与质量监管体系，全面提升溧阳市粮油质量安全水平。2018年，全市新评省级“放心粮油”单位4个。全市共有国家级放心粮油单位4个，省级“放心粮油”4个，常州市级放心粮油单位13个，本市放心粮油单位34个，做到镇（区）全覆盖。加强评后监管，按照《溧阳市放心粮油监管考评实施办法》每季度对“放心粮油示范单位”进行考评，定期抽检粮油质量，结合市食安委食品评价性抽检，委托市粮油质检站和常州粮油检测站对所有“放心粮油”单位产品质量定期或不定期检测，确保质量放心、安全经营。

【项目建设】 加快推进粮食仓储建设。完成江苏溧阳粮食储备库9号散装平房仓项目，开工建设戴埠粮食储备库3.77万吨建设项目。推进优质粮食工程。抓好2017年产后服务中心和粮食质量安全检验监测体系项目推进工作，市粮食局采取多措并举、齐头并进和统筹部署、分步实施办法，确保项目操作规范、质量完好、有序推进、按期完工。深入粮食企业，实地开展调研走访，认真筛选，申报3家企业为2018年产后服务中心建设项目，总投资770余万元。

【教育工作】 以党支部组织建设、学习制度规范化为契机，积极开展党风廉政建设行动，落实巡视巡察整改要求。理顺组织关系，针对下岗、外流党员难开展活动的现状，2018年市粮食局累计迁移70余名退休、下岗党员回到社区和新工作单位，确保其党组织生活的正常开展。执行“三会一课”、组织生活会、谈心谈话、民主评议党员、党性定期分析等党内生活制度。开展党风廉政建设，注重运用红色教育基地、廉洁从政先进典型、警示教育基地、贪污腐败负面案例等教育、激励党员，不断开展向先进、优秀学习活动，激发党员干部的干事创业工作热情。

（黄和仙）

供销合作

【概　况】 2018年，溧阳市供销合作社紧紧围绕服务乡村振兴，深入推进综合改革，提升为农服务能力和水平，强化社有资产管理，完成全年目标任务。召开全市供销合作社第六次代表大会，建立“三会”制度。全系统实际完成销售总额41.8亿元。其中，连锁销售额4.8亿元，农产品收购额11.9亿元，农副产品市场交易额2.3亿元，电商销售额3608万元。举办农民经纪人农技培训班4期，参训人数600人次；科学施肥施药讲座45场，参会人数9000人次。完成溧阳市天目蚕桑现代农业综合服务中心、溧阳市苏南农资现代农业综合服务中心建设。完成溧城镇农民综合性

2018年10月22日，溧阳市供销合作社第六次代表大会召开

（市供销社　供稿）

合作社和溧阳市山涧源蜜蜂养殖专业合作社的组织建办工作。

【“三会”制度建设】 供销合作社实行代表大会领导下的理事会、监事会制度（简称“三会”制度），社员代表大会是最高权力机构，理事会是最高执行机构，监事会是最高监督机构。“三会”制度是党中央、国务院根据合作经济组织性质、为农服务宗旨和市场经济运行体制机制的要求，做出的制度性安排。2018年，溧阳市供销合作社被江苏省总社确定为“三会”制度专项试点单位。在市委、市政府重视下，时隔29年（溧阳市供销社第五次代表大会于1989年9月召开），2018年10月22日在溧阳宾馆召开溧阳市供销合作社第六次代表大会，选举出新一届理事会和监事会。出席溧阳市供销合作社第六次代表大会的代表共92名（其中女性代表13名）。其中，市总社机关代表8名，占9%；基层社代表13名，占14%；镇（区、街道）涉农部门代表11名，占12%；新型农业经营服务主体（农民专业合作社、家庭农场）代表44名，占48%；企业及开放办社成员单位代表16名，占17%。具有广泛的群众性和代表性。

【农村产业融合专项试点】 农村产业融合（耕渎庐乡村文化产业园）是溧阳市供销合作总社承担的又一项省级专项试点任务，在2017年施工的基础上，2018年继续推进，根据耕渎庐乡村文化园建设总体方案及规划，加快基建施工，市总社协同有关部门重点加大对产业融合发展园区、农业农村基础设施、公共服务平台等建设的倾斜支持，形成推动合力。农耕文化博物馆一期工程竣工，二期工程开工，农产品展销中心完成主体工程。推进观光农田设施建设，以耕渎庐乡村文化产业园作为体验江南水乡风情为主的乡村旅游目的地初步形成，2018年4月开园迎客。

【基层供销合作社建设】 围绕“乡村振兴”和新时代“三农”实际需求，基层供销合作社转型发展，改革基层社用人制度，与涉农企业和农民专业合作社对接，推进社企共建，开展“一社一品”建设。先后在别桥、城郊等7个基层供销合作社分别聘任7名农民专业合作社负责人和涉农企业负责人担任基层供销社主任，解决基层供销合作社后继无人的问题，为基层供销合作社干部队伍增添了活力。这7个基层供销合作社形成各自的工作特色品牌，如别桥社的文化振兴，溧城社的人才振兴，天目湖社的农旅振兴，南渡社的生态振兴，城郊社的品牌振兴，埭头社的农用成品油服务，社渚社的苏皖合作振兴。

【农资供应】 发挥供销社农资供应主渠道作用，2018年全市供销合作社系统销售化肥149416.8吨、销售29853.5万元；销售农药480吨、销售额2299万元。根据上级相关要求，市总社会同市农林部门，对基层社主任及农资经营人员进行专门培训，确保2018年8月以后所有农资经营网点均持《农药经营许可证》营业，推动农资经营规范化。与此同时，加强测土配方实施应用，为农户免费提供全程精准测土配方服务，采集土壤样本及配方31份，涉及农田面积4200亩。农飞防植保实际作业面积8万亩。农资社会化服务步伐进一步加快。

（朱伟忠）

烟　　草

【概　况】 2018年，市烟草局在溧阳市委、市政府和常州市局党组的正确领导下，保持战略定力，紧扣发展目标，以提质增效为中心，以深化改革为主线，以创新创优为抓手，强化品牌培育、调优市场状态、夯实基础管理、激发队伍活力，促进溧阳烟草更平衡更充分高质量发展。

【业务管理】 在主营业务方面，市烟草局调优市场状态，提升工作质效。坚持稳中求实，网络建设水平持续提升。推进自律互助小组建设，共建成小组73个，涵盖零售客户1187户。开展文明吸烟环境建设，在天目湖景区、市人民医院建成吸烟亭4个，在曹山慢城、天目湖景区、竹箦社区等地安装吸烟柱130个。

坚持稳中有为，专卖管理水平持续提升。2018年，全年组织各类市场检查1611次，出动检查人员3584人次，查获各类涉烟案件244起，破获假烟网络案件1起；查获各类涉案卷烟9260.85条；全年市场净化率保持在98%以上。

【企业管理】 市烟草局加强创新驱动，促进创新成果转化。落实省局《创新课题管理办法》，建立健全创新评审机制，《降低相同IP订货客户率》获得全国优秀质量管理小组银奖，课题制作小组被评为全国优秀质量小组。“一种员工精益管理积分卡”获得国家实用新型专利授权。

深入落实“1+N”考核管理模式，全年开展全局综合性考核4次，专项考核5次，市场考核41次，随机走访零售户310余户。按照新一轮基层创优的总体要求，搭建创优载体，夯实创优措施，导入标准化体系、SWOT分析、看板管理等精益工具，实现基层创优闭环。深入强化现场管理，持续开展5S现场管理活动，打造5S样板间，落实5S现场管理成效。面向全局员工征集合理化建议，进行公开评选，对优秀建议通过公示栏进行表扬，营造良好的企业文化氛围。

【文化建设】 市烟草局提升全员素质，持续夯实人才基石。履行全面从严治党责任。年初组织签订全面从严治党责任书，每季度召开党建工作领导小组会议。规范“三会一课”、党费收缴、组织关系管理等党建工作实务，试点推行党员积分管理，各支部均按时召开组织生活会和党员评议工作。开展“三支队伍”分类建设。制定《机关大学生基层锻炼实施方案》，明确基层锻炼期限和要求；开展换岗体验、AB岗等活动，提升队伍的整体素质。深化人力资源要素管理，更新应用人力资源HR2.0管理信息系统，更新完善员工基础信息，梳理审核管理岗位资料档案。打牢高质量发展队伍。

（陈茜龄）

学习理论基础　　（市烟草局　供稿）

盐　业

【概　况】 2018年是盐业体制改革的第二年，市盐业公司围绕省集团公司“6422”工作要求和常州公司职代会确定的各项目标任务，突出以效益为中心，用市场化竞争的工作手段、创新改革的办法来统筹全年工作，抓好小包装食盐“生命线”，加快思想转型步伐，确立新定位、顺应新形势，开创溧阳盐业发展新局面。全年实现营业收入1591万元，实现利润总额超100万元，销售小包装食盐超3420吨。

【经营环境】 根据国家颁布的新《食盐专营办法》，移交盐政检查职能，全年食盐市场检查出现大半年的空白期，其间出现不合法不合规的销售主体6家以上。公司上下统一思想认识，坚守主营阵地不动摇，极力捍卫市场份额，工作进度上抓头抓早，根据市场情况，做到政策不过夜，措施不过夜，迅速传达布置，抓好落实。2018年，开展“淮盐”品牌宣传活动，坚持品牌战略引领，宣传“淮盐”“大清淮盐”的品质安全和历史文化底蕴，以中高端食盐第一品牌形象占领市场。通过进广场、进社区、农贸市场、进超市等形式，不断提升淮盐影响力和企业品牌形象。全年组织开展“淮盐”品牌宣传90余场次，出动300人次。

【非盐经营】 非盐经济将是盐改后公司效益的重要来源之一，和主营工作相辅相成，相互促进，渠道共享。加大对特通渠道的开发，2018年年初与市教育局签订2018～2019年全市119家大中小学校食堂食盐供应合同，确保全市学校的食盐安全。新开发20多个企事业单位食盐团购业务，全年特通渠道累计增加至151家。

【新盐政管理】 2018年是盐业行政管理职能移交之年。协调推动市政府出台《溧阳市盐业体制改革实施方案》，签订《职能移交协议》，将盐业行政管理职能分别移交市经信局和市食品药品监督管理局，实现新旧监管体制平稳过渡。派驻3名盐政协管人员到市市场监管部门协助开展盐政执法工作，加强对盐政协管人员的培训和考核，重点加强对新出台的盐业法律法规和工业和信息化部、国家发改委有关盐改过渡期相关文件的培训与学习，提高盐政协管人员的综合素质和业务技能，始终把维护人民群众食盐安全作为重点，确保溧阳市盐业市场的秩序稳定。

【内部管理】 加强财务资金风险、库存商品风险、应收款风险管理，在风险控制上常抓不懈，从制度上、程序审批上落手，做到事前有审批、事中有跟踪、事后有落实，做到事事有人负责，对风险防范做好前瞻性预案。在经营工作中不断强化全员风险意识、成本意识，在细节管理上，要做到审时度势，确保所购商品成本低，避免难销、高成本商品的采购，对应收款、应交款及时跟踪处理，库存现金、库存商品坚持日清月结，确保经营风险管理零事故。

【食盐安全与储备】 溧阳盐业依法严格执行国家规定的食盐定点批发制度，不断加强行业自律，做到守法诚信经营。参与食盐安全的维护工作，加强对派出的盐政协管员的管理，主动融入市市场监督管理局对食盐安全的监督管理，增强溧阳地区食盐安全的监管能力，规范溧阳市场盐业经营秩序。履行溧阳市人民政府赋予的食盐政府储备责任，主动承担食盐的企业社会责任储备，确保自然灾害或突发事件发生时溧阳市食盐的安全供应。

（蒋志宏）

市场和物流

【苏浙皖边界市场】 为苏浙皖三省交界地区最大的综合性市场，始建于2001年，由江苏苏浙皖边界市场发展有限公司建设运营。占地面积480亩，总建筑面积28万平方米，已完成总投资8亿多元。一期市场为农副产品交易区，主要经营品种有蔬菜、水果、水产、茶叶、粮油、竹木等；二、三期市场为建材交易区及仓储物流，经营品种有陶瓷洁具、水暖器材、油漆涂料、木材夹板、花岗岩等；景丽家居城主营软体、实木、板式、欧式、美式中高档家具；精品建材城主营中高档建材。截至2018年年底，市场有经营户1800余户，从业人员超1万余人，相关源头产业及配套服务用工5万余人。2018年市场总成交额达112亿元，经营范围辐射全国10多个省市。公司已经通过ISO 9001服务质量体系认证，连续被上级评为全国标准化市场、中国品牌市场、农业部定点市场等称号。

苏浙皖边界市场的综合服务功能已形成，各项配套设施基本到位，已经成为省际区域性大型综合性市场。市场交易秩序良好、功能比较完善、经营户入场率高，各项经营指标呈连年上升之势。在服务地方经济发展、社会主义新农村建设方面发挥了重要的作用。

市场整合原有的分散交易中心，增强市场整体竞争力和辐射力，变小市场为大市场，集中优势产业做大做强。市场着重发展茶叶、蔬菜、建材等已有优势行业，充分发挥了边界市场这一溧阳的综合市场品牌效应。

市场促进特色农业、产业农业的快速发展，带动一批农产品产业基地和农产品加工企业。特别是茶叶、水产、粮油等行业，产品80%来自于本地，就地取材，价廉物美，竞争力强。老百姓把产业结构调整后生产的优质农产品，通过边界市场这个渠道销售出去，提高了农业产业的规模经营和农民的生产积极性。

市场带动了溧阳农产品加工企业、农业旅游观光、物流运输等行业的快速发展。市场经营中直接安置一大批农村剩余劳动力和城镇下岗职工，增加了就业，缓解了当地的就业压力。

2018年，苏浙皖边界市场以创建国家文明城市和江苏省综合治理重点地区整治为契机，加强市场管理队伍建设，严格各项制度考核，在各部门协同配合下，市场管理工作愈加规范，各项经营业绩和场容场貌也得到提升，苏浙皖边界市场由此先后获得江苏省文明诚信市场、常州市流动人口管理示范市场、常州市平安市场等称号。2018年12月10日顺利通过了常州政法委和综治办组织的验收。

（汤　静）

【溧阳八佰伴（溧阳华地百货）】 溧阳八佰伴位于商业区燕山路2号，总面积4万平方米。隶属于江苏华地国际控股集团有限公司，集团于2010年10月21日在中国香港主板上市（股票代码：01700.HK）。溧阳华地百货于2002年8月8日开业，2003年9月26日乔迁现址营业。2011年7月起重装调整，于12月下旬升级为溧阳八佰伴开业。溧阳八佰伴是按照中国香港华地国际集团的连锁化标准规划、布局和经营管理的全方位大型高档商场。2018年主营收入64656万元（含税），利润总额5134万元，上缴税款2721万元。

（费　敏）

【溧阳万达广场】 于2018年6月1日开业，是万达集团在溧阳建设的第一个项目，总投资超过10亿元，位于溧城镇燕山新区中心地段，东至安康路，西至南大街路，南至崇文路，北至燕河路。总建筑面积10.02万平方米，购物中心面积9.17万平方米，机动车停车位近500个。

万达广场汇聚餐饮、购物、娱乐、休闲等海量时尚元素，引领城市前沿消费。以万达独有的主力店品牌组合优势，集合各服饰类品牌旗舰店、精品店的形象商品优势，新颖的生活体验业态，温馨的儿童娱乐业态以及独具特色的餐饮业态，满足聚客、稳场的经营需求。

（王　苏）

【江苏华达国际物流有限公司】 公司成立于1998年4月，下属溧阳市贝特贸易有限公司。员工36人，固定资产7000万元，注册资本500万元，车辆15辆，2018年完成营业收入3100万元，税收120万元。

国内运输，公司奉行“您的满意就是我的工作”经营宗旨，创造“团队管理”和“管理团队”的企业文化。主要运输线路有溧阳至上海、北京、广州、西安、乌鲁木齐、成都、哈尔滨的快速物流通道。国际货运主要航线有“美加、欧洲、中东、东南亚、地中海”航线等。公司秉承“想得更多、做得更好”的服务观念，发扬“每天进一步”的员工精神，务求协助顾客准确达成目标。开展纺织服装、轻工、机电、五金、化工等商品的进出口贸易，承接来料加工、来件装配、来样订货的“三来一补”业务。

（吴文彬）

2018年6月1日，溧阳万达广场开业　　（溧阳万达广场　供稿）

综　述

【概　况】2018年，全市旅游工作根据市委、市政府“全域旅游推进年”工作主题和“全域一体，全国一流”的发展要求，紧紧围绕“接轨南京”的战略部署和把溧阳打造成为全国知名的休闲度假目的地及长三角最具吸引力的休闲度假城市的发展目标，优化旅游空间布局，突出旅游要素建设，加快新兴业态培育，注重产业融合发展，进一步夯实旅游业首位产业基础，全力推动溧阳市全域旅游高质量发展。全市旅游接待1930.03万人次，旅游总收入236.04亿元，分别比上年增长9.84%、14.26%。

2018年，全市在建旅游项目20个，涵田半岛养生谷、天目湖天沐温泉、神马亲子农场等一批项目建成投运。中信国安、浙江蓝城、北京荣盛等一批品质优、业态好、市场认可度高的休闲经济项目在溧阳成功签约，并进入项目规划设计阶段。全社会旅游项目建设完成投资18.6亿元。帮助旅游企业向上争取省、市级引导发展资金380万元。

按照市委、市政府全域旅游发展和“接轨南京”的战略部署，编制《溧阳市全域旅游发展规划》和《溧阳旅游业接轨南京三年行动计划》，助力推进宁杭生态经济带最美副中心城市建设。高起点执行《“溧阳茶舍”与驿站布局规划》《溧阳市房产露营地发展规划》等规划，把“1号公路”作为加快全域旅游发展和创建“国家全域旅游示范区”的重要内容，根据沿线景区、景点分布情况，规划布局“溧阳茶舍”、驿站和房产营地等旅游产品。6月，科学调研，制定出台《关于加快推进全域旅游发展的实施意见》，成立以市委、市政府主要领导任组长，各相关部门主要负责人为成员的全域旅游发展领导小组，加强对溧阳市全域旅游发展的统筹领导。“1号公路”获评江苏省首批旅游风景道称号，串联起全市重要景区和乡村旅游，成为溧阳全域旅游的网红产品。别桥原乡旅游区初步建成塘马湿地公园、原乡花海和稻梦空间等旅游项目，形成新的旅游亮点。深入开展瓦屋山、长荡湖、“宋团城”旅游开发规划研究。溧阳旅游业在空间上实现南北联动发展，全域旅游发展的模式正在不断深化和创新，溧阳旅游由传统观光型向休闲度假体验型并重转变，实现了旅游产业从单一分散的景区（点）模式向全领域及全时空的一体化方向发展。按照《关于加快推进全域旅游发展的实施意见》，严格对照《江苏省全域旅游示范区创建工作评价指数》，进一步明确责任分工，全力推进硬件设施建设。6月，完成创建全域旅游示范区台账编制工作；7月初，省旅游局对溧阳创建“国家全域旅游示范区”进行省级调研考评，对创建工作给予高度评价。

精心策划主办溧阳旅游攻略大赛和茶香文旅高铁进溧阳、溧阳旅游合肥推介会等活动；组织开展曹山采摘节暨日日春杨梅节、白露山蓝莓节、平桥黄桃节、欣龙桃花节和美食节、天淼山庄桃花节、樱桃采摘节、天目湖桑果采摘节等活动；9月下旬，与长三角广电旅游联合开展溧阳全域旅游推介会；积极参加“七彩宁杭”特色旅游线路征集评比活动，大力宣传推介溧阳旅游及天目湖品牌。在宁杭高铁、京沪高铁冠名“溧阳天目湖”号专列，利用车门贴、LED滚动屏和列车报站等形式宣传天目湖品牌；全年在京沪高铁、宁杭甬高铁等10条重要高铁线路视频宣传溧阳旅游品牌，每日播放673车次（含复兴号），每日播出频次为2068次，每月受众2700多万，覆盖区域包括北京、上海、江苏、浙江等近20个省和直辖市。多种形式讲好“溧阳故事”。编印出版《溧阳雅集》《溧阳全域旅游导览》等旅游文化书籍；在旅游微信公众号上推出《全域旅游看溧阳》和《全国闪小说大赛佳作》等系列，加强地域文化内涵的挖掘，强化文旅融合宣传。南山竹海亮相中国进口博览会宣传片，近千万人点击欣赏。在央视播出“中国天目湖、美音自在溧阳”城市形象及旅游品牌宣传片，拍摄《文明密码》（《东西南北过大年溧阳篇》）《溧阳全域旅游》《溧阳1号公路、天目湖》等宣传片，分别在央视播放。2018年国庆前后，三场央视现场直播，涵盖溧阳旅游的大美山水，突出了溧阳南山竹海景区和“1号公路”。

2018年年底，全市拥有国家级旅游度假区1家、省级旅游度假区1家；A级景区5家，其中，AAAAA级景区1家（包括天目湖、南山竹海、御水温泉）、AAAA级景区1家、

AAA级景区1家、AA级景区2家；全国工农业旅游示范点7家；江苏省五星级乡村旅游区（点）1家、江苏省四星级乡村旅游区（点）11家（其中4家全国农业旅游示范点）、江苏省三星级乡村旅游区（点）4家、江苏省二星级乡村旅游区（点）3家；省级自驾游基地3家；旅行社及网点56家（旅行社24家，网点32家），其中全国百强国内旅行社1家；星级饭店15家，其中五星级3家、四星级4家、三星级6家、二星级2家，拥有3672张床位。

旅游宣传

【概　况】 2018年，旅游宣传促销紧扣“全域旅游推进年”主题，精心组织2018中国溧阳茶叶节暨天目湖旅游节（以下简称“两节”）及旅游系列活动，大力开展旅游宣传促销，展现“美音自在溧阳”的魅力和天目湖旅游品牌形象，促进溧阳旅游转型升级，推动了溧阳“全域旅游”发展。

组织、协调、指导相关镇区、旅游企业办好旅游节系列活动。精心策划主办溧阳旅游攻略大赛和茶香文旅高铁首发班进溧阳、溧阳旅游合肥推介会等活动，推出戴埠、曹山、别桥3条茶旅线路，曹山采摘节暨日日春杨梅节白露山蓝莓节、平桥黄桃节、欣龙桃花节和美食节、天森山庄桃花节、樱桃采摘节、天目湖桑果采摘节、南山招牌菜大赛等活动贯穿全年；8月中旬，编印1万份溧阳旅游宣传折页，发放给参加2018中国溧阳国标舞国际公开赛的近万名选手；9月下旬，长三角广电旅游齐聚溧阳，联合开展2018溧阳全域旅游推介会暨长三角广电旅游联盟第二届联盟大会，聚焦溧阳全域旅游创建成果，推介溧阳旅游项目，吸引近百家电视媒体参加活动；积极参加“七彩宁杭”特色旅游线路征集评比活动，天目湖、曹山、1号公路、美食、赏古风5条线路斩获大奖。组织旅游企业参加2018中国国际旅交会，赴成都、沈阳等地开展促销活动，发放宣传资料上万份，努力扩大溧阳旅游影响力。

强化在高铁平台宣传溧阳旅游。在宁杭高铁、京沪高铁冠名“溧阳天目湖”号专列；全年在京沪高铁、徐兰高铁、宁安高铁、沪宁高铁、宁杭甬高铁、沪杭线、沪汉蓉、合蚌高铁、沪昆高铁、合福高铁10条高铁线路视频宣传溧阳城市及旅游等，覆盖区域包括北京、上海、天津、河北、山东、安徽、江苏、浙江、福建、山西、陕西、河南、四川、广东、湖南、贵州、湖北、云南、沈阳、长春、黑龙江；在合肥开展“乘着高铁游溧阳”旅游推介会，溧阳旅游市场覆盖面大幅提升。根据携程自由行数据，2018年自由行国内人气目的地前20名分别是三亚、厦门、北京、上海、广州、珠海、成都、杭州、重庆、西安、舟山、丽江、深圳、常州、苏州、哈尔滨、东阳、溧阳、桂林、青岛，溧阳成功入选前20名。

挖掘弘扬溧阳旅游文化内涵。编印出版《溧阳雅集》《溧阳全域旅游导览》等旅游文化书籍；在旅游微信公众号上推出《全域旅游看溧阳》《春茶有约》和《“美音自在溧阳”全国闪小说大赛佳作》等系列文章，加强地域文化内涵的挖掘，强化文旅融合宣传。9月以来，与上汽集团紧密对接，仅用16天完成3个房车基地建设的全部工作，体现了全域旅游的“溧阳速度”；假日期间，御水温泉酒店、通用山庄、悦南山房车营地游成为溧阳全域旅游新名片。

溧阳旅游高频亮相央视。2018年“进博会”中国国家宣传片溧阳南山竹海在片头首先播出。全年在央视播出“中国天目湖、江苏中关村、美音自在溧阳”城市形象及旅游品牌宣传片，拍摄《东西南北过大年（溧阳篇）》（《文明密码》特别节目）《溧阳全域旅游》《溧阳1号公路、天目湖》等宣传片，分别在央视10套、江苏电视台、高铁电视播放，进一步提升溧阳城市、溧阳旅游及天目湖品牌美誉度、影响力；2018年国庆前后，溧阳霸屏央视新闻，三场央视现场直播，涵盖溧阳旅游的大美山水，绝胜佳处，突出溧阳南山竹海景区和“1号公路”，充分肯定了溧阳全域旅游发展成果。

新闻报道高潮迭起。利用“两节”及系列旅游活动等平台、机遇，旅游新闻宣传不断掀起高潮。2018年上半年在《新华日报》《中国旅游报》《华东旅游报》《行旅》《旅游时尚》、溧阳时空、人民网、新华网、中华网、江苏网等报刊、网络和“游子吟溧阳”“江苏微旅游”“中国溧阳”等微信平台、国内多家知名媒体播发溧阳旅游的相关报道达1000条，在国内权威搜索引擎上的相关网页达3000多篇。

【央视10套拍摄制作播出《东西南北过大年（溧阳篇）》】 2017年12月30日～2018年1月12日，组织央视10套文明密码栏目拍摄《东西南北过大年（溧阳篇）》。栏目组先后到溧阳龙狮协会、天目湖山水园、南山竹海、天目湖捕捞队、上黄镇南山后村、天目湖镇桂林村、天目湖宾馆、欣龙生态园、茶之峰富硒茶园等拍摄取景，拍摄了溧阳年俗舞狮及拜年、跑马灯、做年夜饭、吃团圆饭、制作麦芽糖及炒米糕和天目湖冬捕、天目湖砂锅鱼头制作等场景，拍摄活动得到天目湖管委会及桂林村村民、上黄镇政府及南山后村村委、溧阳龙狮协会、古渎太平马灯团、天目湖旅游公司、欣龙生态园、天目湖宾馆、茶之峰生态园等单位及相关人士的大力支持。《常州日报》、溧阳电视台、《溧阳时报》和许多微信公众号作了报道。2018年正月初四、初五在央视10套3次播出，有力提升了溧阳市旅游文化和天目湖品牌的影响力。

【“溧阳1号旅游公路”年货节】 2017年12月中旬至2018年1月中旬，历时近1个月的“溧阳1号旅游公路”年货节在南山竹海畔飞越竹海训练基地举行，近百家土特产生产经销商入驻，吸引上万游客前来购物，营业额突破100万元。

【2018年“天目湖冰雪温泉节”】 2月3日上午，2018年“天目湖冰雪温泉节”在溧阳市天目湖御水温泉度假酒店隆重启幕。该次活动由溧阳市旅游局、天目湖旅游度假区管委会、南山景区管委会主办，御水温泉、涵

田半山温泉、天沐温泉、美岕山野温泉承办。溧阳市副市长曹岚，溧阳市旅游局局长朱红新，天目湖管委会党工委副书记庄玉宝，戴埠镇镇长、南山景区管委会主任张余亮以及承办方御水温泉、涵田半山温泉、天沐温泉、美岕山野温泉的负责人，全国各地数十家旅行社领导、旅游电商负责人和新闻媒体记者近百人出席活动，活动还特邀2014世界旅游小姐中国区冠军孙雯聪作冰雪温泉节的产品推介，并推出一系列温泉优惠产品与政策。温泉节期间，御水温泉、涵田半山温泉、天沐温泉、美岕山野温泉分别接待游客43229人、14240人、4279人、2300人。

【溧阳旅游合肥推介会】 3月23日下午，溧阳市政府在合肥市包河万达广场成功举办“乘着高铁游溧阳”推介会，向广大的合肥市民介绍溧阳丰富的旅游资源，介绍精品景点，展示旅游产品。中共溧阳市委常委、常务副市长周卫中，中共溧阳市委常委、宣传部部长张爱文携溧阳市旅游、农林、商务、交通等有关部门及上兴镇、天目湖景区管委会、南山景区管委会镇区领导参加推介活动。合肥市旅游委员会、安徽省旅游协会、合肥市旅游协会、合肥市旅游发展委员会信息中心，郎溪县文化旅游发展委员会、广德县旅游局、郎溪观天下景区管委会的相关负责人以及合肥旅行商100余人参加了推介会。《中国旅游报》、江苏电视台、中国江苏网、合肥电视台、合肥交通广播、《江淮晨报》、腾讯新闻、今日头条 、《银燕》《华东旅游报》《旅游时尚》等苏皖两省20多家媒体记者参加活动。推介活动位于繁华热闹的商业区核心区内，吸引了众多合肥市民驻足围观和咨询。

市旅游局局长朱红新主持推介会。溧阳市委常委、常委副市长周卫中隆重推介溧阳旅游，他介绍说，溧阳与皖南山水相依、地理相邻、文化相融，风俗相近，溧阳一直积极践行“联动皖南”的战略部署，致力推动与安徽的紧密合作。先前，苏皖为守护天目湖共同建立天目湖水资源保护跨省协作机制，2016年，溧阳又联合广德、郎溪启动苏皖合作示范区建设，得到苏皖两省省级层面的高度关注。宁杭高铁来往溧阳与合肥的列车班次有12列，极大地方便了两地经贸文化的往来。溧阳位于苏浙皖三省交界，地处长三角几何中心，总面积1535平方公里，是著名的“鱼米之乡”。2017年全市旅游接待人次1700万，实现旅游总收入206亿元，先后获得全国文明城市、国家卫生城市、国家生态市、中国优秀旅游城市和世界长寿之乡、中国长寿之乡称号。唐代诗人李白曾三到溧阳，寄情这方山水，发出“何时到栗里，一见平生亲”的感叹。举办此次推介会，就是想让合肥的各界朋友们，更多地了解溧阳，并衷心希望合肥的各界朋友们多多关注溧阳、推介溧阳。诚挚邀请大家到溧阳走一走、看一看，体验一下溧阳悠久的历史、秀美的山水、健康的美食、优质的服务，亲身感受一下“美音自在溧阳”的美好意境。

2018年3月23日，乘着高铁游溧阳——溧阳旅游合肥站推介会

（市旅游局　供稿）

合肥市旅游委员会副主任李玉海在推介会上发表了热情洋溢的讲话，对溧阳前来合肥旅游推介表示欢迎和感谢，同时介绍了合肥的旅游发展情况，并表示，合肥凭借着安徽省省会、合肥都市圈、皖江城市带核心城市及高铁交通等诸多优势，将进一步加强苏皖合作，与溧阳携手共同积极开创两地互游新局面。常州金牌导游欧子斌对江苏溧阳和安徽广德、郎溪旅游分别做了专门推介。推介活动结束前，与会嘉宾还共同参加了溧阳旅游商品展销会。

【天淼山庄第十一届桃花节】 3月28日～4月5日，第十一届桃花节在以“湖海奇观”和桃林景致为特色的溧阳天淼山庄举办。山庄以花为媒，广交朋友，宣传溧阳文化，通过每年举办桃花节，逐渐形成“花开十年香十里”的品牌效应。并从三月桃花节衍生出四月挖笋节、六月采桃节、八月葡萄节，这些节会，不断吸引八方游客，让大溪水库被游客熟知。该次桃花节受到四方游客及客户的青睐，每天吸引数百位游客赏花、挖笋和参加拓展活动。

【2018中国·溧阳茶叶节暨天目湖旅游节开幕式】 4月10日上午，2018中国·溧阳茶叶节暨天目湖旅游节在燕湖公园拉开帷幕。开幕式上，乌克兰特鲁斯卡韦茨市市长安德瑞杰·库尔钦斯基作为国际友好城市代表发言，溧阳市与乌克兰特鲁斯卡韦茨市签订缔结友好城市意向书。市委、市政府聘请中科院院士沈学础、中国工程院院士蒋剑春、南京林业大学教授史国栋、江苏省教育委员会原主任陈万年，国家心血管病中心中国医学科学院阜外医院研究员黄建凤、上海交通大学教授陈江平、华中师范大学教授谈国新、

2018 年 4 月 10 日，市长徐华勤主持两节开幕式　（市旅游局　供稿）

广州地铁设计研究院史海鸥 8 名溧阳籍院士和专家及中科院院士顾东风为特聘顾问。江苏省旅游局副局长经圣贤为曹山旅游度假区颁发“江苏省省级旅游度假区”铭牌。开幕式现场举行全市重大项目签约仪式，紧扣“重大项目推进年”和“全域旅游推进年”工作主题，以举办“两节”为契机，以茶为媒，共谋发展，与国内外一大批优秀企业达成重大项目共建意向，启迪乔波冰雪世界、蓝城康养小镇等 11 个项目在开幕式现场集中签约，其中外资项目 2 个，投资总额达 6700 万美元；内资项目 9 个，投资总额达 92.5 亿元人民币。在为期一个月的“两节”期间，通过举办“南航天目湖校区开工奠基”“茶香文旅高铁首发班进溧阳”“天目湖古琴音乐会”“乡村大世界——家乡”“天目湖英才榜人才峰会暨溧阳籍院士专家回乡行”“江苏乡村振兴国际研讨会”等活动，大力推介溧阳生态资源和产业资源，持续唱响“世界长寿之乡”“中国名茶之乡”“国家级旅游度假区”和天目湖旅游品牌，进一步彰显“美音自在溧阳”的城市形象和“生态美、产业美、文化美、生活美”的城市特质。

【茶香文旅高铁首发班进溧阳】　4 月 9 日上午 10 点 45 分，从上海出发的 2018 中国 · 溧阳茶叶节暨天目湖旅游节茶香文旅高铁首发车抵达溧阳，一对寓意着吉祥如意的“狮子”闻声起舞，迎接着 100 多名获邀嘉宾的到来。在随后举办的接站仪式上，市旅游局局长朱红新发表热情洋溢的欢迎辞，嘉宾们纷纷合影留念，记录下这美好一刻。嘉宾们由市旅游局负责邀请，包括携程网、新华国旅、申江国旅、《新民晚报》、今日头条、新浪网、腾讯网、《环球时报》等多家知名传统媒体、网络媒体人士、旅行社负责人和网络达人。嘉宾们在“两节”期间参与游览溧阳“一号旅游公路”、参观南山竹海、体验御水温泉、参加“两节”开幕式、参观“两馆”新貌等一系列活动。

【第五届樱桃采摘节】　4 月 21 日～ 5 月 10 日，智慧樱桃园举办第五届樱桃采摘节，吸引广大市民及周边城市游客前来赏玩采摘。每年 4 月下旬到 5 月上旬，园内的樱桃进入采摘期，百亩樱桃陆续成熟，一颗颗绯红的樱桃从一片绿意中探头而出，如玛瑙般缀满枝头。恰逢溧阳市举办‘两节’，到溧阳的客商、游客络绎不绝，借‘两节’东风举办的樱桃节颇有成效。园内共有樱桃 150 亩，由于 2018 年降水量少，樱桃不但长势喜人，而且品质很好，采摘活动共接待游客 1 万人左右，营业收入突破 100 万元。

【天目湖第四届桑果采摘节】　5 月 6 日，由溧阳市农林局、溧阳市旅游局、天目湖镇人民政府主办，溧阳市天目湖农业发展有限公司承办的天目湖第四届桑果采摘节隆重开幕。桑果节开幕当天盛况空前，前来采摘的游客络绎不绝。当天游客数量超过 1000 人次，收入达 5 万多元。5 月 6 ～ 28 日采摘节期间，采摘桑果的游客达 1.5 万人次，营业收入超过 120 万元。溧阳市天目湖农业发展有限公司（江南丝府）是一家从事蚕桑、丝绸产品研发、加工、营销于一体的科技型农业产业化龙头企业，公司投资 1000 多万元，打造出“江南丝府桑博园”特色休闲农业园区，园区面积 500 多亩，已建成桑果采摘园、时鲜果采摘园和垂钓中心。其中，桑果采摘园品种繁多，可采摘的果桑品种达 50 余个，采摘面积 50 多亩，每亩桑果产量 3000 ～ 4000 斤，主要的采摘品种

2018 年 4 月 9 日，茶香文旅高铁首发班进溧阳活动　（市旅游局　供稿）

有白玉王、韩国大白珍珠、“1208”、中国台湾长果桑等。

【《溧阳“1号公路”和天目湖》宣传片在高铁电视播出】 5月7～10日，组织北京高和誉远文化传媒有限公司先后到南山花园、竹海漂流、天目湖宾馆、WEI天目湖、香云小筑和天目湖、瓦屋山、曹山等采风拍摄溧阳“1号公路”和天目湖山水风光，5月底完成一分钟溧阳“1号公路”及天目湖宣传视频制作，6月在京沪高铁、徐兰高铁、宁安高铁、沪宁高铁、宁杭甬高铁、沪杭线、沪汉蓉、合蚌高铁、沪昆高铁、合福高铁10条线路，共计654个车次播放。

【2018中国·溧阳茶叶节暨天目湖旅游节闭幕式】 5月13日晚，在天目湖游客中心广场，伴随着丰富多彩的群众文艺晚会，为期一个月的2018中国·溧阳茶叶节暨天目湖旅游节落下帷幕。2018年“两节”紧扣重大项目和全域旅游推进两大主题，以节会为契机，以茶为媒，共谋发展，与国内外一大批优秀企业达成重大项目共建意向。累计签约启迪乔波冰雪世界项目、蓝城康养小镇项目及绝味食品项目等26个项目。其中外资项目3个，投资总额6700万美元；内资项目23个，投资总额152.75亿元。“两节”期间，全市集中开工重点项目18个，计划总投资147亿元。其中，重点工业项目13个，计划总投资99.5亿元，分布于9个镇区；旅游项目4个，计划总投资37.5亿元，分别是戴埠镇的蓝城集团项目、御水南山酒店项目，天目湖镇的桂林山居项目、溧城镇的礼诗圩特色田园乡村项目；社会事业项目1个，计划总投资10亿元。得益于节前的宣传推介、节中的“1号公路”串联，以天目湖为龙头的各景区（点）、旅游农庄及茶旅文化线路成为旅游热区，呈现全域旅游火爆之势，累计接待游客320万人次，旅游总收36亿元，取得全域旅游良好效应。

【2018第四届天目湖房车嘉年华】 5月11～13日，为期三天的2018第四届天目湖房车嘉年华在天目湖精彩上演。该次活动由江苏天目湖旅游度假区主办，南京海莫尼文化发展有限公司、旅居时代房车俱乐部承办执行，《现代快报》、上汽大通房车生活家大力支持。来自北京、江苏、山东、安徽、河南等省的近50台房车的车友聚集天目湖畔，在5月的初夏一起参与2018天目湖房车嘉年华活动。营地分成两块，一块为上汽大通天目湖房车营地湖畔营区，一块为房车车友展示营地。活动以房车休闲生活方式为依托，融合美食体验、文创DIY等主题鲜明、参与性强的互动内容，以特别的休闲形式、特别的活动内容，呈现出天目湖旅游度假区大力推进文旅融合，促进产业形态多样化，发展全域旅游的新气象。

【“美音溧阳”全域旅游攻略大赛颁奖活动】 6月14日上午，“美音溧阳”全域旅游攻略大赛颁奖活动在南京新华全媒体艺术馆举行。大赛共评选出一、二、三等奖、创新传播奖、优秀奖及纪念奖70名。溧阳市市长徐华勤，溧阳市委常委、常务副市长周卫中，溧阳市旅游局局长朱红新等领导参加颁奖活动，并为获奖者颁发证书及奖品。徐华勤说，溧阳位于苏浙皖三省交界，地处长三角几何中心，是接轨南京第一城，是南京科技创新资源南下和杭州科技创业资本北上的交汇点。当前，溧阳正瞄准建设“宁杭生态经济带最美副中心城市”的目标愿景，进一步解放思想推进高质量发展，以美丽山水、美妙文化、美好生活为品牌，做好“接轨南京”这篇大文章。他还对海内外发出诚挚邀请：上有天堂，下有苏杭，除了苏杭，还有溧阳。欢迎大家都到溧阳来旅游度假。

该次旅游攻略大赛，邀请江苏省旅游协会常务副会长、省人大教科文卫原主任许洪祥，著名作家赵本夫、毕飞宇，南京大学社会学系社会心理学博士、江苏省委党校行政学教研部教授黄菡等名家担纲评委并亲赴溧阳采风创作。著名作家、《天下无贼》作者赵本夫在致辞中高度赞美了溧阳山水美景，他说，如今的溧阳不仅可以媲美国外的美丽乡村，而且开发建设得更好。他还提到与溧阳相关的一个小“渊源”，十多年前，他就是在溧阳爬南山的途中，接到了北京来的电话，要把《天下无贼》改编成电影。赵老感慨道，溧阳不仅景美，且是福地。

大赛自2018年3月正式启动，除了通过全媒体发布征稿启事外，还在南京近20所高校张贴征稿海报，让网友当“最佳代言人”，以文字、图片、VR全景、短视频等形式发布溧阳全域旅游攻略，内容涵盖溧阳印象、线路推荐、景区景点、精彩生活、住宿推荐、美食推荐、购物特产等多个方面，共征集参赛作品205件，大赛发布大小奖项70个，均是网友的精彩作品，更是溧阳旅游的产品推介信、最佳代言人。旅游攻略《这里的春天最美丽——溧阳1号公路自驾之旅》获得大赛一等奖，作者孔德桥是一名旅游达人，清明假期期间，一路向南，两天时间先后游历了上黄长荡湖湿地公园、龙潭森林公园、翠谷庄园、深溪岕、七彩曹山、吕庄水库等景点，用笔一一记录下人间最美四月天。孔德桥说：“两天时间踏遍溧阳青山绿水，感受到了与往日不一样的溧阳风光。”来自美国的旅游玩家苹果姐姐在豆瓣、微博、ins等平台发布了24小时溧阳印象，她制订了365天住民宿的计划，对溧阳的民宿印象尤其深刻。她认为，溧阳的民宿美岕，有着江南的朦胧梦幻，溧阳的民宿正是心中理想生活的模样，在这里可以重新找回对理想、美好生活和读书的热情。

【七彩曹山第二届水果采摘节暨日日春杨梅节】 6月15日，江苏溧阳七彩曹山第二届水果采摘节暨日日春杨梅节开幕式在日日春农庄水上演艺舞台隆重举行，旗袍秀、江南纸伞文艺汇演……现场游客不仅能品尝到可口的杨梅，还能欣赏到独具江南特色的文艺演出。曹山不仅杨梅酸甜可口，美丽的自然风光更让人心旷神怡，不愧是节假日采摘旅游的好去处。一大早，日日春杨梅园内，便涌进成百上千来自无锡、南京、常州、镇江等地游客，有亲子游的、有学生夏令营团队的、有各大旅行社组织的、有自驾游等户外俱乐部自发前来的，他们是慕名专程赶来采摘杨梅的。一位来自南京的游客张先生说：“我们之所以组织团队，第一时间赶来日日春杨梅园采摘杨梅尝鲜，主要是冲着日日春的杨梅口感好，甜而不酸，比外地的杨梅好吃。我们在日日春杨梅园采摘杨梅，自我挑选，自我采摘，不仅大饱口福，且价格公道实惠，可以多采多买带回家与亲朋好友分享这舌尖上的美味。”杨梅节期间，游客采摘杨梅25000框，营业额300余万元。

日日春杨梅园占地700余亩，是苏南面积最大的杨梅种植园区，通过特殊的小环境气候和科技栽培，杨梅鲜红中带黑、紫中带亮，色艳、汁多、味道鲜美，在周边城市客心目中已形成品牌，享誉长三角地区，已连续多年在全国十大杨梅评选活动中位居前列，倍受游客欢迎。日日春农业科技开发公司总经理李全华介绍说，日日春公司连年举办杨梅节，杨梅名气越来越大，杨梅节越办越好，2018年已经是第七届。杨梅节举办前夕，主办方做了一些宣传推广，网上购票的都市客很多，另外，团队组织力量明显加强，周边城市预约的游客很多。随着杨梅树龄的增长，杨梅树的产量增高，2018年杨梅总产量不低于25万公斤，比上年增长近30%。连日来温度又较高，杨梅口感会更好，更好吃。日日春杨梅节期间，主办方还举办了为期4天的首届杨梅节划龙舟比赛。划龙舟比赛是游客和当地老百姓非常喜爱的体育竞技项目。前来参赛的10支队伍均是来自溧阳民间自发组建的龙舟队。划龙舟比赛及表演，增加了杨梅采摘节的亮点，增强群众和游客的参与性。

【2018溧阳白露山文化旅游节暨第七届蓝莓采摘节】 6月28日上午，由上兴镇人民政府、曹山旅游度假区管委会、溧阳市农林局、溧阳市旅游局、溧阳市科技局主办，溧阳市白露山生态农业发展有限公司、南京报业集团承办的“2018溧阳白露山文化旅游节暨第七届蓝莓采摘节”隆重开幕。曹山旅游度假区管委会主任汤全明致辞并宣布开幕，溧阳市旅游局局长朱红新和溧阳市农林局、溧阳市科技局等单位领导出席活动。精彩的文艺表演赢得现场观众的阵阵掌声，蓝莓品鉴、蓝莓工坊等活动吸引游客们驻足品尝。虽然下着淅沥小雨，但游客们的采摘热情不减，蓝莓园里，随处可见忙着采摘的人们。来自常州的李女士说：“趁着暑假，特地带孩子们过来玩玩。正好赶上蓝莓节开幕，看完表演就迫不及待来蓝莓园采摘了。刚从树上摘下的蓝莓特别好吃，孩子也玩得很开心，不虚此行。”溧阳白露山生态园董事长余庆贵表示：“公司从创办初期就坚持‘人无我有、人有我新’的理念，选择黑莓、蓝莓第三代特色小浆果产业为主导，特别以近年来国内接受程度较高的蓝莓作为主打产品，集种植、深加工、水果采摘、农业观光、生态休闲旅游于一体，一二三产融合发展。公司先后被授予江苏省农业龙头示范企业、江苏省省级科普示范教育基地、江苏省最具潜力赏花胜地、江苏省农业科技成果转化基地、国家级农民专业合作社、2017年度溧阳市五星农业企业等称号。”

2018年6月28日，2018溧阳白露山蓝莓节开幕式召开 （市旅游局 供稿）

【“万人免费游常州”溧阳活动】 6月20日，来自溧阳市上黄镇和昆仑街道的200人，成为首批免费游常州的溧阳市民。上黄镇的100名群众游览了天目湖山水园和翠谷庄园，昆仑街道的100名群众游览了金坛东方盐湖城和宝盛园。6月26日，来自别桥镇的100名群众和埭头镇的100名群众游览了天目湖山水园和翠谷庄园。每位参加活动的群众怀着感激的心情，玩得尽兴，游得开心。溧阳市政府为落实常州市政府《“万人免费游常州”2018旅游惠民活动工作方案》，推进旅游惠民、为民办实事工作，加大旅游惠民力度，6月上旬，市政府召开由旅游、民政和各镇区负责人参加的工作部署会，出台溧阳市“万人免费游常州”工作方案，明确活动对象、时间、组织方式以及工作要求。为了给各镇（区）困难群众、残疾人、孤寡老人等特定人群送去关怀，溧阳市旅游局、民政局积极响应，在全市范围内选出1600人按镇区划分成10余批次，有序出游。活动于2018年6月、9月、11月分批开展，并定制三条旅游路线：溧阳线天目湖山水园＋翠谷庄园，翠谷庄园为用餐地点；武进线淹城春秋乐园＋嬉乐湾，嬉乐湾为用餐地点；金坛线东方盐湖城＋宝盛园，宝盛园为用餐地点。溧阳市旅游局与各单位紧密协作、积极筹办，确保这项惠民旅游活动圆满举行，旨在推进溧阳旅游惠民工程，推动全市旅游单位积极投身爱心公益事业。

【第四届天目湖平桥黄桃节】 8月3日，由天目湖镇、市农林局、旅游局联合主办，市丰畅生态农业发展有限公司协办的第四届天目湖平桥黄桃采摘节正式开幕，采摘为期一个月时间。采摘节开幕当天虽然下着蒙蒙细雨，但是还是吸引许多游客前来采摘。丰畅黄桃园是常州市最大的黄桃采摘园，占地300多亩，年产量10万多公斤。天目湖平桥黄桃采摘节已成功举办三届，累计接待游客近4.5万人次。

【通过房车营地建设推进全域旅游发展】 9月上旬，溧阳市旅游局与上汽集团紧密对接，从前期选址到完成建设，用16天时间就完成3个房车基地的建设的全部工作，体现全域旅游的“溧阳速度”。在9月20日举行的上汽大通房车溧阳房车全域旅游启动暨房车生活家（溧阳）服务体验中心揭牌仪式上，上汽大通为南山花园、悦南山及通用山庄房车营地授牌，上汽集团对溧阳旅游局的“溧阳速度”表示赞叹，对溧阳市委、市政府的大力支持表示感谢。至此，大通房车在溧阳已拥有天目湖游客服务中心、御水温泉度假酒店等5个房车营地。房车营地是推进全域旅游开发中的一个重要载体和平台，也是溧阳秀美山水及“溧阳1号公路”沿线的一道亮丽风景，将成为溧阳全域旅游的新“名片”。

【南山竹海景区、美齐山野温泉度假村上榜“中国十佳避暑胜地口碑榜”】 9月1日，由中国旅游网络媒体联盟主办的“2018·中国十佳避暑胜地口碑榜”评选结果出炉，溧阳市南山竹海景区、美 山野温泉度假村上榜。其中，南山竹海景区获评“中国十佳避暑景区”；美齐山野温泉度假村获评“中国十佳康养度假村”。

该次评选旨在指导广大游客科学出行，寻找及推广中国避暑胜地。经330万网友票选，全国11家省级媒体大数据中心的口碑分析，全国百名资深媒体旅游主编、旅游业知名专家、全国百强旅行社老总、资深驴友共同打分，综合考量旅游资源及配套等多项因素，最终进行评分审定。“2018·中国十佳避暑胜地口碑榜”公布后，30余家全国重点新闻门户网站依托其所属网站的新闻源头优势，利用PC、手机安装的新闻客户端、官方微信、微博以及今日头条等第三方平台大力宣传报道。

【欣龙首届南山美食节开幕】 9月25日，由市旅游局、农林局、南山景区管委会主办的欣龙首届南山美食节开幕。溧阳市南山景区作为传统美食之乡，饮食文化源远流长。举办南山美食节旨在挖掘南山当地特色美食，让更多游客了解并传播南山饮食文化。

【长三角广电旅游联盟第二届联盟大会聚焦溧阳全域旅游】 9月26～27日，长三角广电旅游联盟近百家电视媒体齐聚溧阳，联合举办2018溧阳全域旅游推介会暨长三角广电旅游联盟第二届联盟大会，聚焦溧阳全域旅游创建成果，推介溧阳旅游项目，探讨联盟旅游未来发展。推介会上，市旅游局对溧阳全域旅游进行精彩推介，展示南山、曹山、瓦屋山、天目湖、长荡湖、宋团城为主体的“三山两湖一团城”旅游发展格局；长三角广电旅游联盟与溧阳市南渡镇人民政府、溧阳市别桥镇人民政府、溧阳市竹箦镇人民政府以及天目湖酒文化博物馆、曹山旅游景区、天沐温泉旅游度假区、常州日日春生态农庄旅游项目负责人签订合作框架协议。签约方将通过联合营销等方式，开展旅游宣传推介；开发景区旅游精品线路；打造一体化区域旅游市场，为景区输送客源；支持配合在联盟区域内举办的各种推广活动。旅游项目推介期间，广电旅游联盟成员还走进天目湖酒文化博物馆和七彩曹山旅游景区，来到一号公路和天沐温泉采风，实地感受溧阳的青山绿水、美丽乡村。

【溧阳天目湖捧回“亚洲旅游奥斯卡”奖杯】 9月14日，由南方财经全媒体集团、现代旅游业发展协同创新中心作为指导单位，《21世纪经济报道》与南开大学旅游与服务学院联合主办，以“文旅融合·亚洲机遇”为主题的“2018亚洲旅游产业年会”在上海圆满落幕。活动当晚，“2018（第三届）亚洲旅游‘红珊瑚’奖”评选结果隆重揭晓，天目湖旅游度假区获2018（第三届）亚洲旅游“红珊瑚”旅游目的地类奖。

亚洲旅游红珊瑚奖由中国最具影响力的财经媒体《21世纪经济报道》携手旅游专业顶尖学府南开大学重磅打造，旨在挖掘亚洲丰富而优质的旅游资源，打造在亚洲旅游产业领域里最具专业高度及标志性的权威奖项，对亚洲旅游业各细分行业表现进行全面梳理及客观评价，旨在推动亚洲旅游产业健康发展，被称为“亚洲旅游奥斯卡”。

天目湖是以自然生态为依托，融合当地历史文化主题的景区，是集观光旅游、休闲旅游、会议商务旅游等众多功能于一体的一站式旅游目的地。已形成包含天目湖山水园、天目湖南山竹海、水世界、天目湖御水温泉、酒店、旅行社在内的多元化格局业务，是华东首屈一指的度假目的地。来到天目湖，不仅可在天目湖山水园赏湖光山色、品茶香雅兴，还可在南山竹海饱览万亩竹海，阅尽竹之浩瀚，更有御水温泉带来的全天然温暖养身体验。

【首届南山招牌菜大赛】 12月6日，由溧阳市戴埠镇人民政府、溧阳市南山景区管委会、溧阳市市场监督管理局和溧阳市旅游局主办，溧阳市餐饮业商会、翠谷庄园和溧阳市南山景区乡村旅游协会承办，戴埠镇社区教育中心和戴埠镇文体站协办的首届南山招牌菜大赛在翠谷庄园正式举办。该次大赛共有26家单位、35名选手参加，他们带来具有南山特色、代表南山经典招牌的老母鸡汤、溧阳扎肝、红汤鱼头、雁来蕈豆腐等64道美味菜肴。

大赛主办方介绍，举办“南山招牌菜”大赛，就是要把富有溧阳和南山特色的传统菜肴巩固、发扬和规范，进一步弘扬南山乡村文化，树立乡村美食品牌，加强乡村美食文化交流，推动乡村旅游发展，全力推进乡村振兴。通过举办大赛活动和推广，在长三角地区实现“走进南山、了解南山、爱上南山”的目标。

6日上午，参赛选手们按顺序分组进行比赛。评委由溧阳餐饮业界的名家和天目湖中专的专业教师组成，评分按照菜肴色、香、味、形（菜形和器形）和创新五个方面进行评判打分，以评委平均分为参赛菜品的最终得分，按得分由高到低排名。大赛共评选出老母鸡汤、白汤羊肉、溧阳扎肝、红汤鱼头、红烧南山鸡等18道南山招牌菜，并对获得该次大赛特金奖、金奖的参赛单位和厨师个人进行表彰奖励。

在颁奖仪式上，南山景区管委会副主任魏平东代表大赛主办方致辞说，南山景区正处于“生态立镇、旅游兴镇、工业强镇、宜居古镇”的发展进程中，将充分发挥当地丰富的自然资源和优美的生态环境优势，以山、水、竹、寿、茶为基础，大力发展乡村美食文化产业，全力推进乡村旅游提档升级，积极打造“德寿南山，康养胜地”目的地品牌。溧阳市餐饮业商会会长王新华对该次大赛作品作精彩点评。

南山地处吴头楚尾，自古以来人杰地灵，物产丰富。溧阳美食文化源远流长，清代溧阳籍大学士史贻直向下江南途经溧阳的乾隆皇帝推荐溧阳美食：“毛尖花红棠下瓜，黄雀青鱼白壳虾；蟹黄包子鸭浇面，芹菜冬笋韭菜芽。”里面就有一些南山特有的美食。溧阳南山景区是传统的美食之乡，南山有溧阳地产“三白三黑”（天目湖砂锅鱼头、白芹、白茶；雁来蕈、乌米饭、扎肝）的食材，更有南山板栗、冬笋、土鸡、南山羊肉等绝佳的美味食材。南山地处江苏最南端，东接苏杭、南连安徽、北邻淮扬，在饮食和文化上受几大菜系文化的影响，几百年来的饮食习惯造就了南山独特的饮食文化。

随着南山景区近年来重点旅游企业的快速发展，先后涌现以美岕、望星谷、安雲·悦南山精品酒店、云岭温泉度假酒店等为代表的一批精品酒店。南山和园项目、御水南山精品酒店项目、御水温泉二期竹溪谷项目等一批重点项目正在开工建设中。民宿产业近年快速发展，先后涌现以绿乡民宿、三朵花、归来小院、南山梵璞、泡泡庭院等为代表的民宿产业，全区已建设完成20多家有代表性的民宿、茶宿。南山旅游从观光旅游向休闲度假快速转换，近8年来，南山旅游连续两位数增长。2018年接待游客超730万人次，旅游直接收入达16亿元，分别比上年增长21.8%和18.5%。

【溧阳开通城市旅游欢迎短信】 12月14日起，所有进入溧阳境内的手机客户，都会自动接收到这样一条旅游欢迎短信：“上有天堂，下有苏杭；出了苏杭，美在溧阳。美好祝愿：文明旅游，平安出行。欢迎关注官方微信‘中国溧阳’，了解更多溧阳资讯。美音自在溧阳，欢迎您！”这温馨的欢迎语，让外地游客在愉悦的心情中，通过现代信息技术，更加直观、有效地了解溧阳旅游特色，获得宾至如归的感觉。

溧阳市政府及旅游部门为进一步提高溧阳城市及旅游的知名度和美誉度，与当地运营商（移动、电信）展开合作，锁定手机客户端开展短信精确宣传，让每位到溧阳的游客都收到“美音自在溧阳”特色短信，这是该市加强城市宣传工作的又一举措。旅游短信服务有别于传统媒体宣传，是运用现代科技手段的智慧宣传，对于全面拓展客源市场，提升溧阳知名度具有重要意义，使溧阳城市旅游形象和品牌日益深入人心，让更多人了解“美音自在溧阳”。

【溧阳成为全国前二十强旅游目的地】 12月下旬，携程发布《改革开放40年，改变中国人的十大旅游方式》，盘点那些激动人心的旅游故事，溧阳成功入选携程2018年自由行国内人气目的地前20名。根据携程自由行数据，2018年自由行国内人气目的地前20名分别是三亚、厦门、北京、上海、广州、珠海、成都、杭州、重庆、西安、舟山、丽江、深圳、常州、苏州、哈尔滨、东阳、溧阳、桂林、青岛。

自由行是21世纪以来伴随着互联网兴起的新型度假方式。2003年，携程推出全新360°度假超市，首推休闲度假旅游概念和自由行度假产品。旅游者可以根据自己的喜好自由组合搭配酒店、航班等组合套餐，打包费用节省。15年来，自由行已经成为中国旅游市场主要的旅行方式和产品类型。

溧阳曹山旅游度假区全面拓展基础设施和旅游项目建设，2018年1月被评为省级旅游度假区。“1号公路”获评江苏省首批旅游风景道称号，串联起全市重要景区和乡村旅游，成为溧阳全域旅游的网红产品。别桥原乡旅游区初步建成塘马湿地公园、原乡花海和稻梦空间等旅游项目，形成新的旅游亮点。溧阳旅游业在空间上实现南北联动发展，全域旅游发展的模式不断深化和创新，溧阳旅游由传统观光型向休闲度假体验型并重转变，实现旅游产业从单一分散的景区（点）模式向全领域及全时空的一体化方向发展。

【2018宁杭生态经济带（江苏段）特色旅游产品溧阳斩获多项旅游产品大奖】 12月21日，由江苏省文化和旅游厅主办，江苏上游文旅承办的2018宁杭生态经济带（江苏段）特色旅游产品颁奖仪式在南京举办。在该次活动中，溧阳的“天目湖度假游”和“曹山运动休闲游”同时被评为十大旅游线路，“网红1号公路之旅”被评为自驾休闲线路一等奖，“赏园林，知古风”被评为古韵文化之旅二等奖，“三黑三白，余味绕舌尖”被评为特色美食之旅一等奖。

为塑造“七彩宁杭”旅游品牌，颁奖仪式现场，宁杭（江苏段）沿线七县（市、区）旅游部门代表分别和南京大华国际旅行社、中国国旅（江苏）国际旅行社、中道旅游、常报旅业4家旅行商签订《“七彩宁杭”旅游战略合作框架协议书》，结成“七彩宁杭”旅游战略合作伙伴，将在多个领域展开全面深入的合作。

旅游开发

【概　况】 2018年，市委、市政府把旅游工作上升到前所未有的高度，把“全域旅游推进年”作为全年两大工作主题之一，市旅游局围绕特色发展、错位发展，以丰富旅游产品供给、完善旅游公共服务、提升游客体验舒适度为目标，多措并举全力推进全域旅游发展，以创建“国家全域旅游示范区”为目标，打造溧阳发展新名片。全年确定20个全域旅游重点项目，中信国安江南第一城、蓝城颐养小镇、启迪冰雪等一批品质优、业态好、市场认可度高的休闲经济项目在溧阳成功签约，并进入项目规划设计阶段；南山竹海旅游综合体、天目湖“桂林山居”、涵田国际康养中心等旅游项目正在加快实施中。

【全域旅游推进】 强化科学规划引领，按照市委、市政府把全域旅游发展提高到“接轨南京”的战略发展高度决策部署，编制《溧阳市全域旅游规划发展规划》和《溧阳旅游业接轨南京三年行动计划》，全力推进宁杭生态经济带最美副中心城市建设步伐。全力推动全域旅游发展。6月制定出台《关于加快推进全域旅游发展的实施意见》，成立以市委、市政府主要领导任组长，各相关部门负责人为成员的全域旅游发展领导小组，切实加强对全市全域旅游发展的统筹领导。提升旅游服务品质。按照国家全域旅游示范区、全国文明城市以及国家等级旅游景区的创建要求，全市大力推行旅游“厕所革命”。旅游景区、乡村旅游区全部按《旅游厕所质量等级的划分与评定》（GB/T 18973-2016）标准要求，新建、改建、提升53座旅游厕所（国家A级景区36个、江苏省星级乡村旅游区共17个），总投资超过1000万元，全部是A级以上旅游厕所。其中，有26座按AAA级旅游厕所建设。进一步完善旅游标识系统，推进旅游公路智能化、乡土化的导视系统，更好的突出乡村旅游的地域属性和特征。

【度假区、景区创建】 天目湖旅游度假区全省国家级旅游度假区考评蝉联第一。曹山省游度假区按照省级旅游度假区标准，积极招商引资，全面拓展基础设施和旅游项目建设。启动国家级七彩曹山田园综合体建设，完成牛马塘省级特色田园

2018年溧阳市旅行社情况

表15

单位名称	地址	电话
天目湖旅行社	天目湖旅游度假区	87980000
阳光国际旅行社	平陵中路251号	87225688
华天假日国际旅行社	东大街182号	87201600
山水国际旅行社	平陵中路212号	87290077
东方旅行社	清溪路商业街4区19－20号	88328282
蓝天国际旅行社	平陵中路319号	87203376
华夏国际旅行社	南大街117号	87272299
交通旅行社	西大街142号	87208266
春秋国际旅行社	燕园路88号	87221995
青年国际旅行社	新省溧中对面	87260036
金旅国际旅行社	溧阳汽车站出口处	87289288
溧阳风光国际旅行社	平陵中路218号（平陵大酒店对面）	87237332
安途旅行社	建设中路1-16号	80989993
途宏旅行社	锦绣路290号	87598168
遐客行旅行社	燕山中路4-15号	87224088
小任旅游	镇善南路58号	80689816
扬天户外	燕山路73号一楼	13196710808
智诚假期	诚信广场	13813527941
平陵国际旅行社	台港路277号	13915855550
大千之旅行社	戴埠镇珠江东路28号	13915880114
溧阳市悦达旅行社	溧阳市戴埠镇李家园村委杨树头村9号	15151930621
瓦屋山旅行社	钱家路88-8号	13906145777
溧阳环球国际旅行社	燕山中路11号锦汇广场	15061921777

2018年溧阳市星级饭店情况

表16

单位名称	星级	地址	电话
天目湖宾馆	五星	天目湖旅游度假区	87168888
溧阳宾馆	五星	西大街118号	87222777
天目湖御水温泉度假酒店	五星	天目湖南山竹海景区	80695222
溧阳假日酒店	四星	罗湾路99号	87199999
皇廷国际大酒店	四星	燕山中路9号	83106888
扬子国际大酒店	四星	溧城镇南大街131号	87928888
涵田度假村酒店	四星	天目湖旅游度假区	87178888
天目水庐宾馆	三星	天目湖旅游度假区	87981798
翠谷庄园	三星	南山竹海旅游区旁	87933888
日日春	三星	曹山度假区	18115789101
白露山	三星	曹山度假区	87772999
天之福	三星	曹山度假区	87741288
紫竹林	三星	曹山度假区	87657777
翠竹园宾馆	二星	天目湖旅游度假区	87169000
天目湖大酒店	二星	天目湖旅游度假区迎宾大道301号	87980396

2018年溧阳市全国工业旅游示范点

表17

单位名称	地址	电话
江苏天目湖水电科普园	天目湖旅游度假区内	87982788

表 18

2018 年江苏省星级乡村旅游接待区（点）情况

单位名称	星级	地址	电话
南山花园	五星	戴埠镇杨家村 88−1	87917839
十思园	四星	天目湖三胜村	87935788
翠谷庄园	四星	戴埠镇南山竹海风景区旁	87933333
大石山	四星	新昌西山大石山下	87186605
吴楚农耕文化园	四星	戴埠镇黄岗岭村	87930080
欣龙生态园	四星	戴埠镇黄岗岭 128 号	87931868
天淼山庄	四星	溧阳社渚镇周城新丁路 1 号	87555555
通用山庄	四星	戴埠镇横涧村委徐家村 168 号	80951999
日日春旅游农庄	四星	上兴镇上沛龙峰村	87165885
古松山庄	四星	溧阳市戴埠镇深溪岕村	87938228
晶阳山庄	四星	溧阳市丫髻山景区附近	87722077
白露山生态园	四星	溧阳市上兴镇曹山园区	87615966
天目茗居	三星	溧阳市天目湖环湖西路	87956777
康鸿生态园	三星	溧阳市戴埠镇竹海大道 478 号	87993888
天露山庄	三星	溧阳市天目湖东园路	80951111
松溪生态园	三星	溧阳市竹箦镇青龙村 2 号	87973250
天目四季春	二星	溧阳市天目镇南钱村	
江南丝府	二星	溧阳市天目湖镇田家山村	87985052
长寿谷	二星	溧阳市新溪路 88 号	

表 19

2018 年溧阳市国家等级旅游景区情况

景区名称	等级	地址	电话
天目湖旅游度假区	5A	天目湖旅游度假区内	87980000
新四军江南指挥部纪念馆	4A	溧阳市竹箦镇水西村	87818918
史侯祠	3A	埭头镇河西村 1 号	87366006
高静园	2A	溧阳市溧城镇交通街 38 号	87285115
凤凰公园	2A	溧阳市溧城镇凤凰路凤凰桥堍	87325020

表 20

2018 年全国农业旅游示范点情况

单位名称	地址	电话
大石山旅游农庄	新昌西山大石山下（宁杭高速溧阳西道口）	87186666
吴楚农耕文化园	戴埠镇黄岗岭村	87930080
天目湖玉枝农庄	天目湖旅游度假区内 241 省道 118 公里处	87031109
翠谷庄园	戴埠镇南山竹海旅游区旁	87933888
十思园	天目湖三胜村	87987999
花果山农庄	天目湖旅游度假区内	87980558

乡村建设，曹山花居项目完成主体建设。

【休闲经济三年行动计划持续推进】 根据《中共溧阳市委、市政府“向休闲经济拓展”三年行动计划实施意见》，认真组织实施。完成《溧阳市休闲经济发展规划》编制工作，充分发挥溧阳市的休闲资源优势，积极推动天目湖、南山、曹山、瓦屋山、长荡湖等休闲旅游产业的提级升质，带动溧阳休闲度假经济的全域发展。通过龙头项目带动、产品连片发展，形成“一体两翼六组团”的空间格局，汇编近 40 个招商项目信息，积极对外招商引资。

旅游管理

【概　况】 2018 年，市旅游局依据《中华人民共和国旅游法》《旅游安全管理办法》和《旅行社条例》等法律法规，规范旅游企业的经营行为，加大服务旅游企业力度，提升旅游服务接待水平，全市旅游环境得到实质性优化。完成扬子国际大酒店四星级旅游饭店评定性复核工作。组织举办全市旅游行业从业人员培训班、旅游饭店管理人员培训班，举办全市旅游行业管理人员安全培训班。在各个黄金周、小长假前夕，市旅指委组织相关部门开展安全大检查行动，对全市重点旅游景区（点）、旅游饭店和旅行社开展旅游安全大检查。针对检查中发现的问题和安全隐患，检查组现场提出整改要求，及时下发检查通报，督促受检单位及时整改，排除安全隐患，规定时间节点完成整改任务，并进一步加强复查力度。各旅游企业每年定期举行组织参安全管理知识考试和现场消防演练，全年未发生重大旅游安全事故。2018 年组织开展 2 次联合执法、1 次专项执法检查以及 8 次“双随机”检查。整治旅行社违法违规经营行为，如不签订旅游合同、超范围经营、不出具发票、发布虚假广告，未经游客同意转团或拼团、变更行程、以不合理的低价诱导、欺骗游客等违法违规行为。联合市场监管、城管等部门对景区（点）周边的购物场所进行检查，严厉打击无证照经营、价格欺诈以及胁迫消费等行为，坚决查处在景区（点）周围乱设摊点、占道经营、围追兜售、尾随强卖等现象，有效地净化了景区（点）游览环境。充分发挥“12301”“96519”等旅游服务热线和旅游投诉举报网络平台作用，鼓励社会各界积极提供各类违法违规行为线索，提醒旅游者遵守旅游文明行为公约和行为指南，自觉抵制参加“不合理低价游”。2018 年共收到旅游投诉 28 起，旅游矛盾、纠纷均得到及时处理，投诉圆满解决率达 100%，未出现越级上访、群访现象。在全市旅游行业开展精神文明创建活动，提高旅游服务质量，倡导游客文明出游。

检查景区旅游服务质量，对游客满意度情况进行调查，全年游客对山水园、南山竹海景区的满意度分别达 96.8% 和 96.9%，对景区服务人员的满意度分别达 94.1% 和 94.6%。2018 年 12 月，白露山生态园、松溪生态园分别被评为江苏省四星级和三星级乡村旅游区（点）。

【旅游饭店管理人员培训】 根据市委、市政府发展“休闲经济”和“天目湖英才榜”三年行动文件精神，以及全面推进与陕西白河、汉阴地区挂钩协作、与安徽郎广地区共建苏皖合作示范区有关工作要求，5 月 21 日，市旅游局组织全市各星级宾馆、饭店，苏皖合作示范区郎溪、广德县及挂钩协作地区陕西白河、汉阴旅游饭店的中高层管理人员共 50 人，在南京旅游职业学院开展为期 4 天的专业培训。溧阳市旅游局局长朱红新、南京旅游职业学院副院长冯明出席开班仪式。溧阳市旅游局副局长冷洁主持开班仪式。

【全市旅游行业从业人员培训班】 9 月 11 日上午，溧阳旅游局组织的“溧阳市旅游管理人员能力提升专题培训班”在厦门大学经济学院 EDP 中心正式开班。该次培训班邀请厦门大学知名教授、厦门市建设局、规划委等多方面的专家，讲解全域旅游与区域旅游经济、乡村振兴战略实施、厦门美丽乡村建设、文化创意与文化产业等与旅游紧密相关的课程。在培训班开班仪式上，厦门大学经济学院副院长王艺明致欢迎词，详细介绍厦门大学的相关情况；溧阳市旅游局局长朱红新作开班动员讲话，分析溧阳旅游发展的现状、形势和要求。

【全市旅游行业管理人员安全培训班】 11 月，市旅游局联合市安全生产监督管理局，在假日酒店举办一年一度的全市旅游经营单位法人代表、主要负责人和安全管理人员安全资格培训。培训剖析讲解了旅游安全有关法规制度和案例，进一步加深旅游经营单位的安全认识，80 多人参加该次培训并取得《安全资格证书》。

天目湖旅游度假区

【概　况】 天目湖旅游度假区成立于 1992 年，1994 年被批准为省级旅游度假区，总规划面积 320 平方公里，已实施旅游开发区域约 90 平方公里，基本形成“一中心三片区”（游客综合服务中心，沙河滨湖旅游区、龙潭乡村体验区、南山康体养生旅游区）的大旅游格局，于 2015 年获评国家级旅游度假区。先后获得国家生态旅游示范区、国家 AAAAA 级旅游景区、国家水利风景区、国家特色景观旅游名镇、全国环境优美乡镇、国家森林公园、国家湿地公园、国家级水利工程管理单位、中国最佳旅游度假目的地等称号。

生态资源优越　以丘陵山区为主，森林覆盖率达 84.5%，空气质量达国家一级标准，每立方厘米空气中的负氧离子含量高达 3 万个，富硒土壤极具养生保健功效。拥有沙河和大溪两座国家大（二）型水库，水域面积 25 平方公里，天然弱碱性水质，水质达到国家二级饮用水标准。南山竹海是江苏省第二大山脉，苏南第一大山脉，是江苏地区难得一见的低山丘陵景观密集地，是江苏省分布面积最广的竹海。御水温泉是华东地区稀缺的碳酸氢钙型温泉。龙潭森林公园保存了 170 份板栗良种资源的基因库，是全国两家重点板栗良种繁育基地之一。拥有野生植物 1100 多种，野生脊椎动物 149 种。

文化底蕴深厚　有建于明代的鸡鸣村与金宅，有江苏迄今保存最完好的古官道；有东汉文学家、书法家蔡邕的读书台，传统音乐《蔡氏五弄》被列为江苏省非物质文化遗产；是著名的“焦尾琴故里”，以焦尾琴为代表的中国古琴是世界非物质文化遗产；有距今 4500 万年前“中华曙猿”化石，被考证为包括人类在内的一切灵长类动物的共同祖先；被誉为“中华第一诗”的《游子吟》在此写就；以春秋时代楚人伍子胥名“员”命名的伍员山，史贞女义救伍子胥的感人故事广为流传；还有讲述姜子牙钓鱼传奇故事的太公山，距今已有 1300 余年的历史的龙兴寺；已有 1400 多年历史、源于佛教四报恩理念的报恩禅寺；有高 24 米，由青石垒砌而成，被誉为“亚洲第一浆砌石拱坝”的平桥石坝。

度假产品丰富　拥有山水园、南山竹海和御水温泉以及悠然南山、竹海漂流等景区及江苏省自驾游基地 2 家。有涵田度假村、WEI 天目湖、天目湖宾馆、美芥花园、维景温泉酒店、云岭度假村、悦南山、望星谷等 40 多家宾馆酒店。有欣龙生态园、翠谷庄园等众多乡村旅游点，其中全国休闲与乡村旅游点 1 家，全国农业旅游示范点 5 家，江苏省四星级乡村旅游点 5 家，以及香云小筑、南山十一间、陶然美芥、三朵花等精品“茶舍”。各类住宿接待设施 126 家，客房总计 5990 间，床位 1 万余张。

服务设施齐全　实现市区和宁杭城际高铁站到度假区以及度假区内景区间公共交通的无缝对接，神州自驾落户高铁站，游客中心和主要旅游点提供公共自行车租赁服务。全长 400 多公里的网红“1 号旅游公路”把景区、乡村旅游点以及田园乡村串联起来，进一步推动全域旅游发展。规模停车场 13 个，面积达 15 万平方米以上，其中，生态停车场面积 4 万多平方米。度假区主入口设立多功能一级游客服务中心，各主要景区设立二级游客中心，景区和酒店公共区域提供免费 WiFi，游客凭网络订单到景区换票或直接刷二维码入园。医院、银行、加油站、邮局、电信等服务设施一应俱全。

综合效益显著　天目湖旅游股份有限公司成功上市，成为全市首家上市企业和江苏省旅游景区类首家上市企业。天目湖旅游直接从业人员 8000 余人，随着天目湖旅游的知名度扩大，天目湖品牌的影响力越来越高，“天目湖”商标使用范围涵盖旅游、餐饮、茶叶、果品、工艺产品等 100 多个品种，天目湖砂锅鱼头、玉枝和玉莲白茶商标分别评为全国驰名商标，天目湖旅游、啤酒被评为江苏省著名商标，天目湖白茶和白芹分别为国家农产品地理标志产品，“富子”白茶被评为“中国上海世博会十大名茶”。“天目湖”品牌系列产品销售收入逐年上升。

【产业发展】 2018年，天目湖旅游度假区认真贯彻落实全省旅游业发展大会精神，按照“大发展、大提升”的发展思路，坚持“项目为王、生态为本”的理念，以“全域旅游”为工作重点，高起点规划、高标准开发、高水平建设、高要求保护，积极构建适合市场需求的休闲度假产品，全面推进度假区旅游发展步伐。2018年接待游客480万人次，实现旅游直接收入18.8亿元。天目湖在全省旅游度假区发展综合考评中蝉联第一。

坚持高起点规划，优化旅游发展思路 配合做好《天目湖保护规划》《溧阳城市南部区域空间发展规划》的编制，以生态保护和环境舒适度为前提，合理确定天目湖下一步可开发利用的空间，以此为基础，对《天目湖镇总体规划》进行修编，开展《天目湖旅游度假区发展规划》（暂定名）前期调研准备工作。

坚持高标准开发，丰富度假旅游内涵 全年旅游项目完成投资约26亿元。天目湖宾馆、翠竹园酒店和国际饭店完成改造；悠然南山特色田园综合体、涵田国际康养中心加快建设；桂林山居文旅项目、御水温泉竹溪谷、田家山房以及自在溪山、青峰山居茶舍项目开工建设；青羽舍日式温泉酒店、瑞芝颐禄园、安悦天目山居以及隐湖居茶舍项目正在办理施工手续；中信国安江南第一城、环球大溪文旅项目、安纳塔拉度假酒店等项目正在方案设计。加大项目招商力度，本裕国际健康养生世界、酒文化博物馆、玉梅岭文化旅游项目、科勒度假酒店等项目加快招商对接。

坚持高水平建设，提升旅游环境质量 提升旅游公路环境质量，按照《溧阳市“1号公路”路域环境综合整治行动方案》，全面提升优化“1号公路”生态景观品质，东园路和平桥石坝景观带提升，深入开展沿线综合环境治理，共计拆除沿线违法建设63处3000平方米，违章广告牌45处，更换破旧店招18处，清理乱堆放47处，粉刷约1300平方米，刷白近30万平方米，改造提升重要节点6处，沿线各类堆场、砖厂规范清理并覆盖。坚定不移推进水源地保护，扎实推进水源地保护5大类15项工程，水源水质稳中向好。新增退耕还林2000亩，临湖面茶园收购、林地（含附属物）流转5800亩。全面开展“河长制”工作。沙河水库取水口完成改造，水源地保护隐患问题被生态环境部正式销号。天目湖国家湿地公园接受国家级验收。全面落实《常州市天目湖保护条例》，严厉打击破坏渔业资源行为，2018年共立案查处50余起。

坚持高基调宣传，扩大品牌影响力 成功举办全球买家看天目湖、房车嘉年华活动和“闭幕式”晚会、“天目湖诗韵”诗人词家天目湖采风、水世界夜公园、乡约天目湖等活动。加强对外旅游宣传推介，参加“2018香港江苏文化嘉年华”“美丽中国2018全域旅游年”港澳地区主题宣传推广活动、第六届澳门国际旅游（产业）博览会以及宁波国际旅游展，天目湖品牌影响力不断增强。

【天目湖旅游度假区蝉联江苏省省级及以上旅游度假区考评冠军】 2018年10月，江苏省旅游委员会下发《〈江苏省2017年度旅游度假区总体考核评价报告〉的通知》（苏旅委〔2018〕1号），在2017年度全省52家省级及以上旅游度假区的考评中，天目湖旅游度假区的总分为854.7分，比上年增加51.7分，在6家国家级旅游度假区中继续排名第一，在所有参加考评的旅游度假区中排名第一。

【天目湖参加首届海峡两岸姊妹湖产业协作年会】 2018年9月14～16日，首届海峡两岸姊妹湖产业协作年会在重庆长寿湖举行。作为海峡两岸8大姊妹湖之一，天目湖出席该次年会。出席该次年会的还有吉林长春净月潭、浙江杭州西湖、安徽黄山太平湖、福建泰宁大金湖、湖北武汉金银湖、重庆长寿湖、中国台湾日月潭，大家齐聚一堂，探索两岸湖泊景区经济文化旅游共赢发展途径。按照年会章程及商议，第二届海峡两岸姊妹湖产业协作年会将在天目湖举行。在年会闭幕式上，长寿湖与天目湖完成会旗交接仪式。

【第七届“艾蒂亚奖”揭晓，天目湖获两项“中国旅游奥斯卡”】 2018年1月31日，第七届中国旅游投资“艾蒂亚奖”颁奖典礼在北京隆重举行。天目湖凭借优越的自然生态景观和独特的品牌竞争优势，从115位入围者中脱颖而出，最终斩获两项大奖，其中，江苏天目湖旅游度假区夺得中国最佳旅游度假目的地奖，江苏天目湖旅游股份有限公司夺得最佳旅游投资机构奖。

【两大摄影创作基地落户天目湖国家湿地公园】 4月4日上午，中国艺术摄影学会、江苏省摄影家协会天目湖国家湿地公园摄影创作基地揭牌仪式在天目湖维景温泉酒店隆重举行。两大摄影创作基地落户天目湖湿地，是对天目湖国家湿地公园建设的一种认可、鼓励和促进，将能进一步推动文化与旅游、艺术与生态的深度融合，吸引更多摄影艺术家和广大摄影爱好者发现天目湖、关注天目湖、聚焦天目湖，让天目湖成为“诗和远方”的光影交会点。

【天目湖桂林山居文化旅游项目开建】 借助2018年中国·溧阳茶叶节暨天目湖旅游节的东风，4月9日上午，桂林山居文化旅游项目开工仪式在天目湖旅游度假区盛大举行，市委常委张顺，天目湖管委会主任、天目湖镇镇长柳建平以及江苏闲庭文化旅游发展有限公司相关领导、嘉宾等出席项目开工仪式。桂林山居总占地177亩，建筑面积1.5万平方米，项目以茶文化为着力点，通过打造古茶博物馆、民俗古村落、书院、禅修等旅游产品，形成集文化品鉴、艺术体验、情景互动于一体的文化旅居小镇，项目建成后，将进一步丰富天目湖文化旅游的内涵，为天目湖旅游注入新的活力。

【全国诗人词家天目湖采风活动】

4月20日，“天目湖诗韵——全国诗人词家湖畔行”采风活动在望湖岭宾馆举行启动仪式。该次采风活动邀请到著名学者和诗人雍平，中华诗词学会常务理事、湖南诗词协会副会长熊东遨，以及上海、江苏、湖南等全国各地诗词协会的诗词名家20余人。在4天的采风行程中，各位诗人词家实地游赏山水园、湿地公园、平桥石坝等山水景观，同时还实地寻访任兰枝墓、蔡邕读书台等历史人文古迹，在饱览天目湖自然风光之余，真切感受天目湖深厚的文化底蕴。天目湖的美景激发了各位名家的创作灵感，成为诗人词家妙笔生花的源泉。

【“游姿游味天目湖”2018第四届房车嘉年华活动】 5月11～13日，来自北京、江苏、山东、安徽、河南等省的近50台房车车友聚集天目湖畔，参与为期三天的“游姿游味天目湖”2018第四届房车嘉年华活动。该次活动由江苏天目湖旅游度假区主办、南京海莫尼文化发展有限公司、旅居时代房车俱乐部承办执行，《现代快报》、上汽大通房车生活家大力支持。为期三天的房车嘉年华活动丰富多彩，活动以房车休闲生活方式为依托，融合美食体验、文创DIY等主题鲜明、参与性强的互动内容，以特别的休闲形式、特别的活动内容，呈现出天目湖旅游度假区大力推进文旅融合，促进产业形态多样化，发展全域旅游的新气象。

天目湖拥有良好的生态环境，天目湖的食材也是自然、纯鲜。天目湖不仅砂锅鱼头唱响全国，天目湖的地道野菜都也能讲出一番故事。活动期间，参与活动的旅游达人、《现代快报》的小记者家庭、房车车主们在五星级宾馆天目湖宾馆大厨的指导下，个个妙手生花，将看似普通的野菜制作出美妙美味的野菜团子。活动恰逢母亲节，天目湖房车嘉年华活动安排创意DIY手作画为母亲送一份亲手制作的礼物、天目湖山水园内慈母堂也有“给母亲的一封信”活动。在母亲节陪在母亲身边，自己动手制作一份温情的节日礼物献给心中的女神——母亲，活动现场感动满满。夜幕降临时，微风拂面，房车车友促膝而谈，相互交流各自在全国各地乃至世界各地房车旅游的精彩旅程。天目湖成为房车故事汇聚站，一个个带家在路上的精彩故事、一幕幕旅程中的奇妙感受，化为车友们的精神大餐。夜晚，星空下的户外电影上映，躺坐天地间观看欧美房车电影大片，感觉空气都是甜的！

【天目湖湿地公园迎来中国摄影名家采风】 12月26～27日，中国摄影名家看“天目湖湿地”采风活动在天目湖湿地公园开展。中国摄协顾问、中国摄协原副主席邓维，中国摄协专业委员会委员、江苏省摄影家协会副主席吉龙生，上海市摄协副主席、中国摄协理事曹建国以及耿建国、王瑞富、孙公甫、朱珩等国内知名摄影家应邀到溧阳采风。入冬的天目湖湿地，雾笼寒水，霜打层林，千山俱寂，廊桥通幽，宛如一幅淡淡的水墨画，别有一番意趣。摄影名家们走进湿地深处，或驻足寻觅，或极目远眺，随着“咔咔”的快门声响，一幅幅记录天目湖湿地之美的瞬间被定格为永恒。

【“云中漫步”观光氦气球项目正式投运】 2018年3月29日，天目湖“云中漫步”观光氦气球项目在天目湖山水园正式开业并投入运营。该项目由中航工业湖北航特装备制造股份有限公司和天目湖景区共同打造完成，“云中漫步”球体直径达23米，球体容积超6000立方米，充装国际气球标准气体——氦气，安全环保。“云中漫步”项目吊舱一次最大载客30人，游客可在150米高空登高望远，360度俯瞰天目湖全景，全方位多角度感受天目湖之美。

【天目湖惊艳亮相北京国际摄影周】 2018年10月20～29日，由文化和旅游部、北京市人民政府主办的北京国际摄影周在中华世纪坛开幕。“江南明珠”——天目湖惊艳亮相该次摄影周，天目湖管委会精心选送了最能体现天目湖绿色、生态、和谐的68幅摄影作品参展，体现出天目湖优良的投资发展环境、得天独厚的休闲旅游环境、美好和谐的生活环境。天目湖摄影作品除在中华世纪坛主展馆展出，还在王府井商业街、梅地亚中心等繁华热闹地段进行展示，吸引许多市民和摄影爱好者驻足欣赏。

【大型儿童历史剧《史记》到天目湖拍摄】 5月1～2日，由江苏影视频道摄制的大型儿童历史剧《史记》第1集《卧薪尝胆》在天目湖湿地公园、山水园等地取景拍摄，该剧讲述了吴越争霸时期的一段经典故事，再现了勾践、伍子胥、夫差、范蠡等历史人物的风采。该次拍摄，是天目湖旅游度假区推进以文促旅的又一新动作，提升了天目湖旅游的影响力。

（天目湖旅游度假区）

曹山旅游度假区

【概　况】 2018年，曹山旅游度假区增创农旅融合发展新优势，扎实推进各类基础设施和旅游项目建设，围绕乡村振兴和农旅发展，完成各项工作部署。全年，园区总产值超4.5亿元，主导农业产业占比75%，“互联网＋农业”覆盖率达75%；农旅深度融合，休闲农业、乡村旅游快速发展，年接待游客达300万人次，旅游收入1.2亿元；农民收入稳步增长，解决区域内1500余人就业，人均可支配收入稳步提高1万元。全年累计完成土地签约2906.316亩，基本完成2018年度房屋征收、拆迁工作目标任务，储备一定的土地资源。2018年1月，曹山旅游度假区成为省级旅游度假区。

【创建工作】 2018年1月15日，曹山旅游度假区通过江苏省人民政府批复，正式成为江苏省48家省级旅游度假区之一，曹山由此步入省级平台，在江苏省乃至全国旅游版块崭露头角。牛马塘村作为江苏省特色田园乡村首批试点村，稳步推进工程进度。“七彩曹山田园综合体”成功入

2018年4月10日，两节开幕式上曹山省级旅游度假区授牌
（市旅游局 供稿）

选2018年财政部在江苏省的唯一试点项目，9月正式进入施工。项目重点围绕“盘活闲置农宅”的切入点，通过资本市场引入和综合体运营，促进休闲农房的市场化开发和多元化利用，提高农户的财产性收入。2018年11月14日，曹山现代农业产业示范园被批准建设省级现代农业产业示范园，三年内共计将获省级资金5000万元。示范园的建设，将对周边农业产业结构调整、农村经济发展起到良好的示范带动作用，为上兴镇乃至全市乡村振兴工作的推进开辟新的道路。

【规划编制工作】 根据牛马塘村庄现貌、人文条件、自然资源，精心编制完成《牛马塘特色田园乡村规划》。编制《十里梅林田园综合体发展规划》《曹山现代农业产业发展规划》，规划引领曹山的田园综合体、现代农业产业示范园的开发建设。紧扣园区旅游发展的脉搏，以园区未来发展需求为落脚点，制定《一期核心区运营提升规划》《彩文化》《龙峰村乡村振兴》《北片区市政（管线）综合规划设计方案》等区域性规划，探索较成熟片区进一步深化的发展空间，并为新地块、区域的发展进行前瞻性的谋划。结合园区已有项目及招商引资项目深度开发的需求，组合编制《火车莱斯》《牛马塘展馆》《曹山花居》《簸箕山房车综合体》《金陵禅寺旅游发展规划》等规划，旨在服务项目，做到未雨绸缪。

【基础建设】 2018年，曹山旅游度假区提升园区整体形象，优化园区路网结构，综合开发园区旅游资源，加快基础设施建设，不断完善配套设施，强化服务功能。完成自行车公园二期项目、自行车驿站、果之王驿站、登山步道支线的建设。配合重点项目田园综合体、牛马塘美丽乡村、余巷土地整治等，新建上陶线、龙峰线，连接亮点资源。依托现有路网，串联园区与周边旅游资源，拉大旅游格局框架。完成引导区绿化及配套、紫薇谷景观节点、登山步道亮化、景观节点及雕塑等工程。完成勤丰、余巷、分界公墓建设，大巴停车场厕所装修，主干道沿线监控及自行车公园监控与音响安装，完善沿线广告牌建设及组织推进园区果皮纸箱提升改造工作。

【招商引资工作】 2018年，曹山旅游度假区着重加强招商引资工作，研究制定各类招商政策，积极引进符合曹山当地特色的旅游项目并取得显著成效。一期范围内的重点项目主要有曹山爱情故事文旅产业项目（由江苏华盟通旅游装备有限责任公司出资约3.5亿元建造，建筑面积36036平方米）、汽车莱斯项目（由江苏再低创意文化旅游发展有限公司与曹山旅游度假区管委会合作开发建设，打造溧阳最具特色和人气的汽车主题旅游综合体）、火车莱斯项目（含7.076公里火车轨道，以亲子乐园为主题，融入来斯广场、火车乐园、畜力火车体验园等）、紫薇谷度假村项目（打造新型影视文化音乐驱动型度假综合体，核心产品有曹山剧场等）。二期范围内的项目主要有新阳度假酒店项目（由新阳科技集团出资约11亿元建造，建筑面积38251平方米，打造集别墅式酒店、四合院、温泉等为一体的高端园林式度假酒店）、曹山无忧谷野奢度假村项目（由江苏汉宇建筑有限公司出资约5亿元建造，建筑面积2.9万平方米）、云南城投会展中心项目。

【宣传推广工作】 积极举办各项赛事节庆活动，展现“七彩曹山”魅力。2018年，度假区成功举办2018“七彩曹山杯”定向越野挑战赛、2018中国·溧阳茶叶节暨天目湖旅游节开幕式第二届曹山旅游节开幕式、七彩曹山——中泰高校交流专场演出、七彩曹山第二届水果采摘节暨融入南京项目集中签约仪式、夏韵流芳—2018江苏广播“百名主播诵经典”夏季诗会、2018全国象棋甲级联赛（溧阳曹山站）暨上兴新区全民运动会启动仪式、常州市第十五届运动会电竞联赛（溧阳赛区）、2018“一带一路”七彩曹山中欧象棋对抗赛、第十一届全国舞龙舞狮锦标赛暨第三届中国·曹山舞龙舞狮节、“孝暖曹山，爱在重阳”2018江苏广播幸福健步走、2018“缤纷秋日，杨眼看曹山”、“七彩曹山杯”2018江苏省广场舞城市交流展演赛、2018（中国·溧阳曹山）“一本图书的暴走”大型慈善马拉松大赛等活动。

加强旅游宣传，推广“七彩曹山”。加强与上游文旅、东吴文化传媒等重点市场城市的主流媒体的长期合作；与华铁传媒、谷地传媒签订一系列的合作协议，继续冠名“七彩曹山”号高铁，同时实施瓦屋山高铁站广告，参与“乘着高铁游溧阳”活动，深入展开高铁广告营销。

（曹山旅游度假区）

邮 政

【概 况】 2018年，溧阳邮政分公司根据市场需求，创新经营模式、开拓经营思路，以重点项目、重点业务、重点市场为抓手，抓好业务发展，强调有效收入的增长，优化业务结构，各项经营工作持续好转，完成上级下达的各项工作任务。

2018年，溧阳分公司实现邮政业务总收入2.0127亿元，完成市公司计划的100.05%，比上年增长10.47%，是全区唯一完成计划的区(县)分公司。代理金融业务累计完成收入1.5797亿元，完成年计划的102.88%，比上年增幅10.65%；累计完成邮务类业务收入3124万元，包快业务累计实现业务收入945万元。全年实现有效收入1.6247亿元，完成市分公司计划的102%，是区（县）分公司中唯一完成计划的部门；累计实现收支差6391万元，完成计划的113%。

按省公司财务口径，2018年1～12月，分公司累计完成收入1.9822亿元，收入规模位列全省县公司第17名，规模比上年提升2个位次。

为持续优化邮政业务结构，2018年继续突出项目引领、重点管控的发展要求，加快实现规模发展、效益发展、转型发展、创新发展、特色发展，主动适应邮政发展新常态，提规模，调结构，不断产生规模效应与效益效应。

【服务工作】 注重思想引领。分公司按照上级的工作部署，坚持“以人民为中心”的新发展思想，推进文明创建工作，打造有邮政行业特色、社会影响力的公益品牌，强化“人民邮政为人民”的服务理念。

履行邮政普遍服务。在全市邮政组织开展“普遍服务专题教育月”活动，通过邮政普遍服务知识网上学习考试，开展“人民邮政为人民”的主题座谈会，开展岗位大练兵活动，跟段投递交流查摆服务问题等一系列举措，促使普遍服务质量迈上新台阶。

创建特色邮路。深化“特色邮路”创建，推进特色邮路创建向更高水平迈进。深化“志愿者邮路”创建，150余名投递员志愿者与邮路上的孤寡空巢老人及残疾、体弱的困难人群结对帮扶，形成常态化帮扶机制。其中，分公司的“巾帼邮路”品牌先后获得常州、溧阳市总工会的表彰。

推进便民服务。践行“人民邮政为人民”的服务宗旨，助力市政府“放管服改革”。通过“警邮共建”“税邮合作”等项目推进便民服务。全市建“税务代征点”5个，代征税款2201万元。建成“警邮便民服务点”2个，提供代办机动车、驾驶证、违法行为处理、互联网业务4大类共17项业务。

坚持与溧阳南渡镇福新村建立长效帮扶机制，长年开展结对帮扶贫困党员、村民工作，当年支持帮扶款5万余元。按照市委“阳光扶贫”的要求，分公司定期走访慰问，了解脱贫进程，实行动态信息管理，推进精准扶贫工作的落实。

【财务管理】 2018年，分公司坚持制定各专业局的有效收入与收支差额指标考核方案，以及网点的有效收入

2018年10月10日溧阳市寄递事业部成立揭牌仪式

（市邮政局 供稿）

及收支差指标考核方案。为此，利用ERP管理会计系统、二级损益核算系统以及业绩考评系统作为专业、支局绩效考核的有效工具，有效地引导各专业、支局以有效收入、收支差为目标导向转变。并且通过与上级主管部门沟通，建言献策，优化财务处理流程，提高财务处理效率。通过这种管控，对各项成本、费用的使用都做到了公开透明、责任清晰、管控及时。

【人力资源管理】 全年的年终绩效办法在上年的基础上进行优化完善，真正形成岗位职责、工作业绩和实际贡献直接挂钩的企业内部分配体系，重点突出重业绩、重贡献的分配激励机制。为加强干部队伍建设，优化干部队伍结构，推动各项工作的开展，分公司坚持强化竞争导向，完善选拔任用机制，全年有1名支局长和5名优秀青年员工被成功推荐到市分公司名师工作室。

【检查管控】 执行各类服务、管理规定，采取常规检查、不预告检查、邮银联合检查、非现场检查等方式狠抓服务质量和服务规范，落实邮政金融风险内控机制，防范金融风险。全年检查支局285次，走访用户407户，填写视察报告书106份，缮发整改通知单100份，累计考核金额为72560元，奖励9047元。分公司强化日常基础管理，各项指标均控制在规定的质量目标范围内。总包邮件损失数为0个，给据邮件损失数为0件。共检查邮件2573件，邮件处理规格综合不合格率为 4.5%，控制在5%以内，机要邮件失密率为0，城市通邮率达100%，邮政运输设备完好，无重大以上事故案件。

【规范化服务】 落实邮政普遍服务主体责任，提升普遍服务和特殊服务水平，拓展便民公益服务，制定分公司提升普遍服务特殊服务水平，拓展便民公益服务三年行动计划。加强邮政服务建设。执行省、市分公司关于“开展三年服务质量提升工程”活动的通知，在分公司邮政营业和投递窗口等生产环节实施，对39个网点和七里岗投递部进行检查，检查覆盖率100%，环节检查覆盖率100%。下发整改通知单和视检报告书39份。加强邮件传递时限管理。分公司重新修订《溧阳市分公司邮件频次时限作业计划》，要求各级检查人员加强对邮件时限作业计划执行情况进行检查，确保邮件时限准时率达96%以上。开展专项业务整治活动。开展“一封信一颗心”主题教育活动，并组织邮政职业道德法律法规相关内容书面考试，通过活动提高全体工作人员的思想觉悟和责任意识，增强投递人员的法律意识，提高投递人员的服务技能，确保邮件报刊及时、准确、安全投递。

【寄递业务】 10月上旬，溧阳市寄递事业部正式揭牌成立，寄递事业部的成立，是集团公司党组立足新时代新要求，着眼于做强做优做大中国邮政寄递翼推行的一项重大改革，是邮政全面参与市场竞争，实现做强做优做大的现实需要。分公司干部员工充分认识实施寄递翼改革的重要性，参与改革，以实际行动支持改革，推动溧阳寄递事业更加有效地加快发展。

2018年，分公司完成边界市场、上黄、南渡、上沛4个支局的改造，七里岗邮政楼院内雨污水分流改造，快包仓储场地建设。对全市34个金融网点数字化视频监控进行升级改造，为提升服务能力和网点发展提供保障。

【管理工作】 安全管理水平得到提高。为使全员认清当前社会治安形势的严峻性，增强全员安全保卫工作紧迫性和危机感，针对系统内部以及金融系统内发生的大案要案，分公司及时通过网络学习和文件学习等方式组织全公司员工开展案例教育活动，分析案件成因，总结经验教训，使广大员工对安全工作认识有了不断的提高，全年没有发生大的安全事故和案件。

风险管理工作落到实处。邮政金融业务是邮政行业资金流主体业务，虽然在日常管理中严格执行银行业管理的各项规定和制度，但仍有经营风险的存在。为避免经营风险的发生，分公司严格执行轮岗制度。对支局负责人和储蓄柜员进行轮岗，自4月开始，对各金融网点柜员和支局长岗位，全面实行不预告轮岗制度。组织职能部门和金融业务部相关人员对轮岗人员进行离任审计，发现问题及时纠正。全年有20名支局长、17名理财经理、18名综柜、98名普柜和7名大堂经理轮换到新的岗位工作，降低金融风险。对金融从业人员开展月月排查制度，开展警示教育活动。如开展代理金融从业人员行为排查专项活动，对个人的投资、担保、赌博、吸毒等异常行为，进行排查，建立排查档案，开展经常性思想教育工作。

【企业文化】 2018年，分公司坚持“以人为本”的理念，围绕构建和谐企业，开展精神文明建设，促进员工与企业共同发展。党的“两学一做”常态化制度化教育实践活动成效明显，党风廉政建设进一步加强，领导干部廉洁从业各项规定得到有力执行。分公司各级干部职工强化科学发展的理念，推进队伍建设和企业文化建设。

2018年，分公司率先获得省分公司一季度“战旺季 开门红”税邮业务第二组“开门红”奖第一名，获得常州分公司2018年度先进部门、先进工会部门称号，参加常州邮政“永远跟党走 共筑常邮梦”大合唱比赛获二等奖，被溧阳市总工会评为2017年度“安康杯”竞赛优胜单位，被溧阳市银行业协会授予2017年度银行业金融机构安全防范工作优胜单位称号。分公司综合办被常州市公安局评为2017年度常州市单位治安保卫工作先进集体。

（钱恩民）

中国电信股份有限公司溧阳分公司

【概　况】 中国电信溧阳分公司（溧阳市电信局）是为溧阳地区各党政机关、企事业单位和居民提供话音及数据通信服务的主要电信运营商，同时承担着全市党、政、军特殊通信（党政专门网、应急通信）重任。公司经营业务范围包括固定电话、宽带、天翼手机、网络电视和社会信息化应用等诸多电信业务。

分公司先后获得江苏省诚信单位、常州市诚信单位、常州市保护消费者权益先进集体、溧阳市安康杯竞赛优胜单位称号，连续多年保持江苏省“文明行业”称号。

【业务发展】 2018年公司业务收入增长幅度和业务收入再创历史新高。公司通过坚持终端引领带动4G智能手机规模发展，加快光纤入户改造，开展“极速宽带”和“高清iTV”免费体验活动，新推出“流量不限量”业务，让广大客户体验网络时代的便利与快捷。

公司履行央企的社会责任，推动地方信息化建设步伐，主动参与政府电子政务公开服务平台、医院医生工作站、镇区社会面治安监控系统扩容等信息化项目的建设，提升政务管理、社会管理的信息化水平。平安护民、数字卫生系统、数字城管、司法E通、天翼对讲、车辆LBS以及移动视频监控等一批“智慧型”项目促进政府及企业的现代化转型。

【服务能力】 公司推进社会渠道建设，2018年新增多家服务门店，全市电信服务门店有100多家。其中，乡镇门店达80余家。推动服务门店模式转变，所有门店全部采用全新的开放式体验运营模式，方便广大客户更加直观的选择需要的产品。公司营业厅全部配置兼职辅导员，帮助新入网客户熟练掌握智能软件安装和使用，时刻引领“移动互联网时代”新潮流。

建立网络舆论监察体系，及时收集各类服务意见，坚持多部门联动快速解决跨部门服务问题和定期通报服务问题。强化落实首问负责制和服务升级处理制度，将服务问题解决在第一界面。优化管理流程落实各类系统使用，开展用心装维专项活动，简化内部流程，减少无效退单，FTTH装维效率有效提升。开展客户满意度提升专项行动，客户感知明显提升。

【网络建设】 2018年公司继续推进“光网城市 宽带溧阳”战略，光纤到户和光进铜退是公司全年建设工作的主旋律，实现全市光网络全覆盖，能全面提供家庭百兆甚至千兆的高速宽带接入服务。

面对移动互联网时代爆发似的需求，中国电信股份有限公司（溧阳市电信局）提前做好准备，重点加强滴灌站建设，有效改善景区、高层小区和重点区域的4G信号质量。持续开展宁杭高铁沿线4G网络优化，实现4G信号高铁不掉线。推进WiFi网络规模化建设，强化热点的有效覆盖。

【企业管理】 以深入推进创先争优为契机，以“创新推动转型上水平，争先实现发展新突破”为主题，以树旗帜、展风尚，铸品质、促和谐为主线，先后开展党建生态区建设和基层党组织建设活动，布置落实“道德讲堂”，加强中心组理论学习，组织发起全员读书节，开展文化大讨论，推进学习型企业建设。

开展各类劳动竞赛和活动，引导和鼓励广大员工投身市场，争先创优。举行丰富多彩的文体活动丰富员工业余生活和有效缓解员工工作压力。增强员工的生产安全防范意识，落实安全生产责任制，做好安全生产工作。做好党风廉政建设，把廉政建设和改革发展同部署和同考核，形成自律和他律、要廉洁和促廉洁的良好工作机制。

（史春荣）

中国移动通信集团江苏有限公司溧阳分公司

【概　况】 中国移动通信集团江苏有限公司溧阳分公司(以下简称溧阳移动)是溧阳地区运营规模最大、客户数量最多、网络覆盖最全的全业务通信运营商。公司响应国家提速降费号召，落实溧阳市委、市政府要求，推出系列提速降费举措，为广大客户提供优质优惠的移动信息服务，围绕“数字民生、无线政务、网络文化、信息兴业”，助力全国文明城市创建和“智慧城市”“智慧经济”建设，为拉动溧阳产业发展、助建和谐社会贡献应有力量。2018年，移动用户手机上网流量单价平均下降87%，累计各类用户规模超过57万户，保持行业主导地位。

公司先后获得全国用户满意企业、全国用户满意服务明星班组、江苏省青年文明号、江苏省巾帼文明岗、江苏省文明单位、常州市社会责任达标企业、常州市工人先锋号、常州市诚信单位、溧阳市创建全国文明城市先进集体等多项称号。

【业务发展】 溧阳移动加快“4G+”网络建设，推进移动光纤宽带全面升级，取消手机国内长途及漫游费，加强产品和业务创新，推出“不限量任我用”等流量优惠套餐，以实际行动降低客户通信消费成本。

溧阳移动主动参与林业工作站防火视频监控项目、城市管理违停管控系统项目二期、河长制信息化管理系统等信息化项目的建设，强化智慧城市的建设能力，为建立互利共赢的生态圈、共同推动智慧城市建设从规划走向现实打下坚实基础。溧阳移动发挥优势，持续推动转型升级，针对大型企业，推动固话及互联网专线服务及跨省、跨市数据专线建设，提供专用、稳定、安全的链路，针对中小企业提供百兆宽带产品，存量低带宽专线用户，提供免费提速活动，惠及大型企业150余家、小微企业1300余家，为政府机关、企事业单位插上信息化翅膀，让广大用户享受到更多便利、更大优惠、更优服务。

【服务能力】 溧阳移动致力于社会服务网点的拓展建设，截至2018年，全市有各类营业厅131家，营业网点覆盖面宽、受理业务全。同时为进一步提升家庭业务品质，满足人们多元化需求，2018年溧阳移动在全市范围内开设34家宽带电视服务站，服务周边群众，打造“家门口的宽带电视服务好管家”，实现移动智慧家庭产品的体验、销售、服务一体化，不断提升服务质量，打造“十分满意”的高品质服务体系。

溧阳移动助力地方经济及社会信息化发展，为最美“1号公路”、天目湖景区、七彩曹山等特色景点提供智能化服务，将大数据、大旅游、大交通统筹结合，为游客提供旅游信息、道路出行信息、景点景区承载信息，做到精确匹配和调控，为旅客匹配更多经典旅游线路。溧阳移动紧跟市委、市政府智慧经济新战略，2018 年年底实现溧阳全境 NB-IoT 全覆盖。此举将填补溧阳本地智能抄表、智慧停车、智慧路灯、智能井盖等空白市场，实现“移动改变生活”的企业愿景，为溧阳物联网业务发展创造绝佳运营环境。

【网络建设】 2018 年，溧阳移动成立多个网络专项优化攻坚组，在溧阳全境进行移动信号深耕细作，打造“建设广、覆盖深、信号强”的优质 4G 移动通信网络，确保业内网络优势的持续领先。对城区范围实现 NB 网络的全覆盖，同步对全区的 2G 网络进行替换改造，开通 FDD 网络，截至年底累计开通 FDD 站点超 500 个。持续优化建设溧阳整体网络，溧阳移动 24G 室外宏站梳理超过 2300 个，城乡镇区的 4G 覆盖率达 97%，宁杭铁路溧阳沿线专网覆盖率 100%，高速覆盖率 99%。2018 年通过 FDD 建设，网络结构优化调整，溧阳移动持续对 4G 网络加大、加厚，保证在资费降低、大流量普及后移动网络业内领先，为用户提供更快速的上网和清晰流畅的通话服务。

【通信保障】 溧阳移动以“全心全意，为您服务”的决心，在通信保障的道路上砥砺奋进。2018 年，溧阳移动进行“溧阳 1 号公路”国际半程马拉松赛、溧阳茶叶节暨天目湖旅游节、宋团城观灯节等重大事件的通信保障，移动成立专项保障小组，与主办方联系，提前筹备，进行网络容量保障、网络覆盖完善、客户感知测试、现场应急处置方案等多方面工作，保障活动中移动通信的稳定畅通。

【社会公益活动】 溧阳移动始终坚持把精神文明建设引入深入，将履行社会责任作为公司经营发展的重要战略。2018 年，溧阳移动志愿者服务队在帮残助弱、绿色环保、应急救援、社区便民等志愿活动中，用实际行动服务社会、奉献社会，组织无偿献血、慈善一日捐、黄山村党支部帮扶结队、关爱留守老人等公益活动，捐赠物资共达 13 万余元。公司在溧阳全国文明城市创建期间，牵头落实政府违章停车监控项目，引入专利防治“牛皮癣”，对老旧光改箱进行集中整治，对百个小区进行线路整改，落实“路长制”与“门前三包”制度，共开展志愿服务 1000 多人次，为改善城市环境面貌、优化社会公共秩序、改进公共服务质量、促进城市文明程度和市民文明素质整体提升做出应有的贡献。

（吴雅瑜）

中国联合网络通信有限公司溧阳市分公司

【概　况】 中国联合网络通信有限公司于 2008 年 10 月 15 日，由中国网通（集团）有限公司和中国联合网络通信有限公司合并而成。中国联通作为基础电信运营企业，一直以来将科技创新作为企业发展的核心竞争力，布局物联网、大数据、云计算、产业互联网等创新业务，以创新驱动发展，推进公司转型升级，向一家科技公司迈进。中国联合网络通信有限公司溧阳市分公司作为下属机构，自成立以来也一直以服务质量为保证，以用户满意为宗旨，以有效发展为目标，强化主营业务和优势产品，优化内部管理，深化企业改革，推进双文明建设工作。溧阳联通连续 8 年保持常州市放心消费创建活动“先进单位”称号。截至 2018 年年底，在网用户 12 万户。

【联通混改】 经过三年的混改，中国联通引入许多的互联网战略投资者，其中包括中国人寿、腾讯、百度、京东、阿里巴巴、苏宁云商、光启集团、前海母基金、滴滴出行、网宿科技、中国中车、用友软件、宜通世纪等知名企业。而其中 BATJ 四家投资超过 270 亿。经过混改之后的中国联通开始引入互联网思维，混改红利开始显现。陆续推出了“腾讯王卡”，“蚂蚁宝卡”等互联网资费卡，从而惠及和吸引了近亿的用户。

【网络业务】 随着数据通信与多媒体业务需求的发展，适应移动数据、移动计算及移动多媒体运作需要的第四代移动通信开始兴起，4G 也因为其拥有的超高数据传输速度，被中国物联网校企联盟誉为机器之间当之无愧的“高速对话”。中国联通已经在全国多个重点城市搭建 5G 网络，进行一定范围内的 5G 网络测试，准备工作已经基本就位。2018 年 2 月中旬，中国联通就正式交付首批 5G 智能手机，这也标志着其商用 5G 的正式加速落地。溧阳联通也正在加速 5 G 网络布局。

【信息化建设】 联通凭借其诸多优势，助推溧阳经济社会信息化进程，为全市广大企事业单位提供更多高效便捷的信息化服务，并进一步加强与市政府在信息化基础设施建设、产业链整合与提升、先进信息技术应用、农村信息化推进等多个领域的长期深度合作，共同打造互联网经济的精彩未来。越来越多的企业选择联通 4G 业务，为企业的信息化管理带去更便捷的服务。

溧阳联通致力于加大加快零售渠道建设，为市民提供更加便捷的通信服务。截至 2018 年年底，溧阳联通共建成营业厅 70 家，各网点约 100 家，进一步丰富了为广大市民服务的平台。

【网络质量】 溧阳联通全力建设和改善 4G 网络，实现 4G 覆盖基本满足用户需求，语音渗透基本无缝隙。为此溧阳联通成立 4G 工程工作小组，配合市公司，强化工程质量和工期目标，细化工作内容和工程责任，经过艰辛的努力，达到既定目标。联通 4G 已覆盖溧阳的全部城区和乡镇的主要景点和基础交通设施，在 4G 所覆盖范围内，可以提供高速数据业务，用户的网络满意度大幅提升。

【企业管理】 溧阳联通在向外界提供良好的通信服务的同时，不断强化内部管理，向管理要效益，进一步提高了工作效率。狠抓安全生产，落实安全责任目标，确保全年无一起安全责任事故。加强预算管理和可控成本管理，提高财务管理水平。注重开展思想工作，员工队伍保持稳定。

（徐　丽）

金融管理

【概　况】2018年年末，全市金融机构本外币各项存款余额1143.29亿元，比年初增加30.9亿元，增长2.78%；本外币各项贷款余额901.07亿元，比年初增加44.16亿元，增长5.15%。银行业金融机构不良贷款余额为9.51亿元，比年初减少2.82亿元，不良贷款率为1.06%，较上年同期下降0.38个百分点。辖内5大主要保险公司实现保费收入14.81亿元，理赔支出4.54亿元。东海证券为天目湖镇发行10亿元债券，全年交易额1371.46亿元。

【金融服务】2018年，中国人民银行溧阳市支行坚持稳中求进工作总基调，实施稳健中性的货币政策，加大信贷有效投放与精准投放，不断提升金融服务实体经济发展的质量和效率，有力促进地方经济持续稳定发展。积极推进“金融支持乡村振兴示范工程”。金融机构全年对上兴镇各项融资余额55.1亿元，比年初增加8.9亿元，增长19.3%。全市镇村本外币各项融资余额615.3亿元，比年初增加42.7亿元，增长7.5%。加大制造业重点领域信贷投放力度。全市各银行业金融机构围绕先进制造领域，支持大项目、好项目的引进，推动智能电网、农牧与饲料机械、汽车及零部件和动力电池四大主导产业的发展壮大，全年辖内制造业贷款余额181.99亿元，比年初增加9.84亿元，增长5.72%。全市银行业金融机构扎实开展民营和小微企业“金融惠企大走访”活动，全年共走访企业299户(其中无贷企业186户)，拟解决企业融资需求21.14亿元。全市各银行业金融机构瞄准特色产业、优势行业、产业集群、成熟专业市场，通过“一项目一方案一授权”模式开展针对性营销，降低民营和小微企业的融资成本，助力实体经济及地方经济发展。各银行业金融机构全年共扶持小微企业1212户，贷款合计267.86亿元，占全部企业贷款总额的42.03%，其中2018年新增投放小微企业328户，投放贷款14.22亿元。全市各银行业金融机构按照“溧阳市政银担风险补偿基金四方合作协议”要求，参与政府主导下的政银担合作基金项目，积极建立共担风险、合作共赢、财政金融协同支持“三农”发展新机制，创新金融产品和模式，不断扩大合作领域和业务规模，努力为“三农”客户提供便利可得的优质金融服务。2018年，全市农村“三权”抵押贷款累计发放198户，金额共计18055万元。

2018年，实现各级次预算收入326.52亿元，比上年增42.55%，办理预算支出353.44亿元，比上年增50.50%，办理各类退库11.41亿元，同比增长19.52%。组织开展移动支付便民示范工程宣传活动，督促辖区金融机构按相关要求做好移动支付便民示范工程工作，努力改善辖区支付结算服务环境，全年共对辖内5111个核准类账户进行开销户处理。配合市财政局在市级预算单位全面推行公务卡改革，协调处理市级预算单位公积金委托扣款方式调整。配合国地税做好机构改革相关工作。积极推广国债宣传标准化管理，提高国债销售和兑付服务水平。积极推进金融知识纳入国民教育体系，组建金融知识讲师人才库，选出六名讲师入校授课。全年共受理企业信用报告查询802笔、个人信用报告查询21989笔。持续推进反假货币宣传长效机制，全年共收缴假币3609张，金额301845元。

【外汇管理和服务】2018年，全市跨境收入9.82亿美元，支出3.13亿美元，收支顺差6.69亿美元，比上年减少34.73%；结汇9.33亿美元，售汇2.11亿美元，结售汇顺差7.22亿美元，比上年减少18.33%；进口1.55亿美元，出口10.29亿美元，进出口顺差8.74亿美元，同比增长13.65%。市外汇局围绕“防风险，强监管，交易留痕，监管渗透”的总原则和“宏观审慎管理，微观市场监管”的监管总要求，加强资本项目监控，防范跨境资本流动风险，同时注重提高服务实体经济意识和能力，营造良好营商环境。加强外汇指定银行监管，要求外汇指定银行切实履行“三反”职责，对部分银行开展执行外汇政策合规性检查、国际收支申报业务现场核查，对相关银行开展资本金（外债）结汇、货物贸易、个人外汇业务专项检查，对个别银行违规为个人客户分拆提取外汇现钞行为进行立案调查，并处以10万元处罚。对8家企业开展外汇业务现场核查，对其中4家企业作降级处理，对

2018 年年末溧阳市银行类业务情况

表 21　　单位：亿元（人民币）、亿美元（外币）

项　目	工商银行	农业银行	中国银行	建设银行	江南银行	农业发展	交通银行	中信银行	江苏银行	华夏银行	招商银行	兴业银行	邮储银行	浦发村镇	光大银行	民生银行	浦发银行	广发银行	南京银行	平安银行	合计
各项人民币存款余额	93.64	176.97	67.02	90.63	313.08	4.65	18.53	19.88	30.01	30.79	17.41	30.13	88.49	16.08	27.68	31.61	14.25	8.68	20.20	4.24	1121.24
比年初 +%	7.34	6.16	−5.30	5.57	2.51	−44.77	−12.72	37.20	5.82	29.21	−43.60	12.43	7.04	−13.08	−18.92	89.62	−10.88	−33.08	−13.64	—	2.69
其中：储蓄存款余额	49.51	104.36	39.70	59.35	153.32	—	4.60	3.48	4.67	5.97	4.00	3.41	81.85	3.02	6.13	12.17	2.64	1.47	2.55	0.51	542.72
比年初 +%	8.22	6.95	2.64	5.16	4.73	—	−7.26	54.67	27.25	16.83	17.65	12.54	10.37	−11.18	4.07	173.48	109.52	90.91	46.55	—	8.77
单位存款余额	44.09	72.57	27.14	31.23	159.75	4.65	13.91	16.37	25.34	24.81	13.41	26.72	6.63	13.06	21.55	19.44	11.60	7.20	17.65	3.73	560.85
比年初 +%	2.62	5.04	−4.60	6.41	0.47	−44.77	−14.45	33.96	2.63	32.60	−51.18	12.41	−22.00	−13.51	−23.69	59.08	−21.20	−40.89	−18.48	—	−1.87
各项人民币贷款余额	102.31	102.31	62.80	91.68	241.53	28.09	30.03	20.95	24.89	25.78	7.92	26.14	27.49	15.87	23.85	6.50	10.24	6.97	10.89	0.73	899.92
比年初 +%	0.96	0.96	5.12	2.28	19.44	−3.10	−8.00	−11.49	−1.11	1.14	−20.40	−11.66	53.83	2.39	−13.18	−16.24	−12.40	−58.39	6.56	—	5.12
外币存款余额	3444.32	2762.13	8592.10	5902.21	1343.01	—	83.99	1674.76	2782.00	504.56	236.00	280.91	27.38	—	3397.23	41.29	47.00		1000.00	—	32118.89
外币贷款余额	225.32	297.35	143.70	4.80		—	1000.00	—	—	—	—	—	—	—	—	—	—	—	—	—	1671.17
结售汇总额	22923.97	24244.67	36801.32	13283.48	6328.95	—	1261.24	277.82	1145.26	717.30	1064.13	274.52	28.80	—	5093.51	—	69.29	—	—	—	113514.26
出口收汇	19728.36	8797.78	32754.36	13532.81	4648.87	—	63.51	—	31.90	715.82	1316.76	76.66	—	—	2969.40	—	69.29	—	—	—	84705.52
进口付汇	3173.86	2257.95	4165.06	855.02	424.83	—	—	—	101.32	—	—	—	—	—	2115.56	—	—	—	—	—	13093.60
利用外债	—	—	—	—	—	—	—	—	—	—	—	—	—	—	—	—	—	—	—	—	—
资本金结汇	—	6211.99	—	341.68	1035.48	—	—	—	1053.57	—	—	0.08	—	—	74.22	—	—	—	—	—	8717.02

2018 年年末溧阳市银行机构网点情况

表 22

银行名称	网点数	一级支行（家）	二级支行（家）	其他（家）	从业人员（人数）
工商银行	9	—	—	—	149
农业银行	21	1	20	—	283
中国银行	10	—	—	—	162
建设银行	15	—	—	—	202
农业发展银行	1	—	—	—	17
江南农村商业银行	41	—	—	—	450
交通银行	2	—	—	—	27
邮政储蓄银行	4	1	3	—	78
中信银行	1	—	—	—	19
江苏银行	1	—	—	—	25
华夏银行	2	—	—	—	38
溧阳浦发村镇银行	3	—	—	—	55
招商银行	1	—	—	—	25
兴业银行	2	—	—	—	25
光大银行	2	—	—	—	24
民生银行	2	—	—	—	24
浦东发展银行	1	—	—	—	17
广发银行	1	—	—	—	21
南京银行	1	—	—	—	23
平安银行	1	—	—	—	15

2018年年末溧阳市银行机构存贷款情况

表 23　　汇率：6.8632　单位：亿元、%

		合计	农发	工行	农行	中行	建行	交行	中信	招商	华夏	浦发	兴业	民生	光大	广发	平安	南京	江苏	江南	邮政	村镇
一、各项存款	余额	1143.29	4.65	96.00	178.86	72.91	94.68	18.59	21.03	17.57	31.13	14.28	30.33	31.64	30.01	8.68	4.24	20.88	31.92	314.00	88.51	16.08
	比上月	5.59	0.29	-7.30	6.67	5.98	-0.55	3.30	-1.85	0.98	0.32	-0.19	-2.39	-0.37	-14.59	-0.89	0.28	-0.85	0.13	11.09	-0.80	0.44
	比年初	30.90	-3.77	6.70	10.75	-6.17	5.17	-2.85	6.04	-13.54	7.24	-1.78	2.72	14.88	-10.63	-4.29	4.24	-3.19	3.27	8.13	5.82	-2.42
	增长%	2.78	-44.77	7.50	6.39	-7.80	5.78	-13.29	40.29	-43.52	30.31	-11.08	9.85	88.78	-26.16	-33.08		-13.25	11.41	2.66	7.04	-13.08
其中：个人存款	余额	545.14		49.78	104.50	41.08	59.68	4.64	3.60	4.09	5.98	2.64	3.41	12.17	6.13	1.47	0.51	2.55	4.69	153.32	81.86	3.02
	比上月	3.98		-0.88	1.03	1.74	-0.26	0.50	0.23	0.12	0.40	0.13	-0.98	0.18	-0.25	0.08	0.17	0.67	-0.07	2.10	-1.10	0.15
	比年初	43.34		3.74	6.73	0.96	2.88	-0.37	1.28	0.59	0.86	1.35	0.23	7.67	0.19	0.70	0.51	0.81	1.00	6.92	7.69	-0.38
	增长%	8.64		8.12	6.88	2.39	5.07	-7.39	55.17	16.86	16.80	104.65	7.23	170.44	3.20	90.91		46.55	27.10	4.73	10.37	-11.18
单位存款	余额	577.19	4.65	46.19	74.32	31.65	34.95	13.92	17.40	13.48	25.15	11.60	26.72	19.44	21.55	7.20	3.73	17.65	27.23	160.66	6.64	13.06
	比上月	-4.28	0.29	-6.42	5.64	4.22	-0.27	2.79	-2.08	0.85	-0.08	-0.32	-1.41	-0.55	-14.34	-0.97	0.11	-1.52	0.20	8.98	0.30	0.29
	比年初	-12.01	-3.77	2.95	4.00	-2.10	2.29	-2.49	4.75	-14.12	6.38	-3.12	2.49	7.22	-10.81	-4.98	3.73	-4.00	2.27	1.21	-1.87	-2.04
	增长%	-2.04	-44.77	6.82	5.69	-6.22	7.01	-15.17	37.55	-51.16	33.99	-21.20	10.28	59.08	-33.41	-40.89		-18.48	9.09	0.76	-21.97	-13.51
二、各项贷款	余额	901.07	28.09	102.47	135.46	62.90	91.69	30.72	20.95	7.92	25.78	10.24	26.14	6.50	23.85	6.97	0.73	10.89	24.89	241.53	27.49	15.87
	比上月	15.65	0.54	4.91	3.20	-0.98	1.19	-1.37	0.59	-0.80	-1.25	-0.17	-1.01	-0.10	-1.40	0.92		0.71	0.14	9.45	0.66	0.42
	比年初	44.16	-0.90	0.90	15.12	2.54	2.04	-1.93	-2.72	-2.03	0.29	-1.45	-3.45	-1.26	-3.62	-9.78	0.73	0.67	-0.28	39.31	9.62	0.37
	增长%	5.15	-3.10	0.89	12.56	4.21	2.28	-5.91	-11.49	-20.40	1.14	-12.40	-11.66	-16.24	-13.18	-58.39		6.56	-1.11	19.44	53.83	2.39
其中：短期贷款	余额	403.22	1.96	26.51	50.39	15.24	30.20	16.50	6.78	2.06	17.49	5.33	6.86	3.94	4.01	2.60	0.63	6.42	13.60	172.12	11.21	9.36
	比上月	5.54	0.17	0.90	-1.64	-0.22	0.48	0.57	-0.07	-0.31	-1.24		-1.01	0.15	-0.13	0.06		0.96	0.12	5.77	0.64	0.33
	比年初	3.49	-0.19	-4.47	9.90	-0.22	1.83	1.58	-4.06	-0.73	0.06	-1.78	-5.28	-0.23	1.44	-9.00		1.77	1.61	5.05	6.69	-1.12
	增长%	0.87	-8.84	-14.43	24.45	-1.42	6.45	10.59	-37.45	-26.16	0.34	-25.04	-43.49	-5.52	56.03	-77.59		38.06	13.43	3.02	148.01	-10.69
中长期贷款	余额	484.28	26.13	74.54	79.89	44.38	61.05	12.57	14.17	5.86	8.29	4.91	19.28	2.56	19.85	3.47	0.10	4.47	11.29	69.41	16.28	5.79
	比上月	8.19	0.38	2.85	5.02	-0.86	0.60	-1.90	0.66	-0.49	-0.01	-0.16		-0.25	-1.27	0.01		-0.25	0.02	3.68	0.02	0.16
	比年初	34.87	-0.71	4.42	2.34	-0.14	0.65	-2.07	1.35	-1.31	0.23	0.32	1.83	-1.03	-5.06	-1.68	0.10	-1.10	-1.90	34.26	2.93	1.42
	增长%	7.76								-18.27					-20.31					97.47		
票据融资	余额	13.41		1.27	5.18	3.28	0.43	1.64														0.71
	比上月	1.96		1.20	-0.18	0.10	0.11	-0.04														-0.07
	比年初	5.88		1.02	2.87	2.90	-0.44	-1.44								0.90						0.07
	增长%	78.09		408.00	124.24	763.16	-50.57	-46.75														10.94

注：各项存款包括财政性存款 17.29 亿元

2018年年末溧阳市主要保险、证券类机构业务情况

表 24　　单位：亿元

险　种	单　　位	保费收入	保险理赔（给付）
财产险	中国人民财产保险股份有限公司溧阳支公司	2.76	1.61
	中国太平洋财产保险股份有限公司溧阳支公司	1.37	0.89
	中国人寿财产保险股份有限公司溧阳支公司	0.48	0.36
	财产险小计	4.61	2.86
人身险	中国人寿保险股份有限公司溧阳支公司	4.6	1.49
	中国太平洋人寿保险股份有限公司溧阳支公司	5.59	0.26
	人身险小计	10.19	1.75
保险业务合计		14.8	4.61
东海证券溧阳南大街营业部证券成交额		1371.46	

另外4家情节较轻的企业进行批评教育，对2家B级企业进行到期评估，1家恢复A类，1家因两年内未发生收付汇业务进行注销名录处理。

（蔡　钰）

【企业股改上市】 2018年1月5日，科华控股股份有限公司在上交所主板上市，股票代码：603161，首次公开发行3340万股，募集资金总额达5.165亿元。

（市金融办）

银 行 业

【中国工商银行股份有限公司溧阳支行】 2018年，工行溧阳支行紧紧围绕上级行党委“回归本源、稳中求进”的决策部署，严格落实金融监管要求，统筹抓好市场拓展、经营转型、风险防控、内部管理和党建工作。年末，支行本外币存款余额96.04亿元，本外币贷款余额102.47亿元，在省分行2018年县（市）分支行绩效考核评选中位列第一，获省分行“精品支行”“第八届文明单位”称号，支行党委获评省市行“先进基层党组织”称号。

工行溧阳支行继续做好重大项目支持工作，全年累计投放项目贷款12.47亿元；重点支持先进制造业和实体经济的发展，全年累计投放制造业贷款7.41亿元，实体经济贷款37.48亿元；坚持做好小微企业创业创新服务，加大经营快贷、小微创业贷、购建贷、苏贸贷、苏农担等新型产品的推广力度，全年累计投放小企业贷款9.12亿元，发放小微创业贷4.86亿元，做大做实“工银普惠行”金融服务。

工行溧阳支行致力于为客户提供更好更优的服务环境，全年完成对县前支行、西门支行等网点的装修和改造，并撤销上河城及边界市场两处低效离行式自助机具，优化网点布局，稳步推进网点智能化、轻型化建设。在网点运行管理方面，认真研究上级行下发的各类违规问题处理通报，对案防重要风险点防控治理情况进行定期检查，有效强化重要风险点的控制，加大对远程授权及业务集中退回的考核力度，实现“低差错、零案件、无事故”目标。深入分析服务热点痛点，狠抓文明服务质量和投诉舆情考核，不断提升客户服务体验，打造区域服务口碑，持续增强网点竞争实力。全年多次组织员工深入企业、商户、社区、学校，开展“金融知识普及月”“金融知识进万家”等宣传活动，进一步提升溧阳地区金融消费者的自我保护意识和风险责任意识，更好地履行保护金融消费者的社会主体责任，持之以恒将消费者权益保护工作落到实处。

（工行溧阳支行）

【中国农业银行股份有限公司溧阳市支行】 2018年年末，农行溧阳市支行本外币各项存款余额178.9亿元，比年初增10.7亿元，四大行增量份额63.57%，五大行增量份额43.11%。各项存款日均余额166.1亿，比年初增7.6亿，四大行增量份额50.68%，五大行增量份额46.25%，均排名第一。全年各项人民币贷款余额135.5亿元，比年初增14.9亿元，四大行存量及增量份额分别为34.5%及70.9%，五大行存量及增量份额分别为21.3%及37.9%。全行实现中收14829万元，完成全年计划的111.33%。不良贷款总额5224万元，不良贷款占比0.39%，分别比年初下降1838万元和0.20%，实现了双降。

2018年，农行溧阳市支行开展“一支行一特色”“一网点一品牌”系列创建活动。通过与镇、村结对联系，采用“公司＋农户”“合作社＋农户”等模式拓展新型农业主体，对社渚镇青虾、竹簧绿色铸造小镇、曹山体育健康小镇、天目湖白茶、地方农家乐等具有当地特色的农村产业开展了共建合作，做到以党建促发展。对支行机关进行独立建支，成立6个独立支部、1个联合支部。

坚持以资产业务带动客户建设，采取更加积极主动的信贷策略，支持地方经济的举措得到市委市政府和监管部门的充分肯定。年末，全行信用总额148.11亿元，比年初增加22.22亿元。人民币对公贷款时点余额96.2亿元，比年初增4.5亿元。在同业中，对公信贷资产总量超中行、建行之和，四大行市场份额占比36.6%，较上年提升2.2%。制造业贷款总额达31.78亿元，全年净增3.99亿元，占全常州市农行制造业贷款增量的57%，在四大行及系统内增量份额保持绝对领先地位。全年投放个人购房贷款6.05亿元，贷款总额达5.45亿元。

2018年，共发放农户贷款581户，贷款金额3.42亿元，比年初净增1.02亿元，存量份额和增量份额均居系统内第一；投放户数新增144户，增量在常州农行系统内占比24.53%。全年稳步推进“一项目、一方案、一授权”项目工作，完成审批“三一”方案5

2018年1月，农行溧城支行全体工作人员冒着大雪为客户送“福”上门

（苗　倩　供稿）

个，分别为营业部苏浙皖边界市场、竹箦镇鱼类养殖、社渚镇青虾养殖、戴埠镇农家乐民宿及溧阳螃蟹养殖项目。其中边界市场“三一”项目个人客户达30余户，项目客户数和用信率均达60%以上。2月2日，支行积极落实“三农”高级顾问政策，在白露山生态园开展全省首个“三农”高级顾问聘任仪式。全年完成全部乡镇网点120名“三农”高级顾问的聘任，且发放全省首笔“三农”高级顾问信用贷款，累计向“三农”高级顾问发放贷款共计955万元。全年着重推进“智慧项目”落地，升级“智慧校园”服务，实现省溧中校园卡在线充值、扫码支付外，进一步扩展掌银在校园门禁、图书馆、学生考勤等场景的应用，携手省溧中打造全省首家校园“无人超市”。网金业务取得进一步发展，全行掌银客户19.4万户，农户版E商5327户，缴费E商72户，信用卡新增1万户，E商平台累计交易额1.9亿元。对全辖网点实施以凭证电子化和印章电子化为核心的综合化改造，基本实现无纸化操作、电子签名，减轻柜面操作负担，提升网点服务效率。全面完善网点自助设备，全行安装刷脸取款功能的自助设备61台，新增超柜25台，更换网点终端96台，拆除朝阳及翠屏两个低效离行式自助设备点，全面提升网点服务效能。

（潘尚君）

【中国银行股份有限公司溧阳支行】2018年年末，中行溧阳支行本外币存款72.73亿元，本外币贷款62.9亿元。完成国际结算量43648万美元，在当年度溧阳外管局对商业银行的考核评比中，取得外汇业务综合考核第一名。不断进行产品创新，推出企业自主下单锁定汇率的远期结售汇电子交易平台、与商务局主动对接为出口企业提供信用贷款的外贸贷等。充分利用广阔的海外分行渠道和专业化优势，为国内企业“走出去”牵线搭桥，开展一系列“跨境企业撮合业务”。组织客户参加首届中国国际进口博览会，帮助国内进口企业对接境外客户，受到参会企业的广泛好评。

坚持“拓客户、调结构、促发展”的总体发展思路，坚持优化资产负债业务结构，走稳健协调的可持续发展之路。在授信政策上，对基础设施、高新技术企业、上市背景企业、中小企业、出口企业等方面进行重点支持。坚持金融创新和普惠金融等一系列金融创新业务，以信用贷款的“税贷通”来支持押品不足的中小企业；以优惠授信政策来支持三农经济发展的“农企通宝”；支持实体企业购买法院拍卖的“E拍贷”业务；和市科技局合作开展的“科技贷”业务，在担保、利率等优惠条件下，支持科技型企业的发展。2018年年末，全行授信客户数93户，年累计发放贷款21.28多亿元。

（姜田才）

【中国建设银行股份有限公司溧阳支行】2018年末，建设银行溧阳支行一般性存款时点余额93.42亿元，一般性存款日均余额92.67亿元，各项贷款余额92.1亿元，实现主营业务收入3.14亿元，税前利润2.96亿元，获常州市治安保卫工作“先进集体”、建行常州分行“先进集体”“会计营运工作先进集体”、建行江苏省分行县支行考核进步单位称号。

建行溧阳支行认真贯彻落实建总行“三大战略”，积极发展“普惠金融”战略。年末，全口径普惠金融贷款余额5.5亿元，较年初新增投放1.2亿元，发放农户生产经营贷款8433万元、小微企业主经营性贷款3886万元，先后为292户小微企业解决了融资需求；坚持“房住不炒”战略，积极推广“建融家园”App平台，新增注册用户近3000户，租房交易135户；强化科技驱动，用“金融科技”引领发展，先后为全市18家中小学幼儿园上线“云缴费”，解决数万名学生家长缴费问题，为江苏中关村产业园上线党费云平台，全年新增“裕农通”助农服务点73个。主动对接市委市政府“重大项目攻坚年”工作主题，获批政府PPP项目共计18.84亿元；主动服务区域内重点客户、重点招商企业，营销储备各类贷款共计30亿元；持续做好建筑业企业和制造业企业信贷支持工作，年末，建筑业各项贷款余额4.9亿元、制造业各项贷款余额7.69亿元；扎实做好信贷资产管理工作，严防不良风险，通过加大不良贷款和已核销不良资产处置力度，实现现金回收不良贷款9336万元，其中收回已核销不良资产4204万元，资产质量得到明显改善。

建行溧阳支行在全行15个营业网点建设“劳动者港湾”，给交警、环卫工人、出租车司机、外卖人员等户外工作者提供一个歇脚的地方，为社会增添一份温馨；积极走进校园、乡镇、社区开展以“远离校园网贷 建行与您同行”“远离非法集资 拒绝高利诱惑”等为主题的反洗钱宣传3次；强化柜面管理，成功堵截3张伪

2018年5月，建行溧阳支行开展“人民币知识进校园”活动

（建行溧阳支行 供稿）

造存单，合计金额 6 万元；通过内设机构改革，进一步理顺管理与经营关系，提高客户服务效率和支行集约化经营管理能力，改革后支行设置 3 个职能部门和 2 个直营机构，部门职责明晰、岗位分工明确、人员结构合理，经营管理能力得到进一步提高。

（建行溧阳支行综合管理部）

【中国农业发展银行溧阳市支行】 2018 年，农发行溧阳市支行围绕“稳中求进、进中求优”工作主题，以乡村振兴战略为己任，以政策为导向、以市场为准绳，积极应对经济新常态下的新情况、新问题，以响应市政府“打造绿水青山，改善城市环境”号召为抓手，探索支持拓宽乡村振兴新领域，开拓创新、勇于担当，切实做好政策性传统业务，维护服务好企业发展，业务稳中向好有力地促进了地方经济发展。各项贷款余额 280901 万元，各项存款余额 86128 万元，账面利润 3995 万元，中间业务收入 2050 万元，国际业务结算量 1223 万美元，无不良贷款，实现了“四无”目标。切实做好政策性传统业务，做好夏秋季粮食收购资金供应和管理工作，完成地储粮储备轮库工作。全年累计拨付各类夏秋粮收购资金 4233 万元，支持收购小麦 2162 万公斤，收购稻谷 2454 万公斤，没有出现“卖粮难”和“打白条”现象。积极拓展棚改安置房项目 5.2 亿元的营销及申报工作，项目经过市县二级上下联动积极努力获得省行批复，并投放贷款 2 亿元。积极抓好 PPP 溧阳中建水务公司的溧阳城区污水处理 7.7 亿元项目工作，经过积极努力多方联动获得省行批复同意；以开展“整治银行业市场乱象”工作活动为契机，以开展涉嫌非法集资风险专项排查情况为抓手，积极推进“依法经营、合规管理”争创达标单位活动，遵循金融市场健康秩序，强化制度落实和工作流程操作，推进基础管理精细化。

（管志荣）

【江苏江南农村商业银行股份有限公司溧阳市支行】 2018 年，江苏江南农村商业银行股份有限公司溧阳市支行按照总行年度工作会议精神，立足“服务三农，服务中小企业，服务地方经济”的市场定位，积极探索金融支持实体经济的多元化途径，助力地方经济发展。年末，支行各项存款余额 314 亿元，比年初增加 8.13 亿元，增幅 2.7%，存款总量市场份额在全市银行业金融机构中保持第一。支行各项贷款余额 241.53 亿元，比年初增加 39.31 亿元，增幅 19.4%，贷款总量和增量市场份额在全市银行业金融机构中均位列第一。

支行加大对农业合作社、家庭农场等新型农业经营主体的信贷投放力度，更好地扶持全市三农经济的发展，全面落实“反哺社会、反哺三农”的承诺。支行三农贷款户数 3536 户，余额 48.1 亿元。对市、镇两级重点工业项目给予重点支持，对辖内各园区小微企业融资需求保持持续跟踪，全面对接市场，有效提升金融服务水平。全年共对 70 余家制造业企业新增授信 9.47 亿元，支行制造业贷款余额 63 亿元，占全市制造业贷款比例的 35%。支行对溧阳市建安业提供重点支持，对溧阳市二级以上资质建安企业授信总额近 38 亿元。连续三年冠名支持“我爱溧阳”农民工系列文化活动，为农民工朋友提供展现自我的舞台；办好“工会创业贷款发放、社保卡激活、慈善捐赠”等多件实事。积极组织员工苦练业务技能，员工陈菲代表总行在常州人行组织的技能大赛中获团体二等奖、个人点钞单项二等奖、个人全能二等奖。在总行 2018 年网点转型之“赋能行动项目”——“砺剑行动”竞赛活动中获管理行序列第二名，多名员工在保险、基金定投及贷款营销子项目中名列前茅。史旭东获常州市“五一劳动奖章”、常州市“献血优秀志愿者”称号。

（张宬尧）

2018 年 1 月 2 日，江南银行溧阳支行召开 2019 年开门红全面启动大会

（张宬尧　供稿）

【中国邮政储蓄银行溧阳市支行】 2018 年，中国邮政储蓄银行溧阳市支行紧紧围绕省、市分行各项工作部署，围绕“提质增效、防控风险、稳健经营”的工作主基调，深化转型、严控风险。年末，全行个人存款余额 81.86 亿元，公司存款余额 6.62 亿元，各项贷款余额达 27.49 亿元。其中个人贷款余额 21.85 亿元，中小企业贷款余额 5.64 亿元。

中国邮政储蓄银行溧阳市支行坚持“服务社区，服务中小企业，服务三农”战略定位，以努力将邮储银行打造成一家一流大型零售商业银行的目标，全年投放新型产品达 1.2 亿元，富农贷业务日趋稳健。高度重视小微企业发展，加强“银、企、政、担”合作，积极拓宽小微企业金融服务领域，优化服务流程，不断提升小微企业金融服务水平，全年累计放款 2.43 亿元，全年新增抵押客户 20 户，金额 9360 万元。高度重视风险防控管理，坚持以严抓风险防控管理为当前首要任务，加强支行安全管理，开展各类培训，有效防范各类案件、群体事件和重大事故的发生。支行获2018年度常州市“安康杯”竞赛优胜单位、2018年度溧阳市银行业金融机构安全防范工作优胜单位及2017年度溧阳市“模范职工之家”等称号。

（邮政储蓄银行溧阳市支行）

【溧阳浦发村镇银行股份有限公司】 2018年，溧阳浦发村镇银行股份有限公司坚持“围绕业务抓党建，抓好党建促业务”的基本思路，认真贯彻浦发银行村镇银行管理中心各项工作要求，积极开拓市场，优化存、贷结构，加强信贷管理，强化风险控制，改善金融服务，履行社会责任，各项业务发展较为平稳。2月，被常州市委、市政府授予“明星企业”称号；5月，被共青团常州市委、常州银监分局、常州市创业投资协会授予“常州市青年创业金融服务先进集体”称号。至年末，全行各项存款余额16.08亿元，年度日均存款余额15.84亿元。贷款余额15.87万元，比年初增加0.37亿元，全年贷款日均余额15.08亿元。

（浦发村镇银行）

【平安银行股份有限公司溧阳支行】 于2018年3月28日开业。2018年，平安银行股份有限公司溧阳支行按照总行年度工作会议精神，推进各项业务稳步向前。支行个人AUM达成4.17亿元，个人存款达成1.36亿元，个人存款日均达成1.22亿元，私财客户数111人，信用卡新户数426户，个人抵押贷款616万元，个人信用贷款1495万元，在平安银行常州分行综合支行中综合完成率91.94%，排名第一。获常州分行2018年三季度明星综合支行、2018年常州分行先进集体最佳支行奖，平安银行南京分行最佳支行奖。对公存款3.8亿元，贷款2.05亿元。

（平安银行溧阳支行）

保险业

【中国人民财产保险股份有限公司溧阳支公司】 中国人民财产保险股份有限公司溧阳支公司设有经理室、综合部、运营支持部、农险部、销售管理部、理赔分中心、电商部、直销部、银保／重客部、车商一部、营销部11个内设科室，别桥、戴埠、社渚、竹箦、南渡5个外设乡镇营业网点，一个昆仑社区门店，并与30多家保监局批准的保险代理机构合作，方便客户就近投保。2018年，公司实现保费收入27653万元，其中车险20330万元，非车非农险5367万元，农险1955万元。处理各种赔案16625件，支付各种赔款16284万元。分别和10个镇签订扶贫保险合作协议，实现扶贫保险全辖乡镇全覆盖。共计为全辖10个镇的9061位贫困人口提供7.97亿元的保险保障。通过扶贫保险，减轻低收入农户经济负担，助力全市打赢脱贫攻坚战。有效配合农村经济发展和转型，匹配农业生产企业和种植大户在扩大经营规模、深化产业转型方面的需求，推出“农业保险贷”项目，通过“保险担保、银行放贷”的形式降低新型农业经营主体的融资成本，加快发展壮大。全年成功签单53笔，支持银行放贷1224万元，较上年提升72%。

（杨泾渭）

【中国人寿保险股份有限公司溧阳支公司】 2018年，中国人寿保险股份有限公司溧阳支公司坚持“保险姓保”，全年完成保费总量4.6亿元，继续保持市场的领先地位，其中新单保费16439万元；短险保费3335万元；赔款12239件，赔款支出2824万元；其他各类给付1217件，支出13944万元。充分利用公司品牌优势、管理优势、服务优势和强大的国企背景，积极参与当地的社会保障体系建设，做好溧阳市政府委托经办全市53万城乡居民的合作医疗保险和大病保险，全年大病保险支付补偿金1785万元；城乡居民合作医疗保险补偿支出4.85亿元。为全市独生子女家庭和老年人送去意外身故、意外医疗、重大疾病等保障。溧阳支公司成为全省首家开展民政救助经办项目的单位。利用此前商保直付及智能审核优势，中标全市全校学生校园意外伤害保险。

（人寿保险溧阳支公司）

【中国人寿财产保险股份有限公司溧阳市支公司】 2018年，中国人寿财产保险股份有限公司溧阳市支公司以“推动公司向高质量发展转变”建设目标为指引，围绕实现盈利、创造价值的主题，积极应对市场竞争，持续加强能力建设，全面推进转型升级，努力克服不利因素影响，全年实现保费收入4771.72万元，其中非车险全年实现保费收入1511万元，占全险险种31.67%，实现承保利润54.85万元，在溧阳市场上继续排名市场第四，市场份额8%。

（王梦茵）

【中国太平洋财产保险股份有限公司溧阳支公司】 2018年，中国太平洋财产保险股份有限公司溧阳支公司围绕总公司“双优双对标和份额提升、品质稳定”总体发展原则，在车险方面加快发展，保持品质稳定，非车险坚持品质调控，始终坚持业务发展是第一要务，全年共实现保费收入1.38亿元，赔款支出8919万元。在加快业务发展的同时，注重提升公司品牌形象，主动传播太保正能量，持续提升“专业、专注、有温度”的企业形象，彰显公司价值与责任担当，进一步提升“用心承诺、用爱负责”的服务理念，服务实体经济，支持民生保障，全面助推扶贫攻坚。积极给客户提供全面周到的承保方案和良好的服务体验，内外勤科室、理赔科室员工在各自的工作岗位上尽心尽责，做好各自的保险服务、理赔服务和沟通协调等工作。

（何丽薇）

【中国太平洋人寿保险股份有限公司溧阳中心支公司】 2018年，中国太平洋人寿保险股份有限公司溧阳中心支公司紧扣“太保转型2.0”，公司经营业绩保持良好，行业地位、社会形象继续保持领先，各项工作全面发展。全年实现总保费收入5.59亿元，市场占比52.96%，同比上升2.41个百分点。其中，个人业务提质增效，达成新保保费1.34亿元。办理各类给付、理赔案件29615件，累计支付金额9623.96万元。公司全面开展新技术运用等工作，以客户为中心，加快人工智能与大数据核心技术驱动，建立智能机器人体系平台，为客户经营、营销活动和风险管理提供营运科技赋能，营造集健康、养老、生活和公益为一体的保险服务生态圈。大力推广“太平洋寿险App”、智能理赔、太E赔、移动保全等保险新技术应用，有效简化客户办理常规业务的流程，实现客户体验的提升。

2018年7月8日，中国太平洋人寿保险股份有限公司溧阳中心支公司组织全体员工开展了“7·8保险扶贫健步走”活动，助力公益，从迈开步子开始，用行动为保险公众宣传日添砖加瓦、贡献力量，将“守护美好，从一份保障开始”的理念深入到每一个人心中。

（耿剑磊）

证券业

【东海证券股份有限公司溧阳南大街证券营业部】 东海证券股份有限公司溧阳南大街证券营业部现有员工26人，营业面积6000余平方米，可以容纳现场交易客户千人以上，有贵宾、大户座位680多位。东海证券溧阳地区党支部下辖东海证券溧阳南大街及溧阳育华路、金坛、徐州、南京、盐城、泰兴、扬州、合肥9家证券营业部。现有正式党员31人，正在培养联系中的积极分子8人，成立溧阳、金坛、徐州、南京、盐城、扬州6个党小组。支部被东海证券股份有限公司评为“优秀党支部”。

2018年，东海证券溧阳营业部投顾人员利用“东海通”App手机软件为投资者提供投资理财等方面的专业指导。由东海证券和美国Tradestation公司联合打造的“东海智能TS交易平台”，构建东海智能品牌，进一步提升交易管理。聘请包括公司总部首席分析师、投资顾问在内的证券业专业人员来溧阳召开投资者分析报告会，帮助投资者扩展思路，拓宽视野。为客户解决实际困难，全年信息主动推送数千人次。对于网上交易客户，营业部提供从安装电脑系统程序、软件下载安装、使用培训等系列化服务，并聘请专业电脑公司人员对客户网上交易电脑进行维护、保养，建立完善的客户回访制度。网上交易委托方式交易量占营业部总交易量的85%以上，继续保持溧阳地区市场份额第一。积极与多个政府融资平台及重要企业接洽，2018年9月，由营业部承揽的江苏天目湖（集团）有限公司非公开公司债券，发行规模10亿元，在上交所成功发行。

（施陈梁）

【南京证券股份有限公司溧阳罗湾路营业部】 南京证券溧阳罗湾路证券营业部地址位于罗湾路302号，营业部业务范围涵盖证券经纪、证券投资咨询、与证券交易、证券投资活动有关的财务顾问、证券承销与保荐、证券资产管理、证券投资基金代销、融资融券、代销金融产品等领域。2018年，南京证券溧阳罗湾路营业部有客户5千名，托管资产超过2亿元，在同行业同批开立的营业部中各项指标名列前茅。在新三板、融资融券、股票质押等业务上均有一定突破。连续两年举办溧阳资本市场论坛，为溧阳的资本市场繁荣添砖加瓦。积极捐赠衣物给贵州毕节山区留守儿童，捐赠财物给上兴小学的困难学生，慰问溧城镇敬老院的孤寡老人等。积极联系投行、固收等总部部门，在中关村管委会等地举办多场机构业务培训。

（谭　茂）

其他金融机构

【小额贷款公司】 2018年，全市新开业1家小贷公司：溧阳市安顺东方农村小额贷款股份有限公司；1家小贷公司终止营业：溧阳市华隆农村小额贷款有限公司。到年底，正常营业的小额贷款公司有12家，分别是溧阳市盛大农村小额贷款有限公司、溧阳市金峰农村小额贷款股份有限公司、溧阳市银泰农村小额贷款有限公司、溧阳市华盛农村小额贷款有限公司、溧阳市国强农村小额贷款有限公司、溧阳市富子农村小额贷款有限公司、溧阳市天目农村小额贷款有限公司、溧阳市祥德农村小额贷款有限公司、溧阳市融辉农村小额贷款有限公司、溧阳市安顺东方农村小额贷款股份有限公司、溧阳市庆丰科技小额贷款有限公司、溧阳市汇海科技小额贷款有限公司。注册资本11.06亿元，实收资本11.02亿元。年内累计发放贷款567笔，金额9.8亿元，年末贷款余额12.47亿元。

（市金融办）

【担保机构】 2018年，全市共注册登记担保机构2家，注册资本40300万元。原有5家，注册资本62680万元，2015年主动关闭1家，2016年关闭1家，合并1家。其中国有担保机构1家，即溧阳市中小工业企业信用投资担保有限公司由原溧阳市中小工业企业信用担保中心转制而来，注册资本从当初的500万元增加到30500万元，系江苏平陵投资建设有限公司全资子公司，公司经营担保业务，与担保业务有关的融资咨询、财务顾问服务，以自有资金投资。收费标准为年担保费率为1.5%。2018年担保发生额17.53亿元，在保15.79亿元，97%的担保业务主要由国有担保公司完成。与16家银行进行合作，分别为工商银行、建设银行、中国银行、农业银行、江南银行、交通银行、江苏银行、浦发村镇、招商银行、华夏银行、兴业银行、邮政储蓄银行、光大银行、南京银行、广发银行、江阴农商行。民营担保机构有1家，注册资本5000万元。

全年为全市334户中小微企业提供贷款担保347笔，金额17.53亿元，年末在保余额15.79亿元。担保平均放大倍数3.7倍。其中高新技术产业103笔，金额7945万元，“三农”担保93笔，金额15684万元。全年获得省级专项扶持资金393万元，常州市专项奖励资金110万元，溧阳市奖励资金1598.98万元，合计2101.98万元。

（市工信局）

发展改革管理

【概　况】 2018年，市发改委围绕“凝聚精气神，建设新溧阳”总要求，紧扣“重大项目推进年”和“全域旅游推进年”工作主题，完成年度各项目标任务。全年完成地区生产总值935.5亿元，比上年增长8%，完成目标任务的100%。完成全社会固定资产投资344.4亿元，比上年增长10.1%，完成目标任务的100%。其中，完成工业投入221.8亿元，比上年增长10%，完成目标任务的100%。

【发展谋划】 科学分解计划　在深入分析宏观经济形势、准确把握全市未来发展支撑条件的基础上，完成《2017年国民经济和社会发展计划执行情况和2018年计划安排意见》报告，分解下达2018年镇区地区生产总值、固定资产投资、工业经济、公共财政预算收入、外向型经济、私营经济培育等主要指标考核目标。

系统编制规划　完成《溧阳市接轨南京，建设最美副中心城市发展规划》编制，确定未来接轨南京主要方向、目标任务和重点项目，并拟定《溧阳市接轨南京实施方案》，把各项工作重点分解落实到部门，确保接轨南京有序推进。委托北京大学与复旦大学联合编制《溧阳市服务业发展总体规划（2019—2035）》和《溧阳市服务业创新发展三年行动计划（2019—2021）》，为溧阳服务业发展提供纲领性引领。对《溧阳市物流业发展中长期规划（2014—2025）》进行修编，打造溧阳现代物流配送体系，探索商贸物流园区的开发和运营，为溧阳区域物流市场整合并融入全国物流组网提供支撑。

细化目标考核　根据全市部门和镇区目标任务与绩效管理考核办法，结合市级机关部门职能和《2018年溧阳市18项重点工作（工程）》，编印《溧阳市市级机关部门2018年目标任务书》和《2018年溧阳市18项重点工程（工作）部门分解表》；对照常州下达的主要经济指标目标，结合全市实际情况，制定《镇区主要经济指标考核细则》，作为年底机关部门及镇区目标任务和绩效管理考核的依据。出台《溧阳市2018年镇区目标任务和绩效管理考核办法》和《溧阳市2018年市级机关部门目标任务和绩效管理考核办法》。同时为便于各部门、镇区直观了解考核内容，编印《溧阳市2018年镇区目标任务和绩效管理考核细则汇编》《溧阳市2018年市级机关部门目标任务和绩效管理考核细则汇编》《溧阳市2018年主要经济目标和重点工程汇编》《溧阳市市级机关部门2018年目标任务书》等文件。

促进区域融合　溧阳市与郎溪、广德三地联合编制的《苏皖（溧阳、郎溪、广德）合作示范区发展规划》得到国家发改委批复，苏皖合作示范区取得突破性进展。民盟中央、民建中央均对苏皖合作示范区给予高度关注，并进行调研。

推进东西部扶贫协作　2018年是帮扶陕西汉阴、白河脱贫攻坚的关键一年，双方党政主要领导多次互访对接，扶贫协作工作取得较大进展。溧阳糖烟酒、苏浙皖边界市场、中纺联等分别与汉阴、白河签订合作协议，调动社会扶贫积极性。由市卫计局和市教育局牵头，分别选派优秀教师和医生到两县帮扶，为提高两县公共服务供给打下坚实基础。分别在两县召开专题招聘会，帮助贫困人口就业数700余人。选派优秀讲师到汉阴进行创业培训，为当地创业致富带来积极效应。

【项目管理】 强化政府投资项目管理。科学合理制定项目计划，加强政府投资项目建设智能化管理，抓好项目组织推进与绩效评价，采用第三方评估方式严格项目审批与工程变更管理。完善政府投资项目网络管理平台，推行月报制和电子化申报制度。制定出台《溧阳市发展和改革委员会委托投资咨询评估管理暂行办法》和《溧阳市发展和改革委员会公开确定委托投资咨询评估机构工作规则》，建立市发改委委托投资咨询评估机构库，在政府投资项目审批及工程变更管理中逐步推行委托第三方审核，规范项目审批，严格控制投资概算。2018年，全市排定政府投资项目234个，计划总投资412.26亿元，年度计划总投资140.31亿元。1～12月已开工190个，未开工44个，开工率81.2%，1～12月累计完成投资67.11亿元，完成年度投资计划的47.9%。

强化重点产业项目的组织推进。推进企业投资项目信用承诺制改革，全面落实重点项目日常巡查机制，加快推进重大项目建设。2018年，全市确定10个常州市重点项目，计划总投资280.75亿元，年度计划投资71.95亿元，1～12月完成投资76.2亿元，完成年度投资计划的105.9%。其中新建项目5个，现已全部开工，新建项目开工率达100%。确定市级重点项目135个，计划总投资832.2亿元，年度计划投资207.58亿元。1～12月，全市重点项目完成投资217.51亿元，完成年度投资计划的98.4%。新建项目93个，已开工84个，新建项目开工率达90.3%。

强化重点特色镇项目管理。推进重点特色镇重点项目建设，组织上报确定南渡镇、社渚镇两个重点特色镇2018年重点项目21个，总投资55.56亿元，年度计划投资27.75亿元。为贯彻乡村振兴战略决策部署，完善全市城镇服务功能，优化生态环境，推进城乡发展一体化进程，争取常州市级重点特色镇建设项目资金，用于重点项目建设。2018年已经组织报送社渚镇被撤并镇（殷桥）整治提升工程、上兴镇联丰村乡村旅游提升工程两个项目。

【产业结构优化】 加快服务业发展。服务业投入增速显著。全市服务业固定资产投资预计完成121.9亿元，比上年增长10.7%，增速高于全社会固定资产投资0.6个百分点，增幅在常州地区排名第一。27家规模以上商务服务业企业实现营业收入11.17亿元，比上年增长26.3%，实现营业利润1.4亿元，比上年增长70.1%。生活性服务业稳步增长，全市预计实现社会消费品零售总额75.04亿元，比上年增长9.2%，软件信息、科技服务、文化创意、电子商务等新兴服务业加速发展。重点项目建设稳步推进。50个溧阳市服务业重点项目计划总投资189亿元，2018年计划投资51.3亿元。其中新建项目27个，计划总投资97.3亿元，续建项目23个，计划总投资91.7亿元。截至年底，50个重点项目已完成投资51.5亿元，新建项目已开工16个，开工率为72.7%。产业布局再度接力。围绕新技术、新产业、新业态、新模式“四新经济”，在已出台的《向先进制造出发三年行动计划》《向休闲经济拓展三年行动计划》《向健康经济创新三年行动计划》《向智慧经济聚合三年行动计划》基础上，承前启后，编制新一轮“四大经济”三年行动计划，重点对智造产业、休闲产业、健康产业、智慧产业进行扶持。集聚效应持续增强。溧阳全市现有列统服务业集聚区7个（边界市场服务业集聚区、曹山服务业集聚区、天目湖服务业集聚区、中关村科技产业园集聚区、社渚青虾市场、上河城、万达）。截至6月底，分别实现营业收入87.43亿元、6.29亿元、105.37亿元、59.55亿元、0.52亿元、2.3亿元、0.95亿元，比上年分别增长5.5%、8.3%、4.8%、2.8%、10.2%、8.99%。项目招引成效显现。紧扣“四大经济”方向，围绕服务业项目精准招商，促成本裕奥美德总投资约25亿元的康养项目落地天目湖，佳兆业旅游综合体项目和中农批冷链物流园项目，正在方案深化和选址论证阶段。

发展新兴产业。紧抓重点产业发展。围绕“四大经济”工作，协助做好“向先进制造出发”投资引导基金工作，吸收社会和金融资本参与。申报创新平台。别桥镇无人机产业园跻身江苏省双创示范基地，列入第二批江苏省特色小镇创建名单。时创能源科技有限公司获建2018年度省级工程研究中心。

发展清洁能源。减煤工作新突破。通过提高企业用煤热值推进“煤改气”改造工程、节能改造工程等多种手段减少煤炭消费总量。2018年1～10月在平衡消化新列统企业新增用煤24.5万吨的基础上，全市煤炭消费量258.06万吨，比2016年1—10月煤炭消费量290.08万吨下降32.02万吨，达到序时进度。做好能源项目推进工作。引导和利用城乡各类屋顶资源，发展“自用为主、余电上网”的分布式光伏发电项目，光伏发电备案项目新增15个，备案规模8.18兆瓦。因地制宜推进生物质发电项目。经常州发改委核准由溧阳协鑫生物质发电有限公司建设的溧阳市首个生物质秸秆直燃热电项目，实施可节约标准煤8万吨，减少二氧化碳排放20万吨，具有良好的生态环保与社会经济效益。落实固定资产投资节能评估审查制度。完善节能审查工作流程，对于单位增加值能耗不符合现代化指标要求的项目一律不批。固定资产投资项目节能评估登记(承诺)表14件，项目节能报告的审查意见6件。

【资金管理】 强化太湖治理省级地方切块资金项目管理。会同财政、环保及行业主管部门进一步完善全市太湖流域水环境综合治理工作，科学制定“治太”项目实施计划，合理安排省级地方切块专项资金和项目。委托省工程咨询中心完成全市《江苏省太湖流域水环境综合治理实施方案（2013年修编）》自评估报告，总结全市治太工作成效及经验，系统剖析面临的主要问题，提出下一阶段溧阳水环境治理的对策措施。按照上年度区域水质改善情况、污染物减排情况、地方年度目标责任书考核情况，下达全市的省级地方切块专项资金总额5361万元。完成资金项目申报、合规性审核、第三方评审等工作，形成初步资金分配方案，待报市政府审核批准后，下达投资计划。

开展保障房中央资金申报。会同住建委认真贯彻落实市委、市政府的工作要求，建立健全保障房中央资金项目的上下联动、分级负责的监管机制，加强向上争取，推进全市保障房项目建设。2018年，省发改委、住建厅共分解下达了两批保障性安居工程配套基础设施中央预算内投资计划，溧阳市累计4个项目获得中央预算内资金4468万元，为推动全市保障房建设提供重要的资金保障。其中1000万元为国家对溧阳市的奖励资金。

【教育学习】 打造发改党建品牌。结合市委、市政府开展“三大一实干”、对标找差、解放思想大讨论等活动，市发改委打造“改革提升 活力发改”品牌，开展系列活动，每月开展各类学习调研活动，举办“启迪论坛”2期，各类沙龙、讲座等活动8次。坚持全面从严治党，做到“每会一廉”，开展谈心谈话，对廉政风险点进行日常防控，配合纪委派驻组做好监督执纪工作。2018年，开展廉政教育活动1次、谈心谈话活动10次。

营造学习工作氛围。配合主题党日，组织多种形式的学习教育活动。今年共开展集体学习9次，赴陕西延安、嘉兴南湖进行党性教育培训各1次，锤炼提升机关党员干部政治素质。

完善内部各项管理。先后出台《议事决策规则》《会议制度》《机关管理制度》等制度，强化日常管理，提高议事决策水平。创新管理模式，在保持原有科室职能不变的前提下，优化组合大办公室，发挥“1+1>2”的作用。组织镇区、部门及服务业重点企业负责人开展服务业专题培训，合力推进全市服务业加快发展。赴金坛、宜兴、扬州、南通、浙江、安徽、贵阳等地开展调研，内容涉及政府投资项目管理、产品大走访、政府信息公开等，形成多篇调研报告。

（杨　晓）

财　　政

【概　况】 2018年，市财政局把握“六个高质量”发展要求，以供给侧结构性改革为主线，实施积极的财政政策，统筹支持稳增长、促改革、调结构、惠民生、优生态、防风险各项工作，提高财政资源配置效率，促进全市经济社会高质量发展和人民生活水平不断提高。

全年一般公共预算收入66.3亿元，完成人代会批准预算及常州市目标任务的100%，较上年同期增加4.9亿元，增长8%。其中，税收收入完成58亿元，较上年同期增加7.8亿元，增长15.5%。非税收入完成8.3亿元，较上年同期减少2.9亿元，下降25.8%。税收占比87.5%，较上年同期增长5.7个百分点。在全省41个县市中，收入总量排名第十一，税收占比排名第六。镇区完成一般公共预算收入46.6亿元，完成全年目标的102.8%，税收占比94.2%，财政收入增幅与质量双提高。

全市一般公共预算支出完成87.2亿元，比上年增加5.5亿元，增长6.8%。其中保民生、促发展重点支出项目累计68.3亿元，占全市支出总量78.4%。镇区一般公共预算支出26.7亿元。其中，保民生、促发展重点支出项目累计21.1亿元，占支出总量79%。

溧阳市被省政府办公厅通报表扬为财政管理工作完成情况突出市，连续两年被江苏省财政厅评为财政重点工作一等奖，在全市机关目标管理考核中名列前茅，连续三年被溧阳市委、市政府评为全市目标管理优胜单位，获得市委、市政府授予的重大贡献奖、工作创新奖、优秀项目奖3个单项奖。连续四年被省财政厅评为法治财政标准化管理先进单位，获得江苏省财政厅县市采购监管工作考核一等奖、全省政法经费保障绩效考核县级优秀单位表彰，党建工作被溧阳市委评为五好市级机关党组织，被市机关党委评为优秀基层党组织。

【财政职能】 坚持高质量发展导向，统筹财政资源聚焦支持实体经济发展、企业科技创新、经济转型升级。

及时兑付“四大经济”“天目湖英才榜”等各类扶持资金7.6亿元，落实财税优惠政策，全年为企业减负约15.6亿元。

全年向上争取资金约24.9亿元，创历史新高。七彩曹山田园综合体被财政部列为试点项目，连续三年获得扶持资金共1.05亿元（每年财政部扶持2500万元、省财政厅扶持1000万元），江苏曹山农业产业现代示范园项目获得省财政厅扶持资金2000万元。

加强政府应急专项资金管理，2018年全年帮助企业应急转贷33笔，共计7.6亿元，支持企业渡过银行转贷难关；推进“政银担基金”破解中小微企业融资难问题，统筹安排存贷挂钩资金50亿元促进金融机构支持实体经济；支持科技创新，签订1.3亿贷款额度的资金池协议支持科技型中小企业发展。

【支出结构调整】 发挥财政职能作用，完善投入机制，保障民生社会事业领域支出，推动完善“幼有所教，老有所养，贫有所依，难有所助”的社会保障体系，提升人民幸福感。

全年安排16亿元，用于农村中小学智慧教室、平安校园建设、困难学生补助、校车安全、校安工程、“放心餐”工程等支出，实现生均公用经费持续增长，促进教育事业全面协调发展。

全年安排0.9亿元，用于公共文化资源数字化建设、文化小礼堂建设、各类文体活动赛事、文化“三送”等支出，完善公共文化服务体系，推动文化体育事业发展。

全年安排19.2亿元，用于养老金提标、就业补助等支出。2018年全市实现城乡居民基础养老金、城乡居民基本医疗保险筹资标准、农村孕产妇住院分娩补助、基本公共卫生服务、城乡低保标准五个提标，提升社会保障水平。将城乡居民养老保险基础养老金由上年的140元／人／月提高到170元／人／月。城乡居民基本医疗保险筹资标准由上年的人均800元／月提高到人均1000元。农村孕产妇住院分娩补助调整到城乡居民医保支付，并将补助金额由500元提高到1000元。拓展基本公共卫生服务项目并将政府补助标准提高到人均74.5元。

支持溧阳市“263”专项行动，建立与污染物排放总量挂钩的财政政策，全年安排2.5亿元，用于“263”专项行动等支出，推进环境整治和生态提升。

围绕乡村振兴发展战略，坚持把政策效应转化成民生幸福的服务理念，全年安排6.4亿元，用于特色田园乡村建设等支出，将服务“三农”的主要着力点投入到提升农业生产水平、保障农产品质量安全、加大农产品品牌创建、改善农业基础设施和提升村居环境等方面。

【财政改革】 贯彻财政体制改革精神，适应财税体制改革新形势，从加强预算管理和完善制度着手，加快构建现代财政制度。

引入项目库和绩效管理，同步市镇两级预算编制，加强预决算公开。规范财政专项资金管理，加大存量资金盘活和统筹使用力度。

坚持科学合理、简便操作、财力下倾、衔接高效的原则，完善市镇财政体制调整方案，强化镇级基本财力保障，促进市、镇共同发展。

强化债务管理制度保障，控制增量，有效化解存量，切实管控债务规模，稳妥化解债务存量，完成全年化债目标。

开展严控公款消费等专项检查，履行财政监督职责。加强绩效管理、组织绩效评价、强化绩效结果运用，提高财政资金使用效益。

高度重视依法理财制度建设，加强规范性文件管理，建立预算编制审核管理机制，积极创新依法行政、依法理财工作机制，财政决策民主化、科学化水平不断提高。落实重大事项集体决策机制，坚持民主集中制原则，确保行政决策行为的合法性、民主性、科学性。在全市范围内开展行政单位内部控制编制和报告工作，指导和促进各单位有效开展内部控制建立与实施工作，提高行政单位风险防范水平。

建立“双随机”系统和“双公示”机制，保证权力运行公平公正、公开透明。加强政府性投资项目管理，提高财政资金使用效益。完善专项资金管理办法，提高对专项资金的监管力度。在省级村级集体资金乡镇财政所管理试点镇，推行“财政管资金、农经管账务”的“钱账”分离模式，为村级资金拨付环节再增加一道“安全锁”。

开展新政府会计制度培训，全市近3000人次参加此次培训，推动溧阳市政府会计新旧制度顺利衔接。

（张　月）

税　务

【改革工作】 成立“1+9”工作小组，建立任务总台账，明确路线图、时间表、责任人，确保7个阶段200余项近700个具体任务无缝落地，打好新机构挂牌、落实三定方案、社保费和非税收入划转三场“攻坚战”。按照上级部署落实各阶段工作任务，制定“三定”实施方案细则，明确九项工作原则。开展思想政治工作，先后各层次、全维度、多形式召开退休老领导、中层干部、青年干部、女干部改革推进会、座谈会，共谈心谈话600余人次，实现三个“全覆盖”，确保“三定”工作稳妥有序推进。落实总局、省局及常州市局420余项指导性意见、基本原则及操作模板，细化职能配置，划清部门职责边界，完善岗责体系，建立健全协调机制，畅通信息传递渠道。出台部分业务边界意见，厘清业务衔接，重点明确出口退税、欠税管理、税务登记注销、纳税人举报、发票申领核查等事项的职责，确保不出现推诿扯皮、纳税人“来回跑”的情况。积极向地方党委政府汇报，主动与财政、人社、人行等部门共建协作机制。开展摸底调研20余次，清洗迁移数据1200万条次，严而又严、慎而又慎地做好社保费欠费管理，为改革营造稳定有序的环境。新划转的“两险”率先在全省开票入库。

【税收收入】 在上年经济下行压力加大、减税力度持续加大的双重压力下，发挥税收聚财调控职能作用，全力以赴服务地方经济发展大局。2018年组织税收收入100.2亿元，比上年增长16.43%，首次突破百亿元大关，跻身全省十大百亿税收县市行列。完成公共预算收入（不含非税）58.2亿元，比上年增长15.57%。细化制定环保税开征方案，全年入库0.32亿元。推进个税改革，加大培训力度，做到“三个百分百”全覆盖，个税App推广率居常州第一，自然人数据信息清理工作得到省局陈茂锋副局长的肯定性批示。落实各项减税降负措施，全年兑现税收优惠32.61亿元，比上年增长24.84%，占税收收入比重为32.55%，其中出口退（免）税4.68亿元，比上年增长23.01%。

【税费治理工作】 围绕深化“放管服”改革、减税措施等开展执法督察，发现8类148条问题，涉及税款11.41万元，全部整改到位。搭建“平陵税曰”大讲堂，推进法税协作，全年司法拍卖入库税费2983万元。强化统筹管理，深化“七案”机制，编制风险应对规范化操作手册，组建风险管理支持团队。打破个案应对模式，对企业集团关联交易评估入库1.42亿元，创单户之最。全年应对524户次，累计入库2.98亿元。深化增值税改革，提高货劳税管理质效。企业所得税成为支撑全市税收收入的第二大税种，累计入库15.87亿元，比上年增长28.9%，高出常州平均增幅13.01个百分点。非居民税收管理、反避税、服务“走出去”企业等工作迈出新步伐。集成优化业务流程、岗责体系和信息系统，加强部门间配合联动，发挥专业化管理与属地管理结合优势，落实基础管理相关责任，建立审核审查相关机制，夯实征管基础。成立“利箭一号”“利箭二号”专案组，开展集中部署、并案处理，全年查结虚开发票案33户，涉案金额2.66亿元，合计查补税款1492.96万元，罚款540.33万元，查补总额比上年增加28.15%。加强影视行业专项整治，推动跨部门联合激励和联合惩戒。加大数据数据共享力度，借助全市征管保障平台和互联网，采集外部数据7.8万余条。

【纳税服务优化】 深化“放管服”，执行总局优化税收营商环境十项举措，坚持把改革的成果最终体现在纳税人获得感和满意度上。整合“12366”硬件设备、远程座席和特服号工作场所，加大自助设备投入，调整窗口设置，做到进一门、取一号、到一窗，实行办税事项“一次申请、一套资料”，纳税人平均办税时长缩短80%，为打造“半小时便捷办税圈”注入新动能。通过导税辅导、繁简分流、发布网上办指南和办税事项“最多跑一次”清单等措施，引导纳税人网上办税。全年线上办理事项占比91.99%。其中线上发票领用占比97.04%。执行上级纳税便利化行动方案，坚持“首违不罚”和“一事不二罚”原则，推行延时服务、预约服务，开展个税新政、服务民营经济等税收宣传，确保纳税人和缴费人应知尽知。纳税人满意度持续保持全省领先。

【教育学习】 强化廉政监控和纪律要求，履行“一岗双责”，贯彻落实全国税务系统警示教育大会精神，做到警示教育全覆盖。组织全体中层以上干部进行任职廉政谈话，突出强调纪律建设。开展“以案促改”专项行动，集中整治形式主义、官僚主义问题，开展信访调查和“一案双查”。开展“三公”经费、会议费等专项检查。落实巡察问题清单自查整改工作。定期开展纳税人回访，对行政执法和服务效能进行全面跟踪检查。全面贯彻落实上级关于机构改革期间信访工作要求，严格执行落实24小时值班和零报告制度，实行扎口管理、定人定责，做好信访、舆情网络监控和应对。

开展党建共建活动，各支部联合上党课，同时与中关村、蓄能电站等部门开展共建活动。全面完成各党支部组建和选举工作，创建好基层党建工作品牌，发挥好基层党组织的战斗堡垒作用。开展解放思想大调研活动，由班子成员分工带队到乡镇，了解群众意见和建议。召开党建工作督查暨思想政治工作交流会，听取干部职工意见、建议。开展新一轮“大调研、大走访”工作，归纳整理30余条基层意见，及时跟进解决。选树改革中涌现的典型，挖掘和讲好改革中的税务故事，推荐先进典型6个。开展青年干部“育才工程”，全年新增“三师”5人，占比12%。“四新”网络竞赛成绩位列常州税务系统第一，信息工作取得七连冠。管林保家庭、姚洪保家庭和彭华、戴科苗、周学婉等一批先进个人得到省市表彰。举办篮球友谊赛、“实施三项行动”为主题的辩论赛等活动。“风信子之爱”作为常州市唯一推介的项目，获得江苏省志愿服务项目金奖。举办“扬帆起航新征程　砥砺奋进谱新篇”主题的风采展示活动，在常州全系统干部职工运动会上夺得团体桂冠。

（袁琴琴）

市场监督管理

【概　况】 2018年，溧阳市市场监督管理局围绕“凝聚精气神，建设新溧阳”总要求，紧扣全市重点工作，持续优化市场准入环境、市场竞争环境和市场消费环境，形成权威高效的市场监管机制，助力宁杭生态经济带最美副中心城市建设。

完成第三届溧阳市市长质量奖评选，组织3家企业参加常州市市长质量评选。组织1家企业参加质量信用AAA级申报，3家企业参加质量信用AA级申报。完成4家CCC认证获证企业和5家质量管理体系认证获证企业监督检查，配合上级抽查有机及无公害农产品认证企业7家。

全年完成马德里国际注册体系申请3件。溧阳中材重型机器有限公司“麦重”商标、江苏安靠智能输电工程科技股份有限公司“安靠”商标申报中国驰名商标。全年办理商标案件，强化商标注册专用权保护。

【食品安全监管】 发挥食安委协调作用，强化考核考评。制定下发《溧阳市食品安全工作评议考核办法》，与各镇（区）、相关部门签订《食品安全工作目标管理责任书》，建立常态化、制度化的考核模式。制定2018年度全市食品安全重点工作安排等工作文件，确保全年工作有统筹、有重点、有计划。

实施食品生产经营日常监督管理。制订年度日常监督计划，对全市6000余家食品生产经营单位开展风险量化分级监管。完成食品安全抽检任务3800个批次、快检2.7万个批次，综合合格率99.4%，不合格食品后续处置率达100%，全市食品安全风险得到有效掌控。

推进食品民生实事工程。9家菜场完成安心菜场建设目标任务。全市已登记食品小作坊25家，建成上兴镇留云村白酒小作坊集中区、南渡镇金渊市场食品小作坊集中区、竹箦镇食品摊贩集中经营区。

【技术标准战略实施】 通过调研摸底，与企业沟通对接，申报8个省农业地方标准制修订项目，1个省级农业标准化试点项目。

完成14项国家标准、6项行业标准、3项省地方标准项目的制修订工作。全年已办理登记备案企业标准198个，100%地全部实行网上自我声明公开备案。对全市33家集贸市场的2065台件衡器，8家敬老院、131家村级卫生室、10家计生站的465台件血压计实施“两免费”检定。民用水表、燃气表首检率达90%以上，定量包装商品抽查150批次。

【餐饮监管】 根据文明城市创建要求，根据市政府要求，由市场监督局牵头制定《溧阳市餐饮业油烟治理、食品小作坊综合整治方案》，会同18个职能部门、11个镇区，开展餐饮业油烟专项整治，截至11月底，关闭餐饮单位279家，整改餐饮单位2428家，完成“阳光餐饮”单位533家。联合市教育局开展春、秋季学校食堂专项检查，重点开展自制药酒、农村集体聚餐、误食有毒动植物、旅游餐饮风险排查，确保餐饮安全。实施重大活动集中保障机制，完成旅游节、茶叶节、全国休闲农业和乡村旅游会议等15项政府重要活动食品安全保障。

【药械监管】 风险隐患排查。开展需冷链管理的医疗器械产品批发企业检查、疫苗接种单位检查、麻精药品检查、美容美发场所祛斑类、染发类化妆品违规自制与使用的监管。对仿制药质量和疗效一致性评价、取得国家新药证书等工作奖励措施，纳入《溧阳市政府关于实施“向健康经济创新”三年行动计划的意见》。开展专项检查方面。重点开展长生疫苗专项检查、麻精药品检查、美容美发场所祛斑类、染发类化妆品违规自制与使用检查等药品化妆品领域检查。下发《溧阳市医保定点药店信用联合惩戒管理办法》，规范全市医保定点药店的药品质量管理和医保服务行为。上报药品不良反应有效报告540份，其中新的、严重的不良反应报告119份，占22%。上报医疗器械不良事件报告539份，对所有报告进行规范性整理和关联性评价。

【行政许可】 推行企业名称自主申报。自4月1日以来，实行名称网上自主申报，常州市级、溧阳市级名称由申请人自主申报，不再由登记机关进行预先核准。推进“互联网+政务”服务。遵循“应上尽上、全程在线”原则，推行“网上办”，全市所有新设企业均在网上申请登记，现场提交材料，网上登记率达99%以上。与邮政EMS携手推出营业执照“快递送达”服务，免去市民往返跑。推行“电子营业执照”，不断扩大电子营业执照的使用领域。深化"不见面"审批。加强与银行合作，促进企业通过银行"U 盾""eID 卡"和"App"等介质进行电子身份认证，申请登记"零纸张、零见面、零费用"。推进"多证合一"。实现"一窗收件、数据共享、并联审批、核发一照"工作模式，履行"先照后证"和"双告知"职责，将登记信息推送至市场信息平台，实现信息互联共享、职能对接。深化"3550"准入制度。构建"一窗受理、并行办理"的集成登记模式，进一步减少工作环节，简化办事手续，缩短办理时限，提高审批效率。户均办结时间为 2.01 个工作日。

2018 年，全市新增各类市场主体 9381 户，注册资本 322.95 亿元；全市实有各类市场主体 62662 户，注册资本 2013.43 亿元。

【综合监管】 完成 5% 的特种设备使用单位现场抽查和百日执法专项检查。防控特种设备安全事故发生，万台设备事故率及死亡率控制在 0.2 以下。全市 2017 年度年报公示率达 90.9%，吊销企业 181 户，注销市场主体 2793 户，唤醒市场主体 269 户，"僵尸主体"基数减少。试点探索，先行先试，结合江苏省市场监管系统和常州市双随机监管抽查平台上线，完成 1595 户市场主体的双随机抽查和数据录入，实现了真正意义上的"双随机一公开"。38 家企业获得常州市"守合同重信用"企业。全年监测检查电视、广播和《溧阳时报》的广告 23627 条次。

【维护市场秩序】 重点关注老年人群体，开展保健品、医疗器械虚假宣传、违法会销专项整治，立案 11 件，关停非法会销点 2 处。突出整治制售假冒伪劣商品行为，建立行政执法与刑事司法衔接联席会议制度，增强打击合力。全局查处虚假宣传、商标侵权等各类违法行为 167 件，移送公安 6 件。溧城勤孝堂保健品虚假宣传案件入选国家食安办七大典型案例。

【消费维权】 结合"3 · 15""3 · 31"等主题宣传日开展市场监管大讲堂普法宣传。新增消费维权服务站 12 个，推动"12315"维权服务站体系向纵深发展。深度整合各类投诉举报资源，完善分类处置的新型维权机制，全年处理各类消费投诉 1729 件，办结率 100%，为消费者挽回损失 80 余万元。33 家申报单位成功创建常州市放心消费创建先进单位，溧阳市铸造和文广体行业成功创建常州市放心消费创建先进行业。常州市日日春农业科技开发有限公司、溧阳市保国陶瓷批发部、溧阳市溧城阳光青藏高原土特产销售部 3 单位申报创建江苏省放心消费先进单位。锦汇诚信广场获评江苏省诚信示范街区，放心消费创建满意度位列常州各区（市）第一。

（叶　勇）

价 格 管 理

【稳控物价】 加强价格调控，建立落实价格调控目标责任制度，完善价格异动应急体系，确保全市年度价格目标调控任务完成。完善房地产价格监管机制，适时改善调控手段和方法，在引入第三方开展成本调查的基础上，建立刚性调控办法，健全价格备案会审机制，完善价格备案程序，确保房地产市场价格保持相对稳定。加强对重要民生商品和服务价格的监测预警分析。对粮油、蔬菜、肉类等主副食品价格进行高频次监测，加强对平价商店建设的监管，利用好价格调节基金，平抑物价上涨预期。

【价格改革】 推进对工业企业实施自来水、天然气、蒸汽差别化价格政策，运用价格杠杆推动资源集约利用，实现资源共享配置优化。落实全省城镇非居民用水超额累进加价制度，合理确定分档水量和加价标准。推进农业用水综合改革，完成省下达的新增 20 万亩的改革任务。配合市政府做好城乡供水一体化工作，逐步完成自来水同网同价。规范和降低电网环节收费，开展转供电价格清理，2018 年，连续四次降低一般工商业电价，年均减少企业用能成本近 7000 万元。通过成本监审、价格听证、公众参与等合法程序适度合理调整了巡游出租汽车运价和公办幼儿园收费标准。

【执法检查】 开展对教育、医疗、商品房、供电、供水、物业、旅游、通讯、涉企收费等民生领域的专项价格检查。围绕电子商务、超市、停车等群众关注度较高的行业，结合价格投诉举报工作，不定期开展常态化检查。市发改委查处价格违法案件 4 起，受理价格投诉举报件 111 件，实现经济制裁 60.2 万元，规范市场价格行为。

【价格认定】 贯彻落实《价格认定规定》，持续不断完善制度、规范行为，价格认定工作质量和水平不断提升。接受司法、政府等部门委托价格认定 370 起，价格认定金额 690 多万元。运用《江苏省价格争议调解处理办法》调解价格争议 80 起，调解金额 20 万元。

（杨　晓）

安全生产监督管理

【概　况】 2018 年，市安监局围绕"强化责任落实、夯实基层基础、严控重点风险、从严监管执法"四个重点持续发力，确保全市安全形势平稳可控。全市累计发生各类生产安全事故 158 起，死亡 59 人。夏季高温、春节、国庆等重点时段、重要节庆期间未发生有影响的生产安全事故。

【安全责任落实】 按"三个必须管"的原则，2018 年建立健全涵盖各行业领域、以安委会为基础、12 个专业委员会为重点的安全生产"1+X"组织体系和责任体系，制定《溧阳市安全生产各专业委员会及其组成人员方案》和《溧阳市安全生产专业委员会工作规则》。将基层安全生产网格化纳入社会综合治理网格化系统，列出网格服务管理清单，完善安全生产社会化监管治理机制，建成基础网格 948 个、专属网格 226 个。把全员安全生产责任制作为推动企业落实安全生产主体责任的重要抓手，印发《溧阳市生产经营单位安全生产主体责任清单》，镇区分片负责、逐一上门、对表检查，进一步健全企业安全生产"层层负责、人人有责、各负其责"的工作体系。

【安全生产风险管控】 构建企业双重

预防机制。对辖区内涉及危险物品、非煤矿山、冶金煤气、涉爆粉尘、液氨制冷、有限空间作业等重点领域以开展专题培训、聘请专家现场指导等方式开展风险辨识工作，培训11个镇区企业管理人员约2382人次。在镇区确定110家企业示范引领，达到“创建一家，带动一片”辐射效果。加快产业结构调整淘汰落后产能。致力于工业布局优化，2018年，全市关停化工企业13家，完成20家化工企业的整治提升。淘汰落后产能4.8万吨。开展工业窑炉整治，7台3吨以下冲天炉全部拆除，23台中频炉完成整治，完成朗盛多元醇、开磷瑞阳化工3台燃煤锅炉集中供热替代。鑫林钢铁等5家企业工业炉窑完成“煤改气”改造。通过“散乱污”整治，全市关闭取缔混凝土搅拌企业22家、码头24家，完成改造规范混凝土搅拌企业11家。关停取缔其他“散乱污”企业906家，完成改造规范300家。作坊式小微企业的关闭和落后产能的淘汰，提升全市工业领域安全生产的本质安全度。严控事故常发易发领域。把三年内发生事故的企业全部列入全年的执法计划，开展重点领域安全隐患专项整治。按行业类别重点抓好1家钢铁企业、8家非煤矿山、28家危化企业、2家烟花爆竹批发企业、192家烟花爆竹零售经营单位、3家涉氨制冷、32家粉尘涉爆、116家有限空间作业企业、31家金属冶炼企业安全生产工作，推行危化企业和非煤矿山、冶金等工贸企业的应急处置卡，化工企业64个重点岗位制作183张风险防范应急处置卡。职业健康执法年活动，加强职业健康专项治理。2018年检测企业325家，完成现状评价31家，各企业组织11151名员工进行职业健康体检。

【安全生产隐患治理】 以强化安全生产事前执法为抓手，推进落实“安全生产执法提升年”各项工作。全市安全生产行政处罚明显上升，事故查处和责任追究力度明显增强，执法质量效果明显提高。2018年按计划检查企业150家，“双随机”检查77家，完成率100%。全市安监系统共立案190起，受理并完成举报答复24起，公开曝光违法违规企业8家，10家重大隐患挂牌督办企业全部完成整改。大检查期间共组成检查督查组191个，参加督查646人次，检查企业和各类场所1978家，排查事故隐2451条。“两会”期间和国庆、中秋等重大节日期间，落实领导带班和24小时值班制度，确保全市安全生产形势平稳。

【安全生产基础建设】 鼓励、督促企业安全生产标准化创建、安责险参保、危化企业和重点工贸企业应急处置卡推行、企业诚信承诺申报和危险因素辨识管控。2018年新增10家化工企业通过省二级标准化达标评审，达二级标准化化工企业总数达15家，占50%。4家非煤矿山企业通过省二级标准化达标评审。一般工贸行业企业新增95家完成三级标准化创建工作，新增小微企业标准化达标22家。推动企业安全生产诚信承诺申报，将企业安全生产状况与信用等级挂钩，有1601家企业进行诚信承诺申报。推广安全生产责任保险，参保企业118家，占比75.6%。指导开展安监机构规范化建设创建活动。全年督导镇区安全生产工作88人次，指导安监办规范化建设96人次，交叉执法共同办案56起。

【安全生产文化建设】 利用“安全生产月”契机，设立咨询日，按照“安全生产宣传教育‘七进’活动”深入基层一线、企业车间、村镇社区等宣传安全生产方针政策和法律法规。与电视台、《溧阳时报》、微信平台和影剧公司合作，开辟安全专栏，利用互联网、移动电信平台、微信公众号等载体和“科技、卫生、文化三下乡”时机，解读法律法规政策措施、宣传安全知识、发布事故警示，对企业非法违法行为公开曝光，提高社会各阶层的安全意识。紧抓特种作业、安全管理“三项岗位”人员培训，严格持证上岗要求，截至2018年年底，组织“三项岗位”人员培训班75期，培训4059人。其中，特种作业人员培训35个班1604人，生产经营单位安全管理人员40期，2455人。在法定培训之余，坚持把企业员工安全培训作为夯实安全基础的重要抓手，无偿进企业开展全员培训2952人次，免费发放各类安全生产培训教材资料426本。

（王　丹）

统 计 管 理

【概　况】 2018年，溧阳市统计局认真贯彻落实省、市统计工作会议的决策部署，紧紧围绕年度重点工作，发挥统计职能作用，提升服务水平、提高数据质量、从严建好干部队伍，打造现代化服务型统计，较好地完成各项工作任务。

开展“解放思想大讨论”。5月24日，印发《溧阳市统计局解放思想大讨论活动实施方案》，同时成立局解放思想大讨论活动领导小组及办公室。组织中心组专题学习《培育江苏发展新动能　实现高质量发展新突破》，组织全体党员专题学习《新要求：思想大解放；新形势：改革再出发；新使命：发展高质量》专题党课。围绕业务工作开展专题讨论一次，围绕工作和人生感悟开展年轻干部座谈会一次。

局党组与各分管领导、分管领导与各科室负责人签订《2018年党风廉政建设责任书书》，市局与各镇（区）统计站签订《2018年统计行风建设责任书》，层层落实责任，将党风廉政建设与业务工作同时抓、同问责。制定《2018年局统计业务技能竞赛活动方案》，促使全局干部职工进一步树立标兵意识，激发工作热情。加强和规范镇（区）统计工作管理，印发《2018年度镇（区）统计工作考核办法》，从重点工作、日常工作两个方面对镇(区)统计工作逐项提出具体要求，调动镇（区）统计工作的积极性。

制订党建工作计划，建立一级抓一级、层层抓落实的党建工作机制。执行“三重一大”“三会一课”等制度，加强党内监督。开展支部活动，发挥支部战斗堡垒作用，提高全体党员学习和遵守党规党纪的自觉性。

【统计履职工作】 完成第三次全国农业普查后续工作，发布溧阳市第三次全国农业普查主要数据公报，开展农业普查数据开发利用、资料编辑、课题撰写等工作。海洋经济调查有序推进，在常州市海调办统一部署下开展本级调查验收工作。高效完成投入产出调查，对全市34家投入产出调查单位开展培训，完成数据采集和审核上报。开展园林城市公众满意度调查和南山竹海风情小镇游客满意度调查各一次。

加强年定报工作的组织领导，执行各项年定报制度，组织业务培训，严格审核各类数据，较好地完成GDP核算、农业、工业、投资、服务业等领域统计调查，完成规下工业、小微服务业、资质外建筑业调查的交接工作，客观、真实地反映全市经济社会发展状况，为领导决策提供第一手统计数据资料，有效发挥统计职能。

加强与发改、经信、环保、科技、旅游等部门的沟通协调，配合完成“十大产业链”名录库调整，危化品调查、工业企业资源集约利用评价，环境污染与经济综合核算（“黑色”GDP）、2015—2017妇女儿童发展监测、旅游业增加值测算、南山竹海旅游风情小镇统计监测等工作。

【第四次全国经济普查工作】 举全局之力，投身“四经普”攻坚战。加强部门沟通协调，加大对镇（区）培训督查力度，统筹推进“四经普”各项工作。

年初市委市政府将“四经普”工作列入全市18项重点工程（工作）之一，3月市政府下发《关于做好第四次全国经济普查工作的通知》，对相关工作进行全面部署，8月成立溧阳市第四次全国经济普查领导小组并召开全市第四次全国经济普查动员大会。

市级下拨调查经费总额比“三经普”增长18%。8月完成市、镇两级经普办的组建，市经普办社会化用工招录4名合同工，局各主要专业业务人员全部参与，各镇区经普办同步组建。精心组织，严格选拔，选聘第四次经济普查指导员和普查员938名，其中普查指导员269名，普查员669名。

8月与市委宣传部联合下发“四经普”宣传工作方案，明确宣传目的、宣传重点、时间安排。9月开始连续两个月开展多种形式的经普宣传，广播、电视播放经普单位清查公告各3次，《溧阳时报》专刊经普资料一期，中国溧阳官方微信公众号推送经普宣传资料及清查公告8次，全市出租车公交车、主干道路口大屏幕、各部门窗口显示屏连续两月全天滚动播出经普宣传标语。

8月底召开全市单位清查培训会议，完成全市所有指导员从法治到业务再到PAD使用全过程培训。开展清查试点，各镇（区）经普办业务骨干全程参与，及时梳理解决清查入户中的典型问题。高质量开展单位清查，截至11月12日，清查单位15821家，清查率87.2%，高于常州平均4个百分点。其中法人单位14100家，产业活动单位1721家，与“三经普”相比单位数分别增长76.1%和91.7%；清查个体经营户53748家，上报率120.8%，高于常州平均29个百分点。户均人数3.21人，与“三经普”相比个体户数增长27.4%，户均人数提高0.07人。

【统计服务工作】 为准确把握新形势、新要求，不断转变统计服务理念，发挥统计的“数库”“智库”作用，提升统计精准服务能力。

围绕主要指标，加强分析决策服务。密切关注全市经济社会发展中的重点、热点、难点问题，主动开展分析研究工作，实时监测GDP、规模工业增加值、固定资产投资、社会消费品零售总额、能耗等重要指标数据，抓住经济运行中出现的新情况、新动向，深入分析数据之间存在的内在规律和发展变化的趋势，为市委、市政府提供高质量的决策参考。全年撰写统计分析信息80余篇，统计政务信息、溧阳信息180余篇，完成市委、市政府信息约稿近10篇，完成市委《溧阳通讯》专题分析《经济稳中有进 转型仍需发力》一篇，完成《溧阳健康产业发展》课题一篇。

围绕中心工作，加强统计资料服务。紧跟市委、市政府中心工作，优化创新统计服务产品。创新编印宁杭生态经济带县域数据经济动态、南京都市圈县域数据经济动态小册子，为接轨南京等中心工作提供高质量统计服务产品。按月度编印国民经济主要指标完成情况表、月度统计信息小册子、常州下达目标及常州、江苏、全国各项指标增速情况表、常州各辖市区主要经济指标完成情况及排位表，按季度编印苏南县市区GDP排名情况表、溧阳市“四大经济”发展报告。按年度编印江苏省各县、市（区）GDP排名情况、年度和半年度国民经济统计分析资料系列汇编、2017年国民经济社会发展统计公报汇编，探索尝试统计年鉴改版，提升产品深度和广度。

【优化统计环境】 开展走访调研。开展“走企业 促提升”活动。分管领导带领各专业深入企业（项目）一线，与企业负责人及统计人员开展面对面交流谈心，详细了解企业的生产经营情况，了解企业下一阶段发展规划、遇到的困难和问题，听取企业对统计服务的需求以及对地方经济发展的建议，在走访中增长才干，提升能力，全年完成调研走访百余家企业(项目)。开展学习交流。坚持“统计讲坛”常态化，年初制订统计讲坛计划，全年统计讲坛共进行12期，包含历史文化、摄影、供电、税务知识等多方面，丰富统计干部队伍的知识面，提升队伍综合能力。开展横向交流。局主要领导分别带队赴宜兴统计局、广德统计局和郎溪统计局交流学习，同时接待六合区统计局、太仓市统计局到溧阳交流学习，通过互相交流学习，取长补短，共同提高统计工作水平。完善管理业务制度。为进一步推进全局工作规范化、科学化、制度化，组织完成局管理、业务制度的修订。

【统计基层基础工作】 以双基电子台账系统为契机，坚持统计双基特色化，打造溧阳统计双基建设新形象。学习贯彻中央、省、市统计法治系列文件精神，自觉提高政治站位，明确统计法治职责、压实统计法治责任。8月，省统计局统计执法组对溧阳市开展为期一周的“双随机”统计执法检查，检查组检查天目湖镇和社渚镇共40家联网直报企业，全市通过检查。

以电子台账PPT系统为抓手，构建基层基础建设长效机制。5月印发《2018年统计基层基础规范化建设工作实施意见》，明确全年工作任务及目标要求。镇（区）层面，在常州范围内率先全面完成统计规范化电子台账PPT系统，展现溧阳基层统计工作新形象，镇（区）统计规范化建设进一步规范化、制度化。企业层面，统一企业电子台账模板，下发至各联网直报企业推广试行，组织对所有新入库企业开展规范化验收；村（社区）层面，严格按照《溧阳市村（社区）统计规范化建设实施方案（试行）》，开展村级统计规范化创建，新联村获评常州市基层统计示范点，申报村级示范点10家，村级统计规范化建设有序展开。

抓好《关于深化统计管理体制改革提高统计数据真实性的意见》《统计违纪违法责任人处分处理建议办法》《防范和惩治统计造假、弄虚作假督察工作规定》3个重要文件的学习贯彻，真正做到学深悟透，自觉将思想、政治、行动统一到中央、省、市统计法治建设的决策部署上来。

按照省、市统计局的要求，完成《代填代报、违规入库、违规文件专项整治》和《“以数谋私、数字腐败”全面排查和专项整治》两项专题整治，从实际出发，深入查摆问题，对查出的问题，通过专项整治，进一步规范基层统计行为，提高统计数据质量。

全年完成50家联网直报企业的统计数据核查，完成溧城镇和埭头镇的统计督查，配合完成常州市局对南渡镇的统计督查和对别桥镇的统计规范化回头看。通过督查检查，宣传统计法律法规，提高企业统计人员的法治意识和对统计工作的配合度，从源头上保障统计数据质量。

（陈佩翔）

审　　计

【概　况】 2018年，市审计局完成审计项目45个，查出违规金额1.12亿元，管理不规范金额92.99亿元，固定资产投资审计核减1.83亿元。出具审计报告或审计调查报告53篇次，发出审计决定5篇次，提出审计建议112条，得到市领导批示51篇（次）。上报的各类信息被市政府和上级审计机关录用62篇次。

【政策跟踪审计】 按照审计署、审计厅的统一部署，2018年度有效实施重大政策措施落实情况跟踪审计。开展保障性安居工程跟踪审计，派出5人对常州市金坛区开展为期两个月的交叉审计，按照省厅要求做好后续整改，推动该项重大民生工程和发展工程真正惠及人民群众。在全省政府隐性债务交叉审计中，科学调度骨干力量，组成7人审计组进驻宿迁市泗洪县两个月。在“减税降费”政策落实情况审计中，紧扣供给侧结构性改革，关注溧阳市各部门在推进减税降费过程中的职责履行情况、已出台政策措施的落地情况等，促进政策红利兑现。还抽派1名审计干部到淮安市涟水县参加国家和省重大扶贫政策措施落实情况跟踪审计工作。

【同级财政审计】 按照《中华人民共和国审计法》《中华人民共和国预算法》及相关法律法规，坚持贯彻“全口径预算”监督和“全覆盖审计”的要求，深化财政审计，反映年度预算执行和其他财政收支及财政预算管理等情况，主要开展2017年度本级预算执行及其他财政收支情况、税收征收管理情况审计，开展土地出让金的征管使用情况专项审计调查、城乡居民合作医疗基金的筹集、使用和管理情况专项资金审计。财政审计中延伸审计2个部门预算单位，通过审计查出管理不规范金额62.87亿元，提出8条审计建议。

【经济责任审计】 2018年，全市开展经济责任审计项目11个，涉及领导干部12人，查出管理不规范金额5.13亿元，提出审计建议43条，案件移送1件，经济责任审计工作取得新的发展。审计对象不断扩大，既涉及全市党政部门的领导干部，也包括常州市天宁区法院和上黄镇的领导干部。审计内容不断深化，除重大政策执行、岗位职责履行、财政财务收支等常规内容外，在上黄镇试点开展首次领导干部自然资源资产离任审计。

【专项资金审计】 2018年，开展上年度商务发展专项资金专项审计和“四好”农村公路专项审计，对政策执行、资金使用、资源管理、项目推进等情况进行专题审计或调查。通过2017年度商务发展基金专项审计，规范全市商务发展专项资金的管理，提高资金使用效益。在“四好”农村公路专项审计中，通过检查2016、2017年度农村公路建设养护等相关情况和其专项资金管理使用情况，形成完善政策机制的意见建议，促进全市“四好”农村公路建设高质量可持续发展。

【政府投资审计】 综合运用跟踪审计、竣工决算审计、抽查复审等方式，推进政府投资工程审计全覆盖，规范投资审计行为，提高投资审计质量，防范投资审计风险。2018年对新建人民医院、校舍安全工程进行决算审计，送审总金额16.37亿元，核减金额1.83亿元。对6个项目开展政府投资审计抽查复审，复审总金额1.49亿元，再次核减金额102.42万元，发出审计决定4份，提出问题建议13条，实现从单一工程造价审计向全面投资审计转变。

【上级交办项目】 市审计局找准自身位置，发挥职能优势服务大局，落实市委十二届五次全会部署要求，紧扣“重大项目推进年”和“全域旅游推进年”工作主题，完成市委、市政府年度各项目标任务。完成5镇12家民营水厂资产评估复评的组织工作，为后续收购工作节约政府投资，防止国有资产流失，打下良好的工作基础。配合参加市委巡察、人社局案件调查、“三公”经费检查和作风建设自查自纠等专项检查工作。配合有关部门开展国有资产清理和个别重点企业债务纠纷清理等工作。做好深化文明创建路长制工作和河长制助手单位工作。开展别桥玉华山村结对帮扶和竹箦镇姜下店村阳光扶贫工作。

【学习活动】 采用集中培训、挂职锻炼以及参加市委巡察组工作等多种方式，培育审计创新创业新动能。加强对全市镇（区）和内部审计单位监察审计人员的指导和监督，推动全市内审工作向前发展。参加审计署组织的集中整训学习，推进审计信息化建设，实现审计信息化技术对审计业务和审计管理全覆盖。

（钱映彤）

科技管理

【概　况】 2018年，市科技局围绕市委、市政府18项重点工程（工作），开展解放思想大讨论和深度接轨南京工作，贯彻落实省科技创新“40条政策”和《关于深化科技体制机制改革推动高质量发展若干政策》，服务和保障经济发展高质量目标。江苏中关村科技产业园已列入国家开发区公告目录，经省政府批准，中关村成为江苏省高新技术产业开发区。2018年，全市实现专利申请2050件，专利授权1285件，其中发明专利授权107件，全市万人发明专利拥有量达17.03件。新认定高新技术企业22家，累计88家；认定常州市高新技术产品198只。新认定常州市级科技企业孵化器2家，截至年底，全市拥有常州市级以上众创空间、孵化器、加速器27家，其中国家级孵化器2家、省级孵化器2家，省级众创空间5家。新增省级企业研发机构9家，累计建成省级以上“三站三中心”124个，高新技术企业实现研发机构建设全覆盖。举办产学研活动10场，培育产学研项目35项；聘请9名院士专家为市委、市政府特聘顾问；完成“苏科贷”项目备案13笔，备案金额3170万元；兑现41家企业科技创新券249.04万元；全年争取上级科技经费2233万元。全市实现高新技术产业产值464.1亿元，占规模以上工业产值的比重达到36.85%，较上年上升10.2个百分点。

【高新区建设】 江苏中关村科技产业园列入国家开发区公告目录，经省政府批准，中关村成为江苏省高新技术产业开发区。中关村在27家省级高新园区创新驱动发展综合评价中排名第2位，较上年提升6个位次，获得省级高新区奖励资金1000万元，并引建“中科院物理所长三角研究中心”“天目湖先进储能技术研究院”“东南大学溧阳研究院”等新型研发机构。

【高新技术企业】 全市共组织三批41家企业参加高企的申报、重新认定，通过38家，其中新认定企业22家，重新认定16家，全市高企累计88家。

【高新技术产品】 2018年申报常州市高新技术产品211只，认定198只，形成以先进装备制造、输变电设备、生物医药、电子信息和新材料为特色的产业体系。

【科技项目实施】 按照《溧阳市科技计划项目立项管理办法》等规范性文件，引入专家评审、现场协同考察等制度，将项目受理、评估、评审、验收、结题等各环节分开管理、全程监督，实现公开公平阳光化运营。2018年共下达重点研发计划项目29项，下拨经费620万元。

【主题科技活动】 开展“聚力科技创新、服务企业在行动”主题科技活动，走进中关村、上黄、埭头等多个镇区，分别与动力电池新能源企业、高新技术企业、科技型中小企业等进行专题对接，实行精准“一对一”菜单式科技服务。

【科技人才】 天目湖先进储能技术研究院有限公司刘啸嵩博士项目、常州时创能源科技有限公司张益荣博士项目列入2018年“龙城英才”领军型创新人才引进培育项目；6名双创人才入选省“双创计划”科技副总项目（分别是常州全麟精密仪器设备有限公司与常州工学院杜文汉、常州晨弘新材料科技有限公司与常州工学院杨景景、江苏金源高端装备股份有限公司与江苏科技大学宋印东、江苏铭丰电子材料科技有限公司与安徽工业大学李永涛、溧阳市山湖实业有限公司与安徽工业大学邓先功、江苏开磷瑞阳化工股份有限公司与江南大学李治全）；江苏省产学研合作项目立项3项。

科技金融

【“苏科贷”】 “苏科贷”入库企业达120家，为12家有融资需求的企业提供贷款3020万元，为溧阳市中小微科技企业的发展提供资金支持。

【科技创新券】 以政府购买服务的方式，对全市有研发经费支出的企业提供研发支持，为41家企业兑现科技创新券249万元。

知识产权保护

【专利申请与授权】 2018年完成专

利申请2050件，其中发明专利493件，专利授权1285件，新增有效发明专利107件，万人发明专利拥有量达17.03件。

【知识产权管理标准化】 截至2018年，全市共有75家企业申报江苏省知识产权管理标准化示范创建备案，其中9家企业通过国标认证；11家企业已通过省级绩效评价，其中5家企业被评为省级绩效评价优秀企业。

【宣传培训】 利用宣传栏、科技信息网站等多种形式和手段，结合“4·26世界知识产权日”和“科技三下乡”活动，全方位开展宣传培训活动，提高全社会知识产权意识。组织企业参加省科技改革30条政策宣讲活动、知识产权工程师、知识产权总监、知识产权执法等各类专业培训20余次，培训人员1500人次。

【专利资助】 下达专利发展资金资助项目1006项，其中发明专利申请资助100项，发明专利授权奖励113项，实用新型专利授权奖励613项，外观设计专利授权奖励73项。奖励和资助资金共计244.38万元。

【知识产权保护】 开展知识产权护航行动，联合常州市知识产权局、溧阳市检察院等部门在全市各大商场、超市开展联合执法行动2次，查出涉嫌假冒专利商品95件，对涉嫌假冒专利商品予以立即下架。

2018年4月10日院士专家回乡行之人才峰会 （市科技局 供稿）

产学研合作

【概 况】 2018年，通过“走出去”扩大合作，“请进来”巩固成果，多批次分层次组织产学研对接活动。组建“三库一队”，面向全市企业建立技术需求数据库，针对重点产业建立产学研合作项目库和高校院所专家库，组织产学研洽谈精准对接小分队，以“三库一队”联动产学研，架构企业与高校院所顶级专家对接桥梁。

2018年4月27日，溧阳市与南京航空航天大学开展产学研对接洽谈会。推介近100项科研成果。

5月11日，溧阳市与同济大学开展产学研对接洽谈会。现场签约项目2项。

5月18日，第十三届中国常州先进制造技术成果展示洽谈会在常州大学城举行。溧阳市4个项目在开幕式现场签约，50多家企业参加该次洽谈活动。

【院士专家回乡行】 2018年“两节”期间，邀请溧阳籍院士专家回溧阳为家乡建设和产业发展建言献策。市委、市政府聘请沈学础等9位院士专家为特聘顾问。4月10日，市委组织部人才办与科技局共同组织“天目湖英才榜”人才峰会，院士专家围绕“叙新时代乡情 谋高质量发展”主题分别作主旨演讲，为溧阳破解人才难和经济建设及产业发展建言献策。

【接轨南京】 融入“南京科创圈”，深度接轨南京丰富的科创资源。编制完成接轨南京三年行动计划科技创新篇方案，列出三年行动计划任务清单，推动各类创新要素在宁溧之间良性互动。

2018年11月10日知识产权业务培训会 （市科技局 供稿）

科技创新创业平台

【孵化器建设】 新增常州市科技企业孵化器2家：天目湖先进储能技术研究院科技孵化园（天目湖先进储能技术研究院有限公司）和吴越科技产业园（溧阳吴越科技产业园有限公司）。截至2018年，全市共有各级科技企业孵化器、加速器、众创空间27家，其中国家级科技企业孵化器2家，省级科技企业孵化器2家，省级科技企业加速器1家，常州市级科技企业孵化器10家，常州市级科技企业加速器1家；省级众创空间5家，常州市众创空间6家。

【省级研发平台建设】 2018年创建省级企业工程技术研究中心2家、省研究生工作站2家，新增省级以上研发平台9家，全市累计建立省级以上“三站三中心”124个。

【常州市工程技术研究中心】 新增常州市工程技术研究中心12家，全市累计建立常州市工程技术研究中心62家。

【平台管理】 常州乔尔塑料有限公司的省工程技术研究中心在省绩效评估中取得优秀。江苏华鹏变压器有限公司院士工作站参加江苏省企业院士工作站绩效评估，获评优秀。

（市科技局）

防震减灾

【概　况】 2018年，防震减灾工作按照“常州作示范、江苏当先进、全国争影响”的目标定位，坚持“一个方针”，推进“三大体系”，深化“七进活动”，获全国防震减灾县级考核先进单位和全省监测预报效能考核先进单位，连续6年得全省防震减灾市县考核先进单位。

【监测管理】 执行24小时震情值班制度，落实台站巡检制度和观测设备运行维护，确保全市地震观测仪器正常运行，资料产出连续、可靠。GNSS（一种地震监测手段）获全国评比第二名；地应变、22井水位和前兆数据管理获全省评比第三名。推进溧阳地震台抗干扰项目建设和国家地震烈度速报与预警工程溧阳子项目前期准备工作。

【震情跟踪】 制定实施《2018年度溧阳市地震短临跟踪工作实施方案》，执行异常落实不过夜和重大异常报告制度，及时调查落实地震宏、微观异常。坚持地震会商制度，每季度会商一次，有情况及时会商，全年产出震情简报4期。

【群测群防】 加强“三网一员”建设，制定鼓励社会人员报告和发现宏观异常措施。优化地震灾情速报队伍人员结构，组织全市各镇（区）灾情速报员培训，规范速报。落实《溧阳市地震宏观观测点管理办法》，新增上黄养殖场宏观点，对全市宏观观测员进行年度聘请和业务培训。

【震害防御】 落实第五代《中国地震动参数区划图》规范要求，做好重大建设工程地震安全性评价的服务和监管，开展溧阳市活动断层探测工作的前期调研准备。根据溧阳市城市总体规划，全面进行《溧阳市防震减灾规划（2018—2030）》的编制，历时半年完成规划文本编制、省地震局专家初审、部门意见征求和专家评审工作。

【应急准备】 制定应急响应人员分工表和24小时应急处置时刻表，深化“12322”地震灾情速报系统应用，完善地震应急指挥平台建设，做好日常管理和数据维护，通过开展定期和不定期测试，熟练操作程序，熟悉工作职责。建成的震情平台在溧阳及邻区发生地震后，5分钟内可以完成震情速报，为应急响应提供决策依据。

【疏散演练】 以示范学校、安全社区为载体，结合科普宣传、防灾减灾日等有利时机，开展多种形式的应急疏散演练。5月15日联合教育、应急等7部门在南渡初中开展《防震减灾保平安　人人参与促和谐》为主题的科普讲座、知识竞赛、疏散演练等系列示范活动。以点带面，全市中小学校全部开展一次地震应急疏散演练。

【地震应对】 2018年11月11日21时02分，溧阳市上黄镇发生M1.6级地震，震源深度15公里，少数市民有感。地震发生后，立即向市政府报告并启动有感地震应急预案，迅速查明地震影响范围，了解是否造成灾情，会同地震台进行震情会商，研判震情趋势。向社会及时通报震情，消除市民恐慌、平稳网络舆情、维护社会稳定。

【科普宣传】 利用“防灾减灾日”、科普集市等时机，开展内容丰富、形式多样的宣传活动。“5·12”当日在《溧阳时报》《天目湖》杂志专版宣传防震减灾工作和地震科普知识。参加全市科普宣传周和应急宣传活动，共投放宣传图板16块，发放宣传资料5000份，为群众就防震减灾知识及问题答疑释惑。组织学校师生、社区居民和机关干部职工参观地震科普馆和溧阳地震台，使公众从科学角度认识、了解地震，掌握发生地震后的自救与互救技能。

2018年5月12日，溧阳地震台开展普及防震知识、弘扬减灾文化活动

（市地震局　供稿）

【公益活动】 开展以“平安中国、平安溧阳”为主题的防震减灾公益宣传电影季活动，全年重点组织学生、社区居民观看防震减灾专题电影《我要去远方》5场，在村镇播放防震减灾题材电影11场，发放宣传资料5000多份。

【服务重点工作】 按照市委、市政府要求，深入挂钩村开展双挂双促，积极协调，采取镇区补贴一部分、村委拿出一部分、部门补贴一部分的办法，完成总投资100万元的稻田套种养虾项目（面积400亩）。扎实开展文明城市路长制常态化管理工作，建立志愿者队伍，按要求每周至少三次安排执勤人员到创新路，走上街头维护道路交通秩序，维护文明城市创建成果。

（市地震局）

气象服务

【气象服务】 2018年，溧阳主汛期遭遇2次极端强降水天气过程，出梅后出现19天高温天气。

2018年汛期，溧阳市气象局启动应急响应11次，发布各类气象短信累计288次，接收人次达45万；发布天气公报18期，“三农”服务专报10期，各类预警信号34次；决策短信90条，接收人次34400，接受报刊、电视台天气采访9次，雨情通报29次。

基于乡镇精细化、智能化农业气象灾害预报预警系统开展的特色农业气象、茶叶节气象保障服务，基于生态旅游气象服务观测站开展的大气负氧离子监测和旅游气象服务获得市领导和相关部门的表彰，1人获得溧阳市政府茶叶节保障服务先进个人称号，1人获得常州市气象局优秀预报员称号。

（狄百花 钱半吨）

中科院物理所长三角研究中心

【概 况】 2018年4月20日，中科院物理所与江苏省溧阳市人民政府合作建设中国科学院物理研究所长三角研究中心（以下简称“中心”）。该中心致力科技成果转移转化和前沿技术研发，解决华东地区企业在能源、信息、尖端仪器与智能装备等相关领域的关键技术需求，为溧阳在前沿科学技术、新能源、高端制造等领域形成可持续发展竞争力；开展科技交流、科教融合、科学普及活动，将中心建设成为世界知名的科技创新和学术交流基地。

【建设规划】 中心总体规划用地100亩，位于江苏省溧阳市西圣公园西侧，平陵西路与中关村大道交叉口东南角，一期项目总投资10亿元，建筑面积4万平方米。主要用于技术研发及产业孵化基地、国际学术交流与会议中心、科学普及及教育实践基地。

【建设内容】 中心将由清洁能源研发中心、尖端装备研发中心、前沿技术研发中心、天目湖国际学术交流中心四大部分组成。

清洁能源研发中心 以储能、热电、太阳能电池、LED及其他清洁能源技术为契机，聚集领域高端专家，培养一批关键技术人才，打造国际一流清洁能源技术孵化基地。

尖端装备研发中心 围绕超强超快激光器、低温设备、真空设备、精密测量、高通量材料制备和表征设备等尖端科研仪器研制和产业开发，研发关键生产设备，打破科研仪器和高端设备进口依赖的局面。

前沿技术研发中心 瞄准凝聚态物理重大科技前沿问题，如计算与模拟、交叉与应用物理研究等，产出一批重大原始创新成果，发现一批瞄准未来信息、能源技术的新材料、新器件、新技术。

天目湖国际学术交流中心 聚集全球顶尖人才，创造思想自由、环境优美的学术空间，吸引国际知名专家学者，到中心开展科学研究和学术交流。

【中心战略咨询会暨揭牌】 10月25日，中心战略咨询会暨揭牌仪式在国际学术交流中心举行，会议邀请10位院士及5位资深教授共同为中心未来发展建言献策。

【中科院首个企业党员主题教育基地】 10月25日，中科院物理所在中心举行“讲爱国奉献，当时代先锋”党员主题教育活动，并成立“党员主题教育基地”，这是中科院首个立足企业党支部的党员主题教育基地。

【首批4个项目通过评审立项】 11月6日，中心第一届项目评审委员会成立大会暨项目评审会在中心会议室召开，业内专家对第一批4个候选项目进行集中评审，项目包括高反射率大功率红外LED项目、多功能低温磁场测试平台项目、超低功耗高灵敏度激光泵浦原子磁力仪项目、室温磁制冷技术成果转化项目。11月19日，中心主任办公会通过4个项目的立项方案。

（江苏中关村科技产业园）

2018年4月20日中科院物理所签约仪式（江苏中关村科技产业园 供稿）

综　述

【概　述】 2018年，全市共有各级各类学校145所，学生数93438（含幼儿），教师7639人。中学32所，高中7所（含民办1所）、初中25所。初中在校学生18772人，高中在校学生8709人。小学44所（含特教学校1所，学生116人），在校学生39499人。中专2所，在校学生4977人。幼儿园67所，其中民办23所，在园幼儿21481人。2018年，南航天目湖校区一期主体结构封顶，明顿国际学校开标，上兴民办高中开学，光华高中、燕山中学新校区竣工，完成新昌小学等19所非建制镇食堂学校食堂改造。新增常州市优质学校2所，新增常州市“新优质学校”2所，创成“江苏省平安校园建设示范市”。高考一本达线率达59.6%，超全省计划录取率34.1个百分点，高分段优势明显。黄跃华等10人获溧阳市“教育英才奖”称号，刘莉等10人获溧阳市“师德标兵”称号，吕海荣等10人获溧阳市“模范班主任”称号，殷建锋等20人获溧阳市“最美乡村教师”称号。

2018年7月3日，全市教育发展大会召开　　（市教育局　供稿）

【学前教育优质普惠发展】 增加学前教育资源供给，新增幼儿园学位598个，学前三年毛入园率达100%。完善幼儿园保教质量评估体系，建立省级优质园帮扶工作机制。与省教科院幼特教所签订提升课程质量合作协议，以12所基地园为试点，推进幼儿园课程改革。

【义务教育优质均衡发展】 坚持保障学位和就近免试入学原则，严控择校比例，严控起始年级班额。全市小学巩固率100%，初中巩固率99%以上，中考成绩继续保持常州市领先水平。深化义务教育学校标准化建设，开展义务教育学校标准化建设监测，制定《溧阳市义务教育学校考核评价办法》，通过强化考核、分类指导。推进第五轮管理特色项目建设，33个项目立项。新增常州市“新优质学校”2所。挖掘农村地方文化，立足实际办教育，推动乡土文化进校园工程。平桥小学、南渡中心小学被《中国教育报》《中国教师报》等国家级媒体报刊报道。

【普高教育优质特色发展】 加强对普高集体调研，针对高三不同阶段备考特点多角度、多层次分析，全方位科学指导，提高教研的效率，激发教师研究热情。6所高中开设形式多样、内容丰富的选修课程，提高普通高中多样化发展水平。新办上兴民办高中。高考成绩再攀新高，2018年全市高考一本达线率达59.6%，超全省计划录取率34.1个百分点，高分段优势明显，包揽常州市理科第1名、第2名和文科第2名，清华录取2人、北大录取4人。

【职教成教优质创新发展】 深化职教集团整合，推进全国职业教育、成人教育示范县创建和江苏省现代学徒制试点区域创建，促进职业教育和社会教育的融合。坚持市场导向，以全市“四大经济”为产业重点，优化专业设置，强化职业教育培养的适用性，新增省现代化专业群1个。溧阳职教集团在2018年全国技能大赛中获农机维修、电梯维保国赛一等奖，在省级以上技能大赛中获7金9银20铜，并首次承办电梯国赛。天目湖中专创建成首批“江苏省优质特色职业学校”。

【德育工作】 组织全市未成年人思想道德建设项目活动，对2017年的28个项目进行评选与集中展评，其中12个项目分别获得市文明办和教育局的表彰。全市各校按标准建设好心理咨询室，配备专兼职心理教师。成立“向日葵”心理健康教育服务站并正式运行，组建专业心理咨询师为各校提供流动服务，指导学校心理健康教育工作。组织两次全市心理健康教育专兼职教师和骨干力量的专题培训活动，开设心理健康教育专题讲座三十几场次，在市图书馆小剧场开展大型家庭教育专家报告。

【体卫艺、科技和国防教育】加强科普宣传，创建省级科学教育示范学校。邀请江苏省科学传播中心专家到后周小学、古渎小学、上兴中心小学等开展“科学快乐行”活动；和市科协合作，在第二实验小学开展天目湖科普大讲堂活动，邀请南京的科技专家为师生进行人工智能知识的普及教育。组织科技创新现场赛，参加省市青少年科技竞赛活动。组织全市1.43万名中小学生参加第三十届国际科学与和平周江苏省中小学“金钥匙”科技竞赛活动，举办溧阳市第六届青少年国际数棋和科技模型二项现场竞赛活动，分别有476名和612名小学生参加比赛。组织参加2018年常州市中小学生机器人大赛，文化小学和青少年活动中心荣获常州市团体二等奖，有4位同学获一等奖并代表常州参加江苏省竞赛。推进校园足球特色发展，新增3所国家级校园足球特色学校。设立“满天星”体育训练营1个，投入16万元首次购买体育服务项目“学生课后足球教学服务和师资培训。

【特殊群体受教育权利】 落实江苏省二期特殊教育提升计划，在全市中小学建立6个资源教室，开展随班就读工作。对全市29名未入学残疾儿童建立学籍，进行走访摸查，制订个别化教育计划，采取送教上门、随班就读、入培智学校就读等方法安置。举行以“不忘初心 爱满人间”为主题的第28个全国助残日文艺汇演。建立培智学校微信公众号，以自媒体的方式推送学校活动信息，增进全社会对残疾儿童的了解，引起公众对特殊学生的关爱。

【师资队伍建设】 开展师德建设月活动，组织所有在职教师签订“拒绝有偿家教承诺书”，建立教师有偿家教有奖举报和师德考核负面清单制度，评选表彰常州市、溧阳市师德模范100名。

提升教师专业素养。高质量完成教师全员培训，分类分层按需开展各类专题培训，重点实施乡村教师素养提升工程、开展优秀教师城乡牵手行动，新增“乡村骨干教师培育站”4个。

加快培育优秀人才。实施名教师、名班主任、名校长“三名”培养工程，为名教师成长订制个性化培养方案，出台《溧阳市中小学名班主任培育工程实施方案》，创新班主任培育机制，同时组织开展校长基本功竞赛、校长论坛等活动，提高学校领导班子综合素养。

【管理体制改革】 实施教育集团全覆盖。在2017年组建“实验初中教育集团”“光华初中教育集团”“实验小学教育集团”“外国语小学教育集团”等十大教育集团的基础上，拓宽办学领域，创新办学方式，实行教育集团全覆盖。2018年，全市义务教育阶段初中、小学稳步推进“县管校聘”改革，全市共有303名优秀教师进行县域内流动，其中从城区流动到农村支教的全部为县市级业务骨干，缓解结构性编制矛盾，基本实现每所学校都有骨干教师，有效地改变优质校名师“扎堆”，初步建立起教师交流的良性机制。出台《溧阳教育发展三年行动计划（2018—2020）》。

【教育对外交流】 南京航空航天大学天目湖校区开工，明顿国际学校建设方案形成。出台《溧阳市教育“对接南京”高位发展战略框架》。与省教科院幼特教所合作共建学前教育教科研基地。江苏省东南教育研究院溧阳分院正式挂牌，江苏省中小学“高品质学校”建设校长论坛在溧举行。30多所中小学、幼儿园与南京地区教研基地、各类学校开展广泛交流、联谊活动。开展国际理解教育，86名学生参加境外修学旅行，94名师生赴中国台湾开展交流，资助3名溧阳籍贫困大学生赴德国参加富尔达应用技术大学国际夏校项目。

【教育经费保障和管理水平】 依法加大财政性教育投入，落实并逐步提高生均财政拨款和生均共用经费标准，建立教育经费投入动态调整和稳步增长机制。2018年，溧阳市拨付学前教育、小学、初中、高中、职高生均公用经费分别为500、770元、1100元、1100元、1100元。投入资金1200万元完成新昌小学等19所非建制镇学校食堂改造工程，其中设施设备投入310万元，农村学校食堂面貌一新。

【教育重点项目建设】 实施殷桥小学幼儿园、南渡初中、前马中小学4所学校舍安全工程。启动光华高中新校区、燕山中学燕湖校区、杨庄小学、南渡小学、南渡中心幼儿园5所学校建设。实施省溧中篮球场，实验小学、上兴中学、强埠小学塑胶跑道建设工程。着重做好十三五期间教育设施布局规划的实施工作，完成《溧阳市教育设施布局规划（2017—2030）》的报批稿。完善薄弱学校改造计划，对改造薄弱学校“20条底线”自查出来的问题，对照要求，逐条整改到位。完成《溧阳市教育资源短缺解决方案（讨论稿）》。

【教育装备水平】 建成万兆有线无线一体化教育城域网，完成区域内所有中小学无线全覆盖。促进信息技术与教育教学深度融合并进入常态化课堂，开展网络环境下的新型教学模式研究。实施学校标准化建设，投入资金2800万元采购设备智慧教室43个、录播设备13套、多媒体一体机124台、计算机教室电脑340台，实现每所小学均配备智慧教室。以信息化为载体，依托互“联网 +”，开设公益直播课堂“在线学习吧”，从全市优秀骨干教师中精心挑选教师，进行在线授课、答题释疑，目前开设科目从小学扩展到初中，授课教师增至300名，点击率达五万人次，是切实减轻学生培训负担，抵制有偿家教和违规社会培训机构的有效尝试。

【依法执教】 推进法治示范“五区同创”，3所学校被评为常州市首批“五区同创”示范校，48所学校被评为常州市依法治校示范校。推进校外培训机构安全治理和专项整治，成立校外培训机构专项治理工作联席会议，研究部署长效管理机制。做好学宪法讲宪法活动，组织开展“万人学法考法”“宪法小卫士”“宪法宣传月活动”“宪法演讲比赛活动”等活动，全市各校开展各种形式的普法教育活动100多个，配合市政法委开展全市法治满意度调查工作，完成全市所有学校的学校章程建设工作，所有学校的章程修订备案工作全部完成。

【维护教育系统安全稳定】 整合原3家校车公司的安全管理职能，成立1家独立的服务管理公司，推进校车服务管理一体化。投入98万元采购校车智能考勤和实时监控维保服务，确保学生上下车安全，全年财政补贴800余万元，保障校车安全运行。对校车运行情况进行全时段、全方位监控，对全市校车线路隐患进行排查，保障学生接送安全。推进平安校园建设，形成平安校园长效管理机制，建立校园安全督查信息化平台，实行信息化管理，加强督查学校对发现隐患进行整改工作落实情况。实施《“一岗双责”安全生产责任制意见》，层层签订安全责任状。优化安全应急管理机制，推动安全教育活动常规化、系列化、课程化，结合“安全教育宣传月”、开学“消防第一课”“119消防日”等活动开展应急演练300多次。全市中小学校创建常州市平安校园达100%，省级平安校园创建率达50%，创成“江苏省平安校园建设示范市”。

【党建品牌影响力】 抓实抓细基层党建工作，在基层党组织推行党建重点项目，省溧中党建文化长廊、溧阳中专党员教育实境课堂、二实小吕文清支部书记工作室等19个项目立项；成立民办幼儿园联合支部，实现党员管理全覆盖。建立全市首个社渚镇区域内小学联合党委，探索基层学校党建工作新模式；推行“一校一品”党建品牌创建活动，组织党员教育微视频大赛，结合建党97周年，开展“解放思想大家谈”“高质量发展大讨论”“我为建设宁杭生态经济带最美副中心城市献一策”等大讨论活动，开展校长聚焦课堂、校长论坛等活动，提升党员干部的综合素养，彰显党建品牌影响力，营造风清气正的教育政治生态。

【市教育局赴陕西开展支教对接帮扶工作】 9月26～29日，溧阳市教育局副局长虞锡平、李垂亮带领考察团赴陕西省安康市白河县、汉阴县开展支教对接帮扶工作。考察团先后到白河高级中学、茅坪小学、茅坪镇幼儿园等6所学校进行考察。在汉阴县，考察团在汉阴教体局副局长谭军的陪同下考察对口学校并出席座谈会。考察团先后参观汉阴中学、汉阴县职教中心等9所学校，了解白河、汉阴两县教育基本情况和办学特色。座谈会上，虞锡平对赴陕支教的溧阳中学刘海义、光华高中于红艳、社渚中学杨振平、天目湖中学崔兴华老师提出明确要求，希望支教交流教师利用支教平台，互通有无、携手并进、共同成长，促进两地教育优质均衡发展。

学前教育

【概　况】 2018年年末，全市有各级各类幼儿园64所，其中民办幼儿园20所，全市幼儿园班级数659个，在园幼儿21481人，教职工2364人。其中，本科以上学历达885人，大专及以上学历1455人，大专以上率97.6%。全市幼儿园总占地面积367100平方米，校舍建筑面积207638平方米。全市普及了三年学前教育，学前三年入园率100%。

【叶小红博士到东升实验幼儿园指导工作】 3月9日，江苏省教育科学研究院幼儿教育与特殊教育研究所副教授叶小红博士到东升实验幼儿园指导工作。书院巷幼儿园、天目湖中心幼儿园、南渡中心幼儿园的园长与部分骨干教师也参加该次活动。叶小红参观幼儿园的户外环境、各功能室环境以及班级区域、幼儿自主用餐等活动，并围绕东升实验幼儿园的低结构特色做专题讲座《低结构材料的有效利用——以松散件游戏为例》，开拓大家的思维与视角，令所有参训教师受益匪浅。叶小红还现场和老师们进行互动，针对幼儿的观察、材料的投放、课程的实施、地方资源在环境创设中的利用给予指导性建议。通过与专家的面对面交流，东升实验幼儿园将明确以儿童为中心的课程视角与环创理念，为孩子们打造真正属于他们的“美丽花园”。

【溧阳乡村幼儿园骨干教师培育站到平桥小学幼儿园开展活动】 3月19日，溧阳乡村幼儿园骨干教师培育站活动到平桥小学幼儿园开展活动，该次活动的主题是“关注乡村文化差异，建设植根于地域文化的儿童游戏共同体”，活动分四部分进行。学员们在小导游的带领下，参观平桥小学及幼儿园竹文化校园环境，领略学校特色课程建设成果；学员们观摩由学员鲍波老师展示的平桥小学幼儿园特色游戏活动；特级教师陈建华为学员们做《幼儿教师教科研论文校本诊断与改进措施》的专题讲座；培育站主持人、江苏省特级教师周梦丽为大家作题为《用科研的语言进行论文表达》论文指导，并对工作室成员进行阶段性任务布置。

【常州市教科院专家到上兴中心幼儿园调研指导】 3月20日，常州市教科院老师庄春梅、张丽霞等一行到上兴中心幼儿园进行调研。通过察看户外游戏场地、走进幼儿活动现场、欣赏幼儿园微视频专题介绍、并听取园长项菊娣对园本文化解读、园本文化课程构架、园本科研聚焦等方面的汇报之后，专家们对有情怀、有思想的兴幼团队能“心往一处想，劲往一处使”的专业精神给予高度肯定与赞赏。

庄春梅提出“活动是点、课题是线、课程是面、文化是球”，建议兴幼将“慢文化”进行园本提升，智慧梳理出一慢（慢文化教育）、二趣（童趣、野趣）、三亲（亲近自然、亲子阅读、亲历游戏）园本课程架构。张丽霞对兴幼的两项园级课题进行专业的诊断与调整，并提出应尊重儿童发展的自身节律，根据园所自然资源、幼儿自主发展做出兴幼的特色课题。

【塞浦路斯教育代表团到溧阳市实验幼儿园参观考察】 4月11日下午，塞浦路斯TLC综合学校董事长一行4人到溧阳市实验幼儿园进行参观考察。园长吴彩萍带领塞浦路斯客人参观校园环境、教室环境、区域游戏环境等场所，并介绍实验幼儿园的办园理念和特色。参观结束后，双方举行座谈。塞浦路斯客人介绍TLC综合学校的办学情况，表达愿意与溧阳开展教育合作交流的意向。双方探讨在专业建设、教育管理、教师交流等方面开展合作的可能性。

【溧阳市幼儿园“区域游戏材料观察案例展评”在文化幼儿园举行】 2018年5月15日，教师发展中心组织各农村、民办幼儿园教师在溧阳市文化幼儿园举行第二轮幼儿园“区域游戏材料观察案例展评”活动。本次活动总共分为19组，在展评过程中，教师们将自己在工作实践中的观察记录进行展示，有的教师根据个别幼儿的情况进行追踪观察、分析、反思，有的教师对幼儿在一个游戏中的表现进行了记录、解读，形式多样的观察记录拓展教师们的思路。案例分享结束后，老师们各抒己见，互相学习，互相进步。同时，溧阳市书院巷幼儿园朱恬恬分享自己对观察活动的理解并推荐了观察，走进儿童的世界》这本书。

【溧阳市幼儿园教师第二轮基本功竞赛在东升实验幼儿园举行】 6月15日上午，为全面提升教师的专业技能，促进教师专业化成长，溧阳市幼儿园教师第二轮基本功竞赛在东升实验幼儿园举行，共66名教师参加此次竞赛。比赛分为钢笔字、讲故事、绘画、歌曲弹唱、幼儿舞蹈五个环节进行。首先是按主题《春游》进行绘画，一幅幅作品紧紧围绕主题，充满想象和童趣，展示幼儿园教师绘画功底。其次是幼儿舞蹈展示，教师根据音乐自主编排和现场表演，丰富的肢体、生动的表情，极富感染力。歌曲弹唱和讲故事，教师们虽然准备的时间不多，但表现得游刃有余，悦耳的琴声、充满童趣的故事，让评委老师赞不绝口。整个比赛过程紧张有序，参赛教师精神饱满，完满的完成第二轮基本功竞赛。

【溧阳市“幼儿园信息化教学能手比赛”在昆仑实验幼儿园举行】 9月21日，溧阳市教师发展中心在昆仑实验幼儿园举办溧阳市“幼儿园信息化教学能手”（第二轮）比赛活动。全市9位老师参加了比赛。该次比赛的优胜者将代表溧阳参加常州市“幼儿园信息化教学能手”比赛。

【“常州市幼儿园课程游戏化项目建设共同体第七次研讨活动”在溧阳市书院巷幼儿园举办】 9月28日，常州市幼儿园课程游戏化项目建设共同体第七次研讨活动在溧阳市书院巷幼儿园举行，各辖市区幼教干部、教研员，三十多所项目园园长和老师共计100余人出席该次活动。此次会议以游戏精神的思想指引，依托专家引领与指导，携手并进、勇往前行，努力感悟儿童的精髓，实践教育的真谛。

【新疆额敏县幼儿园一行到东升实验幼儿园参观学习】 10月12日，新疆额敏县幼儿园一行30多位教师到东升实验幼儿园观摩学习。在园长崔玉琴引领下，来宾们有序地参观园容园貌，深入不同年龄段班级观摩孩子们的活动和富有特色的环境布置。东升实验幼儿园十分重视和珍惜每一次的开放交流活动，将继续借助各种平台与教育同仁展开智慧的碰撞，以实际行动为溧阳学前教育的发展添砖加瓦。

【天目湖中心幼儿园迎接天目湖镇“创建国家卫生镇”省级检查工作】 11月3日上午，卫生监督组和健康教育及传染病防治组到现场查看幼儿园厨房、教室环境及户外环境等卫生情况，每到一处，检查小组都仔细检查并对幼儿园干净整洁的卫生情况、教职工工作的认真仔细给予高度评价。

【溧阳市社渚中心幼儿园开展区域观摩活动】 11月8日，社渚中心幼儿园分班组进行区域游戏观摩。该次区域观摩的主题为“自然材料在区域游戏中的运用”。老师们通过平时的理论学习，与幼儿的充分讨论交流，对自然材料进行多元化利用，力求操作材料集趣味性、教育性、创新性于一体。走进各班区域，每班的区域材料都各具特色，平日常见的树叶、石头、松果、树枝等，成为区域活动中孩子们的最爱。树叶拓印、树叶贴花、好玩的“石头会说话”等让幼儿流连忘返，在操作过程中，幼儿喜欢自然，亲近自然，让大自然真正成为会说话的老师。

该次观摩活动对社渚中心幼儿园区域游戏的创设起到重要的推动作用，促进教师间的交流与学习，激发教师互助学习研究的热情，提高教师对班级区域游戏的创设能力。

【溧阳市社渚中心幼儿园开展园际研讨活动】 12月4日，溧阳市社渚中心幼儿园协同周城幼儿园、殷桥幼儿园等辐射园在社渚中心幼儿园以“班级环境质量提升”主题开展研讨活动。各园园长、业务园长以及各园教师代表针对班级现存的问题进行深入剖析，从“安全卫生”“温馨舒适”“支持幼儿学习”等方面交流怎样更适宜幼儿的学习与发展，与会教师各抒己见，给出建议与意见并达成共识。

【别桥中心幼儿园开展市级教研活动】 12月5日，别桥中心幼儿园开展主题为“利用农村资源，丰富原乡游戏活动”的市级教研活动，全市多个园区的老师们参加活动。此次活动的开展，使老师们开始审视现有资源，尝试去挖掘已有资源的教育价值，最大限度地支持幼儿的发展，在不断的实践、反思、学习的过程中去成长。

【省教科院幼特教所合作项目基地园第三小组活动在竹箦中心幼儿园举行】 12月14日，江苏省教科院幼特教研究所合作项目“课程实施质量提升项目”基地园第三小组活动在竹箦中心幼儿园举行。基地园第三小组的实验幼儿园、南渡中心幼儿园、竹箦中心幼儿园、别桥中心幼儿园四所项目园的全体核心成员参加该次活动。活动为基地园合作项目提供一个相互学习、共同进步的平台，专家的精准点拨、激情鼓励，给予教师幼教新观念的冲击和碰撞，更使参与教师拓宽思路，信心满满。

【戴埠中心幼儿园开展幼儿教育专题研讨活动】 12月20日，溧阳市戴埠中心幼儿园开展关于“幼儿园半日活动组织与安排”教育专题研讨活动。活动分为现场观摩、讲座分享、专家引领三个部分。老师们分别进入四个班级进行现场观摩，对照儿童参与水平评估标准重点观察活动中教师的组织与安排，幼儿对材料的使用情况以及幼儿与材料互动时的行为表现。活动结束后，戴埠幼儿园副园长谢豫进行主题“幼儿园半日活动的组织与安排”的讲座分享，最后姜田芳对该次活动进行点评和总结。

【省教科院幼特教所合作项目园第二小组活动在溧阳市天目湖中心幼儿园开展】 12月21日，江苏省教科院幼特教所合作项目园第二小组活动在溧阳市天目湖中心幼儿园举行。该次观摩活动为基地园合作项目提供一个相互学习、共同进步的平台，让老师们在相互观摩评价中能够自主学习与研究，在观察、解读、支持孩子的过程中获得自身专业化成长。

【新区实验幼儿园举办融合教育专题研讨会】 12月21日，新区实幼作为全市学前教育资源教室首批试点园，举办溧阳市融合教育专题研讨会，向大家汇报对资源教室的意义认识、建设历程、团队架构等。与会人员参观了新区实幼特需儿童资源教室——“阳光宝宝成长吧”，对幼儿园资源教室的适宜性给予高度肯定。同时观摩培智学校侯罗娜和新区实幼邬婷婷老师的个别化融合教育活动现场。幼特教教研员姜田芳老师、兼职教研员徐莉老师、培智学校特教中心领导，分别就下阶段全市融合教育工作的方向、具体工作策略等作科学引领和详细指导。

小学教育

【概　况】 2018年年末，全市有小学44所，占地面积1044389平方米，校舍建筑面积484669 平方米。在校学生39499人，班级970个，当年毕业生6417人，招生7236人。毕业班学生毕业率100%。教职工2669人，其中，专任教师2441人，专任教师学历达标率100%，大专及以上学历99.34%，本科以上学历达92.87%。专任教师师生比16.18%。班容量40.72，另有培智学校1所，9个班，学生68人，教师16人。

【溧城中心小学幼儿园创建为江苏省第三批足球特色幼儿园】 溧城中心小学幼儿园开设足球园本课程，开展丰富多彩的足球游戏活动，组建快乐足球队，还通过举行足球嘉年华，举办足球文化节等，营造浓郁的足球文化氛围。经专家评审，溧城中心小学幼儿园被评为江苏省第三批足球特色幼儿园。该园将以此次创建为契机，进一步做好幼儿园足球的普及推广，为幼儿的可持续发展奠定良好的基础。

【强埠实验学校举行“戏曲进校园”活动】 5月25日，强埠实验学校举行“戏曲进校园”活动。溧阳戏剧团团长胡星主讲中国各地方戏剧的种类、起源、发展及特色，用说、唱、演的方式重点介绍了锡剧、黄梅戏等，溧阳戏剧团的演员们更是粉墨登场，唱念做打，动人心弦。本次活动让师生零距离体验家乡戏剧文化的艺术魅力，感受到家乡艺术家的风采背后的艰辛付出，蕴含的精神品质，让孩子们不由自主地吟诵：“台上三分钟，台下十年功”“要练惊人艺，须下苦功夫”等；有板有眼，惟妙惟肖的表演，激发出孩子们对家乡戏曲的浓厚兴趣，；学校也和戏剧团建立了长期的合作意向。

【“快乐科学号”到社渚中心小学举行活动】 10月17日，科学大众杂志社工程师带着科普展仪器在学校举行活动。十五台移动“小型科学馆”吸引孩子们的眼球，内容涉及力学、光学、声学、电学等多方面的科学知识，孩子们在有趣的互动中走进奇妙的科学世界，感受科学的神奇与奥妙。通过这次科学大众“快乐科学号”校园行活动，让孩子们与科学零距离接触，提高他们探究科学的欲望，也激发他们爱科学、学科学、用科学的兴趣。

【第二实验小学举行小学体育“优化教学设计，提升教学质量”专题研讨活动】 11月15日，溧阳市第二实验小学举行小学体育“优化教学设计，提升教学质量”的专题研讨活动。二实小的吴有君老师给大家带来有关小学体育平板教学专题讲座，杨圣老师和后周小学的杜鹏老师，分别给大家带来信息化教学的体育课。教师发展中心吴建组织研讨活动，执教老师与听课教师就信息化环境下的教学设计与运用等问题展开热烈的交流探讨，让大家对信息化教学有更多的思考和感悟。

【埭头中心小学举行“打造朴实课堂提升学生素养”市级研讨活动】 11月16日，埭头中心小学举行“打造朴实课堂提升学生素养”市级专题研讨活动。市教师发展中心专家以及来自第一学区、第二学区、别桥学区、戴埠学区等各校的教师代表近50人参加了该次专题研讨活动。专家的引领开阔大家的视野，丰富研究的内涵，促进教师的专业成长，让所有参与此次活动的教师受益匪浅。

【溧阳市小学综合实践活动继续教育培训活动在南渡中心小学举行】 11月20日，溧阳市南渡中心小学举行综合实践活动教师继续教育培训活动，来自全市65位教师参加该次活动。活动首先展示南渡中心小学赵瑜执教的《安全消防小达人》观摩课，强调给学生提供充分的学习自由度以及各种自主参与活动的条件，让学生主动实践与亲身体验，提高学生的核心素养、创新能力。展示课后研训中心主任史振华主任对该节课例给予了详细的点评，随后也提出了几点对于“综合实践活动课程”的思考与疑惑。

【创客教育流动课程到后周小学开展活动】 11月20日，江苏新创三维智能科技有限公司后周小学开展创客教育流动课程服务活动，该校三至六年级近400名学生参加此项活动。本次活动项目分为现场3D打印、VR（虚拟现实）、机器人、空中无人飞机展示、现场创客作品创作等。无论是现场工作人员的讲解演示还是互动体验，都让学生们赞叹连连、流连忘返。有的学生操作着机器人作出各种动作，有的学生遥控无人飞机起飞、降落，有的专注于3D打印笔进行绘画创作，有的已经在把玩着3D打印机的创意作品……该次活动，不仅让学生们体验到许多前沿的人工智能技术，更激发他们学科学、爱科学、用科学的热情。

【河心小学开展“送培到校”暨“小学实践性课堂教学研究”专题研讨活动】 12月21日，河心小学举行“送培到校”暨“小学实践性课堂教学研究”专题研讨活动。燕湖小学湛伟俊执教三年级的语文课《元日》，昆仑小学虞清河执教二年级的美术《亮眼睛》，实验小学莫静姣执教一年级的音乐《小蚂蚁搬米粒》。河心小学根据实际也开展语文、数学、英语等不同学科上课内容。该次送教送培活动，为教师搭建了一个相互交流、学习的平台，推进河心小学的课程改革与发展，达到“资源共享、优势互补、共同提高”的实质效果。

初中教育

【概　况】 2018年年末，全市有初级中学25所，占地面积787937平方米，校舍建筑面积274944平方米。在校学生18335人，班级442个，当年毕业生5209人，招生6415人。毕业班学生毕业率100%。教职工2054人，其中，专任教师1723人，专任教师学历达标率100%，大专32人，本科1634，研究生57人。专任教师师生比10.64%。班容量40.65。

【上兴中学邀请省道德模范方桂云到校做道德宣讲】 3月10日，上兴中学邀请省道德模范和溧阳市十佳市民——上兴镇芳村村民方桂云女士到校做道德宣讲。师生们首先观看微电影《天目湖畔的感动——溧阳好人微电影之方桂云》，接着方桂云女士以自己的亲身经历展开道德宣讲，师生们认真聆听，她以柔弱之肩担千古道义，以倔强之躯盟金石之誓，一个女人穷其一生，使诚信的当代解读生发出层出不穷的深味。师生们被她的故事打动着，表示紧随她诚信的脚步，为“诚信校园”添砖加瓦，让诚信道路越走越宽！

【别桥中学参加“常州市依法治校示范校遴选”汇报会】 3月28日，别桥中学在“常州市依法治校示范校遴选”汇报会上，从“构建依法治校机制化”“实行法治工作制度化”“实现办学措施规范化”“实现法治队伍网络化”“实现普法教育常态化”“实现依法维权透明化”六个方面向专家组汇报别桥中学依法治校的做法和经验，以及在此基础上取得的成绩。

【光华初中举行常州市“十三五”规划课题课题组核心成员研讨活动】 5月22日，光华初中举行常州市“十三五”规划课题课题组核心成员研讨活动。申报立项的常州市“十三五”规划课题《初中学生学科核心素养培养的策略研究》和《初中情智课堂的实施策略研究》两项课题课题组的20多名核心成员参加该次研讨活动。课题的主持人就课题的研究目的、课题所处的研究阶段、研究的主要任务、方向、研究方法等方面与成员们进行交流与探讨，并征求成员们的研究意见。

普高教育

【概　况】 2018年年末，全市有普通高中7所，含民办1所。全市普高占地面积605716平方米，校舍建筑面积283048平方米。在校学生8709人，班级199个，当年毕业生2868人，招生3384人。教职工1217人，其中专任教师1004人，专任教师学历达标率99.9%，其中研究生204人，本科799人，专任教师师生比8.67。

【江苏省溧阳中学举行“金峰教育基金”捐赠签约仪式】 2018年4月26日，江苏省溧阳中学举行以“清风徐来，凌云飞渡”为主题的“金峰教育基金”捐赠签约仪式，由金峰控股集团向江苏省溧阳中学捐赠人民币500万元，设立“金峰教育基金”。

【溧阳市高中心理健康教育教研活动在戴埠高中开展】 5月18日溧阳市高中心理健康教育专题研讨培训活动在戴埠高中开展。该次活动由溧阳市未成年人成长指导中心专职心理咨询师汪小西老师组织并主持。溧阳市全体高中心理健康教育教师、市心理健康教育中心组成员和市未成年人成长指导中心部分心理咨询志愿者共同参与活动。汪小西做题为《学校心理健康教育活动课的设计与实施》的专题讲座，从理论到实践，深入浅出，给各校心理健康教育活动课的开展实施给出切实可行的有效建议，为学校的心理健康教育工作开展指明方向。

【溧阳教育“接轨南京”专家研讨会在上兴高中召开】 9月11日，溧阳教育接轨南京专家研讨会在上兴高中举行。围绕溧阳教育“接轨南京”规划方案的目标、需求、资源、措施等具体内容，研讨会邀请江苏省教师培训中心、江苏教育行政干部培训中心副主任严华银，南京大学方长春教授，南京师范大学张新平教授等专家团队前来指导，聘请第三方江苏省东南教育研究院邹建农院长汇报已经制订的溧阳教育“接轨南京”初步规划方案。根据市委、市政府提出的“溧阳接轨南京，建设最美副中心城市”的统一部署，市教育局制定《溧阳教育“对接南京”高位发展战略框架》，将通过未来三年的努力，借助南京、北京和上海等地的教育高地资源辐射和对接，通过“引进来、提上去”的对接方式，在牵手战略合作伙伴、引进公办教育优质资源、联手教育学术、推进重点项目等九个方面进行深入对接与融合，建构起体系全、内涵深、品质优、开放度高的新时代溧阳高品质教育。

【光华高中卢忠免油画作品入选第十届江苏省油画展】 2018年11月2日，“艺术的精神——第十届江苏省油画展”在江苏省美术馆开幕，光华高中美术教师卢忠免的超写实油画作品《油桃》入选第十届江苏省油画展。这是溧阳市美术教师首次入选江苏省文化厅主办，江苏省美术馆和江苏省油画学会承办的省级专业油画展。南京大学教授、江苏省美术家协会陆庆龙副主席对卢老师的作品做了点评，并为其在今后的油画发展方向上进行指点。

【溧阳市2018年高中生美术比赛在光华高中举行】 11月3日，溧阳市2018年高中生美术比赛在光华高中举行，来自全市各高中248名学生参加本次活动。比赛分为速写、素描、色彩三大类，通过比赛，对深入了解全市高中美术专业教学的现状，为艺术类学生下阶段素质教育的针对性指导和发展提供有效的教科研依据，同时也促进全市高中美术教育校际间的深入交流。

【溧阳中学创客队参加全国3D大赛】 12月6～9日，第十一届全国三维数字化创新设计大赛全国总决赛暨第十一届全国3D大赛年度总决赛在云南省玉溪市举行，省溧中首次参加便获得好成绩。在常州机电职业技术学院路春玲、省溧中刁国华两位老师带领下，韩旭辉同学获2018全国3D大赛年度总决赛——青少年现场赛比赛一等奖，周宇航同学获得三等奖；由省溧中三位同学（韩旭辉、蒋一帆，周宇航）组成的省溧中创客队的团体作品《私人定制的办公用品设计》获得全国总决赛团体二等奖。溧阳中学校本课程正在开展六大课程基地，其中现代科技基地包含3D打印、机器人、无人机、汽车文化、C语言、VB、视频制作等，各类课程互通有无，打通边缘，拓宽学生思维，探索触点新颖的模糊板块，建造智能科技开发的阵地。

职业教育

【概　况】 2018年年末，全市有中专学校2所，占地面积426161平方米，校舍面积239527平方米。在校学生4977人（其中五年制学生511人），当年毕业1988人，招生1429人（其中五年制学生168人）。教职员工553人，其中专任教师476人，研究生学历100人，本科372人，研究生率21%，本科率99.15%。

【天目湖中专获“江苏省职业院校技能大赛先进单位”称号】 溧阳市天目湖中等专业学校获“2018年全国职业院校技能大赛江苏分赛区优秀组织奖”和“2018年江苏省职业院校技能大赛先进单位”称号，8名师生获2018年江苏省职业院校技能标兵等荣誉称号。天目湖中专获2018年全国职业院校技能大赛优秀组织奖，学校同时被授予“2018年江苏省职业院校技能大赛先进单位”称号；魏鲁龙、陈程、杨星宇3名学生获“2018年江苏省职业院校学生技能标兵”一等奖；葛志炎、陶旭、芮国优3位指导教师获“2018年江苏省职业院校技能大赛优秀指导教师”称号；高福明、葛志炎2人获“2018年江苏省职业院校技能大赛先进个人”。3名学生技能标兵将免试入学省内本科院校。

【天目湖中专获教育部“国防教育特色学校”称号】 2018年1月16日，教育部公布2017年全国“国防教育特色学校”名单，天目湖中专成为上榜的全国700所中职校之一。全常州市仅有两所中职校、溧阳仅3所学校获此称号。

【溧阳职教集团获国家级教学成果二等奖】 由溧阳中专、天目湖中专校长王云清领衔的《基于混合所有制的中职电梯专业实训基地建设及运用》项目获得2018年国家级教学成果二等奖，是溧阳教育史上获奖层次最高的教学成果奖项，也是该次常州职业学校中获奖层次最高奖项。

【溧阳市骨干教师教科研培训活动在溧阳中专举行】 5月4日，溧阳市教师发展中心在溧阳中等专业学校举行“溧阳市骨干教师教科研专题培训活动”。该次培训，特邀江苏理工学院教育学院院长马建富教授作题为《教师教育研究课题的选择与申报》的专题报告，全市中小学、幼儿园共350多名科研骨干教师参加该次培训活动。该次培训激发教师参与教科研的积极性和研究的热情，使大家进一步明确课题研究的价值、意义和方法。

【广东省佛山市顺德区第二职教集团考察团到溧阳职教集团考察】 9月26日，广东省佛山市顺德区第二职教集团考察团校长黄瑞兴等一行16人到溧阳职教集团考察学习混合所有制电梯实训中心的建设、运作情况。与会人员就溧阳职教集团王云清校长领衔的《基于混合所有制的中职电梯专业实训基地建设及运用》项目参观交流。

【天目湖中专在第八届江苏省职业学校创新大赛中获好成绩】 10月13～14日，第八届江苏省职业教育创新大赛展评会在江苏联合职业技术学院武进分院举行。天目湖中专参评作品《天花板快速定位打孔装置》《基于电梯无架安装的层门工装》《基于PLC控制的一种高速公路及停车场自助取卡系统》获得二等奖，《基于空气伞原理的铁路道岔防雪系统》《基于物联网应用的一种智能阀门及照明控制系统》获得三等奖。

【溧阳职教集团在2018年江苏省职业学校技能大赛“电梯维修保养赛项”获得好成绩】 12月29～31日，在2018年江苏省职业学校技能大赛“电梯维修保养赛项”中，溧阳职教集团（溧阳中专、天目湖中专）获得1金1银1铜的成绩。

（市教育局）

文化综述

【概　况】 围绕市委、市政府提出的“重大项目推进年”和“全域旅游推进年”工作主题，以深度接轨南京为着力点，以推动文化高质量发展为契机，抓住关键、聚焦重点、精准发力，取得一系列重要成果，完成各项目标任务，获得江苏省新闻出版广电（版权）系统先进集体称号。沙涨村入选中国第七批历史文化名村。市图书馆被文化和旅游部评为国家一级图书馆，市文化馆被省文化和旅游厅评为2018年度县级文化馆总分馆制建设先进单位。

图书馆

【概　况】 2018年，市图书馆通过全国第六次公共图书馆等级评估，被文化和旅游部授予国家一级图书馆称号。利用陶希晋陈列馆资源，开展未成年人法治教育活动，被常州市教育局和常州市司法局授予常州市青少年法治教育基地。参加江苏省文化和旅游厅组织的红领巾读书征文活动，获组织奖。继续推动图书馆总分馆制建设，以镇级分馆为骨干，村（社区）、企业、学校、部队、监狱等服务点为基础的图书馆服务网络更趋完善，全市具备通借通还功能的分馆数达228个。

【文献资源建设与读者服务】 全年采编新书24269册，其中采集各类纸质地方文献164种237册；办理读者证4112张，接待读者25余万人次，各种渠道外借图书187836册次。

【阅读推广活动】 全年各类阅读推广活动150余次，包括“收获时节话中秋”“弘扬传统文化　增强文化自信”“文化点亮世界”“德法涵养文明”等讲座，《“梨园贺岁·百戏昇平”戏曲文化知识展》《画说丝路图文展——跟着爸爸妈妈走丝路》《全球视野——世界最杰出的公共图书馆》《伟大进程——纪念改革开放四十周年》《廉慎传家政·流芳合古今——中国廉政文化展》等展览，“红领巾”读书征文、“我的书房故事”征文等征文活动以及亲子绘本故事会，还开展剪纸、书法、吹糖人、灯谜等传统文化活动。

【“春晖朗读”系列活动】 2018年，“春晖朗读”共策划、组织开展唐诗、宋词、重阳、端午、春节等不同主题、规模、形式的朗读活动60余场。一批来自各行各业的朗读爱好者深度参与到活动中来，现场直接参加市民达7000余人次，朗读活动的轨迹从图书馆、新华书店、商业中心、镇区文体站、社区、学校、企业到大剧院。

【“春晖朗读”庆祝改革开放四十周年专场朗诵会】 “春晖朗读——庆祝改革开放40周年专场”活动于12月16日在文化艺术中心举行。第二实验小学、汇众社义工协会、溧城镇人民政府、市交通局、大溪小学、天目湖镇人民政府、曹山旅游度假区管委会、中共溧阳市纪委、市城发集团、市银行业协会、市人民检察院、溧阳市常协电梯工程有限公司等推荐的朗诵作品从不同侧面反映40年来，溧阳市（县）委、市（县）政府带领全市人民始终坚定不移跟党走，高举旗帜不停步，坚持与改革同行、与时代同音，在新的征程中，谱写高质量发展、绿色发展、跨越式发展的新篇章。

【清音·书香——2018中秋美文雅乐欣赏会】 9月23日“清音·书香”中秋美文雅乐欣赏会在江苏金瓜子电子商务产业园大厅内举行。来自全市数百位读者、观众共同参加该次活动。现场，有《水调歌头》《秋风词》《关山月》等古代诗词吟唱，《没有秋虫的地方》《秋的况味》《故都的秋》《杭州之秋》等经典散文朗诵，还特别精选《秋省过洮湖》《大石山》《梁成湖》《登太白楼》等描写溧阳的经典诗歌朗诵和溧阳市著名歌手胡昊丞带来的歌曲《焦尾琴的传说》。

博物馆

【概　况】 2018年4月4日，全体工作人员完成全馆700余件文物的布展工作，迎接“两节”开幕。12月，完成文物库房4328件套文物，以及石刻库房近200个大型石刻的所有搬运工作。溧阳市博物馆已成为溧阳的城市名片和标志性建筑，总建筑面积1.8万平方米，其中展厅面积6000余平方米。展区共分为3层，1～2层为博物馆，3层为规划馆。现有各类藏品4725件套，其中一级文物4件（套），二级文物25件（套），三级文物93件（套）。

【接待工作】 自2018年11月2日开放以来，截至2018年12月31日，全馆共接待游客3.4万余人次，年度接待政府及企事业单位嘉宾100余场。“两节”期间，迎接乌克兰、德国等国家和中国台湾等地区的嘉宾参观。完成溧阳市四套领导班子，各部委办局、各学校，南京博物院院长龚良、陕西省白河县及汉阴县代表团、“天目湖论道”书画大师等代表团的参观。

【宣教工作】 5月，结合“5·18国际博物馆日”，共制作流动宣传展板15块，在溧城中学、光华初中、实验小学开展以“千秋金濑话溧阳”为主题的文博知识科普巡展活动。9月，邀请南京博物院民俗专家杜臻博士开展“收获时节话中秋”节俗知识讲座，共吸引50余对学生及家长参加。参加“中国梦·讲好常州故事”常州市文广新系统讲解员技能大赛，讲解员陶静获得自选讲解单项三等奖，市博物馆获团体优秀奖。11月，在多个平台发布志愿者及小义工招募公告，共招募到志愿者44人、文明小义工19人。11月，博物馆申请设立溧阳市博物馆微信公众号，第一时间推送博物馆相关咨询，普及博物馆知识。

【举办“星云大师一笔字书法展”】11月2日～12月23日，“星云大师一笔字书法展2018年中国巡回展”在溧阳市博物馆展出。该次展览共展出星云大师墨宝83件及手稿31张。

【举办江苏省考古学会2018年年会暨“濑水汤汤——江苏溧阳考古成果展”】2018年12月27日～2019年3月17日，江苏省考古学会2018年年会暨“濑水汤汤——江苏溧阳考古新发现成果展”在溧阳市博物馆展出，省考古学会首次把会议放在县级市举办。“溧阳南航天目湖校区文物保护项目”被江苏省考古学会评为江苏考古2018年度“考古与遗产保护奖”，“溧阳上兴工业园区文物保护项目”被江苏省考古学会评为江苏考古2018年度“田野考古奖”。“濑水汤汤——江苏溧阳考古新发现成果展”分为史前文明探索、吴越风云考辨、秦汉帝国追迹、隋唐窑址发现、考古铲释天书五个篇章，包括两百余件展品，向公众全方位展示2018年溧阳考古新发现。

【文物征集与修复】 全年共征集、接收文物299件套，接收近现代书画113件，接收名人遗物捐赠201件套，丰富了馆藏。3月末，博物馆邀请南京文物修复专家，对预展的馆藏文物进行修复。此次修复共涉及3件文物，分别是明嘉靖马一龙楷书碑、汉陶井圈和汉漆琴架。

【文物安全】 对全市64处文物保护单位进行四次全面巡查，针对巡查过程中发现的问题要求相关部门及时整改并上报整改情况。8月，组织国有文物收藏单位以及11个镇（街道）开展文物违法犯罪线索报送工作。9月，联合溧阳市消防大队、溧阳市文化行政综合执法大队对全市三级以上博物馆及具有安全隐患的重点文物保护单位开展消防安全检查工作，并对部分存在隐患的单位提出整改意见。

文化馆

【概　况】 2018年，市文化馆不断完善公共文化服务职能，打造全民艺术普及工程，以工作实效全力推进溧阳市群众文化活动的发展。文化馆被江苏省文化旅游厅授予2018年度县级文化馆总分馆制建设先进单位，获得江苏省第五届青少年优秀艺术作品大赛优秀组织奖、常州市“迎新春”文艺展演优秀组织奖、常州市“文明社区天天乐”先进集体等称号。

【全民艺术普及课堂】 全年保障公共服务场地和设施向社会免费开放，基本公共文化服务项目免费向市民提供。拓展“全民艺术普及课堂”项目，开设音乐、舞蹈、书法、美术、摄影等各类公益培训课程55项，全年免费培训3000余人次。

【创新公共文化服务模式】 持续推进文化馆总分馆建设，已建成五里亭分馆、上黄镇综合文化服务中心、昆仑街道综合文化服务中心、天目湖镇综合文化服务中心、竹箦镇综合文化服务中心、别桥镇综合文化服务中心6个分馆，形成与总馆实现资源互通、相互提升的良性互动模式。借助江苏省公共文化云服务平台，强化数字文化馆建设，平台关注人数达3000余人。

【文化志愿者】 2018年，溧阳市共有文化志愿者300余名。文化志愿者全年为各类文艺活动演出进行志愿服务十余场，参与志愿者近百人。为回馈广大志愿者对文化工作的付出，调动志愿者参与志愿服务的积极性，举办了“拼可生‘花’——马赛克杯垫DIY”“最美的花献给最可爱的人——感谢师恩·教师节鲜花DIY”“九九佳节·趣味重阳——口金包创意手工制作”等文化志愿者专场活动。

【未成年系列活动】 关注留守儿童、贫困家庭儿童等弱势群体，满足未成年人对文化艺术的需求，发挥文化馆作为未成年人思想道德建设的阵地职能作用。全年开展非遗课堂、主题节日专场文艺汇演、青少年暑期体验课程等未成年系列活动。开展“小荷竞放·全省青少年优秀艺术作品历年精品巡展”“童眼看世界 童心画万千”等艺术展览。

【文化艺术讲座、展览】 推动艺术普及，引领全市文化风尚。举办“锦·绣--吴锦川王萍艺术作品展”“影响·巨变”、庆祝改革开放40周年“金濑春晖”职工书法展、“探寻心与梦的原乡摄影作品展”“美影溧阳”——纪念改革开放四十周年溧阳市老年摄影学会会员作品展、异彩“粉”呈粉画作品展等主题展览15场次，举行摄影讲座、书法讲座等各类艺术讲座11场次。

【文艺精品创作】 组织参加2018江苏省广场舞大赛（常州赛区）暨常州风第三季“声动常州”原创广场舞，

市文化馆获二等奖。在常州市音乐舞蹈新作品大赛中，获一等奖1个、二等奖1个、三等奖2个。粉画作品《母与子》《日子》入选第三届中国粉画展，其中《母与子》获优秀奖。书法《古人书信序跋数则》入选第十三届“江苏省五星工程奖”。

新四军江南指挥部纪念馆

【概　况】 新四军江南指挥部纪念馆为全国爱国主义教育示范基地，全国红色旅游经典景区，国防教育示范基地，国家级抗战纪念设施、遗址，全国重点文物保护单位，国家AAAA级旅游景区，国家三级博物馆，全年共接待游客68万人次，其中团队接待近3000批次，上级领导来访接待198批。2018年，本着“弘扬铁军精神，主动服务社会”的宗旨，纪念馆全面落实年初工作计划，相继获得“常州市社区教育游学体验基地”“溧阳市首批研学旅游实践基地”“常州市青少年法治教育实践基地”称号。参加“江苏省未成年人教育实践基地”评比，获得三等奖，并被江苏省委组织部、常州市委组织部分别授予“党员教育实境课堂示范点”和“常州市党性教育基地”。

【红色教育培训】 水西红色文化教育培训中心于2018年3月正式成立。课程设置采取走进来，送出去的教育形式，推出体验教学“烽火岁月·铁军北上”、访谈教学“拥军模范”、现场教学“陈毅家风”“沧海一粟”“铁军铁纪”等符合时代精神及学员教学需要的特色教育项目。中心课程自推向市场后，引发红色培训热潮，全年完成教育培训217批次1万余人，超额完成年度百批培训教育的计划任务。

【文创产品开发】 自主完成文创产品73件，产品包括伴手礼“水西茶”、廉政文化教育中的镇纸“廉洁长对镇”“同心对镇”，以纪念馆Logo及设计人物新小兵、新小君为背景的陶瓷纪念杯，新四军徽章和纪念馆徽标。这些产品均已投放市场，同步在文创微店销售。

【主题教育活动】 全年共开展各类教育活动4场，包括“弘扬铁军精神传承红色基因”纪念建军91周年暨常州市红色文化宣传教育阵地联盟成立揭牌仪式、《新四军在宋巷》开馆暨共建红色文化研究践行基地揭牌仪式等。筹办《新四军统战工作图片展》。开展未成年人教育活动8场：举办“烽火诗情·感恩有你”诗会，包括“诵读抗战家书·学习英烈精神”朗诵、能工巧“将”“1939—2018”文明的守望—未成年人文明礼仪养成教育实践活动等、“烽火读书声·书香润心灵”征文实践活动，其中“文明的守望”获2018年溧阳市未成年人思想道德建设项目一等奖。

【馆藏征集】 先后征集到社渚镇姚得才捐赠的抗战时期新四军使用的大刀1把、《支那事变画》10本、马灯50盏、抗战时期炮弹壳2枚、新支方面日支两军形式要图、抗日军人家属优待证、中国人民解放军宣言；接受新四军后代捐赠的新四军女兵陈模、溧阳首任县委书记张之宜等使用物品400余件（套）。

【红色资源调查】 对各镇（街道）进行红色资源摸底排查，重点走访竹箦镇下辖自然村，新发现并登记抗战遗址遗迹9处、新四军墓地3处、采集抗日故事及新四军生活故事17则。

【学术研究】 出版史料书籍《林胜国将军研究》、水西系列连环画第七本《新四军在宋巷》。完成《苏常铁军》季刊投稿出版工作，并将王秋生捐赠钱币等整理印制成图录。

【场馆建设】 2018年，对馆内硬件设施进行提档升级：新四军江南指挥部旧址维保工程于2月完成竣工；宋巷新四军一支队司令部旧址内的《新四军在宋巷》展览于11月建成对外开放；相继完成纪念广场积水维修、碑廊维修改造、新增广场游客休息区、广场中心红色氛围营造、白蚁防治及游客通道设备更新等。

【对外宣传】 2018年，市纪念馆的宣传渠道和力度均迈上新台阶，全年在各类报刊文摘、新媒体上发布信息近300次，其中《常州日报》2次，《溧阳时报》18次，中红网1次，溧阳政府网69次，纪念馆网站104次，江苏电视台1次，溧阳电视台28次，制作红色培训电子相册30余次。央视《中国影像方志》、南京电影制片厂纪录片《战斗在敌人的心脏》、山东电视台VR纪录片《红色记忆》，均来馆取景。在《人民日报》刊载文章《借助最新科技打造景点景区——江苏红色旅游红红火火》一文中，重点推介新四军江南指挥部纪念馆。

社 会 文 化

【基层综合性文化服务中心建设】 各镇（街道）及相关部门累计投入2000余万元建成59个基层综合性文化服务中心。市财政设立1000万元专项资金用于奖补基层文化服务中心建设和优秀公共文化服务项目。在中心建设的推进过程中，严格按照“八个一”的建设标准实施，并通过现场督查等措施，有力促进中心建设提质增效。前棠社区、吴村村等8个基层文化服务中心获评2018常州市级示范点。

【文化小礼堂建设】 文化小礼堂建设工作连续两年被纳入溧阳市“微民生”工程。2018年，对照《2018溧阳市“文化小礼堂”建设情况评分表》，采取主动申报、台账审核和现场验收方式，根据建设规模、硬件设施、资金投入、文化服务、利用效率、亮点特色等情况，评选出55个文化小礼堂（其中五星20个，四星18个，三星17个）。为提高文化小礼堂等文化设施利用率，建立工作长效机制，开展溧阳市优秀公共文化服务项目评选工作，共评选出12个优秀公共文化服务项目。建立起市、镇（街道）、村（社区）三级公共文化配送体系，全年开展文化配送超千场，其中春节文化活动300多场，群众文化活动周“文化零距离”惠民行动8大类154项。加强人才队伍建设，设置专职管理人员，同时完善活动开展、设施维护、安全管理等制度，做到场地整洁、设备完好、活动有序，

表 25

2017 年度“溧阳北湖亭奖”优秀作品表彰项目评审情况

序号	作者姓名	作品名称	类别	获奖等级
1	溧阳市锡剧团	锡剧小戏《稻草人》	音乐、舞蹈、戏曲类	金奖
2	郭宏冰	《大师》	文学类	银奖
3	朱富平	《母与子》	美术、书法、摄影类	
4	葛亚东	《西麓堂琴统》钩沉	音乐、舞蹈、戏曲类	
5	潘振新	《梦在青山绿水间》		
6	史剑新	《溧阳记叙》	文学类	铜奖
7	张　俊	《一滴油的情怀》		
8	黄志清	《情未了》		
9	丁　欣	《云湖禅心》《钱江源》		
10	黄　郁	《朝丝暮雪》		
11	马建华	《贺新郎 格桑花情》		
12	程安中	《和风》	美术、书法、摄影类	
13	溧阳市文化馆	男女声小组唱《鸿雁》	音乐、舞蹈、戏曲类	

保障文化小礼堂的长效运作。

【第十届民间文化艺术节暨 2018 闹元宵广场文体活动】 3 月 3 日，举行“凝神聚力求发展，齐心合力促推进”第十届民间文化艺术节广场文体活动。来自全市的文化体育志愿者表演健身舞、健身腰鼓、强军战歌、曳步舞、木兰拳等节目，民俗团队表演南渡抖空竹、古渎太平马灯、宋村关公舞、杨庄双龙、别桥龙舞等民俗项目，吸引了大量观众前来观赏。

【第二届“天目湖·古琴”音乐会】 4 月 9 日晚，“美音自在溧阳”第二届“天目湖·古琴”音乐会在市奥体国际花园体育馆举行。腾讯、新浪、搜狐等国内一流网络视频平台以及花椒、YY、一直播三大微信网络平台对音乐会进行同步直播，《中国文化报》进行专题报道，各平台在线观看人数超 80 万人次。

【“美音溧阳·茶香戏韵”戏曲名家汇演】 4 月 10 日，国家一级演员、著名锡剧表演艺术家、第十届中国戏剧梅花奖获得者倪同芳，国家一级演员、文化部优秀专家、著名越剧表演艺术家赵志刚等十余位戏曲名家在溧阳市文化艺术中心剧院参加“美音溧阳·茶香戏韵”戏曲名家汇演。为溧阳市民表演《天仙配》《沙家浜》《孟姜女》等著名戏曲选段。

【“当天目湖遇上卡林卡”——溧阳市举行中俄青少年文化交流活动】 中俄青少年文艺汇演暨中俄地方交流年活动启动仪式于 7 月 2 日在溧阳文化艺术中心举行。中俄 200 多名艺术家和青少年倾情演绎歌曲《门旁琴语》《焦尾琴的传说》，俄罗斯民族舞蹈《卡林卡》《西伯利亚豪情》等 12 个节目。中国黄梅戏表演艺术家、国家级非物质文化遗产项目代表性传承人、国家一级演员韩再芬领衔主演的黄梅戏《徽州女人》和《女驸马》受到观众好评。

【2018 溧阳市“文化零距离”大型惠民行动暨第 30 届群众文化活动周】 溧阳市“文化零距离”大型惠民行动暨第 30 届群众文化活动周启动仪式于 9 月 22 日在市人民广场举行。本届群众文化活动周紧紧围绕“庆祝改革开放 40 周年”的主题，通过“文化零距离”大型惠民活动，见证溧阳改革开放 40 年来的发展变迁，反映溧阳改革开放 40 年取得的伟大成就，全力打通公共文化服务的“最后一公里”，提升百姓文化参与感、获得感和幸福感。

【“溧阳北湖亭奖”优秀作品表彰项目评审】 组织开展 2017 年度“溧阳北湖亭奖”优秀作品表彰项目申报评审工作。经条件审核、专家评审及评审委员会审议，共有 3 类 13 件作品获奖（金奖 1 件、银奖 4 件、铜奖 8 件），其中文学类银奖 1 件，铜奖 6 件；美术、书法、摄影类银奖 1 件，铜奖 1 件；音乐、舞蹈、戏曲类金奖 1 件，银奖 2 件，铜奖 1 件。

文化遗产保护

【文物保护】 溧城镇沙涨村入选第

2018 年 7 月 2 号中俄青少年文艺汇演暨中俄地方交流年活动启动仪式

（市文广体局　供稿）

七批中国历史文化名镇名村名单。完成“晋塘头桥”和“和鹿岗桥”两处市级文物保护单位的修缮工作。编制《溧阳市历史文化保护规划(2018—2030)》，划定全市各类文化遗产保护利用的红线和底线。第八批江苏省文物保护单位申报工作取得阶段性成果，宋巷新四军一支队司令部旧址和梅岭玉矿遗址已通过江苏省文物局初评。完成秦堂山遗址、神墩遗址、合剌普华墓3处省级文物保护单位第八批全国重点文物保护单位的推荐申报工作，三处均已通过常州市初评。

【考古发掘】 3月，联合南京博物院考古研究所对上兴镇经开区进行考古发掘。4月，联合南京博物院考古研究所对南航天目湖校区进行考古调查、勘探、发掘工作。7月，在溧阳城东燕山新区观澜府小区施工现场发现一处古代遗址，并命名为东滩头遗址；8月，经南京博物院调查勘探，东滩头遗址总面积约为10万平方米，为一处重要的新石器时代马家浜文化类型遗址。10月，委托南京博物院对竹箦镇古城址等重要文物遗址进行考古勘探和调查工作。

【非物质文化遗产保护】 持续推进“戏曲进校园”活动，重点由城区向农村辐射，在强埠小学、实验小学、大溪小学等学校开设戏曲班，市锡剧团青年骨干为学生们教授戏曲通识教育，在校园中形成浓厚的戏曲氛围。推进“非遗进校园”活动，在戴埠小学开展太平锣鼓进校园活动，在大溪小学开展焦尾琴进校园活动，在社渚小学开展傩文化进校园活动，在泓口小学开展泓口丝弦进校园活动，让优秀本土文化走近孩子身边。溧城镇文化活动中心被评为第二批常州市非物质文化遗产传承示范基地。

表26

2018溧阳市文化产业引导资金扶持项目

序号	项目单位	项目名称
1	泡发印花百叶窗的研发	溧阳市新元窗帘制品有限公司
2	瑜伽垫3D艺术打印技术应用与生产	溧阳市双马塑胶纺织有限公司
3	能力风暴机器人推广中心	溧阳昱明教育信息咨询有限公司
4	溧阳市天目湖酒文化博物馆免费对外开放	溧阳市天目湖酒文化博物馆
5	望星谷亲子营活动基地建设	溧阳万寿生态庄园有限公司
6	吴越文创园接待中心	江苏怡富纺织服饰有限公司
7	御马场建设	溧阳望美乡村旅游服务有限公司
8	水上表演舞台扩建及系列节庆活动	常州日日春农业发展有限公司
9	曹山小院休闲观光园一期	溧阳市曹山小院生态农业发展有限公司
10	曹山文博园艺术品展览馆免费对外开放	溧阳市吴越文化发展有限公司
11	印刷设备升级促文化创意产品开发项目	溧阳市鑫宇印刷有限公司
12	族谱大楼改造	溧阳市史氏文化研究会
13	傩文化博物馆免费开放	江苏胥傩民俗文化村有限公司
14	2018年社渚镇全民健身中心建设工程	溧阳市金陲建设投资有限公司
15	运动面料后整理生产线技改项目	溧阳市中纺联针织有限公司
16	别桥原乡稻梦空间	溧阳原乡建设投资有限公司
17	溧阳蚕桑文化展览馆免费开放	溧阳市天目湖农业发展有限公司
18	2018溧阳少儿春晚	溧阳广播电视台
19	溧阳市新华书店全民阅读推广项目	江苏凤凰新华书店集团有限公司溧阳分公司
20	智慧天目湖多屏融合公共服务云平台建设示范项目	溧阳市广播电视信息网络有限责任公司
21	韭菜山地质公园一期工程	江苏晶阳集团有限公司
22	农村电影放映质量提升项目	溧阳市影剧公司
23	《金玉奴》《焦尾琴缘》剧目市场化传承及推广	溧阳市锡剧团
24	陕西省白河县、汉阴县图书馆对口帮扶	溧阳市图书馆
25	陕西省白河县、汉阴县文化馆对口帮扶	溧阳市文化馆

文化产业

【概　况】 全市学习贯彻党的十九大精神，围绕“做强重点文化行业、培育特色文化园区、壮大骨干文化企业”的建设目标，推动产业跨界融合，推进重大项目建设，优化文化市场环境，文化产业继续实现稳步发展。

【资金扶持】 溧阳亚东实业发展有限公司（涵田养心谷文旅休闲度假项目）获得省级现代服务业（文化）专项扶持资金100万元；江苏东方印务有限公司（新型智能化绿色环保印刷工艺技术改造与应用）获得省级现代服务业（新闻出版和广播影视）专项扶持资金100万元。25个文化(体育)项目共获得溧阳市级文化产业发展引导资金扶持480万元。

【体量规模】 全市纳入文化产业统计名录库的文化企业已超过1000家，其中规上文化企业有98家。2018年，文化产业增加值占全市GDP的比重达5.8%。

【载体建设】 溧阳亚东实业发展有限公司和江苏东方印务有限公司成为第五批常州市级文化产业示范基地。天目湖旅游股份有限公司被评为常州十佳文化企业。

【产业格局】 在区域布局上，形成江苏中关村科技产业园、天目湖镇、戴埠镇、埭头镇四大文化产业集聚区。在产业类别上，形成以文化旅游业、印刷制品业、工艺美饰业、体育娱乐业4大行业为主，节庆会展业、创意设计业、传媒影视业3大行业为辅的发展格局。

锡剧团

【概　况】 全年完成文化惠民演出、送戏下乡、燕湖戏韵·锡剧周周演、戏曲文化节·新春戏曲周、“263”主题专场巡回演出、民俗文化节演出等共计170多场，观众人数达50余万人。锡剧现代戏《等你回家》剧本被文化和旅游部的“剧本孵化计划”评为大戏二类作品，入围国家艺术基金复评。小戏《稻草人》获得江苏省艺术基金扶持和常州市五个一工程奖，胡星获戏曲现代戏创作演出个人突出贡献奖。锡剧小戏《好人老马》参加“中华颂”第九届全国小戏小品曲艺大赛荣获表演银奖、主演优秀演员奖，溧阳市锡剧团优秀组织奖。2018年，市锡剧团与曹山旅游度假区签订品牌旅游演艺项目合约，配合景区文化活动进行表演；与别桥原乡旅游开发区合作，在塘马村开设“美音梨园戏曲陈列室”。

【参演重大活动】 受邀参加由中宣部、文化和旅游部联合举办的第八届中国黄梅戏艺术节，共演出六场。受邀到京参加“中国戏曲学院‘高参小’戏曲非遗专场演出”，参加大运河文化带非遗大展演出。在2018年“两节”期间，举办中国戏曲名家汇演活动，并为对外友好城市德国富尔达区代表团献演一台精品小戏专场演出。

【排演新剧】 挖掘传统戏曲资源，坚持原创剧目、复排剧目、移植剧目三者并重，牢固树立精品意识。2018年，创作多部小戏：地域名片小戏《焦尾琴缘》、少儿情景剧《焦尾琴》、锡剧小戏《好人老马》。其中，传统大型锡剧《金玉奴》于10月17日进行公演。创排法制小品《圣水》《寸土不让》和《甲方乙方》。精品打磨现代廉政锡剧《等你回家》，该剧入选2019年常州市重点扶持项目。

【惠民演出】 2018年，共推出民俗文化节（中秋、端午、重阳）演出、戏曲文化节·新春戏曲周、宋团城灯会演出、“263”主题专场乡镇巡回演出、燕湖戏韵·锡剧周周演。在固定时间、固定地点、固定演出一场大型古装戏和一台小戏，形成全新戏曲传承文化品牌。

【推进“戏曲进校园”】 加大对戏曲的宣传普及力度，组织优秀中青年演员走进校园，在强埠小学、大溪小学、上黄图书馆开设戏曲班，两个演员带一个班，每周三、周四一节课，将强埠小学打造为戏曲传承基地，建设“戏曲进校园”品牌。其中，大溪小学的少儿情景剧《焦尾琴缘》、强埠小学的《戏曲联唱》参加2018年溧阳市少儿春晚演出。

影剧公司

【概　况】 全年完成经营收入405万元。完成放映场次4500多场，其中农村送电影下乡3744场，42个社区放映300场，联系企业放映500多场，观众人数达200多万人次。市人民电影院全年共组织各类演出11场，观众人数近万人次。

【服务升级】 2018年，更换电影放映设备2套、金属荧幕2套，购置数字放映电影节目4200部。根据江苏省新闻出版广电局要求，联合乡镇和街道办文体站对全市100个放映固定点进行向室内转移建设，已完成208个村的建设工作，超额完成108个村。在放映期间，发放电影名单征询表，对村民观影需求进行调查，将选片权交给观众，推动供需有效对接，对送电影下乡服务进行提档升级，满足基层群众的文化新期待。

【亲子剧场】 与南京丑小鸭剧团、上海安徒生艺术团、江苏奥博体育文化交流公司、溧阳欢乐喜剧汇等单位合作，全年共引进全国和国际演出、少儿汇报表演、培训等活动共11场，观众人数近万人次。开拓演出市场，与溧阳吾悦创盛房地产开发有限公司合作，共组织演出儿童剧等18场，丰富全市青少年业余生活。

【电影惠民工程】 为迎接十九届三中全会召开，在全市11个镇（街道）的312个村、42个社区播放宣传标语150多场。配合市委、市政府“同心共筑中国梦　携手共建文明城”宣传，共播放视频1000场次。围绕“庆祝改革开放四十周年”，将纪录片《厉害了，我的国》《胜利大阅兵》和电影《战狼2》《红海行动》等优秀影片送到百姓家门口，观影人数达70万多人次。联合市地震局，开展“2018平安中国防灾电影季”安全意识教育电影活动，共放映21场。为全市敬老院、留守儿童学校放映公益电影36场（次）。

文化市场管理

【概　况】 2018年，共出动执法人员1300多人次，检查经营单位2500多家次，收缴“小耳朵”45套，查获“黑电台”3个，立案查处违规经营案件41件，涉及网吧、歌舞、游戏、演出、网络文化、广播影视、新闻出版、体育等多个领域，并全部录入全国文化市场技术监管和服务平台、市“三合一”平台，行政权力公开、透明运行。其中，点播影院侵权案件、游泳池未落实保障措施案件在广播影视类案件和高危体育经营项目案件中实现零突破。

【队伍建设】 2018年，围绕“构建和谐、平安文化市场”和打造“学习型”“服务型”“廉洁型”执法队伍的目标定位，加强学习，提升执法能力，增强宗旨意识、服务意识、廉洁意识和纪律意识。大队全部执法人员完成在线执法学习的课时任务和执法考试，3名执法人员参加常州市第二届文化市场综合执法岗位练兵技能竞赛，取得优异成绩，大队获团体第三名和最佳办案机构奖。

【信息化建设】 大队主要对接六大平台：全国文化市场技术监管和服务平台、省“扫黄打非”信息化管理平台、省市场监管信息平台、市“三合一”平台、市“双公示”平台、市“双随机”抽查监管平台。大队指派专人进行一对一的维护和运用，推进与各有关行政部门信息系统的有效衔接共享，实现互联互通。2018年，与公安治安大队、网安大队签订合作共享协议，建立视频监控、在线监测的信息共享机制，实现对网吧、娱乐场所的远程监控。

【日常监管】 加强镇区文化市场监管，召开镇区文化市场（扫黄打非）管理工作会议，签订目标管理责任书。对镇区开展文化市场季度性巡查工作，指导强镇扩权的三个镇区（天目湖镇、社渚镇、昆仑街道），依法独立承担本区域内文化市场管理（扫黄打非）工作。加强社会艺术水平考级规范化管理工作，向社会公布举报电话，督促相关单位严格按照《社会艺术水平考级管理办法》限期整改，对整改不到位和拒不整改的单位，从严处罚，直至取消其承办考级活动资格；对未经批准擅自开办艺术考级活动的单位，一经发现，一律取缔。对全市文化市场进行安全大检查，推行文化市场网格化管理，做到将文化市场日常管理和安全生产隐患排查整治工作同安排同部署。保障全国两会期间文化市场规范管理工作。

【专项整治】 全年共组织开展境外电视传播秩序专项整治工作、电子游戏场所联合清理整治工作和以游泳池为重点的高危体育经营项目专项整治工作。2018年，共立案查处2家游泳场馆未落实保障措施案件。

【“扫黄打非”】 开展“扫黄打非”阶段性专项整治工作。以“净网”“秋风”“护苗”等专项行动为基础，共开展联合集中行动和专项行动10余次，检查经营场所1000多家（次），取缔非法兜售出版物游商、地摊7个，删除或屏蔽淫秽色情及低俗信息1000多条，立案查处各类案件13起。推进“扫黄打非”基层站点标准化建设工作，于2018年年底完成173个基层站点的标准化建设，建设率72.7%，超额完成常州设定的20%的建设任务。分期分批对全市175个行政村、52个社区共238名“扫黄打非”联络员开展业务培训工作，培训率达100%。开展《护苗网络安全课》宣传推广工作，倡导文明上网、绿色上网，为青少年健康成长营造安全有序的网络环境。结合全民读书节、“4·26”世界知识产权日、六一国际儿童节等时间节点，组织开展2018年“绿书签”系列宣传活动。

（市文广体局）

溧阳广播电视台

【概　况】 溧阳广播电视台内设机构从21个精简到9个，干部职数从86人减少到25人，102名职工通过双选找到适合自己的工作岗位；另外，分流10人，辞职8人，调离3人，离岗创业3人，办理病假2人。制定出台《溧阳广播电视台合同制员工薪酬管理暂行办法》《溧阳广播电视台考勤管理办法》《溧阳广播电视台绩效工资考核分配实施方案》等文件。共计出台18项规章制度。一系列规章制度的出台，使得台里各项工作做到有规可循、有章可依，令行禁止，“慵、懒、散、漫”现象基本得到遏制。

【新闻宣传工作】 坚持服务大局、关注民生、营造氛围的工作宗旨，推出一批有深度、有张力、有影响的重点专栏和主题报道，完成“重大项目推进年、全域旅游推进年”“两节”“1号公路”、“263”专项行动等宣传任务。外宣工作亮点纷呈，对外发稿呈现平稳增长和向更高质量发展的良好态势。“燕山灯会”“1号公路”“乡村旅游”等节目在央视新闻频道黄金时段播出。10月5日，央视在溧阳一天三场直播。截至11月底，共向央视、江苏、常州三级广电台发稿150篇（次）。其中，中央台16篇、江苏台54篇、常州台80篇。

媒体融合初见成效。广播电视台立足自身条件，在人才、资金、技术力量都匮乏的情况下，加强新闻宣传矩阵建设，初步构建广播、电视、网站、微信四位一体的新闻宣传格局。在2018年省广电局组织的全省县级媒体融合创新大赛上，市广播电视台“融溧阳”微信公众号在全省56个参评案例中获得优秀单项案例奖。

【节目质量提高】 加强电视新闻采编综合策划，优化采编流程，会议报道大幅度下降，专题报道和民生类新闻占比明显提高，节目时长保持稳定，节目内容不断丰富，节目质量逐步提高。在办好电视专题传统栏目《平陵茶馆》《小镇故事》《溧志工场》的同时，加强与镇区部门的合作，成为政务工作的得力助手，2018年新增《电视问政》《好家风》等栏目，既丰富自办节目内容，又增加经营创收。《972早班车》《唐警官说防范》《交警直播室》《人社之窗》等广播节目宣传法律法规，提供政策咨询解读，传播知识技能，坚持服务百姓，深受群众喜爱。

【经营创收提升】面对央视、卫视挤压，新媒体冲击，广告收入大幅下滑，网络公司分红减少的形势，2018年对创收格局进行大胆改革，将原来小而散，小而弱的5个创收部门整合成两个，将原来单一依靠广告创收逐步向广告、政务、活动、产业、服务等多元化创收格局转变。举办《少儿春晚》、全域旅游推介会、春晖朗读、WCBA女篮联赛招商等一系列活动，取得良好的经济效益和社会效益。

【安全播出工作】 对新闻宣传、广告内容、节目编排、频道运营、机房播控、传输网络等多个环节严格把关，狠抓《部门领导总值班制度》《技术员带班制度》《安全播出问责制》等规定的落实，把安全播出要求细化到每个工作环节，落实到每位工作人员。加强应急预案演练、实现“两节”、全国“两会”“进博会”等重要活动和重要节日的安全播出无事故。

（溧阳广播电视台）

新闻信息中心

【新闻宣传】 学习贯彻落实党的十九大精神宣传报道，推出《深入学习贯彻落实党的十九大精神》和《新时代、新气象、新作为》等重点专栏。

围绕市委、市政府“解放思想大讨论”“重大项目推进年和全域旅游推进年”“接轨南京”“深化文明城市建设”等中心工作，策划做好《庆祝改革开放40年，解放思想大讨论之“山两边”系列报道》《“山两边”论坛》

《全力实施“两大推进”，全面争创一流业绩》《深度接轨南京，推动高质量发展》《自在茶香，美音溧阳》《乡村振兴，溧阳实践》《“263”溧阳在行动》《打好污染防治攻坚战曝光台》《深化文明城市建设:攻难点、补短板、精管理》等一系列主题栏目宣传报道。围绕社情民意、民生民本，着力做“有温度”的新闻，《小城故事》《点亮心愿树》等栏目以广大群众喜闻乐见的形式，强化典型宣传的亲和力，宣传先进事迹、典型群体和先锋模范人物，弘扬社会正能量。

围绕“新闻性、本土化”，办好接地气的副刊，把握宣传主题和热点，讲好改革开放40周年、创建全国文明城市、溧阳1号公路等新闻故事；挖掘历史文脉、钩沉地方往事，植根溧阳文艺特色。

围绕溧阳特色，做好对外新闻宣传工作。做好新闻选题，与上级媒体对接，及时将全市特色亮点工作在《新华日报》《经济日报》《中国改革报》等传统媒体和《全国党媒信息公共平台》《今日头条》等新媒体作典型报道。2018年被《常州日报》以上传统报纸录用稿件共计120多篇。

【媒体融合】 坚持“以内容为王”理念，发挥党媒的优势，强化原创作品发布，强化新媒体栏目品牌化，《乐看溧阳》发布的原创作品广受社会好评。

拓宽“互联融合”理念，融合媒介资源，拓展发布渠道，“中国溧阳”等微信公众号内容分别入驻《人民日报》全国党媒信息公共平台、今日头条、抖音号、企鹅号、百家号等传播平台。

【广告经营】 以“新闻＋服务”的载体，为机关企事业单位提供报纸、新媒体、微信直播等全方位宣传推介平台，拉动广告增长，实现社会效益与经济效益双赢，2018广告经营收入再创历史新高。

【业务建设】 修订完善《岗位职责》《岗位考核办法》《记者考评及通讯员来稿计酬办法》《新媒体稿件要求及计分标准》《考核罚则》《考勤制度》等管理制度，增加新闻、图片新闻、好版面、新媒体点击率、外宣之星等月度评优考核，强化采编人员质量意识。根据工作实绩和工作表现，提拔重用“作风好、业务精”的优秀人才，建立管理梯队。

【内部管理】 建立每日新闻采访晨会、每周采编联席会、每月工作质量分析会等会议制度，制定新闻采访三级策划工作制度，加强主题宣传和重点报道策划，规范采编行为，优化采编管理，保证党媒宣传的正能量。利用“业务三会”制度和党支部“三会一课”制度，加强理论学习，组织全体人员学习十九大精神、习近平新时代中国特色社会主义思想，学习新闻采编业务知识。

以深化拓展“三项学习教育”活动开展为契机，开展《新时代中国共产党的新闻观》专题培训、“走进基层‘接地气’，俯下身子‘抓活鱼’”主题活动、“解放思想、严明纪律、奋发有为”纪念建党97周年主题党日活动、“畅行1号公路，寻美靓丽风情”采风活动、“放歌新时代、鼓劲新征程”篝火晚会等系列教育活动，加强新闻职业道德修养。

按照岗位《考核办法》《考核罚则》管理全体人员，对工作中发生差错、不遵守纪律行为严肃处理。2018年处理工作差错18人次，清退1名违反劳动纪律人员。

【组织建设】 党支部以习近平新时代中国特色社会主义思想为指导，贯彻落实《中国共产党支部工作条例（试行）》，推进“党建＋融合”，树立党建与新闻宣传业务融合理念，强化党建工作与新闻宣传业务工作的结合点，把党建工作与新闻宣传业务工作有机统一起来。做好“党建＋学习”，强化政治引领；做好“党建＋业务”，强化新闻“四力”；做好“党建＋职责”，强化新闻导向。

（市新闻信息中心）

广播影视管理

【安全播出】 围绕“安全播出”主题，贯彻落实总局《广播电视安全播出管理规定》（62号令）和省局《关于进一步加强广播电视安全播出工作的通知》文件精神。圆满完成春节、“两会”“上合峰会”“中非合作论坛”“十一”等重要时期的安全播出任务。

【电影管理】 根据常州市电影放映工作会议精神，对全市6家影院开展专项检查，发现问题责令影院立即解决，不留隐患。2018年，全市新增影院2家：万达影城、豪生影院。

【数字应急广播系统建设】 应急广播是现代政府应急管理的重要手段，也是政府基本公共服务的重要内容。党的十七大六中全会提出建立统一联动、安全可靠的国家应急广播体系，并纳入国家“十二·五”规划。根据江苏省政府办公厅《关于扎实推进应急广播体系建设的实施意见》（苏政办发〔2017〕78号）文件精神，参考周边城市，由市文化广电体育局牵头，溧阳广播电视台、溧阳广电网络公司配合实施建设溧阳市数字应急广播工程。该工程分两年实施，计划于2019年建成覆盖全市的数字应急广播系统，包括1个市级平台、11个镇（街道）级平台、239个村级（社区）平台、3800个户外音柱（设置在人口集聚区）。

4月，组织召开“溧阳市数字应急广播建设工程”专家论证会，邀请江苏省新闻出版广电局、常州市文广新局以及江苏有线常州分公司的领导和专家出席论证会。

【黑广播管理】 2018年，全市共发生两期非法无线广播案件。4月12日，在上兴余巷移动基站内的通讯铁塔顶端发现一套非法广播发射设备，播出内容为低俗医药广告，现场对设备进行收缴。5月24日，在阳光城市晶海园一幢未装修的屋内，发现一套无人值守的非法广播发射设备，播出内容为低俗医药广告，该案已移交清安派出所处理。

（市文广体局）

综 述

【概 况】 2018年，市文化广电体育局被江苏省体育局评为2014～2017年度群众体育先进单位，吴旺志被江苏省体育局评为2014～2017年度群众体育先进个人。溧阳市体育总会、溧阳市体育彩票管理中心被评为2013～2017年度常州市群众体育先进单位。市体彩中心被省体育彩票管理中心评为2018年度体育彩票先进单位。

群众体育

【概 况】 2018年，群众体育工作贯彻落实《全民健身条例》，以局重点工作为目标，围绕“群众身边的健身组织、群众身边的健身设施、群众身边的健身活动、群众身边的健身赛事、群众身边的健身指导、群众身边的健身文化”，完善公共体育服务体系，改善群众健身条件，开展群众体育健身活动，营造浓厚的全民健身氛围，推进全民健身事业的发展。

【体育基础设施建设】 全年在各镇（区）、街道共新建健身路径91套、篮球场91片、室内乒乓球台74张、室外乒乓球台46张、“文化小礼堂”室内健身器材41套。上兴镇、戴埠镇完成户外全民健身中心改造工程，社渚镇完成户外全民健身中心一期工程，竹箦镇完成户外健身中心建设。

【政府购买公共体育服务】 2018年购买的公共体育服务项目中，健身比赛活动13个大项16个小项，健身服务活动8个，共使用体彩公益金78万元。

【全民健身活动】 2018年，举办全国2018中国·溧阳国际标准舞国际公开赛暨第19届CBDF青少年锦标赛、2018年江苏省机器人公开赛。举办2018年苏浙皖三省边界友好城市羽毛球混合团体比赛、“全民健身日”启动仪式、《国家体育锻炼标准》达标赛、纪念改革开放40周年文体展示、环太湖城市联盟溧阳竹海漂流比赛。组队参加环太湖城市联盟宜兴保龄球比赛暨宜兴越野行走邀请赛、常州市千人百村健身气功比赛。指导别桥镇原乡长跑比赛、别桥镇广场舞比赛、昆仑街道广场舞比赛、木兰拳协会千人大会操、健身气功协会荷花池健身气功展示、红十字会广场舞比赛、职工羽毛球比赛、科华控股有限公司田径比赛、闹元宵健身展示等。

【社会体育指导员队伍建设】 举办江苏省机器人项目（溧阳站）一线社会体育指导员技能再培训和江苏省一级社会体育指导员木兰扇培训。举办常州市二级级社会体育指导员培训。举办22期溧阳市社会体育指导员健身技能培训，共有1200多人次参加培训。有45人被授予一级社会体育指导员称号，161人被授予三级社会体育指导员称号。对5000余人进行国民体质测试。

【体育场地普查】 完成2018年江苏省体育场地普查工作。在各镇（区）、街道成立普查员队伍，组织参加常州市体育局组织的普查员培训并辅导普查员业务。根据省、市普查领导小组指出的问题，先后3次集中普查员对照普查标准展开学习讨论。

【2018年江苏省机器人公开赛】 7月16日，由江苏省社会体育管理中心、省航空运动协会、中国机器人运动江苏工作委员会联合主办的2018年江苏省机器人公开赛在溧阳市别桥中心小学举行。这是溧阳市首次承办此项赛事。全省125支代表队参加比赛。比赛共分为机器人场地赛、机器人自由搏击挑战赛、无人机花样队列赛和多旋翼无人机第一视角飞行竞赛四大项，按幼儿、少年、青年3个组别进行。

【2018中国·溧阳国际标准舞国际公开赛暨第19届CBDF青少年锦标赛】 8月17日，2018中国·溧阳国际标准舞（体育舞蹈）国际公开赛暨第19届CBDF青少年国际标准舞全国锦标赛在市奥体国际花园体育馆举行。此次比赛有来自中国、英国、俄罗斯、乌克兰、意大利、中国台湾等10多个国家和地区500余名选手参加。世界职业组拉丁舞、黑池少年组拉丁舞超级巨星还为现场观众献上拉丁舞表演，溧阳市也组织一批优秀舞蹈爱好者为观众表演《美音自在溧阳》集体舞。

8月18～19日，第19届CBDF青少年国际标准舞全国锦标赛开赛。来自北京、天津、重庆、山东、山西、安徽、新疆、内蒙古、河北、浙江、江苏等地的200支代表队，6000多

2018 年 8 月 7 日，第 19 届 CBDF 青少年国际标准舞全国锦标赛召开

（市文广体局　供稿）

名青少年选手参赛，比赛组别数量首次突破 10000 大关。除青年组、业余青少年、专业院校、高等院校等比赛外，还举行 CBDF 国家少年队选拔赛。

【苏浙皖三省边界友好城市体育健身圈大联动——羽毛球混合团体邀请赛】 10 月 27 ~ 28 日，政府购买公共体育服务项目和“文化零距离”体育健身系列活动“东方杯”苏浙皖三省边界友好城市体育健身圈大联动——羽毛球混合团体邀请赛在市奥体国际花园体育馆举行。来自浙江长兴，安徽广德、郎溪，江苏宜兴、溧阳、金坛、高淳、溧水 8 个城市的 80 余名羽毛球爱好者参加比赛。最终金坛、郎溪、宜兴分获比赛前三名。

竞技体育

【概　况】 2018 年，贯彻落实市政府工作目标和局党组布置的竞技体育工作任务，以训练、比赛和省运会、常州市运动会工作目标为中心，推进青少年体育各项竞赛活动，改进和完善训练项目和社会办竞技体育机制，完成全年竞技工作任务。

【青少年训练和比赛】 严格做好 2018 年度 223 名运动员注册工作。严格审核、办理、发放等级运动员、裁判员证书工作。共计完成 21 名二级运动员、20 余名二级裁判员的审核、办理。2018 年，省常规赛共参加 12 项比赛，光华高中获苏南片中学生篮球赛冠军，常州市第十五届运动会共参加 10 项比赛，少体校举重，象围棋协会象棋获得团体总分第一名。

【第十一届全国舞龙舞狮锦标赛暨第三届中国·曹山龙狮节】 10 月 12 ~ 17 日，第十一届全国舞龙舞狮锦标赛暨第三届中国·曹山龙狮节曹山旅游度假区举行。比赛共有 80 支队伍、近 800 名运动员参加。该次比赛是全国举办的规模最大、水平最高的以龙狮运动为主题的体育盛会。

【2018-2019 赛季 WCBA 联赛溧阳赛区比赛】 2018 年 10 月 20 日 ~ 2019 年 1 月 14 日，2018—2019 赛季 WCBA 联赛溧阳赛区各项赛事在市奥体国际花园体育馆举行。

2018—2019 赛季 WCBA 江苏女篮溧阳赛区共举行 20 场比赛，这是溧阳首次作为主场承办全国级别的联赛，江苏女篮最终取得全国第三名的好成绩，场均 2000 名观众观赛，央视 CCTV5 台多次对赛事进行全程直播。

体育彩票管理

【概　况】 2018 年，溧阳体彩完成销售总额 26370 万元，创历史新高，较上年同期销量增长 11680 万元，在全省 65 个区县中排名第 18 位，上升 6 位。较上年同期增幅 79.78%，增幅名列全省第 8 位。

2018 年，体彩中心以“公益体彩，一起上场”为宣传主题，在全市主要街道和商业广场户外大屏、户外写真大牌、公交车 LED 广告屏，以“大乐透 6 亿大派奖”两阶段内容和“世界杯、该你上场”连续开展营销活动宣传，以多批次小四轮车载广告的形式全城流动宣传公益体彩及各类促销内容。

【体彩工作】 完成责任彩票安全评估工作，核对全市站点信息，合格率达 100%。完成全市体彩销售员意外保险办理工作。两次组织站点业主、销售员开展“关爱女职工”、党员红色教育活动，提升各网点从业人员的责任意识、团队精神。开展“体彩嘉年华”地推活动，截至 2018 年 10 月共计举办 45 场次。世界杯期间完成传统站点办理竞彩升级店达 70 多家，更新世界杯比赛期间店内形象 86 家。全年完成驻店培训 100 余场大场培训 5 场。

体育产业

【概　况】 在 2018 中国体育文化体育旅游博览会上，溧阳市连续两年入选为 2018 中国体育旅游精品目的地，全省共有 4 个县（市）入选。体育名录库建设进入常态化，全市共 207 家体育产业企业进入名录库。

【资金扶持】 溧阳市启航健身有限公司（浩沙店和平陵店）获得省级俱乐部专项扶持资金 50 万元；江苏晶阳集团有限公司（丫髻山体育旅游综合体打造项目）和常州日日春农业科技开发有限公司（日日春水上运动基地及配套设施建设项目）分别获得省级体育产业专项扶持 100 万元和 50 万元。

【上兴体育健康特色小镇】 在 2016 年上兴镇成为江苏首批体育健康特色小镇共建单位的基础上，完成江苏省体育局的中期考评，推进上兴镇招商引资工作，助推特色体育产业项目落地小镇范围。

（市文广体局）

综　　述

【概　况】 至2018年年底，全市共有各级各类医疗卫生机构273家，其中，综合医院12家、中医医院1家、专科医院2家、镇（区）卫生院17家、厂矿医务室（个体诊所）76家、村卫生室148家、公共卫生机构16家、医学在职培训机构1家。卫计从业人员6077人，其中，卫技人员4772人，执业（助理）医师数2053人，注册护士数1985人。实有床位数3780张。全市医疗机构总诊疗353.2万人次。医疗机构总收入203160.5万元，比上年增长6.9%。

【基础建设】 2018年，总投资6000万元，建筑面积1.5万平方米的上兴镇卫生院投入使用；总投资2000万元、建筑面积4500平方米的竹箦镇中心卫生院住院楼完工。

医学教育与科研

【概　况】 2018年，全市卫生计生系统科教人才专项经费使用达200多万元。全市市级以上科技项目立项数3项，其中，省中医药局1项，常州市卫计局2项；常州市医学新技术引进奖1项；溧阳市医学新技术引进奖8项；发表SCI（E）收录论文3篇、中华系列论文1篇；实用新型专利5项。人民医院、中医医院分别与省人民医院和省中医院在学（专）科建设、科研教学、人才培养等方面全方位合作。

【学科人才】 加强重点学（专）科能力建设，建有省级重点专科1个、省级特色重点专科1个；常州市级共建重点学科1个、常州市引进医学创新团队2个、常州重点专科7个。建立高层次人才培养奖励机制，“常州市卫生领军人才培养对象”市中医医院肾脏病学主任医师潘荣华、“常州市卫生拔尖人才培养对象”市中医医院中医内科学（中医脑病）主任中医师黄赛忠，在年度评估考核中获得优秀。

【医学教育】 完成省卫计委下达各类人员岗位培训等指令性任务，16名临床医师到上级医院参加“务实进修”项目；2名卫生院院长完成省管理培训班；92名村卫生室人员完成合理用药知识培训。31名上海规范化培训学员结业并到岗，上海住院医师规范化培训学员累计结业113名。镇（区）卫生院从事临床医师岗位的新录用医学本科生参加全科医师规范化培训达100%。人员全市继教学分达标率94.67%，完成继续医学教育项目38项（国家级1项、省级12项、市级25项）。开展适宜技术应用，共向农村推广9项适宜技术。

医　　政

【概　况】 市级医院开展优质护理服务示范病房创建工作，有23个病区被评为“常州市优质护理服务A类病房”，开展优质护理服务第三方满意度调查，满意度达97%以上。开展“5·12”护士节主题表彰活动，表彰6个优质护理服务团队、6个优秀护理团队、12名优秀护士长、32名优秀护士。加强医院感染管理监督与考核，联合市环保局、卫生监督所做好

2018年8月17日，溧阳市首届医师节召开　（闵庚富　摄）

全市医院“两废”监督管理工作，市疾病控制中心完成全市消毒物品监测工作。完成全市27家医院病原微生物实验室生物安全备案管理工作。

【落实政府重点工程】 完成108名康复养老护理员培训任务；2018年3月第一批“溧阳市康复养老护理骨干人才培训项目”30名康复养老护理高层次人才结业；2018年11月第二批35名康复养老护理高层次人才结业；完成陕西省白河、汉阴两县挂钩科教工作任务，按照帮扶协议，接受8人到溧阳市人民医院、溧阳中医医院进修学习，扶贫协作支医工作共选派优秀医务人员22人到白河、汉阴两县开展人才支援工作，其中选派时间为1个月的医务人员16名，选派时间为6个月的副主任医师4人，选派时间为1年的副主任医师2人。

【医院综合管理】 江苏省人民医院长期派驻12名专家在溧阳分院担任院长及各科主任，2018年度住院人次、手术总例数比2017年度分别增加23.1%和27.8%，其中四级手术增幅达138%。江苏省中医院许芝银全国名老中医药专家传承工作室、唐蜀华全国名老中医药专家传承工作室在江苏省中医院溧阳分院设工作站，引进本部51种特色制剂，2018年度住院人次、手术总例数比2017年度分别增加4.8%和13.8%，中药饮片使用量增幅超100%。

【医联体工作】 紧密型医联体有序推进中（江苏省人民医院溧阳分院与溧城镇、上兴镇卫生院；江苏省中医院溧阳分院与天目湖镇、别桥镇卫生院）；南渡镇中心卫生院与江滨医院、常州二院、德安医院建立医联体合作关系；戴埠镇中心卫生院与常州一院、常州二院建立医联体合作关系；社渚镇中心卫生院与常州二院建立医联体合作关系，竹箦镇中心卫生院与常州一院建立医联体合作关系。2018年，二级医院为乡镇卫生院共举办各类讲座176次，累计培训基层医务人员2125人次，会诊病人1900余人次，开展手术579余例。组织省人民医院专家下乡义诊、讲学、带教98人次。区域影像远程会诊中心、消毒供应中心运行正常。临床检验、心电图、病理三大中心建设工作有序推进。

【医政监督执法】 组织人员对全市各级医疗卫生机构进行医政监督执法检查，共检查各级各类医疗机构251户，对查出的问题，当场提出整改意见。发现存在不良执业行为的医疗机构48户，出具《医疗机构不良执业行为记分通知书》48份，依据《江苏省医疗机构不良执业行为记分标准（试行）》累计扣分85分，实施行政处罚2起，累计罚款5400元。对曾被行政处罚过的非法行医场所进行回头看，监督检查非法行医场所15户，立案查处12户，处罚金额5.75万元，取缔无证行医12户，没收药品及器械10箱。

【中医工作】 竹箦镇中心卫生院、上兴镇卫生院、别桥镇卫生院通过中医馆建设项目省级评审。2018年，溧阳市中医医院4个专科、1个专病被列为常州市重点建设项目。2018年，乡镇卫生院建成19个中医角，覆盖全市13%的村卫生室。加快中医药适宜技术推广，针对农村常见病、多发病，筛选12项中医药适宜技术，在基层进行推广普及。

【血液管理】 全年累计在溧阳电视台、溧阳广播电台、《常州日报》《溧阳时报》、血站微信公众平台和血站网宣传报道65次。2018年，溧阳市首次为17名无偿献血奉献奖金奖获得者进行免费体检和疗养。2018年9月，2500人的溧阳市无偿献血应急队伍在各镇（街道）、部门及有关单位的支持配合下如期建立。2018年，全市共采血8417人次，比2017年增长10.5%；采血量为13242.43单位，比上年增长11.31%；血小板采集300人次，采集量为374单位，比上年增长29.79%。全年供应血红细胞14764单位，比上年增长13.5%；供应血小板379单位，比上年增长28%；临床用血浆9695.25u；供应冷沉淀2568.75U。基本满足全市临床用血需求。各医疗机构全年无输血差错及事故发生。

初级卫生保健

【农村卫生】 2018年共新建村卫生室6家，改扩建村卫生室5家，上兴镇卫生院获评“省级示范乡镇卫生院”，社渚镇金山村卫生室、溧城镇新联村卫生室、南渡镇堑口村卫生室、上兴镇老河村卫生室获评“省级示范村卫生室”。戴埠镇中心卫生院消化内科、南渡镇中心卫生院妇产科、竹箦镇中心卫生院普外科建成“常州市基层医疗卫生机构特色科室”。派遣24名年轻乡村医生到获得“江苏省示范乡镇卫生院”称号的基层卫生机构进行实用技能进修，2名优秀乡村医生到常州第二人民医院进行实用技能进修；完成54名农村医学专业中专生毕业安置工作。组织完成全市基层卫生骨干人才新一轮遴选工作，全市共遴选出基层卫生骨干人才59名，其中35名被确认为省优秀基层卫生骨干人才。组织基层医疗卫生机构负责人共20人次参加常州市卫健委与上海交通大学医学院继续教育学院合作举办的家庭医生服务能力培训班。组织开展家庭医生岗位练兵和技能竞赛理论考试。

【基本公共卫生服务与社区卫生】 按人均74.5元落实基本公共卫生服务项目经费，加强项目组织管理工作，强化服务人员培训，按季度进行督查指导，年终严格进行绩效考核，项目工作进一步规范，群众满意度不断提升。

妇幼卫生

【概　况】 社渚镇中心卫生院创建成“江苏省基层医疗卫生机构妇幼健康规范化门诊”。组织开展孕产妇和新生儿急救演练2次。2018年，全市活产新生儿数5768人，叶酸服用2885人，服用率100.98%；孕产妇艾滋病、梅毒和乙肝检测率100%，阳性病例均得到随访和治疗；农村妇女“两癌”检查26894人。全面落实出生缺陷三级预防措施，2018年免费婚检率89.61%，产前筛查率85.56%，无孕产妇死亡，新生儿出生缺陷发生率

5.53‰，婴儿死亡率3.29‰。加强孕产妇、儿童保健系统管理，孕产妇保健管理率和儿童保健管理率分别为97.95%和97.17%。

疾病控制和卫生监督

【概　况】 落实国家免疫规划政策，全市设有一般预防接种门诊18家，另有两家市级医院和两家民营医院仅开展新生儿首针乙肝疫苗和卡介苗接种工作，全年开展儿童免疫规划疫苗免费接种169613针次，免疫规划疫苗基础免疫接种率均达98%以上。市疾控中心建成全国首个“世界卫生组织消除疟疾研究与培训合作中心实习基地”，接待“发展中国家传染病防治官员研修班”观摩团四批次，共计21个国家145名官员。安全、持续推进国家级临床研究项目“带状疱疹减毒活疫苗Ⅲ期临床研究”和中美合作项目（院内医护人员结核菌感染防控）。江苏省社区输入性疟疾健康干预试点项目、禽流感生态监测项目等6项国家级或省市级科研项目落户市疾控中心；组织开展儿童口腔疾病干预项目工作。处置12起传染病突发公共卫生事件相关信息。

【疾病预防控制工作】 传染病防治工作扎实推进，组织实施艾滋病、结核病、血吸虫病和手足口病等重大传染病防控工作，针对重点场所重点人群，严抓传染病防控措施的落实，规范疫情监测、报告、流调和处置，有效防止疫情的扩散蔓延。2018年无甲类传染病报告，乙类、丙类传染病报告数分别为13种891例和5种2647例。全市建立居民电子健康档案705049份，电子建档率92.57%，更新档案496561份，健康档案使用率70.43%。全市各乡镇卫生院为80076名老年人提供健康管理服务，年度老年人健康管理率74.80%。累计建档管理高血压病人79112人，糖尿病人20403人。登记在册严重精神障碍患者3075人，检出率4.04‰，患者管理率达94.01%。规范死因登记报告管理和肿瘤、心脑血管事件网络报告工作。

巩固省级慢病综合防控示范区创建成果。全年协助完成1个健康主题公园、1个健康步道、1个健康食堂的建设工作。组织85支队伍、1038人参与中国疾控中心慢病中心举办的第三届“万步有约”职业人群健走大奖赛活动，参与人数全省第一。

收集78所学校7.1万名学生基础资料，上报3.6万名学生体检信息，因病缺课上报率97.85%，非零报告率49.38%，在17所中小学全面开展教学生活环境监测。

实行从业人员健康体检免费政策，完成体检4.3万人。完成食品安全风险监测样品12类87件，上报疑似食源性疾病监测病例367例。监测市政水厂样品44件、农村水厂样品72件、二次供水样品16件。

开展各类健康讲座1084场次，健康咨询与义诊184场次。为倡导全民健康生活方式行动，与团市委合作，联合举办全国第三届“万步有约”职业人群健走激励大赛溧阳赛区活动。全年组织城乡居民211394人次参与省“居民健康素养评估学习系统”网上自测，普及健康防病知识。开展江苏省“公众糖尿病防治”知识竞赛，组织参赛人数达5091人次，居常州第一，获省级优秀组织奖，开展“健康江苏，我为控烟发声”公益接力，累计推广933人次，居常州第二。

【卫生监督】 卫生监督所在规定的时间内，完成各级双随机检查任务：公共场所142家、学校卫生13家、生活饮用水11家、传染病防治16家、医疗机构8家、放射卫生5家、职业卫生1家、计划生育2家。开展信用评价工作，对64家单位开展信用评价，其中，公共场所单位56家、学校3所、城市集中供水单位1家、消毒餐具单位4家。承接中医药、社会抚养费征收执法职能工作。调整协管工作模式，在清安、溧城卫生院派驻两名专职协管员进行试点，专职从事卫生监督协管工作。完成生活饮用水两个末梢点在线监测工作。开展饮用水卫生知识宣传周专题活动，组织开展饮水安全知识“四进”宣传讲座。开展规范医疗市场执业行为专项整治，对医疗机构不良执业行为记分实行档案管理，建档率100%。对部分医疗机构开展诚信评价和20名医师不良执业行为记分。开展医疗卫生机构医疗废物管理“五统一”活动。全年行政处罚立案53件，处罚金额22万。其中一般程序48件，简易程序5件，向公安部门移送非法行医涉嫌犯罪案件6件，完成强制执行案件3件。

【卫生应急】 2018年，完成中高考、第四届宋团城灯会、茶叶节及天目湖旅游节、国际舞龙舞狮争霸赛暨第二届曹山旅游节、无人机对抗赛、全国CBA篮球邀请赛、全国休闲农业和乡村旅游大会、CBDF青少年国标舞锦标赛、江苏省第24届中学生篮球赛等重大活动的保障任务。

通过卫生应急规范县（市）创建评估认证工作。强化卫生应急工作常态管理，及处理传染病预警信息155起，严格执行24小时应急值守。全年处理7起水痘暴发疫情、3起诺如病毒感染性腹泻暴发疫情、1起流感暴发疫情和1起手足口病暴发疫情，上报处置2起食源性疾病暴发事件。

组织开展手足口病、霍乱、职业病、食品安全、禽流感、出血热疫情防控、心肺复苏、院前急救技能、有机磷农药、医院感染暴发应急处置流程、突发公共卫生事件应急预案、火灾急救与安全逃生、卫生应急法律法规、急救知识等专题培训，累计培训各级各类人员9500余人次。组织227名医生、护士和驾驶员参加市医疗急救中心组织的院前急救上岗培训并取得上岗证书。

在全市企业、学校等场所开展“五进”活动和“天使行动”，自2014年以来，已完成5季“大手牵小手，一起洗洗手”手卫生知识巡回讲座，覆盖全市129所城乡幼儿园，听课人数达17575人。

开展“洪涝灾害应急演练”“突发生活饮用水污染应急演练”“禽流感应急演练”“产妇产后出血抢救演练”“门诊患者突发心跳骤停抢救应急演练”“急性胸痛救治演练”“重大车祸应急演练”“消防灭火逃生演练”“化学品泄漏事件应急处置演

练”“微生物实验室生物安全突发事件应急处置演练”等桌面推演或实战演练。

爱国卫生

【概　况】 2018年，天目湖镇创建成国家卫生镇。竹箦镇建成江苏省健康镇，溧城镇北水西村等8个村（社区）建成江苏省健康村（社区），市国土资源局等7个单位建成江苏省健康单位。推进健康元素普及和健康场景建设，在部分乡镇建设健康公园广场、健康步道和健康小屋。全市共建健康公园广场13个、健康步道25条、健康小屋29个。全市改厕普及率达99.7%。全市共有11个农村集中式供水单位，水质监测覆盖率100%，水质合格率100%。

人口和计划生育

【计划生育基层指导】 规范推进国家免费孕前优生健康检查工作，年内完成待孕夫妇孕前优生健康检查3642人次，参检率达91%；开展孕前优生咨询4200人次，服务率达100%，早孕随访率达69%，妊娠结局随访率达到50%；检查发现高风险对象450人，均给予优生指导和医学建议。高质量完成省项目组的两次实验室质控工作。创建孕优知识免费咨询微信群，增设高危对象微信通道，方便服务对象。

开展“女性生殖健康优生优育知识免费讲座镇村行”活动，共发放宣传资料和优生书籍2.5万余份。全市全年共上报避孕药具不良反应／不良事件1027例。

完成避孕药具管理发放，定期开展药管员培训，编印《避孕药具知情选择指南》，避孕药具纳入基本公卫项目宣传折页，印发宣传资料3万余份，开展“世界避孕日”“世界艾滋病日”宣传咨询活动。全市共有13台刷二代身份证免费避孕药具发放机。

【流动人口服务管理】 开展流动人口基本公共卫生计生服务均等化专项活动，稳步推进流动人口儿童预防接种、孕产妇和儿童健康管理、健康档案、传染病防控、健康教育和促进、计划生育等工作。2018年度联合溧城镇举办“情暖新市民，健康你我行”文艺汇演活动，以合唱、健身操、手鼓、说唱、舞蹈、小品等形式，体现文明新风貌、健康新理念的主题；安排专项慰问资金3.75万元，对30户流动人口困难家庭及45户留守儿童困难家庭进行走访慰问。发挥安徽省郎溪县、泗县、广德县3个单位驻溧阳市流动人口计生协会组织的优势，加强两地的信息互通、阵地互用、服务互动工作。2018年度科华控股股份有限公司被省卫健委评为省级流动人口健康促进示范企业，2户流动人口家庭被评为省级流动人口健康家庭。

【关爱活动】 加强生育示范关怀基地的建设，深化计生特殊家庭的帮扶工作，定期开展走访慰问、心理疏导、生日祝福、户外踏青、生活帮扶、健康培训等系列活动。2018年，建成常州市生育示范关怀基地3个、春晖家园1个，溧阳市昆仑街道“连心家园”被评为江苏省“连心家园——关爱失独家庭行动”优秀项目；以关心关爱特殊家庭为主题的“心家园”项目获得常州市社会综合治理创新三等奖。

【计生惠民政策】 规范实施农村部分计划生育家庭奖励扶助和独生子女伤残死亡家庭扶助制度。截至2018年年底，全市累计享受农村部分计划生育家庭奖励扶助对象19870人、享受独生子女伤残死亡家庭扶助1476人。2018年共发放农村部分计划生育家庭奖励扶助金1862.83万元、独生子女伤残死亡家庭扶助金1002.85万元。做好2008年1月1日后企业持证退休职工的一次性奖励金的发放，着力解决挂靠退休职工、倒闭企业职工的一次性奖励金兑现问题；做好年满60周岁持独生子女父母光荣证的城镇无业人员、进社保的被征地农民和灵活就业人员的排查、登记、资格审查及一次性奖励金的分年度发放等工作。

卫生计生信息化建设

【概　况】 逐步推进溧阳市“智慧医疗”项目。智慧医疗云平台已完成集成建设并投入运行；区域心电平台、病案管理系统完成系统开发、部署、试点实施，并组织集中培训启动上线；家庭医生签约管理系统完成开发，正调试和基础数据维护；健康溧阳App完成建设内容的调研工作；卫生信息系统风险评估与三级等保评审在常州公安局已备案；护理病历系统完成开发进入试点运行阶段。

【系统运行平稳】 区域HIS和EMR、LIS系统稳定运行并逐步完善；全市公立医院住院电子病历应用覆盖率达100%。溧阳市人口健康区域平台实时有效的从辖区内医疗机构抽取数据，并及时、完整、准确与市级平台共享交换数据。区域PACS系统的建设实现图片的实时传输与调阅；以市二级医院影像科为中心，辐射所有公立一级医疗机构的区域影像会诊系统，实现DR、CT的会诊工作。区域体检系统涵盖区域内一级医院的正常人群健康体检、基本公共卫生65周岁以上老年人体检等。基本公共卫生信息系统、妇幼管理系统运行稳定，并不断完善。

【计生信息统计】 推进新全员人口信息管理平台，做好新全员人口信息管理平台与江苏省人口和计划生育综合信息平台并行工作，完善新平台各模块功能并推进信息数据同步。做好出生信息核查清理工作，在属于本市户籍的1272条信息中核查入库1099条，入库率为86.40%，在非本市户籍的276条信息中核查入库130条，入库率为47.10%。充分发挥信息资源共享优势，利用综合信息平台推进部门信息核查工作，将各类共享信息及时获取并录入信息平台，2018年部门信息共享中反馈婚姻信息5212条，核查入库率为95.49%，反馈生育信息4869条，核查入库率为96.20%，反馈死亡信息2193条，核查入库率为97.49%。

（市卫计局）

居民生活

【概　况】 2018年年末，全市户籍人口79.04万人，比上年减少0.06万人，其中，男39.72万人，女39.32万人。总户数26.45万户。人口自然增长率0.76‰。全市常住人口76.33万人，其中城镇人口46.11万人，城镇化率60.41%，比上年提高0.2个百分点。全年居民人均可支配收入39424元，增长9.1%，其中，城镇居民人均可支配收入49489元，增长8.2%；农村居民人均可支配收入25908元，增长8.7%。城镇和农村居民收入增速分别高于GDP增速0.2和0.7个百分点。农村居民收入增长快于城镇居民收入增长，城乡居民收入之比为1.91。

【就业创业】 2018年，全市城镇新增就业人数15495人，城镇失业人员再就业2680人，就业困难人员再就业550人，新增转移农村劳动力1490人，支持成功自主创业2815人，引领大学生创业人数419人，扶持农村劳动力自主创业701人，城镇登记失业率1.82%。开展创业培训805人次，支持成功自主创业1933人，创业带动就业6435人。新增取证高技能人才2003人，每万名劳动力中高技能人才数达1130人。

（汤竣程）

人力资源

【概　况】 制定就业创业富民行动方案，出台《就业困难人员认定管理办法》《就业创业社会保险补贴办法》《重点群体免费接受职业培训行动的实施方案》《就业困难人员职业介绍补贴试行办法》等文件，构建全市新一轮就业援助政策体系。重点开展“走出去”宣传推介，赴陕西、云南、贵州、内蒙古、黑龙江、安徽、河南等地，开展14次劳务对接。新建内蒙古宁城，河南舞钢、郏县，贵州镇宁、紫云，云南文山6家劳务合作基地，累计建成13家。结合“春风行动”和就业脱贫工程，采取大型广场招聘、市场密集招聘、组团市外招聘、人才网络招聘等多种形式，充分发挥人力资源公司市场化运作的招引作用，全年组织各类用工引才招聘会48场，引进8000多名务工人员，基本满足科华控股、国强镀锌、时代新能源、上上电缆、华朋集团、力士集团、申特钢铁等“缺工大企”用工需求。组织100多家重点骨干企业，赴省内外50多所高校举办招聘会，与黑龙江农垦科技职业学院等职业院校建立校企对接合作基地，全年引进高校毕业生860人。

鼓励、引导与支持“创客联盟”等大学生创业园建设，将省级创业型城市创建成果向基层延伸，完成别桥、上兴、天目湖3个镇63个村（社区）的“创业型乡镇、村（社区）”建设。采用企业提供用工岗位、村负责用工信息发布、市就业服务中心为企业免费提供岗前培训等模式，打造全市50个村企用工对接平台，促进帮扶对象就近转移就业。开发基层公共服务类保洁、社区公共卫生服务等60个公益性工作岗位，用于安置建档立卡、有就业意愿的劳动年龄段的低收入群众。

【人才开发】 以“天目湖英才榜”为抓手，实施企事业单位中高端人才公益性猎头服务，注重利用好社会力量引进、培养人才。全市人才总量13.6万人，其中专业技术人才7.9万人，包括享受国务院政府特殊津贴专家7人，江苏省突出贡献中青年专家7人，国家“千人计划”1人，国家“万人计划”1人，省创新团队1个，省双创人才19人、双创博士37人，累计获得国家、省、市人才专项资金2000多万元。

聚焦省“双创人才”项目，精心组织实施“龙城英才计划”。累计引进123个领军人才项目中，有81家人才企业市场化运营，实现纳税销售收入35亿元。其中，纳税销售超2000万元12家、超5000万元7家、超1亿元2家、超2亿元2家。

推行“企业新型学徒制”，铭丰电子、科华控股分别与常州技师学院签订《企业新型学徒制合作协议》，探索实践“招工即招生、入企即入校、企校双师联合培养”的技能人才培育新模式。加大与省内外职业院校对接力度，采取“政府部门搭桥、校企联姻”的合作模式，推行订单培训、委托培养，为企业集聚专业技术人才。全年培养符合企业需求的高技能人才2003人。每万名劳动者中高技能人才1083人，位居常州前列。依托江苏中关村产业园节能环保研究院、天目湖先进储能技术研究院、东南大学溧阳研究院等平台，整合其他4家创新实践基地，创建国家级博士后工作站。全市共有企业博士后工作站和博士后创新实践基地16家，累计在站博士32人。

【人事人才公共服务】 探索实践公务员平时考核工作，连续2年纳入政府18项重点工程。继续在51家市级机关下属事业单位上线电子工作日志，全市共有3599名电子日志用户，记录日志超过百万条。坚持“阳光安置”，按照《考核考试积分选岗安置办法》，接收安置22名军队转业干部。

实施“名校优才”引进计划，大力引进高层次、高技能和紧缺人才。坚持“凡进必考”原则，将全市经济社会发展急需的人才，列入人事招聘计划，分批次予以引进。教育、卫生系统事业单位公开招聘227人，其中教育系统引进高层次人才16名，卫计系统引进高层次、紧缺型专业人才16名，其他事业单位引进高层次人才28名。选拔招募17名高校毕业生到基层从事两年的“三支一扶”服务工作顺利完成。

出台《深化市属企业负责人薪酬制度改革实施意见》等制度，探索建立与国有企业负责人选任方式相匹配、与企业功能性质相适应、与经营业绩相挂钩的差异化薪酬制度。完成对城发集团、苏皖集团、平陵集团三大市级国有企业集团的薪酬制度改革工作。

完善机关事业单位工资动态调整机制，完成全市15590名机关事业单位工作人员基本工资调整工作。严格执行国家到龄即退政策，完成全市365名机关事业单位工作人员退休审核确认工作。出台《公立医疗卫生机构绩效考核办法》，科学制定教育系统专项绩效奖励、基层医疗卫生机构增核绩效工资分配方案，引导教育、卫生类毕业生到基层就业。全面完成公安、法院、检察院886名工作人员特岗津贴标准的调整工作。

【劳动用工关系】 在全市范围内严格执行按月足额支付农民工工资、开展实名制管理、落实工资保证金、开通农民工工资专用账户等规章制度，其中规范《工程建设领域农民工劳动合同》范本获省人社厅领导肯定。在省政府对各设区市保障农民工工资支付工作专项考核中，溧阳作为迎检点，赢得A级的考核等次评价。在代表江苏省接受国务院实地核查中，受到国务院核查组的高度评价。

完善以政府、职工、企业为代表的三方协商机制，设立劳动关系诊断服务中心、和谐劳动关系道德讲堂，为20多家企业提供免费的劳动关系诊断服务，在30多家企业成立劳动争议调解委员会。定期组织企业开展薪酬调查，及时发布最低工资标准、工资指导线、劳动力指导价位和人工成本信息。与江苏中关村产业园共同创建省级人力资源市场和人力资源产业园，园区内规模以上工业企业全部建立劳动争议调解机制；职工劳动合同签订、集体合同签订、职工技能培训、按时足额支付工资等100%实现。对10人以上的劳资纠纷设立“绿色通道”，按照“快立、快办、快审、快结”的原则及时处理，确保30天内结案。常态化开展农民工工资支付专项检查、清理整顿人力资源市场秩序专项行动、用人单位遵守劳动用工和社会保险法律法规情况专项检查。全市规模以上企业的劳动合同签订率、举报投诉案件按期结案率均达100%，已建工会企业集体合同的签订率99%。全年劳动监察部门接待来电、来访、来信4220人次，处理案件204件，责令用人单位追发1396名劳动者被拖欠工资1346万元。

开设阳光调解服务平台，从全市各级仲裁机构中选聘28名优秀仲裁员，组成调解专家团队，10个工作日内开展调解服务，为全市劳动者维权开辟一条“绿色通道”。为推动仲裁服务向基层下沉，在竹箦镇打造全市镇区第一家高标准、现代化的流动仲裁庭，让案件在基层解决。处理各类劳动争议案件634件，结案率达99.7%。

（邢燕腾）

2018年4月24日，市人社局开展就业创业政策咨询服务“夜市”

（邢燕腾　供稿）

社会保障

【概　况】 2018年，全市城镇职工基本养老、医疗和失业“三大保险”综合覆盖率及城乡社会保险参保率均超98%。全市纳入低保的对象2753户4449人，其中，城市250户378人，农村2503户4071人。全市共有农村五保对象1874人，其中，集中供养534人、分散供养1340人。全市有建档立卡低收入农户5895户10617人。

【社会保险】 2018年，征缴各类社会保险费21.48亿元，支出各项基金26.56亿元，历年累计结余26.47亿元。启动社会保险全民参保“三年行动”计划，全面核查用人单位应保未保情况。共核查用人单位145家，核查61000人，核查完成率102%。全市养老保险、医疗保险、工伤保险、生育保险参保人数分别新增27314人、16246人、9503人、10128人，比上年增长 19.8%、7.8%、7.7%、9.8%。

稳妥推进机关事业单位养老保险制度改革，实现全市所有参保单位上线运行。贯彻落实省政府 93 号令，出台被征地农民社会保障办法实施细则、被征地农民参加职工基本医疗保险有关问题的通知，规范被征地农民社会保障工作。开展建筑业按项目参加工伤保险工作，维护建筑业务工人员工伤权益。全年受理工伤案件 1869 件，工伤预防培训 427 人次，完成率 106%。逐步提高城乡居民养老保险基础养老金，由每人每月 140 元提高至 170 元，惠及全市 12.3 万人；动态调整知青半家户和六十年代精简下放职工养老补贴，由每人每月 355 元调整至 385 元；同步提高被征地农民第四年龄段养老金，由每人每月 515 元调整至 545 元。调整完善职工医保定点医疗机构结算方式，在人民医院、中医院、妇幼保健院等二级医院推行总额预付结算方式，对乡镇一级医疗机构实施次均结算和按床日付费结算方式，全面推行一级定点医疗机构门诊总额包干制、各级医疗机构住院病人按病种付费，以及按床日付费的综合支付方式改革。

【医疗保障】 出台《关于进一步完善城乡困难群众医疗保障工作的通知》，打造“一二三”精准扶贫模式，即构建一个补充保险机制。城乡困难群众除参加城乡居民基本医疗保险外，由各镇（区）统一财政为其购买商业健康补充保险，在南渡镇、竹箦镇等先行先试。取消两个起付线。取消城乡困难群众住院医疗费用结报起付线；取消城乡困难群众大病保险起付线。提高三项标准。提高困难群众在市内一级定点医疗机构住院费用报销比例，由 85% 提高至 90%；提高大病保险补偿标准，且不设封顶线；提高住院结报后政府医疗救助的最高限额，由 6 万元提高到 8 万元。全市共有城乡困难群众 15464 人参保，全额资助缴费 1546 万元。

【企业减负】 为促进实体经济高质量发展，降低企业职工养老保险费率，企业缴费比例由 20% 降为 19%，全年减负 3500 多万元；降低失业保险费率，用人单位缴费比例由 1% 降为 0.5%，全年减负 1580 多万元；降低职工基本医疗保险费率，用人单位缴费比例由 8% 降为 7.5%，全年减负 1875 万元；修订工伤保险浮动费率管理办法，全年减负 540 多万元；连续三年实施稳岗补贴政策，三年发放稳岗补贴 1235 万元，惠及企业 195 家。

（邢燕腾）

【住房保障】 2018 年，全市保障性安居工程实际开工 8538 套，涉及中关村园区、苏皖公司等单位的 13 个棚改项目，完成省下达目标任务的 142.3 %。全年获批上级住房保障专项资金 1.087 亿元；启用住房保障管理系统，受理公租房申报 57 户。共清退公租房家庭 46 户，其中租赁补贴家庭 30 户，实物配租家庭 16 户。对 197 户实施危旧房解危工作，“棚户区改造”工作获省政府真抓实干激励支持市县的表彰。

（陈　刚）

社会事务

【概　况】 2018 年，启动市、镇两级公益性公墓建设，其中，市级公益性公墓（青龙山）项目一期工程计划总投资 1.7 亿元，用地面积 630 亩，已开工建设。镇级公益性公墓建设进展顺利，天目湖镇、戴埠镇、别桥镇、竹箦镇、南渡镇、社渚镇 6 个镇级公墓竣工。委托公益性第三方机构对 19 户收养家庭进行收养评估，办理收养证 19 件，收养登记合格率 100%。办理结婚登记 6406 对，离婚登记 2369 对，补领结婚证 1898 对，婚姻登记服务质量稳步提升。开展《溧阳市中心城区路名规划（2016－2035）》修订工作，对 42 条路名进行更名，对 13 条现状道路和 12 条规划道路进行命名，其中，“复活”使用老地名 38 个，如十里长山路、沙涨大道、五里亭路等，丰富全市地名历史内涵，激活城市记忆。历时三年编撰出版全市第一部介绍本地地名渊源、人文历史书籍《溧阳地名印记》，收录地名文章 188 篇，刊载近 45 万字。

【社会救助】 自 2018 年 7 月 1 日起，全市城乡低保标准提高到 800 元每人每月；农村五保分散、集中供养标准分别提高到 10000 元和 11000 元每人每年。以低保专项治理工作为契机，首次实现纪检部门全过程、全方位参与低保核查，市纪委工作组协同对全市所有在册低保对象进行“拉网式”核查，入户率超 20%。补充完善“常州阳光扶贫”监管平台中低保、五保、“三无”等各类信息 53 万余条。“心愿树”爱心工作站逐步发展壮大，以城区为中心延伸至周边镇（街道），为困难群众带去爱心关怀。全年新认定慈善组织 1 家，发放慈善募捐许可证 2 张，溧阳市城市公益慈善指数位列全国百强、县级市前十。

开办如意小食堂　　（市民政局　供稿）

【社会福利】 自2018年7月1日起，城市“三无”人员和社会散居孤儿保障标准提高到1665元每人每月。出台困境儿童保障政策，对监护人监护缺失和监护人无力履行监护职责的儿童按照社会散居孤儿基本生活费标准的80%发放补助；对低保及低保边缘家庭的重病儿童按社会散居孤儿基本生活费标准的50%发放补助；对重残、重病及贫困家庭的儿童，根据自身及家庭实际困境情况按政策分别纳入残疾人“两项补贴”、最低生活保障、特困人员救助供养和临时救助范围予以保障。全年销售福利彩票1.13亿元，同比增长25%，筹集公益金1017万元。

【养老服务】 2018年，加大护理型床位在养老床位总数中的占比，护理型床位占比达62%。建立敬老院医养融合考核机制，对10家农村敬老院进行标准化改造，内设医务室并办理许可备案书，同时与当地卫生院签订医养融合协议，由卫生院派遣家庭医生签约服务团队为敬老院老人提供专业化健康服务。推动民间资本参与养老管理，将上兴镇敬老院整体委托民营汤桥卫生院运营管理，全面提升敬老院服务质量。上兴镇敬老院床位使用率显著提升，试点工作取得阶段性成果。全年新建标准化居家养老服务中心30家，城乡覆盖率分别达80%和40%。依托“一键通”打造虚拟养老平台，全年为老人提供紧急照护、家政照料、精神关爱等“一键”上门服务1.7万次，其中紧急抢救老人18位。新建“如意小食堂”5家，由城区逐步延伸至乡镇，开展一系列敬老爱老特色活动，社会反响良好。

【优抚工作】 落实优抚对象抚恤补助动态调整机制。按照省、市《关于提高部分对象抚恤补助的通知》及省民政厅、财政厅《关于完善重点优抚对象抚恤补助标准动态调整机制的通知》等文件的要求，自7月起调整优抚对象抚恤补助标准，抚恤补助标准增长约8%，发放各类优抚对象优待抚恤补助金4500余万元，优抚对象保障水平进一步提升。

解决重点优抚对象各类困难。对全市有住房、就医及生活困难的优抚对象开展进一步帮扶，提升优抚对象的自尊感、自信心。投入45万余元，帮助80余户重点优抚对象解决医疗或住房困难。在八一、春节等重要节日期间，对100余名在乡老复员军人、参战参试退伍军人等重点优抚对象开展走访慰问活动，发放慰问金（品）40余万元。

落实拥军实事项目。按照“部队所需、地方所能”的原则，大力支持驻溧阳部队官兵不断完善执勤、训练、工作、生活设施，支持驻溧阳部队全面建设发展。投入经费72万余元（含挂钩单位慰问金），为某部队绿化营区环境；为市人武部建设政治宣传墙；为武警二大队、三大队等驻溧阳部队配置空调、热水器等设施设备，全面完成11项拥军项目。

【安置工作】 根据苏政办发〔2017〕59号文件精神，为所有下岗、失业的转业志愿兵（士官）按标准发放困难生活补贴，全力维持涉军群体稳定。2018年，全市发放困难补贴生活435万元。提高2008年再就业工作安排到各单位的190名下岗失业志愿兵就业待遇，督促各单位与志愿兵签订无固定期限劳动合同，按规定缴纳社会保险及住房公积金，保障正常上岗的志愿兵工资待遇不低于4100元／月。针对非本人原因未参加2008年再就业推荐工作的以及2008年后再下岗的部分失业志愿兵，成立退伍军人社会综合事务工作队，将这部分志愿兵推荐到退伍军人社会综合事务工作队工作，并按规定落实其工资待遇。

做好退役士兵接收安置和教育培训工作。按照城乡一体化原则，积极做好退役士兵接收安置工作，发放2017年度346名秋、冬季退役士兵自主就业一次性经济补助金1900余万元，接收2018年秋季退役士兵240人。在溧阳中专开设电工、电焊、汽修等短期职业技能培训班，80余名退役士兵报名参加免费职业技能培训。实施退役士兵学历教育补助政策，鼓励退役士兵参加学历教育培训，提升学历层次，45名退役士兵报名参加各类学历教育培训，发放2017年度退役士兵教育培训补贴资金46.65万元。

积极扶持退役士兵就业创业。鼓励退役士兵自主创业，为20余名退役士兵办理了自主就业证书，落实税收减免、贷款贴息优惠政策，帮助退役士兵创业致富。联合千里马人力资源公司举办2018年度退伍军人专场招聘会，300余名退伍军人到场参加招聘会，80余名退伍军人和企业签订了劳动用工合同。

（狄伟鑫）

老龄工作

【概　况】 2018年，全市老龄工作以“安康关爱行动”和“邻里守护”

2018年10月17日，举办第三届中国溧阳南山竹海长寿文化节

（市老龄办　供稿）

活动为重点，举办长寿之乡绿色产业发展区域合作联盟第一届理事会第三次（扩大）会议暨“新时代绿色发展和美好生活”（溧阳）高峰论坛和长寿文化节等活动，推动长寿文化品牌建设。通过“敬老月”系列活动、“敬老文明号”“十佳孝星”“十佳老有所为人物”评选等活动，倡导敬老爱老新风尚。2018年全市共23家社区（村）创成老龄工作规范化示范村。

【长寿之乡品牌建设】 2018年4月，长寿之乡绿色发展区域合作联盟第一届理事会第三次（扩大）会议暨“新时代寿乡绿色发展与美好生活”高峰论坛在溧阳市召开，常州市委副书记、政法委书记蔡骏、溧阳市委书记蒋锋应邀出席会议，全国17个省（市、自治区）、52个县（市、区）的“中国长寿之乡”分管领导、部门负责人，有关专家学者、企业负责人、媒体记者近300人参加会议，会上清华大学、浙江大学专家围绕乡村振兴和寿乡发展等作了主旨发言，溧阳市就如何利用“中国长寿之乡”品牌价值，推动绿色发展进行经验交流。3～4月，联合汇众社等社会组织及《常州日报》《溧阳时报》共同举办第三届“探访百岁老人、关爱健康生活”活动，上门走访全市132位百岁老人，全年累计发放百岁老人尊老金134.9万元。

【安康关爱行动】 根据省、常州市要求，年初市政府办公室印发《关于实施“安康关爱行动”的通知》，组织各镇（街道）老龄委负责人前往南京浦口参观学习，召开安康关爱工作推进会，充分发挥镇、村两级基层基础作用，持续扩大老年人参保覆盖面，全年为83727名老年人购买意外伤害保险，参保率同比增长17%。

【邻里守护工作】 2018年5月，创新举办“金银梦 圆你梦”老年婚纱摄影活动，免费为130对老年夫妇拍摄了婚纱照，圆了老人的“婚纱梦”。6月，组织开展“如意小食堂、邻里一家亲”邻里守护主题活动，与溧城镇北郊社区协作，为独居空巢老人包饺子、送绿豆糕，传递邻里间的温暖。通过开展各类志愿活动，为高龄空巢独居老人增添晚年幸福，全市19名老年志愿者获评常州市“邻里守护优秀志愿者”。

【敬老月活动】 以“营造敬老爱老社会氛围、纪念改革开放40周年”为主题，广泛开展走访慰问百岁老人、助老志愿服务、老年文体汇演等系列活动。市四套班子主要领导分组走访了市老年大学、老年活动中心和百岁老人家庭，市委书记蒋锋向老年学员作了关于溧阳经济社会形势发展专题报告。10月，市文明委、市老龄委联合举办中国·溧阳第三届长寿文化节活动，对评选命名的第三届“敬老文明号”和评选的“十佳孝星”暨“十佳老有所为人物”进行授牌和表彰，营造全社会尊老敬老助老的良好氛围。

【创建“敬老文明号”】 5月，在客运公司召开全市“敬老文明号”创建推进会，广泛发动，各级涉老部门、为老服务组织、公共服务窗口行业单位积极投入创建工作，溧阳市客运有限公司平桥客运站等28家单位获溧阳市“敬老文明号”称号，其中溧阳市老龄协会等4家单位获常州市“敬老文明号”称号。

【老龄宣传】 广泛利用网络、电视、报刊和广播等宣传媒介，加强对各类老龄重要活动、敬老爱老助老先进典型的宣传报道，春节、重阳节等传统节日期间，积极开展敬老传统和老年法规宣传，在全社会营造浓厚的敬老爱老氛围。9月，溧阳市在全省老龄宣传工作会议上获“2017—2018年度全省老龄宣传工作先进单位”称号。全市19篇老龄理论研讨文章集结汇编。

【老年精神文化生活】 加大老年教育扶持力度，发挥市老年大学、镇（区）老年学校辐射效应，老年人参加各类老年学校学习人数达到老年人总数的40%。依托全市现有镇（区）、村（社区）老年活动中心（室），发挥老年协会组织作用，广泛开展老年文体活动。继续免费为老年人办理《江苏省老年人优待证》，有效落实惠老优待政策，让老年人凭证享受入公园、乘车半价或免费的优惠政策。

（沈庆康）

残疾人事业

【概　况】 2018年，全市持证残疾人19531人，占全市总人口的2.44%。其中：视力残疾2359人，听力、言语残疾1485人，肢体残疾人11762人，智力残疾2699人，精神残疾1221人，多重残疾35人。在持证残疾人中，重度残疾人10730人，占持证残疾人总数的54.9%。其中：视力重度残疾1661人，肢体重度残疾5499人，智力重度残疾1671人，精神重度残疾799人，多重残疾35人。

【民生福祉】 残疾人“两项补贴”应审尽审。严格按照残疾人“两项补贴”发放的条件和标准，及时审核申报对象的情况，确保符合条件的贫困残疾人都能享受政策补贴。全年发放残疾人生活补贴金7540余万元，受惠残疾人9300余人，发放残疾人护理补贴金633余万元，受惠残疾人5900余人。落实残疾人意外伤害险政策。为全市符合条件的10082名持证残疾人办理2018年度的人身意外伤害保险，投保金额50.4万元。全年共有8名残疾人得到理赔，理赔金额22.6万元。对特困残疾人进行临时救助。对享受各项救助政策后仍然困难的残疾人家庭一次性发放临时救助金。利用春节和全国助残日等节日，走访慰问特困残疾人家庭。全年慰问400余户特困残疾人家庭，发放物品和资金合计50余万元。推进助学政策落实。对困难残疾学生寄宿实施专项补贴，对考取大中专院校的残疾学生实施救助和奖励。全年对125名残疾学生和低保残疾家庭学生共发放就学补助资金16.28万元。实施残疾儿童康复救助政策。对本市进入专业康复机构训练的0—14岁贫困家庭残疾儿童按标准进行救助，全年为114名残疾儿童发放救助金170.4万元。

【残疾人就业创业】 拓宽残疾人就业渠道。对全市非农就业年龄段的残疾人进行信息采集，共采集录入信息

597 份。推进按比例就业工作。审核 154 家企业，安置残疾人 619 人，分别比上年增加 22 家和 59 人；残保金征收入库 1721 万元。对安置残疾人就业达到规定比例的用人单位实行补贴和奖励政策，40 家用人单位得到补贴，发放资金 21.68 万元。积极鼓励残疾人自主创业。与市财政局联合出台《溧阳市扶持残疾人就业创业实施办法》，共对 26 名残疾人发放就业和创业补贴金 19.68 万元。同时以残疾人创业先进典型为代表，加大宣传，引导更多残疾人走自主创业道路。残疾人虞小富获“中国农村电商致富带头人”称号。建立残疾人家禽养殖扶贫基地。通过对 100 余户残疾人的上门调查，与周城食品有限公司合作，建立了残疾人家禽养殖扶贫基地。为 32 户残疾人（家庭）赠送禽苗 1600 羽，提供技术与销售服务，平均每户增收 2000 元以上。发展辅助性劳动项目，缠线、元件接插、服装纽扣、方便盒等一批残疾人辅助性项目有突破性进展。有 56 名残疾人参加辅助性劳动项目，月收入近千元。通过推荐用工、主动安置、集中就业、灵活就业和鼓励自主创业等形式，全年共新增实名制就业 136 名。残疾人技能培训蓬勃发展。针对残疾人的需求和市场方向，举办电子商务、农村实用技术培训和用人单位岗位培训共 3 期培训班，参加人员达 150 人次，其中新增实名制培训 72 名。同时积极参加省、市残疾人技能比赛，推动残疾人技术人才的扩面提升。

【康复服务】 开展“三助一免”康复救助工程。为 302 名符合条件的贫困白内障患者免费施行复明手术，为 28 名下肢残疾患者安装假肢，为 38 名听力患者适配助听器 39 只，为有需求的贫困残疾人发放各类辅助器具 1500 余件，每季度为 1067 名贫困精神病患者进行下乡免费供药，并提高二代药比例。加强残疾人辅具管理，出台《溧阳市残疾人辅助器具适配补贴暂行办法》，使全市辅助器具适配服务管理更加科学合理、规范有序。完成辅助中心招标采购工作。

对全市建档立卡低收入残疾人家庭开展康复需求调查，对已得到康复服务的残疾人进一步加大康复力度，对有康复需求且没接受康复服务的残疾人，制订个性化康复服务计划，建立康复服务档案。联合卫计部门，以市残疾人康复中心和各镇卫生院为依托，以社区为载体，安排康复医生为残疾人开展一对一上门签约服务，并建立康复档案，为残疾人进行巡诊和康复训练指导服务。对 58 户残疾人家庭实施厨房、卫生间、太阳能热水器等无障碍设施改造；在完善原有康复站建设基础上，新建 5 个村（社区）康复站；全面落实康复项目进医保的对接工作，做好残疾人康复数据的信息采集工作。规范残疾人托养服务。依托有关民营机构和镇级敬老院，完成市、镇两级残疾人托养机构 12 家，并在溧城镇有条件的社区建立日间照料机构，按照属地托养的原则，为 450 余名贫困重度残疾人提供全托和日托。推进“残疾人之家”建设。以共建共享为理念，积极利用现有公共资源，推动“残疾人之家”的建设进程。新建 3 家“残疾人之家”，全市已建成“残疾人之家”15 家，分布于 11 个镇（街道），各具特色，分别以辅助性劳动、康复训练、日间照料、托养等为主打项目。

【残健融合】 推进助残环境工程。充分利用广播、电视、报刊、网络、助残公益短信、横幅标语、“溧阳残联”微信公众号等宣传手段，广泛宣传党的惠民助残政策；将五月份定为助残宣传月，使更多的人了解、关心、支持残疾人事业，在全社会形成扶残助残的浓厚氛围。广泛开展助残活动。全国助残日期间，市残联走访慰问特困残疾人家庭和接受免费复明手术的白内障患者，举行辅助器具捐赠仪式；联合培智学校开展“不忘初心，爱满人间”为主题的文艺汇演；福恬康复医院举行康复知识的宣传和义诊活动。清溪路社区开展“浓浓端午情、关爱残疾人”志愿服务活动和“残健互助、与爱同行”为主题的绿豆糕制作活动。繁荣残疾人文体生活。聋人协会组织 21 名聋人前往南京参观中山陵等，拓宽视野，激活心灵。盲人协会组织 12 位盲人走进图书馆盲人阅览室，享受书籍带来的快乐。残疾人运动员在省第十届残疾人运动会夺得 12 块金牌。

（周　媛）

民族、宗教事务

【概　况】 2018 年，全市民族宗教事务工作学习贯彻党的民族宗教工作方针，进一步巩固和丰富全市民族团结进步事业成果，进一步巩固和维护宗教领域的安全稳定，促进民族关系、宗教关系和谐，为推进全市经济和社会事业的发展作出积极贡献。坚持不断完善工作网络，健全工作机制，增强服务意识，为溧阳民族宗教领域的稳定发展打下组织网络基础。完善“市—镇—村”三级民宗工作领导小组，建立村（社区）民宗工作联络员制度，市与镇、镇与村签订民族和宗教工作责任书，将工作责任列入市、镇、村年度工作综合考核内容。全市各镇（区）都配备专职统战委员。宗教团体与各宗教活动场所签订平安宗教场所责任书，形成多层次依法管理宗教事务的格局。

【落实资金保障】 市财政将民族和宗教工作资金纳入年度预算，市委统战部、民宗局拨出专项资金用于少数民族工作，对佛教、基督教两个宗教团体经费进行专项列支。各镇（区）按少数民族每户每年 200 元标准计提镇（区）少数民族专项帮扶基金。充分利用“溧阳汽车商会少数民族帮扶百万基金”，给予少数民族致富项目和困难家庭实实在在的帮助。

【服务少数民族】 充分发挥溧阳市民族团结促进会作用，服务全市少数民族。为 2 人办理少数民族家庭子女变更民族成分，为 2 名少数民族学生办理中高考加分手续等。帮助解决 10 名流动少数民族同胞解决子女就近入学问题，协调解决流动少数民族大型宗教活动的用地问题，对 10 户有家庭困难的流动少数民族进行慰问资助。依托溧阳市少数民族法律援助站，为有需求的少数民族家庭和少数民族群众提供法律服务，通过法律途径为他们化解难题和主持正义。常州市少数民族困难家庭脱贫奔小康光彩基金帮扶36户贫困少数民族共计30余万元；溧阳市光彩助学29名少数民族困难学生，发放助学金5.8万元。

依托农林局等职能部门和各镇（区）为少数民族勤劳致富项目提供全方位的协调服务。继续加大对少数民族致富的推动力度，全市30个致富项目纯收入超600万元，形成了全市“一镇一品，一镇多品”少数民族致富特色，涌现出一批像张花妹、杨明珍、王颖、梁贵萍等致富先进个人。

【宗教场所管理】 开展“和谐寺观教堂”“星级活动场所”和“场所星级档案室”创建活动，报恩禅寺、京林禅寺、万寿寺、市基督教堂4个场所被评为四星级场所，宝藏禅寺及上黄、后六、戴埠、横涧、平桥、茶亭、埭头、周城、社渚、河口11个场所被评为三星级场所；市基督教堂等16个场所档案室被评为三星级档案室。团体、场所专业会计制度逐步规范，全市已有2个宗教团体聘请会计、出纳负责每月向宗教部门上报场所收支情况。严格执行宗教团体、场所建设项目报批规定，稳步推进万寿寺、宝藏禅寺、飞来寺和京林禅寺的基础建设工作。药师禅院开放工作稳步推进，市基督教堂新建工作持续推进。

按照“疏堵结合、区别对待、分类处理、纳入管理”原则，严格执行《宗教临时活动地点审批管理方法》，持续治理基督教私设聚会点。抓好佛道教商业化治理，全面排摸全市民间信仰场所，为进一步对民间信仰场所的管理打下基础。

（市民宗局）

关心下一代工作

【举办关工委培训班】 组织40多名乡镇、村、社区基层关工委主任参加常州市关工委干部培训班，埭头镇关工委主任马福友在常州市关工委干部培训班作“拥抱新时代 实现关工委工作新作为”的交流发言。在市委党校举办全市关工委基层干部、“五老”骨干培训班。100多名基层关工委干部、“五老”骨干参加培训，计耀明老师作“我是如何做好关心下一代工作”的经验介绍。组织基层关工委同志和“五老”骨干参加“纪念改革开放四十周年报告会”，邀请常州市委党校康教授作专题讲座。

【组织建设】 2018年，召开有组织部、关工委、市场监督管理局、工商联、妇联、总工会和团市委参加的联席会议，组建由以上单位参加的“溧阳市民营企业关心下一代工作指导小组”，组织部部长刘佩任组长，组织部副部长宋斌、市关工委主任路发今、市场监督管理局副局长陈金龙任副组长。4月13日，市委组织部和市关工委联合在市委党校召开全市民营企业关工委工作会议，“五有五好”创建率和达标率分别为96%和88%。全市中小学百分之百建立关工委组织。在378个规模以上的民营企业中，建立340家，占规模民企的90%。民营企业关工委“五有五好”创建125家，达标34家。江苏东方印务有限公司被评为省民营经济关心下一代工作先进集体；宋小华、姜荣昌被评为省民营经济关心下一代工作先进个人，南渡分会陈震被评为全省民营经济关心下一代工作先进工作者。4月15日，省关工委主任曹鸿鸣率队到溧阳市进行调研，对校外教育辅导站计耀明“家庭队室”，给予高度的赞扬。全市参加关心下一代工作的“五老”人员达5372人。

【主题教育】 5月，常州市关工委在溧阳市第二实验小学举行“传红色基因、共话新时代、放飞青春梦”主题教育启动仪式和现场推进会 ，关工委主任路发今用自己亲历的革命、建设、改革开放的历程，撰写《传承红色基因 争做时代新人》，并参加省关工委“传红色基因、共话新时代、放飞青春梦”主题征文和优秀讲稿评选，获优秀讲稿一等奖。市思想道德宣讲团共编写宣讲材料31篇，举行宣讲报告会87场，听宣讲报告的人次达5万多。与教育局、老年摄影学会联合组织纪念改革开放四十周年“老少摄影作品比赛”，外国语学校学生韩雯、陈辙贝、石梓言、李旻轩、朱禹舜5位同学获常州市青少年组奖；狄杭生、姚法林、吕梅琴、杨建华、蒋爱珍、李荣大、方明泉8位老干部9幅作品获老年组奖。

【法治教育】 各级关工委组织“老少共建”“青少年网络文明在行动”“大手拉小手”“做守法小公民”法治教育活动，全市各级法制教育宣讲团23个，宣讲员154人，共举办法治报告会54场次。受教育的未成年人达万人。沈俊获江苏省“百佳法治报告员”称号。进一步开展“结对帮教、引领人生”等活动。各级关工委组织394名“五老”对163名失足、有不良行为的青少年进行帮教，转化率为92%。全市226个社区、村实现未成年人零犯罪的为212个，占总数的98.2%。获江苏省“未成年人零犯罪社区（村）”创建工作先进村称号；溧城镇大林村徐阿伢10多年来关爱青少年，一帮一、一帮多，事迹被省关工委收录；溧城镇关工委主任蒋洪宁、南渡镇关工委主任周罗根、昆仑街道关工委主任王爱芳、大林村关工委主任彭培法的帮教帮困先进事迹被载入《夕阳赞歌》一书中。溧城镇关工委先后建立100多个“五老”帮教小组，帮教近200名失足青少年。埭头镇关工委主任马福友写的《读懂心灵 引领飞翔》在省关工委《薪火》杂志刊登。

【帮困助学】 全年有23名品学兼优的贫困家庭学生获《关心下一代周报》社提供的“冰凌花”奖学金，5名学生获江苏省关心下一代基金会“三年千人助学计划”助学金，溧城镇唐家村、上阁头村等多年来帮困助学，累计发放100多万元助学金。竹箦镇科华公司捐款5万余元，以奖金形式扶困助学贫困学生60人次；上黄镇建立爱心助学基金，为90名学生发放金额合计15.26万元。埭头镇每年发放青少年圆梦学业基金20多万元，帮困助学近300位困难学生。南渡镇残疾人朱仲寅入选“中国好人榜”，把帮困助学的接力棒交到女儿、女婿手中，共筹集资金806.9万元，对3575名困难青少年进行帮扶助学。

（尹耀东）

溧城镇

表 27　2018 年溧城镇主要社会经济指标

项目		数据
自然概况	年末土地总面积（平方公里）	75.51
	其中：镇区建成面积（平方公里）	22.96
	居民委员会、行政村委会（个）	49
	总人口（人）	187979
	其中：非农业人口（人）	134242
综合实力	地区生产总值（GDP，亿元）	261.45
	人均 GDP（万元）	13.91
	财政收入（亿元）	6.42
	全社会固定资产投资（亿元）	73.30
	农民人均纯收入（元）	25548
工业	工业企业（家）	360
	工业企业职工（人）	7327
	工业总产值（亿元）	41.86
	工业增加值（亿元）	7.60
	工业销售收入（亿元）	41.56
	工业利税（亿元）	4.17
	工业固定资产净值（亿元）	18.62
农业	农林牧渔业总产值（万元）	68920
	其中：农业（万元）	50620
	林业（万元）	492
	牧业（万元）	3358
	渔业（万元）	12772
	农业服务业（万元）	1678
	粮食产量（吨）	17221
	年末农机总动力（万千瓦）	2.70
第三产业	第三产业实体（个）	2321
	第三产业从业人员（人）	50037
	第三产业增加值（亿元）	221.24
	集贸市场（个）	16
	年末个体工商经营户（户）	22433
社会事业	中学（所）	3
	在校中学生（人）	2768
	小学（所）	10
	在校小学生（人）	7910
	文化场馆（个）	2
	体育健身场所（个）	265
	人口自然增长率（‰）	2.05

续表27

【概　况】 溧城镇位于溧阳市东部，东与宜兴市交界，西与南渡镇交界，南与戴埠镇交界，北与竹箦镇、别桥镇交界。镇域面积 75.51 平方公里，辖 14 个行政村、9 个村改居、28 个社区。2018 年，全镇完成地区生产总值 261.45 亿元，财政收入 6.42 亿元，全社会固定资产投资 73.30 亿元，总人口 187979 人。

经济发展　2018 年，成立镇会计服务站和农村产权交易服务中心，农村产权实现线上交易，村级“三资管理”（农村集体资金、农村集体资产和农村集体资源管理）不断规范。先进社区成立经济股份合作社，16 个村（社区）成立经济合作社，村级集体经济发展更加优质。有工业企业 360 家，全年工业总产值 41.86 亿元，其中规模以上工业产值 28.5 亿元。服务业投入 34.7 亿元，全年净增私营企业 340 户、个体工商户 1400 余户。现代农业项目国际睡莲产业化研究基地签约开工；综合医疗机构城中医院项目建成运行；商业综合体弘基广场项目在建设中；万豪城市综合体银江置业一期住宅工程、酒店工程按期施工；高端餐饮品牌美高梅国际酒店注册落地。

镇村建设　2018 年，全面完成花园后村、山岗头、下唐家、野塘头、奥体大道北延伸、教场里、滨河绿地、长山路、后同久、正昌地块、平陵西路沿线等 18 个项目拆迁，征收房屋 1100 余户，企业搬迁 21 家，面积 31.5 万平方米，征地 3300 余亩。有 87 个小区实施停车秩序规范和收费管理工作，水韵华庭等小区完成停车位改造，御景苑小区等 4 个小区设置非机动车停车棚（充电桩），缓解小区停车难、停车乱的问题。规范物业公司经营活动，38家物业公司重签合同，收缴履约保证金59个。组建业委会（物管会）117个，推行物业“菜单式”服务标准公示。开通“溧城物管”微信公众号，实现报修投诉、停车管理、线上缴费一站式服务。建成镇网格化服务管理中心，划分基础网格153个，实行多方协作、一网联动。清理违法用地18宗，拆除违法建设约4.1万平方米，处理数字化城管案件13.3万件。常态化开展巡河、护河，集中开展河道“三乱”专项整治行动。千亩以上圩堤达标工程全面完工。加强生态环境建设，对3个废弃矿山宕口地质环境进行综合治理；推进丹金溧漕河夏桥等4个断面治理、10个自然村污染源综合整治；完成18个自然村农村生活污水治理和11个黑臭水体清淤工程；持续推进农村生活垃圾一体化运行和垃圾分类工作；6家码头全面关停。全面开展“散乱污”（不符合产业政策，不符合当地产业布局规划，未办理工信、发改、土地、规划、环保、工商、质监、安监、电力等相关审批手续，不能稳定达标排放）企业（作坊）专项治理行动，整治关停各类预拌混凝土、废品回收、石材加工、餐饮油烟、汽车维修类企业（作坊）1307家，提升258家。共联黄家村、庄家丁家园城中村改造基本结束。“共享村落、礼诗生活”礼诗圩特色田园乡村建设有序推进；“一号公路”张巷段与八字桥荷花塘相连成景。

社会管理　全额发放五保供养经费、尊老金、重度残疾人保障补贴、优抚安置金。“心愿树”爱心工作站、“如意小食堂”等微民生工程更加深入民心。建成镇综合文化服务中心。主办少儿书法现场赛、沈锡堂摄影作品展、“相约花前”工笔画精品展等一系列文化活动。扎实推进扫黑除恶专项斗争、校外培训机构专项整治、“安全生产大检查”等活动。

【南航天目湖校区建设】 2017年5月8日，南京航空航天大学与常州市、溧阳市分别签署战略合作框架协议、合作办学框架协议，南京航空航天大学与溧阳市依托天目湖通用机场共建南航天目湖校区，合作打造以航空为主的学历教育基地、人才培养基地、产业集聚基地。南航天目湖校区位于千里湖西侧，北起溪缘路，南至滨河路，东接南大街，西抵燕山南路，校区占地969亩，规划总建筑面积约53万平方米，分三期建成，其中一期占地500亩，规划建筑面积约20万平方米。该校区计划于2019年9月开始招生，首批招收2000名新生，远期规划在校生达1万人左右。2018年4月9日，南京航空航天大学天目湖校区举行奠基典礼，南京航空航天大学天目湖校区全面启动建设。截至2018年12月底，南航天目湖校区已完成年度目标任务约80%，7.4万平方米学生宿舍已经全部封顶，教学楼、校医院、后勤保卫楼和风雨操场等建筑正在进行基础施工，预计在2019年春节前封顶；基础实验楼已招标结束，开始进场施工；景观绿化、智能化工程、配套道路管线工程也在加速推进中。

【天目建设集团晋升特级资质】 2月6日，住房城乡建设部公告核准2018年度第一批建设工程企业资质名单，天目建设集团正式获批建筑工程施工总承包特级资质。江苏天目建设集团有限公司创建于1958年，1995年10月组建为省级集团公司，企业注册资本3亿元人民币，总资产近15亿元，施工区域复审全国各省、直辖市及海外，年完成产值70多亿元，多年来获全国安装行业先进企业、全国优秀施工企业、中国建筑业成长性200强企业等称号。先后获得国家级优质工程8项、国家级市政金杯工程3项、省市级优质工程及省市级文明标化工程数10项、国家级工法2项、省级工法10项，取得较好的经济效益和社会效益。

南航天目湖校区施工现场　　（溧城镇　供稿）

企业在海外工程市场上也屡有突破，所承建的工程均得到当地政府及业主的高度评价和赞赏。2017 年，天目建设集团共完成施工产值 70.8 亿元，地方纳税达 1.68 亿元。

【博物馆免费开放】 11 月 2 日 14：00 起，溧阳市博物馆对公众免费开放。博物馆是溧阳第一座综合性城市博物馆，位于燕湖公园湖畔，是以东汉蔡邕所制作的焦尾琴为原型，总建筑面积 18319 平方米，展区总面积 1.1 万平方米。展厅共有三层，1 至 2 层是博物馆，主要分三个主题区域，第一部分是 4500 万年前中始新世中华曙猿，第二部分是千秋金濑话溧阳，第三部分是濑水风情和建国时期。第 3 层是规划馆，主要展览全市具体的规划情况。

2018 年溧城镇各村（社区）基本情况

表 28

村（社区）	中共支部（总支、党委）书记	村委（社区）主任	经济总收入（万元）
清　安	吴钦惠	葛忠于	128.30
南　村	强和富	葛建福	463.50
北水西	赵　科	赵　科	386.87
上阁楼	余建中	陶正华	201.57
湾　里	赵龙伟	赵云飞	506.74
大　林	潘建国	潘建国	125.19
罗　庄	庄伟荣	庄伟荣	239.04
新　联	陈伟春	郝小庚	162.13
黄　墟	潘小芳	王曙洪	238.48
长　阳	唐小卫	王建华	312.78
马　垫	赵洪生	张　叶	182.52
倪　庄	吴全林	周志荣	201.90
歌　岐	周松海	周鹤年	166.91
八字桥	黄涵君	周　华	209.48
唐　家	李志龙	李志龙	1557.52
钱　家	钱昔保	钱勇强	390.45
先　进	马海兰	彭　伟	291.28
共　联	黄志平	储金海	303.68
图　塘	陈建平	沈春荣	125.02

续表28

村（社区）	中共支部（总支、党委）书记	村委（社区）主任	经济总收入（万元）
三　和	周　伟	王正友	744.68
庄　家	费水松	周洪珍	458.12

2018 年溧城镇销售收入 2000 万元以上企业

表 29

企　业　名　称	法人代表	销售收入（万元）
江苏宏光钢铁有限公司	王洪生	79000
溧阳安顺燃气有限公司	邵　良	64556
溧阳索尔维稀土新材料有限公司	何继全	53735
冶建新材料股份有限公司	史优良	19025
溧阳水务集团有限公司	何刚信	14556
溧阳市双马塑胶纺织有限公司	谈怀定	13976
溧阳新元窗帘制品有限公司	周伟坚	8590
江苏东方印务有限公司	黄梅芳	8161
溧阳联星混凝土有限公司	陈洪才	7588
常州市百斯福模塑有限公司	杨建才	5173
溧阳市博基混凝土有限公司	朱田福	5016
溧阳乐融电器有限公司	颜惠平	4921
溧阳市诚兴化工有限公司	唐师法	4257
溧阳市浩特金属有限公司	芮浩彬	3989
溧阳市中天纺织日用品有限公司	谈怀定	3822
溧阳怡合服饰有限公司	沈红娟	2769
溧阳市天目湖肉类制品有限公司	韦乔俊	2474
江苏省溧阳市苏豫火电安装工程有限公司	陈建明	2357
溧阳市华力水泥制品有限公司	鲍富松	2210
溧阳市熊猫针纺有限公司	宋亚红	2189
溧阳市双龙机械制造有限公司	王小东	2132
江苏环能气柜检修有限公司	卢俊传	2040

（戴　真）

燕湖公园　　（溧城镇　供稿）

天目湖旅游度假区（天目湖镇）

2018年天目湖旅游度假区（天目湖镇）主要社会经济指标

表30

项目		数据
自然概况	年末土地总面积（平方公里）	239
	其中：镇区建成面积（平方公里）	9
	居民委员会、行政村委会（个）	17
	总人口（人）	76358
	其中：非农业人口（人）	4688
综合实力	地区生产总值（GDP，亿元）	727940
	人均GDP（万元）	95333
	财政收入（亿元）	106592
	全社会固定资产投资（亿元）	480217
	实际利用外资（万美元）	1635
	农民人均纯收入（元）	29633
	社会消费品零售总额（亿元）	372051
工业	工业企业（家）	359
	工业企业职工（人）	11566
	工业总产值（亿元）	121.8
	工业增加值（亿元）	29.6
	工业销售收入（亿元）	98.8
	工业利税（亿元）	7.3
	工业固定资产净值（亿元）	103.05
农业	农林牧渔业总产值（万元）	75130
	其中：农业（万元）	58505
	林业（万元）	5979
	牧业（万元）	1561
	渔业（万元）	4659
	农业服务业（万元）	4426
	粮食产量（吨）	20851
	年末农机总动力（万千瓦）	10370
第三产业	第三产业实体（个）	2804
	第三产业从业人员（人）	11764
	第三产业增加值（亿元）	30.17
	集贸市场（个）	4
	注册工商经营户（户）	2298
社会事业	中学（所）	2
	在校中学生（人）	668
	小学（所）	3
	在校小学生（人）	2798
	文化娱乐场馆（个）	0
	体育健身场所（个）	32
	人口自然增长率（‰）	1.19

【概　况】 天目湖镇位于溧阳市南部，北距市区8公里，东和戴埠镇相连，南与安徽广德县邱村镇、郎溪县凌笪乡接壤，西同社渚镇、南渡镇毗邻，北靠溧城镇。镇域面积238.97平方公里，度假区规划总面积320平方公里，其中天目湖镇域内面积180平方公里。辖14个行政村、3个社区，总人口76358人。风景宜人、闻名遐迩，集国家级旅游度假区、国家AAAAA级旅游景区、国家生态旅游示范区于一身的天目湖就坐落在镇西南部。2018年，全镇实现地区生产总值72.8亿元，完成公共财政预算收入7.05亿元，完成工业总产值121.8亿元。旅游区接待游客480万人次，实现旅游收入18.8亿元，蝉联国家级旅游度假区省级考评第一，被评为第七届中国旅游投资"最佳旅游目的地"，高标准创成国家卫生镇，天目湖湿地公园通过国家验收。美景天城社区被评为全国综合减灾示范社区。

经济发展 2018年，新增高效设施农业种植面积600亩。获中国国际茶博会特等奖2只、一等奖4只，"中国长寿之乡"荣誉产品2只，第三届江苏"紫金杯"草莓评比金奖1只。天目湖茶产业被评为2018年全省农村一、二、三产业融合发展先导区。土地确权全面完成，农村集体产权制度改革顺利推进。新增5个重大项目，分别是中信国安江南第一城、本裕国际、环球大溪、明顿国际学校，总投资105亿元。布勒（常州）机械有限公司、江苏安靠智能输电工程科技股份有限公司、江苏顺风光电电力有限公司、溧阳市力士汽车配件制造有限公司等一大批重点企业加快设备引进和技术革新，市场规模不断扩大。全年新增高新技术产品14只，专利授权130件，江苏天目湖旅游股份有限公司、江苏安靠智能输电工程科技股份有限公司被评为2018年常州市市长质量奖。全年接待游客480万人次，实现旅游总收入18.8亿元。在江苏省2017年度全省52家省级及以上旅游度假区的综合考评中蝉联第一，其中，度假环境与质量设施与服务、规范管理与政府支持三个单项考核指标均排名第一。获第七届中国旅游投资"最佳旅游目的地"称号。天目湖宾馆、翠竹园酒店和国际饭店完成改造。涵田国际康养中心、桂林山居等8个开工在建项目，青羽舍、安悦·天目山居等7个准备开工项目，中信国安江南第一城、环球大溪文旅综合体、奥美本裕国际健康世界、安纳塔拉度假酒店4个大型综合体签约落地项目，酒文化博物馆、玉梅岭等5个规划阶段项目，青峰山居、自在溪山、隐湖居、溪山云居等6个精品茶舍项目，科勒度假酒店、云南城投文旅等5个在谈项目均进展顺利。成功签约安麓、洲际、安纳塔拉等国际高端品牌酒店。

城乡建设 开展美丽天目湖建设三年行动，实施镇容镇貌整治、地下管网建设、核心景区灯光亮化和东陵、平桥集镇杆线入地等提升工程。茶亭花园、滨湖花园一期安置房建成交付。完成湖滨路改造和嵩山北路、美林路续建等道路工程建设，拉开镇区框架。南航天目湖校区、S360、燕山南路南延伸、环球大溪和本裕国际项目等地块征地拆迁工作全面展开，全年共征租地2860亩，拆迁

450户，8万平方米。全年共拆除违法建设470起，建筑面积3.9万平方米，罚没收入554万元。金桥花苑、天目湖中心村、翠屏新村等违建“重灾区”得以全面整治。开展小区综合管理专项行动，全镇56个住宅小区全部纳入网格化综合管理体系，散住楼、安置小区全部纳入统一物业管理，管理水平显著提升。环卫保洁市场化运作良好，高标准通过国家卫生镇创建省级考核。高标准完成5家企业VOC_S（挥发性有机物）整治、78个自然村的生活污水治理、100个黑臭池塘的清淤和131家“散乱污”企业（作坊）整治，全镇94处废品收购（加工）站点全部清除完毕。推进水源地保护五大类15项工程，水源水质稳中向好。新增退耕还林2000亩，临湖面茶园收购、林地（含附属物）流转5800亩。

社会管理　2018年，新增企业职工社保扩面640人，居民养老保险续缴8106人。全镇2018年新农合参保58425人。城乡低保应保尽保，五保供养标准提高，保障标准实现一体化，向各类民政对象累计发放生活保障经费近2500万元。天目湖中心幼儿园被省教科院授予“江苏省幼儿教育科研基地”。平桥卫生院被确定为溧阳市家庭医生签约服务工作试点单位，茶亭医院创成全国二级综合民营医院。新建6个村级综合性文化服务中心，天目湖镇心愿树爱心工作站和城南新区如意小食堂正式投运，5个村级居家养老服务中心推进顺利。网格化管理推进有力，完成镇网格化服务管理中心建设。

【天目湖湿地公园通过国家级验收】 2018年12月29日，天目湖湿地公园顺利通过国家林业和草原局2018年国家湿地公园试点验收，天目湖湿地公园将于2019年正式加入国家湿地公园的大家庭。天目湖国家湿地公园位于天目湖上游源头与入湖河口区。北连天目湖风景区，南邻安徽省广德县，西接安徽省郎溪县，总面积11.54平方公里，其中保育区8.24平方公里，恢复重建区1.68平方公里，科普宣教区1.17平方公里，合理利用区0.42平方公里，管理服务区0.03平方公里。公园涵盖三条河流，呈现“山”字型平行分布。不同土地、水域、山脉、生物单元交织共存，形成独特的生态湿地景观空间。

【《常州市天目湖保护条例》施行】 《常州市天目湖保护条例》（以下简称《条例》）由第十二届江苏省人民代表大会常务委员会第三十三次会议批准，于2018年3月1日起正式施行。这是一部以保护饮用水水源和生态环境为核心的地方性法规，为天目湖保护提供有力的法律保障。《条例》侧重于天目湖饮用水水源安全和流域生态环境保护，突出加大水源水质保护，并要求划分核心保护区、重要保护区和一般保护区三类保护区。

【新增1家省科技小巨人企业】 2018年6月，江苏安靠智能输电工程科技股份有限公司被江苏省经济和信息化委员会认定为2018年度省科技小巨人企业。江苏安靠智能输电工程科技股份有限公司创建于2006年，专门从事超、特高压地下智能输电系统整体方案提供的高新技术企业。公司在超高压电缆输电和气体绝缘输电（GIL）产品创新及系统工程方面创造多项国内和国际第一。公司持续推进地下输电系统服务，引领中国地下输电快速发展，在2018年创造多项行业产品和工程第一：国内第一条500千伏GIL城市电网输电线路（大连星海湾城市广场）；国内第一条220千伏 GIL 城市输电线路（江苏中关村）；完成462米电缆竖井总包工程的世界级难题（厄瓜多尔）；为全球第一条最高电压等级（500千伏）交流海底电力电缆提供电缆连接件（舟山）。作为中国能源装备的重要产品，

2018年12月29日，天目湖湿地公园顺利通过国家验收　（天目湖镇　供稿）

公司获得央视“大国重器”和经济半小时多次报道。公司创新区域架空线入地置换土地投资EPC商业模式，为南京市栖霞区燕子矶新城、南京仙林大学城、张家港市经开区、济宁市运河新城规划制定架空线入地方案。2018年，公司实现销售收入3.6亿元，纳税5300万元。

【《天目湖》小型张邮票面世】 5月，在常州举行的第18届中华全国集邮展览上，展出由溧阳籍中国著名邮票设计家史渊设计的名为《天目湖》的小型张邮票。设计中，史渊选用溧阳本土知名摄影家车保华的摄影作品《天目湖湿地公园的早晨》为模板进行创作，设计出《天目湖》小型张邮票。

2018年天目湖旅游度假区（天目湖镇）各村基本情况

表31

村　名	中共支部（总支、党委）书记	村委主任	村合作经济组织总收入（万元）
天目湖	武爱斌（至12月） 孟广富（12月起）	方顺溪	713.52
田家山	李汉生（至8月） 杨建伟（8月起）	杨建伟	368.87
茶　亭	彭志新	史国英	381.42
古　县	宋建平	宋建平	521.79
桂　林	许浩生	许浩生	302.27
南　钱	霍家喜（至8月） 葛小宇（8月起）	霍家喜	213.31
三　胜	钱保国	钱小娥	300.55
吴　村	陈建国	陈建国	187.42
杨　村	朱建军	朱建军	134.47
平　桥	王荣建	王荣建	206.03
梅　岭	叶卫国	叶卫国	154.06
毛　尖	葛卫其	葛卫其	196.94
观　山	罗阿宝	罗阿宝	210.90
洙　漕	韩金华	韩金华	237.84

2018年天目湖旅游度假区（天目湖镇）销售收入2000万元以上企业

表32

企业名称	法人代表	销售收入（万元）
江苏国信溧阳抽水蓄能发电有限公司	施曙光	156143
布勒（常州）机械有限公司	孔云生	142324
江苏鹏程钢结构有限公司	史蒙杰	68734
江苏顺风光电电力有限公司	张伏波	55297
溧阳市力士汽车配件制造有限公司	史长生	55192
江苏钢锐精密机械有限公司	张贤铭	53720

续表32

企业名称	法人代表	销售收入（万元）
溧阳市鹏程彩钢有限公司	史　鹏	52913
溧阳中材重型机器有限公司	吴建宏	47067
江苏安靠智能输电工程科技股份有限公司	陈晓晖	27906
溧阳金利宝胶粘制品有限公司	陈世岳	26633
江苏开利地毯股份有限公司天目湖分公司	蒋夕生	19800
溧阳市立方贵金属材料有限公司	王自伟	16878
溧阳东发纺织有限公司	蒋伟年	16629
上齿集团有限公司	张焰庆	14622
江苏沙河抽水蓄能发电有限公司	李贵桃	14421
江苏恒祥石化工程有限公司	杨恒保	12006
江苏顶塑实业有限公司	丛桂阳	10790
溧阳市诚亿布业有限公司	袁阿保	10324
常州市宏寰机械有限公司	张福平	10008
溧阳市晟业商品砼有限公司	郑　辉	9097
溧阳圣泰重型机械有限公司	葛芙妹	9056
溧阳市储丰钢板仓设备制造工程有限公司	赵菊荣	8819
江苏欧标有限公司	周国平	7767
江苏五洲机械有限公司	周际宇	7683
江苏法斯特机械有限公司	唐金祥	7500
江苏富昌机械设备有限公司	尹水富	6774
溧阳市南亚塑胶有限公司	莫志国	5921
天目照明有限公司	蒋伟年	5500
中安（常州）电气有限公司	潘立群	5409
溧阳康达威实业有限公司	胡良宏	4298
瑞那斯铝业（常州）有限公司	曹卫强	4282
江苏维泽净化科技股份有限公司	杨献春	3946
溧阳市塑胶电线电缆厂	陈献民	3577
江苏通达机械设备制造有限公司	尹水保	3513
南方铁塔有限公司	史正明	3273
大峘集团溧阳冶金工程技术有限公司	朱炳安	3083
江苏嘉允机械制造有限公司	吴黎华	2800
溧阳市中钢冶金设备有限公司	杨玉全	2683
江苏上齿传动有限公司	张焰庆	2594
溧阳市众星环保机械有限公司	崔洪彬	2440
江苏丰达电器设备有限公司	赵云龙	2317
江苏南方机械有限公司	钟爱心	2200

（居　乾）

埭 头 镇

表 33

2018 年埭头镇主要社会经济指标

项目		数据
自然概况	年末土地总面积（平方公里）	43.7
	其中：镇区建成面积（平方公里）	7.3
	居民委员会、行政村委会（个）	8
	总人口（人）	27340
	其中：非农业人口（人）	2647
综合实力	地区生产总值（GDP，亿元）	36.26
	人均 GDP（万元）	13.4
	财政收入（亿元）	3.41
	全社会固定资产投资（亿元）	15.7
	实际利用外资（万美元）	1000
	农民人均纯收入（元）	29892
工业	工业企业（家）	207
	工业企业职工（人）	6726
	工业总产值（亿元）	62.1
	工业增加值（亿元）	18.6
	工业销售收入（亿元）	62.1
	工业利税（亿元）	6.5
	工业固定资产净值（亿元）	23.8
农业	农林牧渔业总产值（万元）	38729
	其中：农业（万元）	10323
	林业（万元）	146
	牧业（万元）	2126
	渔业（万元）	23862
	农业服务业（万元）	2272
	粮食产量（吨）	17077
	年末农机总动力（万千瓦）	2.29
第三产业	第三产业实体（个）	978
	第三产业从业人员（人）	2753
	第三产业增加值（亿元）	1.7
	集贸市场（个）	2
	年末个体工商经营户（户）	1176
社会事业	中学（所）	2
	在校中学生（人）	2552
	小学（所）	2
	在校小学生（人）	1938
	文化站馆（个）	1
	体育健身场所（个）	110
	人口自然增长率（‰）	−3.14

【概　况】 埭头镇位于溧阳市东北郊，北依长荡湖，南枕芜太运河，239 省道、233 国道和常溧高速、宁杭高铁连接线贯穿境内，溧阳（北）道口落户镇区，交通十分便利。镇域面积 43.7 平方公里，是溧阳区域面积最小的建制镇，辖 7 个行政村、1 个社区。2018 年，全镇完成地区生产总值 36.26 亿元，财政收入 3.41 亿元，全社会固定资产投资 15.7 亿元，总人口 27340 人。

经济发展 2018 年，全镇流转土地 5177.74 亩，交易额 1313.73 万元，溢价率 5.6%。5000 亩高标准农田通过验收，建成 5000 亩水稻绿色高质高效示范片，新增高效设施农（渔）业 535 亩。做活土地文章，邹家、南埝、后六村土地整治在全市率先通过常州市级验收，总规模 1.02 万亩，净增耕地约 3000 亩。有工业企业 207 家，其中规模以上工业企业 43 家，外资企业 20 家，13 个市级重点工业项目和 4 个重点技改扩能项目全面开工，完成投资 10 亿元。总投资 5.1 亿元的溧阳市四方不锈钢制品有限公司扩能顺利启动，常州伽亨斯楷夫机械有限公司机械零部件、精密轴承制造等项目落户埭头。江苏威森热交换器有限公司汽车零部件生产项目、常州诚鑫环保科技有限公司纸浆模塑设备及模具生产项目、江苏南洋中京科技有限公司交大中京锻压汽车零部件、江苏美标精密管件有限公司电子半导体不锈钢精密管道制造项目、上海贝菲自动化仪表有限公司智能仪器仪表制造项目、常州博坤玻璃科技有限公司高档玻璃制品研发生产项目等重点项目进展顺利，嘉士伯天目湖啤酒（江苏）有限公司、溧阳市四方不锈钢制品有限公司、溧阳市鑫宇印刷有限公司、溧阳市凯瑞地毯制造有限公司、江苏乾昭新材料有限公司等重点技改扩能项目有序推进。常州市诚鑫环保科技有限公司、赫菲斯热处理系统江苏有限公司被评为国家级高新技术企业，新增中小型科技企业 6 家，溧阳市四方不锈钢制品有限公司被评为常州市智能车间、常州市企业技术中心，新增常州市高新技术产品 13 件，发明专利授权 5 件。完成服务业增加值 1.7 亿元，占地区生产总值的 4.7%。

城乡建设 开展小区综合管理、集镇交通综合治理和菜市场综合管理三项专项行动，理顺小区物业管理体制机制，成立江南庭院、白塔小区、埭中小区、圣鑫苑、兰轩名苑、富润水郡物业管理委员会。投资 700 万元实施白塔中心村、江南庭院、教师新村老小区提升改造；新划定住宅小区停车位 400 个。投资 600 万元实施农贸市场标准化建设，开展以餐饮业油污、车辆乱停放、店面乱出摊、广告乱设置为重点的综合整治。从东环线到后六集镇的腾飞路东延伸线即将通车；道口区梅坞圩、周庄村地块 153 户居民拆迁安置签约进度超过 90%；总投资 1.25 亿元的埭西新村 5.4 万平方米安置房全面开工；后六片区天然气通气工程完工交付；实施迎宾出入口景观提升、239 省道与东培路接口渠化改造。统筹资金 800 多万元启动小东荡特色田园乡村建设。完成凤凰山生态公墓总体规划。投资 600 万元的中央财政小农水重点县项目进展顺利，完成北塘圩排涝站等 10 座泵站、湖头西站进水涵工程。前圩河、常州河（大东荡段、东风玻璃

厂段）整治全面开工。区域治污顺利开展，完成埭头污水厂改造工程，在全市第一个完成被拆并乡镇集镇污水管网建设，集镇段污水主管网建设进度排全市第一，新建后六集镇至埭头污水厂主管网 8.1 公里。投资 200 万元新建、修复工业集聚区污水管网，规范 33 家企业厂区雨污分流和生活污水接管。完成埭西观巷等 21 个自然村农村生活污水治理。山前轧石场、余家坝村东宕口环境恢复与综合治理进展顺利。

社会管理　新建埭头小学幼儿园、埭头中学宿舍楼扩建工程全面开工，镇社区教育中心创成全国城乡社区教育特色学校。埭头高中高考二本上线率 100%、一本达线率 25%，再创历史新高。向困难群体发放各类补助 600 多万元，帮助 373 位 70 岁以上孤独空巢老人安装呼叫救助一键通，为 4956 名老年人落实人身意外伤害保险，为 8 户低收入农户进行危房改造和修缮。城乡低保标准由原每人每月 760 元统一提高到每人每月 800 元。成立新时代文明实践所（站）,7 个行政村全部被评为省级民主法治示范村。2018 年 9 月，埭头中心小学退休教师计耀明被中央精神文明建设指导委员会办公室评为中国好人。

【邹家等 3 村土地整治通过常州验收】 2018 年，对邹家、后六、南埝三个村的部分鱼、蟹塘进行复耕整理，三个村共复耕整理 4270.94 亩，其中邹家村 1274.63 亩，后六村 2330.07 亩，南埝村 666.24 亩。经验收，在平整度、沟渠配套、泵站建设到位，台账资料和档案归纳完善等方面得到常州市国土资源局的高度评价。

【四方不锈钢项目签约】 2018 年 11 月 15 日，埭头镇人民政府与溧阳市四方不锈钢制品有限公司签订技改扩能项目合约。该项目位于溧阳市埭头镇新安南路西侧，大华路延伸段北侧。项目用地面积 133200 平方米，建筑面积 8 万平方米，总投资 5.1 亿元。达产后可年产不锈钢卫生级管道 600 万米、管件 500 万件，将新增产值 3.5 亿元，新增销售收入 3 亿元，新增利税 6000 多万元，新增就业岗位 500 多个。

2018 年 11 月 15 日，埭头镇人民政府与溧阳市四方不锈钢制品有限公司签约技改扩能项目　（埭头镇　供稿）

【新增高新技术企业 2 家】 2018 年，埭头镇有 2 家企业被全国高新技术企业认定管理工作领导小组办公室认定为高新技术企业。

常州市诚鑫环保科技有限公司　位于埭头镇工业集中区大华路 1 号，创建于 2016 年，是一家集技术开发、转让、服务、咨询于一体的高科技环保企业。主要从事可降解纸浆模塑产品、精密模具、纸塑加工相关专用设备的研发、生产、加工、销售及包装材料、橡塑制品的国内批发和进出口业务。2018 年实现销售收入 7016.42 万元。

赫菲斯热处理系统江苏有限公司　位于埭头工业集中区东培路 66 号，创建于 2010 年，是一家专业从事各类标准、非标准热处理成套设备、热处理生产流水线及各种保护气氛发生装置的生产厂家。产品已通过 ISO 9001 国际质量体系认证。拥有专利 32 件，其中发明专利 3 件。建有省级研究生工作站，先后荣获国家及常州市热处理行业协会理事单位、省高新技术企业、省民营科技企业等称号。2018 年实现销售收入 6013.44 万元。

【社区教育中心创成全国教育特色学校】 2018 年 5 月，埭头镇社区教育中心申报的“青少年校外教育特色学校”被中国成人教育协会农村成人教育专业委员会评为全国第二批城乡社区教育特色学校。此次全国共有 516 家单位申报，依照自愿申请、专家遴选的办法，最终遴选出第二批城乡社区教育特色学校 132 家。

2018 年埭头镇各村基本情况

表 34

村（社区）	中共支部（总支、党委）书记	村委（社区）主任	经济总收入（万元）
埭　头	史富波	史富波	533.74
埭　西	史卫平	史卫平	468.25
余家坝	朱　俊	朱　俊	567.79
后　六	王建良	王建良	474.10
前　六	周和平（至 9 月） 杨　丰（9 月任）	周和平（至 9 月） 杨　丰（9 月任）	478.86
邹　家	阚中培	阚中培	247.22
南　埝	戴俊良	戴俊良	256.56

2018 年埭头镇销售收入 2000 万元以上企业

表 35

企　业　名　称	法人代表	销售收入（万元）
常州朝峰物资有限公司	黄朝阳	46632.88
溧阳市四方不锈钢制品有限公司	史　铭	40306.18

续表 35

企 业 名 称	法人代表	销售收入（万元）
嘉士伯天目湖啤酒（江苏）有限公司	李生华	36907.88
江苏省溧阳市云龙设备制造有限公司	胡全明	19156.67
常州亚泰焊材有限公司	刘建华	16851.70
溧阳市凯瑞地毯制造有限公司	谢建冬	10275.56
溧阳好利医疗用品有限公司	CHRISTHOM	9388.57
溧阳市云龙石油工程科技有限公司	单国勤	9073.94
江苏苏阳电工机械有限公司	史米生	8394.52
江苏乾昭新材料有限公司	蒋功云	7789.88
江苏家宇建筑安装工程有限公司	史玉卫	7563.09
常州拜尔斯塑胶制品有限公司	徐世武	7443.74
溧阳市兴中锻造有限公司	阮国强	7164.92
常州市诚鑫环保科技有限公司	赖宗伸	7016.42
溧阳市荣达机械有限公司	管　君	6759.59
常州亚泰焊割科技有限公司	刘小华	6493.04
赫非斯热处理系统江苏有限公司	陈　曦	6013.44
江苏华基包装有限公司	凌志荣	6004.04
溧阳市利达有机硅科技有限公司	陈拉克	5551.82
常州百佳纺织科技有限公司	李荣喜	4758.67
溧阳市佳禾电子材料有限公司	陈永凤	4477.18

续表 35

企 业 名 称	法人代表	销售收入（万元）
江苏宝鹏建筑工业化材料有限公司	史蒙杰	4389.37
江苏嘉成轨道交通安全保障系统有限公司	史和平	4250.22
溧阳市嘉雄不锈钢设备有限公司	史　俊	4224.37
溧阳市富润置业有限公司	邓海林	3759.06
溧阳非凡新型建材有限公司	郭　强	3683.69
溧阳市万邦金属制品有限公司	姚　桃	3618.94
溧阳市溧福肉粉有限公司	鲍振海	3561.92
溧阳市科达环保机械制造有限公司	马增荣	3393.83
常州文房日用品有限公司	杨　斌	2953.09
江苏荣晖文化发展有限公司	蒋　烨	2615.42
江苏云都混凝土有限公司	施国法	2557.93
天昇塑料（常州）有限公司	佐藤敏男	2538.12
江苏振达钢铁有限公司	曹凤娣	2293.52
溧阳福思宝高速机械有限公司	罗春龙	2224.45
溧阳市后六石化有限公司	冯志军	2188.68
溧阳市力功特钢有限公司	史锡金	2042.78
江苏中远机械设备制造有限公司	陈志跃	2034.67
江苏鲁奇比亚环保工程有限公司	史雪峰	2003.64

（李　丹）

水乡埭头　　（埭头镇　供稿）

上 黄 镇

2018年上黄镇主要社会经济指标

表36

项目		数据
自然概况	年末土地总面积（平方公里）	47.6
	其中：镇区建成面积（平方公里）	3.22
	居民委员会、行政村委会（个）	9
	总人口（人）	26892
	其中：非农业人口（人）	3268
综合实力	地区生产总值（GDP，亿元）	34.39
	人均GDP（万元）	12.72
	财政收入（亿元）	2.35
	全社会固定资产投资（亿元）	11.82
	实际利用外资（万美元）	690
	农民人均纯收入（元）	32755
工业	工业企业（家）	119
	工业企业职工（人）	5386
	工业总产值（亿元）	48.92
	工业增加值（亿元）	13.50
	工业销售收入（亿元）	60
	工业利税（亿元）	5.56
	工业固定资产净值（亿元）	57.94
农业	农林牧渔业总产值（万元）	80213
	其中：农业（万元）	12803
	林业（万元）	3965
	牧业（万元）	1296
	渔业（万元）	58037
	农业服务业（万元）	4112
	粮食产量（吨）	4254
	年末农机总动力（万千瓦）	4.20
第三产业	第三产业实体（个）	1706
	第三产业从业人员（人）	9510
	第三产业增加值（亿元）	12.44
	集贸市场（个）	1
	年末个体工商经营户（户）	1673
社会事业	中学（所）	1
	在校中学生（人）	333
	小学（所）	1
	在校小学生（人）	674
	文化站馆（个）	10
	体育健身场所（个）	1
	人口自然增长率（‰）	−1.92

【概　况】 上黄镇位于溧阳市北部，地处溧阳、宜兴、金坛三市（区）交界，镇域面积47.6平方公里，辖8个行政村、1个社区。2018年，全镇完成地区生产总值34.39亿元，财政收入2.35亿元，全社会固定资产投资11.82亿元，总人口26892人。2018年，上黄镇被评为江苏省特色景观旅游名镇。

经济发展　2018年，实施浒西、坡圩耕地占补平衡项目，建设总规模3110亩，新增耕地面积1772亩，新增耕地率57%。开展秸秆机械还田和综合利用，夏季秸秆还田面积1790亩，秋季申报面积4800亩。全面推进农村集体产权制度改革，完成清产核资及成员资格动态调整，8个行政村村经济合作社均已挂牌。“三资三化”系统规范运行，全年共有6个村16个项目进场交易，交易总金额达375万余元，溢价总金额12万余元。有工业企业119家，4个重点工业项目推进有力，江苏蓝海住宅工业有限公司住宅装配式建筑构件项目顺利开工，江苏利盟织造股份有限公司再生聚酯单丝项目试运行，溧阳市鸿骏食品科技有限公司餐具集成服务项目竣工投产，金合联精密铸造（常州）有限公司加工及精密铸件项目厂房改造到位并部分设备投产运行，4个重点项目预计实现年工业纳税销售6.5亿元。全年新签约注册项目5个，分别是常州恒联机械五金有限公司五金医疗器械组装及各类把手制造项目、溧阳福瑞齐科技有限公司出口家具研发制造项目、莱福士真空设备研发制造项目、江苏京晶光电科技有限公司蓝宝石高亮度衬底材料生产项目和台成制辊项目，计划总投资13.7亿元，新项目全部竣工投产后预计实现年工业纳税销售20亿元。科技创新成果显著，常州恒联机械五金有限公司成功申报高新技术企业，溧阳维信生物科技有限公司、常州欧凯机械配件制造有限公司成功申报民营科技企业，完成专利申请74个，潘洪强、李杰、李连地3名企业负责人分别获“天目湖英才榜”专业拔尖人才成就奖、行业优秀人才奖和行业科技创新奖。

城乡建设　2018年，全镇煤炭消费总量削减0.81万吨，整治黑臭水体5条，关停非禁养区4家畜禽养殖大户，应急处置泔水养猪69头。结合“散乱污”企业整治、轧（堆）石场、取土晒土场、矿山运输车辆、码头与混凝土搅拌站、废旧物品回收站、餐饮业油烟与食品作坊、大气环境、矿山宕口9项专项整治活动，重点抓好6家涉矿企业、9家石料选堆场、12家晒土场、10家企业码头和8个车辆维修点的专项治理，建立健全长效管控机制。全面实施“区域长”制，制定《上黄镇环境隐患重点区域管理办法》和《上黄镇涉矿环境专项整治工作方案》，对全镇范围内19个废弃矿山宕口环境进行综合治理，长效管护任务分解到人，责任压实到人。废弃矿山环境治理工程进展顺利，完成5个废弃矿山复绿修复工程，2个工矿废弃地复垦工程，新增土地指标45亩。实施农村环境综合整治，对全镇81个自然村实施环境卫生综合整治，并进行专项考核，全面解决农村环境“脏、乱、差”问题。农村生活污水综合治理工程按序推进，列入第一批治理的16个规划发展村6月底全部完成施工并调试运行，第二批2个规划发展村已完成总管建设，接户达

90%以上。投资约1120万元完成扬子西路改造和周山桥改造，启动周山停车场建设工程。长荡湖湿地公园木栈道修复及绿化景观提升工程全面完成。启动农贸市场改造工程、幼儿园加固提升工程和曙园公园建设工程。生态公墓建设工程有序推进，选址坡圩村凹山脚下，占地面积60亩，总投资1840万元，分两期进行建设。社会保障重点发力。物业小区管理日益完善，投入370余万元完成圩西小区、锦绣苑小区、名城景苑、上黄人家、英伦小区5个小区的物业达标配套及环境整治，居民生活环境显著提升。

社会管理　城乡居民养老保险、医疗保险实现全覆盖，城乡低保、五保实现“应保尽保”，全年发放低保边缘家庭补贴、五保户重病医疗补助、重残人员生活补助等共计521万余元。结合“阳光扶贫”活动，2018年度完成脱贫16户29人。镇村新时代文明实践所站相继挂牌成立，成功举办“民俗记忆，古韵上黄”民俗民间活动、“与美丽相伴，携幸福同行”、庆“三八”文艺汇演、“弘扬传统文化，凝聚民族气节”文化小礼堂系列活动、“改革开放同成长，我与上黄共奋进”庆祝国庆暨青少年书画大赛颁奖晚会，创办“洮湖书韵”特色文化品牌，全年“送戏下乡”8场，“送电影下乡”160场次，送书下乡800余册。上黄中学中考江苏省溧阳中学录取20人，三星级以上高中录取率60.6%，并被评为常州市依法治校示范校和江苏省健康促进学校，上黄小学被常州市教育局评为优秀基层党支部。上黄卫生院中医馆创建通过江苏省督察组复评。全面推进网格化社会治理，投入100余万元建成网格化服务管理中心。开展企业安全生产执法检查120余家次，组织企业安全培训800人次，排查整改企业安全隐患85处。

【首家家规家训教育馆开馆】　5月9日，溧阳市首家家规家训教育馆开馆暨全市“善美家风”三年行动计划启动仪式在上黄镇南山后村举行。南山后村家规家训教育馆内展示有中国历史上极具影响力的孔姓、杨姓、袁姓、曾姓、诸葛姓、张姓等44个重要家族的家规家训，以及6位党和国家领导人的家风故事。

2018年5月9日，溧阳市首家家规家训教育馆在南山后村开馆　（上黄镇　供稿）

2018年上黄镇各村基本情况

表37

村（社区）	中共支部（总支、党委）书记	村委（社区）主任	经济总收入（万元）
上　黄	黄　宪	芮志明	202
桥　西	黄进军	黄进军	168
水母山	朱正联	宣国才	235
周　山	秦夕中	秦夕中	400
坡　圩	王祝俊	王祝俊	231
浒　西	张志良	张志良	379
山　下	袁小荣	袁小荣	204
西　埝	史小祖	史小祖	200

2018年上黄镇销售收入2000万元以上企业

表38

企业名称	法人代表	销售收入（万元）
江苏扬子水泥有限公司	秦三罗	96955
溧阳市宏泰特种扁钢有限公司	王国忠	72189
溧阳市飞跃机电有限公司	冯初华	51499
江苏利德塑业有限公司	周益民	19758
申芝电梯有限公司	童益平	13727
常州恒联机械五金有限公司	肖又松	13242
常州杰祥新材料有限公司	华洪坤	10833
溧阳市宇政机械制造有限公司	张志良	8485
江苏瑞复达新材料有限公司	宋学斌	7371
溧阳市鼎强新型建材有限公司	朱生伢	7094
溧阳市大禾建材有限公司	黄惠芬	7018
常州长城驾驶服务有限公司	钱立锋	6986
江苏杭钢精密铝业有限公司	何产明	6256
溧阳亚邦建材有限公司	周　波	5785
溧阳维信生物科技有限公司	丁红辉	5110
江苏申芝设备有限公司	陈志新	5073
江苏腾业新型材料有限公司	黄　鹤	3382
常州新翼机械配件有限公司	林　玲	3342
江苏利盟织造股份有限公司	谢颖学	3209
江苏腾业特种有色金属科技有限公司	胡建俊	3123
溧阳中南化工有限公司	陈保林	2998
溧阳市远程包装有限公司	黄昕巍	2895
常州晨强化工有限公司	姜凌武	2737
常州机动车驾驶员培训中心有限公司	张永贵	2728
溧阳金鹏特种水泥有限公司	阮绍中	2560

（刘龚献）

戴 埠 镇

2018 年戴埠镇主要社会经济指标

表 39

项目		数据
自然概况	年末土地总面积（平方公里）	163
	其中：镇区建成面积（平方公里）	5.3
	居民委员会、行政村委会（个）	18
	总人口（人）	52045
	其中：非农业人口（人）	48503
综合实力	地区生产总值（GDP，亿元）	42.79
	人均 GDP（万元）	8.22
	财政收入（亿元）	1.70
	全社会固定资产投资（亿元）	35.0
	实际利用外资（万美元）	970
	农民人均纯收入（元）	28110
工业	工业企业（家）	398
	工业企业职工（人）	11362
	工业总产值（亿元）	32.58
	工业增加值（亿元）	8.48
	工业销售收入（亿元）	33.16
	工业利税（亿元）	2.33
	工业固定资产净值（亿元）	95.47
农业	农林牧渔业总产值（万元）	70488
	其中：农业（万元）	43650
	林业（万元）	7662
	牧业（万元）	3935
	渔业（万元）	12266
	农业服务业（万元）	2975
	粮食产量（吨）	20288
	年末农机总动力（万千瓦）	2.40
第三产业	第三产业实体（个）	3215
	第三产业从业人员（人）	14031
	第三产业增加值（亿元）	24.72
	集贸市场（个）	2
	年末个体工商经营户（户）	846
社会事业	中学（所）	3
	在校中学生（人）	3156
	小学（所）	2
	在校小学生（人）	1286
	文化站馆（个）	1
	体育健身场所（个）	45
	人口自然增长率（‰）	−1.17

【概　况】 戴埠镇位于溧阳南部，苏、浙、皖三省交界处，东面与宜兴市西渚镇、太华镇接壤，南面与安徽省广德县新杭镇毗邻，西与天目湖镇毗邻，北依溧城镇。镇域面积 163 平方公里，辖 17 个行政村、1 个居委会，总人口 52045 人。全年完成地区生产总值 42.79 亿元，比上年增长 11.4%；实现公共财政收入 1.70 亿元，增长 19.7%；实现全社会固定资产投资 35.0 亿元，增长 10.1%。2018 年，戴埠镇被评为常州市生态绿城建设工作先进集体，松岭、南渚村被评为江苏省生态文明建设示范村，高桥村被评为常州市平安法治示范村。

经济发展　2018 年，戴埠镇积极培育特色产业，牛场村南天竺产业入选全国一村一品示范村，李家园村入选全国美丽休闲乡村。溧阳市级以上农业产业化龙头企业和现代农业产业园增至 23 家。新增家庭农场 3 家、各类农业合作社 4 家，规模经营面积 1.8 万亩，全年组织各类新型职业农民培训 400 人次。完成红武、戴北、新桥、赵家桥、郑墅 5 村 7000 亩土地整治项目，新增耕地 2074 亩。全年共引进 20 亿元以上项目 1 个、5 亿元以上项目 1 个、1 亿元以上项目 4 个、5000 万元以上项目 3 个、3000 万元以上服务业项目 1 个。有 5000 万元以上市重点工业项目 8 个，总投资 22.52 亿元，溧阳市巨峰机械有限公司生物质颗粒机制造、溧阳瑞齐斯特科技有限公司家具制造、溧阳市汇昌饲料机械有限公司设备制造 3 个项目年内正式投产，溧阳市润建电气科技有限公司、江苏欣源钢机有限公司、溧阳市德意利机电设备有限公司 3 个项目进入试生产阶段。实现高新技术产值 11.5 亿元，占规模以上工业产值比重逐年上升。新增常州市级“三站三中心”（博士后科研工作站、院士工作站、研究生工作站、工程技术研究中心、企业技术中心、工程研究中心）3 家，溧阳吴越科技产业园有限公司被评为常州市级科技孵化器，江苏晨丰机电设备制造有限公司与溧阳市江南烘缸制造有限公司被评为常州市工程技术中心。全年共接待游客超过 730 万人，比 2017 年增长 21.8%，全年旅游收入达 16 亿元，比 2017 年增长 18.5%。望星谷生态园和万宏温泉酒店完成装修并营业，御水南山精品酒店、南山龙祥生态园、欣龙生态园精品酒店等正在建设中，投资 2.5 亿元的御水温泉竹溪谷项目完成相关建设手续，莫里蒂庄园精品酒店、耕莘颐苑、龙潭花谷房车营地等项目建设正在推进中。南山里、温德姆项目规划方案已通过评审，投资 2 亿元的薰衣草庄园项目建设方案正在完善。全面启动戴南杨家村特色田园乡村建设，完成基础设施配套和景观提升，服务中心建设工期过半。南山竹海风情小镇顺利通过江苏省旅游局等多部门创建工作联合考核。成功举办长寿文化节、南山美食节、蓝城丰收节、南山招牌菜大赛、南山伴手礼评选等节庆活动。大力引进和培育精品民宿，新增三朵花、归来小院、泡泡庭院、静墅等一批风格各异的民宿，建成高端精品民宿 20 多家。全市重点茶舍项目鸣桐茶舍、安隅溪池、南山春居等均通过市级评审。

城乡建设　2018 年，戴埠镇完成河西全民健身中心、戴埠菜场、百灵路、镇善西路、河西北路、农贸市场停车

河西村全民健身广场一角　（戴埠镇　供稿）

场等集镇设施改造工程。对镇区主次干道两侧、菜场外围等占道经营、乱披乱挂、乱设广告、人行道板违法停车等行为加强管理与整治。成立10个小区物业管理委员会，对全镇11个封闭小区硬件设施进行完善，拆除一批乱搭建的水池、遮雨棚等。推进燕山南路和360省道戴埠段房屋、土地征收等工作。完成田舍桥等3座农桥改造，6条村镇公交线路运营良好。加强“四好农村路”建设，“1号公路”沿线开展以美化、绿化、亮化等为目标的路域环境综合整治，新增松岭驿站、观佛台、云湖星径等景观景点十余处。审批222户农民建房，提升农村居民生活质量。在全市率先完成37家废品回收站点清理整治工作，关闭化工企业1家、混凝土企业3家、琉璃瓦厂4家，完成75家“散乱污”企业作坊集中整治。对7条黑臭水体实行治理。加强雨污分流管网建设，投资1000万元完成集镇污水管网一、二期主网工程。对全镇78个规划发展村实施农村生活污水治理工程。全年共强制拆除违章建筑123处，拆除各类违建面积8123平方米。对李家园重点区域明确涧沟治理、油烟整治、道路提升、立面改造、店招统一等5项重点工作。建设完成松岭水源工程，有效解决松岭、南渚部分村庄生活用水问题。投入1550万元完成东涧河同官南段、西涧河河洛段、中涧河陈家村至徐家村段防洪加固和景观提升。投入2580万元对重点塘坝青龙山水库、大干水库除险加固。

社会管理　2018年，戴埠镇发放各类优抚金安置金520余万元，低保、五保金及各类救助金318万元，残疾人“两项补贴”539万元。完成全镇低保对象情况普查，推进社保卡和居民养老保险收缴工作，全年成功调处劳资纠纷36起。戴埠医院创成全国百佳乡镇卫生院，新桥、山口村建成居家养老服务站，河西村建成如意小食堂。“春晖家园爱心行动”等优质服务为特殊家庭送去政府关爱。组织全镇近8000位65周岁以上老年人参加体检。戴埠高中在2018年高考中，二本上线率达97.8%。高桥、同官等7个行政村打造文化小礼堂，搭建起引领农村精神文化生活的新阵地。组织开展“弘扬传统美德、涵养善美家风”“文化零距离”“我们的节日”“社区天天乐”等文体活动。由戴埠首推的“百姓议事堂”入选中国十大社会治理创新奖。建成镇网格化管理服务中心，网格化社会治理工作全面推开。全年共组织纠纷排查44次，镇大调解中心共接待来访群众824批1671余人次，受理各类纠纷831件。

【江南烘缸有限公司被评为专精特新产品企业】　2018年6月，溧阳市制造有限公司被江苏省经济和信息化委员会认定为2018年度江苏省专精特新产品企业。溧阳市江南烘缸制造有限公司创建于1993年，是中国造纸协会会员企业。公司注册资金3600万元人民币，占地总面积62000平方米，标准化现代厂房面积50500平方米，办公面积3800平方米。公司总资产2.56亿元，具有自营进出口权和国家质量监督检疫总局颁发的特种设备生产许可证D级资质（Ⅰ、Ⅱ类压力容器），并通过美国ASME”U”钢印认证和ISO 9001：2008质量管理体系证。公司是全球知名的钢板烘缸和各种高速纸辊的专业化制造商，吸收欧洲先进技术理念，成功研发出具有自主专利技术的钢制杨克缸，填补了钢制杨克缸国产化空白。

【牛场村入选全国一村一品示范村】　2018年7月，牛场村被农业农村部评为全国一村一品示范村。牛场村位于戴埠镇东南部，与宜兴毗邻，交通便利，水资源丰富，风景秀丽，是丘陵山区。全村总面积8.2平方公里，下辖17个自然村，有29个村民小组，农户720户，总人口3196人。2015年，牛场村实现农业总产值4200万元。牛场村已形成以南天竺为主体的各类花卉苗木产业链，有专业种植农户580户，种植面积达3200亩，其中规模化经营农户30户，标准化经营面积2000亩。成立溧阳市戴埠牛场南天竺花木专业合作社，创建“牛场”南天竺商标，拥有注册社员100余户，形成有效的农户利益联结机制，联结农户360户，通过订单种植的南天竺面积2800亩，占总面积的87.5%。2017年实现销售收入2856万元，占全村农业经济总收入的75.3%。

【李家园村入选全国美丽休闲乡村】　2018年10月，李家园村被农业农村部乡村产业发展司评为2018年中国美丽休闲乡村。李家园村位于溧阳最南端，地处“苏、浙、皖”三省交界处，有“鸡鸣三省地”之称，辖区内有国家AAAAA级旅游景区——南山竹海和御水温泉。全村总面积15.8平方公里，其中耕地面积2308亩，山林面积2万亩。全村共有22个村民小组、1063户农户3526人。2017年全村实现经济总收入2.5亿元，村集体经济收入600万元，农民人均收入4万元。李家园村引导农民围绕高效观光农业，进行丘陵山区开发和产业结构调整，开发优质观光茶园3000多亩和早园竹、水晶梨、水蜜桃、黄桃、樱桃、杨梅等基地400多亩。成立溧阳市南山景区乡村旅游协会，促进乡村旅游产业发展壮大。全村有各类农家乐餐馆105家，农产品销售超市48家，旅游内容涵盖生态餐饮住宿、拓展训练、漂流、乡村酒吧等十多项娱乐项目，有各类生态农庄和农家乐93家、民宿15家、大型度假酒店7家，

李家园村全景 （戴埠镇 供稿）

年接待游客200多万人次，2017年的营业额达1.5亿元。

【“百姓议事堂”入选中国十大社会治理创新奖】 12月，在中国扶贫开发协会、国家信息中心、求是《小康》杂志社联合主办的2018第十三届中国全面小康论坛上，溧阳“村村设立‘百姓议事堂’”项目被评为2018年度中国十大社会治理创新奖。2014年，戴埠镇创新村级治理模式，启动“百议堂”探索试点工作。在镇调处中心设立镇级“百议堂”，各行政村相应设立村级“百议堂”。镇级“百议堂”设联络员1名，由镇政府分管领导兼任，综治、司法、民政、计生、派出所等部门负责人以及各行政村党支部书记担任常任理事，每个行政村聘请5～8名理事，人员总数控制在100名左右。村级“百议堂”设联络员1名，由行政村党支部书记兼任，按各村民小组人口比例，聘请30名左右理事。主要由为人公道正派、责任心强，威信高的农村家族长辈、在村内有一定威望、敢讲公话的人士担任理事。2014年先行在新桥村和松岭村进行试点工作，后逐步在全镇范围内实施。2015年被溧阳市委、市政府作为先进经验向全市推广。戴埠镇、村两级百议堂建立以来，调处化解矛盾纠纷近200个，其中有20多个历史疑难问题，全镇到省进京的信访保持零记录。

2018年戴埠镇各村基本情况

表40

村名	中共支部（总支、党委）书记	村委主任	经济总收入（万元）
松岭	杨勤春	戴忠富	101.12
南渚	杭祥平	杭祥平	144.16
横涧	姜建国	姜建国	135.85
黄岗岭	朱玉仙	朱玉仙	193.84
同官	任建春	张利民	200.83
李家园	刘永友	彭汉良	389.11
戴南	杨旭宇	杨旭宇	195.84
高桥	马建平	马建平	215.09
牛场	李来西	李来西	174.43
河西	孔建平	孔建平	375.74
山口	张旭东	张旭东	129.41
红武	汤卫民	汤卫民	113.19
戴北	杨国松	杨国松	157.88
新桥	陈朝辉	陈朝辉	103.34
百家塘	潘凤娟	阮阿兴	101.60
赵家桥	郑新	郑新	101.48
郑墅	杨军	谢治国	101.29
集镇	吴晓彬	吴晓彬	——

2018年戴埠镇销售收入2000万元以上企业

表41

企业名称	法人代表	销售收入（万元）
江苏鸿开有色金属有限公司	钱秋	77248
江苏翔能科技发展有限公司	顾国明	16111
常州博尼特种钢管有限公司	陈晓春	14960
江苏冶建锌业有限公司	史建群	13811
溧阳市华磊锻造有限公司	蒋小华	13711
江苏谦胜合成材料有限公司	邵建波	13440
溧阳市江南烘缸制造有限公司	何维忠	12105
江苏天目建设集团钢机有限公司	周天喜	9466
溧阳市金泰锻造有限公司	王建庆	8098
溧阳市天鑫混凝土有限公司	李世明	7984
江苏爱卓电气制造有限公司	黄莺	7274
金亿源（江苏）新材料有限公司	谈怀定	6946
溧阳市立源机械配件有限公司	郑波	6311
常州雪奈利时装有限公司	庄子文	5982
江苏腾业建材有限公司	黄义	5900
江苏嘉仁禾科技有限公司	沈卫锋	5742
江苏广信东腾环保装备有限公司	任建东	5572
溧阳市怡州服饰有限公司	甘志泉	5472
溧阳市明鑫模具有限公司	吴明	5268
江苏港鹏重工机电设备制造有限公司	王柏松	4541
江苏省鼎盛强磁新材料有限公司	庄明福	4346
溧阳市兴达机械有限公司	杨书平	3687
溧阳市戴西金属建材厂	王瑞伢	3615
江苏维美轻工机械有限公司	何维忠	3504
江苏明天胶业有限公司	刘彬	3012
溧阳市起重机厂有限公司	周伟华	2811
溧阳市乾康木业有限公司	袁永泽	2735
溧阳市德意利机电有限公司	耿建新	2259
江苏润昌机械设备有限公司	狄国平	2068
溧阳市威仕登印刷科技有限公司	韩振堂	3126
溧阳市乾运汽配有限公司	潘志新	2200

（袁子杰）

别 桥 镇

2018 年别桥镇主要社会经济指标

表 42

项　　目		数　据
自然概况	年末土地总面积（平方公里）	128.3
	其中：镇区建成面积（平方公里）	6.03
	居民委员会、行政村委会（个）	21
	总人口（人）	71608
	其中：非农业人口（人）	2654
综合实力	地区生产总值（GDP，亿元）	57.75
	人均 GDP（万元）	8.07
	财政收入（亿元）	2.9
	全社会固定资产投资（亿元）	32.4
	农民人均纯收入（元）	28516
工业	工业企业（家）	572
	工业企业职工（人）	11694
	工业总产值（亿元）	102.89
	工业增加值（亿元）	25.6
	工业销售收入（亿元）	102.2
	工业利税（亿元）	12.78
	工业固定资产净值（亿元）	23.5
农业	农林牧渔业总产值（万元）	132466
	其中：农业（万元）	38501
	林业（万元）	1827
	牧业（万元）	8962
	渔业（万元）	77077
	农业服务业（万元）	6099
	粮食产量（吨）	70919
	年末农机总动力（万千瓦）	7.42
第三产业	第三产业实体（个）	442
	第三产业从业人员（人）	876
	第三产业增加值（亿元）	20.06
	集贸市场（个）	4
	年末个体工商经营户（户）	220
社会事业	中学（所）	3
	在校中学生（人）	705
	小学（所）	4
	在校小学生（人）	1956
	文化站馆（个）	2
	体育健身场所（个）	51
	人口自然增长率（‰）	0.31

【概　况】 别桥镇位于溧阳市北部，东临长荡湖，北接常州市金坛区，属半圩区半丘陵地貌。镇域面积 128.5 平方公里，辖 18 个行政村、2 个社区。2018 年，全镇完成地区生产总值 57.75 亿元，财政收入 2.9 亿元，全社会固定资产投资 32.4 亿元，总人口 71608 人。

经济发展　2018 年，别桥镇完成西马、别桥村两个土地整治项目，净增耕地面积 6605 亩，建成高效设施农、渔业 580 亩，完成标准化池塘改造 1090 亩。建成溧阳市示范家庭农场 3 家，新增家庭农场 4 家。原乡生态农业园创成常州市现代农业示范园。白芹、苦瓜茶不断拓宽原乡产品名录。有工业企业 572 家，全年工业投入比 2017 年增长 8%，其中设备投入增长 11%，实现高新技术产业产值 33.1 亿元。全年引进 5000 万以上项目 15 个，其中超亿元的 8 个。总投资 10 亿元的南航无人机研究院无人机项目、松菱重工（溧阳）有限公司和久鑫铜业两个 5 亿元项目均实现当年签约、当年开工，江苏屹居木业有限公司、溧阳市鼎浩旅游用品有限公司等 8 个项目实现当年投产。无人机小镇入选江苏省级特色小镇创建单位，创成全省第二批双创示范基地。溧阳汉和智能装备科技有限公司等无人机创新企业进驻园区，天晌（常州）智能科技有限公司、无人机检测检验中心等项目有序推进。溧阳国际无人机发展论坛、江苏省机器人公开大赛等行业峰会，为别桥高质量发展拓展外部空间。全年申报省双创计划项目 2 个，引进龙城英才计划项目 2 个，完成专利申请量 127 件、专利授权总量 83 件。新增省级企业“三站三中心”（博士后科研工作站、院士工作站、研究生工作站、工程技术研究中心、企业技术中心、工程研究中心）1 家。别桥原乡景点成为“网红”，全年接待游客 50 万人次。原乡客栈高端民宿、美田集市等一批休闲旅游项目有序推进。加快建设观景平台、导视系统、星级公厕等配套工程。成功举办半程马拉松、户外徒步等赛事，全年实现服务业投入 5.6 亿元，比 2017 年增长 12%，净增个体工商户 170 家。塘马村被评为常州美丽乡村示范点。

城乡建设　2018 年，完成 3 家大型煤炭消费企业的“煤改气”、2 家化工企业的关停和 3 家企业的挥发性有机物污染治理工作；关闭非禁养区养殖场 8 户，完成 50 家“散乱污”企业、48 条黑臭水体的整治任务。实施城乡生活污水综合治理工程，完成北郊工业园、别桥工业园与 3 个拆并镇、66 个自然村的污水管网建设工程。编制“一河一策”，实现镇级、村级河道养护全覆盖。完成 5 个小区、4 个农贸市场的整治提升工作。实施观阳、后巷、黄金山美丽乡村建设，完成黄金山农村生活垃圾分类试点工作。全年拆除违章建筑 61 起、7000 平方米。一龙公园、别桥中专等一大批民生工程集中开工。

社会管理　全年累计发放低保资金 210 万元、五保资金 218 万元、残疾人补贴资金 932 万元。救助各类困难群众 659 余人次，实施五保、低保户危房改造 13 户。五大保险净增 386 人，完成率达 130%。巩固和谐劳动关系，受理劳资纠纷 45 件，协调发放工资 300 余万元。别桥中学、后周中学的中考成绩创近年最佳，普高以上录取率远高于

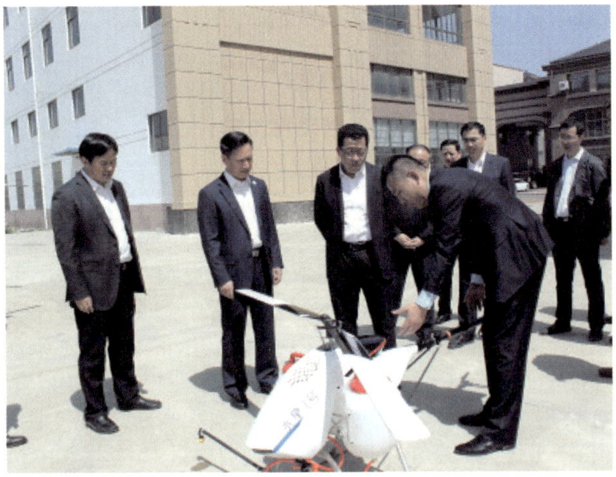

2018年3月27日，溧阳市委书记蒋锋调研别桥无人机产业园 （别桥镇 供稿）

市平均录取率。举办第三届全民健身运动会、职工歌手大赛以及各类大型文艺活动8场。医疗卫生、计生工作等服务水平不断改善。

【无人机小镇入选省特色小镇创建单位】 7月，江苏省第二批省级特色小镇创建名单公布，别桥无人机小镇成功入选。别桥无人机产业园硬件建设齐全，新建8000平方米的无人机企业孵化器，储备2万平方米的标准厂房，建立无人机产业发展引导基金，拥有全国唯一的无人机试飞跑道和试飞基地，总面积1000亩。园区已引进19家无人机企业，主要从事工业用无人直升机、军用小型靶机、物流高载重直升机、农用植保机、多旋翼教学无人机、固定翼巡查无人机等研发生产，产业集聚形态初步显现。

【示范园创成现代农业示范园】 9月12日，别桥现代农业产业示范园被常州市农业委员会评为常州市现代农业示范园。示范园总规划面积10万亩，区域内涉及后周、小石桥、玉华山、塘马、黄金山、西马、西庄、北山8个行政村172个自然村。示范园主要以优质稻米粮油与精品园艺为主，以花木、中草药、为辅。园区内拥有从事粮油、稻米生产和服务的农业专业合作所7家、家庭农场5家，从事精品园艺的合作社与公司6家、家庭农场5家，从事中草药—铁皮石斛生产、销售的江苏金品生物科技有限公司、从事花卉苗木类生产与销售的合作社、公司、个人共22家，从事园艺蔬菜瓜果类企业与合作社5家。

【塘马村被评为美丽乡村示范点】 12月，塘马村被评为“常州美丽乡村示范点”。2017年8月，塘马村入围江苏省特色田园乡村首批试点村庄。2017年12月，启动特色田园乡村建设，围绕“文艺塘马，睦邻原乡”的目标，通过优化自然环境、唤醒沉睡资源、构建睦邻关系、引进文化元素等手段，打造我家自留地、美音梨园、百合文苑、本乡本土屋等一系列特色项目，组织各类文化活动，实现村民致富增收。

2018年别桥镇各村基本情况

表43

村（社区）	中共支部（总支、党委）书记	村委（社区）主任	经济总收入（万元）
前　程	谢志龙	谢志龙	70.03
合　星	虞　忠	杨国庆	158.86
湖　边	范建才	范建才	262.25
马　家	刘忠庆	刘忠庆	121.98
塘　马	王　宇	刘志新	150.16
西　马	杨志荣	杨志荣	179.18
小石桥	袁立民	袁立民	177.08
北　山	周夕芳	周夕芳	54.45
两　湾	沈旭东	沈旭东	164.36
后　周	高泓林	戴志强	123.79
黄金山	卜庚庆	卜庚庆	27.65
西　庄	俞雪强	俞雪强	183.88
绸　缪	狄　鹏	狄　鹏	167.67
镇　东	吕云杰	吕云杰	107.14
玉华山	朱庚庆	龚春松	210.73
道　成	周国忠	周国忠	104.05
古　渎	姜旭清	—	130.28
别　桥	濮和春	马小康	247.27

2018年别桥镇销售收入2000万元以上企业

表44

企业名称	法人代表	销售收入（万元）
江苏溧阳建设集团有限公司	吕永武	356904
江苏富民新材料有限公司	王清民	117256
江苏鑫林钢铁有限公司	李文林	117114
常州市宏豪制钢有限公司	魏　卫	53412
江苏三益科技有限公司	成　绩	42099
溧阳市万兴特种建材有限公司	何珍美	40126
溧阳市鑫林金属材料有限公司	潘水保	35413
江苏龙地建设工程有限公司	闵玉林	34741
江苏碧玉谷化工有限公司	李　凌	32815
溧阳市三益化学有限公司	张　峰	28485
江苏诺信达特种电缆有限公司	徐　栋	23302
江苏正力市政工程有限公司	陈泽华	21654
江苏华恒安装工程有限公司	徐志荣	20948
江苏广福钢铁物资有限公司	彭林奎	19068
江苏力乐汽车部件股份有限公司	马金保	17670
溧阳市北山鑫金属制品有限公司	潘水保	16941
江苏新华机电设备制造有限公司	马建新	14645
江苏健达交通工程有限公司	孙　健	14348
常州欣荣盛金属制品有限公司	蒋国荣	14105
江苏金久科技新材料有限公司	闵向东	10255

续表 44

企业名称	法人代表	销售收入（万元）
溧阳浩昌物资有限公司	王建荣	9900
江苏盈德机电设备制造有限公司	周英法	8415
溧阳别桥华鹏光伏有限公司	钱　俊	7520
江苏贤辰机电设备有限公司	陆海军	6777
溧阳市铁建混凝土有限公司	耿静生	6706
江苏隆迪新材料有限公司	狄　璟	6344
江苏华能墙材有限公司	华云鹤	6253
溧阳市建安物资贸易有限公司	花朝阳	6211
溧阳奥达电梯有限公司	王忠伟	6169
江苏腾中建设工程有限公司	刘福平	6010
溧阳市海潮商贸有限公司	戴春光	5946
江苏永武钢结构工程有限公司	吕永武	5632
长沙远大住宅工业（江苏）有限公司	唐　芬	5552
江苏成龙建筑安装工程有限公司	成云凯	5471
溧阳市鑫民达金属制品有限公司	邬平元	4905
溧阳兴平电梯有限公司	史雪梅	4895
溧阳市宇施特贸易有限公司	钱立宇	4707
江苏晔昆电梯工程有限公司	李宏刚	4642
江苏山湖电缆有限公司	周阿林	4490
溧阳巨神科技材料有限公司	郭　浩	4419
溧阳鑫晨电子有限公司	吕东平	4338
溧阳市华盛农村小额贷款有限公司	钱洪金	4261
溧阳市民晖金属材料有限公司	吴建才	4150
溧阳基洛物资有限公司	周建新	3892
江苏耀东饲料科技有限公司	何　玲	3889
溧阳河西港金属加工有限公司	吴　斌	3726
常州苏峰建设发展有限公司	徐苏亮	3671
溧阳市万邦金属制品有限公司	卢学学	3619
溧阳市荣鑫轧钢有限公司	王志东	3433
溧阳市盛文进出口有限公司	朱小明	3396
溧阳奥达电梯销售有限公司	王忠伟	3129
溧阳永明电梯工程有限公司	殷保庆	3117
江苏富民鑫科重型机械有限公司	蒋　熠	2945
江苏绸缪建设工程有限公司	董为民	2847
溧阳市世茂国际贸易有限公司	王　静	2790
溧阳市新方化工有限公司	狄小苏	2712
江苏国迅机电设备工程有限公司	沈国彬	2658
江苏万金汽车零部件制造有限公司	卢学学	2643
溧阳市航星金属制品有限公司	袁红娣	2605
溧阳市昆仑锻造厂	施爱松	2576
溧阳市联创重工科技有限公司	宣族强	2469
江苏振标建筑材料科技有限公司	冯　彪	2377
溧阳市劲博机电设备有限公司	窦　超	2218
溧阳市金联树脂有限公司	殷书金	2211
溧阳正运钢机有限公司	柳　娟	2188
溧阳时代电梯工程有限公司	蒋永芳	2165
常州华丰集团有限公司	王　琪	2099
溧阳天目射击器材有限公司	陈洪川	2000

（滕　俊）

别桥集镇新貌　　（别桥镇　供稿）

竹 箦 镇

表 45

2018 年竹箦镇主要社会经济指标

项	目	数 据
自然概况	年末土地总面积（平方公里）	183.6
	其中：镇区建成面积（平方公里）	6.8
	居民委员会、行政村委会（个）	20
	总人口（人）	63824
	其中：非农业人口（人）	4302
综合实力	地区生产总值（GDP，亿元）	35.46
	人均 GDP（万元）	5.56
	财政收入（亿元）	3.25
	全社会固定资产投资（亿元）	24.5
	实际利用外资（万美元）	0
	农民人均纯收入（元）	27126
工业	工业企业（家）	385
	工业企业职工（人）	13895
	工业总产值（亿元）	47.3
	工业增加值（亿元）	12.21
	工业销售收入（亿元）	46.9
	工业利税（亿元）	3.64
	工业固定资产净值（亿元）	19.46
农业	农林牧渔业总产值（万元）	95516
	其中：农业（万元）	39655
	林业（万元）	2365
	牧业（万元）	10952
	渔业（万元）	38604
	农业服务业（万元）	3940
	粮食产量（吨）	59554
	年末农机总动力（万千瓦）	4.41
第三产业	第三产业实体（个）	1995
	第三产业从业人员（人）	12006
	第三产业增加值（亿元）	15.4
	集贸市场（个）	4
	年末个体工商经营户（户）	2517
社会事业	中学（所）	2
	在校中学生（人）	1327
	小学（所）	3
	在校小学生（人）	1989
	文化站馆（个）	1
	体育健身场所（个）	18
	人口自然增长率（‰）	−1.11

【概　况】 竹箦镇位于溧阳、金坛、句容三地交界处，北依茅山，南临濑水，有悠久的历史和文化底蕴。镇域面积 183.6 平方公里，辖 18 个行政村、2 个社区。2018 年，实现地区生产总值 35.46 亿元，财政收入 3.25 亿元，全社会固定资产投资 24.5 亿元，总人口 63824 人。2018 年，竹箦镇被评为国家生态文明示范镇、江苏省健康镇、常州市群众体育先进镇、常州市国土资源执法先进镇，王渚村被评为江苏省健康村，水西村、竹箦村、南旺村被评为常州市生态文明示范村。

经济发展　2018 年，编制全镇现代农业发展规划，推进了丫农场、松溪生态园等农业产业化项目建设。组织各类农民培训 18 期，5 人被评为乡土专家，粮食生产全程机械化率达 85% 以上。土地确权发证率达 98%，所有行政村均成立村经济合作社。有工业企业 385 家，新增规模以上企业 4 家，完成规模以上工业总产值 42 亿元。全年引进超亿元项目 7 个，其中科华控股股份有限公司南厂区、纽威精密锻造（溧阳）有限公司总投资额均超 10 亿元，苏州智绿环保科技有限公司总投资超 5 亿元。10 个重点工业项目完成总投资 14.3 亿元，其中设备投资 5.1 亿元，联华机械制造有限公司、溧阳市苏菱机电有限公司等 4 个项目建成投产，溧阳市新力机械铸造有限公司一期、溧阳市双盛机械制造有限公司一期等 6 个项目加快推进。新增高新技术产品 6 只、高新技术企业 5 家，全镇高新技术企业累计达到 11 家。2018 年 11 月，科华控股股份有限公司被评为第三届溧阳市市长质量奖。“1 号公路”引领竹箦全域旅游，举办首届民俗文化旅游节，全国休闲农业和乡村旅游现场会、省“四好农村路”现场会均把竹箦“1 号公路”作为重要考察线路。2018 年 5 月成立红色水西文旅发展有限公司，启动水西红色教育基地建设，水西新四军江南指挥部纪念馆接待游客 65 万人次。

城乡建设　2018 年，启动竹箦镇总体规划、农业产业和全域旅游等规划修编，开展绿色铸造科技产业园、陆笪、水西特色田园等 20 多个单项规划研究。全力推进宁杭高速水西道口建设，“1 号公路”南延伸工程开工建设。

2018 年 11 月 25 日，举办 2018 年竹箦镇首届民俗文化旅游节　（竹箦镇　供稿）

集镇污水管网建设全面铺开，完成34个自然村农污水改造，道路修复基本到位。实施前马、余桥集镇基础设施改造，完成农水工程6个，水库维修工程5个。关闭化工企业11家，取缔关闭“散乱污”企业（不符合产业政策和产业布局规划，未办理相关审批或者登记手续，违法排放污染物的企业）11家，废品回收站17个，非法码头2家。加大饮用水水源地保护力度，全面落实“河长制”，编制“一河一策”治理方案，扎实推进水环境治理。关闭不符合要求的餐饮单位29家，油烟污水改造餐饮单位123家，改造规范食品小作坊3家，建立食品摊贩集中经营区。完善数字化监管平台和网格化管理机制，数字城管平台共受理案件31506个，处置率达99.4%。优化集镇保洁机制，通过购买服务方式，提升集镇保洁水平。推进小区综合管理，对新城花园、竹溪苑等4个老小区进行改造，加强物业服务。

社会管理　2018年，全面启动被征地农民养老保险工作，发放最低生活保障、临时救助、残疾人“两项”补助、拥军优抚等各项救助资金2500多万元，惠及群众5500余人。完成光伏发电项目30户，年户均增收近3000元。竹箦卫生院与常州第一人民医院、省人民医院溧阳分院建立医疗联合体，成为省人民医院普外科及消化科孵化单位。通过国家卫生镇省级复查和省健康镇现场考核。开展校外教育机构专项整治，竹箦中学高考本科达线率96.24%。建成18个村文化小礼堂，举办文化广场月月演、全民健身等各类文体活动，被评为常州市群众体育先进镇。

【3家企业举行签约仪式】　3月7日，竹箦镇政府与苏州智绿环保科技有限公司举行签约仪式，项目总投资5.5亿元，占地100亩，将在竹箦镇江苏中关村汽车零部件产业园区建立新能源汽车高压连接与配电解决方案项目的生产基地。整个项目分两期进行，其中一期项目总投资1.7亿元，计划于2018年第三季度正式开工建设，10个月内投产。苏州智绿环保科技有限公司是国内领先的新能源汽车高压电气与配电管理供应商，专注于电动汽车领域大功率电子器件、高压连接、配电管理的技术研发、生产及提供整车系统的解决方案，是CATL、上汽、特斯拉、五菱、奇瑞、广汽、吉利、国家电网等企业的主要供应商。

5月3日，竹箦镇政府与江苏万亦得机械设备有限公司举行“汽车生产输送线项目”签约仪式。该项目总投资1.8亿元人民币，分二期投资建设，其中一期项目投资1亿元人民币，计划2018年三季度开工，预计2019年三季度正式投产，达产后年产值预计2亿元人民币。江苏万亦得机械设备有限公司主要从事汽车整装线及自动化设备的生产、研发和销售，是上海大众、沈阳宝马、南京马自达、吉利等主机厂的直接供应商，和德国爱孚迪、意大利柯马、上海翼锐和ABB集团等外企建立合作关系。

6月5日，竹箦镇政府与柳州市柳晶科技股份有限公司举行“铸造废弃物综合利用项目”签约仪式。该项目总投资1.5亿元人民币，其中外资500万美元，将在竹箦镇绿色铸造产业园区建立铸造废弃物综合利用生产基地，计划于2018年四季度正式开工，一年内投产，年产值预计1.5亿元，税收达800万元。柳州市柳晶科技股份有限公司是一家专业从事铸造废砂、废渣、废灰等一切铸造废弃物综合利用的高新技术企业，具有年处理铸造废砂500万吨的能力，同时利用尾矿废渣、铸造废灰生产透水建材。

2018年4月11日，纽威精密锻造（溧阳）一期项目在竹箦绿色铸造科技产业园举行开工仪式　（竹箦镇　供稿）

【纽威精密锻造项目开工】　4月11日，投资5亿元的纽威精密锻造（溧阳）一期项目在竹箦绿色铸造科技产业园动工，苏州纽威阀门股份有限公司是2014年主板上市企业，是世界知名的阀门制造商，一直致力于为客户提供全套工业阀门解决方案，专业从事工业阀门的生产、研发、销售和服务。纽威整合上下游配套，在竹箦镇建设新的阀门锻、铸件生产基地，该项目总投资10亿元，分两期建设，其中一期锻件项目投资5亿元，将建成年产能5万吨的锻造生产线，达产后预计年产值5亿元。

2018年竹箦镇各村基本情况

表46

村　名	中共支部（总支、党委）书记	村委主任	经济总收入（万元）
竹　箦	葛国荣	吕生方	164.25
中　梅	王志兰	王志兰	137.39
王　渚	袁卫平	袁卫平	133.08
前　村	万志强	丁全强	169.74
北　村	邱建冬	邱建冬	199.23
陆　笪	陶志明	杨锁法	278.37
陶　庄	易明连	郑忠泉	147.22
下　宅	宋卫明	宋卫明	118.51
姜　下	吕岗华	宋龙保	165.79
长　岗	李洪福	李洪福	164.54
南　旺	彭国才	彭国才	163.60
前　马	赵文斌	陈国伟	178.15

续表 46

村　名	中共支部（总支、党委）书记	村委主任	经济总收入（万元）
西　芮	芮公兴	芮公兴	159.96
洙　汤	缪留清	缪留清	149.56
水　西	芮瑜亮	芮瑜亮	153.50
余　桥	陈永球	陈永球	127.29
濑　阳	吴建峰	王　磊	132.86
道人渡	沈海金	沈海金	195.06

2018 年竹箦镇销售收入 2000 万元以上企业

表 47

企　业　名　称	法人代表	销售收入（万元）
科华控股股份有限公司	陈洪民	144482
江苏竹箦阀业有限公司	汤　伟	27342
溧阳市金世纪混凝土有限公司	徐福康	22485
溧阳市虹翔机械制造有限公司	吕逸建	18697
溧阳市万盛铸造有限公司	陈春花	17370
江苏合伟重工科技有限公司	周建娇	17242
溧阳市金桥机械有限公司	王国强	13853
溧阳市新力机械铸造有限公司	陈信华	13508
江苏福泰建材有限公司	余延凤	12608
江苏建腾机械设备有限公司	张建华	11380
溧阳市东晨服饰制伞有限公司	刘一东	8575
江苏竹溪活性炭有限公司	陈浩勤	8499
江苏万亦得机械设备有限公司	杨　静	6578
溧阳市光明金属有限责任公司	陈义发	6540
常州市康宏装饰材料有限公司	葛寿康	6396
溧阳市濑江防火门有限公司	吕才林	6395

续表 47

企　业　名　称	法人代表	销售收入（万元）
江苏晶阳加工有限公司	方明亮	6388
溧阳市恺源电池有限公司	陈国民	6258
溧阳市北方机械有限公司	巢卫东	6173
溧阳市联华机械制造有限公司	陈洪民	5981
溧阳市正平锻造有限公司	费小平	5524
溧阳市鑫盛化工设备有限公司	缪　传	5261
溧阳市新明机械配件制造有限公司	杨建明	5082
江苏华亿锻造有限公司	赵锡松	5046
溧阳市天弈牛仔服饰有限公司	李菊明	4889
溧阳市新世纪电器材料有限公司	宋　洁	4813
溧阳市骏威重工机械有限公司	宋双俊	4695
江苏晶竹服饰有限公司	王志红	4345
溧阳市苏菱机电有限公司	黄小平	4026
溧阳宏基兴业混凝土有限公司	袁国庆	3965
溧阳市威达金属制品有限公司	王　春	3598
溧阳沃基线缆科技有限公司	李建伟	3570
溧阳市泓业车辆配件有限公司	李洪生	3315
江苏良友环保科技有限公司	邱建冬	3301
常州恒欣仓储设备有限公司	操文武	3097
溧阳市双盛机械制造有限公司	陈博雄	3074
溧阳市金盛金属加工厂	赵国庚	2808
溧阳市宇鹰锻造有限公司	傅祖平	2687
江苏佳世达环保工程有限公司	施国平	2462
溧阳市全盛生物科技有限公司	常　鑫	2257

（岳　磊）

2018 年 11 月 25 日，竹箦镇举行“一只苹果的践行——慈善公益健步走”活动　　（竹箦镇　供稿）

上 兴 镇

表 48
2018 年上兴镇主要社会经济指标

项目		数据
自然概况	年末土地总面积（平方公里）	245.6
	其中：镇区建成面积（平方公里）	5.85
	居民委员会、行政村委会（个）	25
	总人口（人）	81994
	其中：非农业人口（人）	6660
综合实力	地区生产总值（GDP，亿元）	54.05
	人均 GDP（万元）	6.76
	财政收入（亿元）	3.2
	全社会固定资产投资（亿元）	37.9
	实际利用外资（万美元）	504
	农民人均纯收入（元）	25908
工业	工业企业（家）	195
	工业企业职工（人）	9760
	工业总产值（亿元）	173.4
	工业增加值（亿元）	33.96
	工业销售收入（亿元）	190.3
	工业利税（亿元）	23.6
	工业固定资产净值（亿元）	16.87
农业	农林牧渔业总产值（万元）	87355
	其中：农业（万元）	51135
	林业（万元）	7850
	牧业（万元）	4728
	渔业（万元）	19294
	农业服务业（万元）	4348
	粮食产量（吨）	87357
	年末农机总动力（万千瓦）	64213
第三产业	第三产业实体（个）	330
	第三产业从业人员（人）	2078
	第三产业增加值（亿元）	11.18
	集贸市场（个）	4
	年末个体工商经营户（户）	3183
社会事业	中学（所）	3
	在校中学生（人）	1560
	小学（所）	4
	在校小学生（人）	3184
	文化站馆（个）	1
	体育健身场所（个）	33
	人口自然增长率（‰）	0.92

【概　况】 上兴镇位于溧阳市西北部，分别与溧水、高淳、句容交界，镇域面积245.6平方公里，辖23个行政村、3个社区。2018年，全镇完成地区生产总值54.05亿元，财政收入3.2亿元，全社会固定资产投资37.9亿元，总人口81994人。2018年，上兴镇被评为江苏省生态文明示范镇、江苏省“味稻小镇”，联丰村入选常州市第二批美丽乡村示范村。

经济发展 2018年，全镇村级经营性收入达到或超过50万元的村17个，账面存款千万元以上的村7个，500万元以上的村15个。在23个村成立农村经济合作社，盘活村集体资产，实现更大经济效益，全年全镇脱贫339户、654人。有工业企业195家，全年开工和在建的重点工业项目9个，新引进工业项目12个，总投资近100亿元，其中30亿元以上项目和15亿元以上项目各有1个。江苏国强镀锌实业有限公司、溧阳市盛杰机械有限公司等智能化装备改造项目，溧阳天山水泥有限公司、江苏兴源矿业有限公司等节能环保改造项目已分批投入运行。新增1家税收超亿元企业，新增2家超1000万元企业。新增4家规模以上企业，众雅（江苏）机械设备有限公司、常州赛密思新材料有限公司、溧阳爱格板业有限公司等一批重点项目相继投产。授权专利总量40件，新增高新技术企业1家，高新技术产品8个，申报省科技企业家1名，龙城英才项目C类通过2个。2018年1月，曹山成功创建省级旅游度假区。6.8公里小南环路、5公里自行车二期在建设中；“1号公路”竹山段基本完成。完成自行车驿站、果之王驿站的建设，景区公共厕所全部评选旅游A级，绿化、亮化、强弱电等建设工作有序推进。2018年12月，白露山农庄被评为江苏省四星级乡村旅游区。引进并开工建设曹山花居、火车莱斯、汽车莱斯、欢乐小火车等项目；“七彩曹山”被评为国家级“田园综合体”，成功入选2018年财政部试点项目，也是江苏省唯一入选项目，争取到财政部1.05亿元资金；创成省级现代农业产业示范园，获补资金5000万元；列为省国土厅生态整治试点，一期获补资金5000万元。新阳度假酒店、汉宇旅游度假

2018年6月15日，举行“融入南京”项目集中签约仪式
（上兴镇　供稿）

村两个10亿元以上度假酒店项目陆续启动开工。“曹山运动休闲游”被省文化和旅游厅评为“七彩宁杭”十大旅游线路。全年游客量突破200万人次。上兴镇被评为2018年江苏省十佳生态旅游小镇。

城乡建设　2018年上兴镇（区）共投入约16亿元，累计实施超1000个工程类及服务类项目，工程涉及房建、市政、交通、水利、国土等多个领域，拉开城镇框架。2018年实施村级基础设施建设项目共380个，启动实施132个规划发展村农村污水整治及区域治污一体化工程，全镇征收农户640户，征用租用农地12888亩。开工建设三个安置小区共27万平方米，道路 36千米，建设6万平方米标准厂房。收储江苏国强地块1800亩工业用地，为镇区向北发展打开空间。全年拆除新增违建50起，拆除面积4878.04平方米。完成12个小区机非停车设施改造，完成上城苑、金玉佳园、老河新村3个小区综合改造。完成包括牌楼公园景观提升工程在内的12个约55万平方米园林绿化建设工程。青龙矿复绿复垦项目和芳山矿复绿工程一期项目都已基本完工。实行河长制，按照“一河一策”专项治理全镇所有河道水库，改善上兴水环境。实施16.2公里校车线路提档升级、7座农危桥改造、沛旧线、各行政村砂石路改造、三年水利等项目，落实菜场改造、美化亮化等各项民生工程。开通上兴客运站至南京禄口机场客运专线，瓦屋山高铁站增开至宁杭班次22列。

社会管理　实施蒲村等10个村文化小礼堂建设，完成上兴卫生院搬迁，并与江苏省中西医结合医院实现紧密型医联体合作，提升医疗条件和水平。新建毛家、沛民、万家边3家居家养老服务站。成功筹办上兴高级中学，首届成功招生219名，全镇7所义务制教育学校均完成常州市优质学校创建工作。每季度组织企业招聘会，累计参会企业135家，应聘群众1500多人，现场达成录用意向率超50%。组织上兴镇（区）第二届全民运动会，推进体育健康特色小镇共建工作。

【国强镀锌入围中国民企500强】　8月29日，2018中国民营企业500强峰会发布中国民营企业500强榜单，江苏国强镀锌实业有限公司列451位。江苏国强镀锌实业有限公司始建于1998年10月，公司占地1600余亩，拥有员工3000余人，其中技术人才150余人，中级管理人才43人。资产总额50亿元，年生产能力200万吨，2018年销售达113亿元。公司专业生产、销售各类高频焊接钢管、螺旋钢管、石油天然气管、高速公路安全设施、铁路声屏障、钢板桩、电力铁塔、太阳能光伏支架等产品，专业从事各类铁制构件的镀锌加工业务。公司先后被评为中国交通百强、中国工业行业排头兵、江苏省平安企业常州市五星企业等，通过环境、质量、职业健康、能源、交通产品等体系认证及国际API认证。

2018年10月27日，举行上兴镇第二届全民运动会

（上兴镇　供稿）

【上兴镇入选省十佳生态旅游小镇】　11月24日，在2018江苏乡村振兴百镇高峰论坛上公布江苏乡村振兴年度优秀乡镇，上兴镇入选2018年江苏省十佳生态旅游小镇。上兴镇先后被评为常州市私营经济前十强、溧阳市十五期间城乡建设先进集体。农业生态旅游等第三产业得到迅猛发展，崛起以瓦屋山旅游、雪狼湖有机谷和芳芝林生态农业等知名品牌，其中瓦屋山旅游是全市重点规划打造的“两山一湖”大旅游格局中的北山旅游区。曹山省级旅游度假区以“七彩曹山”为主题，构建“养眼、养心、养身”三个层次的休闲度假旅游产品，是集生态农业、乡村文化、运动休闲、养生度假于一体的多元化、复合型乡村旅游度假区。

【牌楼公园对外开放】　牌楼公园位于上兴镇中心，是上兴镇居民最主要的休闲绿地。10月，牌楼公园景观提升改造工程完工并对外开放，为周边居民增添一处休闲运动场所。牌楼公园总占地面积5.8万平方米，其中水面约占1.85万平方米。四周交通便捷，连接永兴大道、老明路、公园路、牌楼路。牌楼公园旨在打造集运动、健身、文化、科普于一体的体育运动公园。园内具有3种景观空间，4个形象节点，3万平方米绿化感知面，配备5.6公里特色慢行绿道，10种轻体育健身项目，园区地面采用具有高透水性的材料，并种植50种植物、15种花卉。

【曹山文博苑开园】　4月9日，曹山文博苑开业典礼在曹山旅游度假区举行，免费对社会大众开放。文博苑由世界华人联合总会、全球中国人联合总会终身名誉主席徐志坚收藏家开办，该馆于2011年开始筹建，于2017年重新改造竣工，馆内总面积达1.3万平方米，展出面积约5300平方米，共陈列瓷器、玉器、青铜器、书画、竹木牙雕、彩陶等20多万件藏品。

2018年上兴镇各村基本情况

表49

村　名	中共支部（总支、党委）书记	村委主任	经济总收入（万元）
分　界	蒋志敏	向明清	256.64

续表 49

村　名	中共支部（总支、党委）书记	村委主任	经济总收入（万元）
陶　村	赵　超	徐江海	250.10
老　河	邹荣国	潘国强	201.93
上　城	史长明	徐金华	120.88
上　兴	陆建春	陆建春	178.27
练　庄	李定福	易罗风	233.70
赵　沛	何忠华	何忠华	267.52
余　巷	蒋志敏	蒋志敏	294.48
永　和	董明洪	董明洪	328.30
步　村	许善林	许善林	303.87
涧　东	韦建华	邱恭长	249.02
万家边	强文俊	陈家孝	201.54
沛　民	王佩峰	施阿凤	160.09
龙　峰	余庆贵	余庆贵	170.04
桥东干	张成保	张益安	312.12
东　塘	陈和国	黄建华	199.57
毛　家	楚训全	楚训全	170.42
缪　巷	马国强	马国强	242.21
祠　堂	施国林	施忠良	182.69
蒲　村	吴火根	吴火根	406.48
吐　祥	芮爱国	芮爱国	339.71
圩　庄	伊水银	李永科	239.30
汤　桥	汤惠军	汤惠军	240.79

2018 年上兴镇销售收入 2000 万元以上企业

表 50

企　业　名　称	法人代表	销售收入（万元）
江苏国强镀锌实业有限公司	袁国强	1134613
江苏超强工程材料有限公司	黄桂珍	153160

续表 50

企　业　名　称	法人代表	销售收入（万元）
江苏国电新能源装备有限公司	冯　玮	132037
江苏久业新材料有限公司	彭建平	96036
溧阳市鑫天地金属制品有限公司	林永泉	76000
溧阳天山水泥有限公司	李　阳	64341
溧阳市盛杰机械有限公司	潘剑青	23625
江苏兴源矿业有限公司	万三军	19288
溧阳市塑宝塑胶科技有限公司	丁雪峰	10744
溧阳中材环保有限公司	朱宝华	10685
溧阳市宝丽佳塑胶纺织有限公司	孙　勇	10619
江苏盛德电子仪表有限公司	陈志萍	9502
溧阳市盛翔新型建材有限公司	葛芙妹	9035
常州紫金花铜业有限公司	邰家明	8814
溧阳市高邦电缆材料有限公司	周建平	8046
溧阳比利美英伟营养饲料有限公司	谭跃德	6890
江苏北山建材有限公司	张忠明	6571
溧阳市嘉乐针纺织品有限公司	毛献金	6469
江苏国强日铁建材有限公司	宫川和久	5584
江苏恒盛节能门窗有限公司	史海强	4272
溧阳市隆鑫新型材料有限公司	徐昌彬	4062
溧阳市南方活性炭厂	朱　涛	3577
众雅（江苏）机械设备有限公司	蒋　铮	3543
溧阳市盛力橡塑制品有限公司	吴建春	3423
江苏金贝装饰材料有限公司	徐秀金	3391
溧阳爱格板业有限公司	郭继新	3359
江苏叶琦机械有限公司	巢卫东	2816
江苏天伦活性炭有限公司	奚小仙	2010

（许　峰）

曹山雪景　　（上兴镇　供稿）

南 渡 镇

2018年南渡镇主要社会经济指标

表51

项目		数据
自然概况	年末土地总面积（平方公里）	124.53
	其中：镇区建成面积（平方公里）	3.3
	居民委员会、行政村委会（个）	19
	总人口（人）	75623
综合实力	地区生产总值（GDP，亿元）	52
	人均GDP（万元）	6.88
	财政收入（亿元）	3.45
	全社会固定资产投资（亿元）	26.7
	实际利用外资（万美元）	800
	农民人均纯收入（元）	28940
工业	工业企业（家）	264
	工业企业职工（人）	8502
	工业总产值（亿元）	98.9
	工业增加值（亿元）	21.3
	工业销售收入（亿元）	100.2
	工业利税（亿元）	11.5
农业	农林牧渔业总产值（万元）	69682
	其中：农业（万元）	33211
	林业（万元）	495
	牧业（万元）	4431
	渔业（万元）	26615
	农业服务业（万元）	4930
	粮食产量（吨）	59666
	年末农机总动力（万千瓦）	62355
第三产业	第三产业实体（个）	223
	第三产业从业人员（人）	5497
	第三产业增加值（亿元）	21.5
	集贸市场（个）	4
	年末个体工商经营户（户）	2769
社会事业	中学（所）	3
	在校中学生（人）	2311
	小学（所）	4
	在校小学生（人）	2183
	文化站馆（个）	19
	体育健身场所（个）	30
	人口自然增长率（‰）	−0.28

【概　况】 南渡镇位于溧阳市地域中心，是全国重点镇，镇域面积124.53平方公里，辖18个行政村、1个社区。2018年，全镇完成地区生产总值52亿元，财政收入3.45亿元，全社会固定资产投资26.7亿元，总人口75623人。12月，南渡镇被江苏省生态环境厅评为江苏省生态文明建设示范镇。

经济发展　2018年，新增高效设施农渔业面积1400余亩，落实2个省级水稻绿色高产千亩片和1个小麦绿色高产示范片。互联网订单农业取得新突破，实现订单面积达1.2万亩。有工业企业264家，其中规模以上企业34家，新增规模以上企业5家。江苏弘溧新材料有限公司精密制管及轻钢龙骨生产项目、溧阳市中大电力交通装备有限公司等重点项目建成投产，圣地亚科技（江苏）有限公司、江苏瑞昕金属制品科技有限公司扩能等5个项目顺利推进。有效盘活新材料工业集中区闲置用地62亩，小金山园区雨污水管网建设全面完成，新材料产业与制造业“双轮驱动”体系初步形成。全镇8个市重点项目完成投资17.3亿元。成功签约广州天赐高新材料股份有限公司锂电池材料项目。全年实现高新技术产值36.5亿元，比上年增长28.1%。新增高新技术企业1家，申报专利66件，新增常州高新技术产品4只。3家企业获国家“万人计划”、常州“龙城英才”等成长资金100余万元，溧阳市山湖汽车装饰材料有限公司被评为江苏省企业技术中心、江苏省工程技术中心。

城乡建设　2018年，开展南渡镇总体规划修编。投资1.2亿元，建设总面积约3.7万平方米的春晖苑三期安置房主体工程。投资750万元，实施金渊街东延伸项目。投资480万元，完成强埠老集镇整治改造。投资150万元，建成防汛物资仓库。完成覆盖12个行政村约3.5万亩的土地整治项目，新增耕地面积6200余亩。全力推进溧高、溧宁高速公路前期基础工程。完成6座农桥改造。顺利推进239省道至水西路1号农村公路建设。细化集镇网格管理，开展“三乱”（乱占、乱建、乱排）专项整治和农贸市场及周边环境专项巡治，集镇品质和文明程度逐年提升。完善物业管理体系，完成4个住宅小区车位改造。实施104国道、239省道、芜申运河航道等境内交通主干线沿线环境综合整治。村庄环境整治成效显著，完成胜利河道整治改造，腾村村创成省级生态村，梅庄村全面试行垃圾分类处理。提升生态环境，关闭化工企业8家，布控新材料工业集中区环境风险检测，推行区域企业联防联治制度，开展化工企业“公众开放日”活动，监管实现长效常态。全面清除“散乱污”企业（不符合产业政策，不符合当地产业布局规划，未办理相关审批或者登记手续，违法违规排放污染物的企业），拆除混凝土搅拌站4家，废品回收站27家。集中关闭畜禽养殖场31家。推进区域供水、治污一体化工程，完成62个规划发展村以及3个被撤并老集镇的污水管网和污水接管工作。实施码头扬尘防治环境整治。全面落实河长制，完成黑臭水体治理面积9万平方米。

社会管理　2018年，发放各类救助救济资金2000

南渡小学新校区 （南渡镇 供稿）

余万元，完成农村居民养老保险续保8740人。通过“春晖行动”，多形式、多场次开展就业应聘和创业培训。“阳光扶贫”大走访实现全覆盖，全年共走访贫困户510户，建档立卡低收入对象全部实现脱贫。南渡中心小学、幼儿园新校区投入使用，“乐渡”施教、焦尾琴课堂成为全市教育先进典型，2018年南渡高中一本上线率达51.8%。医疗水平不断提高，南渡卫生院精神科扩建完成并投入使用。文化中心体育馆、全民健身中心建成并全面开放。7个村建成村级文化小礼堂，其中黄山村被列为常州市级示范点。

【山湖实业被评为省企业技术中心】 10月19日，溧阳市山湖实业有限公司技术中心被江苏省经济和信息化委员会评为江苏省企业技术中心。公司建于1986年，占地面积80多亩，注册资本5088万元，总资产1.5亿元，有员工328名（其中研发技术人员50名）。公司主要有通用机械设备设计、制造、汽车顶蓬PU复合板生产、PHC产品机器人自动化生产线为一体等产品。

【南渡小学新校区投入使用】 8月，南渡小学新校区全部建成投入使用，工程总用地面积约70亩，主体建筑包括教学楼、综合科技楼、行政办公楼、图书馆、食堂等。建筑之间以连廊相连接，校园整体设计美观大气、特色鲜明、实用性强。一期工程按8轨设置，共有48个教室。新校区的综合科技楼设有创客教室（3D打印机）、比特实验室、未来教室、数字书法室、小木工室、安全体验馆、特殊教育资源中心等现代化功能室。

【中心幼儿园新校区投入使用】 9月，南渡中心幼儿园新校区建成投入使用，新园区占地面积15993平方米，建筑面积1314平方米，办园规模为10轨30班，学校综合楼设有现代化多功能室、美工室、科探室、幼儿阅览室等。

【春晖公园建成开放】 7月，春晖公园建成对公众免费开放。公园位于南渡镇政府北侧，占地160亩，2017年2月开工建设，公园设计立足南渡千年历史文化，共分为诚信文化区、生态休闲区、民俗文化区和滨水长廊区等四大区域。园内建有两个健身广场和环湖一周的健身步道。

【食品小作坊集中区建成投用】 5月3日，南渡镇食品小作坊集中区建成并投入使用，成为常州市首家食品小作坊绝对集中园区。2017年9月，南渡镇对金渊市场闲置房屋进行改造，建设食品小作坊集中区。该集中区规划建设小作坊车间1500多平方米，容纳卤菜、豆制品、糕点、油坊等行业近20户小作坊入驻生产。食品小作坊集中区一期投入100万元，完成水、电、路等基础设施和食品快检、物业管理等配套服务建设，按照食品加工工艺和卫生布局

春晖公园 （南渡镇 供稿）

要求完成420平方米卤菜小作坊的标准车间建设。二期投入40万元完成5户肉制品小作坊的生产车间改造。管理模式上，小作坊示范区实行“五统一、五达标”，即统一登记规范、责任公示、制度上墙、公开承诺、开展培训，生产环境、生产设备（设施）、原辅材料管理、从业人员和产品包装及标识达标。12月，南渡镇食品小作坊集中区被评为常州市食品安全示范集中区。

2018年南渡镇各村基本情况

表52

村　名	中共支部（总支、党委）书记	村委主任	村合作经济组织总收入（万元）
联　盟	朱和平	蒋国华	112.46
平　城	宋　斌	杨国平	126.02
新　河	芮汉华	芮汉华	128.79
大　圩	朱才保	朱才保	110.40
西　圩	石少白	陈利民	100.60
庆　丰	洪　骥	洪　骥	100.09
永　丰	夏和平	夏和平	100.08
强　埠	陈国平	周　毅	100.35
堑　口	马　维	–	152.00
梅　庄	许云亮	许云亮	115.41
福　新	孙洪保	孙洪保	104.37
旧　县	陈建泉	吕勤富	125.83
东　湖	李建新	李建新	100.27
黄　山	郁　润	张玉平	101.18
胜　笪	张晴泽	沈跃忠	155.04
腾　村	王定保	徐国新	100.45
钱家圩	蒋争光	–	101.26
淦　西	黄小杰	黄土金	100.56
石　街	姜国涛	–	102.56

2018年南渡镇销售收入2000万元以上企业

表53

企　业　名　称	法人代表	销售收入（万元）
江苏瑞昕金属制品科技有限公司	周建国	262596
江苏弘溧新材料有限公司	周建国	199955
常州乔尔塑料有限公司	肖和平	44659
江苏金隆新材料有限公司	王汉林	43528
江苏开磷瑞阳化工股份有限公司	刘和清	42360
溧阳永顺合金材料有限公司	李孝保	38364
溧阳兰天化工有限公司	董　伟	35299
江苏联盟化学有限公司	蒋全松	32896
江苏力强化工有限公司	蒋明春	23509

续表53

企　业　名　称	法人代表	销售收入（万元）
溧阳市山湖实业有限公司	李田彬	21393
朗盛（溧阳）多元醇有限公司	陈　飚	17105
溧阳市乔森塑料有限公司	肖和平	16355
溧阳开成毯业有限公司	蒋夕平	15651
江苏旗云油脂科技有限公司	陶云瑞	15547
江苏廷锴建材有限公司	王　芬	12540
常州市华菱新材料有限公司	李道胜	10681
溧阳市大兴化工有限公司	芮汉华	10314
江苏强林生物能源材料有限公司	周永红	8151
江苏鼎力新材料有限公司	彭美仙	6918
溧阳市濑江混凝土有限公司	李继平	6616
溧阳市濑江水泥有限公司	许木新	6290
溧阳市乔迪塑料有限公司	肖和平	6128
溧阳艺佳超微粉体科技有限公司	张光文	5880
江苏人民机具有限公司	蒋小明	5524
溧阳市金濑水泥制造有限公司	余国法	5048
江苏海鼎能源科技发展有限公司	陈海泉	4975
溧阳市大地新材料有限公司	陈玲芳	4730
溧阳市新建化工有限公司	朱志荣	4104
江苏弘博热电有限公司	范洪林	3658
溧阳市东南焊材有限公司	潘来松	3498
江苏安顺能源有限公司	邵　顺	2730
溧阳市金濑织物有限公司	黄凤平	2646
溧阳市瑞丰金属制品有限公司	吴其新	2561
江苏协盛机具有限公司	蒋中琦	2541

（吴有安）

五星广场　　（南渡镇　供稿）

社 渚 镇

2018年社渚镇主要社会经济指标

表54

项　　目		数　据
自然概况	年末土地总面积（平方公里）	207
	其中：镇区建成面积（平方公里）	6.3
	居民委员会、行政村委会（个）	24
	总人口（人）	74325
综合实力	地区生产总值（GDP，亿元）	90.39
	人均GDP（万元）	12.16
	财政收入（亿元）	3.85
	全社会固定资产投资（亿元）	21.53
	实际利用外资（万美元）	0
工业	工业企业（家）	433
	工业企业职工（人）	9084
	工业总产值（亿元）	113.8
	工业增加值（亿元）	41.59
	工业销售收入（亿元）	196
	工业利税（亿元）	19.26
	工业固定资产净值（亿元）	43.12
农业	农林牧渔业总产值（万元）	117241
	其中：农业（万元）	51179
	林业（万元）	470
	牧业（万元）	7699
	渔业（万元）	53152
	农业服务业（万元）	4741
	粮食产量（吨）	83308
	年末农机总动力（万千瓦）	7
第三产业	第三产业实体（个）	4092
	第三产业从业人员（人）	11565
	第三产业增加值（亿元）	37.95
	集贸市场（个）	4
	年末个体工商经营户（户）	3704
社会事业	中学（所）	2
	在校中学生（人）	1165
	小学（所）	5
	在校小学生（人）	3231
	文化站馆（个）	1
	体育健身场所（个）	26
	人口自然增长率（‰）	6.68

【概　况】 社渚镇坐落于苏皖交界处，天目山余脉的西北顶端，交通便捷，运输发达，素有“三省通衢”之称。镇域面积207平方公里，辖22个行政村、2个社区。2018年，全镇完成地区生产总值90.39亿元，财政收入3.85亿元，全社会固定资产投资21.53亿元，总人口74325人。

经济发展 2018年，发展高效设施农业面积1500亩，高效设施渔业270亩。2018年4月11日，举办2018中国青虾高峰论坛，中国渔业协会、中国科协、江苏省海洋与渔业局、中山大学、上海海洋大学等单位的专家参会。溧阳青虾获常州十大知名品牌，溧阳青虾产业区获江苏省乡镇电子商务特色产业园区、常州市现代农业产业示范园。实施“一事一议”8个村9个项目，申报两个集体经济增收发展项目。有工业企业433家，9个重点工业项目推进中，新建6个项目，分别是江苏铭丰电子材料科技有限公司高端电子铜箔扩建、江苏省社渚轴承有限公司汽车圆锥滚子轴承扩能改造、江苏奥冠首信薄钢有限公司薄钢彩涂、江苏金百合门窗科技有限公司节能门窗、华之邦环保科技（常州）有限公司环保设备、江苏德优镁轻合金科技有限公司镁铝合金制品，总投资23.1亿元。续建3个项目，分别是江苏惠太汽车科技有限公司汽车OPW安全气囊袋一期、江苏荣辉木业有限公司人造板生产二期、常州市永春机电设备有限公司一期汽配，总投资17.9亿元。

城乡建设 2018年，实施社渚集镇河道景观提升工程，完成老河桥北东段草皮驳岸基础碎石慎层和西段草皮驳岸生态袋；完成河心、河口集镇两处菜场土建；周城小学幼儿园主体结构封顶；50万千伏线路拆迁安置小区在建设中。成立物管办，引进物业服务企业，整治小区环境卫生。金峰水泥厂专用通道整治接近尾声，投入5000万元的绿化基本到位，拓宽社徐线。车辆运输进行密闭化，专用道路周边环境显著提升。全年实现减煤5.42万吨，完成4家企业的改造与转型。撤并乡镇污水管网、农村生活污水管网和工业集中区35家企业污水管网工程全部完成。完成社渚污水厂扩建整体进度23%。严格落实“河长制”，完成黑臭水体治理清淤，强化河道水体日常养护管理，实现镇、村两级河道养护全覆盖，完成5条市级河道（湖）“一河一策”编制工作，完成社渚镇镇村级河道（水库）“一河一策”方案编制。取缔关闭码头6家，废品收购（加工）点专项整治完成，6家无资质混凝土企业全部拆除完毕，13家大气管控企业进行限产，溧梅河拓宽疏浚工作全面铺开。

社会管理 2018年，累计完成居民养老保险指标8670人，完成职工社会保险扩面182人。推进全镇行政管理体制改革，依托管理服务平台，全面推行网格化管理模式，全面推进综合行政执法；完善“线上线下、虚实一体”的实体化政务服务平台，行政审批和公共服务事项推行“一窗式”服务模式。全年调处各类矛盾纠纷132起，调解成功率达100%。受理“12345”各类投诉、咨询建议208条，及时受理率、及时答复率、意见满意率均达100%。

【金峰水泥入围中国民企500强】 8月29日，2018中国民营企业 500 强峰会发布中国民营企业 500 强榜单，江苏金峰水泥集团有限公司列 286 位。该公司创建于 1980 年，是一家以生产水泥为主业的民营企业，注册资本 10.28 亿元。拥有员工 5000 多名，业务经营范围涉及水泥制造、矿山开采、金融服务、房产开发等的多个领域。公司拥有 9 条新型干法旋窑水泥熟料生产线（其中有 8 条 5000 吨／天的水泥熟料生产线）和 3 条年产 200 万吨的水泥粉磨生产线，年水泥生产规模达 3000 万吨。公司先后被评为江苏省建材行业优秀企业、重合同、守信用企业、常州市明星企业等。2018 年，实现销售收入 52.32 亿元。

【溧阳青虾入选常州十大知名品牌】 9 月，在“常州市十大农产品知名品牌”评选活动中，溧阳青虾入选常州市十大农产品知名品牌。社渚镇青虾养殖面积 6.5 万亩，从事青虾养殖的农户达 1300 多户，专业合作社 43 家，协会 2 家，青虾营销经纪人 170 多名，青虾销往江浙沪多个城市。全镇已建立 2 个万亩和 9 个千亩以上青虾养殖示范基地，青虾养殖平均亩产量超过 100 公斤，最高亩产超过 200 公斤，亩产值 5000 ~ 8000 元，最高的可超过万元，亩均效益 3000 ~ 5000 元，2017 年全镇青虾产业产值达 5.7 亿元。

【青虾特色产业园区获评省电子商务特色产业园】 11 月，江苏省商务厅公示第二批江苏省乡镇电子商务特色产业园（街）区名单，社渚镇特色产业园区是溧阳唯一入选特色产业园区。青虾特色产业园区位于社渚镇青虾批发市场内，占地面积 3 万平方米，有入驻企业 30 家，经营入驻率 93%，其中电商及相关经营户 24 家。2017 年度社渚镇特色产业园区总销售额 1.5 亿元，其中电商销售额 1.2 亿元。产品主要为青虾、虾苗、腌制品、茶叶等农副产品。

2018 年社渚镇各村基本情况

表 55

村　名	中共支部（总支、党委）书记	村委主任	经济总收入（万元）
社　渚	蒋云虎	蒋云虎	134
下　西	虞鹏月	虞鹏月	110
王　家	霍亚萍	霍亚萍	116
新　塘	林　克	林　克	111
新　山	肖德顺	肖德顺	123
宋　村	宋德喜	宋德喜	110
宜　巷	陈爱兵	王仲喜	118
姚　巷	尹洪发	尹洪发	110
殷　桥	吴玉凤	吴玉凤	130
上　蒋	戴明龙	戴明龙	123
孔　村	张春九	张春九	111
湖　西	张海洋	－	128
大　田	吕三妹	－	128
东　升	赵国兴	韦飞	115
河　口	李和林	赵丽杰	130

续表 55

村　名	中共支部（总支、党委）书记	村委主任	经济总收入（万元）
乘马圩	赵荣华	赵荣华	109
金　峰	朱法金	朱法金	114
梅　山	颜洪喜	颜洪喜	111
金　庄	丁国平	丁国平	120
丁　山	张建刚	张建刚	261
周　城	彭泽宇	彭泽宇	124
金　山	王全华	黄忠心	173

2018 年社渚镇销售收入 2000 万元以上企业

表 56

企　业　名　称	法人代表	销售收入（万元）
江苏金峰水泥集团有限公司	丁建庆	523204
溧阳市新金峰水泥有限公司	赵小俊	514588
溧阳市宏峰水泥有限公司	朱茂金	495029
溧阳市金山尾矿综合利用有限公司	朱茂金	63605
江苏铭丰电子材料科技有限公司	明小强	45690
江苏华冶钙业有限公司	刘国福	30606
江苏溧阳南方水泥有限公司	张俊炜	30053
江苏奥冠首信薄钢有限公司	曾万华	28055
江苏荣辉木业有限公司	申世军	19270
江苏华强模具科技有限公司	李国强	18941
溧阳市江山矿业金山有限公司	张洪德	17426
恒天宝丽丝生物基纤维股份有限公司	李建伟	16673
江苏省社渚轴承有限公司	吕长寿	16279
溧阳市宏峰矿业有限公司	刘海明	11452
江苏省前峰服饰有限公司	徐登羽	10326
溧阳市天目助剂有限公司	毛福生	9743
江苏红泽混凝土有限公司	吴建忠	9514
溧阳市江山矿业前峰有限公司	杜民吉	8625
溧阳市江山矿业长山南有限公司	杜　刚	7408
溧阳广道针织有限公司	彭志伢	6810
江苏浩跃新型防水材料有限公司	霍建荣	5652
江苏前峰电子有限公司	史永新	4986
溧阳市社渚冶炼有限公司	周志福	4971
江苏天麒特种金属材料科技有限公司	陆　彬	4233
江苏九久交通设施有限公司	虞建成	3535
溧阳市新宇净化科技有限公司	陈高明	3432
江苏冠乾特种水产饲料有限公司	官德保	2976
常州朗臣纺织科技有限公司	何明鸣	2973
溧阳市双龙制衣有限公司	吴玉凤	2853
溧阳市戈平野营服饰有限公司	张　敏	2832
江苏阔拼户外用品有限公司	朴晚永	2246
溧阳市联成溶剂有限公司	王爱荣	2026
溧阳市华杰塑料助剂有限公司	吴震华	2025

（陆　平）

昆仑街道

2018年昆仑街道主要社会经济指标

表 57

项目		数据
自然概况	年末土地总面积（平方公里）	80.17
	其中：建成区面积（平方公里）	27.48
	居民委员会、行政村委会（个）	23
	总人口（人）	67661
	其中：非农业人口（人）	5627
综合实力	地区生产总值（GDP，亿元）	200
	人均GDP（万元）	29.56
	财政收入（亿元）	30.18
	全社会固定资产投资（亿元）	111.8
	实际利用外资（万美元）	17692
	农民人均纯收入（元）	32765
工业	工业企业（家）	681
	工业企业职工（人）	31262
	工业总产值（亿元）	595.8
	工业增加值（亿元）	162.2
	工业销售收入（亿元）	590.5
	工业利税（亿元）	43.6
	工业固定资产净值（亿元）	130.75
农业	农林牧渔业总产值（万元）	63578
	其中：农业（万元）	32815
	林业（万元）	2268
	牧业（万元）	1395
	渔业（万元）	25866
	农业服务业（万元）	1234
	粮食产量（吨）	14335
	年末农机总动力（万千瓦）	15822
第三产业	第三产业实体（个）	907
	第三产业从业人员（人）	9235
	第三产业增加值（亿元）	26.6
	集贸市场（个）	2
	年末个体工商经营户（户）	2919
社会事业	中学（所）	2
	在校中学生（人）	634
	小学（所）	4
	在校小学生（人）	1733
	文化站馆（个）	1
	体育健身场所（个）	138
	人口自然增长率（‰）	2.54

【概　况】 昆仑街道位于溧阳城区北部，分别与溧城镇、埭头镇、别桥镇、竹箦镇、南渡镇交界，镇域面积80.17平方公里，辖16个行政村、7个居委会。2018年，完成地区生产总值200亿元，财政收入30.18亿元，全社会固定资产投资111.8亿元，总人口67661人。昆仑街道被溧阳市委、市政府评为“2018年度溧阳市镇（区）目标管理优胜镇区”

服务园区发展　全年共征收土地7276亩，清表2525亩，完成方里、胥泊等地块土方回填124.5万立方米，清淤20万立方米，有力保障必拓电子技术（常州）有限公司、碳元光电科技有限公司等园区重点项目的建设供地和青龙山纪念园、凤凰东路、城东城西停车场等重点市政工程顺利推进。企业征收签约38家，全年拆除企业36家，其中，2018年以前征收遗留企业拆除率达90%，历时四年的小山头开发地块企业全部签订征收协议。民房动迁339户，拆除房屋6.5万平方米。下河头、马塘、御水景城、前胥泊4个重点地块实现清零。全年为园区提供可开发或工业用地3000亩。

创新社会管理　小区物业管理工作走在全市前列，综合测评全市第1，全市现场会在街道召开。城市长效综合管理全市第3。率先试点推行垃圾分类管理，考核排名全市第1。配合园区做好“263”专项整治，码头整治中关闭1家、整治提升6家；对234家废品收购点进行整治。交付蒋店二期、杨庄、金色佳苑3个安置小区，面积20万平方米。完成新庄等6个村（居）文化小礼堂、马塘等6个居家养老服务中心以及幸福城、蒋店2个如意小食堂建设。老龄化规范示范村居建设成为全市典型。昆仑街道被评为“常州市社区教育示范镇”。全年申报创建5个省级民主法制示范村（社区）。经济开发区卫生院与江苏省第二中医院开展医联体合作，建立“江苏省第二中医院呼吸诊疗中心溧阳分中心”。街道计生办创建“省级连心家园”、街道红十字会被评为全省红十字会基层组织工作先进集体。城郊供电所被评为国网公司先进班组和江苏省电力公司先进供电所；昆仑派出所被常州市公安局记三等功。

2018年11月11日，举行昆仑街道“心愿树”爱心工作站启动仪式　　（昆仑街道　供稿）

【海清农机合作社被评为全国示范社】 11月，溧阳市海清农机专业合作社被中华全国供销合作总社评为2017年度全国总社农民专业合作社示范社。溧阳市海清农机专业合作社成立于2007年12月，主要为成员提供粮油作物种植和销售、农机作业和维修、农资采购等综合服务，合作社入社成员1971户，合作社有高性能联合收割机、插秧机、植保机、粮食烘干机等各种机械200余套，办公、培训、机库等用房4600余平方米。合作社开展农田“全托管”“半托管”，为农民提供耕耙、育秧、插秧、收割等一条龙的农业社会化服务，率先使用飞防植保新模式，2017年共开展农机作业面积2万余亩，飞防植保面积2600余亩。合作社注重农产品品牌建设，注册“唔尝享”大米商标，合作社种植的大米、小麦均获得无公害农产品认证，通过社有企业富庄锦绣农贸市场等渠道进行市场推广和销售，合作社效益显著提升。

【2家企业被评为常州市农业龙头企业】 8月17日，江苏优鲜到家农业科技发展有限公司、江苏天目家园生态农业有限公司被常州市人民政府认定为常州市农业产业化经营重点龙头企业。

江苏优鲜到家农业科技发展有限公司 位于泓口路43、45号，2011年10月注册成立，是一家集生产、科研、销售为一体的科技型实业公司，主要经营农业科技研发、推广、应用、咨询，粮油作物、蔬菜、瓜果、豆类的种植及销售，日杂用品、日用百货、冷鲜肉、水产品、海鲜、其他生鲜食用农产品、饲料销售，批发与零售预包装食品。公司致力于放心食材的食堂配送业务，打通农产品从田头到餐桌的食品安全通道，打通农产品从产品到商品的市场通道，产品直供全市120多家机关、学校、企业食堂。公司拥有“优鲜到家”“天目濑江”“濑水”等注册商标。先后被评为江苏省消费者协会诚信单位、溧阳市“一村一品”先进典型、溧阳市农村青年创业“领头雁”示范培训基地等。

江苏天目家园生态农业有限公司 该公司成立于2009年5月，以发展高产高效、优质安全的生态农业，建设新型生态化农业产业链为主要发展方向，并建立基地、种植、培育、深加工、销售、配送的系统化服务体系。主要生产销售东北五常大米、溧阳特色乌饭、天目家园牌香肠、咸鹅、溧阳白芹、板栗、冬笋、玉米、非转基因系列食用油、木耳、蘑菇等特色农产品。先后被评为全国文明诚信经营示范商户、江苏省放心消费先进单位、江苏省放心粮油示范企业、常州守合同重信用企业。“天目家园”商标被评为江苏省著名商标。

【城郊供电所被评为五星级供电所】 1月，城郊供电所被国家电网有限公司评为五星级乡镇供电所。该所位于天目湖大道17号，有员工85人，是全省第一批绿色供电所，也是全市体量最大的供电所。担负着溧城镇、昆仑街道、中关村科技园及天目湖镇部分用户的供电服务工作。该所的创新成果多次获得全国Q小组成果一、二等奖，班组被江苏省电力公司评为一流班组，两次获得溧阳市十大科技创新成果奖。

江苏省第七批省级文物保护单位——观莲桥

（昆仑街道 供稿）

【沙涨村入选中国历史文化名村】 12月17日，沙涨村被住房城乡建设部认定为第七批中国历史文化名村。沙涨村原名沙溪村，位于溧阳城区北部，丹金溧漕河东侧。安史之乱中，回纥族帮助唐朝平定叛乱，暾欲谷时任回纥宰相，合剌普华是暾欲谷的子孙，也是元军中的勇将，合剌普华的长子任广德太守，他在溧阳沙涨村购置土地，并改自己的姓名为“偰文质”，子孙世世代代沿用此姓氏，直至今天。该村始建于元代，距今有700多年历史，是少数民族官吏迁居并繁衍形成的古村落，也是全球“偰”姓的发源地。历史上四面环水，街巷格局为“六巷两街”，整体呈现古水、古村、古墓、古树的风貌特色，是具有深厚历史文化底蕴的江南传统古村落。

2018年昆仑街道各村基本情况

表58

村（社区）	中共支部（总支、党委）书记	村委（社区）主任	经济总收入（万元）
徐格笪	王小彬	—	148.85
新庄	宋杰	宋杰	263.27
泓口	王正清	王正清	285.30
胥泊	狄朝彬	狄志强	183.08
方里	史俊	史良刚	119.37
班竹	罗保金	卢爱琴	227.04
吴潭渡	宋金荣	杨康金	212.48
昆仑	蒋国元	王建荣	106.83
夏庄	周平	史建飞	105.20
杨庄	杨宁俊	杨宁俊	220.55
毛场	史建才	史建才	119.68
新昌	蒋立新	蒋晓华	216.28
陶家	陶志明	陶串连	180.05
胡桥	蒋振林	蒋振林	170.65

续表58

村（社区）	中共支部（总支、党委）书记	村委（社区）主任	经济总收入（万元）
马　塘	葛卫星	葛卫星	178.36
蒋　店	房志林	房志林	290.02
合　心	黄生平	史阿新	153.14
前　棠	狄建如	狄建如	150.28
宋　庄	狄志法	狄志法	150.00
棠　下	周贤林	周荣富	108.66
胥　渚	狄苏彬	孙清保	106.40

2018年昆仑街道销售收入2000万元以上企业

表59

企　业　名　称	法人代表	销售收入（万元）
江苏上上电缆集团有限公司	丁山华	1780324
江苏申特钢铁有限公司	杨建忠	1145150
江苏华鹏变压器有限公司	钱洪金	347563
常州普莱德新能源电池科技有限公司	杨　槐	206712
江苏正昌集团有限公司	郝　波	120741
常州海大生物饲料有限公司	姜建兵	93745
顺博合金江苏有限公司	王真见	88533
江苏金源高端装备股份有限公司	葛艳明	75944
江苏　远金属制品加工有限公司	张全国	61521
江苏开利地毯股份有限公司	蒋夕生	41423
江苏冠宇机械设备制造有限公司	陈国顺	39314
江苏司能润滑科技有限公司	施耀刚	37867
江苏翔鹰新能源科技有限公司	徐　振	35605
溧阳市　鑫电子科技有限公司	周海东	33942
江苏维多股份有限公司	罗春龙	34047
溧阳市金昆锻压有限公司	徐海根	32397
常州时创能源科技有限公司	符黎明	27703
江苏华鹏智能仪表科技股份有限公司	戴　诚	26364
江苏立达电梯有限公司	戴云松	25382
江苏迪赛诺制药有限公司	王军平	23394
上汽大通房车科技有限公司	徐秋华	22404
江苏盛昌钢铁有限公司	芮小明	20961
溧阳二十八所系统装备有限公司	崔　灿	19662
江苏保龙设备制造有限公司	周水保	18008
溧阳市昆达金属制品有限公司	周海坤	16167
江苏国粮仓储工程有限公司	杨文利	13957
江苏富春江环保热电有限公司	余其芳	13399
江苏科达利精密工业有限公司	励建立	12615
江苏兴锻智能装备科技有限公司	张忠良	12139

续表59

企　业　名　称	法人代表	销售收入（万元）
江苏粘博士新材料有限公司	戚务俊	11868
江苏时代新能源科技有限公司	吴映明	11775
溧阳市中纺联针织有限公司	吴　敏	10639
溧阳市立洋纺织有限公司	邹幼农	10252
溧阳新钢川空气体有限公司	单　凯	9864
荷贝克电源系统（溧阳）有限公司	Marc Zoellner	9670
江苏迅隆科技发展有限公司	芮门才	9205
常州金纬化工成套设备有限公司	何海潮	9018
金纬机械常州有限公司	何海潮	8988
溧阳德维透平机械有限公司	罗春龙	8837
江苏盛屹钢构有限公司	沈水才	8478
常州金纬挤出机械制造有限公司	王　亮	7733
江苏迅隆精密机械有限公司	芮门才	7195
溧阳市绿茵毯业有限公司	袁再英	7018
溧阳市永恒热处理有限公司	张育埝	6989
江苏德盛食品有限公司	NATTHAPHAT TANRACHANON	6702
溧阳市胡桥轧钢厂	吴国强	6618
溧阳强盛科技有限公司	袁传水	6580
溧阳市华杰轧钢厂	吴建华	6515
江苏保龙机电制造有限公司	周水保	6324
江苏金梧实业股份有限公司	何　强	6221
江苏省奥谷生物科技有限公司	朱为民	5902
溧阳强鑫纺织有限公司	毕国新	5601
溧阳市中豪热处理有限公司	孙志明	5362
常州金纬管道设备制造有限公司	何海潮	5323
溧阳市振大铁路设备有限公司	王龙江	5222
南京宜热纵联节能科技溧阳有限公司	莫立勤	4808
溧阳市华盛染整有限公司	王建设	4405
溧阳市欣大精密电子有限公司	周德良	4055
溧阳市华鹏电机配件有限公司	朱益民	4012
常州汉德机车工业有限公司	陈一鸣	3545
溧阳市精卫新型材料有限公司	刘金梅	3410
溧阳市裕达机械有限公司	杨志忠	3259
江苏丽阳电子仪表有限公司	蒋立群	3254
溧阳市林达机械有限公司	许炳龙	2819
溧阳市先进纸箱有限公司	黄霞秋	2692
溧阳市中兴环保股份有限公司	余建军	2281
常州江亚旅游用品有限公司	张文鹰	2079
溧阳市宏达电机有限公司	童小春	2016

（周嘉民）

新闻人物

【丁山华】 男，中共党员，江苏上上电缆集团党委书记、董事长。2018年被中宣部、国家发改委联合授予全国“诚信之星”称号。全国仅9名个人1家单位，江苏省仅其1人获此殊荣。

1983年丁山华调任电线厂任厂长，30余年来，他重合同、守信用，用诚信经营、诚信管理、诚信待人闯出了一条企业可持续发展的道路，把当年那个濒临破产的无名小厂发展成为线缆行业规模排名中国第一，全球第七的领军企业。2017～2018年，企业逆势而上，销售累计增幅达86亿元，集团销售一举突破200亿元。

他信守合同、诚信经营，始终把契约精神作为企业家精神的核心，不得一时之利，不因一己之私失约违约。2006年10月，上上与新加坡电力公司签订3000万美元的大合同，但由于国际铜价上涨，生产成本急剧上升，面对几千万元的损失，有人劝他修改或终止合同，但他最终还是严格执行合同，如期供货，赢得了新加坡客户的高度称赞。30多年来，无论企业经营状况好坏，还是合同大小，他都信守约定，严格履约，以诚实守信开拓了市场、赢得了客户，也开辟了企业跨越发展的新局面。

他以诚相待，关爱员工。2001年改制时，丁山华向员工承诺，改制前我把企业看成自己的，改制后我把企业看成大家的。不因改制减少员工收入、降低员工福利。2008年，受国际金融危机的影响，很多企业都以减员减薪渡过难关。丁山华贴出告示：上上一不减人、二不减薪，兑现了企业与员工共进退的承诺。这些年来，上上员工收入持续增加，许多员工即使外单位高薪聘请也不愿离开，凝聚起了企业发展的向心力。

对外诚信经营，对内诚信管理，丁山华用“人诚品优”打造企业核心价值观，赢得了企业的发展，也赢得了社会各界的赞誉。他先后获得“2015中国十大经济年度人物”“全国机械工业明星企业家”“全国质量管理先进工作者”“江苏省劳动模范”等称号。

【计耀明】 男，埭头中心小学退休教师。2018年9月，被中央精神文明建设指导委员会办公室评为“中国好人”。

1958年3月生，江苏溧阳人，1976年参加工作，中专文化，小学

高级教师，2003年12月加入中国共产党，2018年4月退休。

他曾创建学生记者站，创办《春芽报》，著《火炬文集》一书。学生记者站3次获得“全国优秀学生记者站”称号，有25名小记者获“全国十佳、百佳小记者”称号，获全国小记者采访活动最佳奖。

1992年，计耀明创设省内首家“家庭教室”，免费为孩子们提供图书借阅和义务家教，一做就是26年。2017年年初，他专门拿出自己的一套拆迁安置房做公益家教。为创设良好的家教环境，他进行“三通”（通水、通电、通网络），购置会议桌、书架、电视机、电脑、空调等设备，购买了5000册图书。一到节假日、寒暑假，他就烧好开水、开好空调、备好讲稿，组织学生们前来学习和上课。26年来，计耀明每年为学生免费服务达1300人次以上，每年有50多名学生常来这里学习与阅读、每年辅导的上课时间为180多小时，阅读时间80多小

时。在进行家教过程中，他特别注重对留守儿童、后进生进行详细辅导，给予特别关爱，小到一个标点符号，大到一篇作文，乃至做人做事的道理都热情讲解，促使他们进步与成长。

计耀明的事迹被全国、省、市各类媒体争相报道,收到万名网友点赞。2018年10月，常州市关工委向常州市关工委系统发出了《关于开展学习计耀明同志先进事迹活动的通知》的通知。计耀明还分别在溧阳市关工委会议和常州市关工委干部培训班上作《为孩子们的成长铺就光明之路》事迹报告。他先后获得溧阳市优秀教育工作者、市师德标兵、市十佳文明市民、市十佳感动之星、省“星星火炬”奖章、省资深辅导员、全国十佳辅导员提名奖、全国优秀少先队辅导员、“江苏好人”“常州好人”等称号。

逝世人物

【潘致炳】溧阳市政协原副主席，2018年1月24日在溧阳逝世，享年82岁。

潘致炳同志，1937年8月出生于江苏溧阳，1959年4月加入中国共产党，1958年3月参加工作后，历任埭头中学、竹箦中学、南渡中学教师、县革委文教组干部、县农业学大寨办公室秘书、县委办公室副主任、主任、县委统战部部长、市政协副主席等职。

潘致炳自参加工作以来，在中国共产党的领导下，对待工作兢兢业业，恪尽职守，为溧阳政协、统战、教育事业发展做了大量卓有成效的工作，成绩得到充分肯定。退休以后，仍一如既往地关心和支持全市经济社会发展，体现了一名党的老干部和优秀共产党员的政治素养。

潘致炳在长期的革命生涯中，爱党爱国，情系民众，对党和人民的事业忠心耿耿；艰苦奋斗，勤奋好学，严守纪律，谦虚谨慎，平易近人；作风正派，生活俭朴，与人民群众心连心，始终保持人民公仆本色。

【狄国平】男，江苏溧阳人，1955年6月出生，1976年9月加入中国共产党，2018年10月2日逝世。

1974年12月参军入伍，在红军师“铁锤子”团3营9连历任战士、排长、参谋、连长、营长、副团长。1985～1987年，参加云南老山前线防御作战。1986年10月19日，在对越反击战老山前线八里河东山战役中，3营9连担当“拔点作战”任务，担任突击队大队长的狄国平营长沉着指挥，全歼55号阵地的守军。战后，3营9连荣立“集体一等功”，被中央军委授予“攻坚英雄连”荣誉称号；狄国平个人荣立一等功，后任红军师“铁锤子”团副团长。1990年9月参加公安工作以来，历任常州市公安局巡警大队副教导员、治安大队副大队长、溧阳市公安局副局长、溧阳市委610办主任，2013年7月退休。

狄国平对党忠诚，勇于担当，服从组织，听从指挥，工作讲究效率质量，具有较高的业务水平和工作能力。作为一名军人，他身先士卒、不怕牺牲，在枪林弹雨中浴血奋战、为国杀敌，是人民的英雄；作为一名警察，他心系群众、严于律己，为维护一方平安尽职尽责；作为一名领导，他以身作则、敢抓敢管，为公安队伍正规化、法制化建设作出了积极贡献。他先后立个人一等功1次，三等功3次，多次获得个人嘉奖。

先 进 个 人

省级（条线）先进个人

（排名不分先后）

姓　名	工作单位	获得荣誉	授予单位	授予时间
钱勤莺	交通运输局	全省交通运输行业优秀工会工作者	江苏省交通运输厅	2018年3月
宋丽军	路运公司	江苏省优秀工会积极分子	江苏省总工会	2018年4月
夏国浩	市人大常委会	省第三次全国农业普查先进个人	省第三次全国农业普查领导小组办公室、省统计局、国家统计局江苏调查总队	2018年4月
高　洁	市政府	省第三次全国农业普查先进个人	省第三次全国农业普查领导小组办公室、省统计局、国家统计局江苏调查总队	2018年4月
丁　红	市统计局	省第三次全国农业普查先进个人	省第三次全国农业普查领导小组办公室、省统计局、国家统计局江苏调查总队	2018年4月
姜竹旻	市委党校	省第三次全国农业普查先进个人	省第三次全国农业普查领导小组办公室、省统计局、国家统计局江苏调查总队	2018年4月

朱锡洪	国家统计局溧阳调查队	省第三次全国农业普查先进个人	省第三次全国农业普查领导小组办公室、省统计局、国家统计局江苏调查总队	2018 年 4 月
袁　瑞	市委农工办	省第三次全国农业普查先进个人	省第三次全国农业普查领导小组办公室、省统计局、国家统计局江苏调查总队	2018 年 4 月
狄文绚	中关村科技产业园经贸局	省第三次全国农业普查先进个人	省第三次全国农业普查领导小组办公室、省统计局、国家统计局江苏调查总队	2018 年 4 月
徐　俊	中关村科技产业园经贸局	省第三次全国农业普查先进个人	省第三次全国农业普查领导小组办公室、省统计局、国家统计局江苏调查总队	2018 年 4 月
唐家祥	溧城镇统计站	省第三次全国农业普查先进个人	省第三次全国农业普查领导小组办公室、省统计局、国家统计局江苏调查总队	2018 年 4 月
陈否否	溧城镇统计站	省第三次全国农业普查先进个人	省第三次全国农业普查领导小组办公室、省统计局、国家统计局江苏调查总队	2018 年 4 月
唐顺超	溧城镇统计站	省第三次全国农业普查先进个人	省第三次全国农业普查领导小组办公室、省统计局、国家统计局江苏调查总队	2018 年 4 月
周震豪	埭头镇统计站	省第三次全国农业普查先进个人	省第三次全国农业普查领导小组办公室、省统计局、国家统计局江苏调查总队	2018 年 4 月
杨建中	上黄镇政府	省第三次全国农业普查先进个人	省第三次全国农业普查领导小组办公室、省统计局、国家统计局江苏调查总队	2018 年 4 月
黄　辉	上黄镇统计站	省第三次全国农业普查先进个人	省第三次全国农业普查领导小组办公室、省统计局、国家统计局江苏调查总队	2018 年 4 月
薛建红	戴埠镇政府	省第三次全国农业普查先进个人	省第三次全国农业普查领导小组办公室、省统计局、国家统计局江苏调查总队	2018 年 4 月
毕道海	天目湖镇政府	省第三次全国农业普查先进个人	省第三次全国农业普查领导小组办公室、省统计局、国家统计局江苏调查总队	2018 年 4 月
沈伟成	天目湖镇政府	省第三次全国农业普查先进个人	省第三次全国农业普查领导小组办公室、省统计局、国家统计局江苏调查总队	2018 年 4 月
沈田保	别桥镇政府	省第三次全国农业普查先进个人	省第三次全国农业普查领导小组办公室、省统计局、国家统计局江苏调查总队	2018 年 4 月
童林坤	别桥镇政府	省第三次全国农业普查先进个人	省第三次全国农业普查领导小组办公室、省统计局、国家统计局江苏调查总队	2018 年 4 月
余　治	上兴镇政府	省第三次全国农业普查先进个人	省第三次全国农业普查领导小组办公室、省统计局、国家统计局江苏调查总队	2018 年 4 月
黄小琳	上兴镇政府	省第三次全国农业普查先进个人	省第三次全国农业普查领导小组办公室、省统计局、国家统计局江苏调查总队	2018 年 4 月
胡云忠	竹箦镇政府	省第三次全国农业普查先进个人	省第三次全国农业普查领导小组办公室、省统计局、国家统计局江苏调查总队	2018 年 4 月
徐荟博	南渡镇政府	省第三次全国农业普查先进个人	省第三次全国农业普查领导小组办公室、省统计局、国家统计局江苏调查总队	2018 年 4 月
沈慧伟	社渚镇政府	省第三次全国农业普查先进个人	省第三次全国农业普查领导小组办公室、省统计局、国家统计局江苏调查总队	2018 年 4 月
汤保留	社渚镇政府	省第三次全国农业普查先进个人	省第三次全国农业普查领导小组办公室、省统计局、国家统计局江苏调查总队	2018 年 4 月

史立峰	市统计局	省第三次全国农业普查先进个人	省第三次全国农业普查领导小组办公室、省统计局、国家统计局江苏调查总队	2018 年 4 月
方　珏	国家统计局溧阳调查队	省第三次全国农业普查先进个人	省第三次全国农业普查领导小组办公室、省统计局、国家统计局江苏调查总队	2018 年 4 月
蒋跃平	市统计局	省第三次全国农业普查先进个人	省第三次全国农业普查领导小组办公室、省统计局、国家统计局江苏调查总队	2018 年 4 月
宫　娴	国家统计局溧阳调查队	省第三次全国农业普查先进个人	省第三次全国农业普查领导小组办公室、省统计局、国家统计局江苏调查总队	2018 年 4 月
奚　成	市农普办	省第三次全国农业普查先进个人	省第三次全国农业普查领导小组办公室、省统计局、国家统计局江苏调查总队	2018 年 4 月
王　玲	市农普办	省第三次全国农业普查先进个人	省第三次全国农业普查领导小组办公室、省统计局、国家统计局江苏调查总队	2018 年 4 月
章　倩	市农普办	省第三次全国农业普查先进个人	省第三次全国农业普查领导小组办公室、省统计局、国家统计局江苏调查总队	2018 年 4 月
赵　波	交通运输局	江苏省交通运输厅行业“两聚一高”擎旗手	江苏省交通运输厅党组	2018 年 6 月
丁志鸿	江苏上上电缆集团	江苏省科技企业家	江苏省委组织部、省经信委、省科技厅等	2018 年 6 月
邵　良	安顺集团	江苏省第四届“诚信之星”	江苏省委宣传部、省文明办等	2018 年 9 月
张东杰	江苏上上电缆集团	江苏省职工十大科技创新成果提名奖	省总工会	2018 年 12 月
严益龙	江苏卓高新材料科技有限公司	江苏省五一劳动奖章	省总工会	2019 年 1 月
王莉敏	溧阳市人民医院	江苏省五一劳动奖章	省总工会	2019 年 2 月
张龙海	龙海建设集团	江苏省五一劳动奖章	省总工会	2019 年 4 月

常州市先进个人

姓　名	工作单位	获得荣誉	授予单位	授予时间
徐贵生	江苏金峰水泥集团有限公司	工业明星企业家	常州市委、市政府	2019 年 2 月
丁山华	江苏上上电缆集团有限公司	工业明星企业家	常州市委、市政府	2019 年 2 月
袁国强	江苏国强镀锌实业有限公司	工业明星企业家	常州市委、市政府	2019 年 2 月
钱洪金	江苏华朋集团有限公司	工业明星企业家	常州市委、市政府	2019 年 2 月
郝　波	江苏正昌集团有限公司	工业明星企业家	常州市委、市政府	2019 年 2 月
邵　良	安顺集团有限公司	工业明星企业家	常州市委、市政府	2019 年 2 月
葛艳明	江苏金源高端装备股份有限公司	工业明星企业家	常州市委、市政府	2019 年 2 月
孟广才	江苏天目湖旅游股份有限公司	现代服务业明星企业家	常州市委、市政府	2019 年 2 月
宋小华	苏华建设集团有限公司	房地产和建筑业明星企业家	常州市委、市政府	2019 年 2 月
周天喜	江苏天目建设集团有限公司	房地产和建筑业明星企业家	常州市委、市政府	2019 年 2 月

花向阳	江苏新华机电设备制造有限公司	常州市五一劳动奖章	常州市人民政府	2019 年 4 月
狄　红	溧阳市环境卫生管理中心	常州市五一劳动奖章	常州市人民政府	2019 年 4 月
杨毓斐	溧阳市供电分公司	常州市五一劳动奖章	常州市人民政府	2019 年 4 月
罗清钢	江苏时代新能源科技有限公司	常州市五一劳动奖章	常州市人民政府	2019 年 4 月
庄志伟	江苏华晨路桥有限公司	常州市五一劳动奖章	常州市人民政府	2019 年 4 月
夏红玲	江苏瑞昕金属制品科技有限公司	常州市五一劳动奖章	常州市人民政府	2019 年 4 月
李志龙	溧阳市溧城镇唐家居民委员会	常州市五一劳动奖章	常州市人民政府	2019 年 4 月
霍如端	江苏竹溪活性炭有限公司	常州市五一劳动奖章	常州市人民政府	2019 年 4 月
芮金芳	溧阳市外国语小学	常州市五一劳动奖章	常州市人民政府	2019 年 4 月
孙青松	溧阳市南渡镇中心卫生院	常州市五一劳动奖章	常州市人民政府	2019 年 4 月
狄田荣	溧阳市作物栽培技术指导站	常州市五一劳动奖章	常州市人民政府	2019 年 4 月
刘伟民	溧阳市城市建设发展集团有限公司	常州市五一劳动奖章	常州市人民政府	2019 年 4 月
徐云飞	江苏金峰水泥集团有限公司	常州市五一劳动奖章	常州市人民政府	2019 年 4 月
邵　顺	安顺集团有限公司	常州市五一劳动奖章	常州市人民政府	2019 年 4 月
秦超一	溧阳市公安局	常州市五一劳动奖章	常州市人民政府	2019 年 4 月
刘　磊	苏皖合作示范区建设发展集团有限公司	常州市五一劳动奖章	常州市人民政府	2019 年 4 月
丁一军	常州市三新供电服务有限公司溧阳分公司	常州市五一劳动奖章	常州市人民政府	2019 年 4 月
彭柳明	溧阳市疾病预防控制中心	常州市五一劳动奖章	常州市人民政府	2019 年 4 月

先　进　集　体

溧阳市获得的综合荣誉

荣誉称号	授予单位	授予时间
江苏人居环境奖	省政府办公厅	2018 年 4 月
建设项目施工许可评价先进地区	省政府办公厅	2018 年 4 月
双拥模范城	江苏省委、省政府、省军区	2018 年 7 月
全国“新时代文明实践中心建设试点县（市、区）	中共中央办公厅	2018 年 8 月
2018 年中国县域营商环境百强县第 23 位	工业和信息化部中国电子信息产业发展研究院	2018 年 9 月
四好农村路全国示范县	交通运输部、农业农村部、国务院扶贫办	2018 年 9 月
第一批江苏省省级生态文明建设示范县（市、区）	江苏省生态环境厅	2018 年 10 月
2018 全国县域经济与县域综合发展前 100 名县市第 30 位	全国县域经济与县域发展研究机构中郡研究所	2018 年 12 月
2018 溧阳县域经济综合竞争力位居全国第 31 位，经济投资潜力排名第 75 位	中国社会科学院财经战略研究院	2018 年 12 月
第二批国家生态文明建设示范县（市、区）	生态环境部	2018 年 12 月
2018 年度全国县级防震减灾工作综合考核先进单位	中国地震局	2018 年 12 月

2018年度辖市区结对考核优胜地区	常州市委、市政府	2019年2月
常州市“重大项目增效年”活动突出贡献地区、突出贡献奖	常州市委、市政府	2019年2月
常州市综合考核优胜单位	常州市委、市政府	2019年2月
常州市打好污染防治攻坚战暨“263”专项行动奖	常州市委、市政府	2019年2月
常州市重点工作优秀项目（溧阳抽水蓄能电站工程）	常州市委、市政府	2019年2月

全国（条线）先进集体

获得单位	获得荣誉	授予单位	授予时间
市司法局	全国人民调解工作先进集体	司法部	2018年5月
市公安交警大队车管所	全国一等县级车辆管理所	公安部	2018年6月
市供电公司	全国“安康杯”竞赛优胜单位	中华全国总工会 国家安全生产监督管理总局	2018年6月
溧阳图书馆	国家一级图书馆	文化和旅游部	2018年8月
正昌集团	全国模范职工小家	全国总工会	2018年10月
正昌集团	全国“职工书屋”示范点	全国总工会	2018年11月

省级（条线）先进集体

获得单位	荣誉称号	授予单位	授予时间
科技局（知识产权局）	省知识产权行政执法工作成绩突出单位	省知识产权局	2018年1月
新四军江南指挥部纪念馆	省党员教育实境课堂示范点	省委组织部	2018年1月
溧阳1号公路项目	江苏省智慧旅游示范项目	江苏省旅游局	2018年1月
市财政局	2017年度财政重点工作考核一等奖	江苏省财政厅	2018年1月
市交通运输局	2018年全省公路系统“大雪无痕”除冰雪保畅通先进单位	江苏省交通运输厅公路局	2018年2月
市公路管理处	2017年度全省公路系统先进单位	省交通运输厅公路局	2018年2月
华晨路桥公司溧阳341项目	2017年度全省公路水运“平安工地”建设省级示范工程	江苏省交通运输厅工程质量监督局	2018年2月
市国土资源局	2017年度全省国土资源政务公开工作突出集体	省国土资源厅	2018年2月
市人民来访接待中心	江苏省首批群众满意接访窗口	江苏省信访局	2018年2月
华晨路桥公司镇丹高速项目	2017年度全省水运“平安工地”建设省级示范工程	江苏省交通运输厅工程质量监督局	2018年3月
华晨路桥有限公司	2017年度江苏省建筑业最具成长性百强企业	江苏省建筑行业协会	2018年3月

市财政局	2017年县市采购监管一等奖	江苏省财政厅	2018年4月
华晨路桥122省道常州东段工程	2017年度江苏省优质工程奖“扬子杯”	江苏省住房和城乡建设厅	2018年4月
溧阳市第三次全国农业普查领导小组办公室	省第三次全国农业普查先进集体	省第三次全国农业普查领导小组办公室、省统计局、国家统计局江苏调查总队	2018年4月
天目湖镇农业普查办公室	省第三次全国农业普查先进集体	省第三次全国农业普查领导小组办公室、省统计局、国家统计局江苏调查总队	2018年4月
别桥镇统计站	省第三次全国农业普查先进集体	省第三次全国农业普查领导小组办公室、省统计局、国家统计局江苏调查总队	2018年4月
市供电公司	书香企业	江苏省总工会	2018年4月
新四军江南指挥部纪念馆	2017年江苏省博物馆青少年教育示范项目	江苏省文物局	2018年5月
市法院	全省法院系统2013～2017年先进集体	省高级人民法院、省人社厅	2018年5月
市交通运输局	江苏省交通运输厅行业“两聚一高”行动队	江苏省交通运输厅党组	2018年6月
市文广体局	江苏省新闻出版广电（版权）系统先进集体	省人社厅、省新闻出版广电局、省出版局	2018年7月
市教育局	2017年度全省学生资助工作绩效评价优秀	省教育厅、省财政厅	2018年7月
市教育局	江苏省平安校园建设示范县（市、区）	省教育厅、省综治办、省公安厅	2018年7月
市交通运输局	全省公路系统“两聚一高”行动队	江苏省交通运输厅公路局党委	2018年7月
市财政局	2017年度政法经费保障绩效考核优秀县（市）	江苏财政厅	2018年7月
安顺燃气有限公司	2017年度“江苏省平安企业”	省公安厅、省综治办、省维稳办	2018年8月
市不动产登记交易中心	党员先锋岗	省国土资源、厅党组	2018年8月
市财政局	2014～2017年度全省法治财政标准化管理成绩突出单位	江苏省财政厅	2018年10月
苏皖合作示范区建设发展集团有限公司	江苏省“职工书屋”示范点	省总工会	2018年11月
溧阳市文化馆	2018年度县级文化馆总分馆制建设先进单位	省文化和旅游厅	2018年12月
市卫计局	省卫生应急工作规范县（市、区）	省卫生健康委员会	2018年12月
溧阳市总工会	江苏省厂务公开民主管理创优实践项目	省总工会	2018年12月
市交通工程建设管理处	全省交通运输系统先进集体	省人社资源和社会保障厅 江苏省交通运输厅	2018年12月
溧阳市地震局	2018年度全省市县地震监测预报工作效能考核先进单位	省地震局	2018年12月
上上电缆低压分厂小成缆班组	江苏省工人先锋号	省总工会	2019年1月

华鹏变压器变三车间大件班	江苏省工人先锋号	省总工会	2019 年 1 月
常州市溧阳环境执法局	生态环境系统先进集体	江苏省人社厅、生态环境厅	2019 年 2 月
溧阳市总工会	江苏省“安康杯”竞赛优秀组织单位	省总工会	2019 年 2 月
江苏沙河抽水蓄能发电有限公司	江苏省“安康杯”竞赛优胜单位	省总工会	2019 年 2 月
市人民来访接待中心	2018 年度“三无”县（市、区）创建工作先进单位	省委信访局、省政府信访局	2019 年 2 月
市文化馆艺术团	江苏省工人先锋号	省总工会	2019 年 4 月
市飞跃机电有限公司五金仓库	江苏省工人先锋号	省总工会	2019 年 4 月
天目湖旅游公司	江苏省五一劳动奖状	省总工会	2019 年 4 月

常州市级（条线）先进集体

获得单位	荣誉称号	授予单位	授予时间
市卫计局	常州市五一劳动奖状	常州市人民政府	2018 年 4 月
交通运输局	常州市五一劳动奖状	常州市人民政府	2018 年 4 月
征收办	常州市五一劳动奖状	常州市人民政府	2018 年 4 月
市供电公司	常州市五一劳动奖状	常州市人民政府	2018 年 4 月
交通运输局	常州市先进基层党组织	常州市委	2018 年 6 月
江苏上上电缆集团有限公司	中国工业大奖企业奖	常州市委、市政府	2019 年 2 月
江苏金峰水泥集团有限公司	“提质增效、创新争星”活动重大贡献奖企业	常州市委、市政府	2019 年 2 月
江苏国强镀锌实业有限公司	“提质增效、创新争星”活动重大贡献奖企业	常州市委、市政府	2019 年 2 月
江苏上上电缆集团有限公司	“提质增效、创新争星”活动重大贡献奖企业	常州市委、市政府	2019 年 2 月
江苏金峰水泥集团有限公司	工业五星企业	常州市委、市政府	2019 年 2 月
江苏上上电缆集团有限公司	工业五星企业	常州市委、市政府	2019 年 2 月
江苏国强镀锌实业有限公司	工业五星企业	常州市委、市政府	2019 年 2 月
江苏华朋集团有限公司	工业五星企业	常州市委、市政府	2019 年 2 月
溧阳天山水泥有限公司	工业五星企业	常州市委、市政府	2019 年 2 月
江苏正昌集团有限公司	工业五星企业	常州市委、市政府	2019 年 2 月
江苏安靠智能输电工程科技股份有限公司	工业四星企业	常州市委、市政府	2019 年 2 月
安顺集团有限公司	工业三星企业	常州市委、市政府	2019 年 2 月
溧阳索尔维稀土新材料有限公司	工业三星企业	常州市委、市政府	2019 年 2 月

科华控股股份有限公司	工业三星企业	常州市委、市政府	2019 年 2 月
溧阳市四方不锈钢制品有限公司	工业三星企业	常州市委、市政府	2019 年 2 月
江苏天目湖旅游股份有限公司	现代服务业五星企业	常州市委、市政府	2019 年 2 月
溧阳八佰伴商贸中心有限公司	现代服务业三星企业	常州市委、市政府	2019 年 2 月
苏华建设集团有限公司	房地产和建筑业五星企业	常州市委、市政府	2019 年 2 月
江苏天目建设集团有限公司	房地产和建筑业五星企业	常州市委、市政府	2019 年 2 月
龙海建设集团有限公司	房地产和建筑业五星企业	常州市委、市政府	2019 年 2 月
江苏上弘置业有限公司	房地产和建筑业五星企业	常州市委、市政府	2019 年 2 月
溧阳宋都房地产开发有限公司	房地产和建筑业四星企业	常州市委、市政府	2019 年 2 月
江苏金马工程有限公司	房地产和建筑业四星企业	常州市委、市政府	2019 年 2 月
江苏天力建设集团有限公司	房地产和建筑业四星企业	常州市委、市政府	2019 年 2 月
江苏溧阳建设集团有限公司	房地产和建筑业四星企业	常州市委、市政府	2019 年 2 月
江苏五星建设集团有限公司	房地产和建筑业三星企业	常州市委、市政府	2019 年 2 月
江苏金峰水泥集团有限公司	纳税百强企业	常州市委、市政府	2019 年 2 月
江苏上上电缆集团有限公司	纳税百强企业	常州市委、市政府	2019 年 2 月
江苏国强镀锌实业有限公司	纳税百强企业	常州市委、市政府	2019 年 2 月
苏华建设集团有限公司	纳税百强企业	常州市委、市政府	2019 年 2 月
江苏天目建设集团有限公司	纳税百强企业	常州市委、市政府	2019 年 2 月
江苏华朋集团有限公司	纳税百强企业	常州市委、市政府	2019 年 2 月
龙海建设集团有限公司	纳税百强企业	常州市委、市政府	2019 年 2 月
溧阳天山水泥有限公司	纳税百强企业	常州市委、市政府	2019 年 2 月
江苏上弘置业有限公司	纳税百强企业	常州市委、市政府	2019 年 2 月
江苏正昌集团有限公司	纳税百强企业	常州市委、市政府	2019 年 2 月
江苏金峰水泥集团有限公司	销售规模奖企业	常州市委、市政府	2019 年 2 月
江苏上上电缆集团有限公司	销售规模奖企业	常州市委、市政府	2019 年 2 月
江苏国强镀锌实业有限公司	销售规模奖企业	常州市委、市政府	2019 年 2 月
天目湖先进储能技术研究院有限公司	重大项目投入奖企业	常州市委、市政府	2019 年 2 月
科华控股股份有限公司	上市公司奖企业	常州市委、市政府	2019 年 2 月
溧阳市总工会	常州市五一劳动奖状	常州市人民政府	2019 年 4 月
江苏国强镀锌实业有限公司	常州市五一劳动奖状	常州市人民政府	2019 年 4 月
江苏天目建设集团有限公司	常州市五一劳动奖状	常州市人民政府	2019 年 4 月
溧阳市自然资源局	常州市五一劳动奖状	常州市人民政府	2019 年 4 月
溧阳市白露山生态农业发展有限公司	常州市五一劳动奖状	常州市人民政府	2019 年 4 月
溧阳市住房和城乡建设局	常州市五一劳动奖状	常州市人民政府	2019 年 4 月
溧阳市行政审批局	常州市五一劳动奖状	常州市人民政府	2019 年 4 月
江苏江南农村商业银行股份有限公司溧阳市支行	常州市五一劳动奖状	常州市人民政府	2019 年 4 月

文件摘要

中共溧阳市委　溧阳市人民政府 关于印发《溧阳市乡村振兴三年（2018 － 2020） 行动计划》的通知

溧委发〔2018〕1 号

各镇党委和人民政府，江苏中关村科技产业园、天目湖旅游度假区、溧阳经济开发区党工委和管委会，市各部委办局、直属企事业单位：

《溧阳市乡村振兴三年（2018 － 2020）行动计划》已经市委、市政府同意，现印发给你们，请结合实际，认真组织实施。

溧阳市乡村振兴三年（2018 － 2020）行动计划

实施乡村振兴战略，是党中央作出的重大决策部署，是建设高水平小康社会的重大历史任务，是新时代做好“三农”工作的行动指南和总抓手。为扎实推进乡村振兴，根据《中共中央国务院关于实施乡村振兴战略的意见》、《省委省政府关于贯彻落实乡村振兴战略的实施意见》精神，按照中央提出的实施乡村振兴战略“三步走”目标任务，坚持着眼长远、立足当前，结合我市实际，决定从 2018 年起，实施乡村振兴三年行动。

一、总体任务

以习近平新时代中国特色社会主义思想为指导，牢固树立新发展理念，落实高质量发展要求，坚持农业农村优先发展，紧紧围绕“产业兴旺、生态宜居、乡风文明、治理有效、生活富裕”总目标，大力实施产业振兴、生态宜居、富民增收、改革创新、乡村治理五大工程，积极探索具有溧阳特色的乡村振兴之路，到 2020 年，乡村振兴取得实质性进展，制度框架和政策体系基本形成，农村高水平全面实现小康，力争成为常州、全省实施乡村振兴战略的先行区、示范区，奋力谱写宁杭生态经济带最美副中心城市“三农”工作的新篇章。

二、主要任务

（一）产业振兴工程

1．打造一批特色化农业高地。以“一村一品”理念推进农业供给侧结构性改革，2018 年完成《溧阳市现代农业产业发展规划》编制，以现有专业镇、村为基础，以天目湖白茶、长荡湖特种水产、社渚青虾、溧阳白芹等为代表，重点打造北山林果苗木畜禽、南山经济林果茶、圩区水产粮油等一批结构调整示范区和特色产业集聚区。到 2020 年，共建成高效农业 60 万亩、高效渔业 20 万亩、高标准农田 53 万亩。坚持培大培强培优，集成政策、集中资源，强化引导，制定出台精准扶持农业意见，2018 年起市、镇每年重点扶持一批产业特色显、经济效益高、带动作用强的农业项目。

2．培育一批产业化经营主体。扶持壮大龙头企业、合作社、家庭农场等新型农业经营主体，完善土地入股、股份合作、订单带动、利润返还等“风险共担、利益共享”的利益联结机制，强化对小农户的辐射带动，提升产业化水平。加大农业项目招引力度，2018 年引进 2 家以上市级农副产品加工龙头企业，各镇至少引进 1 个规模农业企业或农旅项目。到 2020 年，分别培育认定省、常州、溧阳市级农业龙头企业 1 家、4 家、18 家，力争实现农业企业股份制改造“零突破”。加快数字农业和智慧农业发展进程，推进物联网、人工智能和遥感技术农机装备的试验示范和推广应用。2018 年完成省级粮食生产全程机械化示范市创建，到 2020 年，培育粮食、设施蔬菜、林茶果等农机服务组织 150 个，基本实现农业生产全面机械化。

3．创建一批品牌化知名产品。实施品牌带动战略，强化地方特色农产品挖掘和品牌保护，进一步放大天目湖品牌效应，不断提高农产品市场竞争力。深化产学研对接，加强新品种新技术的引进和推广，到2020年增加农业科技型企业3家，创立研创中心3个，建成博士后流动站5个。持续推进农产品认证和管理，力争到2020年，“三品”产量占比达55%，重点打造1－2个在全省乃至全国有影响力的农产品区域公用品牌，培育农产品地理标志1－2个、江苏省名牌产品5只。开展“溧阳十大农产品品牌”、“溧阳十大特色农产品（食品）”评定活动。建设农产品质量安全诚信体系，实行农产品质量安全“黑名单”制度，确保全市不发生重大农产品质量安全事件，2018年完成国家级农产品质量安全市创建。

4．建成一批现代化电商平台。以京东溧阳馆、苏宁易购溧阳馆为窗口，大力推广本地特色农产品，构建线下农超对接、线上电子商务为主体的营销体系。2020年前建成农村电商“市级服务中心、镇级服务站、村级服务店”三级网络，创建省级农业电子商务示范企业或基地2个、示范镇3个、示范村5个、重点电子商务特色产业园（街）区2个。力争2018年农产品电商销售额达11亿元，2020年突破20亿元。

（二）生态宜居工程

1．勾勒更优城乡规划。顺应新型城镇化、城乡融合的现代农业发展趋势，遵循乡村发展规律，突出地域特色，注重历史传承，体现乡村风貌，加强各类规划的统筹管理和系统衔接。适时开展主题功能区规划、土地利用规划、城乡规划、生态红线规划“多规合一”工作，形成城乡融合、区域一体的规划体系。加强和改进农村集体建设用地规划建设管理，积极引导农民向新型社区和规划居住点集中。严格规划执行，确保刚性落实。

2．打造更美生态环境。打好污染防治攻坚战，高标准推进“263”专项行动。严格落实《常州市天目湖保护条例》，采取分区、分级、分类管控措施，深入实施《天目湖水源地保护实施方案（2017－2019年）》，保护好天目湖饮用水源地。推进种植业清洁生产，减少农业面源污染物排放，化肥施用量明显下降，农药施用量零增长，到2020年秸秆综合利用率达97%。全面清理整顿不符合规范标准的养殖场，规模化养殖场治理率达90%，畜禽粪便综合利用率达98%。持续推进生态保护和绿化造林，到2020年，新增成片造林5000亩以上。完成天目湖、上兴、社渚、南渡、上黄等镇河道综合整治，实施生态清淤3平方公里，新增湿地面积4500亩以上，完成天目湖国家湿地公园验收。进一步健全和落实河长制，把“一河一策”作为工作抓手，形成高位推动、部门联动、上下互动的治水新格局。集中整治935个自然村的生活污水，2018年完成75%，2019年全面完成，2020年基本消除劣五类水体；重构农村保洁机制与生活垃圾清运体系，城乡生活垃圾无害化处理率达100%。健全镇村网格化环境监管体系，实施“1号公路”沿线环境整治工程，落实镇村为主体的责任机制。从严惩处毁林毁绿等破坏生态行为，精细实施复绿复垦和综合利用工程，让矿山宕口“变废为景”。力争到2020年创建成国家生态文明建设示范市。

3．建设更强基础设施。坚持城乡融合发展，推动农村路网、水网、电网、光网等基础设施互联互通。每年建设旅游公路、“四好农村路”及提档升级农村公路100公里，农危桥改造20座，2018年创成省级“四好农村路”示范县。强化农村饮水安全保障，实现区域供水一体化目标。实施新一轮农村电网升级工程，完成中低压电网建设。加快农村光纤宽带网络、4G通信网络、无线局域网络建设，弥合城乡数字鸿沟。

4．提供更好公共服务。推进社会保险全民参保计划，基本实现社会保险法定人群全覆盖。健全老年人生活保障和乡村医疗卫生服务体系，出台乡村医生管理办法，提高镇村医务人员积极性，到2020年，农村标准化社区居家养老服务中心建成率达40%，乡村医生和村卫生室配备到位。均衡配置城乡义务教育资源，逐步缩小城乡教育差距，使农村学校教师实际工资收入水平高于同职级城镇教师，到2020年，所有学校校园建设、教师队伍、教育装备均达省定标准。加强乡村公共文化服务体系建设，2019年实现村级综合性文化服务中心全覆盖，2020年各镇基本建成不少于5项体育项目的全民健身中心，行政村建成体育活动室和多功能运动场。注重乡村优秀传统文化传承，保护和修复具有历史记忆的乡土文化景观，恢复相关民俗活动。深化水西红色旅游等资源整合，打造省内红色教育品牌。

5．推进重点镇、特色田园乡村建设。深化和扩大经济发达镇管理体制改革，构建以“集中高效审批、强化监管服务、综合行政执法”为基本架构，简约高效的基层政府治理体系。按照《溧阳市特色田园乡村建设试点工作实施方案》（溧委发〔2017〕52号）要求，以溧城镇礼诗圩村、上兴镇牛马塘村、别桥镇塘马村、戴埠镇杨家村、上黄镇南山后村、天目湖镇天目田园、深溪岕村及南山寿谷等示范点（区）建设为基点，努力探索以“政府主导、农民主体、社会参与”的田园乡村建设机制，以新型合作社为基本架构的富民强村模式，以“百姓议事堂”为根本依托的乡村治理结构，建成一批立足乡土社会、富有地域特色、承载田园乡愁、体现现代文明的特色田园乡村。2018年，4个试点村通过省级验收，2020年建成省级特色田园乡村10个以上。

（三）富民增收工程

1．农旅融合富民。推进全域旅游发展，打造“没有边界的景区”，重点加强“天目湖”、“1号公路”包装策划，探索“田园变公园、农区变景区、劳动变运动、产品变商品”的发展路径，有力促进农业增效，推动沿线农民在“家门口”增收致富。以“1号公路”为纽带，加快推进“溧阳茶舍”建设，到2020年建成30个茶舍示范点；依托现代农业产业园和特色农业园区，通过延伸功能、完善设施、引进创意等，发展观光农业、体验农业、休闲农业、度假农业，每年重点打造10个创意休闲农业企业（园区），努力构建“一路一景”、“一路一特色”的“大旅游”格局。

2．就业创业增收。加强农民职业技能培训，实施以新生代农民工为重点的职业技能提升计划，支持企业开展农民工在岗技能培训，加强创业导师队伍建设。进一步落实鼓励农民就业创业政策，加强新型农民创业载体建设，打造乡村“创客空间”。完善城乡劳动者平等就业制度，落实城乡同等就业援助政策，每年实现城镇新增就业1万人以上，帮助就业困难人员实现就业500人以上。深化“放管服”改革，进一步激发市场活力。每年净增私营企业1100户以上、个体工商户3200户以上。

3．政策保障惠民。健全困难群众动态管理机制，加强申请救助家庭经济状况核查，提高救助精准度。建立最低生活保障标准自然增长机制，适时提高城乡低保标准以及农村五保供养标准。取消参加城乡居民医保困难群众市内住院医疗费用结报和大病保险等“两个起付线”，提高住院报销比例、分段支付比例、医疗救助最高补助限额等“三项标准”，探索引入商业医疗补充保险，减轻困难群众医疗负担。重视支持困难群众就业创业，通过购买公共管理和社会服务岗位，优先吸纳低收入家庭、困难家庭高校毕业生就业。

4．多措并举扶贫。深入开展“双挂双促”结对帮扶行动，研究制定新一轮帮扶工作方案。创新帮扶形式，建立以奖代补的帮扶机制，鼓励和引导经济薄弱村通过土地整理、仓储设施、民宿、旅游等项目建设，盘活和整合土地、房产、生态环境和乡村文化等资源，提升村集体稳定增收能力。按照《溧阳市改进占补平衡工作提升村镇集体建设用地利用效益的办法》（溧委发〔2017〕67号）精神，发挥土地整治在助推脱贫攻坚中的作用。继续开展光伏扶贫工作，帮助困难群众获得稳定收入来源。确保2018年底，经济薄弱村集体经济收入均达100万元以上；农村建档立卡低收入农户人均可支配收入达8500元，2020年力争达1万元以上。2020年底，村集体经济纯经营性收入均达50万元以上。

（四）改革创新工程

1．人才机制创新。实施乡村人才振兴计划，落实《天目湖英才榜三年行动计划》等系列人才激励政策，在乡情乡愁的联结下，吸引各方社会贤达投身乡村建设，鼓励大学生、退役士兵、农业科技人员等返乡下乡人员创业创新，推动人才回乡、企业回迁、资金回流、信息回传。重视发挥乡土人才作用，重点发掘在传统工艺、古建技艺、现代农技等领域掌握特殊技能的能工巧匠、经营能人、生产能手。到2020年，评选并重点培育150名市级“乡土专家”，培训新型职业农民不少于8000人次。

2．土地制度创新。推进农村征地制度改革，允许和引导集体经济组织参与集体土地建设非公益性项目的开发和经营。加快推进房地一体的农村集体建设用地和宅基地使用权确权登记工作，尽快全面完成颁证任务。探索宅基地所有权、资格权、使用权“三权分置”的有效实现形式，支持村集体经济组织以出租、联营、入股等方式，盘活利用空闲的农房及宅基地，在符合规划的条件下建设租赁住房。完善农业农村发展用地政策，通过村庄整治、土地整理等节约的建设用地，划出一定比例用于保障现代农业建设、农村新产业新业态发展、民生基础设施等项目用地。完善设施农用地政策，将农产品小型烘干、冷链、初加工、休闲采摘、仓储流通等设施纳入设施农业用地范围。编制村级土地利用规划，调整优化村庄用地布局，有效利用农村零星分散的存量建设用地。加强农村土地流转管理，建立土地流转分级核准制度，镇（街道）流转土地面积300亩（含）以上须报市政府核准。

3．农村金融创新。加强土地确权登记颁证成果应用，制定农村土地承包经营权抵押贷款实施细则，选取1－2个镇开展试点，并扩面提质。创设“政银担”模式，设立规模1亿元的溧阳市政银担风险补偿基金，首期规模5000万元，缓解中小企业和“三农”经济融资困难。扩大创业担保贷款对象范围，个人创业贷款最高额度提高至30万元，贷款期限延长至3年。

4．农村集体产权制度改革。建立农村集体经济组织成员动态管理机制，全面开展农村集体资产清产核资，规范农村集体资产财务管理与监督，出台村经济（股份）合作社组建登记办法，深入推进村经济合作社的建立运行，完善其治理结构。探索在有条件的城中村、镇中村、园中村、无农用地的村开展农村集体经济股份制改革，规范股权设置，成立股份经济合作社。重点抓好戴埠镇戴南村集体经济合作社试点和溧城镇先进村的股份制改革试点工作。进一步健全农村产权交易市场体系，规范交易行为和服务功能，实现农村产权交易增量扩面、应进尽进、线上交易。

（五）乡村治理工程

1．夯实基层基础。加强农村基层党组织建设，以提升组织力为重点，突出政治功能，着力推动“六强六过硬”要求在农村落地生根，把农村基层党组织建成坚强战斗堡垒。深入整顿软弱涣散农村基层党组织，选派高校毕业生、农村能人、机关企事业单位优秀干部到镇村任职，从严管理农村党员干部队伍，整治发生在群众身边的不正之风。实施村干部素质提升行动，选优配强村党组织书记，全面推行村党组织书记“5A”晋档升级管理，继续推进“定制村官”培育和优秀退役士兵村官工程。开展村干部激励关怀暖心工程，坚持政治激励与经济激励两手抓，畅通优秀村干部上升通道。逐步提高基层党组织带头人收入水平，探索建立村干部离退职专项保险，提升村民小组长补贴报酬水平。实施基层干部党性党务双提升培训工程，每年分批组织村（社区）党组织书记、村级党员后备干部培训，3年实现全覆盖。

2．深化村民自治。完善村务监督委员会工作规则，逐步实现村纪检委员兼任村务监督委员会主任，确保工作有序开展。制定《加强“百姓议事堂”建设工作方案》，确保2018年每个行政村“百议堂”均正常运转，2019年拓展“百议堂”协商主体的范围，2020年实现“民社单层协商”向“党政群民社多层协商”发展。深入开展农村集体“三资三化”专项提升行动，积极推进以村级非现金结算、预决算制度、“村银对接”、会计服务站建设为重点的财务规范管理，构建“阳光村务”微信公众号、村级“三资”信息触摸屏、村务电视公开试点“三位一体”的村务公开模式，真正实现权力在阳光下运行、资金在网络上监管、风险在流程中控制、资源在市场中配置。

3．建设乡村文明。深化农村精神文明建设，坚持开展“践行核心价值、培育文明乡风”主题活动，积极倡导移风易俗、开展弘扬时代新风活动，培育“新乡贤”和“乡贤文化”，引导乡村社会见贤思齐、见德思义，每年打造一批精神文明建设示范村、推选一批农村“新乡贤”。增强农村志愿服务水平，推动镇村两级乡风文明志愿站点全覆盖。推进文明村镇和农村党员示范户、星级文明户、五好文明家庭创建活动，扩大创建覆盖面和影响力。开展寻找最美乡村教师、医生、村官等活动，通过身边典型教育人、感染人。深化农村殡葬改革，加强镇级生态公墓建设，积极倡导和推行节地生态安葬。

4．推行网格治理。按照尊重传统、着眼发展、便于管理要求，科学设置基础网格、专属网格，推动基层政府行政资源、公共服务资源、社会资源、市场资源等服务管理资源在网络内得到最大限度整合。切实选优选强网格员，充分发挥村民小组长在网络化管理中的基础作用，使网格管理员队伍、志愿者团队、社会组织、群防群治等力量在网格内有效衔接、优势互补，切实提高乡村治理社会化、法治化、智能化、专业化水平。

三、加强党对“三农”工作的领导

1．强化组织领导。坚持把实施乡村振兴战略摆在优先位置，建立健全党委统一领导、政府负责、部门分工协作的工作领导体制，实行市抓统筹、镇村抓落实的工作机制。成立市乡村振兴工作领导小组，由市委、市政府主要领导牵头，负责研究确定乡村振兴工作的重大事项。各镇（街道）党委、政府每年向市委、市政府报告乡村振兴进展情况，市委、市政府每年向常州市委、市政府作出报告。

2．强化队伍建设。适应实施乡村振兴战略的需要，加强“三农”干部的培养、配备、管理、使用，把到农村一线工作锻炼作为培养干部的重要途径，制定实施专门培训计划，扎实开展“不忘初心、牢记使命”主题教育，提升干部能力水平，努力造就一支“懂农业、爱农村、爱农民”的“三农”工作队伍。

3．强化氛围营造。建立健全实施乡村振兴战略财政投入保障制度，公共财政更大力度向“三农”倾斜，确保财政投入与乡村振兴目标任务相适应。充分发挥财政资金的引导作用，撬动金融和社会资本更多投向乡村振兴。大力宣传党的乡村振兴方针政策和各地丰富实践，充分调动广大农民群众投身乡村振兴的积极性、主动性、创造性，切实发挥农民在乡村振兴中的主体作用。

中共溧阳市委　溧阳市人民政府
关于印发《关于加快推进全域旅游发展
的实施意见》的通知

溧委发〔2018〕21号

各镇党委和人民政府，江苏中关村科技产业园、天目湖旅游度假区、溧阳经济开发区党工委和管委会，市各部委办局、直属企事业单位：

《关于加快推进全域旅游发展的实施意见》已经市委、市政府同意，现印发给你们，请结合实际，认真组织实施，确保完成各项任务。

关于加快推进全域旅游发展的实施意见

为深入贯彻高质量发展要求，进一步发挥旅游业在转方式、调结构、惠民生中的重要作用，根据国务院、省政府关于促进旅游业改革发展的精神和国家旅游局关于开展国家全域旅游示范区创建工作要求，围绕我市“全域旅游推进年”工作主题，现就加快推进全域旅游发展提出如下意见：

一、指导思想

以习近平新时代中国特色社会主义思想为指导，紧扣乡村振兴战略，全力推动旅游发展与优质服务供给、生态供给、富民强市相融合，加快推进“国家全域旅游示范区”创建，努力把溧阳建设成全国知名的休闲度假目的地和长三角最具吸引力的休闲度假城市，为建设宁杭生态经济带最美副中心城市奠定坚实基础。

二、主要目标

以创建“国家全域旅游示范区”为抓手，通过旅游机制体制改革创新、旅游供给极大丰富、旅游产业融合发展、旅游公共服务提档升级，推动旅游业转型升级、提质增效，实现全市旅游产业结构调整和优化，全面提升旅游发展质量。力争到2019年底创成“国家全域旅游示范区”，实现接待游客2100万人次，旅游总收入252亿元，服务业增加值占GDP比重达到46.5%以上。

三、重点任务

（一）突出全域规划引领。坚持规划先行，夯实全域旅游统筹发展、高标准发展的基础。完善规划编制。按照“多规合一”原则，推动旅游规划与经济社会发展规划、城乡建设规划、土地利用总体规划、生态环境保护规划有机融合。编制《溧阳市全域旅游发展规划》，将整个市域作为旅游目的地来规划和营销。提升完善景区、景点（项目）详细规划，强化旅游与农业、水利、林业、体育、文化、康养、工业、商贸相关产业和行业的融合，充分发挥旅游产业的辐射能力和带动作用。突出要素建设。推动旅游要素的全域化布局，将旅游要素融入重点区域各类建设项目。推进旅游基础设施、公共服务和城乡建设一体化发展。强化规划管控。加强旅游规划实施管理，全域旅游发展总体规划及重点旅游专项规划由市政府批准发布，提升规划实施的法律效力，并建立旅游规划评估与实施督导机制。

（二）丰富旅游产品供给。坚持把丰富旅游产品供给作为推动全域旅游发展的核心工作，以传统景区旅游为基础，向形成相对完整的文化、休闲、健康产业融合发展和产品供给体系上抓推进。

1．推进景区提升。围绕“三山两湖一团城”旅游布局，持续做强全域旅游核心板块。天目湖旅游度假区重点加强精细开发和精致建设，编制《天目湖旅游度假区总体规划》，进一步优化功能布局，加快从“景区5A”向“全域5A”转变，全力打造成中国一流的旅游度假目的地。在城市南部片区规划天目湖生命康原。南山景区重点挖掘文化内涵，启动南山寿谷特色田园乡村示范区成片建设，着眼高端度假，进一步提升南山景区旅游品质。曹山旅游度假区加快完善旅游服务功能，提升高端旅游休闲项目承载能力，着力丰富旅游产品，提升省级旅游度假区内涵。水西红色教育培训基地以新四军江南指挥部纪念馆为主体，有效整合各类资源，加强基础设施建设和环境改造，完善《水西村红色教育培训特色小镇概念规划》，着力打造省内红色教育培训旅游品牌。加快推进别桥原乡旅游区开发，深入开展瓦屋山、长荡湖、“宋团城”旅游开发规划研究，全力拓展全域旅游空间。

2．推进旅游招商。紧盯旅游发展短板，围绕大型旅游综合体、高端休闲酒店、健康养老项目，招引一批国内领先、国际知名的地标性项目和“人无我有、人有我优”的旅游产品。2018年，天目湖旅游度假区要引进超50亿元或5亿美元项目和超10亿元或1亿美元项目各2个以上；曹山旅游度假区和戴埠镇各引进超20亿元或2亿美元高端休闲健康项目2个以上；溧城镇引进品牌餐饮企业2家以上。

3．推进项目落地。按照“突出重点、加快推进”的要求，狠抓旅游项目落地，力争南山竹海旅游综合体、中信国安江南第一城、蓝城大溪项目、曹山新阳酒店、天目湖“桂林山居”和涵田半岛健康养生中心等重大旅游项目开工建设。加快推进启迪冰雪世界、田家山房精品酒店和青羽舍温泉度假村酒店等一批特色旅游项目。

4．推进产业融合。把产业融合作为丰富旅游产品供给的重要手段，推动“旅游+”跨界融合，延长旅游发展链条，打造处处有风景的旅游格局。推动“旅游+特色田园乡村”。加快省级特色田园乡村试点村建设步伐，2018年确保戴埠镇杨家村、溧城镇礼诗圩村、别桥镇塘马村、上兴镇牛马塘村等4个特色田园乡村试点村通过省级验收。围绕特色田园乡村和美丽乡村建设，全力培育致富农民的特色产业，注重把农副产品转化为旅游商品，拓宽农民致富途径。积极培育一批大地艺术、农耕体验等创意农旅产品。推动“旅游+特色小镇”。2018年重点推进南山竹海风情小镇建设，编制《溧阳市南山竹海风情小镇专项规划》，力争2019年创成首批江苏省旅游风情小镇。同时，立足各镇经济、交通、资源等基础，深入挖掘产业特色、人文底蕴和生态禀赋，加快推进别桥无人机特色小镇、曹山体育健康特色小镇和天目湖旅游小镇等特色小镇

宋团城新貌　　（市摄影家协会　供稿）

建设，积极开展各类特色小镇的申报，争取有更多的资源集聚溧阳。推动“旅游+文化、体育”。围绕“美音自在溧阳”主题，深入挖掘溧阳历史文化，研究开发利用贞女祠、蔡邕读书台、欧冶子铸剑台、马一龙故里等历史遗存，逐步修复“宋团城”传统风貌街区，充分利用文化小礼堂等文化体育设施，打造文化驿站，着力丰富溧阳旅游的文化内涵。大力推广乡土文化，在旅游景区和重大节会中展示非遗项目、传统手工技艺等乡土文化，打造品牌旅游演艺项目2个以上。大力举办体育赛事，力争创成1–2个省级以上赛事品牌。推动“旅游+新业态”。探索发展工业旅游，鼓励引导工业企业、园区以工业生产过程、企业文化、工人工作生活场景为旅游吸引物发展特色工业旅游，“十三五”期间，力争创建省级工业旅游示范基地2个以上。积极发展房车装备制造业、房车租赁服务业，加快推进上汽房车营地、乡村旅游房车露营地、自驾游基地等建设步伐，为游客带来更大的舒适便利。

5．培育特色品牌。把品牌建设作为全域旅游发展的重要抓手，不断提升“天目湖”品牌的知名度和美誉度，着力打造“1号公路”、“溧阳茶舍”等特色品牌。“1号公路”品牌。把溧阳1号公路作为全域旅游体系建设的载体，加强沿线地区的整体研究、科学统筹和规划布局，深化沿线旅游产品开发建设，策动乡村振兴，真正把“1号公路”变为“旅游1号”、“富民1号”、“生态1号”和“文化1号”，努力将其打造成溧阳的又一块“金字招牌”和全国乡村旅游的“1号品牌”。在365公里1号公路上，完善沿线标识、驿站、观景台、停车场等配套设施。聚力农业、农村、农民发展，整治提升沿线环境，积极培育旅游新业态，建设一批农旅融合项目，推动农民致富。溧阳茶舍（精品民宿）品牌。根据《溧阳市鼓励和促进“溧阳茶舍”发展的实施意见》，进一步统筹旅游设施和产品布局，编制《“溧阳茶舍”与驿站布局规划》，持之以恒加快推进溧阳茶舍建设，制定《溧阳茶舍（精品民宿）等级评定标准》，把溧阳茶舍（精品民宿）作为引领全域旅游特色产品发展的重要内容。2018年完成3至5个溧阳茶舍政府示范项目，引进3至5个溧阳茶舍项目。开展溧阳茶舍标识系统设计工作，

宣传茶舍业态和特色产品，打响体现地方特色的溧阳民宿品牌。

（三）创优旅游发展环境。以品质为要、以满意为纲，坚持不懈抓优质生态供给、优质服务供给，着力把优质环境打造成全域旅游开发的硬条件和软实力。

1．创优生态环境。创建国家生态文明建设示范市，高标准推进“263”专项行动，全力培育优质生态供给，确保位列常州“263”专项行动及生态文明在行动考核第一方阵。扎实推进天目湖水源地保护，严格落实《常州市天目湖保护条例》，深入实施《天目湖水源地保护实施方案（2017—2019）》，组织编制《天目湖保护规划》，加强水源地规划、保护、管理和利用。持续推进宜居宜业的美丽乡村建设，深入开展农村环境综合整治，实施农村人居环境整治三年行动计划，以农村垃圾、污水治理和村容村貌提升为主攻方向，整合各种资源，强化各种举措，稳步有序推进农村人居环境突出问题治理；建立完善的农村环境综合治理长效管理机制，着力为全域旅游发展提供优美的农村生活、游憩环境。

2．创优服务环境。加强咨询服务。整合天目湖游客中心为市级全域旅游集散中心，完善旅游集散中心功能；提升天目湖旅游度假区、南山景区、曹山旅游度假区、别桥原乡旅游区等各级游客服务中心和咨询体系建设水平，推动公共服务从景区景点向全域拓展，实现旅游要素和旅游服务的全域覆盖。完善标识系统。按照“谁修（建）道路，谁负责旅游标志指引牌建设”的原则，全域建立使用规范、布局合理、指向清晰、内容完整的旅游交通引导标识体系；加快推进旅游公路导视系统向智能化发展，更好的突出旅游的地域属性和特征，提高整体进入性和通达性。提标旅游厕所。推进旅游景区、乡村旅游集聚区、城市休闲空间等旅游厕所建设，实施乡村旅游点旅游厕所改造提升工程，区域内旅游单位的旅游厕所80%以上达到A级以上标准。延伸公共服务。按照“主客共享”理念，加强公共交通、绿道休闲慢行系统、城市公园绿地与市民广场等公共休闲与文化娱乐场所等建设，推进城市主要道路两侧具备条件的机关事业单位拆围改建工作，建设与游客承载量相适应的生态绿地，并具备生态停车场功能，实现公共服务的全域覆盖，构建外来游客与本地市民共享的高品质社会生活环境。发展智慧旅游。加快旅游救援体系建设，建立全域旅游应急指挥平台；推动“旅游＋互联网”高度融合，加快建设集旅游管理、旅游服务和旅游营销为一体的“畅游溧阳”智慧旅游服务平台；着力发展和建设一批智慧旅游企业、智慧旅游景区；不断完善“自在溧阳”公共服务平台功能，推进“自在溧阳”APP更新迭代和推广使用；推进“落地自驾”服务平台建设。

3．创优监管环境。深入贯彻实施《中华人民共和国旅游法》、《江苏省旅游条例》等法律法规，在天目湖旅游度假区进一步强化综合执法和长效管理机制，对低价购物、新兴业态违规经营等活动，进一步加大打击力度，维护市场公平、公正秩序。充分发挥游客、社会公众及新闻媒体的监督作用，加大旅游违法行为曝光力度。建立统一受理旅游投诉机制，形成旅游投诉处理网络体系和线上线下联动、高效便捷畅通的旅游投诉受理、处理、反馈机制。加快旅游信用体系建设，扩大旅游“红黑榜”应用，引导旅游企业诚信经营。制定全市旅游行业安全生产风险管控办法，完善安全应急处置预案和旅游救援体系。加强文明旅游宣传引导，持续提升游客满意度。

（四）创新旅游营销机制。坚持把全方位营销作为推介全域旅游的主要途径，制定全域旅游整体营销规划和方案，着力提升溧阳旅游的知名度和吸引力。加强媒体促销。积极与央视等知名媒体合作，宣传“美音自在溧阳”城市旅游形象。提升新型载体宣传质量，持续开展“乘着高铁游溧阳”系列活动，在京沪高铁、宁杭高铁命名“溧阳天目湖号”列车。举办溧阳旅游攻略大赛，加强“游子吟·溧阳”等微信平台建设，提升天目湖旅游旗舰店在天猫等网络电商平台上的影响力。打造节庆品牌。围绕天目湖国家级旅游度假区、国家5A级景区、国家生态旅游示范区等金字招牌，加强包装策划和宣传推广，开展茶叶节、旅游节等节庆活动；同时，举办中国溧阳“宋团城”观灯节、曹山龙狮大赛等系列品牌节庆活动，全面展示“美音自在溧阳”的独特魅力。强化政企社联手。政府主导加强“美音自在溧阳”整体形象宣传推广，精心编制溧阳全域旅游手册、溧阳旅游攻略、溧阳全域旅游商品导览等旅游宣传制品，不断提升溧阳及溧阳旅游的知晓度。强化企业在线路包装设计和营销推广方面的主体作用，引导旅行社做地接、做特色，针对不同的目标群体，包装设计出一批市场认同度高、资源整合效果好、游客停留时间长、人均消费高的旅游线路。发挥好社会联动作用，实施“全民形象”工程，促进市民自觉把自己作为旅游环境建设的一份子，提升整体旅游意识和文明素质。

四、保障措施

（一）创新体制机制。深化旅游行政管理体制改革，加快推进旅游管理体制从行业管理向产业管理和社会管理转变，形成“统一领导、各负其责、齐抓共建、协调高效”的旅游综合管理体制。强化旅游市场综合监管，完善“1+3”现代旅游治理机制，研究设立旅游警察、市场监管旅游分局，强化旅游巡回法庭职能。天目湖镇不断完善集市场监管、投诉处理等职能为一体的管理机制。进一步加强南山景区综合管理办公室职能。整合行政执法资源，逐步探索旅游市场综合行政执法，维护市场秩序，保障游客合法权益，进一步提升溧阳旅游的满意度和美誉度。

（二）强化要素保障。按照“区分项目、分类出让”原则，优化休闲健康项目土地出让流程和完善用地批后监管制度，科学统筹管理旅游资源。研究制订“溧阳茶舍”宅基地供应流程，探索土地利用总体规划实行“弹性规划”，积极争取重点旅游项目点状供地试点。市级重点旅游项目采取一事一议的办法，在资金、用地、规费等方面予以重点扶持。加强与旅游院校合作，实施旅游行业储培工程，搭建校企人才对接平台。建立第三方合作机制，加强景区、饭店、旅行社专业人才队伍建设和旅游企业安全员队伍建设。加大对旅游行业“工匠”的培训扶持力度，提高行业从业人员素质。加大旅游引导资金扶持力度，支持符合全市旅游产业发展方向、具有导向作用的重点项目和重要旅游公共服务设施建设，保障宣传促销、旅游规划编制、重要旅游产业功能区的整体推进。

（三）加快项目推动。成立以市委、市政府主要领导挂帅的加快推进全域旅游发展领导小组，负责统筹规划、决策部署、协调推进全域旅游发展和国家全域旅游示范区创建各项工作。建立旅游项目库，加大对重点项目建设的服务保障力度，定期研究、解决项目建设过程中的问题。建立全域旅游推进的定期督查督促和通报机制，单月督查项目前期、双月督查项目招商、季末现场督查通报。优化年度考核办法，将全域旅游发展各项工作完成情况纳入全市目标任务与绩效管理考核体系，并列入全市优秀项目评选，加大考核权重。建立健全全域旅游统计体系，推动旅游产业深度融合，形成加快全域旅游发展的新动能。

（四）凝聚发展合力。深化对旅游业重要性的认识，形成发展全域旅游的共识，把思想和行动统一到市委、市政府决策部署上来，增强推进全域旅游发展的责任感和主动性。树立“处处都是旅游环境，人人都是旅游形象”的理念，开展旅游相关知识宣传教育，强化居民的旅游参与意识、旅游形象意识和旅游责任意识。积极宣传国家全域旅游示范区创建工作的新举措、新进展、新成效，强化舆论引导，形成宣传声势，营造合力推进旅游发展的社会氛围。

2018 年重要文件题录

中共溧阳市委员会

1 号　印发《溧阳市乡村振兴三年（2018—2020）行动计划》的通知

3 号　关于印发《2018 年全市党建工作要点》的通知

4 号　关于印发《中共溧阳市委常委会 2018 年工作要点》的通知

7 号　关于开展“重大项目推进年”和“全域旅游推进年”活动的实施意见

13 号　印发《中共溧阳市委关于贯彻落实＜中共中央政治局贯彻落实中央八项规定实施细则＞的具体办法》的通知

14 号　关于实施省委巡视整改“五项制度”的通知

15 号　关于实施“611”年轻干部培养选拔计划的意见

16 号　关于印发《溧阳市创建国家生态文明建设示范市工作方案》的通知

19 号　印发《关于贯彻〈中国共产党问责条例〉实施细则》的通知

21 号　关于印发《关于加快推进全域旅游发展的实施意见》的通知

22 号　关于深化市级国有企业改革和加强国有资产管理的实施意见

23 号　关于印发《溧阳教育发展三年行动计划（2018—2020 年）》的通知

24 号　关于印发《2017—2021 年市委巡察工作规划（修订）》的通知

26 号　关于印发《溧阳市 2018 年大气污染防治攻坚行动方案》的通知

27 号　印发《关于深入开展扫黑除恶专项斗争的工作方案》的通知

29 号　印发《关于稳步推进农村集体产权制度改革的实施意见》的通知

33 号　印发《关于创新网格化社会治理机制的实施意见》的通知

35 号　印发《关于建设新时代文明实践中心的实施意见》的通知

36 号　印发《关于全面优化政治生态的实施办法》的通知

溧阳市人民政府

12 号　关于印发《溧阳市工业用地收购储备实施意见》的通知

13 号　关于印发《2018 年溧阳市打好污染防治攻坚战暨“两减六治三提升”专项行动工作方案》的通知

15 号　关于印发《溧阳市工业企业资源集约利用实施差别化政策的意见》的通知

16 号　关于加强基层人民武装部规范化建设的通知

23 号　关于深入推进“散乱污”企业（作坊）专项整治工作的通告

24 号　关于印发《溧阳市国有资金投资工程建设项目招标投标管理办法》的通知

27 号　关于印发《溧阳市市区声环境功能区划》的通知

37 号　关于公布溧阳市第一批历史建筑的通知

39 号　溧阳市 2018 年法治政府建设工作报告

中共溧阳市委员会办公室

9 号　关于印发《溧阳市镇村志编纂工作方案》的通知

14 号　关于印发《信访突出问题和重点人员化解稳控人员大突破专项行动实施方案》的通知

16 号　关于印发《溧阳市贯彻落实党政主要负责人履行推进法治建设第一责任人职责规定实施办法》的通知

22 号　关于印发《关于贯彻落实党的十九大精神进一步

健全改革推进落实机制的意见》的通知
23 号　关于印发《市委全面深化改革领导小组工作规则》、《改革领导小组专项小组工作规则》、《改革办工作细则》的通知
24 号　关于印发《中共溧阳市委全面深化改革领导小组 2018 年工作要点》的通知
26 号　关于印发《2018 年全市督查工作重点》的通知
27 号　关于进一步加强“四大经济”招商工作的通知
38 号　关于印发《溧阳市 2018 年东西部扶贫协作工作要点》的通知
51 号　关于深入学习贯彻习近平新时代中国特色社会主义思想和党的十九大精神的通知
54 号　印发《关于加强全市湖长制工作的实施方案》的通知
58 号　印发《关于进一步加强市委巡察整改和成果运用工作的意见》的通知
59 号　关于印发《溧阳市深化文明城市建设三项重点整治工作方案》的通知
61 号　关于转发《常州市机关首问负责制实施办法（试行）》的通知
69 号　关于印发《党政干部鼓励激励实施办法》《进一步健全容错纠错机制的实施办法》《推进党政领导干部能上能下实施办法》的通知

溧阳市人民政府办公室

2 号　关于印发《溧阳市 12345 政府公共服务平台运行管理办法（试行）》的通知
3 号　关于印发《溧阳市批而未供土地专项处置工作方案》的通知
4 号　关于印发《溧阳市创建江苏省食品安全示范县（市、区）工作方案》的通知
11 号　关于印发《溧阳市城市总体规划（2016—2030）专项规划工作方案》的通知
13 号　关于印发《溧阳市物业管理纠纷人民调解机制的实施意见》的通知
14 号　关于切实做好 2018 年农村公路建设、农危桥改造工作的通知
19 号　关于印发《溧阳市创建国家园林城市实施方案》的通知
23 号　关于印发《溧阳市创建中国人居环境奖实施方案》的通知
25 号　关于印发《溧阳市“1 号公路”路域环境综合整治行动方案》的通知
26 号　关于印发《溧阳市城区菜市场标准化改造实施意见》的通知
28 号　关于印发《溧阳市春夏火灾防控四项整治攻坚行动实施方案》的通知
30 号　关于印发溧阳市集中式饮用水水源地环境问题整治方案的通知
36 号　关于印发《溧阳市创建国家节水型城市实施方案》的通知
42 号　关于印发 2018 年全市食品安全重点工作安排的通知
45 号　关于印发《2018 年全市应急管理工作要点》的通知
46 号　关于印发溧阳市城镇人口密集区危险化学品生产企业专项整治行动方案的通知
47 号　关于印发溧阳市长江经济带化工污染专项整治工作方案的通知
48 号　关于印发《溧阳市“散乱污”企业（作坊）专项整治工作方案》的通知
51 号　关于印发《溧阳市深入推进社会保险全民参保计划“三年行动”实施方案》的通知
58 号　关于印发《溧阳市“两个一批”码头专项整治工作实施方案》的通知
64 号　关于印发《溧阳市创建“江苏省优秀管理城市”工作方案》的通知
65 号　关于进一步完善预防和解决企业拖欠工资问题专项工作机制的通知
67 号　关于印发《溧阳市预拌混凝土企业（作坊）专项整治工作方案》的通知
68 号　关于印发《溧阳市殡葬领域突出问题专项整治行动方案》的通知
73 号　关于印发《溧阳市进一步推进矿山环境整治工作方案》的通知
74 号　关于印发《溧阳市畜禽养殖废弃物资源化利用实施方案》的通知
77 号　关于印发《溧阳市粮食生产功能区和重要农产品生产保护区划定工作方案》的通知
80 号　关于印发《溧阳市生态河湖行动方案（2018 － 2020 年）》的通知
82 号　转发《常州市人民政府办公室关于建立完善基层“互联网＋政务服务”体系的实施意见》的通知
86 号　关于深入开展轧钢行业违法违规行为专项整治行动的通知
99 号　关于印发溧阳市高质量实现“3550”目标实施方案的通知
107 号　关于印发《溧阳市养殖水域滩涂规划（2018—2030）》的通知

统计资料

2018年溧阳市人口、就业及土地面积基本情况

表60

指标名称	计量单位	合计
年末户籍人口	万人	79.04
#女	万人	39.31
户籍人口城镇化率	%	61.8
年平均人口（户籍）	万人	79.07
年末常住人口	万人	76.33
#城镇常住人口	万人	46.11
常住人口城镇化率	%	60.4
当年出生人口	人	6709
当年死亡人口	人	6112
年末户籍户数	户	264519
从业人员	万人	49.90
第一产业	万人	11.56
第二产业	万人	24.31
第三产业	万人	14.03
从业人员期末人数（城镇非私营单位）	人	64666
(一)按国民经济行业分组		
#采矿业	人	–
制造业	人	16375
电力、热力、燃气及水生产和供应业	人	590
建筑业	人	16952
批发和零售业	人	1743
交通运输、仓储和邮政业	人	1108
住宿和餐饮业	人	1305
信息传输、软件和信息技术服务业	人	278
金融业	人	95
房地产业	人	755
租赁和商务服务业	人	668
科学研究和技术服务业	人	1010
水利、环境和公共设施管理业	人	2370
居民服务、修理和其他服务业	人	179
教育	人	7547
卫生和社会工作	人	4466
文化、体育和娱乐业	人	749
公共管理、社会保障和社会组织	人	8476
#第一产业(农林牧渔业)	人	
第二产业	人	33917
第三产业	人	30749
(二)按登记注册类型分组		
#国有单位	人	22318
城镇集体单位	人	1861
港澳台商投资单位	人	6516
外商投资单位	人	6325
在岗职工人数	人	63285
#国有单位	人	21624
城镇集体单位	人	1853
港澳台商投资单位	人	6479
外商投资单位	人	6325
在岗职工平均人数	人	59100
私营企业从业人员	人	252950
个体从业人员	人	96389
城镇私营和个体从业人员	人	282204
城镇登记失业人员数	人	3660
城镇登记失业率	%	1.50
行政区域土地面积	平方公里	1534.52
#建成区面积	平方公里	32.20
城市现状建设用地面积	平方公里	32.18
#居住用地	平方公里	9.42
公共管理与公共服务用地	平方公里	2.78
商业服务业设施用地	平方公里	2.25
工业用地	平方公里	6.88
物流仓储用地	平方公里	0.68
道路与交通设施用地	平方公里	6.05
公用设施用地	平方公里	1.12
绿地与广场用地	平方公里	3.00
本年征用土地面积	平方公里	–
其中：耕地	平方公里	–
实际新增建设用地面积	平方公里	–

2018 年溧阳市综合经济基本情况

表61

指　标　名　称	计量单位	合　计	指　标　名　称	计量单位	合　计
地区生产总值	亿元	935.51	卫生和社会工作	亿元	—
#农业	亿元	32.06	文化、体育和娱乐业	亿元	—
林业	亿元	0.51	公共管理、社会保障和社会组织	亿元	—
畜牧业	亿元	2.13	#第一产业增加值	亿元	51.06
渔业	亿元	16.36	第二产业增加值	亿元	453.97
农林牧渔服务业	亿元	2.58	#工业增加值	亿元	379.67
工业	亿元	379.67	第三产业增加值	亿元	430.48
建筑业	亿元	74.3	人均地区生产总值（按常住人口计算）	元	122626
批发和零售业	亿元	7150.73	地区生产总值（2015年价格）	亿元	950.35
交通运输、仓储和邮政业	亿元	32.66	第一产业	亿元	47.33
住宿和餐饮业	亿元	22.29	第二产业	亿元	480.37
信息传输、软件和信息技术服务业	亿元	—	#工业	亿元	399.91
金融业	亿元	47.5	第三产业	亿元	422.65
房地产业	亿元	41.29	地区生产总值指数（上年=100）	—	108.0
租赁和商务服务业	亿元	—	第一产业	—	100.3
科学研究和技术服务业	亿元	—	第二产业	—	110.1
水利、环境和公共设施管理业	亿元	—	#工业	—	107.9
居民服务、修理和其他服务业	亿元	—	第三产业	—	106.5
教育	亿元	—	人均地区生产总值指数（上年=100）	—	107.8

2018 年溧阳市固定资产投资基本情况

表62

指　标　名　称	计量单位	合　计	指　标　名　称	计量单位	合　计
固定资产投资(不含农户)	万元	3443900	新增固定资产	万元	—
#工业投资	万元	2218283	住宅竣工面积	万平方米	69.74
#房地产开发投资	万元	608582	商品房销售面积	万平方米	117.21
#住宅	万元	533050	#住宅	万平方米	112.32
固定资产投资本年资金来源			#别墅、高档公寓	万平方米	1.91
国家预算内资金	万元	—	商品房销售额	万元	1320480
国内贷款	万元	—	#住宅	万元	1265912
利用外资	万元	—	#别墅、高档公寓	万元	28363
自筹资金	万元	—	待售面积	万平方米	46.87
其他资金	万元	—	#住宅	万平方米	22.77

2018年溧阳市交通运输、邮电通信、电力基本情况

表63

指标名称	计量单位	合计	指标名称	计量单位	合计
公路里程	公里	2624	邮电业务总量	万元	107461
#等级公路	公里	2624	邮政行业业务收入	万元	30000
#高速公路	公里	78	电信业务收入	万元	73361
公路客运量	万人	771.40	固定电话用户	户	159060
公路货运量	万吨	2985.00	移动电话年末用户	户	874680
沿海港口货物吞吐量（规模以上）	万吨		#3G以上移动电话用户	户	791929
内河港口货物吞吐量（规模以上）	万吨	2413.00	互联网宽带接入用户	户	185165
水上客运量	万人	58.40	能源生产总量	万吨标准煤	–
水上货运量	万吨	595.00	能源消费总量	万吨标准煤	–
民用航空客运量	万人		#规模以上工业能源消费量	万吨标准煤	479
民用航空货邮运量	吨		全社会用电量	万千瓦时	943107
民用汽车拥有量	辆	161636	#工业用电	万千瓦时	791261
#私人汽车拥有量	辆	144596	城乡居民生活用电	万千瓦时	66703
邮政局所数	处	39	#城镇居民生活用电	万千瓦时	25215

2018年溧阳市规模以上工业、建筑业基本情况

表64

指标名称	计量单位	合计	指标名称	计量单位	合计
规模以上工业企业单位数	个	385	#大型企业	万元	5528253
1.内资企业	个	344	中型企业	万元	2237155
#国有企业	个	1	小型企业	万元	4564550
私营企业	个	311	#制造业	万元	12275804
2.港澳台商投资企业	个	18	电力、热力、燃气及水生产和供应业	万元	267505
3.外商投资企业	个	23	#规模以上农产品加工业产值	万元	237688
#高技术产业企业	个	29	资产总计	万元	11735472
#国有控股企业	个	13	流动资产合计	万元	6628079
#轻工业	个	87	固定资产合计	万元	–
#大型企业	个	7	负债合计	万元	8041912
中型企业	个	43	主营业务收入	万元	12592691
小型企业	个	322	主营业务成本	万元	10744412
规模以上工业总产值(当年价)	万元	12595744	主营业务税金及附加	万元	68517
1.内资企业	万元	9910387	利润总额	万元	878600
#国有企业	万元	156143	本年应交增值税	万元	441605
私营企业	万元	9201870	平均用工人数	人	70246
2.港澳台商投资企业	万元	2206375	建筑企业单位数	个	124
3.外商投资企业	万元	478982	建筑企业从业人员	人	216576
#高技术产业企业	万元	974060	建筑业总产值	万元	7644102
#国有控股企业	万元	388217	房屋建筑施工面积	万平方米	3594.46
#轻工业	万元	1417345	房屋建筑竣工面积	万平方米	1167.45

2018年溧阳市财政、金融、保险基本情况

表65

指　标　名　称	计量单位	合　计	指　标　名　称	计量单位	合　计
财政总收入	万元	1056226	科学技术	万元	40575
上划中央收入	万元	393308	教育	万元	161157
增值税	万元	256727	文化体育与传媒	万元	9538
消费税	万元	4847	医疗卫生	万元	60245
企业所得税(60%)	万元	95064	节能环保	万元	29475
个人所得税(60%)	万元	36670	城乡社区事务	万元	106470
一般公共预算收入	万元	662918	交通运输	万元	17699
#税收收入	万元	579948	社会保障和就业	万元	144198
#增值税(25%)	万元	256920	住房保障	万元	30372
营业税	万元	−193	农林水事务	万元	83341
企业所得税(40%)	万元	63376	年末金融机构各项存款余额（人民币）	万元	11212449
个人所得税(40%)	万元	24447	#住户存款余额	万元	5427215
一般公共预算支出	万元	871708	年末金融机构各项贷款余额（人民币）	万元	8999247
#一般公共服务	万元	87670	#农业及支农贷款余额	万元	6539817

2018年溧阳市市政公用事业、环境保护基本情况

表66

指　标　名　称	计量单位	合　计	指　标　名　称	计量单位	合　计
城市维护建设资金支出	万元	－	公园绿地面积	公顷	300
城市市政公用设施建设固定资产投资	万元	51181	公园面积	公顷	154
公共供水综合生产能力	万立方米/日	15.00	森林覆盖率	%	31.4
水资源总量	万立方米	75700.00	自然保护区面积	公顷	683
用水总量	万立方米	42600.00	废水排放总量	万吨	6194.00
#规模以上工业企业取水量	万立方米	6691.45	化学需氧量排放量	吨	2975
#用新水量	万立方米	2863.24	氨氮排放量	吨	538
重复用水量	万立方米	36219.25	废气排放总量	万立方米	481.89
公共供水总量	万立方米	3849.97	二氧化硫排放量	吨	7312
#售水量	万立方米	3293.61	氮氧化物排放量	吨	21897
#生产运营用水	万立方米	1026.79	工业废水排放量	万吨	2243.00
居民家庭用水	万立方米	1288.82	工业化学需氧量排放量	吨	1189
公共服务用水	万立方米	978.00	工业氨氮排放量	吨	95
公共汽(电)车运营车辆数	辆	225	工业化学需氧量去除率	%	78.0
公共汽(电)车客运总量	万人次	2877.00	工业氨氮去除率	%	73.0
出租汽车数	辆	359	工业废气排放量	万立方米	281.00
年末轨道交通线路长度（建成）	公里	－	工业二氧化硫排放量	吨	7284
轨道交通客运总量	万人	－	工业氮氧化物排放量	吨	21855
供气总量(人工煤气、天然气)	万立方米	7160.00	工业二氧化硫去除率	%	72.0
#家庭用量	万立方米	1800.00	工业氮氧化物去除率	%	31.0
液化石油气供气总量	吨	1176	工业烟（粉）尘排放量	吨	16996
#家庭用量	吨	1172	污水处理厂数	座	1
城市道路面积	万平方米	691.49	垃圾处理站数	个	2
排水管道长度	公里	541	污水处理率	%	96.7
年末公共供水管道长度	公里	879	污水处理厂集中处理率	%	96.7
绿化覆盖面积	公顷	1597	生活垃圾无害化处理率	%	100.0
#建成区	公顷	1357	一般工业固体废物综合利用率	%	100.0
建成区绿化覆盖率	%	42.2	空气质量优良天数比例	%	68.8
绿地面积	公顷	1508	可吸入颗粒物（PM10）年平均浓度	$\mu g/m^3$	63.4
#建成区	公顷	1250	可吸入细颗粒物（PM2．5）年平均浓度	$\mu g/m^3$	44.8
建成区绿地率	%	38.8			

2018年溧阳市批发零售贸易、外经、旅游基本情况

表67

指标名称	计量单位	合计	指标名称	计量单位	合计
社会消费品零售总额	万元	3568186	#出口总额	万元	657118
#限上社会消费品零售总额	万元	1069268	外商投资项目个数	个	23
#批发和零售业	万元	3184812	协议外资金额	万美元	49357
住宿和餐饮业	万元	383374	实际使用外资	万美元	30093
限额以上批发和零售业法人企业数	个	174	入境游客人数	人次	7200
#零售业	个	77	外国人	人次	5284
限额以上批发和零售业商品销售额	万元	3491972	港、澳、台同胞	人次	1916
限额以上住宿和餐饮业法人企业数	个	34	旅游外汇收入	万美元	800
限额以上住宿和餐饮业营业额	万元	127838	国内游客	人次	19293100
进出口总额	万美元	114701	国内旅游收入	万元	2340400
#出口总额	万美元	99814	星级饭店数	个	15
进出口总额（人民币计价）	万元	755403			

2018年溧阳市人民生活基本情况

表68

指标名称	计量单位	合计	指标名称	计量单位	合计
城镇居民人均住房建筑面积	平方米	41.90	洗衣机	台	102
在岗职工工资总额	万元	524183	电冰箱（柜）	台	103
在岗职工平均工资	元	88694	彩色电视机	台	185
#国有单位	元	105641	空调	台	231
城镇集体单位	元	78629	移动电话	部	230
居民人均可支配收入	元	39424	其中：接入互联网	部	188
#工资性收入	元	23425	计算机	台	88
经营净收入	元	7157	其中：接入互联网	台	83
财产净收入	元	3785	居民消费价格指数（上年=100）	–	
转移净收入	元	5058	城镇职工基本养老保险参保人数	人	173498
居民人均可支配收入	元	39425	城乡居民基本养老保险参保人数	人	67000
#城镇居民人均可支配收入	元	49489	基本医疗保险参保人数	人	757287
农村居民人均可支配收入	元	25908	#城乡居民基本医疗保险参保人数	人	529566
居民人均消费支出	元	22164	城镇职工基本医疗保险参保人数	人	227721
#城镇居民人均消费性支出	元	24221	失业保险参保人数	人	110717
#食品烟酒	元	7823	工伤保险参保人数	人	135451
衣着	元	2179	生育保险参保人数	人	115076
居住	元	3839	提供住宿的各类社会服务机构数	个	20
生活用品及服务	元	1645	#养老服务机构数	个	18
交通通信	元	2603	提供住宿的各类社会服务机构床位数	张	5613
教育文化娱乐	元	3149	#养老服务机构床位数	张	5503
医疗保健	元	2438	不提供住宿的各类社会服务机构数	个	314
其他用品和服务	元	545	#社区服务机构数	个	314
#农村居民人均消费性支出	元	19403	各种社会福利收养性单位数	个	20
#食品烟酒	元	6523	各种社会福利收养性单位床位数	张	5613
教育文化娱乐	元	2783	城镇居民最低生活保障人数	人	378
每百户城镇居民家庭拥有			农村居民最低生活保障人数	人	4071
#家用汽车	台	60			

2018年溧阳市教育、科技、卫生基本情况

表69

指 标 名 称	计量单位	合 计	指 标 名 称	计量单位	合 计
学校总数	个	143	普通中学毕业生数	人	8516
#普通高等学校数	个	—	小学毕业生数	人	6282
成人高等学校数	个	—	招生总数	人	18517
中等职业教育学校数	个	2	#普通高等学校招生数	人	203
普通中学学校数	个	33	中等职业教育学校招生数	人	1429
普通小学学校数	个	44	普通中学招生数	人	9649
幼儿园数	个	64	小学招生数	人	7236
专任教师总数	人	7065	R&D人员数	人	—
#普通高等学校专任教师数	人	—	R&D人员全时当量	人年	—
成人高等学校专任教师数	人	—	R&D经费内部支出	万元	—
中等职业教育学校专任教师数	人	476	专利申请受理量	件	2050
普通中学专任教师数	人	2760	#发明	件	493
普通小学专任教师数	人	2441	专利申请授权量	件	1285
幼儿园专任教师数	人	1388	#发明	件	107
农村义务教育专任教师本科及以上学历比例	%	92.0	剧场、影剧院数	个	1
在校学生总数	人	94056	公共图书馆数	个	1
#普通本专科在校学生数	人	373	公共图书馆图书藏量	千册、千件	469.00
成人本专科在校学生数	人	245	博物馆数	个	2
中等职业教育学校在校学生数	人	4977	体育场馆数	个	9
普通中学在校学生数	人	27481	医疗卫生机构数	个	273
#普通中学女生在校学生数	人	13171	#医院数	个	16
#高中在校学生数	人	8709	卫生院数	个	15
普通小学在校学生数	人	39499	医疗卫生机构床位数	张	3780
#普通小学女生在校学生数	人	18476	#医院床位数	张	2764
幼儿园在园幼儿数	人	21481	卫生院床位数	张	961
毕业生总数	人	16993	卫生技术人员数	人	4772
#普通高等学校毕业生数	人	207	#执业(助理)医师数	人	2053
中等职业教育学校毕业生数	人	1988	注册护士数	人	1985

2018年溧阳市社会治安基本情况

表70

指 标 名 称	计量单位	合 计	指 标 名 称	计量单位	合 计
刑事案件立案数	件	772	交通事故直接财产损失	万元	103
犯罪人数	人	1003	火灾事故死亡人数	人	0
#青少年人数（14—25岁）	件	90	火灾事故直接财产损失	万元	340
交通事故死亡人数	人	33			

说　明

一、本索引采用主题分析法编制，也有部分选用关键词。

二、本索引按标引词首字的汉语拼音（同音字按声调）顺序排列；首字相同按第二个字的音序排列，以此类推。

三、类目、分目名称用黑体字标明。标引词后的阿拉伯数字表示内容所在的页码，数字后面的 a、b、c 分别表示从左至右第一、二、三栏。标引词后第二个页码起，表示该索引参见内容所在位置。

四、特载、大事记、人物、文件摘要等类目只索目题。

五、为便于读者检索，溧阳市的企事业单位以及在溧阳市发生的事件名称，除易产生歧义者外，省略“溧阳市”或“溧阳”。

条目索引

A

B

C

R

S

T

W

X

Y

Z

表格索引

C

随文图片索引

J

K

L

M

N

Q

R

S

T

W

X

Y

Z

江苏溧阳城建集团有限公司

JIANGSU LIYANG URBAN CONSTRUCTION GROUP CO., LTD.

电话：0519-80952010　传真：0519-87110358　网址：www.lycj.net

阖闾城项目

溧阳市实验小学燕山校区项目

泗洪汽车客运站项目

江苏溧阳城建集团有限公司（原江苏和平建设集团有限公司），已有近五十年的发展历史，目前拥有建筑工程施工总承包壹级、建筑装修装饰工程壹级、建筑机电设备安装工程专业承包壹级；市政公用工程施工总承包、地基基础工程、起重设备安装工程和钢结构工程专业承包资质的综合性大型施工企业。并取得对外工程承包资质和对外工程公路工程施工、水利水电工程施工总承包贰级资质。2017 年获得江苏省第一批工程总承包试点企业资格。企业先后通过了 ISO9001：2008 质量体系认证、GB/T28001-2011 标准、职业健康安全管理认证和 ISO14001：2015 环境管理体系认证。

公司从业人员近 6000 多人，年施工产值超 30 亿元。企业拥有总资产超 5 亿元，各种大型机械化施工装备近 4000 台套），各种技经人员近 400 人（其中高中级职称 168 人）。

公司拥有永城永阳置业有限公司、溧阳永昌贸易有限公司、溧阳市正兴劳务工程有限公司、溧阳市三阳物资经营有限公司、溧阳市春华园林绿化有限公司、溧阳市顺兴设备租赁有限公司和钢结构公司等多家子公司，且在全国设有十五个区域分公司，施工业务遍布全国各地，同时在阿尔及利亚、新加坡、巴拿马设有海外分公司。近年来，公司坚持以市场为导向，以经营为龙头，以项目为基点，以发展为目标，坚持贯彻“质量第一、用户至上、诚信守约、优质服务”的经营理念，把争优创新始终作为企业生存发展的战略需要，在工程质量、安全生产和文明施工等方面取得了骄人的成绩，共创建了 100 多项省、市优质工程，近 200 项省、市文明（标准化）工地。荣获国家级、省级工法 10 多项，国家级发明专利 5 项，实用新型专利 10 项，QC 成果奖多项。

公司连续多年被评为国家级“重合同守信用”企业；

江苏省建筑业“最具成长性百强企业”、江苏省建筑业“企业安全生产先进企业”、江苏省“质量管理先进企业”；大华国信资信评估有限公司江苏分公司“AAA企业”；常州市“建筑业优秀企业”、常州市“先进施工企业”、常州市“明星企业”；溧阳市“建筑业十佳企业”、溧阳市建筑业“五星企业”“劳动保护、安全生产先进集体”等荣誉称号。

团结奋进的公司管理集体

公司近两年致力于推行信息化系统建设，且已取得实质性的进展，公司将以项目管理、成本管控为核心，以信息化管理为载体，来提升项目全方位管理水平。

目前，公司率先在溧阳市南大街西侧12号地块项目一标段S4#、S5#楼及地下室（溧阳万豪酒店）项目上推行智慧工地建设，实现工地数字化、精细化、智慧化新型施工管控。采用云计算、大数据和物联网等技术，整合相关核心资源，以可控化、数据化以及可视化的智能系统对项目管理进行全方位立体化实时监管，并根据实际情况作出智能响应。随后公司会在多个项目上推广智慧工地建设，使企业的项目管理水平再上新台阶。

溧阳城建衷心期望与您精诚合作，诚建美好未来！

溧阳市地标－万豪酒店项目

江苏天力建设集团有限公司

天力建设

Jiangsu Tianli Construction Group Co., Ltd.

董事长 史俊生

江苏天力建设集团有限公司创建于1981年6月，注册资金50218万元。现公司具有市政公用工程施工总承包壹级，建筑工程施工总承包壹级，石油化工工程施工总承包壹级，电力工程施工总承包贰级，公路工程施工总承包贰级，建筑机电安装工程专业承包壹级，钢结构工程专业承包贰级，建筑装修装饰工程专业承包贰级，消防设施设计与施工一体化贰级，环保工程专业承包叁级资质；压力管道GA1乙级、GB1级、GB2级、GC1级资质。

公司始终本着“务实开拓，创新拼搏，超人超前”的经营管理思路，一直保持着规模发展和经济效益连年增长的良好态势，形成了一整套独具特色的经营理念和科学管理方法，连续多年被常州市、江苏省人民政府、国家工商总局授予“重合同守信用”企业；先后多次荣获常州市建筑业“总承包综合实力20强”企业、常州市“文明单位”“光彩之星企业”“优秀施工企业”“先进企业”“安全生产先进单位”“十佳企业”“AAA级”资信企业等荣誉称号；公司先后获得了质量管理体系、职业健康安全管理体系和环境管理体系的认证证书。

江苏中关村蒋店安置小区二期建设工程

公司坚持以"忠于职守，无私奉献，勇于开拓，争创一流"的企业精神，以"承一项工程，树一片信誉，辟一方市场"的经营宗旨，积极开拓、不断进取。凭着雄厚的技术力量，专业化的施工队伍，精良的施工机械设备，严格的质量管理赢得了建设单位的信赖和推崇。施工队伍遍及全国，多年来，公司先后承接了四川眉山岷东新区西纵线市政道路工程、无锡堰新家园三期安置房小区工程，普洛斯成都双流物流园建设工程，温州平阳数学奥妙体验馆建设 EPC 总承包工程，上海嘉定原水支线工程，乐山市城区污水配套管网建设工程，无锡运河西路（惠澄大道—凤翔路）热网工程，铜陵市天然气高压输储管道工程，中石油西气东输二线工程新疆吐鲁番分输联络站工程、东部原油管网俄油引进配套庆铁线扩能改造工程等多项重点工程。公司承建的工程中也多次获得常州市"金龙杯"、江苏省"扬子杯"，江苏省标准化文明示范工地等荣誉称号，其中"常州市武进区域供水二期礼河水厂工程""武进水厂工程"分别被评为国家"市政金杯示范工程"。

溧阳市第一家市政公用工程施工总承包壹级资质的企业；

溧阳市第一家在机电设备安装上荣获扬子杯的施工企业；

溧阳市唯一一家江苏省内为数不多的同时具备压力管道 GA1 乙、GB1、GB2、GC1 级资质的施工企业；

溧阳市唯一一家长距离输送管道施工荣获省优工程的企业。

内蒙古鄂尔多斯正利光伏发电项目

武进自来水厂工程

常州市中吴大道城市化改造工程（常锡路改造工程）十二标段

国电常州发电有限公司供热项目场外安装工程

华能玉环电厂 2 号标段 #1、#2 机主厂房钢结构安装

常州市煤气厂成套设备安装

常州港华天然气门站

新阳科技集团年产 25 万吨苯乙烯项目

武进新奥 LNG 气化站（150m3×6）

SUNAN CONSTRUCTION

江苏苏南建设集团有限公司

Jiangsu Sunan Construction Group Co.,Ltd.

集团公司办公大楼

成都江南昊园土建、装璜总承包工程

徐州好得家商贸城桩基、土建、装璜总承包工程

博罗县奥林清华二期土建工程

董事长、总经理 花新华

江苏苏南建设集团有限公司犹如一颗璀璨的明珠，崛起在中国苏南大地。始建于1993年2月，现有职工8000多名，其中：中、高级职称人员365名，一、二级建造师180多名，注册资金3.8亿元人民币。公司在江苏省内及上海、北京、天津、广东、浙江、山东、河北、四川、安徽、海南、新疆等大中城市均设立了分公司和办事机构，施工业务遍布全国各地。年施工能力达80亿元以上，年上交国家税收近2亿元。公司拥有国家一级建筑工程施工总承包资质、一级地基基础、一级土石方专业资质、一级建筑装修装饰专业资质，二级市政公用工程施工总承包，二级钢结构、二级建筑机电安装工程、二级防水防腐保温工程专业承包资质以及园林绿化、城市轨道交通、管道、高耸构筑物等专业资质。

近年来，苏南建设集团一方面不断与央企和国企合作，成为合格分包商，另一方面和地方国企等有强劲实力的财团建立长期战略合作伙伴关系，合作开发了一批投资规模大、建设周期长、社会知名度高的重点项目。与成都江南昊园合作的江南壹品城综合体建设项目约100多万平方米，工程造价25亿多元人民币，是成都市新区重大项目；与惠州龙佳贸易合作的博罗县奥林清华二期工程约65万平方米，工程造价为15.8亿元，系博罗县的标志性建筑；与江苏鹏云集团合作的徐州好得家商贸城第一期80万平方米机电商贸城综合体工程，是徐州市“三重一大”重点项目。

2010～2018年，公司连续9年被江苏省住建厅授予“江苏省建筑业优秀企业”“江苏省建筑业最具成长性百强企业”称号；2002～2018年，连续17年被溧阳市住建委评为“十佳企业”“精美工地”；连年被溧阳市委、市政府评为“优秀企业”“明星企业”；

2004～2018年，连续15年被省、市工商银行授予“重合同、守信用”企业、“AAA”级信用企业和“银行信得过企业”称号。

苏南建设集团历经二十五载的风雨征程，深挖基础、广盖楼宇、开路架桥，一路披荆斩棘、攻坚克难，经历了市场的锤炼与洗礼。在新的征途中，公司将继续开拓进取，加强奖杯工程的建设，不断引进培养人才，充分发挥企业施工资质全、综合技术实力强、专业技术高、银行借贷额度少等优势，全面提升企业的整体管理水平，为国家建设事业发展作出更大贡献！

苏州好百年基础、土建、装璜总承包工程

昆山宗仁卿医院深基坑工程

张家港保税区滨江大厦土建、装璜工程

上海绿洲雅宾利花园桩基工程

常州莱蒙都会国际商业街区基础工程

霍尔果斯经济开发区伊宁区皮里青河大桥工程

上上电缆集团西厂区工程

京沪高速铁路苏锡常段部分基础工程

江苏金马工程有限公司

Jiangsu Jinma Gongcheng Youxiangongsi

董事长、总经理 马亚平

江苏金马工程有限公司创建于1989年，注册资本1.0652亿元。业务范围涉及机电工程、建筑工程、市政工程、电力工程、石油化工工程、建筑机电工程、消防工程、环保工程、钢结构工程、地基基础工程、建筑装修装饰工程、电子与智能化工程、防水防腐保温工程、城市及道路照明工程、河湖整治工程、采暖制冷通风空调工程、冶炼工程、水利水电工程、各类施工劳务作业，锅炉、锅炉A级部件、压力容器、压力管道、起重机械、电梯、机械式停车设备、大型游乐设施制造、安装维护及售后服务，体育场地设施、有关工程及设施的维护和运行、咨询，新能源装置、集成住宅工程施工及集装箱类房屋的设计、施工，旧机电、石化设备拆除、收售、利用，自营代理各类商品及技术的进出口业务。

公司具有建筑机电安装工程专业承包壹级、消防设施工程专业承包贰级、电力工程施工总承包贰级、机电工程施工总承包贰级、石油化工工程施工总承包贰级、市政公用工程施工总承包叁级、建筑工程施工总承包叁级、钢结构工程专业承包叁级、环保工程专业承包叁级以及施工劳务不分等级的综合性施工企业，公司取得了国家质量监督检验检疫总局颁发的《锅炉安装、改造、维修一级许可证》《压力管道安装GA1乙、GB1、GB2、GC1、GD1许可证》《起重机械安装、改造、维修A级许可证》《大型游乐设施安装、维修A级许可证》。通过了环境、质量、职业健康安全管理体系认证，具有安全生产许可证和独立经营对外承包工程业务资格证。

公司在职人员1200多人，工程技术人员56人（其中高级工程师9人，工程师27人，高级会计师1人，会计师1人，助

菲律宾吕宋岛马里万斯港大型起重机械1750T卸船机安装项目

中电投大丰H3#300MW海上风电场项目

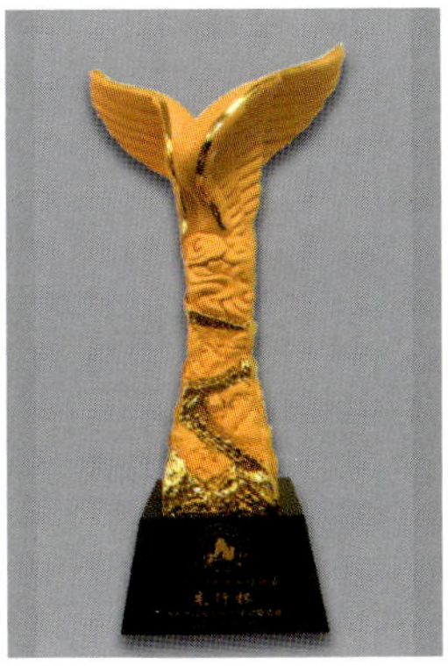

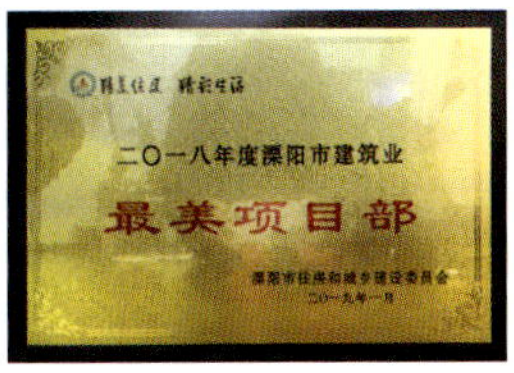

理工程师5人，技术员5人），一级注册建造师 9人、二级建造师 27人，五大员65人、专职安全员 55 人，承压焊工、起重工、电工、管工等特种作业人员226人。近年来，公司业务遍及国内近三十个省、市、自治区以及印尼、泰国、巴基斯坦、沙特阿拉伯等国家和地区。并在北京、上海、南京设立了分公司。2018年完成施工总产值超20亿元。

公司将一如既往恪守“质量第一、诚信第一、服务第一、用户至上”的宗旨，真诚为用户服务，开拓新产品，不断提升服务水平，衷心的期待与社会各界朋友真诚合作，拓展更加广阔的市场，携手共创美好的明天。

中安联合煤化工项目年产170万吨甲醇及转换烯烃项目净化装置安装工程

西藏山南新型水泥生产线余热发电工程

国电宿迁热电 660MW 机组安装工程

常州东华建筑安装工程有限公司

CZDH 常州东华

Changzhou Donghua Building Installation Engineering Co.,Ltd.

董事长、总经理 曹 军

公司办公大楼

常州东华建筑安装工程有限公司始建于1970年（原溧阳茶亭建安公司），1994年10月更名为常州东华建筑安装工程有限公司。现有职工620人，各种技经人员312人、其中高、中级职称35人，一二级建造师38人。公司注册资本1.28亿元人民币，年施工产值近10亿元人民币，年纳税额超过1800万元人民币。

公司现有建筑工程施工总承包壹级资质、市政公用工程施工总承包贰级；电子与智能化工程、钢结构工程、建筑装修装饰工程专业承包贰级；地基基础工程、建筑机电安装工程专业承包叁级资质。公司坚持以质量求生存，以信誉求发展的方针，以雄厚的实力、卓越的品质，先后完成天目湖国际饭店、溧阳市法院新审判楼、滨湖农民新村安置小区、茶亭花园安置小区等大型工程。多次获得“江苏省扬子杯”“江苏省文明工地”；“常州市优质结构”“常州市重合同、守信用”、AAA级信用企业、“溧阳市十佳企业”等荣誉；1998~2018年，连续20年被溧阳市住建委授予“先进企业”荣誉称号。公司拥有健全的安全生产管理体制，已通过ISO9001全面质

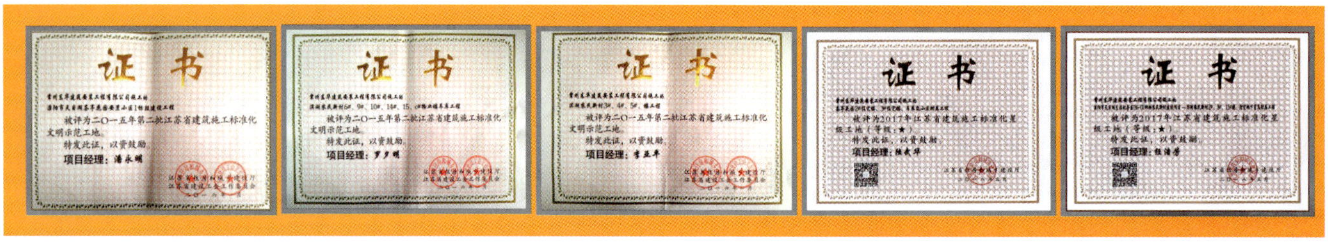

江苏天目湖软件园项目

月星家居生活广场项目

光大环保技术装备（常州）有限公司三期扩建项目

量管理体系认证。

2013 年以来，公司已成为中国建筑第三工程局有限公司、中国建筑第八工程局有限公司、中建安装工程有限公司等 9 家中国建筑公司的分供商，为中国建筑优秀分供商。且与中铁上海设计院集团有限公司、南京设计院等公司有长期项目合作。

公司将在董事长曹军的带领下，坚持“安全第一、质量优先”的理念，发扬“团结、敬业、开拓、奉献”的企业精神，竭诚与社会各界携手，创造新的辉煌。

滨湖农民新村安置小区项目

团结·敬业·开拓·奉献

江苏茂盛建设集团有限公司

Jiangsu Maosheng Construction Group Co., Ltd.

董事长、总经理 陈建平

企业理念：诚信企业 力行善举

经营策略：诚信做事 务实做人

不断创新 追求高效

江苏茂盛建设集团有限公司地处风景优美、人文荟萃的溧阳市市中心繁华地段，是一家具有建筑工程施工总承包壹级、市政公用工程施工总承包贰级、电子与智能化专业承包贰级、消防设施工程专业承包贰级、建筑装修装饰工程专业承包贰级、地基基础工程专业承包叁级、起重设备安装工程专业承包叁级、建筑机电安装工程专业承包叁级资质，是集建筑施工、房地产开发、设备租赁、建筑劳务为一体的现代化综合性股份制企业。公司先后通过了GB/T19001-2016质量体系认证，GB/T28001-2011职业健康安全管理体系认证和GB/T24001-2016环境管理体系认证，连续多年被授予“全国重合同守信誉企业”“AAA”级信用企业、“银行信得过”企业等荣誉称号。

公司秉承“诚信企业、力行善举”的企业理念，形成“诚信做事、务实做人、不断创新、追求高效”的经营策略，塑造“安全第一、质量至上、服务至优”的良好企业形象，拥有一支业务过硬、工种齐全、经验丰富、机械设备配套的施工队伍，承担

茂盛大厦

山东省曹县阳光城市小区开发项目（总建筑面积 1112985 平方米）

起各类的工业与民用建设项目的房屋建筑及市政、装饰装修、地基基础、机电安装、起重安装和电子与智能化等总包和专业资质的施工，在上海、江苏、山东、天津、安徽、新疆等地均设立分公司，企业先后获得了上海白玉兰杯、浦江杯、东方杯、山东的泰山杯、江苏的扬子杯等质量荣誉，争创了上海市文明工地、用户满意工程、山东安全文明工地、江苏建筑施工文明标准化示范工地等称号。公司先后多次被评为全国工程建设优秀品牌施工企业，中国建筑金砖奖优秀企业，江苏省建筑业优秀企业，江苏省建筑业 30 强企业，溧阳市建筑业四星企业，溧阳市建筑业十佳企业，溧阳市建筑业优秀企业等称号。

面对千帆竞发、百舸争流的挑战，我们将以科学发展观为指导，以中国梦引领茂盛梦，以辛勤的智慧与心血，高举“和谐奋进、同创共赢”的旗帜，倾力打造“开拓、务实、高效”的企业发展的新模式，继续遵循“科学管理、诚实守法、注重环保、安全健康、铸造精品、持续改进”的管理方针，向着做大、做强、做精、做久的发展方向，努力把江苏茂盛打造成深受社会尊敬的优秀企业这个宏伟目标而昂首迈进！

建筑智能化工程项目

山东曹县世纪河公园项目

山东青岛李沧区乐客城商场项目（中央空调、通风设备安装）

港口起重设备安装项目

莱芜泰山盛世·嘉园商业广场项目（5 万平方米）

溧阳金峰新城项目

溧阳西城花园项目

山东枣庄瀚景名座项目

长三角物理研究中心有限公司

Yangtze River Delta Physics Research Center Co., Ltd.

一、中心概况

长三角物理研究中心有限公司（下称“中心”）成立于 2018 年 8 月，坐落于江苏中关村科技产业园，是中科院物理所与江苏省溧阳市人民政府深度合作、联合创建的科技创新和学术交流基地。中心瞄准科技成果转移转化和前沿技术研发，提升华东地区在能源、信息、尖端仪器与智能装备等相关领域的技术竞争力，为溧阳在前沿科学技术、新能源、高端制造等领域打造可持续发展新动力，同时积极开展科技交流、科教融合、科学普及活动，致力于建设成为世界知名的科技创新和学术交流基地。

二、中心业务

1、转移转化孵化器与产业基地

中心围绕国家重点发展战略和溧阳区域特色产业发展规划，面向清洁能源、尖端装备、前沿技术等方向，通过研发合作、技术转让、作价投资等形式开展技术孵化和产业培育。

清洁能源研发：围绕热电、太阳能电池、LED 及其它清洁能源，聚集领域高端专家，培养一批关键技术人才，打造国际一流清洁能源研究基地。

尖端装备研发：围绕超强超快激光器、低温设备、真空设备、精密测量、高通量材料制备和表征设备等尖端科研仪器研制和产业开发，研发关键生产设备，打破科研仪器和高端设备进口依赖的局面。

举办专家战略咨询会

举办量子沙龙研讨会

举办第五届国际凝聚态会议

溧阳市人民政府与中科院物理所签署合作协议，在溧阳共建中科院物理所长三角研究中心

中科院物理所长三角研究中心建成剪彩，投入运营

常州市市长丁纯（左）与物理所所长方忠（右）亲切会见

常州市市长丁纯（前排左六）与参加专家咨询会的“两院”院士合影

前沿技术研发：瞄准凝聚态物理重大科技前沿问题，培育一批瞄准未来信息、能源技术的新材料、新器件、新技术。

2、学术交流

中心营造学术自由、环境优美的空间，致力于为国内外科研人员打造视野开阔、专业高效、资源共享的国际化高水平专业学术交流平台。吸引物理、信息、材料、能源、生命及交叉等相关学科国际知名专家学者，到中心开展科学研究和学术交流。

3、科学普及与教育实践基地

中心科学普及与教育实践基地以经典物理学科为导向，以激发科学兴趣，引导科学理念，普及科学知识和科学方法，培养科学思想和科学精神为目标，面向青少年学生开展形式多样的科普教育培训活动，打造集创新、创造、体验于一体的信息化科普与教育基地。

举办秋季青年科学家论坛

市委副书记邵钦华（右）和物理所党委书记文亚（左）为党员主题教育基地揭牌

市委书记蒋锋（前中）到中心调研

国家电网
STATE GRID

国网溧阳市供电公司
STATE GRID LIYANG COUNTY ELECTRIC POWER SUPPLY COMPANY

积极推进 ±800 千伏白鹤滩特高压直流入苏工程（溧阳段）选址选线

国网溧阳市供电公司紧扣“四大战略重点”，以“优质服务提质转型年”活动为主线，坚持强基固本、持续改进，推动改革创新，提质升级，各项工作取得新的突破。公司连续八次获得全国“安康杯”竞赛优胜单位称号。近年来，先后荣获江苏省“书香企业示范点”，常州市“五一劳动奖状”，常州公司2018年度“先进单位”“安全生产先进单位”，溧阳市“五好”市级机关党组织、“职工科技创新优秀组织奖”“重点工程创优立功竞赛优胜单位”等荣誉称号。公司团委获评省公司“五四红旗团委”，营销部营业班获评“国家电网公司先进班组”。

安全生产常抓不懈。逐级落实安全责任，实现了“九个不发生”的安全工作目标。通过细化八项安全主题，开展“六查六防”“反违章护秋检”等专项行动，整改安全隐患231个。加大电网设备整治力度，消除各类缺陷1320个，配网本体故障同

500kV 天目湖变电所一角

比下降 27.6%。狠抓外包队伍管理，开展项目部（驻地）安全专项检查，记分考核违章单位 30 家。截至 2018 年末，实现连续安全生产 6155 天。

电网建设全面推进。紧密衔接地方发展需求，科学编制《溧阳市电力专项规划（2018–2030）》《溧阳市中心城区地下电力管线规划（2018–2030）》，高质量通过专家评审，并纳入《溧阳市城市总体规划》和《溧阳市土地利用总体规划》。切实履行属地协调职能，取得白鹤滩入苏直流工程溧阳段路径协议。投运 220 千伏梅园变等 3 座变电站，完成 110 千伏长阳变等 2 座变电站扩建，新增主变容量 64 万千伏安，新建 220 千伏线路 22.2 公里、110 千伏线路 57.4 公里。投入配农网建设资金 4.1 亿元，新建（改造）10 千伏线路 639 公里、低压线路 483 公里，新增配变 302 台。完成 2 座变电站和 8 座小区变的 20 千伏电网设备降压改造，建成 192 条配电自动化线路，农网绝缘化率提升至 97%。

营销服务持续提质。在全省率先开展"一次都不跑"业务，全年办结工单 1234 起，客户回访满意率 100%。不断优化业扩流程，强化全过程跟踪、督办，客户整体接电时间压减 30% 以上。积极向上争取业扩配套资金 7235 万元，客户平均接电成本下降 30%。严肃服务事件溯源追责，95598 投诉工单同比压降 26.13%。建成综合能源服务平台，积极开拓用户侧储能、光伏发电、电力运维等服务市场。深化星级乡镇供电所建设，再创国网公司五星级供电所 1 个。

公司发展和谐稳定。组队参加溧阳市"党的十九大精神知识竞赛"并获二等奖。深化"双好"活动，制定"好支部""好党员"评价办法。3 个支部结对创先项目有序实施，原机关党支部与省公司企协党支部结对项目获评省公司优秀奖。举办年度中层干部培训班，推行新员工集中式专业技能培训和分布式岗位实践锻炼。全年 36 人获得高级工及以上技能等级，44 人成功取得中高级职称，1 人获评江苏省企业首席技师，4 人在省市公司竞赛调考中勇夺第一。新闻宣传取得重大突破，多篇稿件被新闻联播、新华社内参、人民日报等国家顶级媒体录用，《电小能说绩效》荣获十三届"中电传媒杯"全国电力行业优秀影视作品二等奖。

承办 2018 年常州市第十四届职工职业技能竞赛乡镇供电所台区经理职业技能比赛

公司成功举办第二届职工艺术节

苏皖合作示范区建设发展集团有限公司

全国休闲农业和乡村旅游大会代表考察塘马村

溧阳市四套领导班子视察塘马建设

2018年，苏皖合作示范区建设发展集团有限公司紧紧围绕“凝聚精气神，建设新溧阳”总要求，紧扣“两大推进年”工作主题，圆满完成各项目标任务。苏皖集团全年筹建政府投资项目48个，在建项目13个，已完成项目5个。项目计划总投资约136.34亿元。2018年荣获江苏省“职工书屋”示范点、常州市“安康杯”竞赛优胜班组、溧阳市“工人先锋号”、溧阳市创建和谐劳动关系先进企业、溧阳市“五一巾帼标兵岗”、溧阳市“安康杯”竞赛优胜单位、溧阳市“重点工程项目创优立功竞赛优胜单位”等荣誉称号。

一、做重点工程，出精美建筑

1、溧阳市燕山中学燕湖校区、溧阳市光华高级中学新校区作为重点民生工程，在项目建设上寻求突破。启动屋顶光伏发电项目总装机容量161KW，每年为学校减少18万度的电费支出，可持续使用25年以上。启动智慧接送系统项目，实现了学校学生上、下学接送有序、安全出行。

2、特色田园乡村建设陆续启动。塘马村作为江苏省首批特色田园乡村试点村、“溧阳样本”，建设任务完成并接受省验收。全国休闲农业和乡村旅游大会在溧阳召开，与会代表现场考察了塘马村，对巧妙的构思、合理的规划赞不绝口，。

3、安置房建设稳步推进。东门污水处理厂旧城改造项目一期通过竣工验收，900多套住宅及3幢商铺提前3个月交付。张家村地块拆迁安置房、梅园村地块拆迁安置房项目进入围挡施工阶段，眼香庙地块拆迁安置小区项目A地块已开工建设、下份村北、下份村南地块拆迁安置小区、贝桥拆迁安置房（一期）及33#地块拆迁安置小区已开工。

4、成功举办了“中国溧阳第四届宋团城观灯节”。观灯节历时16天，赏灯群众累计达到了100万人次。吸引了周边城市人群前来观灯，宋团城观灯节成为新春网红打卡地。灯会盛况也被央视、江苏卫视、新华网、人民网、扬子晚报等媒体关注，特别是央视直播“四连发”让宋团城观灯节成为备受各方瞩目

省首批特色田园乡村试点村塘马村

焕然一新的老省中宿舍

中国溧阳第四届宋团城观灯节开幕式

的游玩胜地，使得本届灯会成为了宁杭生态经济带地区春节活动的一个璀璨热点。

二、志愿者先锋在行动

深化新时代文明实践中心建设工作，成立志愿者支队，制订日常计划工作，积极开展各类活动，包括：溧阳市第四届宋团城观灯节、茶叶节、富尔达项目奠基仪式、塘马特色田园乡村等。2018 年共计组织约 40 场活动，出动志愿者共计 6000 多人次。

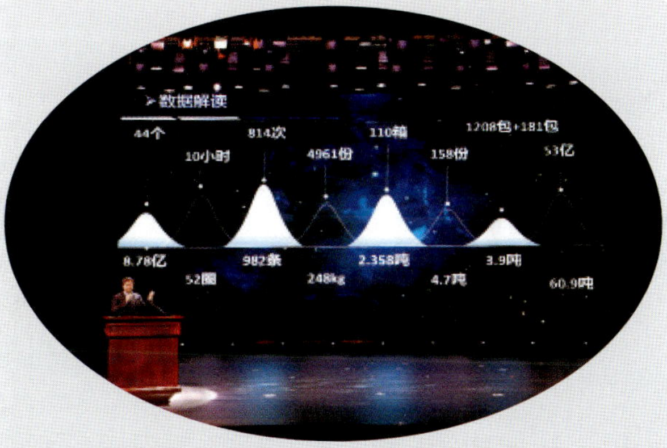

苏皖集团 2019 年工作思路研讨会

光华高级中学新校区、燕山中学新校区

城东客运站鸟瞰

溧阳市城市建设发展集团有限公司

Liyang City Construction Development Group Co., Ltd.

南京航空航天大学、溧阳市人民政府合作办学签约仪式

市委书记蒋锋、市长徐华勤接受南航校领导赠送的C919航模

南京航空航天大学天目湖校区奠基仪式

南京航空航天大学天目湖校区鸟瞰图

天目湖通用机场设计效果图

溧阳市城市建设发展集团有限公司整合组建于2018年6月，为市属国有企业，主要承担交通运输、水利及相关产业的投资建设，文化、旅游、体育产业的培育发展，受托土地一级开发等任务，同时负责溧阳市南部片区的开发建设。

当前，公司已完成基本组织架构，升格为集团公司，建立了公司党委、董事会以及工会、团委等群团组织。划转企业运转正常，资金拨付及时到位，各项工作正循序推进，实现了“资金稳定、项目稳定、人员稳定”的目标。全体员工始终秉承“众志成城、激情迸发”的企业精神，推动集团保持着向前、向上、向好的奋进姿态。

一、匠心铸就精品工程，代建项目有亮点

南航天目湖校区建设项目作为全市瞩目的圆梦工程，按照2019年9月开学的总目标，保质保量筑精品，全力以赴赶进度，周边道路建设、公交线路、公共自行车等相关配套设施如期交付。该项目荣获溧阳市2018年度优秀项目奖。

天目湖通用机场建设项目在溧阳市倾力打造“制造、休闲、健康、智慧”四大经济的背景下应运而生，目前处于争分夺秒、奋力建设阶段。

“溧阳1号公路”配套设施及杨湾茶舍建设项目正在全力建设、逐步完善中。

东互通环境整治工程助力溧阳市美意田园建设。高铁站东侧停车场扩设项目切实解决了市民日益扩大的停车需求。城发集团负责的南片区开发项目，不断提升城市品质，打造产城融合的现代化典范。

集团严把资金收支关，不断拓宽融资渠道，保证了各项建设工程的资金需求。根据市政府要求，自 2018 年下半年起，合理调度资金，持续推进七个乡镇的债务化解工作。

二、资源配置不断优化，市场化运作有突破

完善招租模式，实现国有资产保值增值。集团下属燕山资产公司不断完善招租模式，搭建更为公开、公正、高效的线上招租服务平台，租金较往年有了大幅度上涨。

提升资质，航务公司不断拓宽业务。集团下属航务工程公司在巩固航道养护、航道建设、公路养护等业务的基础上，完成房建、市政三级总承包资质的增项工作，开展多元化经营模式。

合作共赢，城发传媒崭露头角。集团下属城发文化传媒公司基于原有的交通广告经营部，不断提升服务能力，深挖国有资源的市场潜力，实现国有资产的增营创收。

创新服务举措，客运管理有实效。集团下属客运公司全年投入运营车辆 708 辆，安全行驶里程 7052 万公里，为广大乘客提供了强有力的安全保障。2018 年 10 月，为民办实事项目城东公交综合站正式启用，汤桥客运站于 9 月启用，社渚客运站改造完成。开通三条定制城市公交线路，完成新增 39、50、51 路城市公交线路，公交线网得到优化完善。

三、牢固树立主业意识，党建引领有担当

坚决贯彻落实党建主体责任制，牢固树立党建主业意识，充分发挥党组织作用，将党建与业务深度融合，通过业务工作使党建工作有所依托、落到实处。

结合板块特色，践行新时代文明实践志愿服务，创建了“101”亲情服务驿站、“公交爸爸妈妈”服务驿站、“的哥的姐”服务驿站、“清道夫”服务驿站和筑梦先锋 5 个新时代文明实践服务驿站，近千名员工参与了 50 多次志愿服务活动。志愿服务品牌“101 亲情服务班”荣获常州“百项优质服务事例”，“公交爸爸妈妈”荣获“常州好人”称号。

市委书记蒋锋调研城发集团重点项目

交通运输系统国有企业移交仪式

城发集团新时代文明实践志愿活动

众志成城　激情进发

溧阳汽车客运站

整齐划一的出租车队

整装待发的新能源公交车

江苏平陵建设投资集团有限公司

Jiangsu Pingling Jianshe Touzi Jituan Youxiangongsi

塘马红色传统教育

天目湖白茶基地授牌

2018 年，平陵公司围绕全市“四大经济”开展产业投资、国有资本运作和国有资产运营，致力发展类金融行业，维护区域金融稳定、促进地方经济发展；坚持以“政府主导、资源整合、市场运作、自主经营”的原则，团结务实、开拓创新，各项工作取得明显突破。

一、充分发挥金融工具作用，服务全市社会经济发展

（一）发挥引导基金的促进功能

引导基金致力于扶持创业投资企业发展，引导社会资金进入创业投资领域，采取直接投资、投贷联动、参股基金等多种形式促进全市中小企业的创新发展。已经完成瑞阳化工定向增发投资、铭丰电子投贷联动、晟丰移动电源投贷保联动等。跟踪华鹏电力仪表、力士汽配、联盟化学、豪迈资本、北大青鸟半导体等项目，目前，通过走访企业、会谈企业高管、行业分析、现场调查、与券商会所沟通等手段，分析企业的成长性以及项目的可实施性。

（二）强化转贷基金的维护作用

转贷基金链接全市多家银行，为中小企业有效解决到期贷款现金流不足的问题，缓解企业融资压力，在一定程度上降低了风险的扩散，为稳定区域经济发展和防范区域性金融风险发挥了积极作用。全年转贷发放 230 笔，发放金额 23.16 亿元，服务企业 158 家。

（三）突出科技小贷的助力效果

以“纯国有、能支持、真服务”为行动准则，为全市中小型科技企业提供信贷支持和多种形式的金融服务扶持企业发展。科贷公司全年发放贷款 73 笔，发放金额 4.46 亿元，贷款余额 2.1 亿元，实现了经济效益与社会效益的双丰收。

（四）突破创投基金的区域局限

与深创投合作设立创投基金，目前已投资项目 8 个，投资金额 14450.6 万元。投资的苏州恒铭达电子科技股份有限公司已经 IPO 过会，预计明年三月上市。参股宁德时代新能源基金，截至 2018 年末，已累计投资项目 10 个，投资金额 75219 万元，涉及行业有化工、机械、电子、汽车、非金属矿物制品和出行服务等领域。与光大控股设立了 20 亿规模的光控溧阳母基金，是常州地区首只与跨境资产管理公司的合作项目。基金在智能制造、信息技术、健康养老、新能源、新材料等战略性信息产业领域开展全方位战略合作，助推溧阳产业升级。

（五）注重政银担的新合作模式

政银担是旨在通过加强政府、银行、担保机构的合作，引导银行等金融机构加大对全市符合条件的中小微企业，进行信贷支持的新金融服务模式。2018 年度共签约银行 9 家；签约担保公司 3 家。备案政银担项目信贷业务 21 笔，贷款余额 10530 万元。

（六）力求信贷担保的普惠服务

为缓解中小企业融资难、融资贵等问题，在稳存量、控增量和协商贷款银行的前提下，采取压降规模、增加增信和转政银担的方式，妥善处置好担保公司所面临的问题。2018 年底在保笔数 292 笔，金额 153208 万元。

（七）加快融资租赁的稳步发展

子公司华文租赁公司聚焦文旅特色，已逐步形成全国范围的大文旅及省内基础设施两大主营业务方向。2018 年度公司累计投放项目 10 个，金额 12.02 亿元。

二、工程项目建设规范有序，切实有效提升工作效率

公司秉承以“项目建设为中心”的工作理念，在制度建设、项目管理、销售策划、房屋交付、矛盾化解、遗留问题处置等方面下功夫，项目建设得到健康有序的推进。2018年万达公司共计项目14个，其中在建项目11个，在建工程建筑面积为137万平方米。全年共销售签约的客户291户，商品房交付1343套。全年安置房交付1100套。

三、做足天目湖白茶品牌文章，引领地方特色农业发展

公司全资子公司（天目湖白茶科技公司）定位为天目湖白茶的品牌经营者，积极制定和完善相关产业的标准和体系，通过注入溧阳的山水要素和城市基因；通过参加大型展会、策划活动、冠名、媒体宣传等方式着力推广品牌，提高知名度；通过编撰《白茶传》做天目湖茶文化的代言人；通过“天目湖茶”系列产品，在京东APP“中国特产溧阳馆上线”，力争普惠“种茶人”的同时，再塑造一张城市新名片。

四、驾培中心狠抓基础管理，提高服务水平培训质量

结合当前培训市场的特点，加大基础设施建设，同时不断加强教练员队伍建设，提高教练员教学水平。全年合计报名总人数1904人，培训收入601万元。

五、检测中心更新管理模式，提升服务做好宣传营销

为应对日益加剧的市场竞争，从经营指标、管理指标、加减分项目设定、一票否决制度等四个方面进行全方位考核，细化奖惩指标，明确职责任务，努力开创检测市场新局面。2018年公司检测车辆数31961辆，约占全市检测车辆总数的42.99%，完成产值311万元，超额完成全年目标16.13%。

六、切实加强党的建设工作，展现企业党的核心作用

认真组织党员干部不断学习党的先进理论知识，开展解放思想大讨论活动，准确把握“八个明确”的丰富内涵和中国特色社会主义“十四个坚持”的基本方略，将党风廉政教育经常化、制度化，将“两学一做”学习教育融入日常工作，不断进行党员干部思想教育工作。组织全体中层以上干部，参观国有企业廉政风险警示教育示范点，用身边反面教材教育警示告诫公司的党员干部，警钟长鸣，始终保持清醒头脑，永葆共产党人清正廉洁的政治本色。

优美的甘露名苑小区

夏林新村小区休闲中心

甘露名苑小区中心广场

国家税务总局

溧阳市税务局

市委书记蒋锋调研税务工作

市长徐华勤出席国家税务总局溧阳市税务局揭牌仪式

为国聚财 为民收税

2018 年，溧阳市税务局全体干部职工凝心聚力、携手奋进，提交了一份税收服务高质量发展的出色成绩单，实现了溧阳税务的良好开局。

（一）统筹推进改革，目标任务圆满完成。成立“1+9”工作小组，建立任务总台账，明确路线图、时间表、责任人，确保 7 个阶段 200 余项近 700 个具体任务无缝落地，打好了新机构挂牌、落实三定方案、社保费和非税收入划转三场“攻坚战”。

（二）坚持依法治税，改革基础有力夯实。2018 年共组织税收收入 100.2 亿元，同比增长 16.43%，首次突破百亿大关，跻身全省十大百亿税收县市行列。完成公共预算收入（不含非税）58.2 亿元，同比增长 15.57%。细化制定环保税开征方

召开第一次党员代表大会

市长徐华勤为“风信子”项目点赞

税务干部入企宣传

学雷锋志愿者进企业辅导

举行青年辩论赛

“小记者”团队进办税大厅

案，全年入库0.32亿元；稳步推进个税改革，加大培训力度，努力做到“三个百分百”全覆盖。全年共兑现税收优惠32.61亿元，同比增长24.84%，占税收收入比重为32.55%，其中出口退（免）税4.68亿元，同比增长23.01%。

（三）夯实征管基础，税费治理明显提升。围绕深化“放管服”改革、减税措施等开展执法督察，共发现8类148条问题，涉及税款11.41万元，全部整改到位。成立“利箭一号”“利箭二号”专案组，开展集中部署、并案处理，全年共查结虚开发票案33户，涉案金额2.66亿元，合计查补税款1492.96万元，罚款540.33万元，查补总额同比增加28.15%。

（四）优化纳税服务，政策红利持续释放。深化“放管服”，严格执行总局优化税收营商环境十项举措，坚持把改革的成果最终体现在纳税人获得感和满意度上。持续推动便民办税春风行动，推行延时服务、预约服务，开展个税新政、服务民营经济等税收宣传，确保纳税人和缴费人应知尽知。纳税人满意度持续保持全省领先。

（五）坚持党建统领，干部活力有效激发。以党建为引领，结合“不忘初心、牢记使命”主题教育，推动党建与改革工作融合，运用党建工作载体和方法，确保改革平稳推进。召开党建工作督查暨思想政治工作交流会，听取干部职工意见、建议。基层分局（所）党支部与辖区企业、共建村联合开展“税企党建结对共建”活动，共同开创“党建+”多赢化工作格局。实施溧阳税务人才库建设，注册税务师、注册会计师、律师“三师”占比达12%。“风信子之爱”作为常州市唯一推介项目荣获江苏省志愿服务项目金奖，同时被中宣部、中央文明办等16家单位联合表彰为2018年全国学雷锋志愿服务“最佳志愿服务项目”，全国税务系统仅2家。

（六）把握底线思维，履职能力得到提升。强化廉政监控和纪律要求，切实履行“一岗双责”，认真贯彻落实全国税务系统警示教育大会精神，做到警示教育全覆盖。严格执行中央八项规定精神，通过明察暗查，专项治理开展日常行风作风督查。全面贯彻落实上级关于机构改革期间信访工作要求，严格执行落实24小时值班和零报告制度，实行扎口管理、定人定责，做好信访、舆情网络监控和应对。

常州市溧阳生态环境局

Changzhoushi liyang shengtai huanjing ju

局领导带队开展大气管控工作

安徽郎溪生态环境局到溧阳交流观摩

局领导赴大丰考察企业用电监控

2018 年，在溧阳市委、市政府的正确领导下，溧阳生态环境局上下紧紧围绕“凝聚精气神，建设新溧阳”总要求，紧抓各项工作任务，踏踏实实，一步一个脚印，以抓铁有痕、踏石留印的务实作风，各项工作均取得突破。

全市空气质量达到Ⅰ级（优）空气质量的天数为 55 天，达到Ⅱ级（良）空气质量的天数为 196 天，合计占全年总天数的 68.8%，同比 2017 年减少 48 天，下降 13.3%；$PM_{2.5}$ 平均浓度为 44.8 微克 / 立方米，下降 1.3%，在常州各辖市区中唯一达到 $PM_{2.5}$ 年度考核任务目标。集中式饮用水源地沙河水库、大溪水库水质达标率为 100%；全市六个“水十条”国考、省考断面达到或好于Ⅲ类水比例为 100%，超额完成上级考核要求。2018 年城市区域环境噪声监测结果平均值为 55.4dB(A)，比 2017 年下降 0.1dB(A)。

2018 年，全市打好污染防治攻坚战暨“263”专项行动在常州综合考核排名辖市区第一，继续保持第一方阵，其中组织推进、环境空气质量、大气污染防治攻坚、生态绿城建设均排名第 1，水环境质量排名第 3。溧阳市被常州市委、市政府授予“打好污染防治攻坚战暨‘263’专项行动奖”荣誉称号。全市完成煤炭消费总量净削减 38.93 万吨，11 个专项中减少煤炭消费总量排名第 1；关停化工企业 13 家，减少落后化工产能排名第 1；完成太湖二级保护区 20 个自然村农村生活污水整治，治理太湖水环境排名第 1；全面完成 192 家单位，57 个小区，25 个行政村的垃圾分类设施建设，治理生活垃圾排名第 3；完成 29 个黑臭水体整治，完成 601 个村庄污水管网建设，治理黑臭水体排名第 6；开展生态循环农业示范创建工作，8 家单位被认定为常州市生态循环农业示范创建单位，治理畜禽养殖污染排名第 1；完成 55 家重点工业企业、30 家印刷包装、59 家汽修企

局领导带队夜查企业

业 VOCs 治理，完成 41 家以上餐饮单位油烟治理，治理挥发性有机物污染排名第 1；完成 46 家重点环境风险企业“八查八改”，治理环境隐患排名第 1；全面推进生态绿城建设，完成 1 号公路绿化提升等 30 个工程和 27 个细胞创建工作，溧阳市成功上榜江苏省第一批省级生态文明建设示范县（市、区），被生态环境部授予全国第二批国家生态文明建设示范市荣誉称号，天目湖国家湿地公园正式授牌，提升生态保护水平排名第 1；17 个新、改、扩建项目落实排污权有偿使用，溧阳市财政累计拨付“263”专项行动相关补助资金共 9998.55 万元，提升环境经济政策调控水平排名第 3；溧阳环境执法局被省生态环境厅、省人社厅评为全省生态环境系统先进集体、提升环境监管执法水平排名第 2。

使用无人机检查企业

环境执法局现场监察

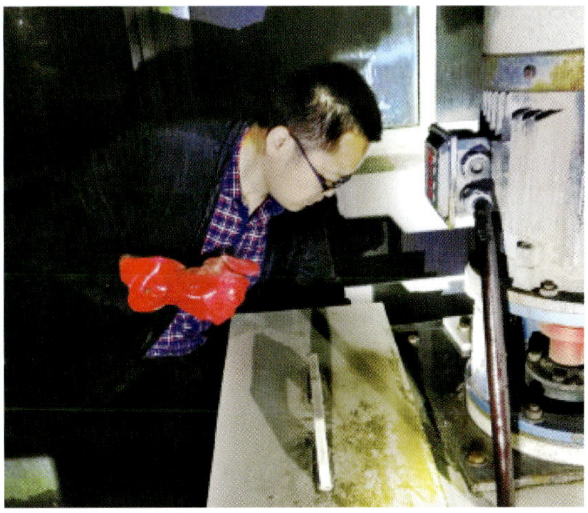

环境执法局夜查企业

开展 6 · 5 世界环境日宣传活动

举行地球一小时启动会

常州市住房公积金管理中心溧阳分中心

全市住房公积金工作会议

2018年，在市委、市政府和常州市住房公积金管理中心的正确领导下，公积金管理中心溧阳分中心以扩大住房公积金社会影响为目标，以扩面增资为重点，不断简化办事流程，持续提升服务效能。

全年新增开户单位398家，新增开户职工2.05万人，年末缴存职工人数达7.86万人；归集住房公积金10.41亿元，年末归集余额27.17亿元。全年支持住房消费18.5万人次、18.98亿元，其中提取住房公积金8.22亿元、发放住房公积金个人贷款10.76亿元；净融资3亿元，年末个人住房公积金贷款余额38.73亿元。上缴溧阳财政廉租住房建设补充资金2676万元，累计已达2.1亿元。

市政协副主席陈波涛到中心调研

暖心服务获点赞

通过多举措催建催缴、多层次沟通协调、多渠道宣传服务，力促多家规模以上企业和南渡镇编外员工全员建缴；通过加强公积金基数调整和银行托收促使资金归集再上台阶；通过加大区域间资金调度满足购房职工贷款需求；通过全面排查风险点筑牢资金安全；加强窗口服务和网上服务平台增强业务办理效能；开通个人网上签约业务和新增自助服务机等拓展便民服务渠道；简化贷款服务流程等便民举措，全面提升为民服务水平。

“进银行”开展缴存扩面业务培训

2018 年度公积金金融委托业务签约会议

住房公积金网上业务推介座谈会

参加“法治宣传月”活动

ICBC 中国工商银行 溧阳支行

工于至诚 行以致远

“工银普惠行”服务广大民企和小微企业

对溧阳市梅庄村开展扶贫帮困活动

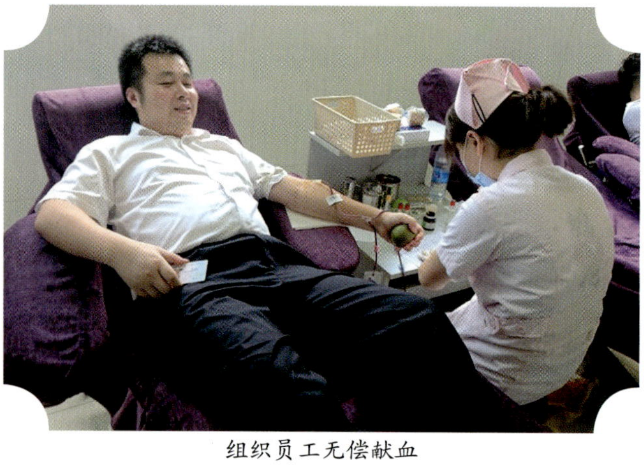

组织员工无偿献血

2018 年，工行溧阳支行紧紧围绕上级行“回归本源、稳中求进”的决策部署，严格落实金融监管要求，统筹抓好市场拓展、经营转型、风险防控、内部管理和党建工作。至年末，支行本外币存款余额 96.04 亿元，本外币贷款余额 102.47 亿元，在省分行 2018 年县（市）分支行绩效考核评选中位列第一，获评省分行“精品支行”“第八届文明单位”称号，支行党委获评省市行“先进基层党组织”称号。

工行溧阳支行继续做好重大项目支持工作，全年累计投放项目贷款 12.47 亿元；重点支持先进制造业和实体经济的发展，全年累计投放制造业贷款 7.41 亿元，实体经济贷款 37.48 亿元；坚持做好小微企业创业创新服务，加大经营快贷、小微创业贷、购建贷、苏贸贷、苏农担等新型产品的推广力度，全年累计投放小企业贷款 9.12 亿元，发放小微创业贷 4.86 亿元，做大做实“工银普惠行”金融服务。

工行溧阳支行致力于为客户提供更好更优的服务环境，全年完成对县前支行、西门支行等网点的装修和改造，并撤销上河城及边界市场两处低效离行式自助机具，优化网点布局，稳步推进网点智能化、轻型化建设。在网点运行管理方面，认真研究上级行下发的各类违规问题处理通报，对案防重要风险点防控治理情况进行定期检查，有效强化重要风险点的控制，加大对远程授权及业务集中退回的考核力度，实现“低差错、零案件、无事故”。深入分析服务热点痛点，

支行营业室员工风采

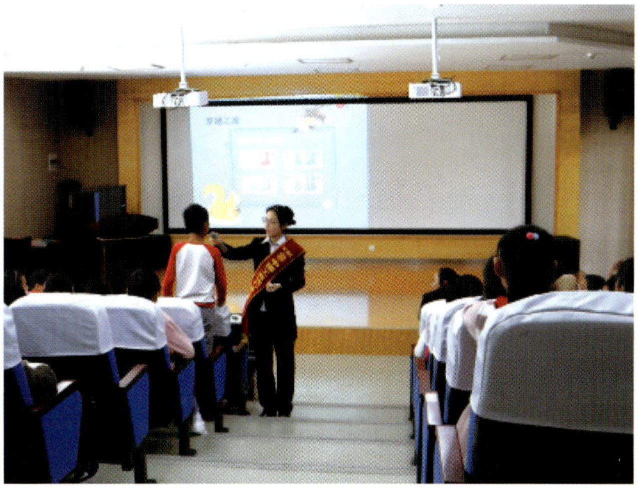

青年员工走进校园开展金融知识宣教活动

狠抓文明服务质量和投诉舆情考核，不断提升客户服务体验，打造区域服务口碑，持续增强网点竞争实力。全年多次组织员工深入企业、商户、社区学校，开展“金融知识普及月”“金融知识进万家”等宣传活动，进一步提升溧阳地区金融消费者的自我保护意识和风险责任意识，更好地履行保护金融消费者的社会主体责任，持之以恒将消费者权益保护工作落到实处。

青年业务骨干走进企业普及金融知识

党员干部参观南京大屠杀纪念馆

中国农业银行 AGRICULTURAL BANK OF CHINA 溧阳市支行

行领导及工会慰问退休老党员

关爱平桥中心小学留守儿童

开展”七一“主题党建活动

深入养殖户调研螃蟹养殖情况

面向三农　城乡联动
融入国际　服务多元

中国农业银行股份有限公司溧阳市支行现拥有物理网点 20 家，辐射重点乡镇和经济区，凭借雄厚的资金实力，丰富的金融产品，便捷的服务渠道，不断扩大经营规模，提高服务水平，支持地方经济发展。截至 2018 年末，全行各项存款余额达 178.9 亿元，全年各项人民币贷款余额 135.5 亿元，存贷款总量居当地四大国有商业银行首位。

溧阳农行瞄准“零售大行”目标，不断适应社会发展形势，积极推进金融产品及营销模式的创新转型。全行围绕零售业务转型，当年销售基金 1.7 亿元，黄金 3.3 万克，新开借记卡 2.8 万张，新增信用卡 1 万户；围绕线上银行转型，累计掌银客户达 19.4 万户，E 商平台累计交易额达 1.9 亿元；围绕智慧场景转型，升级了“智慧校园”服务，成功打造了校园“无人超市”，进一步扩展了智慧经济的应用覆盖面。

溧阳农行贯彻“服务三农”宗旨，积极服务乡村振兴

组织青年员工开展户外拓展活动

开展”小小银行家“活动

为孤寡老人送中秋祝福

积极开展金融知识普及活动

战略。2018 年共发放农户生产经营贷款 581 户，发放金额 1.02 亿元。全年稳步推进了“一项目、一方案、一授权”项目工作，分别为苏浙皖边界市场、鱼类养殖、青虾养殖、螃蟹养殖项目及农家乐等产业集群项目完成了立项投放。积极落实了“三农”高级顾问政策，在白露山生态园开展了全省首个“三农”高级顾问聘任仪式，完成了全部乡镇网点 120 名“三农”高级顾问的聘任，并成功发放了全省首笔“三农”高级顾问信用贷款，有效地打通了服务三农“最后一公里”。

溧阳农行秉持“客为根本”理念，与时俱进提高服务质量。对全辖网点实施以凭证电子化和印章电子化为核心的综合化改造，基本实现无纸化操作、电子签名，提升了网点服务效率。同时积极建设企业合规文化，开展争先创优活动，引导员工讲文明，讲道德，讲奉献。2017~2018 年溧阳农行连续 2 年荣获溧阳市金融系统先进单位，2014~2018 年连续 5 年荣获常州市单位治安保卫工作先进集体。

中国银行 BANK OF CHINA 溧阳支行

行长宁效云深入企业走访

行领导慰问困难职工家庭

行领导到网点慰问

2018年，中国银行溧阳支行紧紧围绕“强党建、夯基础、控风险、助发展、提效能、争进位”的工作主线，全面对接五年规划，实施十大战略。全年完成本外币存款72.73亿元，本外币贷款62.9亿元。

国际结算业务是中行的传统业务，支行在做好出口商贴、福费延、远期结售汇等传统业务同时，不断进行产品创新：推出企业自主下单锁定汇率的远期结售汇电子交易平台、与商务局对接为出口企业提供信用贷款的外贸贷等。充分利用广阔的海外分行渠道和专业化优势，为国内企业“走出去”牵线搭桥，开展了一系列“跨境企业撮合业务”。组织客户参加了首届中国国际进口博览会，帮助国内进口企业对接境外客户。2018年度，支行共完成国际结算量43648万美元，国际结算业务继续在溧阳同业中处于领先地位，并在当年度溧阳外管局对本市商业银行的考核评比中，取得了外汇业务综合考核第一名。

在授信政策上，对基础设施、高新技术企业、上市背景企业、中小企业、出口企业等方面进行重点支持，坚持金融创新和普惠金融等一系列金融创新业务，以信用贷款的“税贷通”来支持押品不足的中小企业；以优惠授信政策来支持“三农”经济发展的农企通宝；支持实体企业购买法院拍卖的“E拍贷”业务；和科技局合作开展的“科技贷”业务，在担保、利率等优惠条件下，支持科技型企业的发展等等。全年授信客户数93户，累计发放贷款21.28亿元。

出国一站式金融服务依托“中银汇兑”品牌，包含有五大类十多个产品。客户可以根据需要办理出国留学贷款、贷款资信证明、存款证明、全球汇款、旅行支票、因私购汇、外币兑换、外币携带证，代理海外开户见证等业务。

积利金是支行对客户提供的首个直接挂钩上海黄金交

易所黄金现货的权益资产，在国内四大行中首家提供客户活定期黄金持有期收益，并提供客户定投、定存功能，支持实物黄金的提取。满足客户长期持有，获取价差、利得的双重收益。

卓隽卡为国际 EMV 标准芯片卡，借贷合一存款有息，为出国留学人士首选卡种。目前每月境外 5 次 ATM 取现手续费减免、终身免年费；开卡送新东方在线精品出国课程；海威时代职业规划、实习课程专属课程专属优惠；减免 1.5% 跨境交易货币兑换手续费；境外消费双倍积分、并且积分永久有效。

举办支行大论坛

个人大额存单是面向个人客户的记账式大额存款凭证，是存款类金融产品，属一般性存款。期限种类全，产品利率高，提前支取靠档计息，可转让交易，支持网银、手机银行签约功能，支持配发纸质重空凭证。

中银慧投是根据投资者的风险承受能力、预期投资期限等要求，为个人客户提供智能化和自动化的资产配置建议。包括定制智能组合和存量资产诊断两大服务。

义务献血、奉献爱心

中银易分期是针对优质客户推出的信用卡分期产品，额度最高 50 万，借款轻松，利息低，一站式解决客户大额消费融资需求。仅需凭身份证、有效财力证明，至中行线下任一网点均可受理，资料齐全 3 个工作日可下款。

中银 E 贷 – 个人网络消费贷款是针对中行优质客户量身定制产品。该业务无需抵押担保，纯信用，在线申请、秒速审批，在线提款，随借随还，无需手续费。

中银理财是中国银行专为贵宾客户打造的个性化、高品质的投资理财服务品牌。由专业的客户经理提供“一对一”的优质银行服务。同时，依托遍布全球的海内外服务网络、资深的理财专家和多元化的投资理财产品，全面照顾客户的理财需求，助力客户实现财富的保值增值。

同时，溧阳中行为满足广大客户对金银珠宝、古玩字画、有价证券、文件及保密资料等贵重物品的保管需求还开办了保管箱租赁业务。

担当·诚信·专业·创新·稳健·绩效

为社区居民义务宣传金融知识

支行团总支走进敬老院

走上街头进行 3·15 义务宣传

中国建设银行
China Construction Bank
溧阳支行

开展禹道·惠客户营销沙龙

省分行副行长陈宝权来行走访调研

为离退休老同志举行送别仪式

开展“我的小苹果”营销活动

景鸿支行开业

以诚相交　成其久远

中国建设银行溧阳支行成立于1983年，目前下辖营业网点15个，现有三个内设部门（综合管理部、业务管理部、客户部）和两个业务中心（住房金融和个人信贷业务中心、信用卡业务中心）。

2018年，建设银行溧阳支行在上级行党委的正确指导下，在全行员工的共同努力下，深入贯彻学习党中央“十九大”精神，紧紧围绕市委市政府“凝聚精气神，建设新溧阳”总要求，积极对接“重大项目推进年”和“全域旅游推进年”发展主题，认真落实总行“三大战略”和省分行“三个优先”战略部署，各项工作稳步推进，并逐渐进入加快发展的良性通道。截至2018年末，一般性存款时点余额93.42亿元，一般性存款日均余额92.67亿元，各项贷款余额92.1亿元，实现主营业务收入3.14亿元，税前利润2.96亿元，各项指标均居溧阳当地银行前列。先后荣获常州市治安保卫工作“先进集体”，建行常州分行“先进集体”“会计营运工作先进集体”，建行江苏省分行县支行考核进步单位等称号。

支行积极响应国家支持普惠金融业务发展的号召，解决民营企业融资难、融资贵的难题，创新推出“小微快贷”“抵押快贷”“云税贷”等一系列大数据金融产品，在解决民营企业和小微企业融资

组织新党员入党宣誓

溧阳支行 PK 金坛支行柜员技能对抗赛

公开竞聘选拔后备人才

痛点方面，取得了一些实实在在的成果。截止 2018 年末，共发放对公普惠金融贷款 292 笔，金额 3.48 亿元。

支行始终以提高金融服务质效为宗旨，持续做好渠道圈建设，2018 年，迁址成立建设银行溧阳上兴支行，对于服务溧阳经济开发区，为构建宁杭经济带和对接南京提供金融支持；加快渠道转型工作，朝阳支行完成了轻型化转型，涵田自助银行升级改造，新开竹箦新康自助银行，进一步提升了支行的外部形象、获客能力、服务能力。高度重视消费者权益保护工作，积极开展“3·15”金融消费权益日宣传活动、乡镇反洗钱宣传活动、“人民币知识进校园”活动，进一步提升了溧阳市民的金融意识和风险防范意识。

支行始终践行“以诚相交、成其久远”的发展理念，全面履行社会责任，2018 年，在全行 15 个营业网点建设“劳动者港湾”，给交警、环卫工人、出租车司机、外卖人员等户外工作者提供一个歇脚的地方，为社会增添一份温馨；主动发挥金融力量对接“精准扶贫”，试点善融商城扶贫新模式，全年通过善融商城实现扶贫交易额 11 万元，为精准扶贫工作积累了宝贵经验。

深入乡镇开展反洗钱宣传活动

开展宣传金融知识、守住“钱袋子”活动

开展“不忘初心、牢记使命”主题党日活动

举行 2018 年度新员工拜师仪式

东海证券
DONGHAI SECURITIES

溧阳营业部

咨询电话：0519—80986088

委托电话：95531 4008888588

东海证券股份有限公司溧阳南大街证券营业部的前身是常州证券溧阳营业部，成立于1994年，营业部在25年的发展过程中，在溧阳市委、市政府的关心和支持下，经过多年的努力，东海证券溧阳营业部已拥有营业面积6000多平方米，电脑终端1000多个，现有客户4万多户，发展规模在全国同行名列前茅。

多年来，东海证券溧阳营业部特别注重业务和服务的双向发展，取得经济效益和社会效益的双丰收，真正成为投资者投资理财的好场所。先后被评为“全国十佳网上交易推广营业部”、江苏省级“青年文明号”“文明窗口”；2011年被评为“中国明星证券营业部”，2012年被评为“中国百强证券营业部”，2012~2014年连续三年被江苏省证券业协会评为“投资者教育工作先进单位”；2015年获得省级“巾帼文明岗”称号；2016–2017年度分别为常州市、溧阳市平安金融创建活动先进单位，是东海证券股份有限公司的A类营业部、优秀合规单位。

2018年度，营业部加强队伍建设，提升服务质量，紧跟公司“龙点金”理财服务，积极推进融资融券、IB、股票质押融资、发行债券等创新业务，满足客户多样化的服务需求，努力将营业部打造为理财终端平台。

公司始终秉承“用微笑传递智慧，让事实缔造杰出”的企业文化理念，坚持“客户至上”的服务宗旨，以全新、高效的管理模式，深化内部管理，大力拓展市场，增强核心竞争力，进一步做好证券投资服务工作；组建高素质投资理财队伍，倡导正确的投资理念，引导投资者合理操作，不断使得客户资产保值增值，共同分享中国经济发展和股市变革带来的巨大财富。

大客户室

培训教室

交易大厅

江苏华晨路桥有限公司

公司承建的“交通部优质工程奖”、省扬子杯优质工程－盐通高速公路

英国进口 ACP4000 型沥青拌和楼

公司办公大楼

江苏华晨路桥有限公司成立于 1988 年，企业注册资本 5 亿元，资质为公路工程施工总承包壹级、市政公用工程施工总承包壹级。公司在 30 多年的创业征程中，始终坚持“以质量求发展、以信誉拓市场”的企业宗旨，开拓创新、奋力打拼，在激烈的市场竞争中塑造了江苏华晨的良好信誉和形象，成为江苏省交通建设行业中的一支劲旅。

公司主要承建高速公路路基、路面、桥梁、软基处理、围海造地、市政、污水处理、隧道等工程。参加过江苏宁连、沿海、宁通、沪宁、宁靖盐、宁杭、镇溧、常州西绕城、常溧、镇丹和安徽、浙江、四川、海南、贵州、广西等高速公路、隧道和一、二级道路及航道、大型桥梁的建设施工。拥有进口的沥青拌和楼五台套及国际先进的专业施工机械和试验检测设备。并拥有高级工程师 30 余名、一级建造师 20 余名、二级建造师 20 余名。公司年施工产值超 20 亿元。

在资本运作方面，承担过海门、南通、盐城、苏州、溧阳、安徽、河南等经济开发区道路 BT 项目工程的施工和运行管理。

公司先后被省建设厅授予“江苏省建筑业双百强企业”“江苏省建筑业最佳企业”“有功集体”“质量信得过单位”“十佳项目经理部”“建筑施工安全生产先进集体”“工人先锋号”等称号；获“1992~2006 年度江苏省高速公路建设显著贡献奖”、“扬子杯”优质工程奖、“交通部优质工程奖”和“省级 AAA 级资信企业”、常州市“明星企业”“文明单位”、溧阳市建筑业“四星企业”等荣誉。

压题图片为公司承建的 2018 年竣工通车的镇丹高速公路

中国烟草
CHINA TOBACCO

溧阳市烟草专卖局（分公司）

国家利益至上 消费者利益至上

开展精准扶贫 关爱困难群众

爱心年夜饭 情暖一家亲

2018年来，市烟草局保持战略定力，紧扣发展目标，以提质增效为中心，以深化改革为主线，以创新创优为抓手，强化品牌培育、调优市场状态、夯实基础管理、激发队伍活力，促进了溧阳烟草更平衡更充分高质量发展。

聚焦主营业务，发展态势平稳健康。全年共组织各类市场检查1611次，出动检查人员3584人次，查获各类涉烟案件244起，破获假烟网络案件1起；查获各类涉案卷烟9260.85条；全年市场净化率保持在98%以上。认真落实省局《创新课题管理办法》，建立健全创新评审机制，《降低相同IP订货客户率》喜获全国优秀质量管理小组银奖，课题制作小组被评为“全国优秀质量小组”“一种员工精益管理积分卡”获得国家实用新型专利授权。

关注企业管理，提升精益管理水平。市烟草局深入落实“1+N”考核管理模式，并按照新一轮基层创优的总体要求，搭建创优载体，夯实创优措施，导入标准化体系、SWOT分析、看板管理等精益工具，实现基层创优闭环。深入强化现场管理，持续开展5S现场管理活动，打造5S样板间，落实5S现场管理成效。面向全局员工征集合理化建议，进行公开评选，对优秀建议通过公示栏进行表扬，营造了良好的企业文化氛围。

夯实队伍建设，凝聚前行坚实力量。年初组织签订全面从严治党责任书，每季度召开党建工作领导小组会议；不断规范“三会一课”、党费收缴、组织关系管理等党建工作实务，试点推行党员积分管理，各支部均按时召开了组织生活会和党员评议工作。制定《机关大学生基层锻炼实施方案》，明确基层锻炼期限和要求；开展换岗体验、AB岗等活动，提升了队伍的整体素质。全面更新应用人力资源HR2.0管理信息系统，更新完善员工基础信息，梳理审核管理岗位资料档案，为高质量发展提供强大人才支撑。

强化党建教育 夯实理论基础

送货服务到家 贴心关爱客户

组织普法教育 增强守法意识

中国电信 CHINA TELECOM

中国电信集团有限公司溧阳分公司
中国电信股份有限公司溧阳分公司

江苏电信总经理董涛到溧阳分公司调研经营服务工作

中国电信溧阳分公司行政党支部与溧阳邮政行政党支部举行“党建翼联”签约仪式

中国电信溧阳分公司（溧阳市电信局）经营业务范围包括固定电话、宽带、天翼手机、网络电视和社会信息化应用等诸多电信业务，2018年业务收入增长幅度和业务收入再创历史新高。公司通过坚持终端引领带动4G智能手机规模发展，加快光纤入户改造，积极开展“极速宽带”和“高清iTV”免费体验活动，以实实在在的优惠让广大客户体验网络时代的便利与快捷，新推出的“流量不限量”业务，更是得到广大市民的热烈欢迎。

2018年新增多家服务门店，目前全市电信服务门店共有100多家，其中乡镇门店达80余家，方便全市人民更加快捷的享受电信优质服务；着力推动服务门店模式转变，所有门店全部采用全新的开放式体验运营模式，方便广大客户更加直观的选择需要的产品；公司营业厅全部配置兼职辅导员，帮助新入网客户熟练掌握智能软件安装和使用，时刻引领“移动互联网时代”新潮流。公司继续全面推进 “光网城市 宽带溧阳”战略，光纤到户和光进铜退是公司全年建设工作的主旋律，经过公司全体上下的共同努力，实现了全市光网络全覆盖，全面提供家庭百兆甚至千兆的高速宽带接入服务。

面对移动互联网时代爆发似的需求，中国电信股份有限公司（溧阳市电信局）提前做好了充分的准备，重点加强滴灌站建设，有效改善了景区、高层小区和重点区域的4G信号质量；持续开展宁杭高铁沿线4G网络优化，实现4G信号高铁不掉线；积极推进WIFI网络规模化建设，强化热点的全面有效覆盖。

分公司先后荣获江苏省诚信单位、常州市诚信单位、常州市保护消费者权益先进集体、溧阳市安康杯竞赛优胜单位称号，连续多年保持江苏省“文明行业”称号。

政府重大项目活动通信保障

开展服务下基层活动，将电信产品送到基层一线

大力营造舒适的营业环境，提升客户业务办理感知

CATL

江苏时代新能源科技有限公司

江苏省副省长费高云（右二）到公司调研

常州市委书记汪泉到公司调研

江苏时代新能源科技有限公司是宁德时代科技股份有限公司全资子公司，成立于2016年6月，项目总投资120亿元，占地面积1000亩，总建筑面积46万平方米，设计产能36Gwh，目前现有员工人数2500人。产品主要为新能源动力及储能锂离子电池，全部建成达产后年销售收入超300亿元。

江苏时代新能源科技有限公司是宁德时代科技股份有限公司在长三角地区新能源动力及储能锂离子电池重要生产基地。项目分三期建设，一期于2016年9月开工建设，2018年6月19日第一批产品正式下线，至2019年6月份一、二期项目共8条生产线已全部建成量产；三期3#厂房已竣工交付，预计8月份建成投产。4#厂房完成封顶，预计2021年投产。

时代上汽
UNITED AUTO BATTERY CORP

时代上汽动力电池有限公司

时代上汽动力电池有限公司是由宁德时代和上汽集团合资成立，由宁德时代控股，于 2017 年 6 月 8 日在江苏中关村科技产业园注册设立，注册资本为 20 亿元，现有员工人数 1800 人。

主要经营范围：锂离子电池、锂聚合物电池、燃料电池、动力电池、超大容量储能电池的开发、生产和销售及售后服务；对新能源行业的投资。

时代上汽 1 号工厂建成投产仪式

时代上汽动力电池有限公司为上汽集团开拓新能源汽车提供安全可靠动力电池，时代上汽动力电池产业化项目，一期项目总投资 70 亿元，占地面积 643 亩，总建筑面积 40 万平方米，设计产能 20Gwh。项目于 2017 年 6 月开工建设，2019 年 6 月 1# 厂房 8 条生产线竣工量产，设计产能 10Gwh。2# 厂房将于 2020 年开工建设，2021 年建成投产。

上汽大通房车科技有限公司

目标：打造全球知名、中国第一的房车品牌，建设全球规模领先的房车出行一站式平台。

使命：让房车出行成为国人喜闻乐见、触手可及的生活方式。

- 国内第一家能够与基型车同步开发的房车企业；
- 国内第一家完全引入整车开发流程的房车企业；
- 国内第一个建立完整的房车测试体系的房车企业；
- 国内唯一的拥有整车级耐久试验能力和环保气味测试能力的房车企业；
- 国内第一个实现批量化 C2B 产品开发的房车企业；
- 国内第一家实现房车专用智能控制和娱乐系统的开发应用的房车企业。

上汽大通房车科技有限公司是上汽集团旗下上汽大通汽车有限公司的全资子公司，自2016年9月成立以来，致力于推进房车全产业链布局，涵盖智能制造、房车销售、房车租赁、房车旅行、房车营地等多维度服务，上汽大通房车尽自己的一份力量，推动中国房车市场的完善，引领行业发展。

生产线一角

项目总投资金额17亿元，占地420亩，对标国际最先进的技术和标准，是国内首个专为大规模定制化房车打造的研发及生产基地。2018年1月4日竣工投产，实现多平台产品生产，包含B型房车、C型房车、RG10、皮卡房车、公路拖挂、营地拖挂等车型，产品覆盖全系列智能房车，在房车整车领域率先开创智能制造的先河，即通过智能排产系统，绑定客户定制订单，C2B定制，为国内最先进、最大的房车研发及生产基地，年产能超25000辆。

公司外景一角

房车生活家 APP

房车生活家微信公众号

C 型小额头

B 型房车

C 型房车

RG10

RT11 欧式拖挂

RT11 美式拖挂

公司目前已拥有超 1212 台的自营租赁房车，为国内规模最大，租赁服务点最完整的房车企业。通过自建租赁运营中心 + 渠道运营的方式，在全国覆盖上海、溧阳、成都、海口等多个核心旅游城市。目前已开业的房车生活家租赁运营中心有上海汽车博览公园店、溧阳服务体验中心、南京聚宝山店、北京房山店、银川汽车站店、厦门机场店等 18 个自营租赁运营中心。此外，上汽大通房车在国内 15 个省、自治区、直辖市布局了 63 个小微营地，超过 1074 个智能水电桩营位。凭借生态圈优势，与国内 500 余家旅行商建立了战略合作，策划设计了丰富多样的“房车 +”旅游产品，涵盖了 140 条房车旅行线路产品。

上汽大通房车打造一站式房车旅行服务平台——房车生活家，集合房车攻略、驴友游记、视频内容、车友社交为一体的内容分享平台，同时是境内外房车租赁、跟团旅行、预订营地的交易服务平台。其 APP 版本已经在各大应用市场上架，用户可以一站式分享境内外房车游记、攻略、动态和资讯，记录旅途中的点滴、交流房车旅行的感悟，让房车生活变得触手可及。截至目前，APP 客户端 + 微信 + 微博已拥有超过 424 万用户，稳居互联网新榜房车类首位，全网阅读量超过 2980 万。未来房车生活家将进一步提升用户体验，推进平台蓄势，最终实现“带上家，向美好出发”的房车智慧出行愿景。

科华控股股份有限公司
KeHua Holdings Co.,Ltd.

市委书记蒋锋陪同机械科学研究总院领导到科华考察

科华控股于 2018 年 1 月 5 日在上交所挂牌上市

科华控股股份有限公司始建于 2002 年，于 2018 年 1 月 5 日在上海证券交易所主板上市，成为溧阳市第三家上市公司。公司专业生产汽车涡轮增压器部件，客户主要为位于世界前列的汽车涡轮增压器总成跨国公司如霍尼韦尔、博格华纳、上海菱重、石川岛等。公司现为“高新技术企业”。近年来，先后被认定为江苏省“创新型企业”“科技型中小企业”“高成长型中小企业”；常州市“首批四星级数字企业”“2014 年~2017 年常州市明星企业”“中国铸造行业综合百强企业”“中国铸造行业汽车铸件分行业排头兵企业”“中国绿色铸造企业”“中国优秀民营科技企业”。

公司已通过国际质量管理体系、环境质量管理体系、职业健康安全管理体系、知识产权管理体系、企业信用管理体系以及能源管理体系认证。2012 年经省科技厅批准成立“江苏省（科华）涡轮增压器部件工程技术研究中心”；2013 年被省经信委认定为“江苏省企业技术中心”；2015 年被省重点企业研发机构推进办公室认定为“江苏省重点研发机构”；2016 年被省人力资源和社会保障厅批准成立“江苏省博士后创新实践基地”，2018 年被常州市工信局认定为“常州市工业设计中心”。

2018 年实现销售 13.76 亿元。公司拥有世界先进的智能化生产流水线和试验检测设备，具有较强的产品加工工艺的设计、开发能力和过程控制、生产设备、工夹具、检具的技术创新能力，目前累计获得国家专利授权 86 项、其中发明专利授权 24 项，以自主知识产权为基础，有效强化自身的核心竞争力，已成为国际市场上具有较强竞争力的汽车涡轮增压器部件厂商之一。

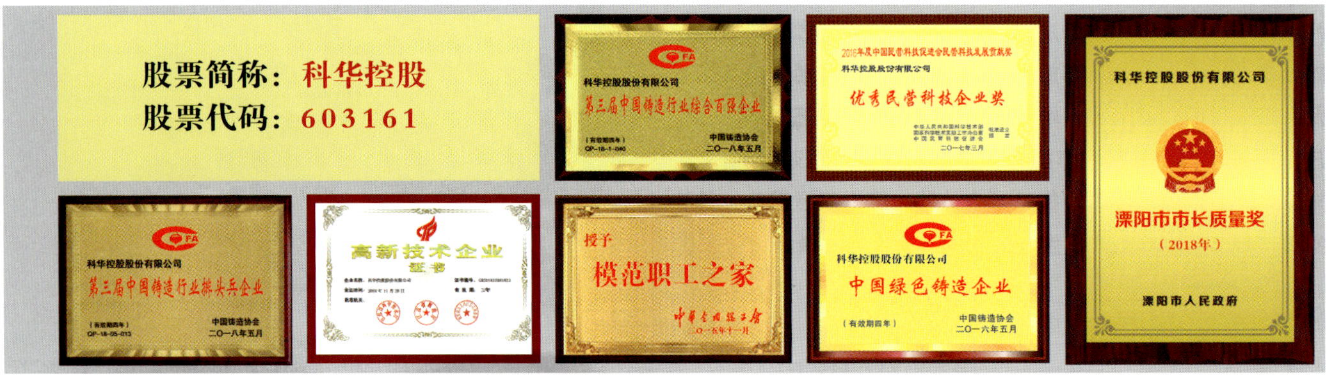

溧阳市力士汽车配件制造有限公司

Liyang City Lux Auto Parts Manufacturing Co.,Ltd.

企业精神： 敬业·勤业·创业

企业理念： 扎实·认真·时刻创造生机和活力

企业宗旨： 团结·务实·创新·高效

企业目标： 追求品质卓越·尽显企业精华

董事长、总经理 史长生

溧阳市力士汽车配件制造有限公司是江苏省定点生产汽车配件的重要企业，已有四十多年的历史。公司努力吸收、消化了国内外先进技术和经验，产品质量具有国内一流的设计技术水平。2009 年 1 月成为上海汽车集团股份有限公司 B 类件产品定制生产厂家， 2011 年 11 月荣获上海汽车集团股份有限公司“A 级供应商证书”，并连年荣获年度供应商大会授予的“优秀质量奖”。2018 年被溧阳市人民政府授予工业企业资源集约利用综合评价“优胜（A 类）企业”“工业三星企业”。公司先后与上汽大通、南京依维柯、北京宝沃、北汽乘用车数家汽车厂配套，受到了厂家的普遍赞誉。

企业现有职工近 400 人，其中专业技术人员 50 多人。注册资金 2000 万元，总资产 2.6 亿元，占地面积 53360 平方米，建筑面积 39550 平方米，其中厂房建筑面积 34520 平方米， 公司固定资产 2 亿元。拥有精加工设备近 300 台，其中大型、高精度设备 78 台。冲压设备近 50 余台，其中新冲压线 16 台；A 线：2000T、1250T、1000T、800T 各一台；B 线：800T（一台）、630T（四台）；C 线：400T（四台）；D 线：400T（二台）、250T（二台）。公司有精良的检测仪器，有两台三坐标测量仪， 有两台多元素分析仪；有完善的零件表面处理设备，有现代化的焊接设备，其中 18 台点焊机器人工作站，16 台弧焊机器人工作站，固定台焊机 14 台。2018 年完成产值 6 亿元，销售 5.5 亿元，创利税近 3000 万元。

江苏省人民医院溧阳分院
溧阳市人民医院

溧阳市人民医院创建于1946年7月，是溧阳地区历史最久、规模最大、功能最全的集医、教、研为一体的综合性二级甲等医院，系国家级住院医师规培基地协同医院，现为江苏大学、皖南医学院、常州卫生高等职业技术学校的教学医院以及南通大学附属医院。

2016年9月，江苏省人民医院与溧阳市人民政府正式签订“院府合作”协议，遵循同质、按需、有序、友好的原则，以创建三级综合性医院为目标，成立“江苏省人民医院溧阳分院”，实行理事会领导下的院长负责制。

“院府合作”以来，在省人民医院和溧阳市委、市政府的大力支持和鼎力帮助下，医院顺利通过二甲复评，完成新院整体搬迁，成功迈入了快速发展的轨道，成立了卒

门诊大厅

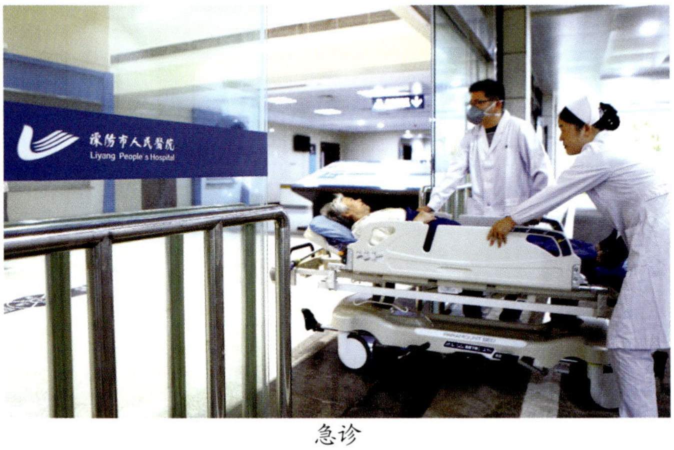

急诊

中中心、胸痛中心、孕产妇危急重症救治中心、新生儿危急重症救治中心以及溧阳市区域化消毒供应中心；成为了溧阳市临床病理诊断中心、影像会诊中心、心电诊断中心、临床检验中心；引进了江苏省人民医院胃肠外科创新团队，胃肠外科成为江苏省人民医院胃肠中心溧阳分中心；引进了江苏省人民医院急诊医学创新团队，急诊科成为江苏省人民医院体外支持中心溧阳分中心，以及中国县级医院急诊联盟常务理事单位；普外科和消化内科新创成常州市临床重点专科，现共有心内科、妇科、普外科、消化内科四个常州市临床重点专科；并开通了院内与省人民医院远程会诊系统，每周四将有泌尿外科、皮肤科和风湿免疫科的省人医专家“隔空问诊”，让溧阳患者突破地域限制，足不出户在家门口就能享受到省人医高质量、同质化的诊疗服务。

2019 年，医院正积极创建三级综合性医院和南京医科大学教学医院，并深入推进绩效考核工作，借助省人民医院的强大平台和省人民医院常驻专家的“传、帮、带”作用，进一步激发医院内部运行活力，真正变“输血”为“造血”，不断提高医疗质量，持续提升服务能力，聚全院之力，集全员之智，打造苏皖急救高地，为溧阳地区的卫生健康事业努力奋斗。

创建三级医院动员大会

卒中中心、介入诊疗中心揭牌

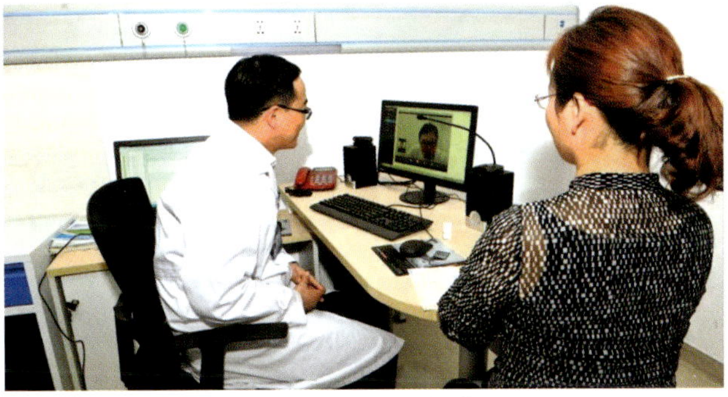

泌尿外科远程会诊

Jiangsusheng Renminyiyuan Liyangfenyuan
Liyangshi Renminyiyuan

大科室—心内科

大科室—普外科

大科室—消化内科

省中医院溧阳分院

“院府合作”成效显著，医疗技术和服务水平双提升！

——江苏省中医院与溧阳市人民政府创新医疗合作模式纪实

院府合作签约仪式

全国名老中医药专家传承工作室溧阳工作站落户溧阳分院

2018年是江苏省中医院与溧阳市人民政府“院府合作”的开局之年，也是溧阳分院发展史上里程碑的一年。一年来，随着分院的成立，医院步入了发展的快车道，优质医疗资源不断下沉，学科建设、人才培养等领域实力不断增强，医疗技术和服务水平得到全面提升。

优化管理，让员工积极性和患者满意度同步上升

分院成立伊始，就在医疗质量、分配制度、职称评定、科研教学、人员奖惩等管理制度上，与省中医院本部进行了全面对接，实施制度管理同质化。分院建立新的《医院绩效管理考核方案》，以月度和季度进行绩效考核，增强了员工的岗位意识、责任意识。

为了进一步优化就医流程，提高服务水平，分院开展了门急诊优质服务活动，在业务技能、服务态度、服务形象、改善就医环境等方面展开评优评先，同时门诊“一站式”服务流程进行了提档优化，增加了导医，调整门诊就医布局，明确设立导诊、咨询、预约、便民措施四大功能。此外还增设了门诊各楼层电子叫号系统，进行导医区域化管理，保证就诊、候诊井然有序。

优质资源下沉，分院与本部实现同质同德

根据溧阳分院的具体情况，省中医院本部确定了分院的骨伤科、眼科、消化、麻醉、病理等7个专科均由江苏省中医院专家常驻负责或定期指导，并分批派出10名年轻医学博士、硕士进驻各专科担任科主任助理，参与到科室的管理当中。此外，一年来，省中医院本部肛肠科、神经内科、普外科、脾胃病科、麻醉科、病理科等高级专家每周都会来溧阳分院进行坐诊、会诊、手术等，大力扶持分院工作，全年共计坐诊114人次、手术325人次。

针对疑难危重病人，分院也与省中医院本部建立了转诊绿色通道，成立了“双向转诊”办公室，与省中医院实现了门诊、住院转诊绿色通道，这种由分院出面为患者与省中医院进行预约和病历资料传送等前期对接工作的通道，极大地解决了患者就诊两地往返跑的麻烦，收到了患者的一致好评，一年来，分院通过转诊绿色通道共上转疑难病例147人。

作为以中医药为特色的医院，分院引进了省中医院51个优质明星中药制剂用于临床。同时，将中药饮片供应商换成省中医院本部供应商，目前医院480多个中药饮片完全与省中医院同质同源。

分院还积极探索了“互联网+健康医疗”发展新模式，利用现代互联网信息技术建立与省中医院本部的远程医疗协作网，将互联网技术应用于专科医联体建设，目前已与本部建立了病理、影像、检验、心电远程会诊，呼吸科、骨伤科也已率先建立科内远程会诊，极大提高了临床诊治水平。

创新诊疗模式，省中医院溧阳分院品牌彰显活力

2018年，溧阳分院还在全市率先建立了“胸痛中心”，为以急性胸痛为主要临床表现的急危重症患者提供快速、高效和规范的诊疗，“胸痛中心”的建立极大地提升了溧阳市急性胸痛的救治成功率。溧阳分院还开展了“急诊留观病

房”“日间病房”等新型的诊疗模式。“急诊留观病房”加快了急诊患者分流，提高急诊患者的安全管理。眼科、骨伤科等 7 个科室 14 个病种开设的“日间手术病房”，专为该类患者量身定制的短、平、快式的新型医疗服务，该模式既帮助患者减少了术前候床时间和手术费用，同时也加快了医院的床位周转率，提高了医疗资源的有效利用率。

“走出去”和“引进来”结合，人才队伍不断壮大

唐蜀华、许芝银两位全国名老中医工作站落户分院并开办了第一届中西医结合研究生课程班，由省中医院专家轮流授课，以“师带徒”形式培养骨干医疗人才。启动了医护人员赴省中本部三年轮训计划，目前已轮训 61 人，选派 14 名医院青年骨干参加“省中黄埔”培训班；全体职能部门负责人、临床科主任、护士长也分批赴省中医院短期培训。目前，分院的陈友娴荣获第三期全国中医药行业会计领军（后备）人才称号；邱余新荣获“常州市名中医”称号，张水定荣获“常州市优秀中医师”称号；游嵘、仇燕飞入选“常州市第二批孟河医派百人传承培养工程培养对象”。

2018 年，溧阳分院开展了 45 项新技术、新项目，同时，获得江苏省中医药局科技项目立项 1 项、江苏省医院管理创新研究课题 1 项；申报 19 项院内课题，创建成功 4 个常州市中医临床重点专科建设单位、1 个常州市中医重点临床专病建设单位；更开展了溧阳市首例手术 8 例，其中双焦点散光矫正型人工晶体植入术为江苏省首例，填补了全市医疗领域的多项空白。

新时代开启新征程，在溧阳市委、市政府和上级部门的正确领导和关怀下，溧阳分院将与省中本部同心、同德、同质化管理，凝心聚力，为打造国内一流的县市级现代化综合性三级中医院而努力奋斗。

全国名老中医刘沈林来分院上膏方门诊

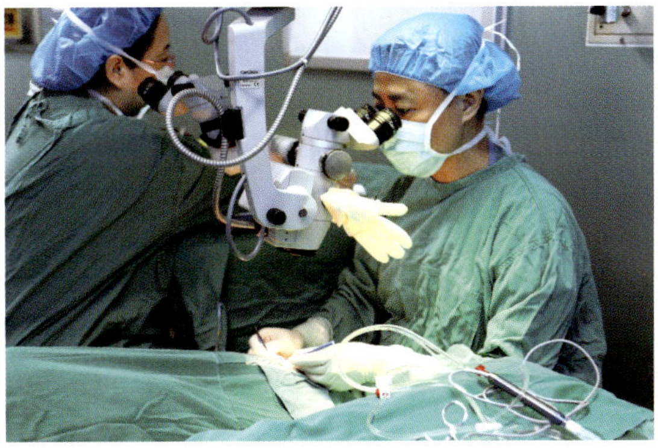

江苏省首例双焦点散光矫正型人工晶体植入术

新華書店

溧阳市新华书店西大街店建于1981年，历经数次改、扩建，现营业面积1200平方米，陈列图书3万余种，2004年与江苏新华书店集团连锁经营。其全资控股的凤凰出版传媒股份有限公司于2011年底成功上市，第十次入选“全国文化企业30强”。根据凤凰传媒集团调结构、促转型的要求，中心门店升级改造后全新亮相。

空间设计 · 功能定位

门店设计改变以往局促拥挤、色调单一、布局单调的感觉，突显凤凰理念，融入更多文化元素，用通透明朗、动感流畅的风格，打造成多功能、一站式、多样化的文化休闲消费场所。店堂高挑的中厅、敞亮的灯光、青翠的绿植、明快的动线、丰富的色彩，使读者流连忘返。新设的咖啡 + 简餐 + 书吧，环境温馨、舒适、时尚，可为读者提供咖啡、

新闻出版总局、凤凰传媒集团领导视察门店

国家新闻出版署领导在别桥书店调研

简餐、茶点、阅读等休闲服务。改建的少儿乐园借鉴了国内儿童书店的最新理念，以前瞻的眼光、前沿的定位、前卫的组合，构筑了一个书香＋童趣＋体验的缤纷世界。

业态布局·服务细分

门店以书业为核心，以多元业态为特色，更好地满足读者多层次、多样化的文化消费需求。一层设畅销书展区、咖啡吧、电教产品体验区、经典图书区、社科图书区；二层设少儿阅览活动区、文教图书区以及文化体育用品区。店内指示标牌清晰可见，购书便捷。同时为读者配置自助存包柜、购书篮、雨具、老花镜、无线网络等便民设施，常年提供缺书登记、新书预订、送书上门、邮购邮寄、在线查询、移动支付等服务。近年来，先后被评为江苏新华书店集团“二星级门店”、常州市“全民阅读先进集体”、溧阳市“最美读书点”，受到了国家和省新闻出版广电局领导的充分肯定。

经营之道·未来展望

市新华书店始终坚持“为人民服务，为社会主义服务”的图书发行方针，加强管理，扩大市场，强化服务，诚信经营，积极传播先进文化，努力践行全民读书观念和读书价值，促进和谐社会建设。2018 年，发行图书 745 万册，营业收入 6137.16 万元，完成利润 545.33 万元，连续 40 年实现“课前到书、人手一册”，主要经济指标居全省同行前列。随着文化产业快速发展，书店大力推进体制、机制、业态、技术和服务等方面的改革，加快转型发展步伐，加大创新力度，提高服务质量，提升经营管理水平，逐步建成高效能、多业态、现代化的新型文化企业，不断满足全市人民日益增长的美好生活需要。

地址：溧阳市溧城镇西大街 7 号

电话：0519-87282663

传真：0519-87282663

2018 年全民读书节启动仪式捐赠活动

举办作家谷清平读书报告会

举办“春晖朗读—校园行”活动

国庆节在南山书院举办“春晖朗读”活动

溧阳市戴埠高级中学

溧阳市戴埠高级中学地处著名的旅游城市溧阳市戴埠镇，距市区不到 10 公里，西邻 5A 级风景区天目湖，南连 5A 级风景区南山竹海，北临南航溧阳分校。学校创办于 1946 年，2017 年 5 月通过江苏省四星级高中现场验收，现有 22 个教学班，在校学生 1003 人。

学校占地面积百余亩，标准化田径运动场、图书馆、艺术中心、体育馆、录播室、雕塑馆、陶艺工作室、琴房、舞蹈房、心理咨询室、宣泄室，学生宿舍空调等设施齐备，行政楼、教学楼、宿舍等配有直饮水设备。现有专任教师 128 人，本科学历达标率 100%，其中研究生学历 18 人，占专任教师的 14.1%，高级职称 30 人。现有含常州市龙城教育英才“十佳乡村教师”1 名、常州市“名班主任”1 名、常州市“学带”2 名、常州市“骨干教师”7 名、溧阳市“学带”20 多名、溧阳市“骨干教师”30 多名在内的各级各类优秀教师共 60 多名，优秀教师比例位居同类高中前列。

学校坚持贯彻执行党的教育方针，确立了“一切为了学生的可持续发展”的办学理念。近年来，学校积极开展了“善文化”和“艺体”特色教育并取得了显著效果。学校已获得“全国青少年足球特色学校”“江苏省平安校园”“江苏省健康促进学校”“江苏省健康单位”“江苏省园林式学校”“常州市艺术教育特色学校”“常州市文明单位”“常州市中小学德育特色学校”“常州市绿色学校”“常州市心理健康教育优秀学校”“常州市依法治校先进单位”等称号。

艺海

体育馆全景

陶艺馆

学校地址：江苏省溧阳市戴埠镇镇善西路 68 号　　网址：http://dbgz.lyjyfw.net

溧阳市实验初级中学

校训：做一个杰出的人　　**校风：和谐　奋进**

教风：敬业　合作　务实　　**学风：刻苦　规范　主动**

学生荣获第七届江苏省青少年科学院院士称号

“手拉手，心连心”苏台学子携手行交流活动

开展培养学生的家国情怀系列活动

参加机器人创新挑战赛

溧阳市实验初级中学创办于 2000 年 8 月，为溧阳市教育局直属的一所初级中学。现有教学班级 42 个，学生 2158 人，在编在职教职工 171 人。

学校占地 100 亩，建筑面积 4 万多平方米，绿化覆盖率达 81.2%。学校环境幽雅，小桥流水，绿树成荫，花团锦簇，有着浓郁的文化氛围和深厚的文化底蕴，是一个独特而理想的读书胜地。

学校师资力量雄厚，拥有一支学历基础高，业务能力强，师德修养好的师资队伍。中、高级职称教师占 90% 以上，本科以上学历达 100%（其中硕士研究生 11 人），出国培训英语教师 5 人。全国、省、市评优课及基本功竞赛三等奖以上获奖者共计 250 人次，受省、市各类表彰共计 295 人次，承担了省、市多项教科研课题。

学校一直秉承“办优质教育、育杰出人才”的宗旨，确立了“铸造精神，规范管理，提升优势，和谐发展”的办学思路，坚持以德立校，依法治校，突出德育特色、课程特色、艺术特色，进一步规范办学行为，坚持“守底线，求尊严，担责任，创卓越”的价值取向，努力打造一支特别能吃苦、特别能奉献、特别能增效的一流的教师队伍；强化“学生的健康成长与和谐发展高于一切”的教育理念，全面实施素质教育，为学生的可持续发展、终身学习及高品质、高品位的美好人生创设条件。

学校教育教学成绩斐然，受到社会、家长的一致肯定，先后荣获全国国防教育特色学校、全国青少年足球特色学校、全国中小学图书馆先进集体、江苏省示范初中、江苏省和谐校园、江苏省平安校园、江苏省绿色学校、江苏省诗教先进单位、常州市德育特色学校、常州市科学教育特色学校、常州市依法治校示范学校、常州市绿色学校等一系列称号。学校在各级领导的关心和支持下，全体教职工团结一致，开拓创新，坚持高品位，追求新目标，为把学校办成理念先进、教风踏实、质量过硬，特色鲜明的省内窗口学校而奋斗。

教育就是寻找幸福

溧阳市西平小学

获奖证书
CERTIFICATE OF AWARD
一等奖
获奖单位：溧阳市溧城镇西平小学
作品名称：西平小学迎新盛典第二季
作品类别：校园专题
中国教育电视协会　中央电化教育馆
二〇一七年十二月

市长徐华勤参观徐文萱同学画展

溧阳市西平小学是一所具有百年历史的老城区合并校，溧阳市五星级“美丽校园”。学校占地20298平方米，现有41个教学班，1808名学生。目前学校有专任教师117名，其中常州市四类教师16名，溧阳市四类教师12名，受到市级及以上表彰的各类优秀教师达77名。学校凭借厚重的文化底蕴，秉承优良的办学传统，确立“教育，就是寻找幸福”的办学理念和“做可爱的溧阳人”的育人目标，着力于创造一个幸福的儿童世界。

常州市文明校园创建校长访谈直播

学校把课程建设作为坚守学校教育理念、提升学校内涵发展的核心领域。学校基于儿童立场，立足于培养完整而幸福的人，努力构建让每一个西平学生能幸福成长的课程体系，让儿童站在课程的正中央。

学校围绕传统文化建设，开发传统文化节日课程。围绕传统节日组织丰富多彩的民俗文化活动。传统节日课程项目被确立为溧阳市首批特色项目，连续三年推出“迎新盛典”，被中央电教馆评为全国电视专题片一、二等奖。由国家二级心理咨询师领衔的“向日葵心理成长课程”有效呼应了学生健康心理的发展需求。入学课程把一年级儿童带入“赤澄黄绿青蓝紫”的七彩世界。十岁成长课程，带领学生走进燕山公园开展5千米徒步，大自然的见证下开启成长洗礼。生命运动课程，多学科、多视角共同介入，使其成为儿童生命成长的高度融合场域。

“幸福十岁，伴爱成长”十岁礼

学校大力开展教学变革。以“现场教学”为特色的课堂教学变革，引导学生过一种完整而有意义的学习生活，引领了学校整体的课程变革。2018年《儿童现场教学的实践建构》被确立为常州市基础教育学校品质提升建设项目暨前瞻性教学改革实验项目。省级课题《以“过一种完整而有意义的学习生活”为旨归的幸福课程开发研究 》被江苏省教科院立项开展研究。2018年学校接受常州市小学素质教育现场督导考核，专家组对学校高品质发展给予一致好评。

幸福课程培育幸福学生，造就幸福学校。学校先后获得全国依法治校示范学校、江苏省文明校园、江苏省科技教育先进学校、江苏省优秀家长学校、江苏省园林式单位、常州市文明单位、常州市廉洁文化示范点、常州市先进基层党组织、常州市普法工作先进单位、常州市关心下一代工作先进集体、常州市优秀少先队大队等荣誉。

生命运动课程

庆“六一”社团汇报演出

迎新盛典第四季

“争做新时代追梦好少年”新队员入队仪式

江苏大岭生态农业科技发展有限公司

董事长、总经理 戴浩生

江苏大岭生态农业科技发展有限公司位于溧阳市天目湖大溪水库狮子山风景区，公司创办于2008年10月，注册资本1000万元，目前累计投入4800万元，承包管理面积1000多亩。实际开发面积420亩，其中有机黄金茶、白茶面积220亩，杨梅100余亩，垂钓50亩，苗木50亩，新扩建水库1座，库容量12万立方米，园区黑色砼道路4.5公里，涵闸10座，自来水灌网、用电电网280千瓦。建成职工食堂、加工厂房1200平方米。完成了生态农业、茶叶、水产、苗木、经济林和茶舍、民宿的生态旅游经济布局，规划，发展方向的定位。

2016年，江苏陆羽杯获“特等奖”；2018年第二届中国国际茶业博览会江苏名特茶遴选，白茶获“特等奖”，黄金茶获“优质奖”；2019年北京世界园艺博览会入选江苏“十佳名茶”；2018~2019年，入选中国溧阳两节指定礼品用茶、CCTV展播品牌；公司获得常州市“重合同守信用”企业、溧阳市农业产业化“龙头企业”等称号。

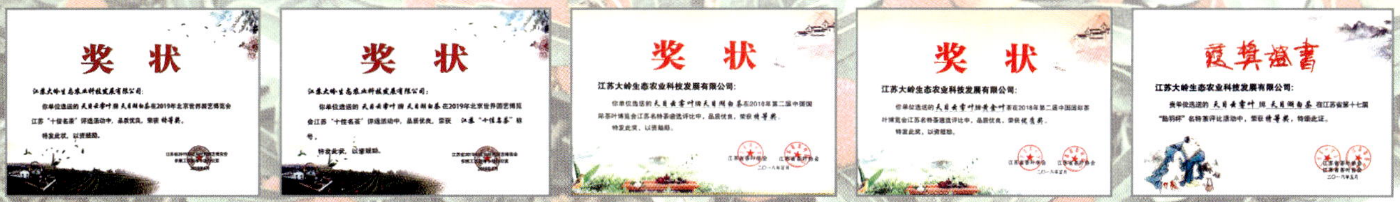